中国当代文学编年史

第八卷

1996.1~2000.12

主　编　张　健
本卷主编　赵　勇

山東文藝出版社

本书编委会成员

总主编

张　健

本卷主编

赵　勇

本卷编撰人员（按姓氏笔画排列）：

马　琼　王　娟　王媛媛　乔　思　肖艳盛

聂　梦　郭晓晨　黄　双　常培杰　魏　英

总　序

20世纪90年代以降，一方面是唐弢、施蛰存诸先生“当代文学不宜写史”的劝诫言犹在耳，有关当代文学学科内涵和属性的讨论众说纷纭，另一方面则是中国当代文学史研究所取得的实质性进展。据不完全统计，1990－1999年，学界共出版了“中国当代文学史”著作44部，2000－2006年则为15部。[①] 这类著作不仅出版数量越来越多，而且其中包含了一批可圈可点的精品力作。

洪子诚的《中国当代文学史》（1999）作为“当代文学史”著述中最早出现的个人著作，以20世纪中国文学“一体化”的形成及其解体为内在逻辑，为中国当代文学史的总体叙述提供了基本依据，并因其严谨的治学风范和简洁准确的史家语言而影响深远。陈思和主编的《中国当代文学史教程》（1999）作为十年“重写文学史”的思想总结和实际操练，以其“潜在写作”等体系化的新型话语，为当代文学的研究和学习另辟了新径。

① 参见王春荣、吴玉杰主编：《文学史话语权威的确立与发展》，第160－164页，辽宁人民出版社2007年版。

王庆生主编的《中国当代文学史》(2003)作为几代学人的成果集成,兼容并包,稳中求变,很可能是目前最适合于大学本科教学的教材之一。董健、丁帆、王彬彬的《中国当代文学史新稿》(2005)对于五四启蒙主义精神的守望,以及在这一守望过程中所体现出的思想锋芒、道德力量和批判勇气,在这个消费主义盛行的时代,令人感佩和警醒。陈晓明最近出版的个人专著《中国当代文学主潮》(2009),孟繁华、程光炜的《中国当代文学发展史》(2005),共同的特点是治史者高屋建瓴的驾驭能力,正是这种难能可贵的理论整合、穿透、评价的能力,使得这两部著作在当代文学史研究中匠心独运、别具一格。以这些作品为代表的一大批当代文学史著作,对当代文学的研究与教学已经和正在产生重要的实际影响。它们的出版,表明中国当代文学史的写作已经进入了一个人们期待已久的"百家争鸣,百花齐放"的时代。

中国文学史研究的体系化始于西学东渐的20世纪初。在当时,"文学史"还带有舶来品的新鲜印记,中国学界开始并未清楚地意识到文学史观在文学史叙述中隐秘的支配作用。经过了大约一个世纪的探索,中国当代的文学史研究者的"文学史观"意识逐步凸显且日趋成熟。文学历史的原生态往往是"混沌"的,而每一种文学史观都会给研究者和学习者提供一种组织"混沌"历史的方法或工具,人们依之形成一定的标准,建构起逻辑清晰的文学史叙事,变"混沌"为"澄明",变"杂乱"为"有序"。文学史观在文学历史叙事中能动地位的确立,结束了"历史真实"唯一性的神话,从而极大激发了撰史者"重写文学史"的热情。20世纪90年代以来,中国当代文学史书写领域的新气象,在很大程度上是伴随着中国当代学界在"文学史观"问题上知识的增长与转换而来的。这种"知识的增长与转换"一方面有力地推动了当代文学史研究的发展,另一方面也提出了如何进一步深化这种多元互补局面的问题。

越来越多的研究者已经认识到，那些貌似“客观”的历史叙事背后往往隐含着特定的知识谱系、权力政治和现实意识形态的功利性。因此，我们以前认为不证自明的文学史叙述实际上是研究者从现代某些观念出发对于文学历史的当下理解和建构。这一发现，在当代文学史研究领域结束了“独断论”一统天下的局面，为文学史观和文学史书写的多样互补提供了包容的学术环境和一定程度上的合法性，是当代文学研究中的历史性进步。但它并不意味着历史真实的客观性与确定性可以被悬置。事实上，任何有效的文学史叙述，都只能是主体和客体、主观和客观之间相互依存而又相互制约的互渗互动的极为复杂的认识过程。新的文学史观可以不断“烛照”出新的历史事实，而不断丰富的历史事实又会反转过来不断地去校正和丰富已有的文学史观，并逐渐孕育出更新的文学史观，从而构成了文学史有效写作必须给予高度重视的“张力场”。这就意味着，在一个“文学史观”已经被激活，文学史的“重写”已经产生广泛影响的时代，对于当代文学“历史事实”进一步系统地发掘、清理、整理、考辨、阐释，显得尤为重要和紧迫。

以一种文学史观统制当代文学史，虽然能够使“混沌”的原生态历史呈现清晰的面貌，然而很可能却是以部分牺牲其自身客观存在着的复杂性和丰富性为代价的。当年，陈寅恪先生在《冯友兰中国哲学史上册审查报告》中曾提醒：“其言论愈有条理统系，则去古人学说之真相愈远”①，即是表达了对按照某种确定的观念和规则形构历史的忧虑。台湾学者龚鹏程说大陆的某些文学史写作是“画歪了的脸谱”，也是指大陆的部分文学史家往往短于对方法论的认识，不知每一种理论或方法都有自身适用的边界，热衷于主体“精湛”的史识，而忽视文学现象的常识，疏于历史文献的考辨，给文学史强构

① 陈寅恪：《金明馆丛稿二编》，第247页，上海古籍出版社1980年版。

出一个自己想象的脸谱。意见固然尖刻，但检视我们的文学史编纂现状，并非全无道理。

还有一点也是当代文学史写作可以关注的，即叙史体例和方式的多样化。表面看，这只是个技术性的形式问题，但实际上它与文学史所要表述的思想内容、所要记载的史料情况息息相关。不同的文学史观在叙史体例和方式上的需求很可能是不同的或不尽相同的。撰写体例和叙史方式上的多样化同样也应该被视为当代文学史写作的“多元互补”当中的题中之义。

正是在这种情况下，编年体作为章节体文学史的一种有益的补充，开始引起一些当代学者的注意。

无论中外，编年史都是一种传统的历史著述体制。西人的《罗马自建城以来的历史》（李维）、《编年史》（塔西佗），我国的《左传》、《汉纪》（荀悦）、《后汉纪》（袁宏）、《资治通鉴》（司马光）等，都是人类古典时期重要的编年史著作。古人选择编年体的原因，或许是因为“历史”究其原意，首先应该是一种时间的概念，从这个意义上说，编年体似乎最适合历史著作的品格。再者，编年体追求历史史料的梳理和辑录，不重撰史者主体判断的过度侵入，尽量显示历史复杂、多元的本相，或许更符合历史著作对于“信史”的追求。到了近现代的中国，编年体随着史学新思潮的兴起，逐渐受人冷落。从19世纪末20世纪初开始，中国的史学思想发生了越来越明显的变化。梁启超的“新史学”和美国鲁滨逊等人的“新史学”在这一过程中先后对其产生过重要影响。尽管这两者在其现实的针对性、具体内涵和对于中国史学现代生成所产生实际影响的直接与重要程度上明显有别，但它们在治史的总体原则上又同时具有着某些相通之处，即不约而同地都在强调为了“现在”而研究“过去”，强调观念和立场对于历史写作的关键作用。这种预设的目的论固然有其科学合理的一面，但它同时也必然会使现代史学更偏重撰史者史识的逻辑理性。在这种大的背景之下，重历史史实辑录的编年体自然会被视为一种基础性的“初等”体裁而退居偏隅。

在我国，文学史编年体著述的倡导始于现代时期，陈寅恪先生即是当时的积极倡导者之一。陆侃如先生在1937－1947年间耗时十载编纂了现代编年体文学史的前驱之作《中古文学系年》，后经多年修订，于1985年出版。同年，刘知渐出版了《建安文学编年史》。这两部史著在体例上尽管不尽相同，但都在史料的考订上花费了大量的心力和精力，对后来的研究有着较高的参考价值。20世纪90年代中期以后，一批古代文学界的学者陆续跟进，取得了进一步的研究实绩。傅璇琮主编的《唐五代文学编年史》（1998），曹道衡、刘跃进著的《南北朝文学编年史》（2000），刘跃进著的《秦汉文学编年史》（2006）等都是其中的代表作。当代文学编年史的出现是十分晚近的事情。2006年由陈文新主编的十八卷本的《中国文学编年史》，内容涵括古今，是第一部编年体制的文学通史。其潜在的目的是要反驳近代以来西方殖民理论话语对中国文学理论和文学研究的压迫，打破由某种文学史观宰制文学史写作而产生的文学等级化现象，注重文献的考辨和体例的安排，试图恢复中国传统的“文学”叙事和“文学”原貌。这部中国文学编年史，包含了於可训主编的“现代卷”和“当代卷”。於可训除遵循《中国文学编年史》总的编纂方针外，又根据现当代文学的自身特点进行了符合本学科实际的改进，既注重史料的钩沉，又注意“论从史出”，成为迄今最完备的现当代文学编年体史著。於可训的《中国文学编年史·当代卷》给了我们重要的启示，遂有编撰这部中国当代文学大型编年史的创意和后来付诸实施的可能。

多年来，撰写当代文学史，基本上是根据某种文学史观念，预设一个文学史框架，采取“以论带史”甚或“以论代史”的方法，以“经典”的名义择取“自洽”的材料，填充在一个顺时序的线索上。撰史者秉持新民主主义文学史观，当代文学史便是一部无产阶级文学日渐昌进的文学地理；撰史者秉持启蒙主义文学史观，当代文学史便是一部知识分子启蒙叙事受到压抑和逐渐复苏的文学图志。这种注重逻辑理性的做法虽然能够满足烛照历史的雄心，但也有可能造成剪裁历史的连带效果。相对完整地展示文学发展的历程，在这类文学史中似乎只能是一种真诚的期盼。本书作为一部中国当代文学的大型编年史，勉力勾画的是一幅眉目清晰、行貌完整的当代文学的“清明上河图”。为了显示这幅全息的动态图景，有时用的是浓墨，有时取的是淡彩，但不管浓墨还是淡彩，均无意强调其间的等级差别。浓有浓的用意，淡有淡的意味，本色依然，无关笔墨。经由细部出发，追求的却是全景，却是整体。至于是醉心小桥流水的清幽，还是喜欢勾栏瓦肆的热闹，那是读者的雅好，并非我等的赠予。本书想要建构的是一个可以共用的文学地理图志，供研究者在其间展开对话，而力避在自己的方域之地内自说自话。一个完整的、共同的当代文学言说对象（或者说当代文学的“地理图志”）的成功确立，必然会加强人们对当代文学的整体印象，既有助于当代文学的深入研究，同时又有利于当代文学学科地位的巩固。

文学编年史同样也是一种文学历史的叙事方式，只不过与流行的章节体文学史叙事相比，显得有些“另类”。它以文学史实发生的年、月、日的先后为叙述顺序，同时收入文学运动、文学思潮、文艺争鸣、社团流派、文学交往、文学会议、作家生平、作品发表、理论批评、文学报刊沿革、文化和文学政策的制定与沿革，以及与文学发展相关的社会、政治、经济、军事和文化事件等背景材料，主体的意志可以得到有效的抑制。这些史料没有传统文学史的语言逻辑为之勾连，只是以一天、一月和一年为统制编排在一起，看上去琐碎杂乱，但其特有的叙史方式就暗藏在这种特定的时间安排之中。表面看，文学编年史虽然也像传统文学史一样，按照历时性的原则铺排材料，但是，编年史的时间力量，不仅在于历史纵向渐进过程的呈示，而且更多地表现在共时态的叙述上。“某年”、“某年的某月”、

"某年某月的某日"等，不仅仅是同一、匀质的时间能指，琐碎散乱的史实共时态地铺排在这些时间段里，而且还形成了一个文学时代的多维空间，它使"复现"历史语境成为可能，并且可以帮助人们形成一种研究者必须具备的整体意义上的历史感。这种共时态和历时态相互交织的、琐碎散乱的"堆积"，正是编年史特殊的历史叙事方式，一种"静默的呈现"。传统文学史往往告诉接受者历史"应当是什么"，它的叙史方式是教诲，是启蒙，是对于接受者自上而下的"灌输"。而"静默的呈现"则是谦恭，是对话，它暗示历史的"事实是什么"，把解释那些"地理现象"之间关系的权力交给了接受者。接受者不再被动地视文学史为布道者传递的福音，而如置身于一片由材料构成的风景，游目四望，那些看似"琐碎散乱"的材料间原来存在着"相依为命"的多重关联。本书努力完成的，就是这样一部由一个个被"复现"的历史场景勾连而成的当代文学史。我们希望这部《中国当代文学编年史》能够接近陈寅恪先生当年的要求："苟今世之编著文学史者，能尽取当时诸文人之作品，考定时间先后，空间离合，而总汇于一书，如史家长编之所为，则其间必有启发，而得以知当时诸文士之各竭其才智，竞造胜境，为不可及也。"①

写好这样一部大型的当代文学编年史，首先需要有扎扎实实的史料建设。傅斯年曾经强调过："史学就是史料学"，"史学的对象是史料，不是文词，不是伦理，不是神学，并且不是社会学"。② 近些年，现当代文学界的不少学者以基本的史料为依据，采用案例分析的方法，对历史对象进行"知识考古"式的动态考察，给人的启发良多。不过，这些研究大都围绕经典文本进行，以点状的形态出现，尚缺少面上的延展。刘增杰先生曾经呼吁建立现代文学

① 陈寅恪：《元白诗笺证稿》，第9页，上海古籍出版社1978年版。

② 傅斯年：《史学方法导论》，《傅斯年全集》第2册，第6页，台湾联经出版公司1980年版。

史料学，即是不满足于史料学的建设只作边边角角的敲打，认为它应该更具规模和更加规范。[①] 当代文学已经经历了60年的风风雨雨，随着中国社会开放程度的不断提高，当代文学的史料学建设亦应明确地提上日程。在一定意义上，十卷本《中国当代文学编年史》正是这方面的自觉尝试。

编纂当代文学编年史的一个基础性任务，就是进行大规模的资料搜集、考辨、钩沉、整理和编排，这本身就包含着史料学的工作。当代文学史料学的建设，可以为当代文学编年史打下坚实的基础，使"千千万万"个点聚合成面，从而形成一个状貌相对完整的、内容相对丰腴的文学地理图志。我们在这个文学地图上不仅可以比较准确地找到作为研究对象的具体之点的坐标，而且还能够看到周边的环境及其相互的勾连。当然，文学编年史毕竟不能等同于专题研究本身，它不必对那些"地理现象"之间的关系进行直接的解释，而只能是"静默的呈现"。它给研修者提供的帮助是基础性的，同时也是有限的。应当说，本书取胜之际，才是真正问题的开始之时。

像其他类型的文学史一样，文学编年史同样有着自己的局限，这也正是我们主张当代文学史写作一定要多样互补的原因。为了同一般意义上的文献索引、资料汇编和大事纪年划清界限，我们在整个编纂过程中，一再申说着"编年史也是史"的写作理念。既然是写史，就不可能没有学术上的要求。撰史者同样需要"史胆"、"史识"和"史笔"。因此我们要求材料的筛选、编排，结构的设计，文字的表述，均要能够体现出撰写者"历史的眼光"和"良苦的用心"，希望以此在一定程度上来抑制材料的"散与乱"。这当然也是一种"主体性"，不过它应该是一种懂得自律的主体性，目的是让文学的"历史事实"尽其可能得以"客观地呈现"。

本书共分六大部分，总计10卷。第一部分为"十七年文学"（1949.07 -

① 刘增杰：《建立现代文学的史料学》，《中国现代文学研究丛刊》2004年第3期。

1965.12)，下辖3卷；第二部分1卷，为“文革文学”(1966.01－1976.09)；第三部分是“八十年代文学”(1976.10－1989.12)，下辖2卷；第四部分是“九十年代文学”(1990.01－2000.12)，下辖2卷；第五部分1卷，为“新世纪文学”(2001.01－2009.06)；第六部分1卷，为“台港澳文学”(1949.07－2007.12)。每部分的首卷均设有有关该时期文学发展路径及其特点的绪论，6篇绪论表达了我们对中国当代文学进程的整体认识。每卷的末尾均附有主要作家的人名索引。此外，尚需说明的是，在本书当中，作家的传记性材料一般会出现在其建国后首次发表作品或参与重大活动之时，表述采用写实性文字，不求文采飞扬；建国后已逝的重要或比较重要的作家，去世之时会有集中的评价，但以史料（观点摘编）的形式出现；重要的文学作品、重要的文学现象和重大的文学事件，均有专题性的集中评说，评说仍采取史料摘编的形式。

所有这些“以类相从”的技术性安排，都为着一个共同的目的，即帮助读者在“散乱”中建立“秩序”，在“琐碎”中提供“线索”，扬编年体之长，避编年体之短，借以更好地满足不同人群阅读、学习和研究的需要。

从接受编纂任务到现在，业已两年有余，诸位同仁为之付出了巨大的辛劳，其间的甘苦自知，恐怕不是我一句简单的“谢谢”所能表达得了的。但是，我仍然要对各位分卷主编和编纂组的全体成员送上真诚的谢意，感谢他们对于北京师范大学文学院当代文学学科的关爱，感谢他们对于学术事业的责任感，感谢他们的团队意识与合作精神！

尽管我们是以一种极为认真的态度来对待这次编纂工作的，但是由于经验和能力所限，加之一些客观条件的制约，这部有近百人参与编纂的《当代文学编年史》必然还会存有缺憾，对此给各位读者带来的不便，在此一并表达诚挚的歉意。同时，也欢迎各位同行给以批评、补充和订正。

最后，我要感谢山东文艺出版社。在一个浮躁喧嚣、急功近利的时代，这家出版社一直恪守着支持几乎无利可图的学术著作出版的可贵传统。这一次是他们把十卷本的《中国当代文学编年史》列为重点出版项目，付出了大量的人力和财力。正是在他们的大力支持下，才有了本书最终的面世。

张　健

2009 年 6 月 25 日

目录

1998 年

1999 年

2000 年

一月

1日，《作家》第1期发表苏童的短篇小说《公园》，洪峰的短篇小说《城市睡眠》，张宇的短篇小说《轻如鸿毛》。“联网四重奏”栏目发表徐坤的短篇小说《竞选州长》。

“联网四重奏”是《钟山》、《大家》、《作家》、《山花》四家文学期刊共同主办的一个栏目，意在同一个时段内推出一个作家的不同新作，以引起文坛的关注。从1995年到2001年，此栏目主要刊发文学新人的作品，四家刊物同期分别推出同一作者不同作品一篇（有的是几个短篇），同时《作家报》配发针对该作者这几篇作品的评论文章。这一活动前后历时约6年。推出的作家依次有斯妤、述平、张星、朱文、徐坤、刁斗、东西、张梅、邱华栋、文浪、鲁羊、李冯、丁天、王海玲、李洱、李大卫、刘庆邦、吴晨骏、卫慧、金仁顺、胡性能、夏商、叶弥、陈家桥、谢挺、心乱、朱珐、张虎生、邢育森、早早等，同时发表作品评论的评论家有孟繁华、李陀、黄平、段崇轩、张清华等。

《山东文学》第1期发表刘玉堂的短篇小说《遍地流水》。

《广州文艺》第1期发表郑万隆的短篇小说《元叔》。

中国第一个以播出电影为主的电视频道——中央电视台加密卫星电影频道正式开播。

2日，《新剧本》第1期发表苏雷的话剧《男人本色》。

3日，《人民文学》第1期发表谈歌的中篇小说《大厂》，祁智的中篇小说《机关》，张梅的短篇小说《保龄球馆13号线》，王家新的散文/诗片段系列《游动悬崖》，西川的长诗《造访》，周涛的散文《周涛散文》，李国文、余曼的散文《沸腾的海洋》，叶楠的散文《海洋四季》以及牛玉秋的短评《想起了白居易》。祁智（1963－　），江苏靖江人。1983年毕业于扬州师范学院中文系。曾任南京市第三十四中学教师，南京教育科学研究所科研员、编辑，南京《周末报》记者、主编助理，江苏少年儿童出版社编辑、总编、社长。现为南京市作家协会副主席。著有长篇小说《呼吸》、《芝麻开门》，中短篇小说集《反面角色》，长篇童话《迈克行动》，中篇小说《天凉好个秋》、《纸婚》、《变奏》、《张果的腊月》、《亮相》、《一种尴尬》、《直觉的意外》、《送戏》等。

5日，《莽原》第1期发表王涪京的中篇小说《A区故事》，刘学林的中篇小说《蝈蝈》。

《芙蓉》第1期发表李本深的中篇小说《三个半男人和一个半女人》，阎欣宁的中篇小说《总统本纪》，肖仁福的中篇小说《私情》，叶兆言的短篇小说《索玉莉的意外》，聂鑫森的短篇二题《沉浮世事》。阎欣宁（1952－　），山东曲阜人。1970年应征入伍。《厦门文学》杂志副主编。1983年开始发表作品。著有长篇小说《来复线》、《铁券丹书》，中短篇小说集《枪手沉沦》，短篇小说集《枪族》、《将出九宫》等。肖仁福（1960－　），苗族，湖南邵阳人。邵阳市文联副主席、市作协主席。1986年开始发表作品。著有长篇小说《官运》、《位置》、《心腹》、《待遇》、《意图》，短篇小说集《箫声曼》、《机关大院》、《局长红人》、《脸色》等。聂鑫森（1948－　），生于湖南湘潭。湖南省作协副主席，株洲市文联副主席。中学时代开始文学创作。著有长篇小说《夫人党》、《浪漫人生》，中短篇小说集《太平洋乐队的最后一次演奏》、《诱惑》、《生死一局》、《镖头杨三》，诗集《地面与地底的开拓》，散文随笔集《收藏世界的诱惑》、《优雅的存在》、《触摸古建筑》等。

《延河》第1期发表姜贻斌的短篇小说《记忆的错位》、《无人诉说》及创作谈《痛苦的潇洒》，鲁之洛的评论《在他那一方水土中——姜贻斌小说印象谈》，叶丛的中篇小说《残卷》。

《北方文学》第1期发表谈歌的短篇小说《绝人》，陈继明的短篇小说《俞铁夫妇》。

《广西文学》第1期发表“广西青年小说家八人作品展”：常弼宇的中篇小说《蜘蛛王》和创作谈《文学应是今天的智慧》，陈爱萍的中篇小说《乡下黄花》和创作谈《为乡下黄花说》，凡一平的短篇小说《禁欲》和创作谈《离开》，东西的短篇小说《等雨降落》和创作谈《滑翔与飞翔》，沈东子的短篇小说《1973》和创作谈《关于矫情时代的写作》，黄佩华的短篇小说《达镇警事》和创作谈《小说小说》，鬼子的短篇小说《男人鲁风》和创作谈《一页多余的话》，李冯的短篇小说《复制的旅行》和创作谈《针对性》。凡一平（1964－　），壮族，广西都安人。广西民族大学驻校作家，广西壮族自治区政协委员。著有长篇小说《跪下》、《变性人手记》、《顺口溜》，中短篇小说集《浑身是戏》、《撒谎的村庄》、《理发师》等。

《飞天》第1期发表边云峰的中篇小说《五十七委四组》。

《长江文艺》第1期发表李洁非的中篇小说《弗朗西斯科爸爸》，熊正良的中篇小说《继父的故事》。

《湖南文学》第1期发表何顿的中篇小说《拉练》，尤凤伟的短篇小说《幸存者》。

6日，《当代人》第1期发表阿宁的短篇小说《杨三的故事》，聂鑫森的短篇小说《古城旧事》，刘嘉陵的短篇小说《你这张文人的臭嘴》。

7日，《花溪》第1期发表袁政谦的中篇小说《天堂之旅》。

8日，第八届中国·哈尔滨冰雪电影艺术节在哈尔滨市开幕。

9日，翻译家、诗人邹绛病逝，享年74岁。邹绛主要从事外国诗歌翻译、中外诗歌比较研究、中国现代格律诗研究。出版有《黑人诗选》、《外国名家诗选》、《聂鲁达抒情诗选》等译著，并主编《中国现代格律诗选》。其诗歌翻译在诗歌界有一定影响，诗评家吕进曾这样评价："邹绛为读者奉献了不少无愧于原作的译诗，给人遐想神游于外国诗苑的美的享受。"

10日，《花城》第1期发表王小波的中篇小说《2015》，虹影的中篇小说《千年之末布拉格》，于坚的散文《绳子记》。自本期起为张承志开设"鞍与笔"专栏，本年他共发表六篇长及万言的散文：《冰山之父》、《一册山河》、《袍子经》、《把黑夜点燃》、《小寨新年》、《正午的喀什》。这些文章以精神独白的方式展现了作者自己的人生理想。《冰山之父》在对三大山的造访中，自我心史与诸民族心史并进，追求生命观念的神圣与崇高，哲合忍耶精神与诗质的激情再度结合。《把黑夜点燃》中，抵抗的决绝与不被理解的苦涩使这部作品充满了悲剧感。《正午的喀什》则以正午火热的阳光照亮了喀什这个小城的历史与现实，让人感受到了遥远而神秘的维吾尔世界，感受到了传统、信仰和文化的内涵。

《芒种》第1期发表刘玉堂的《小说二题》，白小易的短篇小说《瞎折腾》，刘恪的短篇小说《门后黄昏》，刘嘉陵的短篇小说《只有一种谎言是美丽的》，邹静之的短篇小说《钥匙就在门上》，皮皮的散文《打败自己》。

《中国作家》第1期发表赵毅衡的中篇小说《沙漠与沙》，岳恒寿的中篇小说《跪乳》，周梅森的中篇小说《焦土》，宗璞的散文《三千里地九霄云》，叶延滨的散文《生命变奏（四则）》，张承志的散文《莫合烟，五里雾》。

《福建文学》第1期发表赖妙宽的短篇小说《黑鱼》、《公费医疗》和创作谈《我生活在世俗里》，朱水涌的评论《南国女儿的叙事世界》。

北京市首届舞台艺术“金菊花奖”颁奖大会在京举行。话剧《阮玲玉》（编剧锦云）和《天之骄子》（编剧郭启宏）获奖。

13日，第十五届夏威夷电影节授予上影青年导演胡雪扬执导的影片《湮没的青春》导演特别奖。

15日，《大家》第1期发表何顿的长篇小说《荒原上的阳光》，池莉的短篇小说《绝代佳人》，徐坤的短篇小说《花谢花飞花满天》（联网四重奏），王家新的诗学随笔《游动悬崖及其他：1995年个人札记》，黄木的散文《从一千年后寻找依靠》，应侠的散文《重读鲁迅》，曹建泉的散文《朋友何顿》，胡廷武的散文《宁静的思绪（六章）》。

《天涯》第1期发表方方的中篇小说《暗示》，苏童的短篇小说《霍乱》，叶兆言的短篇小说《哭泣的小猫》，钟鸣的随笔《关于动物的形而上思考》，史铁生的随笔《“足球”内外》，张承志的散文《春水泛滥时》。

《江南》第1期发表刘醒龙的长篇小说《生命是劳动和仁慈》，刁斗的中篇小说《往返》，李冯的中篇小说《辛秀秀》。

17日，《作品与争鸣》第1期发表谈歌的中篇小说《年底》及右生君的评论《这是我们身边的生活》，池莉的中篇小说《你以为你是谁》及孔焕周的评论《只要信仰的旗帜不倒》、海彦的评论《一种诉说方式的危机》，孙春平的中篇小说《华容道的一种新走法》及杨利辰的评论《经营官场的黑色智慧》。

18日，广东省首届“秦牧散文奖”揭晓，13名作者（含港澳地区）荣膺此项散文奖。

《佛山文艺》第212期发表何立伟的短篇小说《人的风景》。

20日，《钟山》创刊100期，发表刘恪的长篇小说《南方雨季》，池莉的中篇小说《午夜起舞》，梁晓声的中篇小说《尾巴》，高晓声的短篇小说

《痛》，叶兆言的短篇小说《杨先生行状》，徐坤的短篇小说《无常》，莫言的散文《会唱歌的墙》。在“思潮反思录”专栏内，发表邵燕祥、钱竞、何西来等的《历史转型与知识分子定位——〈北戴河对话录〉话题之一》，文章对“历史转型与全球化”、“人文知识分子的尴尬处境和自我定位”等问题进行了评述。同期还刊有杨扬的《城乡冲突：是文化冲突，还是一种权力秩序——对中国当代文学中城乡冲突主题的一种思考》和王绯的《中国女性文学书写的划时期流变》。杨文认为，城乡矛盾不是属于两种文化类型之间的冲突，而是“一种以乡村文明为基础的文化意识形态结构内部的权力等级秩序”。

《昆仑》第1期发表龚盛辉的中篇小说《导师》。

《长城》第1期发表铁凝的中篇小说《何咪儿寻爱记》。

22－26日，全国宣传部长会议在京举行。会议总结了党的十四大以来宣传思想工作的基本经验，规划了“九五”期间的目标任务，部署了1996年的重点工作。会议期间，江泽民、李鹏作了重要讲话。24日，中共中央总书记江泽民在中南海与出席全国宣传部长会议的同志座谈时指出，必须切实加强对宣传思想工作的领导，为经济建设和社会进步提供有力保证。

22日，《啄木鸟》第1期发表林荫的长篇小说连载《九龙城寨烟云》，裘山山的中篇小说《无罪辩护》。

23日，《21世纪文学之星丛书》1995年卷由百花洲文艺出版社出版，并在京举办首发式。其中有小说7部：徐贵祥的《弹道无痕》、黄薇的《生活像条河》、周忠陵的《不朽的单相思》、廉声的《战争故事》、熊正良的《红锈》、鸽鸽的《清风冷看》、赵翼如的《倾斜的风景》；散文2部：刘春来的《石板路、水竹桥》、彭学明的《我的湘西》；诗歌2部：沈苇的《在瞬间逗留》、辛茹的《寻觅光荣》；评论1部：胡平的《叙事文学感染力研究》。《21世纪文学之星丛书》是中华文学基金会为发现、扶植文学新人而选编的青年文学家丛书，它以年卷的形式，为在文学创作方面取得显著成绩的青年作者出版第一本个人文学专集。此丛书自 1994 年开始，一直延续至今，体裁包括小说、诗歌、散文、评论。

25 日，国务院办公厅发布《关于坚决取缔非法出版活动的通知》。

《收获》第 1 期发表王安忆的中篇小说《我爱比尔》，东西的中篇小说《没有语言的生活》，韩向阳的短篇小说《子夜刺杀》，皮皮的短篇小说《闪失》，萧乾的散文《唉，我这意识流》。从本期到第 6 期的"沧桑看云"专栏陆续发表李辉的随笔：《碑石——关于吴晗的随笔》、《残缺的窗栏板》、《落叶》、《静听教堂回声》、《凝望雪峰》、《风景已远去》、《困惑》。《碑石——关于吴晗的随笔》以凝重的笔触，记述了文化名人吴晗在"文革"中的遭遇，并通过他的遭遇发出深长的感叹，其中有许多鲜为人知的史实和别具慧眼的议论，读来动人心魄，发人深省。本期开始连载史铁生的长篇小说《务虚笔记》，至第 2 期止。史铁生说："在写这长篇时，我有一个突出的感受：写什么和怎么写都更像是命——宿命，与任何主义和流派都无关。一旦早已存在于心中的那些没边没沿、混沌不清的东西要你去写它，你就几乎没法去想'应该怎么写和不应该怎么写'这样的问题了。这差不多就像恋爱，不存在'应该怎么爱和不应该怎么爱'的问题。写作和恋爱一样是宿命的，一切都早已是定局，你没写它时它已不可改变地都在那儿了，你所能做的只是聆听和跟随。"（史铁生：《聆听和跟随——给友人的一封信》，《当代作家评论》1997 年第 3 期）张柠认为："这是一部当代中国的《情感教育》或《心灵史》。"（张柠：《史铁生的文字般若——论〈务虚笔记〉》，《当代作家评论》1997 年第 3 期）

26 日，鄢烈山的杂文时评集《冷门话题》由成都出版社出版。

28 日，《剧本》第 1 期发表刘家声（执笔）、曹文的关东风情话剧《烧锅屯》。

《上海戏剧》第1期发表赵莱静、陈云发的都市新话剧《难忘玫瑰红》。

29－31日，由中华全国台湾同胞联谊会、中国社科院文学研究所、厦门大学台湾研究所联合发起召开的“台湾文学研讨会”在京举行，与会者就台湾文学的定位、日据时期的台湾文学、台湾文学研究的现状等问题进行了研讨。徐学从目前对台湾文学的多种定位中，依其侧重点，梳理出三种方法：地域定位法，政治认同定位法，文化传统定位法。陈映真认为，研究台湾文学的发展历史，固然需要从社会、政治、经济等角度去从事，但更应当从台湾民众的精神、心灵构造及其发展演变去研究，从某种意义上看，台湾文学的发展史也就是一部台湾民众的心灵构造史和精神的构造史。

新闻出版署发布《关于出版鲁迅著作的意见》。指出，凡出版鲁迅的全集、文集（包括分类形式的大型结集）的选题必须报新闻出版署审批。

广电部公布1995年第二批重点影片片目，共有《洗星海》、《警官崔大庆》、《乐魂》、《这方水土》、《中国妈妈》、《赢家》、《张鸣岐》、《来不及道歉》、《黑骏马》9部。

30日，第二届国家图书奖颁奖大会在北京召开。获奖图书92种。

31日，纪念潘汉年同志诞辰90周年座谈会在上海召开，《潘汉年在上海》、《潘汉年诗文选》在沪同时首发。

本月，上海市马克思主义学术著作出版基金第七次评审结果揭晓，《夏衍剧作艺术论》等20部书稿获得资助出版资格。该基金建立于1989年，由上海市委宣传部每年拨专款及有关方面捐款而组成。自1990年实施以来，基金已分7批资助了约190部学术著作出版。

第六届河北省文艺振兴奖颁奖，谈歌的中篇小说《年底》（发表于《中国作家》1995年第3期）等获奖。

第三届“安徽文学奖”（天鹅杯）揭晓，中篇小说《黑锅》（曹玉模）、《儿本平常》（郭本龙）、《黑白道》（孙志保）、《打工实验》（严歌平），理论专著《台港文学观察》（王宗法）、《新诗大千》（陶保玺），电视剧本《生意场上的女人》（侯露），长篇小说《陈独秀一家人》（吴晓）、《女人寨》（袁汝学）获优秀作品奖；散文集《奥澳朝三国旅行记》（陈基余）获荣誉作品奖。

藏族作家央金、梅卓长篇小说讨论会在京举行。

中国毛泽东诗词研究会在韶山举行了第一届年会，研讨毛泽东诗词的历史地位及深远影响。

中国微型小说学会第三次年会暨理论研讨会在广东佛山市举行。

广西企业界资助严肃文学期刊，百家企业协办《广西文学》。

辽宁省文艺评论家联席会成立，辽宁省文联副主席周兴华和《当代作家评论》编审李作祥被推选为联席会会长。

由中国作协创研部、北京十月文艺出版社举办的钟亦非长篇小说《黄土屋黑土屋》作品讨论会在北京举行，中国作协书记处书记陈建功主持了会议。

由湖南作协和湖南华凌文化有限公司联合组织编辑，由作家出版社出版的“华凌文库”推出首批三部长篇小说：何立伟的《你在哪里》，蔡测海的《三世界》，何顿的《我们像葵花》。

由郑州市文联主办的纯文学期刊《小小说选刊》，1996 年 1 月发行量达 50 万册，引起了全国文坛和文学期刊界的瞩目。

第三届“花踪文学奖”在吉隆坡举行了颁奖典礼，负责本届文学奖评审工作的作家聂华苓、蒋勋、席慕蓉、李国文等出席颁奖典礼。中国大陆作家马毅杰以《三寸金莲》获世界华文小说奖首奖，获奖金马元 8000 元（约 3200 美元）。这部中篇小说反映了晋西南农村妇女的生活，马毅杰系山西省作家协会会员。

上海市作协、上海文化发展基金会、上海文学发展基金会和《萌芽》杂志社开展“当代青年文学阅读意向”调查活动，了解文学出版物的市场走向和读者对文学的价值判断和取向。调查表明，青年读者仍对文学寄予厚望，他们不仅把文学阅读的目的归于“陶冶性情、体味人生”，而且把文学作品的主要功能放在“探索人性的真实”和“宣扬高尚的道德”上，主张文学必须“保持高雅品质，改善社会风气”。

《当代》第1期发表尤凤伟的中篇小说《生存》，柳建伟的短篇小说《都市里的生产队》，梁解茹的短篇小说《暮色苍茫》。

《十月》第1期发表梁晓声的中篇小说《学者之死》，阿成的中篇小说《空中的老费》，蔚江的中篇小说《老酒深巷》，陆北威的中篇小说《8号病房》。

《山花》第1期发表荒水的中篇小说《天堂里的笑声》，韦翰的中篇小说《南山谣》，张行健的中篇小说《六月麦田》，徐坤的短篇小说《遭遇虚无》（联网四重奏），韩东的短篇小说《此呆已死》，汪曾祺的《小说二题》（《薛大娘》、《莱生小爷》），陶纯的短篇小说《旋转》，林白的《接近日记的个人资料》，丛维熙的随笔《海外“观赌”三题》，耿占春的散文《倾听语言》。本期公布1995年“山花小说奖”获奖篇目：刘心武的《袜子上的鲜花》，邱华栋的《公关人》，徐坤的《遭遇爱情》，叶兆言的《作家林美女士》，沈嘉禄的《飞向天空的老姚》，刘庆邦的《小呀小姐姐》，李国文的《胡子曹》，郭平的《紫色》，吴恩泽的《爱情》，戴冰的《钩沉》，朱文的《尽情狂欢》，赵玫的《逃离猎人山庄》。

《萌芽》第1期发表苏童的短篇小说《表姐来到马桥镇》，陈丹燕的短篇小说《晾着女孩裙子的公寓》，韩东的短篇小说《下放地》。

《小说家》第1期发表刁斗的中篇小说《延续》，鲁雁的中篇小说《大红兜兜花盖头》，谈歌的中篇小说《天下书生》，阎连科的中篇小说《平平淡淡》，荆歌的短篇小说《道具》，于艾香的短篇小说《晚节》。

《小说》第1期发表阿成的短篇小说一束：《老公》、《昔日重现》、《吊灯》。

《上海文学》第1期发表刘醒龙的中篇小说《分享艰难》，刘继明的短篇小说《蓝庙》。戴锦华认为《分享艰难》“为正统宣传与大众文化的再度携手，提供了一种新的空间。所谓‘现实主义’之说，显然得自于这些小说大胆触及了此前完全无名、不予揭示的‘社会阴暗面’”。（《大众文化的隐形政治学》，《天涯》1999年第2期）。本期还发表王蒙的随笔《沪上思绪录》。

《特区文学》第1期发表格非的短篇小说《瓦卜吉司之夜》，刁斗的短篇小说《好水长缄》。

《小说界》第1期发表李国文的短篇小说《坏女人》，卫慧的短篇小说《爱情幻觉》。卫慧（1973－ ），女，原名周卫慧，浙江余姚人，毕业于上海复旦大学中文系。作品有：《蝴蝶的尖叫》（小说集），《像卫慧那样疯狂》（小说集），《上海宝贝》（长篇），《水中的处女》（小说集），《欲望手枪》（小说集），《我的禅》（长篇）等。现居纽约与上海，专职写作。

《时代文学》第1期发表残雪的短篇小说《不断修正的原则》。

《东海》第1期发表马原的短篇小说《平凡生活的魅力》。

《文艺争鸣》第1期发表臧棣的《后朦胧诗：作为一种写作的诗歌》。作者认为，“后朦胧诗的写作精神在很大程度上已偏离了我们以往关于‘诗歌应该是怎样的’传统观念，它更加封闭地沉溺于一种独特的诗歌感受力的发现之中”。

《诗探索》第1辑发表王家新的《夜莺在它自己的时代——关于当代诗学》，程光炜的《误读的时代》。

《散文》第1期发表张中行的散文《唯闻钟磬音》。

《中华散文》第1期发表冯骥才的散文《白发》、赵园的散文《母校》。

《美文》第1期发表迟子建的散文《阿央白》。

《当代文坛》第1期发表叶公觉的《九十年代散文面面观》、景秀明《风景这边独好——新潮散文侧论》。

《当代作家评论》第 1 期发表张承志的散文《你选择什么》、李咏吟的文章《神圣价值独白：张承志的散文》。

我国影片《红粉》、《民警故事》，分别获得第 27 届印度国际电影节最佳影片金孔雀奖、银孔雀奖。

《陈忠实小说自选集》(三卷本)，由华夏出版社出版。

《王安忆自选集》(六卷本)，彭懿的幽灵小说《与幽灵擦肩而过》，莫言的小说《丰乳肥臀》，由作家出版社出版。

《格非文集》(三卷本)，叶兆言的小说《1937 年的爱情》，格非的小说《树与石》、《眺望》、《寂静的声音》，由江苏文艺出版社出版。

何顿的小说《太阳很好》，张旻的小说《犯戒》，邱华栋的小说《把我捆住》，刘继明的小说《我爱麦娘》，毕飞宇的小说《祖宗》，鲁羊的小说《黄金夜色》，由中国华侨出版社出版。

柯灵的小说《事情小说》，由上海文艺出版社出版。

李瑛的诗集《远方》，由中国文联出版公司出版。

陈村的散文集《四是胡说》，赵丽宏的散文集《灵魂的倾诉》，由上海人民美术出版社出版。

贾平凹的散文集《如语堂》，周涛的散文集《红嘴鸦》，由中国工人出版社出版。

张中行的散文集《桑榆自语》，由人民日报出版社出版。

王蒙的散文集《随感与遐想》，由甘肃人民出版社出版。

邵燕祥的散文集《超越痛苦》、严文井的散文集《黑色鸟》、金克木的散文集《路边》，由中原农民出版社出版。

铁凝的散文集《温暖孤独旅程》，毕淑敏的散文集《提醒幸福》，由珠海出版社出版。

二月

1日，新闻出版署发布《音像制品出版管理办法》、《音像制品复制管理办法》、《音像制品进口管理办法》。其中，《音像制品进口管理办法》在2004年6月18日被新闻出版总署令第25号《新闻出版总署废止第二批规章、规范性文件的决定》废止。

广播电影电视部、文化部联合发布《音像制品内容审查办法》。

新闻出版署发布《关于对“买卖版号”进行检查清理，认真做好自查自纠的通知》。

《作家》第2期发表池莉的短篇小说《汉口永远的浪漫》，李冯的短篇小说《地铁》、《探望》及创作谈《前与后》，陈染的随笔《独自漫游》。

《鸭绿江》第2期发表白天光的短篇小说《晦赋》、《黑浮冰》、《凉蛾》，罗雀的短篇小说《轒》，陈应松的短篇小说《丢失》，李克定的短篇小说《沉船》。陈应松（1956－　），江西余干人，生于湖北公安。1973年下乡插队。1987年武汉大学中文系毕业。湖北省作协副主席。1979年开始发表作品。著有长篇小说《猎人峰》、《魂不守舍》、《失语的村庄》、《别让我感动》，中短篇小说集《松鸦为什么鸣叫》、《狂犬事件》、《马嘶岭血案》、《豹子最后的舞蹈》、《大街上的水手》，散文随笔集《世纪末偷想》、《在拇指上耕田》、《小镇逝水录》，诗集《梦游的歌手》等。

《山东文学》第2期发表陶纯的短篇小说《让我顺水漂流》，许志强的短篇小说《谷雨难有雨》等。

《广州文艺》第2期发表谈歌的短篇小说《绝谜》。

《四川文学》第2期发表严歌苓的短篇小说《簪花女与卖油郎》。

《人民文学》第 2 期发表鲁彦周的长篇小说《迷沼》，陈世旭的长篇小说《镇长之死》，邱华栋的短篇小说《电视人基努·里夫斯》，张枣的诗《空白练习曲》，许淇的散文《追赶马群》。

《佛山文艺》第 213 期发表鬼子的短篇小说《你该洗个澡》，何玉茹的短篇小说《没人和她说话儿》。

5 日，新闻出版署发布《关于制止格调低下的 16 开本出版物出版发行的通知》。2003 年 8 月 26 日，该文件被新闻出版总署令第 21 号《废止的一批规章及规范性文件目录》废止。

《飞天》第 2 期发表何玉茹的短篇小说《村景》，荆歌的短篇小说《道具》，贺晓风的散文《阿里三则》。

《延河》第 2 期发表李弘的中篇小说《满目荒榛》，短篇小说《但向己求》，创作谈《尘世中的道路》及苑湖的评论《携取旧书归旧隐——李弘及其小说唤起的感觉》。苑湖认为，李弘的小说"机智地逃离了抒情，并令人欣慰地讲述了一个线条清晰、触手可摸的故事"。同期还发表姜滇的中篇小说《长亭》和以下短篇小说：章轲的《尴尬的小说家》、方英文的《王尚书》、周书羊的《情感》。

《北方文学》第 2 期发表孙少山的短篇小说《废弃的大道》。

《湖南文学》第 2 期发表聂鑫森的短篇小说《冬天的传闻》。

《广西文学》第 2 期发表江长深的中篇小说《集资》，创作谈《我与农民》及罗传洲的评论《我看江长深小说》。罗传洲认为江长深的小说"尤其关注、熟悉农民的生活与时代的关系"，"他对于现实主义的创作手段有着相当的把握"。同期发表吴景娅的短篇小说《92 年的阿米》，杨维成的短篇小说《老林》，周占华的短篇小说《天鹅》。

《作品》第 2 期发表于坚的散文《在哲蚌寺看晒佛》。

6 日，《当代人》第 2 期发表王亚东的短篇小说《沉没了的三叔》，陈映实的短篇小说《血脉》。

《天津文学》第2期发表刘继明的中篇小说《前往黄村》，谈歌的短篇小说《绝墓绝地》。

8日，中国文联迎春座谈会在京举行，会议就中国文联如何更好地发挥“联络、协调、服务”的职能为社会主义精神文明建设作出新的贡献进行讨论。

9日，《文艺报》在京召开杂文创作座谈会，就如何提高杂文思想艺术质量的问题展开讨论。与会作家强调杂文创作的必要性，并指出当前杂文创作虽然活跃，但也存在小家子气，存在远离崇高、躲避政治甚至“消解主流意识形态”等风气，同时存在散文化倾向，削弱了杂文的艺术特性和战斗功能。因此，要更加重视和深入研究杂文的艺术特性和创作规律。（《时代召唤弘扬正气针砭时弊的杂文——本报召开杂文创作座谈会》，《文艺报》1996年2月16日第7期）

10日，中国作协创研部、文艺报社、光明日报文艺部在京联合召开陆天明长篇小说《苍天在上》研讨会。中宣部副部长、中国作协党组书记翟泰丰指出，“这是一部近年来少有的反映时代精神人民呼声的优秀长篇小说”。文化部副部长、中国作协党组副书记陈昌本认为，“这部作品将在两个方面对文艺创作起到启示和推动作用。一是它比较成功地塑造了一个可信的九十年代的新人形象；二是这部长篇在创作方法上，达到了既有较深刻的思想内涵，又有较通俗的老百姓喜爱的表现形式”。另外，与会者还认为，“这部作品在题材的选择和把握上敢于直面反腐败这一当今老百姓最关注的社会问题，并以源于生活的戏剧性情节带给读者一种复杂的社会认知”，“它抓住了社会的焦点问题，也写出了历史发展的总的趋势”，“这部作品发扬了承接了革命现实主义的传统”。座谈会上也提出了作品的不足，如“作品在两套系统的写作上不够均衡”，“有些地方略显粗糙”，“有些细节不够真实”等。（参见《努力创作弘扬主旋律的优秀作品——长篇小说〈苍天在上〉研讨会在京举行》，《文艺报》1996年2月16日第7期）此小说1995年末被改编成电视剧在中央电视台播出，以39%的收视率成为九十年代中后期最具影响力的电视剧之一。从此，反腐题材的电视剧盛行一时。除了陆天明的反腐系列剧《大雪无痕》、《省委书记》等作品外，《黑洞》、《黑冰》等反腐和涉案题材结合的电视剧也都在观众中产生过较大影响。

《诗刊》2月号“话说今日诗坛”专栏刊出郑敏的诗论文章《诗人必须自救》。郑敏写道：“在过去将近一个世纪，中国诗坛像一个不断变换树种的植物园。诗歌一茬与一茬属于不一样的品种，基本上都是引进的。自己的诗歌传统几乎成了古墓中挖出的西汉麦种。”“今天我们为中青年诗人提供了什么文化环境？大、中学不论何种专业，以及作为国民教育的小学，在整个学习过程中没有机会学到系统的中华民族文、史、哲，更不用说系统的世界的文、史、哲。而二十世纪世界与中国都几经历史风暴，尤其是六十年代，当暴乱以汹涌的波涛、混浊复杂的湍流劈头盖脸而来，诗人们缺乏文化基础的脆弱的心灵，在事前事后都不可能对它的复杂本质有什么透明的阐释。诗人的头脑没有足够的理论，心灵没有深刻的智慧，对历史的遭遇做不出深刻的反应、独到的剖析；充其量不过写些‘伤痕’的疼痛，这样是不可能拿出世界级的重要作品面对人类高度文明的检验的。我们的诗歌大国半个世纪没有产生世界级的大诗人，而西方人数不多的诗人队伍却屡屡出现世界级的重要诗人，原因只有一个：文学艺术的较量是文化的较量。唐代诗人虽生在一个科技远不如今日发达的古代中国，却为人类留下不朽之作，当时如此，今日仍然如此。科技大国，军事大国，经济大国，如无视文化照样产生不了大作品。”“以这半世纪历史给这些中青年诗人的诗歌环境与文化土壤而论，责任自不在诗人。诗人们今后要想在二十一世纪突破这种野草杂蔓遍野的境况必须自救。努力通过自学，进行有计划的中外文、史、哲补课。不要吝惜用来阅读的时间。坚持‘读’对于有才华的年轻诗人比坚持‘写’要难。但，只有健全的文、史、哲架构才能载起传世佳作。在此同时警惕一些诱惑，如：寻找成名捷径，为之牺牲诗人的良知；如：唯才华为重，过去三十年不少男女诗人如流星划过夜空，但由于不肯刻苦侍奉诗歌，只求一时红火，才华很快就被挥霍一空；如：难耐寂寞，以新奇、刺激等诗外的因素打开市场销路，求一时的飞黄。”

《芒种》第2期发表裘山山的短篇小说《瞬间》，白天光的短篇小说《儋耳之子》。

《北京文学》第2期发表阿宁的中篇小说《校园里有一对情人》，王芫的短篇小说《姜片》，田柯的短篇小说《走过》，王璞的短篇小说《冬日插曲红梅谷》，程绍国的短篇小说《江边》。王芫（1966－　），山东人。在天津度过中学时代，1988年毕业于北京大学中文系，先后供职于多家公司，目前为自由职业者。自1990年起开始业余文学创作。曾任两届北京作协签约作家。著有长篇小说《什么都有代价》、《你选择的生活》、《幸存者》、《似非而是的生活》，中短篇小说《旗袍》、《口红》、《投资时代的叙事》，散文集《你自己的真理》等。

15日，北京人民艺术剧院上演话剧《好人润五》。编剧王志安、蓝荫海，导演任鸣。剧本发表在《新剧本》第2期上。

15－26日，第46届柏林国际电影节在德国柏林举行。我国长春电影制片厂出品、严浩导演的《太阳有耳》获得柏林国际电影节最佳导演银熊奖和国际影评人联盟（费比希）奖。西安电影制片厂出品的故事片《日光峡谷》获特别提名表扬奖。

17－25日，“中国现代电影展”在日本崎玉县举行，展映了《香香闹油坊》、《奥菲斯小姐》、《天堂回信》等7部影片。

18日，《佛山文艺》第214期发表田柯的短篇小说《城市的伤心》。

19日，河北省保定市中级人民法院对制贩淫秽出版物《奇异的性婚俗》一案作出一审判决，判处主犯陈建国无期徒刑，剥夺政治权利终身。3月4日，新闻出版署发布《关于总结〈奇异的性婚俗〉一案教训，进行业务整顿的通知》。

23日，《南方周末》发表陈染的随笔《半个自己》。

28日，《剧本》第2期发表吴双、潘伟行（执笔）、杨作玖、张之一的大型历史话剧《春秋魂》。

29日－3月2日，全国作协工作会议在京召开。主要议题是讨论修订《中国作协1996年工作要点》和《关于繁荣社会主义文学的五年规划》。

本月，中国作协表彰"五个一工程"奖获得者周而复、康式昭、王能宪、胡广爱。周而复的获奖作品为长篇小说《长城万里图》，康式昭、王能宪、胡广爱的获奖作品为《关于文化扶贫工程的思考与建议》。

深圳"第二届特区文学奖"揭晓并举行了颁奖仪式，7种共18件作品获奖：中篇小说《挚爱在人间》（竹林）、《驶出欲望街》（缪永）、《牙买加灯火》（申力雯）、《割草的小梅》（叶蔚林）等；短篇小说《面具》（老末）、《风景线》（李季彬）；评论《新都市文学——开放的现代文学语境》（官瑞华）、《迟到的批评》（倪鹤琴）；报告文学《高速公路梦幻曲》（洪洋）、《深圳，两万人从痛苦走向辉煌》（张俊彪）；散文《学画记》（陶萍）、《在德国的日子里》（程学源）；诗歌《唐古拉山前的沉思》（李瑛）等。

浙江大型文学月刊《东海》改版。

在中国版权研究会工作会议上，最高人民法院有关负责人透露，1995年我国各地法院受理的著作权纠纷案已近400起，比1994年上升了25%。负责人同时分析了近来著作权纠纷案的三个特点：多、大、难。

臧棣、王艾编辑的诗歌内部交流资料《标准》在北京创刊，主要刊登了孙文波、张曙光、肖开愚等人作品。张曙光（1956－　），诗人、学者、翻译家，黑龙江大学文学院教授。毕业于黑龙江大学。1980 年开始发表诗歌、小说及随笔。诗歌作品见于国内外文学杂志，并被译成英、西、德、日、荷兰等多种语言。主要作品有：诗集《小丑的花格外衣》，译诗集《切·米沃什诗选》、但丁《神曲》（三部），随笔评论集《上帝送他一座图书馆》等。

宗仁发、曲有源等主编的《中国诗歌》由云南人民出版社出版第 1 辑，刊有翟永明、王小妮、海男、虹影、韩东、钟鸣、伊沙、朱文、余刚、王家新、叶舟、小海等人的诗歌以及西川、杨黎的随笔，李森、陈超的诗论。

北京人艺小剧场上演话剧《棋人》，编剧过士行，导演林兆华。剧本发表在《新剧本》第 1 期上。林克欢说：“《棋人》之所以使人感动，正是在其荒诞的外表和不可洞见的生命幽暗之外，跃动着、隐含着某种难以言明的生命感受。”（《闲人不闲——闲话过士行的“闲人三部曲”》，《戏剧电影报》1997 年 4 月 3 日）

王晓明编选的“人文精神”讨论文集《人文精神寻思录》由文汇出版社出版。此书收录 26 篇讨论文章或对话录，并附有《“人文精神”讨论文章篇名索引》。王晓明在“编后记”中说：“‘人文精神’的提倡其实是知识分子的自救行为”，不妨将它看作是“知识分子的自我诘问和自我清理”。陈思和认为王晓明选编的《人文精神寻思录》和丁东选编的《人文精神讨论文选》两书的出版，标志着“人文精神”大讨论的结束。作为参与者之一，他对这场讨论的过程做出了较为准确的回顾：“邓小平南巡讲话以后，市场经济大潮呼啸而至，席卷了中国大地的各个领域，文化教育领域自然受到影响。文人下海，成为一时的风气。那时候，《上海文学》杂志搞了个‘批评家俱乐部’栏目，邀请一批学者批评家来主持。第一期是王晓明和他的学生们发表了谈话《旷野上的废墟》，针对王朔现象、张艺谋的电影作了尖锐批判，我和几个学生接着做的是关于知识分子价值选择、民间、庙堂这类话题。这些话题发表以后引起很多争论。当年上海华东师大举行文艺学学会的年会，来了很多研究文艺理论的学者，他们对市场经济对文化的冲击、文人下海等话题展开讨论，认为有人文精神的缺失问题，需要探讨人文精神寻思和重建的问题。那天晚上，不知是谁发起的，在华师大召集许多人开一个‘会中之会’，那天我在害眼病，坐在边上没有发言。沈昌文参加这个会，后来他提议再开个小会，作连环式的讨论，在《读书》连续发表六期的讨论。第一场讨论在我的家里，有王晓明，张汝伦，朱学勤和我，以后几期就由我们四人分头再找人组织进一步的讨论，后来南京大学的王彬彬他们也加入了。这些讨论文章在北京引起很大的反响。王晓明们的那篇批评王朔和张艺谋的文章引起了王蒙的关注，王蒙当时发了一通感慨，对‘人文精神’提出质疑。实际上，这是王蒙的错觉，他是站在政治立场看问题，他认为，现在搞市场经济是主流，人文精神讨论是唱了反调。他的观点遭到了王彬彬、朱学勤等人的反批判，王彬彬的那篇文章《过于聪明的中国作家》发表在 1994 年第六期《文艺争鸣》上，引发了新的论战。后来还掺杂了张炜和张承志的事情。当时北京有人编了两本‘抵抗投降书系’，包括张承志的《无援的思想》和张炜的《忧愤的归途》，引起了很大的争论。基本事实大致就是这么个过程。”陈思和认为，“人文精神的讨论，并非几个穷酸文人吃不饱肚子才来牢骚的，这是一次知识分子的自我反省，是知识分子对新时代精神滑坡的集体抗衡，虽然这并没能阻止知识分子精神的滑坡。在这次讨论中可以看到知识分子自我调整与时代关系的努力。这也是新中国成立以来知识分子第一次不依靠官方自己来发现问题讨论问题，而这之后，也就再也看不到集团性的全国范围内的大讨论了。所以从这个意义上说，这次讨论，可以称得上‘空前绝后’”。（罗四鸰：《对精神滑坡的集体抗衡——陈思和答关于“人文精神大讨论”的若干问题》，《文学报》2008 年 12 月 18 日）学者赵勇认为，“人文精神大讨论”作为文化症候，折射出时代的变迁：“今天看来，这其中的讨论与争端显然与经济场向文学场渗透、文学场被经济场裹胁有关，而争论的双方也隐含着他

们对二场交往的不同理解”。（赵勇：《文坛媒介化：从文坛事件看文学场的位移》，《博览群书》2008 年第 11 期）

《山花》第 2 期发表短篇小说：白桦的《沙漠里的狼》，朱辉的《双风灌耳》，袁政谦的《还乡》，周晓枫的《她们》，邱华栋的《大额尔齐斯河》；随笔：鲁枢元的《荒野的伦理》，洪烛的《拆散的日记簿》；散文：邱华栋的《大额尔齐斯河》，王家鸿的《鼠患》。本期公布 1995 年“山花理论奖”获奖篇目：陈晓明的《晚生代与九十年代的文学流向》，谢有顺的《先锋小说再崛起的可能性》，欧阳江河、陈超、唐晓渡的《对话——中国式的“后现代”理论及其他（上下）》，王干的《世纪末的风景——九十年代文化心理描述》，张颐武的《此时此地：重新追问我们的位置》，昌切、刘继明的《〈柏慧〉与当下精神境况》，西川的《关于诗学中的九个问题》。陈晓明的《晚生代与九十年代的文学流向》指出：“九十年代的文学背景明显向着后个人化，向着大众化，向着商业主义和后殖民主义，向欲望化的观赏性方位延伸。在某种意义上，八十年代末期的那种文学自成一体的格局已经破裂，不管‘先锋派’和‘新写实’多么的个人化，他们的写作终究与文学史（现实主义规范）构成对话，而九十年代才过去数年，那种反抗和挑战的姿态已经荡然无存，取而代之的是彻底‘零度’的写作——没有任何形而上乌托邦冲动的写作，它被历史之手推到纯粹的阅读面前。文学写作从来没有像今天这样回到个人本位，不管历史之手赋加什么样的群体意义给这种写作，它首先是以个人对文学说话的姿态进入现实语境。没有中心的时代注定了是一个多元化的不可整合的时代，当然也就注定了是一个走向‘直接存在’的时代。如果我们稍加保持历史敏感性的话，我们将不难感受到在大文化转型的背景上，一种新的叙事法则正趋于形成，在某种意义上，它表征着‘晚生代’的最根本的文学内涵。”邱华栋，（1969－　），生于新疆，祖籍河南西峡。16 岁开始发表作品，18 岁出版第一部小说集，1988 年被武汉大学中文系破格录取。著有长篇小说《夏天的禁忌》、《夜晚的诺言》、《白昼的躁动》、《正午的供词》、《花儿花》、《戴安娜的猎户星》等，小说集《黑暗河流上的闪光》、《哭泣游戏》、《都市新人类》、《午夜狂欢》等，散文随笔集《绝色喀纳斯》、《私人笔记本》、《城市午夜的游走》，文学文化评论集《和大师一起生活》、《挑灯看剑》、《世界电影大师108将》，诗集《花朵与岩石》、《从火到水》等。

《萌芽》第2期发表张磊的短篇小说《天堂》及陈村的评论《黑色的孩子》。

《小说月报》第2期发表叶广芩的中篇小说《风》，冯骥才的短篇小说《石头说话》，余华的短篇小说《女人的胜利》，格非的短篇小说《紫竹院的约会》。

《上海文学》第2期发表何顿的中篇小说《只要你过得比我好》及作家自语《写作状态》，孙春平的中篇小说《天生我才》，王英琦的随笔《守望灵魂》。

《青年文学家》第2－3期合刊发表王鸿达的短篇小说《家家》。

《特区文学》第2期发表筱敏的随笔《血脉的回想》。

我国影片《巫山云雨》（章明导演）在第12届法国蒙彼利埃中国电影节上获评委会奖。

《张炜自选集》（六卷本），《王安忆自选集》（六卷本），由作家出版社出版。

王蒙的小说《白衣服与黑衣服》，严歌苓的小说《扶桑》，由中国华侨出版社出版。

赵玫的小说《岁月如歌》，海南的小说《南北恋情》，由时代文艺出版社出版。

张中晓著、路莘整理的《张中晓遗稿》、《无梦楼随笔》，张炜的散文集

《纯美的注视》，邵燕祥的自传《沉船》，由上海远东出版社出版。

邵燕祥的散文集《红尘小品》，由敦煌文艺出版社出版。

三月

1 日，《作家》第 3 期发表刁斗的短篇小说《碗里需要一小勺糖》（联网四重奏）。

《鸭绿江》第 3 期发表残雪的中篇小说《恩怨》。

《广州文艺》第 3 期发表李国文的短篇小说《三舅》，储福金的短篇小说《诚意关怀》，红杏的短篇小说《我的美国签证》，朵拉的短篇小说《寻找男子汉》。

《四川文学》第 3 期发表莫怀戚的中篇小说《山水回旋曲》。

2 日，《新剧本》第 2 期发表话剧剧本：袁军的《公仆》、朱树的《重塑美利坚》和胡玥的《感觉徐志摩》。

全国电视剧题材规划会在扬州结束。会议本着“弘扬主旋律，坚持多样化”的精神，研究制定了 1996 年全国电视剧题材规划，探讨在电视剧创作和管理方面存在的问题及其解决的方法等。

3 日，《人民文学》第 3 期发表赵金禾的中篇小说《学习》，李大卫的中篇小说《真情如歌》，吴晨骏的短篇小说《对一个人我们了解多少?》、《照片》，韩映山的短篇小说《姻缘》，韩作荣的报告文学《城市与人》（下卷），李若冰的散文《第一次见到母亲》。李大卫（1963 - ），生于北京。1985 年毕业于首都师范大学英语系。现居纽约。主要作品有诗集《念珠·击壤》、长篇小说《集梦爱好者》、文集《卡通猫的美国梦》等。吴晨骏（1966 - ），1989 年毕业于东南大学动力系。著有小说集《明朝书生》、《我的妹妹》、《柔软的心》，诗集《棉花小球》，长篇小说《筋疲力尽》等。

《佛山文艺》第215期发表何葆国的短篇小说《眼前是一片氤氲》，李明的短篇小说《坐班车的女人》。

3-4日，全国文学创作中心座谈会在京举行，六个创作中心（广东、湖南、内蒙古、山东、山西、上海）的“当家人”就如何繁荣文学创作进行深入交流、探讨。中国作协书记陈建功、副书记陈昌本作了题为《加强创作引导，奋力推出精品》的报告，指出：要倡导作家处理好弘扬主旋律与提倡多样化的关系；倡导作家跳出个人小圈子，增强时代感、中国感，反映我们这个伟大的时代；倡导作家学习马克思主义，坚持马克思主义反映论，坚持正确的世界观、历史观、道德观、价值观、文学观；倡导作家表现时代的新人形象；文学是人民的文学、民族的文学，要引导作家写人民群众喜闻乐见的雅俗共赏的作品，做到雅与俗的统一。（载《文艺报》3月29日第12期）

5日，孙谦在太原病逝，享年76岁。二十世纪九十年代他曾被中共山西省委和省政府授予“人民作家”称号，他是中国当代文学史上文学流派“山药蛋派”的代表性作家之一。他的第一篇小说《我们是这样回到队伍里的》发表在1943年8月5日《解放日报》副刊上。之后创作了剧本《王德锁减租》、《闹嘴舌》、《闹对了》、《红手帕》，短篇小说《老资格》、《胜利之夜》等。解放后先后创作了《农家乐》、《丰收》、《陕北牧歌》、《葡萄熟了的时候》等21部电影文学剧本和一批小说、散文作品。粉碎《四人帮》后，与马烽合作写出电影文学剧本《新来的县委书记》（即《泪痕》）、《咱们的退伍兵》、《山村锣鼓》、《黄土坡的婆姨们》等。冯池评价孙谦的创作态度是“严肃的，并不趋时附势，取宠献媚，而是扎扎实实深入生活，去写那些值得赞颂的东西”。（冯池：《缅怀孙谦同志》，《黄河》1996年第3期）于敏评价孙谦：“淳朴、实在，不夸夸其谈，对农民很有感情。他的语言富有表现力，尤其是农民语言生动活泼，感染力较强。”（于敏：《忆孙谦》，《电影艺术》

2008 年第 2 期）罗艺军认为，“孙谦电影剧作的成就与局限鲜明地打上了时代的烙印”。（罗艺军：《忆孙谦》，《电影艺术》2008 年第 2 期）

《莽原》第 2 期发表阿宁的中篇小说《冬季杀人》，赵金禾的中篇小说《卷土重来》。

《芙蓉》第 2 期发表张抗抗的长篇小说《情爱画廊》，何立伟的短篇小说《复仇》。

《长江文艺》第 3 期发表赵玫的短篇小说《无以告别》。

《湖南文学》第 3 期发表姜贻斌的中篇小说《游手好闲》，叶蔚林的短篇小说《白马绿杨堤》，荆歌的短篇小说《我是一个男人》。

7 日，《天津文学》第 3 期发表荆歌的短篇小说《水袖》，刘谦的短篇小说《黑车皮》。

《散文百家》第 3 期发表朱志忠的散文《月夜的魔性》。

10 日，《中国作家》第 2 期发表关仁山的中篇小说《大雪无乡》。黄发有认为，“所谓的新现实主义作家刘醒龙、谈歌、何申、关仁山的作品都以卷入现实的姿态，表现正在行进的历史，关注当时社会的焦点问题——下岗问题、贫富分化问题，描绘改革进程遭遇的艰难与沉重”，他们的作品“都不约而同地表现出将越来越激烈的矛盾冲突化解于无形的审美指向，这种忍气吞声的化解性文本抑制了人物的主动权”，“这群作家的作品都隐藏着一个用善去感化恶的模式，感化意愿夹藏着对现实缺憾的无奈和认可，试图调和历史与道德的冲突，这种左顾右盼的姿态无法不造成叙事的断裂”，“一些现实热点不经过滤就被吸纳进文本，这导致了小说话语只能浮在行为和环境的表面，用文学手法去寻找社会、政治、经济等问题的具体应对方案，在表态式情感宣泄中沦落为非文学话语的附庸”。（黄发有：《“改革文学”：老问题与新情况》，《天涯》2008 年第 5 期）同期发表肖克凡的中篇小说《今天的虫子》，陈世旭的中篇小说《遗产》，王泽群的中篇小说《秧歌魂》，蒋启倩的中篇小说《虹》，陈骅俊的短篇小说《残红》，古雨的短篇小说《穿裙子的婚床》，张兴元的短篇小说《骂街》。肖克凡（1953－ ），天津人。天津市作协文学院院长。著有长篇小说《鼠年》、《原址》、《都市上空的爱情》、《尴尬英雄》、《浮桥》等，小说集《黑色部落》、《赌者》、《人间城郭》、《蓝色鸟》、《你为谁守身如玉》，散文集《镜中的你和我》、《我的少年王朝》等。

《花城》第2期发表陈染的长篇小说《私人生活》，海男的中篇小说《金钱问题》，叶曙明的中篇小说《垃圾成山的日子》，潘军的中篇小说《情感生活的短暂真空时期》，徐小斌的短篇小说《蜂后》，俞剑竑的短篇小说《神弃之园》。《私人生活》5月由作家出版社出版单行本，作品研讨会由作家出版社、《花城》杂志社联合主办，在京举行。与会者分析了作者独特的女性经验和视角。王蒙说陈染的小说："诡秘、调皮、神经、古怪，似乎还不无中国式的飘逸空灵和西洋式的强烈的荒谬。她我行我素，神啦巴唧，干脆利落，飒爽英姿，信口开河，而又不事铺张，她有自己的感觉和制动操纵装置，行于当行，止于当止。她同时女性得坦诚得让你心跳。……她的作品里也有一种精神的清高的优越感，但她远远不是那么性急地自我膨胀和用贬低庸众的办法来拔份儿，她决不怕人家看不出她的了不起，她并不为自己的扩张和大获全胜而辛辛苦苦。她只是生活在自己的未必广阔，然而却是很深邃，很有自己的趣味与苦恼的说大就很大说小就很小的天地中罢了。这样她的清高就更具自然和自由本色，更不需要作出什么式样来。"（王蒙：《陌生的陈染——代序》，《陈染文集》第1卷，江苏文艺出版社1996年版）。孙绍先认为，《私人生活》的写作动机是"沟通"，"《私人生活》让我们刻骨铭心地感受到了女性经验边缘化给女人带来的困惑与焦虑"。（孙绍先：《一个女人的心路历程》，《中国图书评论》1996年第7期）王宏图说："陈染迄今唯一的长篇小说《私人生活》囊括了她全部写作的基本主题：恋父/弑父情结，恋母/仇母意绪，同性之爱以及深沉的孤独之痛。"（王宏图：《私人经验与公共话语》，《上海文学》1997年第5期）陈染的《私人生活》、林白的《说吧，房间》以及海男的《坦言》的出版，标志着中国女性写作已达到了相当的深度。陈染的《私人生活》为女性“私人写作”进行了命名式的界定。三位作家表达的都是个体经验，与社会的公共空间的普遍伦理具有相当的差异。她们的写作大都采取一种“新历史”的个体传记的幽闭形式，将自己下意识、无意识的琐碎回忆加以整理，将隐蔽的私人经验以不成为公共话语的“背叛式”方式写出来，与传统的庞大主题的叙事有很大距离。（郑崇选《长篇小说创作综述》，《中国文学年鉴1995－1996》，作家出版社1999年版）

《北京文学》第3期发表赵毅衡的短篇小说《少将与中尉》。

《诗刊》3月号“三月暖暖的诗情——女诗人作品辑”发表刘亚丽的《两盏灯》、扶桑的《一片乌云在唱歌》、荣荣的《识字课本距真正的春天几米……》，还发表了陈超的《可能的诗歌写作》。

11日，为纪念中国人民抗日战争和世界反法西斯战争胜利50周年，中国作协在京邀请一批老作家对中国作协编辑的“抗日战争作品选”的篇目进行了座谈。

14日，中国田汉基金会在京成立。名誉理事长为宋任穷、巴金，理事长为周巍峙。

新闻出版署发布《电子出版物管理暂行规定》、《关于重申出版台、港、澳文学作品需专题报批的通知》。

15日，《大家》第2期发表刘毅然的长篇小说《老故事》，迟子建的中篇小说《白银那》，罗望子的中篇小说《矮个儿哲学家》，赵刚的中篇小说《魔方》，刁斗的中篇小说《骰子一掷》（联网四重奏），汪曾祺的《短篇二题》，余华的《小说二篇》。

《天涯》第2期发表北村的中篇小说《强暴》，韩东的短篇小说《曹旭回来了，又走了》，何立伟的短篇小说《到西藏找狗》，汪晖的散文《超然之外——沁君先生及新北门诸老》，王小妮的散文《消失》，陈村的随笔《望字拆字》，单正平的随笔《厕所笔记》。

《黄河》第2期发表许建斌的长篇小说《乡村豪门》。

《戏剧电影报》发表沈林的《什么是实验戏剧》和孟京辉的《什么不是实验戏剧》。

17日，全国文联工作会议召开，中国文联党组书记高占祥作了题为《热心服务开拓进取》的报告。

方敬病逝，享年82岁。方敬是现代诗人兼翻译家，著有诗集《行吟的歌》、《拾穗集》等。他曾翻译出版列夫·托尔斯泰的《家庭幸福》、《伊凡·伊里奇之死》和狄更斯的《圣诞欢歌》等中篇小说以及外国诗歌、散文等。方敬的创作促进了中国新诗的发展，他的部分诗歌作品被译介和编入海外多种中国新诗选本，海外汉学界对他时有评论。前苏联汉学家契尔卡斯基在专著《战争年代的中国诗歌》中多次论及方敬，瑞典汉学家马悦然在他编写的《中国文学（1900－1949）》里对方敬诗集《行吟的歌》给予了专门的评论与探讨。

《作品与争鸣》第3期发表梁晓声的中篇小说《荒弃的家园》及熊元义的评论《“搬家”神话的终结》。

新闻出版署发布《关于出版宣传香港回归图书的通知》。规定：出版香港回归的图书选题，要向新闻出版署专题报批；书内不得刊登任何广告及变相广告；书稿未经批准，不宜请党和国家领导人挂名当顾问、主编；不宜请领导人题名、题词。2003年8月26日，该文件被新闻出版总署令第21号《废止的一批规章及规范性文件目录》废止。

20日，《钟山》第2期发表张抗抗的长篇小说《情爱画廊》（节选），刘恪的长篇小说《南方雨季》，李国文的中篇小说《涅槃》，李佩甫的中篇小说《长眼睛的树叶》，刁斗的中篇小说《重叠》（联网四重奏），叶兆言的散文《花影》、《食指》。“思潮反思录”专栏发表张韧的《人文精神？新启蒙与文学》，文章对“人文精神大讨论”进行了回顾、反思和评价。同期还刊有谢冕、雷达等的《状态？理想？过渡》。1995年12月3日，《钟山》编辑部、北京大学文学研究所和江苏省物产文化传播中心联合在京举办“九十年代文化与新状态”恳谈会，谢冕、刘心武、洪子诚、雷达等十多位评论家、作家出席，对九十年代文化的各种现象进行梳理、回顾、反思，此文即为该研讨会的发言提要。

为纪念中国工农红军长征胜利60周年，由广西电影制片厂与中国电影基金会摄制、华港集团有限公司协助拍摄，王朝柱编剧、翟俊杰导演的革命历史巨片《长征》在北京人民大会堂举行开机仪式。

23－26日，全国电影工作会议在湖南省长沙市举行。中宣部部长丁关根在会上提出了实施“九五五零工程”的战略目标，即在九五期间，每年推出10部精品，5年50部，以掀起新中国电影的第三次高潮。江泽民对电影界提出了“三精”的要求：“思想精深、艺术精湛、制作精良。”为此，电影主管部门出台了一系列的改革措施，一是加强管理，“依法管理，科学管理。充分尊重艺术规律，讲究艺术民主”。二是调整、组建机构，电影厂从文化、宣传部门划归广电部；建立电影剧本规划中心，专门负责抓重点片。三是经济扶持，政府出钱拍包括献礼片的重点片。四是评奖，建立“夏衍电影文学奖”，搜罗剧本，评选优秀，奖以重金。政府奖（华表）、专家奖（金鸡）、儿童奖（铜牛）、少数民族奖（骏马）、大众奖（百花）都为精品工程服务。

25日，《收获》第2期发表阎连科的中篇小说《黄金洞》，韩东的中篇小说《小东的书画》，苏童的短篇小说《声音研究》，赵丽宏的散文《遗忘的碎屑》，萧乾的散文《校门内外》，李辉的散文《书生累——关于邓拓的随感》。

26日，“柯岩从事文学创作55周年暨《柯岩文集》出版座谈会”在北京举行。《柯岩文集》由青岛出版社出版，共6卷，300多万字，收入了作者创作的各种体裁的作品。

28日，《中国作家》、厂长经理日报社和《小小说选刊》杂志社联合主办的“恒裕杯”征文活动揭晓，颁奖大会在京举行。《水蛇腰》（汪曾祺）、《乐鸽子》（赵大年）、《吃》（林斤澜）等获得佳作奖；《月亮船》（刘国芳）、《刘老大和他那口军锅》（许行）、《尾灯》（肖复兴）等获得优秀作品奖。

《剧本》第3期发表魏明伦的川剧文学剧本《中国公主杜兰朵》和陈初华、杨粤生、李巨龙的七场话剧《新局》。

29日，中国煤矿文化艺术联合会在京成立，梁东当选为中国煤矿文联主席。

本月，为进一步落实江泽民总书记关于繁荣长篇小说的指示，浙江省成立长篇小说创作基金会。

《十月》第2期发表阿成的笔记小说《赋家总道登临好》，王英琦的散文《只在乎人们心的“点头”》，周晓枫的随笔《她们》。

《山花》第3期发表方方的中篇小说《定数》，刁斗的短篇小说《第X次晚餐》（联网四重奏），吴晨骏的短篇小说《献给感伤》，苇岸的散文《世上最好的事业》，耿占春的散文《倾听与回忆》，杜丽的散文《珍妮的吻》。杜丽（1967－　），女，山东莱州人。1985年考入北京大学中文系，1992年硕士毕业后到人民文学出版社工作至今。著有作品集《美好的敌人》、《带绿色玻璃罩的台灯》、《为卡尔文疯狂》、《蓝色手指》、《谁比谁活得更长》、《我是哪一种吸血鬼》等。

《上海文学》第3期发表方方的中篇小说《状态》，残雪的中篇小说《与虫子有关的事》。

《芳草》第3期发表赵金禾的中篇小说《一种状态》，创作谈《关注灵魂》。

《小说界》第2期发表韩少功的长篇小说《马桥词典》及王蒙的评论《小说的世界》。《马桥词典》8月由作家出版社出版后，海南大学社科中心和上海文艺出版社先后召开了作品座谈会。南帆认为："《马桥词典》利用一个个词条组织历史，树碑立传，这显然是一个罕见的实验"，"必须承认，《马桥词典》是一部独一无二的著作"。（南帆：《〈马桥词典〉：敞开和囚禁》，《当代作家评论》1996 年第 5 期）萌萌认为韩少功"以《马桥词典》为标志，完成了一次'语言学转向'，即从文化寻根转向语言寻根"，"他在当时（下乡插队时期）就开始积累语言，这一做法暗合了 20 世纪后期中国学界的语言学热情"。（《语言的追问》，《文学报》1996 年 8 月 29 日）王蒙评价道："韩少功的新作的可贵之处在于他的角度：语言、命名、文化，生活在语言、命名、文化中的人物。这就比单纯强烈的意识形态思考更宽泛更能涵盖也更加稳定，更富有普遍性与永久性了。"（王蒙：《道是词典还小说》，《读书》1997 年第 1 期）但是，张颐武认为《马桥词典》"无论形式或内容都很像，而且是完全照搬《哈扎尔词典》"，这部"被大吹大擂为前无古人的经典"其实是一部粗劣模仿之作。（张颐武：《精神的匮乏》，《为您服务报》1996 年 12 月 5 日；此文后来更名为《〈马桥词典〉：粗陋的模仿之作》刊于 1996 年 12 月 24 日的《羊城晚报》）在《为您服务报》同一版面还组发了王干的《看韩少功做广告》一文，文章批评韩少功发表在《扬子晚报》上的《第一本书之后——致友人书简》是在借用报纸版面给自己主编的《天涯》杂志做广告、做征订启事，指责他的《马桥词典》模仿一位外国作家。面对批评，韩少功说："我根本没有看过帕维奇的那部小说……'词典'仅仅是种体裁，如同书信体、日记体一样，即使有过十部百部这类作品，后人也照样可以运用这种体裁进行创作。"（韩少功：《〈马桥词典〉抄袭了吗?》，《文汇报》1996 年 12 月 17 日）同时，还有一些作家发表了自己的看法：张炜认为《马桥词典》的出现值得庆贺，它对生活的感悟，它呈现的思想力度和哲学高度都让人惊讶。仿造不可能仿出如此鲜活的灵魂，真正的创造也不可能轻易地被流言折断。南帆认为，没有任何作家可以垄断一种文体。蒋子龙认为，《马桥词典》标志着中国新意识小说的成熟，它在形式、内容、语言、思想上非常完整统一，完全是中国式的，是抄袭不来也模仿不出来的。方方表示，如果评论家可以随心所欲地宣布某部小说是抄袭或模仿，即使不符合事实，所有的后果还得由作家来承担，作家岂不是随时都可能受到伤害？（参见《文汇报》1996 年 12 月 19 日）另外，陈思和认为："我们不能完全排除韩少功受到过《哈扎尔词典》的影响"，但是，"中国当代文学的独创性并不是以其是否接受过外来影响为评价标准的，而是以这种影响的背后生长出巨大的创造力为标志"，"《马桥词典》与《哈扎尔词典》应该是享有同等地位和代表性的"。（陈思和：《〈马桥词典〉：中国当代文学的世界性因素之一例》，《当代作家评论》1997 年第 2 期）不久，"马桥诉讼"开始：1997 年 1 月 7 日，史铁生等 11 位著名作家及《小说界》上书中国作协，要求公正评审《马桥词典》。3 月海口中院受理此案并于 5 月 18 日作出一审判决："被告张颐武……指称《马桥词典》在内容上完全照搬《哈扎尔词典》，这一评论超出了正常的文艺批评界限，已构成了对原告韩少功名誉权的侵害。"（转引自祝晓风编著：《知识冲突——90 年代文化界 15 大案采访录》，第 272 页，辽海出版社 1999 年版）张颐武不服，认为判决"不仅无助于正常的文学和创作发展，还将扰乱已初步形成的多样而活跃的文化格局……我们决定向海南省高级人民法院提起上诉"。（参见 1998 年 6 月 11 日《作家报》报道：《"马桥诉讼"一审判决》）一些作家、评论家不同意通过诉讼解决文学之争。1997 年 5 月 22 日《作家报》发表对七位文学评论家的访谈录，题为《用批评和反批评的方法解决文坛论争》。韩石山认为，"马桥"事件是"中国新时期文学的最后一役"，争论的焦点是"创新与模仿的界定"。经过这一事件，"再也不会有人在模仿了外国作品之后，还有胆将批评者送上法庭了"，"以模仿为特征的新时期文学，就这样结束了"。（韩石山：《"马桥事件"：一个文学时代的终结》，《文学自由谈》1998 年第 6 期）"马桥事件"被《新民晚报》评为 1996

年国内文坛十件大事之一。1998 年 3 月 19 日，“马桥诉讼”第一被告张颐武向海口中院提出“中止审理”，至此他已履行了被告在诉讼程序上的全部权利，包括两次管辖异议、一次抗诉申请、一次中止审理。1998 年 12 月 23 日，海南省高院公开开庭二审“马桥诉讼”。1999 年 3 月 23 日，海南高院下达了终审判决书。五名被告全部被判定违法侵权，韩少功全面胜诉。

《小说家》第 2 期发表赵玫的中篇小说《岁月如歌》，阿成的笔记小说《赋家总道登临好》、《戒台寺》、《黄天竹》、《云轩先生》、《死大爷和他的儿女们》、《武先生和小辛护士》，阎连科的散文《性的折磨》、《黄土地的枣木拐杖婚姻》，阿成的随笔《热爱生活》（外二篇）、散文《诱惑》。

《时代文学》第 2 期发表迟子建的短篇小说《闹庵》，刘继明的短篇小说《大祸临头》。

《多味人生——〈人民文学〉小说选萃（1949－1994）》，由漓江出版社出版。该书精选了 52 部中短篇佳作，96 万字。收入新中国不同历史时期不同类型的代表作家的成名作、获奖作和代表作，系统地展现了《人民文学》创刊 45 周年的小说创作实绩，展现了中、短篇小说文体的嬗变过程和历史变迁。

章克标的小说《一个人的结婚》，由花城出版社出版。

《梁羽生小说全集》，由广东旅游出版社出版。

叶辛的 10 卷本《叶辛文集》，由江苏文艺出版社出版。

施蛰存的小说《10 年创作集》，由华东师范大学出版社出版。

周大新的小说《瓦解》，张炜的小说《远行之嘱》，林白的小说《致命的飞翔》，迟子建的小说《逝川》，残雪的小说《黄泥街》，汪曾祺的小说《矮纸集》，周涛的散文集《高榻》，由长江文艺出版社出版。

周涛的小说《西部的纹脉》，陆天明的小说《桑拿高地的太阳》，由敦煌文艺出版社出版。

张小波的小说《每天淹死一个儿童的河》，邱华栋的小说《城市中的马群》，朱文的小说《弯腰吃草》，何顿的小说《就这么回事》，由华艺出版社出版。

赵玫的小说《零公里》、王小妮的散文集《放逐深圳》，由云南人民出版社出版。

刘心武的散文集《开发心大陆》，张抗抗的散文集《沙之聚》，韩少功的散文集《灵魂的声音》，铁凝的散文集《罗丹之约》，冯骥才的散文集《逆光的风景》，梁晓声的散文集《润心集》，王蒙的散文集《宽容的哲学》，李国文的散文集《淡之美》，由吉林人民出版社出版。

韩少功的散文集《心想》，周国平的散文集《爱与孤独》，史铁生的散文集《答自己问》，由天津人民出版社出版。

金克木的散文集《末班车》，由中央编译出版社出版。

陈村的散文集《古典的人》，由湖南文艺出版社出版。

谢泳的散文集《旧人旧事：一个年轻人眼中的过去》，李锐的散文集《拒绝合唱》，张新颖的散文集《歧路荒草》，由上海人民出版社出版。

林白的散文集《丝绸与岁月》，由北京文化艺术出版社出版。

四月

1 日，《作家》第 4 期发表罗望子的中篇小说《闲暇时间》，吕新的短篇小说《一个秋天的晚上》，潘军的短篇小说《白底黑斑蝴蝶》。

《山东文学》第 4 期发表张炜的《新作二题》。

《广州文艺》第 4 期发表阎欣宁的中篇小说《星散星河岸》。

《美文》第 4 期发表林希的散文《泪的重量》。

第六届“永乐杯”上海影评人奖评选揭晓。获年度十佳影片的有：《红樱桃》、《赢家》、《黑骏马》、《阳光灿烂的日子》、《变脸》、《孤儿泪》、《大辫子的诱惑》、《天国逆子》、《生死千里》。谢飞（《黑骏马》）、霍建起（《赢家》）获最佳导演奖。

3日，《人民文学》第4期发表荆歌的中篇小说《太平》，荒水的中篇小说《伤势》，林染的散文《西北五题》，季羡林的散文《悼组缃》，何士光的散文《〈日子〉末篇》。

5日，《长江文艺》第4期发表张炜的短篇小说《致不孝之子》，石钟山的短篇小说《复员老兵》。

《作品》第4期发表荆歌的中篇小说《丢魂》。

《飞天》第4期发表王立纯的中篇小说《未被预报的汛情》，章轲的短篇小说《绝望的公司》，秦巴子的短篇小说《三人行》。

《延河》第4期发表刁斗的短篇小说《鱼纹陶罐》、《草原》和创作谈《写小说的理由》，冯积歧的评论《惊讶地叫出了声音——从刁斗的两篇小说谈起》。冯积歧认为，刁斗“是一个讲故事的能手，他尽量地将故事写得接近故事本身”，同时还在小说中坚持发出作家自己的声音。同期还发表吴声雷的短篇小说《平面无深度》，陈虹的短篇小说《细雨梦回》，景斌的短篇小说《向左向右转的汽笛》，周占华的短篇小说《夫妻》。

6日，“华北沦陷区文学暨专著《沦陷时期北京文学八年》学术座谈会”在京举行。

7－10日，“华文文学与中华人文精神国际学术研讨会”在杭州浙江大学举行。与会者围绕华文文学所蕴含的中华人文精神及中华人文精神对华文文学的影响，中华人文精神的内涵、特征、历史贡献与当代价值，中华人文精神在其他文化意识领域的表现等问题展开了深入的研讨。此外，与会代表还对中国美学、文学、传统戏曲、宗教文化之人文精神等问题展开了多方位的讨论。

7–13日，中国莎学代表团赴美国洛杉矶参加第6届世界莎士比亚大会。这是中国第一次组团参加世界莎士比亚大会。中国代表团由中国莎学研究会副会长、著名莎剧翻译家方平任团长。

9日，由天津市文联主办的赵玫作品研讨会在津召开。在会上，冯骥才说："赵玫是一个情绪化的作家，情绪又是非常主观的。彻底的主观性应该是她的艺术特征。因此她的作品总是被一种氛围所覆盖。一种心理氛围。而这氛围又总是那种或浓或淡的悲哀与伤感。我有时担心她长此下去，会不会使喜新厌旧的读者感到疲倦。"李国文认为，赵玫的创作是"很典型的女性创作"，其全部作品"都以女性终极关怀为起点"。王蒙则说，他有时觉得赵玫的写作相当中庸，她与更年轻的一代女作家有很大不同。"比如写到性，这里面她似乎有一种观念，比如在幻梦与现实之间。因为赵玫有些东西也有幻梦色彩，也有白日梦的因素。但是她的梦又不是走得很远，不像有的女作家，可以把白日梦写得让你看着有点逼人。""实际她是写法上先锋一点，观念上并不怎么先锋。"她的写作，"很少有对文字的玩弄，非常流畅"。同时，王蒙指出，赵玫的创作缺少一种他所希望的锋芒，一种思想的或者情感、艺术的锋芒。（佳木斯整理：《十年盖起一片美丽的村庄——赵玫作品研讨会摘要》，《文学自由谈》1996年第3期）

10–13日，中国作家协会诗刊社、中国文联理论研究室、山东青州文化局等主办的全国诗歌理论研讨会在山东青州召开。吴思敬、袁忠岳、叶延滨、丁国成、陈超、孙基林、张清华、阿红、刘强等诗人、诗评家与会，会议对新时期以来的诗歌创作和理论研究进行了回顾与总结，其中涉及对"第三代诗"的研究和评价问题，并重点对当前诗歌创作的现状和出路问题进行了探讨。《诗刊》6月号刊出朱先树的《坚守顺应继往开来——全国诗歌理论（青州）研讨会侧记》。

10日，《芒种》第4期发表阎欣宁的短篇小说《白色窗帘》，王立忱的短篇小说《毒誓》。

《北京文学》第4期公布《北京文学》“神华杯”小说大奖赛获奖篇目：一等奖为关仁山的《落魂天》，二等奖有袁一强的《小人不可得罪》、谈歌的《天下荒年》、王梓夫的《审判》，三等奖有王蒙的《寻湖》、刘庆邦的《泥沼》、半岛的《尘缘清浅》、刘连枢的《黑凤冠》、陆涛的《零点播出》、古清生的《流浪京都》。陆涛（1957－　），小说家。插过队，当过工人，从事过表演和导演，经过商，做过主持人、独立制作人、记者、编辑、新闻中心主任等。1995年成为北京作家协会合同制作家。著有长篇小说《京西大嘴》、《天大地大》、《伞下人》、《一次够了》、《造化》，中篇小说《屈体翻腾三周半》、《我爱我爸》、《像蚂蚁那样哭泣》、《黑头发飘起来》、《零点播出》等。

《诗刊》第4期发表汪静之的诗《六美缘》（选章），《臧克家诗选》。

11－12日，中国作家协会第四届主席团第十次会议在京举行，丁关根出席会议并讲话。会议审议并原则通过了《中国作家协会关于繁荣社会主义文学的五年规划（讨论稿）》（4月26日《文艺报》第16期刊载）、《中国作家协会1996年工作要点》和名为《努力繁荣社会主义文学为精神文明建设作出更大贡献》的决议（《文艺报》4月19日第15期刊载）。

《中国电影周报》发表丁关根1996年3月23日在全国电影工作会议上讲话的摘要，题为《多出优秀作品，繁荣电影事业》。

15日，国家版权局、国家工商局联合发布《著作权涉外代理机构管理暂行办法》。

16日，1996年全国艺术创作会议在京召开。

西藏作家协会二届三次理事会议选举通过了扎西达娃为西藏作家协会主席，伦珠朗杰、金志国增补为西藏作家协会副主席。

17日，《作品与争鸣》第4期发表张行健的中篇小说《田野上的教堂》。

18 日，邓友梅长篇小说《凉山月》研讨会在西昌举行。与会评论家、作家一致认为该部小说是一部民族风情浓郁、语言故事独特、艺术上成功的作品。它不仅展示了凉山的历史变迁、民族团结，更为今天凉山的建设发展提出了许多亟待思考和解决的现实问题，从而增加了这部作品的历史纵深感和使命感。(《世事沧桑〈凉山月〉——邓友梅长篇小说〈凉山月〉研讨会在西昌召开》,《文艺报》1996 年 4 月 26 日第 16 期)

19 日，北京大学中国语言文学所召开关于编写“百年中国文学”丛书的情况通报会议。自九十年代初，该所便就百年中国文学这一命题多次开展研讨活动，逐步酝酿成了以新的视角全面反映二十世纪的中国文学历程的丛书。该丛书共 12 卷，分别以 12 个特殊的年份为视点，辐射前后的年代。主编谢冕说，这套丛书应是二十世纪的告别词，二十一世纪的欢迎词。洪子诚说，以具体的年代为主，可以使我们注意那些很具体的材料，那些历史的细节。钱理群认为，从一个年代看一个时代，将比平铺直叙好，这也是提出一种新的文学史结构方式。另外，与这套丛书配套的《百年中国文学经典文库》(10 卷本) 也于本年 6 月由海天出版社出版，其中诗歌卷引发争议。(《文艺报》第 15 期报道)

21 日 -5 月 5 日，第 4 届“大学生电影节”在北京举行。《民警故事》、《天国逆子》获最佳故事片奖，《孔繁森》获组委会特别奖，谢晋获组委会特别荣誉奖，《变脸》获评委会特别奖。

22 -28 日，中国民间文艺家协会和中国通俗文艺研究会联合在北京承办了“国际叙事文学研究会北京学术讨论会”。共有来自 26 个国家和地区的 100 余位代表出席会议。会议主要讨论了民间叙事文学的地方性、民族特点与同一性，民间叙事文学新形式的发展及方法论等问题。

23 日，联合国教科文组织第 28 届大会通过决议，宣布今后每年的 4 月 23 日为世界图书和版权日。

广电部公布1995年第三批重点影片片目（共16部）:《孔繁森》、《士兵的荣誉》、《信访办主任》、《彭德怀在三线》、《悲情布鲁克》、《孤儿泪》、《大江东去》、《笑傲云天》、《吴二哥请神》、《金戈铁马》、《中国月亮》、《小村无故事》、《孙文少年行》、《童年的风筝》、《天伦》、《变脸》。

25－27日，中宣部出版局和新闻出版署图书司在福州联合召开繁荣长篇小说出版专题研讨会，人民文学出版社、中国青年出版社、作家出版社等12家文艺出版社的负责人参加了会议。他们表示，出版社的任务应该是：寻找一流作品，帮助二流作品，匡正三流作品，坚决不出四五流作品，做优秀长篇小说的“助产士”。

28日，《剧本》第4期发表徐棻的无场次川剧《死水微澜》，赵家捷的无场次话剧《明朗的早晨》和秦培春的新童话剧《白马飞飞》。

本月，南京市文联创作组招聘首批签约作家，祁智、王心丽、王永泉、朱文、李岩炜、许金华、刘文惠7位作家正式与南京市文联签约。

《中华文学选刊》第2期发表马原的中篇小说《平凡生活的魅力——本篇题献王杞》，李佩甫的长篇小说《城市白皮书》。

《山花》第4期发表刘玉堂的中篇小说《自家人续篇》，李冯的短篇小说《中国故事》，叶延滨的随笔《随感随录》，洪声的随笔《感悟人生（二题)》，王家新的散文《另一个人》，韩石山的随笔《寻访林徽因》。韩石山（1947－　），山西临猗人。山西省作协副主席、《山西文学》主编。1972年开始发表作品。著有长篇小说《别扭过脸去》，短篇小说集《猪的喜剧》、《轻盈的脚步》，中篇小说集《魔子》、《鬼府》，散文集《亏心事》，著作《李健吾传》、《徐志摩传》、《寻访林徽因》、《少不读鲁迅 老不读胡适》等。

《萌芽》第4期发表龙应台的短篇小说《外遇》，徐岩的短篇小说《青春离爱只有一步》。徐岩（1966－　），满族。笔名秋梦，吉林九台人。1984年入伍。1986年开始发表作品。著有中短篇小说集《临界有雪》、《染指桃花》、

《从北窗看雪》、《杀生鱼》，诗集《肩上的灯盏》等。

《中国铁路文学》第3期发表叶广芩的中篇小说《注意熊出没》，何玉茹的短篇小说《叶文华讨债记》。

《上海文学》第4期发表王安忆的中篇小说《姊妹们》，王蒙的短篇小说《冬季》。

《中华散文》第4期发表邵振国的散文《甘南一束草》。

继"红罂粟丛书"、"蓝袜子丛书"之后，河北教育出版社又推出由戴小华主编的女性文学系列丛书"金蜘蛛丛书"。该丛书一套共22本，汇集了22位台港澳及海外著名华文女作家的作品，包括袁琼琼的小说《沧桑》，周蜜蜜的小说《烧》，高雷娜的小说《爱墙》，李昂的小说《暗夜》等，其中大部分作品是首次在中国内地刊行。

马瑞芳的长篇小说《天眼》，由北京十月文艺出版社出版。

朱文的小说集《因为孤独》，谈歌的小说集《我曾让你傻半天》，刁斗的小说集《骰子一掷》，由四川文艺出版社出版。

海南的小说集《私奔者》，由华艺出版社出版。

周大新的长篇小说《格子网》，由人民文学出版社出版。

张抗抗的长篇小说《情爱画廊》，由春风文艺出版社出版。

龙应台的散文集《女子与小人》，由上海文艺出版社出版。

刘绍棠的散文集《红帽子随笔》，由北京燕山出版社出版。

周大新的散文集《村边水塘》，由文心出版社出版。

季羡林的散文集《怀旧集》，由北京大学出版社出版。

祝勇的散文集《忧郁扎成鲜花》，赵凝的散文集《放纵心跳》，由上海人民出版社出版。

艾芜的散文集《病中随想录》，由上海书店出版社出版。

《刘兆林的小说精品选》出版，该书为"中国当代作家文库丛书"之一种，分长、中、短篇三卷（分别为《违约公布的日记》、《父亲祭》、《绿色青春期》），由华夏出版社出版。

五月

1日，《作家》第5期发表鬼子的中篇小说《谁开的门》及自画像《一个俗人的记忆》，东西的短篇小说《我们的父亲》（联网四重奏），任白的短篇小说《献给××的墓志铭》、《电视时代的爱情》。

《鸭绿江》第5期发表荆歌的短篇小说《忧伤室内乐》、《风筝上天》、《午夜来访》。

《滇池》第5期发表聂鑫森的短篇小说《惊雷》。

2日，中国夏衍电影学会成立，陈荒煤任会长。

《新剧本》第3期发表话剧剧本：秦培春的《雁奴莎莎》、吴玉中的《楼顶》和欧阳逸冰的《这里将是别墅》。

3日，《人民文学》第5期发表关仁山的中篇小说《破产》，李冯的短篇小说《十六世纪的卖油郎》、《最后的爱》，阿宁的短篇小说《一百条毛巾》，王家新的诗学随笔《对隐秘的热情》，周涛的散文《草原手记》，翟永明的散文《纽约：小矮人的故事》，徐刚的《徐刚散文——崇明岛五题》。

5日，艾青在北京病逝，享年86岁。艾青是20世纪中国诗坛上影响最大的杰出诗人之一。他是自由体新诗的有力开拓者与推动者，也是现代文学史上“七月诗派”的重要代表诗人。在长达半个多世纪的创作历程中，艾青出版了诗集《大堰河》、《火把》、《他死在第二次》、《黎明的通知》、《归来的歌》、《雪莲》等，文论集有《艾青谈诗》、《诗论》、《新文艺论集》、《艾青论创作》等，以及其他大量著作。

艾青在诗歌创作以及诗歌理论方面综合性的突出成就，不仅在中国诗歌界影响深远，而且具有世界性声誉。关于艾青，绿原指出："中国的自由诗从五四发源，经历了曲折的探索过程，到三十年代才由诗人艾青开拓成为一条壮阔的河流……不但诗人艾青的创作以其夺目的光彩为中国新诗赢得了广大人民的信任，更有一大批青年诗人在他的影响下，共同把新诗推向了一个坚实的高峰。"（绿原：《〈白色花〉序》，《当代》1981 年第 3 期）胡风认为："他的歌唱总是通过他自己的脉脉流动的情愫，他的言语不过于枯瘦也不过于喧哗，更没有纸花纸叶式的繁饰，平易地然而是气息鲜活地唱出了被现实生活所波动的他的情愫，唱出了被他的情愫所温暖的现实生活的几幅面影。如果说诗人只应该魔火似的热烈，怒马似的奔放，那么，艾青是要失色的，至于用不着接触内容就明显地望得到排列的苦心的精巧的形式，他更没有。""艾青的使我们觉得亲切，当是因为他纵情地而且是至情地歌唱了对于人的爱以及对于这爱的确信。""看得出来他受了魏尔哈伦、波德莱尔、李金发等诗人的影响，但他并没有高蹈低徊，只不过偶尔现出了格调的飘忽而已，而这也将被溶在他的心神的健旺里罢。"（胡风：《吹芦笛的诗人》，《胡风全集》第 2 卷，第 455－458 页，湖北人民出版社 1999 年版）但也有人这样评论他："大致说来，艾青诗作的肺活量很大，气势宽宏，感情充沛饱满，诗句在他笔下如同牧马人鞭梢下的万千奔马，老在没命地兼程，故读来也常觉淋漓痛快。但一个始自郭沫若的老问题也摆在了读者面前，即为什么中国的新诗但凡想追求气势，必要伤害文辞的经营，只能靠幼稚的排比单骑救主，大输氧气，要不就是一个劲地'我我我'，'从从从'，'当当当'，非得把个句子结构弄得乏味至极，仿佛围棋中的'单官'。说到围棋，我们发现那些国手，不管追求什么风格，宇宙流还是天煞星，大处固需着眼，小处可也一丝不肯放手的。"（庄周：《齐人物论》，第 108 页，上海文艺出版社 2001 年版）牛汉写道："回想起来，多年来，我读《我爱这土地》感受到的主要是一种神圣的

'哀感'，而对艾青所说的'不平'与'愤懑'并没有认真思考和思虑过。直到近十几年来，愚钝的我才渐渐悟出诗中的一些更为深厚更为冷峻的，使艾青流泪的沉痛的原因。是的，诗的基调绝对充满了高尚的爱国主义的情操，但是如果深入地进入诗人的年轻而敏感的灵魂，以及当年的历史情境，就会感知'不平'和'愤懑'并非是诗人无缘无故地遣用的两个习用的词语。诗人显然看到了抗日阵营内部的消极的阴暗的东西，在长诗《向太阳》里诗人已经有所抨击。而这首纯情的十行诗，更为集中地抒发了这种'民族的哀感'。我以为它决不是小诗，而是蒸发着血气的真正具有永恒意义的一首大诗。在当年，只有智勇的艾青，才率真地从清醒而热忱的心胸喷涌出自己一腔的血泪，让经受了长期战乱和灾难的中国人民更清醒而坚决地投入战斗。诗人的心灵是纯正而博大的。"（牛汉：《我爱这土地——痛悼尊师艾青》，《诗刊》6 月号）智利伟大的诗人、诺贝尔文学奖获得者聂鲁达早在 20 世纪 50 年代就把艾青称为"中国诗坛的泰斗"。美国文学评论家罗伯特·C·费兰德则把艾青、希克梅特、聂鲁达并列为现代世界三位最伟大的人民诗人。日本学者稻田孝评价艾青"不仅属于中国，也属于全世界"。

《芙蓉》第 3 期发表二月河的长篇小说《乾隆皇帝·日落长河》（连载），谈歌的中篇小说《天下滔滔》。历史题材小说的兴起是九十年代比较突出的现象，二月河的《乾隆皇帝》、霍达的《补天裂》、刘斯奋的《鸡鸣风雨》等长篇小说都曾引起较大反响。王蒙指出："这些历史小说之所以特别吸引人，是带有史鉴小说的特征，读的时候能够增加对国情的了解，以史为鉴，不是简单的类比、影射。而是讲道理，讲中国发展，权力运作，非常好看。"（王蒙：《关于 90 年代小说》，《中国文学年鉴 1995 - 1996》，作家出版社 1999 年版）

《作品》第 5 期发表李国文的《小说二题》。

《莽原》第 3 期发表刘庆邦的中篇小说《天苍苍》，潘军的短篇小说《朗诵南方风景》，田中禾的短篇小说《诺迈德的小说》。

《延河》第5期发表夏放的短篇小说《戴着帽子的鸟》、《土崖底下的阴影》、《骑车在时间里走》，创作谈《我的住所》及马奇的评论《接受与承诺——夏放其人其文》。马奇认为，夏放的小说"是在诉说个人的体验，是他自传的艺术品版本"。同期还刊有李康美的短篇小说《独守果园》，野莽的短篇小说《抚摸》，忽培元的短篇小说《三十八岁妙龄》，骆晓戈的短篇小说《青花瓷瓶》。忽培元（1955－　），笔名柏原。陕西大荔人。1981年延安大学中文系毕业。1977年开始发表作品。著有长篇历史传记《群山》，中短篇小说集《土炕情话》，报告文学集《山秀珍》、《秦柏风骨》，散文随笔集《地耳集》、《生命藤》、《京密河札记》等。

《北方文学》第5期发表白天光的短篇小说《吾族惊蛰》、《猿酒》，王鸿达的短篇小说《放一缕阳光进来》，刘嘉陵的短篇小说《雾之晨》，麦可的短篇小说《镜子中的小芸》。

6－8日，国家版权局、世界知识产权组织在北京联合召开数字技术版权保护国际研讨会。

10日，《中国作家》第3期发表洪峰的中篇小说《擦皮鞋的大猩猩》，黄毓璜的散文《风景二题》，张中行的散文《三话的吹音》，李瑛的散文《青海的地平线》，孙友田的散文《别梦依稀》。

《花城》第3期发表鬼子的短篇小说《走进意外》，王干的《小说两题》。

《芒种》第5期发表荆歌的短篇小说《桃花节》。

《诗刊》第5期发表柯蓝的散文诗《放牧》、艾青的《谈诗》。

15日，新闻出版署发布《关于民族文字图书书号不限和免收条码费用的决定》。

《大家》第3期发表残雪的中篇小说《新生活》，白桦的中篇小说《指尖情话》，何立伟的短篇小说《在医院》，东西的短篇小说《一个不劳动的下午》（联网四重奏），吴晨骏的短篇小说《迷途的羔羊》。

《天涯》第3期发表张欣的中篇小说《此情不再》，林耀德的散文《尸体》，谢冕的散文《消失的故乡》，肖复兴的随笔《体育论》。

17日，《作品与争鸣》第5期发表刘醒龙的中篇小说《分享艰难》及洛杭的评论《艰难之后是坦途》。洛杭认为“刘醒龙以真实、尖锐的笔触，写出了一个偏僻小镇的干部群众在向市场经济转变过程中，如何面临企业不景气，发展少门路，财政收支入不敷出，教师、干部工资拖欠严重的极其窘迫的状况”。同期发表王海玲的中篇小说《在特区掘第一桶金》及李舫的评论《埏埴以为器》、李松刚的评论《在荒原上行走》。李舫认为，王海玲的作品是文学在商品经济冲击下自我调整的典型代表，“在两种生活模式的接轨中既能保持传统伦理观念的基本特质，又能不违背新的生活精神”。李松刚认为王海玲的《在特区掘第一桶金》可以说是一篇财经小说，也可以说是一篇女性小说，但是“小说对女性自我的关注既不自觉，更不深切”。同期还发表池莉的中篇小说《化蛹为蝶》及王否的评论《化蛹为蝶的挣扎》、蔚蓝的评论《寻求小说的新变》。王否认为《化蛹为蝶》“存在着较为明显的缺陷，主要是结构失去平衡，内涵层面多有断裂”，联系湖北作家群，他还认为“湖北的作家可以把人生状态、事件经过编织得如此精致、细微”，但缺乏浪漫大气的气质及丰厚的知识积淀和心理体验。王海玲（1956－），女，山东海阳人。1982年毕业于江西师范大学中文系，1980年开始发表作品。著有长篇小说《热屋顶上的猫》、《何家芳情事》、《所有子弹都有归宿》等，中篇小说集《情有独钟》、《在特区叹世界》。

20日，中国作家协会、中共上海市委宣传部、上海作家协会、少年儿童出版社在上海联合举办秦文君儿童文学作品研讨会。与会的作家、评论家认为，秦文君创作的长篇小说《十六岁少女》、《孤女俱乐部》、《男生贾里》、《女生贾梅》，短篇集《少女罗薇》，散文集《女孩船》，报告文学集《中学生的情感世界》等作品，具有鲜明的时代气息，积极向上，真实生动地反映了当代少年自立、自强的时代风貌和心理变化。其作品语言俏皮，充满童趣，情节生动、形象鲜明、轻松活泼，给了儿童读者追求真理的勇气和信心。

《钟山》第3期发表铁凝的中篇小说《青草垛》，东西的中篇小说《睡觉》（联网四重奏），李杭育的中篇小说《故事里面有个兔子》，叶君健的短篇小说《彼得·胡伊》，徐小斌的短篇小说《蓝田比尼城》。“思潮反思录”专栏发表吴炫等的《关于批评和批评者的对话》，邵建的《意象形态》。

22日，中国文联在京举行纪念毛泽东《讲话》发表54周年座谈会，与中国作协等联合公布了向全国读者推荐的抗战文学名著百篇的篇目。

新闻出版署发布《关于对全国教学用书和少儿类图书进行质量检查的通知》。

1995年度华表奖颁奖典礼在北京举行。《孔繁森》获得最佳故事片奖，关沂、沈贻炜（《信访办主任》）、思芜（《赢家》）获得最佳编剧奖（并列），陈国星、王坪（《孔繁森》）获最佳导演奖。

24日，文化部第六届文华奖揭晓。文华大奖话剧空缺。获得文华新剧目奖的话剧有《春秋魂》（广州市话剧团）、《辛亥湖》（四川省人民艺术剧院）、《这里一片绿色》（河北省承德市话剧团）、《最危险的时候》（总政话剧团）、《阮玲玉》（北京人民艺术剧院）、《鼓王》（鞍山市话剧团）、《孔繁森》（山西省话剧院）。

25日，《收获》第3期发表茅盾的长篇小说《霜叶红似二月花》（续稿），该续稿共五万余字，写于1974年，主要是作品的大纲、梗概和初稿片断。本期还发表苏童的短篇小说《红桃Q》、《天仙配》，萧乾的散文《老唐，我对不住你》。

28日，新闻出版署发布《关于实施〈电子出版物管理暂行规定〉若干问题的通知》。

《剧本》第5期发表杨健的三幕话剧《风满楼》。

29日，中宣部、国家教委、共青团中央和中国作协联合举办的第三届（1992－1994）“全国优秀儿童文学奖”颁奖大会在京举行。获奖作品包括：小说《男生贾里》（秦文君著，少年儿童出版社）、《青春口哨》（金曾豪著，安徽少年儿童出版社）、《十四岁的森林》（董宏猷著，江苏少年儿童出版社）、《裸雪》（丛维熙著，华艺出版社）、《神秘的猎人》（车培晶著，民族出版社）、《小脚印》（关登瀛著，湖北少年儿童出版社）、《有老鼠牌铅笔吗》（张之路著，浙江少年儿童出版社）；童话《狼蝙蝠》（冰波著，江苏少年儿童出版社）、《哼哈二将》（周锐著，安徽少年儿童出版社）、《树怪巴克夏》（郑允钦著，少年儿童出版社）、《会唱歌的画像》（葛翠琳著，海燕出版社）；诗歌《到你的远山去》（邱易东著，四川少年儿童出版社）、《林中月夜》（金波著，湖北少年儿童出版社）；散文《悄悄话》（高洪波著，湖北少年儿童出版社）、《淡淡的白梅》（庞敏著，重庆出版社）、《我们的母亲叫中国》（苏叔阳著，中国少年儿童出版社）；幼儿文学《鹅妈妈和西瓜蛋》（张秋生著，湖南少年儿童出版社）、《大头儿子和小头爸爸》（郑春华著，新蕾出版社）。本次评奖，是对1992年至1994年间创作出版的各种儿童文学体裁作品进行的全面评审。

本月，为纪念毛泽东同志《在延安文艺座谈会上的讲话》发表54周年，上海召开邓小平文艺理论学习交流会。《文学报》、《每月评论》专版刊登《邓小平文艺理论对毛泽东文艺思想的新发展》（邱明正）、《市场经济下文艺与两个文明建设之关系》（朱立元、王文英）等两篇理论文章。

为纪念鲁迅先生诞辰115周年、逝世60周年，全国各地各界开始开展各种形式的纪念活动。

对二十世纪陕西文学进行全面总结的“二十世纪陕西文学”研究项目正式启动。这项工程由陕西师范大学牵头，计划编辑出版《二十世纪陕西文学》

（上下卷）、《二十世纪陕西作家研究资料》、《二十世纪陕西文学精品选》等成果。

华中师范大学文学批评学研究中心组织的“文学史研究的方法与范式”研讨会在武汉举行。

由山西省委宣传部、山西省作家协会主办的“恒泰杯”当代长篇小说长篇报告文学大奖揭晓，山西省青年作家许建斌创作的长篇小说《乡村豪门》及河北、江西、辽宁等地的作家创作的12部长篇小说、长篇报告文学获奖。

中国作协创联部和浙江省作协、浙江省出版总社联合在京举行浙江女作家王旭烽长篇小说《南方有嘉木》研讨会。该书1995年12月由浙江文艺出版社出版，是浙江省作协和浙江文艺出版社合作编辑的“当代浙江作家长篇小说丛书”的打头之作，1996年9月获得1995年“五个一工程”奖。与会者高度评价了小说在题材领域的开拓意义。一些论者还就小说的叙事结构、人物关系和语言特色作了专题发言，一致认为这是一部弘扬民族文化、讴歌爱国主义的优秀长篇小说。汪逸芳认为这部小说“从革命到茶文化，到情爱，到江南风情，生活层面丰富，画面广阔，是一部力图展现民族灵魂在近代蜕变过程的具有较高文化品位的长篇”。（汪逸芳：《中华茶文化与民族精神的结合——长篇小说〈南方有嘉木〉介评》，《中国出版》1997年第1期）洪治纲认为：“《南方有嘉木》一方面让茶文化的发展史推动着杭氏家族的兴衰变迁，另一方面又以人物内在的生存模态注解着茶性精神，从而使小说又获得了某种文化寓言的意味”。（洪治纲：《历史与文化的双重寓言——读王旭烽长篇新作〈南方有嘉木〉》，《当代文坛》1996年第6期）

应德国科学文化交流中心邀请，舒婷前往柏林，作为1996年度驻柏林艺术家一年，其在德的工作内容之一是与汉学家合作翻译出版她的第二部德语诗选。

《鸭绿江》月刊改变刊物风貌，增设1995年以后小说、名家笔谈、名人话题、诉说与倾听、文坛声音等新栏目。

云南当代文学研究会举行由作家、评论家、教授、编辑参加的专题研讨会并出版会刊，就莫言的长篇小说《丰乳肥臀》进行了深入的讨论并提出尖锐的批评。与会者呼吁作家不要忘了“二为”方向，不要忘了“灵魂工程师”的职责。该会的内部报纸《云南当代文学》第 31、32 期编发了两期专号，连续刊发了彭荆风、唐振华、苏策、张娓、刘雪棋、汪德荣、王定明等人的批评文章，彭荆风还先后在《春城晚报》、《文学自由谈》发表了《莫言的投枪》、《视觉的瘫痪》等批评文章。这些文章更多地从政治的角度，由对《丰乳肥臀》的批评联系到莫言的创作倾向以及《大家》的办刊方向等，言辞激烈。如彭荆风在《视觉的瘫痪》一文中认为：“在《丰乳肥臀》中，共产党一无是处，不仅迫害母亲，而且像土匪一样残害无辜，……而国民党却好处不少”，“过去国民党反动派诬蔑共产党是共产共妻，灭绝人伦，也只流于空洞的叫嚣，难以有文学作品具体地表述，想不到几十年后，却有莫言的《丰乳肥臀》横空出世，填补了这一空白。”在《垃圾？精品？》一文里，彭荆风攻击“《丰乳肥臀》这样的坏作品能在《大家》上连载，并获得十万元大奖，从而开始了国家办的刊物对攻击中国共产党的作品给予重奖的骇人先例”。

莫言的《丰乳肥臀》于 1995 年 9 月完成后，分两期在《大家》杂志刊载，后于 1996 年 1 月获《大家》杂志颁发的“大家·红河文学奖”。此作刚刚连载时，不少人就对书名持有非议。对此，莫言在 1995 年 11 月 22 日的《光明日报》发表《丰乳肥臀解》阐论了自己的创作初衷：“我决定不写那些零打碎敲的小文章以分散和稀释我的感情，我决定写一篇大文章献给母亲，写一部长篇小说告慰母亲在天之灵”，“丰乳肥臀是大地上最美丽、最神圣、最庄严、当然也是最朴素的物质形态，她产生于大地，又象征着大地”。对于人们的不同评价，莫言也以理解的口吻说：“有时一味说好是可怕的，而一味说坏则是悲哀的，在充分阅读的基础上争论，甚至激烈地争论，是我所高兴的。”（《中国民航报》，1996年4月20日）不久，有关报刊披露了“大家·红河文学奖”评委徐怀中、汪曾祺、谢冕等人对《丰乳肥臀》的肯定与评价。《中华读书报》、《科技日报》、《太原日报》等也开始刊发有关《丰乳肥臀》的评论文章。这些评论基本上对作品持肯定的态度。张颐武认为：“《丰乳肥臀》在莫言作品中不是最好的，但是相当有分量。它把1985年以来的各种技巧都装了进去，是一部结束过去的作品。”白烨认为：“作品从独特的角度描写了中国现代史，由一个家庭的荣辱盛衰，反映了一个时代的起承转合，有生活厚度和思想力度。”刘密云认为：“《丰乳肥臀》是一部在浅直名称下的丰厚性作品，是莫言在文学情感与世界通道上的总结性和伸展性的富于大家气派的作品。”张志忠认为，作品在苦难之中凸现了“一个‘不顾自己的悲惨境遇仍然眷顾他人’的母亲形象”，表现了“母性的光辉，质朴无华，坚韧持久”，不愧为“献给母亲的歌”。（白烨：《人文精神讨论的拓展　写实小说的勃兴——〈丰乳肥臀〉的争议》，《南方文坛》1996年第6期）台湾学者王德威认为，莫言“从早期《透明的红萝卜》中的少年叙述，到晚近《丰乳肥臀》中恋乳狂患者告白，莫言的人物一再显示世人的面目千变万化，既不‘红、光、亮’，也不‘高、大、全’，他（她）们不只饱含七情六欲，而且嬉笑怒骂，无所不为。究其极，他（她）们相互碰撞变形，遁世投胎，借尸还魂。这些人物的行径当然体现魔幻写实（Magic Realism）的特征，而古中国传奇志怪的影响，又何尝须臾稍离？……如果《酒国》夸张现代中国人狂吃暴饮的恶形恶状，《丰乳肥臀》更进一步，渲染（男性）又一种官能的震颤——触觉的欲望与变奏。我们的男主人翁一生大志无他，对着女性乳房毛手毛脚而已，而且一视同仁。莫言这样的写男性对乳房的依恋，已近器官拜物狂。女性其实已彻底被物化为身体的一种性征。但在恋乳癖之余，我们知道，他根本是个性无能患者。丰乳与肥臀代表性的图腾，也何尝不是性的禁忌。生也有涯，身形是我们存在的开始，也可成为种种礼教政治及欲力角逐的战场。莫言因此看到太多器官象征的可能，大肆发挥，成就了一出出巴赫金式身体嘉年华的闹剧场景。”（王德威：《千言万语，何若莫言》，《读书》1999 年第 3 期）学者陈晓明认为：“在莫言所有的作品中，《丰乳肥臀》（1995）可能是他最好的作品，莫言可以凭着他的语言感觉，他对生活性状始终保持的那种幽默感和荒诞感来展开叙事。读读这部小说的开头部分，就会对他能以如此随意的方式把生活情境造得如此有声有色而感动不已。……绝望与血腥，在莫言的叙事中就是生活本来的面目，他只关注语言往前推进，他是如此不动声色，甚至在冷漠中还透着一点快感来书写这种生活。这一切都是存在本身，都是发生着的事件，出生与死亡，希望与挣扎，开始与结束，是那么平常。莫言就是有这种本事，他把任何惊天动地的事，都写得无足轻重。可是生活就像一种稠密的水流，抹不开地存在那里，既透明清澈，又不可理喻。”（陈晓明：《整体性的破解——当代长篇小说的历史变形记》，《文艺研究》2004 年第 3 期）

中国青年出版社和中国传记文学学会在京联合举行刘白羽长篇系列散文《心灵的历程》研讨会，与会者对作品的思想深度、艺术魅力、在文体上的创新等各个方面进行了讨论。

《当代》第 3 期发表刘心武的长篇小说《栖凤楼》。

《十月》第 3 期发表林斤澜的中篇小说《九梦》，关仁山的中篇小说《九月还乡》，刘继安的中篇小说《碎片》。

《山花》第 5 期发表罗望子的中篇小说《经验 1987——语词梳理系列》，荆歌的中篇小说《阶段》，东西的短篇小说《离开》（联网四重奏），关仁山的短篇小说《西圣峪墓场》，储福金的短篇小说《无可躲避》，姜贻斌的短篇小说《胡椒》，张炜的散文《折叠的春光》，戴厚英的散文《报应》。

《小说月报》第 5 期发表陈世旭的短篇小说《镇长之死》，刘庆邦的短篇小说《心事》。

《特区文学》第3期发表王小妮的中篇小说《很疼》。

《小说界》第3期发表何顿的中篇小说《面包会有的》，毕淑敏的中篇小说《源头朗》，残雪的短篇小说《美丽的玉林湖》，汪曾祺的短篇小说《关老爷》。同期开始推出“七十年代以后”小说专栏，持续三年。

《百花洲》第3期发表赵金禾的中篇小说《妇联主任》。

《小说选刊》第5期刊载丁凯的中篇小说《荣调前后》，东西的中篇小说《没有语言的生活》，陈世旭的短篇小说《镇长之死》，李弘的短篇小说《但向己求》。

《春风》第5期发表阎欣宁的中篇小说《月亮泪痕》。

《青年文学家》连续三期推出《纪念红军长征胜利六十周年特别专辑》。

《鸦片战争》影视制作有限责任公司宣告成立，这是国内首家为单部电影的拍摄而专门组建的股份制影视有限公司。

《刘震云文集》（四卷本），由江苏文艺出版社出版，包括《向往羞愧》、《一地鸡毛》、《黄花土塬》、《温故流传》。

胡守仁的诗集《拜山三集》，由百花洲文艺出版社出版。

六月

1–8日，中国作协、国家民委、内蒙古作协联合举办的全国第二次少数民族文学翻译会议在内蒙古赤峰市召开，来自全国9个省、市、自治区的12个民族的40多位翻译家、作家出席了这次会议。

《作家》第6期发表格非的短篇小说《谜语》、《窗前》。该期“北京青年作家短篇小说专辑”中刊有：丁天的短篇小说《反光》及创作谈《说说写写》，田柯的短篇小说《有病》及创作谈《可能的生活》，荒水的短篇小说《家有美妻》及创作谈《让某事发生》，邱华栋的短篇小说《如何杀死一棵树》及创作谈《前进》，赵凝的短篇小说《出事》及创作谈《到底会出什么事》，古清生的短篇小说《高原之星》及创作谈《想来想去》。丁天（1971－　）河北承德人。1994 年开始文学创作。著有长篇小说《伤口咚咚咚》、《玩偶青春》、《像一场爱情》、《脸》、《命犯桃花》、《灰色微笑》，短篇小说集《剑如秋莲》、《欢乐颂》等。

《鸭绿江》第 6 期发表孙方友的短篇小说《陈州铁笔》。

3 日，新闻出版署发出《关于对书刊二级批发单位实行总量控制的通知》。2004 年 6 月 18 日，该文件被新闻出版总署令第 25 号《新闻出版总署废止第二批规章、规范性文件的决定》废止。

《人民文学》第 6 期发表刘继明的中篇小说《桃花源》，虹影的短篇小说《风信子》，林希的散文《善人坊——〈府佑大街〉断章》。

第三届上海市长中篇小说优秀作品大奖（1994－1995）揭晓，此次评奖共有 13 部作品入围，其中两个项目的一等奖空缺。《苍天在上》（陆天明）、《醉太平》（朱苏进）获长篇小说二等奖，《父亲是个兵》（邓一光）、《耙耧山脉》（阎连科）获中篇小说二等奖。

5 日，《作品》第 6 期发表罗望子的中篇小说《尹县长》。

《湖南文学》第 6 期发表残雪的短篇小说《罪恶》。

6 日，1996 年天津市首届学生电影节开幕。

《当代人》第 6 期发表刘继安的短篇小说《银狐》，赵新的短篇小说《绝招》，谈歌的短篇小说《乔迈下海》。

7 日，北京人民艺术剧院在京上演话剧《红河谷》。编剧王梓夫，导演林兆华、李六乙。

10 日，江泽民视察八一电影制片厂，并为该厂题词：创作电影精品，弘扬时代主旋律。要求电影工作者创造出更多“思想精深、艺术精湛、制作精良、具有强烈吸引力、感染力的作品”。

10－12日，华东地区戏剧期刊第十届“田汉戏剧奖”评奖活动在江苏徐州举行，共有13个剧本和15篇评论获奖。其中，获得剧本一等奖的是《太阳花》（大型现代淮剧）和《侨乡轶事》（芗剧现代戏）；评论一等奖空缺。

10日，《福建文学》第6期发表阎欣宁的中篇小说《多余》、《不愿做奴隶的人们》、《吹着口哨远行》。

《诗刊》6月号“怀念艾青”专栏发表唐达成的《哭艾青大师辞世》，李瑛的《送别艾青》，牛汉的《我爱这土地——痛悼尊师艾青》等文。

12日，应中国作协邀请，台湾高雄市文艺家代表团抵京访问。

北京人民艺术剧院在京上演小剧场话剧《在茫茫大海上》（编剧〔波〕斯·穆罗热克，导演任鸣）和《傍晚发生的小故事》（编剧〔瑞士〕迪伦马特，导演顾威）。

17－23日，中国作协文学理论研讨班在北京八大处开办，北京部分知名文学理论家、批评家和作家代表共20余人参加了这次学习研讨活动。中宣部副部长、中国作协党组书记翟泰丰出席开幕式并作题为《加强文艺批评力度开展健康说理批评》的动员讲话。

17日，《作品与争鸣》第6期发表龚盛辉的中篇小说《老大》及黄国柱的评论《生活的艰辛与精神的升华》。

18日，《佛山文艺》第222期发表荆歌的短篇小说《重归流星座》。

19日，国务院发布《电影管理条例》，从7月1日开始实施。

20日，梁斌在天津病逝，享年82岁。自1934年在左联主办的《伶仃》月刊上发表短篇小说《夜之交流》，他开始了创作生涯。唐文斌认为梁斌的早期创作活动与左翼文学运动的开展紧密结合在一起，“与三十年代中国文坛上一般反映农民苦难生活的作品相比，梁斌的高明之处在于，当一般作者还仅仅停留在对那些‘受着严重的传统思想的束缚，咬紧牙关，瞪着眼睛，匍匐在地主的脚下，不断地发出呻吟’的旧式农民的描写的时候，他已经从故乡人民的精神面貌中，窥见了那种‘敢于从困难中站起来，敢于打破封建镣铐’、‘敢说敢笑，敢打敢骂，敢于在祖国土地上行走’的伟大性格，并且开始把这种伟大的人民性格，尽量赋予他所敬爱的人们，逐渐形成了他们之间的共性。他的小说，在表现农民群众受压迫、遭欺凌的悲惨命运的同时，更注重于对他们那不断增长的反抗意识的揭示”。（唐文斌：《打开〈红旗谱〉的大门——试论梁斌的早期创作》，《天津日报》1985 年 1 月 14 日）鲍昌认为，“梁斌通过他的《红旗谱》等小说创作，体现出了一种燕赵地域人民的典型风采品格”，新时代的“燕赵风格”是“与革命理想相结合的反抗性格、建立在阶级原则上的信义、受革命组织纪律制约的勇敢，再加上无私的慷慨与豪放”。（鲍昌：《新时代的“燕赵风格”——梁斌创作风格一析》，《当代作家评论》1985 年第 2 期）李希凡指出，《红旗谱》采用“革命现实主义与革命浪漫主义”相结合的方法，塑造了“鲜明、生动、深刻而又丰满地打进你的心灵，使你再也不会忘掉”的众多人物形象。他认为，“梁斌在‘久久不忘’中不断地深入地体验生活、概括生活，在坚实厚重的生活基础上，又不断地丰富和深化朱老忠的典型形象。终于，在《红旗谱》中，完成了朱老忠典型性格的创造，具有艺术魅力地显示了革命现实主义和革命浪漫主义的水乳交融。”（李希凡：《梁斌文学创作的时代意义》，《文艺报》1994 年 6 月 25 日）陈涌在《梁斌创作的民族特征》中也认为：“他（梁斌）比许多作家更理解生活是创作的源泉，更知道创造典型人物的重要性，……更重视寻求文学走向人民的通道。”“梁斌在文学上自觉地走自己确信的现实主义的道路，走民族化、大众化的道路，在文艺的指导思想和文艺理论批评存在着‘左’的简单化的情况下，他是坚持艺术必须真实的作家之一”。梁斌的《红旗谱》的“深沉、浑厚、雄大、质朴这些方面的特点”，“符合我们历尽苦难，但又不断艰难痛苦地寻找求索自救途径的民族性格”。（陈涌：《梁斌创作的民族特征》，《文艺理论与批评》1994年第4期）刘光人在《在泥土中挖掘——梁斌小说创作的主要特点》中指出，梁斌小说创作的主要特点是在“泥土中挖掘”——也就是在生活中挖掘；取材于农村，表现农村的生活，“体验、观察、挖掘，摸清了、摸懂了农村中对立的两大阶级——地主和农民”，并在作品中表现了这两大阶级的对立，塑造了光辉高大的农民英雄形象。（转引自宋安娜：《梁斌新论》，第96－97页，百花文艺出版社2004年版）

23日，河北省文联和省作协等四家单位，在石家庄市联合举办曹继铎散文诗论会。

24日，中宣部、新闻出版署发布《关于制定和实施中国儿童动画出版工程的通知》。

25日，上海市作协儿童文学创作委员会和少年儿童出版社联合举办鲁兵儿童文学创作50周年研讨会。

27日，《天网》、《法撼汾西》名誉权纠纷案在北京丰台区人民法院一审结案，作家张平和群众出版社获胜。1987年，作家张平通过在山西汾西县的实地采访，以省作协会员、汾西县县长刘郁瑞为原型，并根据当地一名上访老人的故事创作了《天网》、《法撼汾西》两部小说，这两部作品问世后，全国几十家报纸纷纷转载，《天网》还被改编为电影、电视、连环画、话剧、地方戏等艺术形式。1993年7月，山西242名干部联名上告省委省政府、中宣部、中组部，有8名原告把作家和出版社一并起诉到北京丰台区法院，状告张平侵害名誉权，并要求赔偿10万元精神损失费。1995年7月，丰台区人民法院正式开庭审理，1996年7月宣判，驳回上诉。

28日，《剧本》第6期发表邹安和的三幕话剧《曾国藩》和吴霜的五场话剧《别为你的相貌发愁》。

30日－7月1日，瑞典举办“沟通：面对世界的中国文学”会议，多多、严力、杨炼、芒克、孟浪等中国诗人与会。

本月，《倾向》春季号发表孟浪、贝岭、陈东东等人的诗作，并刊载钟鸣的《天狗吠日》、唐晓渡的《芒克：一个人和他的诗》、孙文波的《背景与策略》等诗评诗论。

哈尔滨市作家创作的两套长篇小说丛书“火狐狸”和“雪狼”研讨会在北京举行。两套丛书分别由中国青年出版社和时代文艺出版社出版。与会者认为，以反映现实题材为主的九部作品充满了北方的野性和阳刚之美，洋溢着强烈的时代精神。（参见《哈尔滨一气推出两套长篇小说丛书——“火狐狸”和“雪狼”在京城亮相》，《文艺报》1996年6月7日第22期）

由杭州大学中文系和浙江文学院联合举办的叶文玲创作研讨会在杭州大学举行，同时也揭开了“浙江当代文学名家系列研究会”的序幕。与会者围绕叶文玲文学创作回顾和展望、《无梦谷》和当代长篇小说、叶文玲散文创作等议题展开讨论。

文学月刊《鸭绿江》请专家学者就该杂志改版后的新刊进行讨论，寻求文学刊物改革的最佳途径。

由辽宁省作家协会主办的第四届“辽宁优秀青年作家”奖评选揭晓，刘元举、洪峰、原野、荒原、素素获奖。

《跨世纪文丛第四辑》出版座谈会在武汉举行。第四辑包括张欣的小说集《岁月无敌》，迟子建的小说集《逝川》。

1995年《长江文艺》优秀小说奖揭晓。陈应松的中篇小说《归去来兮》获一等奖；林希的中篇小说《三一部队》获二等奖；范小青的中篇小说《城市民谣》、周昕的中篇小说《美伦》、巴兰兰的短篇小说《老货》获三等奖。

第五届全国小小说大奖赛评奖揭晓，田洪波、姚淑清等获奖。

李佩甫新作《城市白皮书》研讨会在河南举行。

《文学评论》改组，钱中文出任主编，杨匡汉、胡明任副主编。

《小说选刊》第6期刊载刘醒龙的中篇小说《挑担茶叶上北京》，迟子建的中篇小说《白银那》，李国文的短篇小说《三舅》。

《山花》第6期发表刘继明的中篇小说《中国迷宫》，迟子建的中篇小说《银盘》，苏童的短篇小说《世界上最荒凉的动物园》，秦巴子的短篇小说《你是一头瘟猪》。

《小说月报》第6期刊载方方的中篇小说《定数》，张欣的中篇小说《此情不再》，赵玫的短篇小说《偿还》，严歌苓的短篇小说《簪花女与卖酒郎》。

《中华文学选刊》第3期刊载刘醒龙的中篇小说《分享艰难》，尤凤伟的中篇小说《生存》，王安忆的中篇小说《我爱比尔》，叶兆言的中篇小说《杨先生行状》，陈继明的中篇小说《月光下的几十个白瓶子》。

《上海文学》第6期发表潘向黎的短篇小说《无梦相随》，赵波的短篇小说《暖冬》，刘庆邦的短篇小说《离婚》，裘山山的短篇小说《戈兰小姐的否定之否定》。潘向黎（1966－　），女，福建泉州人。文汇报社副刊主任编辑。1988年开始发表作品。著有中篇小说集《轻触微温》，短篇小说集《无梦相随》、《十年杯》、《我爱小丸子》，散文集《红尘白羽》、《纯真年代》、《相信爱的年纪》、《局部有时有完美》等。赵波（1971－　），生于江苏，现居北京。著有小说和随笔集《影子情人》、《路上的露》、《快乐的单身猪》、《口香糖生活》、《谈一个维他命爱情》、《情色物语》等。

《春风》第6期发表谈歌的中篇小说《城市行为》，荆歌的短篇小说《大水》。

《作家》6月号发表格非的短篇小说《谜语》、《窗前》，邱华栋的短篇小说《如何杀死一棵树》。

《芳草》第6期发表荆歌的短篇小说《飘零四散》。

由福建省作协主办的文学双月刊《散文天地》1994年首届征文作品奖揭

晓。刘白羽获特等奖，叶延滨、肖复兴、宗璞、何为、贾宝泉获优秀奖。6月24日，《文艺报》对此作了报道。

《茅盾作品经典丛书》，由中国华侨出版社出版。该丛书包括没有发表过的《霜叶红似二月花》续稿及大部分没有发表过的《子夜》、《锻炼》的构想、提要、大纲、笔记等等。该丛书共编为五卷，囊括了茅盾中、长篇小说的主要作品，短篇则按照早、中、晚三个时期与中、长篇配合。

刘震云的小说集《一地鸡毛》，李锐的长篇小说《无风之树》，由江苏文艺出版社出版。

陈家才的诗集《涓滴集》，由北京民族出版社出版。

费孝通的散文集《爱我家乡》，由群言出版社出版。

七月

1日，新闻出版署发布《关于图书推销工作中应当注意的问题的通知》。

《四川文学》第7期发表陈望尘的中篇小说《本厂搬迁》、嘎子的中篇小说《古碉上残缺的绿月亮》、储福金的短篇小说《寻找》。

《鸭绿江》第7期发表洪峰的短篇小说《假期》、《爬塔》，周蓬桦的短篇小说《五月一日案件》，林深的短篇小说《乡女》，林希的短篇小说《市井无赖（三题）》，李彦君的短篇小说《遍地黄金》。

《作家》7月号发表文子牛的中篇小说《最是愿难偿》、张梅的短篇小说《礼物》（联网四重奏）。

2日，《新剧本》第4期发表王梓夫的话剧《红河谷》，杜广义的话剧《澡堂子》，刘晓玲、夏琼的话剧《女摊主》和苏霆的话剧《老狮子》。

3日，《人民文学》第7期发表梁晓声的中篇小说《司马敦》、东西的中篇小说《慢慢成长》、韩东的短篇小说《明亮的疤痕》、冯苓植的短篇小说《碾子》、赵刚的短篇小说《警察故事》、李玉林的短篇小说《没带BP机的李不》、陈源斌的散文《北方南方·迷途知返——访意手记片断》。

4日，首都文化界在人民大会堂聚会，纪念茅盾诞辰一百周年。李瑞环、丁关根、李铁映、温家宝等出席了纪念大会。中共中央政治局委员、国务委员李铁映在大会上讲话。之前，由文化部、中国文联、中国作协共同主办的“纪念茅盾诞辰百周年展览”于2日在北京开幕，而上海作协、市文联、上海炎黄文化研究会和社科院文学研究所则召开了“纪念茅盾诞辰一百周年座谈会”。由此日起，为期五天的“茅盾研究国际研讨会”在北京举行，共有中外学者一百多人参加学术研讨活动，研讨会的主题为“茅盾与中国现代文化”。

5日，《文艺报》发表社论《把无愧于伟大时代的优秀文学作品奉献给人民——纪念我国伟大革命文学家茅盾诞辰一百周年》。

《莽原》第4期发表阎连科的短篇小说《云灰色的落寞感》。

《飞天》第7期发表何继青的短篇小说《秋天的故事》、谈歌的短篇小说《绝情·绝路（二题）》、彭见明的短篇小说《岳阳》、邓一光的短篇小说《传说中有一种鸟》、陈铁军的短篇小说《故人故事（三题）》、孙春平的短篇小说《还你尴尬》、刁斗的短篇小说《无将定约》、荆歌的短篇小说《琼花》、墨白的短篇小说《纪念》、李肇正的短篇小说《鸽子》。

《长江文艺》第7期刊登林白小辑，其中有短篇小说《怀疑的年代》、散文《乌云簇拥的落日》、随笔《作家还是女作家》；还刊登了映泉短篇小说小辑，其中有小说《启蒙》、《晚辈》、《旧债》。

《延河》第7期刊登阿成的短篇小说《春寒》、《阴雨》、《暗示》、《仇恨》，创作谈《写小说的我》以及李星的评论文章《老道的阿成——关于阿成短篇的议论》。李文这样评价阿成：“一是他的小说常常取材于默无声息的普通人的平常生活，写出他们的苦乐和忧伤；二是他的小说常常很短，笔墨十分吝啬，短篇就是短篇，决无新锐们的炫耀才华的放荡；这得益于他控制语言和叙事的能力，将大量的人生体验和人物故事消融在文本的可能性方面，呈现的常常是感知的千分之几，给读者留下了极多的思考的空间。”秦巴子的短篇小说《大隐生涯》和蒋亚林的短篇小说《白鸽》也发表在这一期上。

《作品》第7期发表凌耀忠的中篇小说《侍者无言》、张黎明的中篇小说《他人》、南野的短篇小说《怀念河流》。

《青海湖》第7期发表冯积岐的短篇小说《眼镜》、赵新的短篇小说《我们成了骗子》。冯积岐（1953－　），陕西西安人。1983年开始发表作品。著有长篇小说《沉默的季节》、《沉默的年代》、《大树底下》、《敲门》、《村子》、《遍地温柔》，散文集《将人生诉说给自己听》、《人的证明》等。

《朔方》第7期发表季栋梁的短篇小说《楼顶的女孩》、冯积岐的短篇小说《革命年代里的排练和演出》。

《星火》第4期发表西篱的短篇小说《女人的一生》。

5－7日，百花文艺出版社“新支点”长篇小说丛书创作座谈会在青岛举行。

7日，《花溪》第7期发表晓苏的中篇小说《村长独白》、李晋西的短篇小说《打破陷阱》。晓苏（1962－　），湖北保康人。1985年开始发表作品。著有长篇小说《五星铺》、《大学故事》、《成长记》、《苦笑记》、《求爱记》，中篇小说集《重上娘山》、《路边店》，短篇小说集《山里人山外人》、《黑灯》、《狗戏》、《麦地上的女人》、《中国爱情》、《金米》。

9日，广电部发出《关于重申不得支持、协助一些个人擅自拍摄故事片及后期制作的通知》。

10日，《北京文学》第7期发表谈歌的中篇小说《城市热风》、雷建政的短篇小说《太阳劫》、星竹的短篇小说《本是圈内人》。星竹（1954－　），原名郭建华。北京人。1981 年开始发表作品。著有长篇小说《道具》、《鬼村》、《商镇》、《天下绝人》、《少年杀手》、《红颜夜叉》，中短篇小说集《癞花村的变迁》、《彩票》，报告文学集《京东硬汉》等。

《花城》第 4 期发表李冯的长篇小说《孔子》、朱文的中篇小说《幸亏这些年有了一点钱》、张梅的中篇小说《等待明天》、赵毅衡的短篇小说《易经与考夫曼先生》、行者的短篇小说《处女一勺》、李大卫的短篇小说《出手如梦》、于坚的散文《戏剧作为动词，与艾滋有关》。

《芒种》第 7 期发表张旻的短篇小说《梅开二度》、马瑞芳的短篇小说《名教授的梦中讲座》。

《中国作家》第 4 期发表迟子建的中篇小说《日落碗窑》、林希的中篇小说《陪房》，阿成的短篇小说《蟒珠河》、张武的短篇小说《马村长的面包车》、石英的短篇小说《结婚难》、赵凝的短篇小说《游戏规则》。

《诗刊》7 月号设立“回顾与总结”专栏，刊出吴思敬的《启蒙·失语·回归——新时期诗歌理论发展的一道轨迹》、吕家乡的《诗评家的历史教训》等文。吴思敬的文章将新时期诗歌理论的发展分为三个阶段。第一阶段为启蒙阶段（1979 – 1985），围绕朦胧诗和“三个”崛起理论的讨论，开始时虽然意见分歧，但是在争鸣中大家是积极认真的，也是充分发扬民主的，提出的许多问题直到今天仍然有意义。但由于种种原因，后来讨论未能坚持下去，遗留下了许多未能很好解决的问题。第二阶段为失语阶段（1986 – 1990），以《诗歌报》和《深圳青年报》发表的“中国现代诗群体大展”为标志，“朦胧诗”退潮，使“新生代诗人”、“先锋诗人”热闹于诗坛，构成了一种对诗坛的冲击力。可是这时评论界的批评力弱，一些前期活跃的批评家也出现了失语症。而“新生代诗人”则多为一些新人自语，偶尔有评论家的批评，他们也不买账。但“新生代诗人”的创作却没有超越“朦胧诗”的影响。“新生代诗人”中有的有积累有实力，但也有靠搞活动冲击诗坛的行动主义者。评论的失语，有环境因素，也有评论家自身由于知识结构原因一时难于找到对话语境。第三阶段为回归阶段（1990－1996），这时以集团化形式为特点的"新生代"基本画了一个句号，诗人逐渐走向个人化，各自为战，"新生代诗人"开始分化。由于对80年代盲目面向西方的反思，一些人开始承认传统，但由于商品物化的影响又出现了某种消闲态势或盲目求新。如于坚的《0档案》虽有文本意义，但不是诗，反映了一种文化激进主义。诗应是新的，但新的不一定是诗。

11日，《青年文学》第7期发表徐坤的中篇小说《沈阳啊沈阳》。

13－17日，"中国出版成就展"在京举办，有540家出版社的38281种图书、2394家期刊社的4290种期刊、143家音像出版社的3099种音像出版物和180种电子出版物参展。

14日，澳门拍摄的首部影片《大辫子的诱惑》（与珠影合拍）在澳门举行首映式。9月15日，该片在葡萄牙第二十五届费格拉达福兹国际电影节上获组委会和评审团联合颁发的特别大奖、记者评审团颁发的最受欢迎影片奖。

15日，《大家》第4期发表龙志毅的长篇小说连载《冷暖人生》、何申的中篇小说《刘四喜的桃花梦》、李平易的中篇小说《形夭无千岁》、罗望子的中篇小说《南方》、严苏的中篇小说《新上任的八品芝麻官》、毕四海的中篇小说《黑陶与祖》、韩东的短篇小说《红毛其人》、刘嘉陵的短篇小说《求见鲍总经理》、张梅的短篇小说《绝代佳人》（联网四重奏）。毕四海（1949－　），原名毕耜海，山东周村人。山东省作协副主席，山东文学杂志社社长、主编。1979年开始发表作品。著有长篇小说《东方商人》、《皮狐子路》、《财富与人性》、《黑白命运》，中短篇小说集《政治"荷尔蒙"》，散文集《一天云锦》等。

《天涯》第4期发表汪曾祺的短篇小说《唐门三杰》、李少君的短篇小说《蓝吧》、董宇峰的短篇小说《赶尸·鬼节》、吴亮的随笔《自己的状况》。李少君（1967－　），笔名南君，湖南湘乡人。1989 年武汉大学新闻系毕业。著有长篇小说《九十年代的收获与缺憾》，散文集《岛》，随笔集《南部观察》等。

《江南》第 4 期发表陈应松的中篇小说《乡村纪事》、阿福的中篇小说《爱与不爱》、殷慧芬的中篇小说《碎情》。

16 日，总政文化部在京召开军事题材电视剧研讨会，军队各大单位电视艺术中心负责人，部分主创人员及专家、评论家、记者参加了会议。研讨会上，专家们对近几年的军事题材电视剧，诸如《潮起潮落》、《雪震》、《豫东之战》、《天路》、《黄土岭 1939》等给予了肯定。

16－19 日，由中国丁玲研究会、中国社会科学院文学研究所、山西省作家协会、中共长治市委、长治市人民政府联合主办的第七次丁玲学术讨论会在山西省长治市召开会议，会上就“丁玲复出后的创作”以及“丁玲的创作与中国女性文学”两个议题展开了讨论。

17 日，《作品与争鸣》第 7 期发表孙春平的中篇小说《天生我才》、柳建伟的中篇小说《都市里的生产队》、王海玲的中篇小说《东扑西扑》、尤凤伟的短篇小说《幸存者》。

19 日，《戏剧电影报》发表沈林的《戏剧需要脑子吗?》和孟京辉的《戏剧当然需要脑子》。

20 日，《钟山》第 4 期发表周梅森的长篇小说连载《原狱》、史铁生的中篇小说《关于一部以电影作舞台背景的戏剧之设想》、虹影的短篇小说《内画》、何玉茹的短篇小说《噪音》、张梅的短篇小说《老城纪事》（联网四重奏）、毕淑敏的散文《最廉价与最高贵的工具》、王英琦的散文《悲怆的恒星》、王小妮的随笔《我能发出那种声音吗》。

22 日，《啄木鸟》第 4 期发表裘山山的中篇小说《无罪辩护》、冯德英的中篇小说《伪保长——辛庄陈案》、萧平的短篇小说《总统套间》。

25日，《收获》第4期发表叶兆言的长篇小说《1937年的爱情》，万方的中篇小说《和天使一起飞翔》，杨东明的中篇小说《焦点时空》，汪曾祺的短篇小说《小孃孃》、《合锦》，李辉的随笔《清明时节——关于赵树理的随感》，萧乾的文章《我的出版生涯》。叶兆言的《1937年的爱情》和李冯的《孔子》标志着“新历史主义小说”在1996、1997年出现了长篇小说的尝试。在这些作品中，“历史”只是一种表意工具和策略，他们是划着“历史”这根火柴去点燃自己的烟卷，是从“现实”逃向“历史”，以精致的故事和大胆的想象去表达人生命题或文化哲学思考。在《1937年的爱情》中，小说的角色卷在感情漩涡中，却处在历史漩涡的边缘，历史始终处于他们的意识之外。这部小说的历史叙述与个人叙述也执行着消解的职能，前者在消解“正史”的神话，后者则消解着“爱情”的神话。（郑崇选《长篇小说创作综述》，《中国文学年鉴1995－1996》，作家出版社1999年版）

28日，由中华美学会审美文化委员会和云南省红河哈尼族、彝族自治州人民政府联合举办的“当代中国审美文化”学术研讨会在云南个旧市召开，50余名来自全国近20个省市的专家学者参加了会议，此次会议着重探讨了“审美文化”的现实可能性与时代的特征。

《剧本》第7期发表王承友的多场景话剧《飘落的雪花》和魏风、郝玉生的独幕话剧《小玲子》。

本月，山东省委宣传部、全国文学创作山东中心、山东省作家协会联合召开新闻发布会，为鼓励和支持作家深入生活而建立的十个作家创作生活基地挂牌启用，山东文学创作基金扶持的首批12部重点作品的资助签字仪式举行。这12个创作选题是：张炜的《归来》，穆陶的《落日烟尘》，殷云岭的《湖上船歌》，郭保林的《塔克拉玛干，红黄黑》，李贯通的《逍遥之水》，张宏森的《北方》，郑建华的《家园》，赵德发的《天理暨人欲》，周洪成的《横空出世》，尤凤伟的《老屋》，马瑞芳的《感受四季》，刘玉堂的《河东河西》。

《萌芽》创刊40周年。作为上海市扶植严肃文学的又一新举措，《萌芽》杂志从8月号开始改由上海市作协与《新民晚报》联合主办。

河南文艺出版社在郑州成立。

由辽宁省作家协会主办的第二届“辽宁优秀文学评论”奖评选结果揭晓。共有老、中、青评论家十人获奖，其中，田志伟的评论集《焚膏集》、高海涛的论文《文学在这里沉思》获一等奖；刘树元、刘嘉陵等人的论文和评论集分获二、三等奖；李作祥的评论集《论辽宁作家群》获特别奖。

陕西省委宣传部、省作协、省文联、西安市文联、长安县政府联合在西安召开了柳青诞辰80周年纪念大会。

山西高校系统在长治市召开了纪念赵树理诞辰90周年暨学术讨论会。与会代表认为，赵树理所坚持的民族化、大众化的文艺方向至今仍有重要的现实意义，他的崇高的文品和人品永远值得我们学习。

北京万圣书园举办诗歌系列讲座，西川、唐晓渡、陈超、王家新、程光炜、林莽等应邀演讲。

《十月》第4期发表谈歌的中篇小说《热风》、荆歌的短篇小说《老公园》、于坚的散文《住房记》。

《山花》第7期发表毕淑敏的中篇小说《术者》、朱文的短篇小说《女儿与正在盛开的鲜花》、张梅的短篇小说《小宝的裙子》（联网四重奏）、李晋西的短篇小说《当我长出翅膀的时候》、虹影的短篇小说《内画》、钟鸣的散文《徒步者箴言》（之一）。

《上海文学》7月号发表王祥夫的中篇小说《雇工歌谣》、赵丽宏的随笔《青春和天籁》。王祥夫（1958－　），辽宁抚顺人。1979年开始发表作品。著有长篇小说《蝴蝶》、《榴莲榴莲》、《屠夫》等，中篇小说集《愤怒的苹果》，中短篇小说集《永不回归的姑母》，散文集《漫游》等。

《百花洲》第4期发表季仲的长篇选载《沿江吉普赛人》、谈歌的中篇小说《天下匆匆》。

《海燕》第7期发表张福麟的中篇小说《绿苑》、蒋亚林的短篇小说《坤》。

《小说界》第4期发表周懋庸的长篇小说《长相思（上部）》、刘庆邦的中篇小说《家园何处》和卫慧的短篇小说《纸戒指》。

《小说家》第4期发表野莽的中篇小说《何苦》、李霁宇的中篇小说《黑拉山民谣》、张石山的中篇小说《血晌》、石钟山的中篇小说《流浪青春》、马瑞芳的中篇小说《爱之隙》。

《当代》第4期发表邓一光的长篇小说《我是太阳》、谈歌的中篇小说《雪崩》、何申的中篇小说《穷人》。

《春风》第7期发表王立纯的中篇小说《上下求索》、谈歌的笔记小说《谈歌笔记小说三题》。

《时代文学》第4期发表陈染的短篇小说《麻盖儿》。

刘恪的小说《梦中情人》，由百花洲文艺出版社出版。

格非的小说《欲望的旗帜》，由江苏文艺出版社出版。

肖复兴的散文集《今朝有酒》，由广东旅游出版社出版。

祝勇的散文集《文明的黄昏》、王开林的散文集《灵魂在远方》，由中央编译出版社出版。

柯灵的散文集《明月天涯》、《浮沉小记》、《煮字人语》，由上海远东出版社出版。

赵园的散文集《独语》，由辽宁教育出版社出版。

张抗抗的散文集《软弱与柔韧》，由湖南文艺出版社出版。

晏明的《青春诗路》，由明天出版社出版。

止庵（方晴）编的《沙鸥谈诗》，由首都师范大学出版社出版。

牛汉、徐放、胡征主编的《胡宽诗集》，由漓江出版社出版。

八月

1日，《作家》8月号刊载吴晨骏短篇小辑，其中有短篇小说《一次考古旅行》、《整容》和创作谈《博尔赫斯的反面》。同期还刊登了刘剑波的中篇小说《最后的迁徙》、毕飞宇的短篇小说《哺乳期的女人》、残雪的短篇小说《掩埋》、尤凤伟的短篇小说《黑河》。

《四川文学》第8期发表李晋西的短篇小说《一个医生的遭遇》。

《解放军文艺》第8期发表何继青的短篇小说《来去匆匆》。

《人民文学》第8期发表谈歌的中篇小说《大厂（续编）》，何士光的中篇小说《最后的夜晚》，阿成的短篇小说《小酒馆》、《放河灯》，黎珍宇的短篇小说《老情》，朱亚宁的短篇小说《短篇二题》，徐刚的散文《遥想艾青》。

5日，《长江文艺》第8期发表李鲁平的中篇小说《策划时代》、晓苏的中篇小说《重上娘山》、罗望子的短篇小说《玩笑》。

《延河》第8期发表陈继明的中篇小说《街上的人》、短篇小说《积雪》、代创作谈《活着的美》，赵之的评论文章《村里人村外人——读陈继明的小说》，王祥夫的中篇小说《乡村事件》。

《北方文学》第8期发表林深的短篇小说《清明燕满地飞》、《老木》、《白头发，黑头发》。

《作品》第8期发表李弘的中篇小说《海底红尘》，王大进的中篇小说《蝴蝶》，文浪的短篇小说《女人不是树叶》、《冷月》，苏晨的短篇小说《尾声》，张执浩的短篇小说《生活题材》。

《广西文学》第8期发表荒水的短篇小说《隐情》、李兆忠的短篇小说

《皮尔的生日》、赵先平的短篇小说《暮色苍茫》。

《飞天》第8期发表张行的中篇小说《相逢又一村》、晓苏的短篇小说《黑色根雕》、路也的短篇小说《迈向成人》。路也（1969－ ），女，山东人。著有长篇小说《冰樱桃》，诗集《风生来就没有家》、《我的子虚之镇乌有之乡》，散文集《我的城堡》等。

《青海湖》第8期发表星竹的短篇小说《平平淡淡李明昌》。

《朔方》第8期发表陈继明的短篇小说《母亲二题（招魂女儿）》。

《东海》第8期发表史铁生的中篇小说《老屋小记》、创作谈《宿命的写作》。

8日，“新进杯”中国反法西斯战争优秀影片评奖暨全国优秀影评征文比赛结果揭晓。被评为中国反法西斯战争的优秀影片有10部：《八百壮士》、《八千里路云和月》、《松花江上》、《中华儿女》、《平原游击队》、《小兵张嘎》、《归心似箭》、《血战台儿庄》、《七七事变》、《红樱桃》。同时展开的影评征文比赛配合广电部举办的“抗日战争暨世界反法西斯战争胜利50周年影视展映、展播活动”，也评出了22名一等奖、120名二等奖，348名三等奖。颁奖大会于9月24日在北京举行。

9日，文化部艺术局成立戏曲、话剧重点剧目指导小组。该小组由张庚、郭汉城、刘厚生、胡可、严正担任顾问，组长为曲润海，成员聘请从事编剧、导演、表演及理论工作的专家担任。

10日，《北京文学》第8期推出北京新生作家群小说汇展，姜丰的中篇小说《相爱到分手》、古清生的短篇小说《高原的鲜花》、朱也旷的短篇小说《侠客英雄传》、庞亮的短篇小说《街上的蚂蚁真多》、丁天的短篇小说《幼儿园》、李大卫的短篇小说《聂小倩》、邱华栋的短篇小说《赞美》、赵凝的短篇小说《干渴的毛孔》、田柯的短篇小说《结婚》等一系列小说在本期发表，徐坤发表了题为《喧腾的马群——北京新生作家群小记》的评论文章。

《中国西部文学》第8期发表肖子华的短篇小说《牵牛》、庞一川的短篇小说《牛儿还在河滩吃草》。

《诗刊》8月号发表雷抒雁的《呼唤"艾青"》，《苏金伞诗选》，周所同、李小雨、邹静之、梅绍静、雷霆、叶延滨的《509编辑室笔谈》。

11日，《青年文学》第8期发表邓一光的中篇小说《遍地莜麦》、潘向黎的短篇小说《最后一次无辜》、张旻的短篇小说《顾梅的故事》。

17日，《作品与争鸣》第8期发表梁晓声的中篇小说《学者之死》、谢志斌的中篇小说《扶贫》、阿宁的中篇小说《校园里有一对情人》。

22－27日，牛汉参加在日本召开的第16届世界诗人会议，并在开幕式上做题为《谈谈我这个人，以及我的诗》的发言。

22日－9月2日，加拿大第20届蒙特利尔电影节举行，我国电影《桃花满天红》入围参赛，《变脸》、《寡妇十日谈》、《太阳有耳》参展。

23日，《小说选刊》杂志社、河北省委宣传部和河北省作家协会在北京联合举行了"河北三作家何申、谈歌、关仁山作品讨论会"。何申、谈歌、关仁山被称为河北的"三驾马车"，创作出一批弘扬时代主旋律的作品。这些作品既受到读者的好评，也引来许多争议。来自北京及河北的七位评论家在对何申、谈歌、关仁山作品充分肯定的同时，也进行了"会诊"式的剖析。他们认为：河北三作家的一个共同特点是热情关注现实，对生活进行多视角、多层面的描绘，对改革道路上出现的种种艰难和困惑不断进行大胆揭示，刻画出一批面对艰难和困惑不断进行探索、闪耀着时代色彩的人物，为广大读者提供了一幅幅真实而又鲜活的当代生活画面。在谈到不足时，评论家们指出，关注现实应该包括对现实由表层到深层的发现，包括站在历史高度对现实予以透视。河北三作家在贴近生活的同时，应该注意对生活进行更深入的思考，对生活素材加以充分运用和对人物进行典型化提炼。

23－28日，中国艺术研究院、中国戏剧家协会、中国话剧艺术研究会、广东省文化厅和香港辉煌集团有限公司在京联合举行中国戏剧交流暨学术研讨会。此次活动以“加强中华剧人的团结，促进中华戏剧的繁荣”为宗旨，汇聚了来自全国各地及香港、台湾、澳门的戏剧家和华文学者。13 台不同风格的话剧参加了这次交流演出，分别是：香港话剧团的《次神的儿女》，香港演艺学院的《少女梦》，香港沙田话剧团的《苦山行》，台湾绿光剧团的《领带与高跟鞋》，北京人艺的《北京大爷》，文化投资公司组台的《冰糖葫芦》，经纪人自行组团的《别为你的相貌发愁》，广东的《火红木棉花》、《新居》，山东省话剧院的《布衣孔子》，大连话剧团的《勾魂唢呐》，武汉话剧院的《人生一台戏》，总政话剧团的《女兵连来了个男家属》。《中国戏剧》第 10 期刊登宋宝珍撰写的本次研讨会综述文章《增强剧人团结　促进戏剧繁荣》。

第三届中国长春电影节在吉林省长春市举行。《孔繁森》、《好男好女》并列获得最佳华语故事片金鹿奖。

25 日，女作家戴厚英于寓所不幸被人杀害，终年 58 岁。对于戴厚英其人其作，萧乾评价道：“她不但性格刚强，而且对待一切事物都观点明确，有时甚至难免走极端。不怕，因为她一旦醒悟后，就绝不文过饰非，而且会坦诚地纠正自己。例如在人道主义问题上她极左过，而且出于真诚。然而她一旦认识到了自己的失误，就有勇气并且毫不犹豫地公开否定自己，从而在八十年代初写出了影响深远的《人啊，人》。说起戴厚英，我首先想到的就是她在自我认识上的坦率。她在批评旁人时不留情面，她对自己也更是这样。”（《戴厚英——一个真正的人》，《书屋》1999 年第 1 期）研究者黄裳指出：“戴厚英是以人性的自省，由生活到创作，由痛苦到战斗。”“八十年代以来的中国文坛，在小说的领域，戴厚英可算是第一个举起人性自省旗帜的人，她为人性的自省付出了巨大的代价，为人性的理想付出了鲜血生命。”“她爱祖国、爱人民、爱故土、爱乡情的人性的素质，与她强烈的忧患意识相结合，使她对民族、历史、时代的反省，总是与个体生命在当下境遇中的体察，人性的理想追求息息相关，她以对自我人性的内省为内驱力，而在文学世界里展开繁杂的人生的悲、喜剧，让我们从中透视当代中国人人性的荒谬与本真、失落与回归之演变的漫长、痛苦的历程，而她自己在人生的旅途中从盲从到反思，从迷茫到清醒，从蒙昧到怀疑，从怀疑到批判，并在时代的巨大变迁中不断追求对人的认识，呼唤人性理想，从而促使自我的人性在‘凤凰涅槃’中获得新生、升华。戴厚英的作品总给人以一种悲凉感。”（《人性的自省——戴厚英论》，《文艺理论研究》1998 年第 6 期）研究者陈纯洁总结道：“戴厚英以勤奋的劳作，为新时期的文学大厦添砖加瓦。她的创作既有对现实人生的体验，也有对社会历史的理性思考，包含着她对于人的认识和理解、希望和不满，在她 16 年的创作生涯中，有喜有悲，有甘有苦，但她始终真诚如一，执著于人性的发掘，探索，她把人当作一本书去咀嚼。……她的创作，深化了文学的人学主旨，丰富了文学的人学内容。”（《戴厚英——把人当作一本书》，《前沿》1996 年第 12 期）

29 日，王蒙、李国文、汪曾祺、莫言、毕淑敏等十位作家到《北京文学》，与该刊编辑畅谈当前文学的现状与发展，并对该刊近期工作作出了评价。

29－31 日，由中国戏剧家协会主办，河北省文化厅、河北省戏剧家协会、河北凯艺音像广告有限公司承办的第十三届中国戏剧梅花奖颁奖活动在石家庄举行。共有 22 位戏曲、话剧、歌剧演员获奖。

30 日，中国作协创研部、山东省作协、作家报社、北京十月文艺出版社在京联合举行长篇小说《天眼》研讨会。与会者称这部由教授女作家马瑞芳写的长篇小说有明显的学者风格，是一部真实反映当代知识分子的现实主义作品。

本月，上海市作协召开了“作家创作与深入生活”的座谈会。

河北迁安宏联实业有限公司在石家庄成立了宏联作家工作室，并每年度都将出资三万元面向全国奖励四十岁以下青年作家。私营企业出资奖励作家在我国尚属首例。

中国通俗文艺研究会第三届第二次扩大理事会在内蒙古呼和浩特市召开，内蒙古通俗文艺研究会也在这次会上宣告成立。

中国报告文学学会在京举办研讨会，围绕“深化改革开放与报告文学创作”的议题展开探讨。

我国第一部大量运用电脑数码特技摄制的大型神话故事片《大闹天宫》开拍，由我国著名京剧表演艺术家李万春之孙小万春饰演孙悟空。

刘锡诚主编的《中国新文艺大系·民间文学集》（1937－1949），由中国文联出版公司出版。

《上海文学》8月号发表彭瑞高的中篇小说《本乡有案》，韦晓光的中篇小说《摘贫帽》，王周生的短篇小说《安乐死》以及南野、杨克、陈旭光、王剑钊、张执浩、袁毅关于当前诗歌的对话《遭遇诗歌》。

《芳草》第8期发表池莉的短篇小说《毽子》。

《青春》第8期发表陈望尘的短篇小说《农家子弟》。

《山花》第8期发表田柯的中篇小说《成长》、海男的短篇小说《晃来晃去的黑布雨伞》、周蓬桦的短篇小说《爱情故事》、潘军的短篇小说《小姨在天上放羊》、张承志的散文《折一根芨芨草做笔》。

《春风》第8期发表杨永怀的中篇小说《蓝领贵族》、邵振国的短篇小说《滩歌》、门光明的短篇小说《此情无待》、黄然的短篇小说《通灵》、刘建国的短篇小说《变奏》。

《倾向》秋季卷推出“九十年代汉语诗歌评论专辑”，内有王家新、孙文波、肖开愚、程光炜、黄灿然、杨小滨等人的文章。

《读书》第8期发表王蒙《美丽围巾的启示》。

肖复兴的长篇小说《无处不在》，阎欣宁的长篇小说《金帆船》，由海峡文艺出版社出版。

李庆西的短篇小说集《不二法门》，夏征农的诗集《不成调的歌》，由上海文艺出版社出版。

严歌苓的短篇小说集《失眠人的艳遇》，由四川文艺出版社出版。

鲁雁的长篇小说《呼啸兰山》，由山东文艺出版社出版。

赵新的长篇小说《婚姻小事》，由花山文艺出版社出版。

曹聚仁的散文集《上海春秋》，由上海人民出版社出版。

陈平原的散文集《书生意气》，刘心武的散文集《边缘有光》，由上海汉语大词典出版社出版。

汪晖的散文集《旧影与新知》，李庆西的散文集《寻找手稿》，陈平原的散文集《阅读日本》，由辽宁教育出版社出版。

季羡林的散文集《我的心是一面镜子》，由延边大学出版社出版。

李洁非的散文集《袖手清谈》，韩毓海的散文集《摩登者说》，由中央编译出版社出版。

张中行的散文集《说梦楼谈屑》，由北京出版社出版。

罗西的散文集《爱江山也爱美人：罗西随笔》，由上海远东出版社出版。

九月

1 日，第 7 届“冰心儿童图书奖”、第 4 届“冰心儿童文学新作奖”在北京钓鱼台国宾馆举行颁奖大会，张之路的《我和我的影子》、谢乐军的《燕王》等 21 篇作品获奖。

《鸭绿江》第 9 期发表阎欣宁的短篇小说《新雪》、《天物》、《天堂来信》，一平的散文《辽阔俄罗斯》。

《作家》9月号刊载了张旻作品小辑，其中包括其短篇小说《意外事件》、《父子斗》，散文《永远的女孩》和创作手记《小说家的欲望》；本期还刊载了朱亚宁的短篇小说小辑，其中包括其短篇小说《初夏》、《大冰瀑》和创作谈《写作难度及其他》。邱华栋的短篇小说《界限》（联网四重奏）也发表在这一期上。

《山东文学》第9期发表浩然的长篇小说《圆梦》（选载）。

2日，《新剧本》第5期发表张秉春的话剧《办公室的故事》和曾纪鑫的话剧《永远的船》以及过士行的创作谈《我和我的三部曲》。

3日，《人民文学》第9期发表赵金禾的中篇小说《阳光的收成》、毕飞宇的中篇小说《好的故事》、王祥夫的中篇小说《小鼻村记事》、刘兆林的散文《母亲》。

4－10日，由文化部主办，文化部振兴昆剧指导委员会、北京市文化局共同承办的全国昆曲新剧目观摩演出在京举行。全国6个昆剧院团演出了9台优秀传统剧目和新编剧目。

5日，国务院发布《关于进一步完善文化经济政策的若干规定》。

《芙蓉》第5期发表黄永玉的长篇小说连载《无愁河的浪荡汉子》、刁斗的中篇小说《发现》、周昕的中篇小说《男人的陷阱》、瘦谷的中篇小说《昨日流水》、张贤亮的短篇小说《普贤寺》、毕飞宇的短篇小说《臭镇的1977》、聂鑫森的短篇小说《工友——小说二题》、姜贻斌的短篇小说《自作多情》。

《长江文艺》第9期发表竹林的中篇小说《冥行记》、何存中的中篇小说《生命与叙述》、叶大春的短篇小说《雕像》。

《延河》第9期发表邱华栋的短篇小说《音乐工厂》、《偷口红的人》，自传《方法的根源》，李国平的评论文章《阅读邱华栋》。

《北方文学》第9期发表阿宁的短篇小说《猫事》、蒋亚宁的短篇小说

《张佬儿之死》、王炜的短篇小说《戒指》。

《湖南文学》第9期发表彭东明的中篇小说《乡里城里》、石钟山的短篇小说《等待爱情》。

《作品》第9期发表墨白的中篇小说《寻找旧书的主人》、刘继明的短篇小说《鼠灾》、程树榛的短篇小说《艰难的会见》、冯秋岐的短篇小说《结局》。

《广西文学》第9期发表凌可新的短篇小说《春心》、阎耀明的短篇小说《黑海水》。凌可新（1963－ ），1985年受聘为山东蓬莱文化馆创作员，1988年就读于山东大学作家班，1991年毕业后回文化馆工作至今。著有短篇小说集《老白的枪》，中短篇小说集《醉纸》、《避邪》等。

《飞天》第9期发表雷建政的中篇小说《圣餐》、秦巴子的短篇小说《阿海的愤怒》。

《青海湖》第9期发表聂鑫森的短篇小说《江南草诗社纪事》。

《莽原》第5期发表阎欣宁的中篇小说《铁旗关》、苏晋的中篇小说《你要学习默默承受》、李广贤的中篇小说《荷锄》、朱也旷的短篇小说《朱也旷小说二题》(《当鹡鸰鸟飞过田野》、《壁虎》)。

《东海》第9期发表余华的中篇小说《我的故事》。

6日，《文艺报》报道：上海文艺出版社推出“当代文坛大家文库”，现已出版《巴金七十年文选》、《冰心七十年文选》、《夏衍七十年文选》、《施蛰存七十年文选》、《柯灵七十年文选》。

7日，《天津文学》第9期发表刘宝池的中篇小说《基金会》、阿宁的短篇小说《凉瓶》。

《花溪》第9期发表凌耀忠的中篇小说《等待咖啡加糖》、李修平的短篇小说《霜叶红于二月花》。

9日，中国戏剧导、表演艺术研究会在京成立。同日，隶属于该学会的

“于是之戏剧学校”举行了开学典礼。

10日，《花城》第5期发表蒋韵的长篇小说《栎树的囚徒》、储福金的中篇小说《哲人古北》、潘军的短篇小说《蓝堡市的撒谎艺术表演》、罗望子的短篇小说《小说二题》、林白的随笔《记忆与个人化写作》。

《芒种》第9期发表阿成的《阿成笔记》、林希的《歪脖蜡》、刘玉堂的《伤心邂逅》、王中才的《乌鲁根德之火》、皮皮的《城市轶事》、徐坤的《三月诗篇》、谢友鄞的《刘三好的日子》等短篇小说。

《北京文学》第9期发表刘恒的中篇小说《天知地知》、刘庆邦的短篇小说《人畜》、荆歌的短篇小说《复活》、于德北的短篇小说《浮躁之一种》、陆颖墨的短篇小说《钟楼·灵光》、徐卓人的短篇小说《干部》。为推动短篇创作，重振短篇小说雄风，从本月起，《北京文学》举办第一届“短篇小说公开赛”，自1996年第9期至1997年第12期特辟“短篇小说公开赛”栏目。为了鼓励创作，他们还改革了以往以字数计酬的方式，参赛作品实行以篇计酬，稿酬从优，并设立了冠军、亚军和季军三个奖项，给予重奖。

《诗神》9月号的“诗理论特辑”发表西川的《批评与处境》、杨匡汉的《说诗调》、王家新的《当代诗学的一个回顾》等文。

《诗刊》第9期发表邹荻帆的诗歌遗作《寄草溪村》、昌耀的诗论《沉重的命题》。

11日，《青年文学》第9期发表刁斗的中篇小说《父亲的花园》、尤凤伟的短篇小说《黑天气传略》、石舟的短篇小说《低空滑翔》。

14－25日，中国电影代表团赴朝鲜，参加第五届不结盟及发展中国家平壤电影节。我国影片《红樱桃》获电影节大奖——火炬金奖，该片导演叶大鹰获最佳导演奖，该片女主角郭柯宇获最佳女演员奖。

15日，《天涯》第5期发表范小青的短篇小说《谎言》、刁斗的短篇小说《去天堂的路有多远》、罗望子的短篇小说《历史1988》、张洁的散文《GIVE-

AWAY》、单正平的随笔《开会》、徐晓的散文《无题往事》、蒋子丹的散文《岁月之约》。

《长城》第5期发表毕四海的长篇小说《W不是故事》、皮皮的中篇小说《烟蒂》。

16日，电影局发出《关于〈秦颂〉违规参加西班牙电影节的处理意见》。

17日，《作品与争鸣》第9期发表关仁山的中篇小说《破产》、池莉的中篇小说《午夜起舞》、陈志红的短篇小说《七月的芳香》。

18日，我国电影表演艺术家，原中国影协副主席、原上影演员剧团团长白杨逝世，终年76岁。

18－25日，文化部与武汉市人民政府在武汉联合举办全国儿童剧新剧目评比演出活动。来自全国12省市的儿童剧、歌舞、戏曲院（团）分别上演了《白马飞飞》（上海儿童艺术剧院）、《我爱我班》（青岛市话剧院海尔儿童剧团）、《远山的花朵》（四川省歌舞剧院）、《这里将是别墅》（辽宁儿童艺术剧院）等12台剧目。

19日，《人民日报》文艺部、《求是》杂志文教部、《光明日报》文艺部、《文艺报》、诗刊社、《人民文学》杂志社、中华文学基金会等31家单位在北京联合举办柯岩作品研讨会。与会者从作家的社会责任感与作品的价值、创作与生活，创作的主体性与时代性，人民性、人品与文品，倾向性与艺术性等多个侧面对柯岩作品进行了讨论。《诗刊》主编杨子敏说："读柯岩的诗，最无法躲避的就是崇高，她的作品是从她高尚人生观的总根上生长出的绚烂花朵"。诗评家张同吾认为"柯岩的诗及全部作品都有一种诗的灵气，体现着诗的神韵和风采。"

20日，《中国作家》杂志社与湖北省作家协会，在武汉联合召开岳恒寿中篇小说《跪乳》研讨会。

《红军长征史》、《红军长征纪实丛书》出版座谈会在北京召开。江泽民为丛书题写书名并题词："英雄的史诗"。

《钟山》第5期发表周梅森的长篇小说《原狱》（连载），张炜的中篇小说《瀛洲思絮录》，格非的中篇小说《时间的炼金术》，刘玉堂的中篇小说《乡村情结》，邱华栋的中篇小说《哭泣游戏》（联网四重奏），赵德发的短篇小说《琴声》，苏童的短篇小说《食指是有用的》、《饮酒歌》，尤凤伟的短篇小说《爷爷和隆》，林斤澜的散文《仙姑洞零碎》。

22日，戏剧家、导演夏淳在北京逝世，享年76岁。

《啄木鸟》第5期发表蓝玛的中篇小说《警官老塔》、范小青的短篇小说《失踪》。

22－27日，"1996海峡两岸儿童文学研讨会" 在浙江师范大学举行。两岸儿童文学作家、评论家、编辑家30余人出席会议。本次研讨会的中心议题是：海峡两岸儿童文学的历史、现状和未来。

24－25日，中宣部在北京召开精神文明建设"五个一工程"第五届工作会议暨颁奖大会。话剧获得"五个一工程"奖的是《最危险的时候》（总政）、《孔繁森》（山西）、《女兵连来了个男家属》（总政）、《这里一片绿色》（河北）和《阮玲玉》（北京）。儿童文学方面：儿童电影《红樱桃》、《孙文少年行》、《童年的风筝》、《自古英雄出少年》，儿童电视剧《嗨，小海军》、《琴童的遭遇》、《血色童心》，儿童戏剧《我爱我班》、《白马飞飞》、《托起明天的太阳》、《少年霍元甲》，儿童文学作品《中国当代少年小说丛书》（曹文轩等著，江苏少年儿童出版社）、《青春风景创作丛书》（秦文君等著，安徽少年儿童出版社）获奖。长篇小说获奖的是王旭烽的《南方有嘉木》、柳溪的《战争启示录》（上下册）。

北京人民艺术剧院在京演出话剧《篱笆》。编剧〔美〕奥古斯特·威尔逊，导演〔美〕玛格丽特·布克，副导演任鸣等。

25日，《收获》第5期发表钟道新的中篇小说《公司衍生物》、李冯的中篇小说《王朗和苏小眉》、季宇的中篇小说《县长朱四与高田事件》、迟子建的短篇小说《雾月牛栏》、洪森的短篇小说《审讯笔记》、李辉的随笔《消失了的太平湖——关于老舍的杂感》、萧乾的散文《老报人絮语》、柯灵的文章《悼罗荪》。

《黄河》第5期发表荆歌的中篇小说《尾巴摇啊摇》、刘嘉陵的中篇小说《游戏》、张行建的中篇小说《冻结的乡野》。

26日－10月2日，在第九届东京国际电影节上，我国故事片（与港合拍）《变脸》获最佳导演（吴天明）、最佳男演员（朱旭）两项奖。另外，《被告山杠爷》参加展映。

27日，《戏剧电影报》发表沈林的《观众是上帝吗?》和孟京辉的《观众当然不是上帝》。

28日，《剧本》第9期发表黄伟英的辽西风情话剧《我家住在大山里》。

本月，由《作家报》、《时代文学》、《小说选刊》与枣庄市峄城区政府联合举办的“张继作品研讨会”在山东枣庄举行。

著名现代作家师陀的一部分重要手稿、书籍、照片及其收藏的作家书信，由其亲属捐赠给中国现代文学馆。

《东海》文学月刊继去年拿出30万元设立文学奖后，又注资30万元创办“东海文学院”，以刊物为阵地，为广大文学新秀铺路搭桥。

《山西文学》创刊40周年，作为一份以乡村小说起家并闻名文坛的“老字号”文学刊物，它再度发挥自己的优势，从第9期至第11期，连续推出了三期“中国乡村小说特辑”，发表了包括山西、山东、河北、河南、湖北等五个省的21位作家的21篇（部）小说。同时还开辟了“乡村小说自由谈”栏目，刊登了10位作家的创作谈和4位评论家的评论文章。

上海话剧艺术中心——上海青年话剧团制作体在沪首演大型历史话剧《商鞅》。编剧姚远，导演陈薪伊。剧本发表于《上海戏剧》1997年第2期和

《剧本》1997 年第 4 期。

《十月》第 5 期发表肖克凡的中篇小说《远山沉没》、李肇正的中篇小说《小女子》、李平易的短篇小说《唯一的读者》、邱华栋的短篇小说《金黄色》、毕淑敏的纪实文学《屋脊上的女孩》。

《山花》第 9 期发表伊沙的中篇小说《江湖码头》、邱华栋的短篇小说《保险推销员》（联网四重奏）、阎连科的短篇小说《限》、毕飞宇的短篇小说《写字》。

《小说家》第 5 期发表荆歌的中篇小说《地理》、邓九刚的中篇小说《世界公民》、何申的中篇小说《折腾》、王立纯的中篇小说《麟之趾》、刘嘉陵的短篇小说《其余都是杜撰》。

《上海文学》9 月号的"新市民小说"专栏刊登陈丹燕的中篇小说《女友间》、徐惠照的中篇小说《折桂》。同期还刊发秦轮的短篇小说《做脸》、罗望子的短篇小说《电梯上》。

《小说界》第 5 期发表刁斗的中篇小说《螺旋》、毕飞宇的中篇小说《家里乱了》、聂鑫森的短篇小说《秋声》、白小易的短篇小说《嬉戏》。

《百花洲》第 5 期发表阿成的中篇小说《秋之怀》、李平易的中篇小说《松下问童子——胖子说的故事》、聂鑫森的短篇小说《胭脂柿》、荆歌的短篇小说《夏天的纪实》。

《当代》第 5 期发表俞天白的长篇小说《大都会——〈大上海人系列之三〉》。

《芳草》第 9 期发表陈应松的短篇小说《城市渔人》、邓一光的短篇小说《飘向空中的孩子》、巴兰兰的短篇小说《画谜》、周昕的短篇小说《太阳和尘埃之中》。

《时代文学》第 5 期发表范小青的中篇小说《平凡的爱情》，毕四海的中篇小说《轮回》，顾冰的中篇小说《儿子》，彭见明的短篇小说《真假之间》，张继的短篇小说《乡选》、《村长与鱼》。

《小说选刊》杂志社以问卷的形式，就小说阅读情况向读者展开了广泛的调查。调查问卷共收到回函960份。统计结果表明，当前创作小说读者中受过高等教育者所占比重最大，但大学本科以上学历人数明显少于大专生，这虽然与他们在人群中所占的比例不高有关，但是阅读水准过高，也减低着他们对中国文学现状的关心；无论小说作品出自何种性别的作家之手，它要面对的80.4%的读者将为男性；35岁以下的青年占当前小说读者的69.2%；在回答关于中国当前小说创作的进步点与问题点的提问时，大多数读者认为当前中国小说创作中最大的进步来源于其对当前现实社会生活的极大关注。

陈仲义的《中国朦胧诗人论》，由江苏文艺出版社出版。全书第一章为“朦胧诗潮概评”，然后用五章分别论述了朦胧诗潮的五位代表诗人，提取出五种范式：“北岛的象征——超现实模式”、“舒婷的情感复调”、“顾城的幻型世界”、“江河的‘原型——个体’同构境界”、“杨炼的智力空间”。本书原名《今天派论稿》，出版时改为此名。这是国内较早研究朦胧诗和朦胧诗人的专著。

李松涛的长诗《拒绝末日》，由春风文艺出版社出版。

《穆旦诗全集》，由中国文学出版社出版。

《铁凝文集》（5卷本），由江苏文艺出版社出版。

《卧龙生小说全集》，由上海古籍出版社出版。

亦舒作品系列，由海天出版社出版。

韩少功的长篇小说《马桥词典》，由作家出版社出版。

林白的长篇小说《守望空心岁月》、北村的长篇小说《施洗的河》、刘恪的长篇小说《蓝色雨季》，由花城出版社出版。

邓一光的长篇小说《家在三峡》，由武汉出版社出版。

赵玫的长篇小说《高阳公主》，由中国青年出版社出版。

林非的散文集《中外文化名人印象记》，由广州出版社出版。

何怀宏的散文集《心灵瞬间》，由上海人民出版社出版。

宋志坚的散文集《老宋炒古》，由海风出版社出版。

十月

1 日，《作家》十月号发表谈歌的短篇小说《妇道》，何申的短篇小说《好人成双》，关仁山的短篇小说《忙冬》，罗望子的短篇小说《背叛》、《结果》，潘军的短篇小说《纪念少女斯》、创作手记《自己的小说和需要的写作》。

《四川文学》第 10 期发表瘦谷的短篇小说《四十年前二舅的自杀事件》、稷子的短篇小说《穿冬裙的女人》、路也的短篇小说《世界之外，哪儿都可以》。

《解放军文艺》第 10 期发表赵琪的中篇小说《苍茫组歌》。

《山西文学》第 10 期发表王祥夫的中篇小说《太阳下的村庄》、何申的短篇小说《耪完头遍地》、关仁山的短篇小说《民间新戏》。

《鸭绿江》第 10 期发表石钟山的中篇小说《城市寓言》、张福麟的短篇小说《孤寂》。

2 –5 日，中宣部、新闻出版署在北京展览馆举行中国少儿出版物成就展。少儿类图书、期刊、报纸、音像制品及电子出版物各品种的少儿出版物在此集体展出。其中，中国动画工程读物、在精品馆展出的历年“五个一工程”获奖图书、国家图书奖获奖图书及有关精品少儿读物是本次展览的亮点。

为配合中国少儿出版物成就展，在北京举办展览期间，上海、天津、广州、武汉、西安、成都同时举办为期一周的少儿出版物展销活动。

3日，《人民文学》第10期发表何申的中篇小说《大会之前》、刘醒龙的中篇小说《割麦插秧》、张欣的短篇小说《一生何求》、刁斗的短篇小说《伪币制造者》、残雪的短篇小说《迷惘》。

4日，《戏剧电影报》发表沈林的《懂？还是不懂?》和孟京辉的《不懂！还是不懂!》。

5日，《大家》第5期发表赵德发的长篇小说《缱绻与决绝（第一卷)》、龙志毅的长篇小说连载《冷暖人生》、苏童的中篇小说《灼热的天空》、叶蔚林的中篇小说《再生》、吕新的中篇小说《我听见青草附近有大声音》、王大进的中篇小说《你还能记得什么》、贾平凹的短篇小说《制造声音》、汪曾祺的短篇小说《礼俗大全》、邱华栋的短篇小说《化学人》（联网四重奏)。

《延河》第10期发表石钟山的短篇小说《党员》、《警卫员》，创作谈《尴尬写手》，李思的评论文章《信仰的意义——谈〈党员〉〈警卫员〉的思索》。

《北方文学》第10期发表巴兰兰的中篇小说《记者轶事》。

《湖南文学》第10期发表邓宏顺的中篇小说《金秋是个梦》，董宇峰的短篇小说《俗缘》、《周易小传》，张梅的短篇小说《红线》。

《作品》第10期发表赵琪的中篇小说《情迷四月天》、毕飞宇的短篇小说《哭泣生涯》、阎欣宁的短篇小说《天音》、西篱的短篇小说《夜色如水》、王小妮的散文《世界何以辽阔》。

《长江文艺》第10期刊登湖北文学新生代小说专号，有李府东的中篇小说《太阳照常升起》、马竹的中篇小说《红尘三米》、文浪的短篇小说《赶驴板车的人》、阿毛的短篇小说《女孩西里的懵懂岁月》、胡庆云的短篇小说《一朵莲的身世》。

《广西文学》第10期发表凌耀忠的中篇小说《演艺日记》、赵新的短篇小说《拔河》。

《青海湖》第10期发表阎耀明的短篇小说《游戏没有规则》、黄建国的短篇小说《老孟的旗》。

《东海》第10期发表谈歌的中篇小说《官司》、创作谈《创作杂记》。

6日，作家端木蕻良因心力衰竭在北京逝世，终年85岁。对于端木蕻良作品的题材和风格，研究者逄增玉总结道："在端木创作的第一阶段（30年代至抗战初、中期），一方面，他以流亡者的热血与激情仰天长啸，写下了那些正面表现阶级抗争民族抗战的宏大叙事与主题，具有大江东去、壮怀激烈格调的'豪放'作品；另一方面，端木又能大小由之，把那些有关故土沦陷、人民苦难与抗争的宏大主题，化大为小，选择一个新颖的视角，从一个能以小见大的独特的'横截面'用委婉乃至凄婉的抒情或者是写意的笔调娓娓道来，具有俊秀婉约之风，如《乡愁》，如《爷爷为什么不吃高粱米粥》，如《鸶鹭湖的忧郁》等。……其次，在端木创作的后一阶段，也就是抗战中后期，他辗转滞留于大后方，在生活多难、形势恶化、远离故土亲人的沉闷压抑环境和心境中，作为东北流亡作家的端木同其他流亡中的大后方作家一样，情绪从高亢转为沉郁，在一种普遍性的，多少带有'文化寻根'意味的追忆和怀旧心理的驱遣下，端木写下了一些回忆故乡、童年和往事的温馨温情之作，如《早春》、《初吻》等"。（《论端木蕻良小说创作的两种追求与风格》，《河北学刊》2000年第1期）学者王富仁这样评价其总体风格："端木蕻良的作品与所有东北作家群的作品一样，始终浸透着一种浓郁的民族意识和民族精神，这种浓郁的民族意识和民族精神在他们的作品中具体表现为一种广大的忧郁。""他绝不是关内文化中的那种才子型的文人，不是现代中国大都会中的花花公子，他对人的审美的感受和体验完全属于别一种类型。他同所有东北作家群的作家一样，欣赏和追求的不是中国知识分子身上的那点灵巧、那点潇洒、那点才智、那点柔媚，而是人身上那点生命的活力，那点在严酷的现实生活中不能不具有的意志的力量。在对人的总体的艺术处理方式上，不论是他的长篇小说，还是他的短篇小说，他从来也不脱离开人的具体的、整体的生存状态表现人的平面的、瞬间的道德心理和道德表现。他的表现是人怎样生，怎样死，为什么而生，为什么而死，亦即人的生命的力量以及人的生命力量的源泉。他笔下的人物是整体的，不是瞬间的、部分的。他不遮蔽人性中的恶，也不遮蔽人性中的善，不遮蔽人性中的琐屑和庸俗，也不遮蔽人性中的庄严和伟大。"（王富仁：《三十年代左翼文学·东北作家群·端木蕻良（之四）》，《文艺争鸣》2003 年第 4 期）钱理群这样评价端木蕻良："庞杂的思想与多重气质内在地决定了他既倾向革命，成为一个左翼作家，又与革命格格不入，终于是左翼作家中的另类。应该说左翼作家中也有不少人存在着不同类型的思想与精神气质的矛盾，有的在参加革命的过程中，逐步自觉不自觉地克服（或压抑）了革命所不容的思想与气质，终被革命所接纳；也有的则本性难改，与革命始终处于若即若离的状态，端木蕻良大概就是其中的一位：尽管他也曾努力地调整自己，却始终坚守着固有的自我，其中一个重要原因，在我看来，就是他无法摆脱自己更为内在的'彻骨'的孤傲的贵族气。这样，端木蕻良在同辈左翼作家中始终处于'不被人理解、不被人认同的孤独'状态，遭遇到'被抛出群体之外的冷落'，就是不难理解的：这正是隐藏在种种人事纠葛背后的更为重要的历史内容。这样，作家端木蕻良自身的精神历程与境遇就具有了一种'史'的意义；而研究者尤其感兴趣的是，这样的精神史已经外化为端木蕻良作品中的'丁宁——兰柱——石龙（我觉得也许还要加上曹雪芹）''自我形象'发展史，这是构成了端木蕻良创作的一个重要底蕴的，这方面的研究也才开始。"（钱理群：《〈端木蕻良小说评论集〉序》，《生命的沉湖》，三联书店 2006 年版）

《当代人》第 10 期发表何申的短篇小说《乡间往事六题》。

7日，中国作家协会、山西省作家协会、中国赵树理研究会、中国解放区文学研究会联合在京举行了“纪念赵树理诞辰90周年座谈会”。与会者高度评价了赵树理在文学创作上的卓越成就，肯定了他在文学史上的重要地位，并谈到了学习赵树理的重要性。魏巍说，赵树理在以大众化、群众化的风格描写中国农村和解放区的农民方面作出了独特贡献，但今天我们写农村、写农民的作品太少了，而写得好的作品就更少，有的作品写农民却不像农民，大众化、群众化的追求也不被作家们所重视，应该倡导赵树理的创作道路。

《天津文学》第10期发表赵熙的中篇小说《惶城》、于剑文的短篇小说《回故乡》、李治邦的短篇小说《等待提拔》。李治邦（1953－　），河北安平人。1970年入伍。1979年开始发表作品。著有长篇小说《逃出孤独》、《城市猎人》、《繁花落尽》，小说散文合集《我所喜欢的美丽女人》等。

《花溪》第10期发表黄晓延的中篇小说《咫尺天涯》、杨浩的短篇小说《告别》、风雪心的短篇小说《剩一树柳弯腰》。

9－13日，第五届中国金鸡百花电影节在云南省昆明市举行。《红樱桃》获第十六届金鸡奖最佳故事片奖，金鸡奖最佳剧本奖空缺，吴天明获金鸡奖最佳导演奖，高明和宋春丽分别获金鸡奖最佳男女主角奖。《红樱桃》、《七七事变》、《混在北京》获第十九届《大众电影》百花奖最佳故事片奖。

10日，诗人汪静之逝世，享年95岁。评论者认为：“汪静之的爱情诗不仅在五四时期，而且在整个二十年代得到了许多年轻人的喜爱。对那些在传统道德的束缚下希望爱情、性爱自主的年轻人来说，汪的爱情诗也许起到了一种‘榜样’的作用。这样，汪静之的文学作品对世俗现代性的发展也有了一定的贡献。但是，读过《六美缘》后，我们将不容置疑地看到汪静之爱情诗的写作是审美现代性的表现。作者无限的单纯……以及他对自己写作的动机缺乏任何一种批评的分析，使作者的生活与作品完全地融为一体，创造出一种和他人迥然相异的艺术作品和生活作品。也许，这就是现代性的真正意义所在。”（贺麦晓：《中国早期现代诗歌中的现代性》，载《诗探索》1996年第4期）“言前人所未言或不敢言，又采用了朝气新颖的白话形式，心想手写，又带着古典诗歌的功底，如此这般，从思想价值内涵到艺术表现形式，汪静之的情诗正因为具备了这样的内核，才成为中国新文学史上一个绕不过去的车站，成为今天仍然值得回眸凝视的一个坐标”。（裴毅然：《汪静之五四情诗》，《书屋》2005年第9期）

《北京文学》第10期发表《北京文学》第10期发表肖克凡的中篇小说《白日虚拟》、刘恒的短篇小说《拳圣》、林希的短篇小说《笔记小说两篇》（《府佑大街》、《匪民》）、风马的短篇小说《风马小说二题》（《大快朵颐》、《弑》）、赵刚的短篇小说《间奏曲》。

《芒种》第10期发表洪峰的短篇小说《在克莱登大学》、常柏祥的短篇小说《车站》、黄世俊的短篇小说《苦涩的许诺》、王莉的短篇小说《化外》、原昌的短篇小说《灵卦》、刘立春的短篇小说《酱园》、顾云的短篇小说《百分之一的缘分》、游子的短篇小说《星期五的灯光》、张述杰的短篇小说《蓝色渴望》、刘建国的短篇小说《黑雪》、白波的短篇小说《赌彩》。

《中国西部文学》第10期发表蒋亚林的短篇小说《奶奶讲的故事》。

11日，《青年文学》第10期发表刘毅然的中篇小说《祈祷》、龙冬的短篇小说《一个值得纪念的年代》、罗望子的短篇小说《望风》。

《戏剧电影报》发表沈林的《批判现实主义》和孟京辉的《现实主义批判》。

16－17日，河南省作家协会第三次会员代表大会在郑州召开，推选张一弓为名誉主席，聘请于黑丁为首席顾问，并选出新的河南省作协主席团。主席是田中禾，副主席是王怀让、孙广举、李佩甫、张宇、段荃法、凌解放（二月河）。

17日，《作品与争鸣》第10期发表王安忆的中篇小说《我爱比尔》、王正昌的中篇小说《冲动》、丁正泉的短篇小说《选贼》。本期的文坛争鸣录栏目刊载了《小女人散文大家谈——“北大批评家周末”研讨会发言摘登》一文，林祁、谢冕、高秀芹、毕光明、贺桂梅等学者在其中发表了自己对于时下流行的“小女人散文”的看法。林祁主要是对“小女人散文”这一文学现象的兴起、特点以及产生原因进行了系统介绍，并从女性意识和消费文化的角度对这一问题进行了论述。谢冕认为“女性散文的繁荣的确展示了时代的进步，更是文学进步的一个侧面。从最低限的估计来看，女人们不顾这样那样的‘提示’和‘指导’，能够如此这般自如而随意地写自己所思所想所乐于公开的包括具有私密性的那些内容，这不能不是文学已经获得相当自由的一个证实。”但是他同时也指出，“‘小女人’在过去是鄙薄至少是表示不敬的话语”，如今却变成了一种文学目标背后的商业动机和危机，从而提醒了作家们在拥有创作自由的同时，还要注意一种对于节制的把握。高秀芹对于“小女人散文”主要持批评的态度，她认为“小女人散文作品会提供给当代散文一些新的东西：都市题材、口语化的叙述语言、鲜活的生活感觉等等。可是，她们对光怪繁杂的生活感觉大多只是浮光掠影，甚至是千篇一律，就像摄影机一样只是在复制生活和感觉。她们的散文呈现出来的只是展览价值而没有对生活和自我、自然和神圣的崇拜价值”，在后工业时代，“小女人散文也是一次巨大的造女运动——塑造大众接受的新女性形象”，“在小女人和她们的散文一同涌入文化市场的同时，她们褪掉作为人的神圣光环，而具有了‘名人的魅力’，她们就像电影明星一样成为一种流行的时尚，她们复制模仿生活，大众又在复制模仿她们的感觉和形象”。贺桂梅也认为“‘小女人散文’这一名字便是文化工业‘这只看不见的手’留下的明显印迹”，“与其说‘小女人’真正反映了‘大时代’，不如说，她们只是我们时代生活一道美艳而别具意味的风景。它并不具备反省、‘浓缩’和促进时代文化的功能，它本身就是文化工业的产品”。毕光明则认为“简单地把‘小女人散文’的走俏蹿红看成是市场经济怂恿下的专栏写作泛滥的精神泡沫，不仅容易忽视这一散文现象的文化价值，更有可能从我们的不屑一顾之下滑过去的是这道散文活水中蕴含的对于文学发展的启示作用”，“这一文化现象告知我们的是写作与‘中心’、‘深度’的不经意的对抗，这未必不是人们正在获得解放的征兆”。

18日，第十四届大众电视金鹰奖在南宁揭晓。获本届最佳长篇电视连续剧奖的是《宰相刘罗锅》、《苍天在上》、《咱爸咱妈》；获最佳中篇电视连续剧的是《孔繁森》、《金海岸》；获最佳单本剧获得者是《军校毕业生》；最佳儿童电视剧由《小小飞虎队》获得；黄梅戏《家》获最佳戏曲电视剧奖；最佳合拍电视剧奖由《花帜》获得。

19日，鲁迅先生逝世60周年纪念日，中国作家协会、中国鲁迅研究会、上海市作家协会、上海市文联和上海市鲁迅纪念馆在上海展览中心举行了鲁迅先生逝世60周年纪念大会。中共上海市委副书记陈至立代表中共上海市委、市政府在会上致辞。中宣部副部长、中国作协党组书记翟泰丰作了主题报告。同时，“不朽的民族魂——鲁迅逝世60周年纪念展”在上海鲁迅纪念馆开幕。

20日，1995年曹禺戏剧文学奖在京举行颁奖大会。话剧剧本获奖的是：《女兵连来了个男家属》、《春秋魂》和《天之骄子》。

21－30日，中国戏剧家协会、北京市文化局主办，中国话剧艺术研究会、中国戏剧年鉴社、总政歌剧团、北京市河北梆子剧团协办的第三届BeSeTo戏剧节在京举行。BeSeTo戏剧节是1994年在汉城由中国、韩国、日本三国的戏剧家共同商议设定的，旨在以“文化的交流”共同面对即将到来的二十一世纪。目的在于通过互相交流鼓舞表演艺术的创作精神，探索东方戏剧的主体性与美学原理，共同思考“我们的生活”及“人类的未来”，增进三国的文化交流。本次活动共演出了来自12个剧团的7台剧目。其中包括北京文化音像出版社和金鹰国际广告企划有限公司的话剧《冰糖葫芦》。

22日，由文学报和上海文化发展基金会联合主办、上海鑫城建筑装潢工程有限公司协办的“纪念茅盾诞辰100周年”征文的评选结果揭晓：上海师范大学中文系邵伯周教授的理论文章《茅盾几部重要作品的评价问题》荣获一等奖，著名作家叶君健的文章《我的主编茅盾》获荣誉奖。

《文艺理论与批评》编委会与文化艺术出版社在京召开了该刊创刊10周年座谈会，邓力群、林默涵、贺敬之、魏巍、姚雪垠等150余人参加了座谈。

24日，中共中央办公厅、国务院办公厅发布《关于加强全国性文艺新闻出版评奖管理工作的通知》。指出，近几年来，全国性文艺、新闻、出版评奖有300多项，总的看，评奖活动对繁荣文艺、新闻、出版事业发挥了积极作用，但也存在奖项过多、重复设置以及评奖不规范、不公正、质量不高、乱收费等问题。为加强管理，规定举办全国性评奖须报中宣部审批立项。

广电部公布1996年第一批国产重点影片，它们是：《青年刘伯承》、《撼天雷》、《桃源镇》、《夫唱妻和》、《军嫂》、《埋伏》、《杰桑·索南达杰》。

美籍华义作家聂华苓女士抵达北京访问。

25日，陈荒煤在京病逝，享年83岁。陈荒煤的贡献是多方面的，在文学、电影和艺术教育等领域，他热情推荐佳作、扶掖新人、为繁荣创作、活跃理论做了大量工作，在当代中国电影和文学史上占有重要位置。“几十年来，听他讲得最多的一句话就是‘文学是人学’。他认为考核一个作家是否合格的最起码的一个标准就是看他是否能够把人写‘活’了。他把这个准则带到了电影的领导工作中，具体细致地帮助电影创作人员在银幕上塑造了许许多多栩栩如生的人物形象。”（戴光晰：《一颗向往真、善、美的心——忆荒煤同志》，《当代电影》2004年第1期）“读荒煤的小说，会感受到作家独特的艺术个性，这主要表现为作品呈现出浓烈鲜亮的抒情色彩。尽管荒煤写的诗并不多，但从本质上说，他是个诗人和歌手。他的抒情散文固然深具这种特质，他的小说也不例外”，“新中国成立后，他长期担任文化行政领导工作，先后任文化部电影局副局长、局长，文化部副部长等职务，为新中国文艺事业尤其是电影事业的发展倾注了巨大的心血。根据工作的需要，他把注意力转移到理论方面，发表了大量的文艺理论和评论文章，探讨了新中国文艺的一系列问题，从而成为著名的文艺理论家和文学评论家”。（方忠：《论荒煤的文学道路》，连载于《徐州师范大学学报》1995 年第 3 期、1996 年第 1 期）

26－28 日，中国话剧艺术研究会主办的第三届中国话剧金狮奖颁奖大会暨学术研讨会在京举行。夏淳、沈西蒙、王志超、万一、胡庆树获荣誉奖；代路、赵耀民、杨宝琛、郭启宏、孟冰等 8 人获编剧奖；苏乐慈、查丽芳、林荫宇、王佳纳、王晓鹰、俞洛生等 16 人获导演奖。研讨会围绕新演剧机体的诞生、话剧在回归民众、出大艺术家的时代、话剧应当如何定位等问题展开了讨论。

本月，中国文联、中国剧协、河北花山文艺出版社等单位在京联合举行《曹禺文集》出版座谈会。经过两年多的编辑整理，《曹禺文集》由河北花山文艺出版社出版。全集共分七卷，第一卷到第四卷为话剧剧本，第五卷为戏剧论著，第六卷为小说、诗歌、散文、书信及其他文章，第七卷为改译、翻译剧本和电影剧本等。主编田本相介绍，从曹禺于 1926 年发表第一篇作品到 1995 年初，凡是能搜集到的曹禺大约 70 年来的作品均收入集子中。其中有不少是第一次正式发表的文字。

一部力图全面展现当今文学创作状况的电视专题片《大潮再起——九十年代现实主义文学》由济南电视台摄制完成。

辽宁省委宣传部、辽宁省作家协会、辽宁省文联在沈阳举行了“马加创作生涯讨论会”。与会者认为，其坚持生活第一的原则对当前文坛具有现实的意义。

刘绍棠乡土文学研究会和北京市旅游局在华都饭店联合召开了“纪念鲁迅先生115周年诞辰座谈会”。与会者就鲁迅为建立和发展中国乡土文学所作出的贡献、中国乡土文学发展的道路、刘绍棠“大运河乡土文学体系”的理论和创作实践等问题发表了意见。

由福建省作家协会主办的“福建省第十届优秀文学作品奖暨第六届黄长咸作品奖”在福州举行隆重的颁奖大会。阎欣宁的《枪族》、黄玉石的《朱熹传》、王炳根的《文化与人生的抒说》、房向东的《迫于时势》等20位作家的19篇（部）作品获奖。

来自全国各地的百余名中国当代文学研究工作者，在北京举行了中国当代文学研究会第九届年会。这次年会以“九十年代文学的检视与探讨”为主题，从小说、诗歌、散文和批评等多种角度研讨了新时期之后文学的主要走向和基本特色。此次年会还进行了换届选举。朱寨当选为中国当代文学研究会会长，张炯、刘锡诚、顾骧、阎纲、谢冕等当选为副会长。

湖南省长篇小说创作研讨会在长沙举行。为扶植推动长篇小说的创作、出版，湖南省出台了《关于繁荣我省长篇小说创作、出版的决定》。1996年度湖南省青年文学奖、当代文学评论奖也在此次会上颁发。青年诗人陈惠芳、儿童文学作家庞敏获本届青年文学奖，余开伟、龚曙光、肖元获当代文学评论奖。

中国煤矿文联授予电视连续剧《黑脸汉子》的编剧、煤矿作家蒋法武“乌金大奖”，这部电视剧也获得了“五个一工程”奖。

大型通俗文学期刊《今古传奇》设立20万元文学奖，重奖优秀长篇和中篇小说。这一举措在期刊界文学界引起反响。

全国部分大中城市作家协会工作座谈会在鞍山召开。来自沈阳、杭州、深圳、南京、大连、青岛、哈尔滨、辽阳等近20个大中城市的作协负责人，围绕如何坚持“二为”方向，贯彻“双百”方针，繁荣和发展新时期社会主义文学，抓好长篇小说、影视文学、儿童文学“三大工程”进行了广泛深入的讨论。

中央电视台“迎国庆——优秀短篇电视剧展播活动”拉开序幕。这是针对目前电视剧生产创作中长篇连续剧数量偏多，短篇电视剧严重匮乏的状况而进行的一次活动，旨在倡导和鼓励反映现实生活的中短篇电视剧的生产和创作。展播于11月18日结束，共播出电视剧42部75集。这些作品题材多样，风格各异，在短短的1－2集的篇幅内，向观众展示了短篇电视剧的独特魅力。

最高人民法院知识产权审判庭成立，内设著作权组，负责著作权案件的审判与指导工作。

《山花》第10期发表鲁羊的中篇小说《亲切的游戏》、熊正良的中篇小说《绿蚱蜢》、聂鑫森的短篇小说《一城黄梅雨》、徐坤的短篇小说《狗日的足球》、张执浩的短篇小说《前往长安》、朱也旷的短篇小说《我与老三的淡蓝色友谊》、翟永明的散文《看戏》。

《上海文学》10月号“现实主义冲击波”专栏发表谈歌的中篇小说《车间》、阙迪伟的中篇小说《新闻》。《上海文学》从1996年1月号刊出刘醒龙的作品《分享艰难》开始，积极地倡导和界定文学的“现实主义冲击波”现象。在本年8月号卷首，对于“现实主义冲击波”，该刊编者这样总结道：“这一股现实主义冲击波的特点是什么呢？由于它尚在发展之中，我们仍需要有充分的时间来观察与思索。但留下比较强烈印象的，是它们对于当下转型社会现实关系独特性的揭示。它们所描写的现实关系，既不是由抽象的意识形态来勾联的，也并不降格为琐碎的个人欲望与思虑。它们所描写的现实关系本质上仍然是人与人之间的政治关系；但这种政治关系时时处处落实、渗透在经济利益关系之中。它们大胆而直率地描绘出，人民群众在根本利益一致的前提下，具体利益的多元化，以及今天发生在人群中的或隐或现的利益冲突。在他们的笔下，政治关系有了与以往作品中常见的‘斗争’形态与‘同一’形态都并不相同的‘磨合’形态。在作品中我们看到甚至‘听到’了人与人之间的摩擦，听到一些美好的东西被磨损时的呻吟，同时更看到人性党性在‘入世’而非‘出世’的多种磨合中闪闪发光，它留给我们的是分享一份艰难的气度与力量。”8 月号上还刊载了相关的作品——彭瑞高的中篇小说《本乡有案》和韦晓光的中篇小说《摘贫帽》。在 10 月号上，该刊更推出了“现实主义冲击波”专栏，并且在卷首编者的话中，选载了该刊执行副主编周介人与记者就这一问题的对话。周介人认为此次现实主义冲击波最为明显不同于过去的特点是“一种渗透在文学审美眼光中的公民意识。在以往的当代现实主义力作中，我们不难发现文学的‘革命代言人意识’‘社会精英意识’甚至‘文人雅士意识’，但《分享艰难》、《大厂》、《车间》、《年前年后》这样的作品却透发出平等、参与、容众的特点，这恰恰是一个作家现代公民意识的体现”。一般认为，“现实主义冲击波”的主要作品有《分享艰难》（刘醒龙），《大厂》（谈歌），《黄坡秋景》（张继），《年前年后》（何申），《大雪无乡》，《九月还乡》（关仁山），《学习微笑》（李佩甫），《天缺一角》（李贯通），《人间正道》（周梅森），《麻尼石》（井石）等。谢冕认为，“现实主义”创作的兴起，是对前几年新潮小说玄虚、漂浮和“古老”偏向的一种校正，“文学应当保持和人们生存实际的联系，文学应当让人看到人们身边的烦恼和纠缠、欢喜和忧虑，它应当有泥土味和烟火气”。（谢冕：《一个提醒与一份清醒》，《当代文坛报》1997 年 2 月 5 日）陶东风指出，这些小说流露出的道德理想主义取向值得警惕。（《文学自由谈》1997 年第 2 期）文艺理论界从三个方面对其展开了讨论：一，如何认识现实主义；二，当前“现实主义”的文学的基本特征；三，“现实主义”文学的发展前景。（李子木：《关于“现实主义小说”的讨论》，《作品与争鸣》1997 年第 10 期）

《春风》第10期发表关仁山的中篇小说《冻土地带》、创作谈《不信春风唤不回》。

《芳草》第10期发表刘醒龙的中篇小说《绢纺白杨》、何存中的中篇小说《扶贫大哥大》、阿成的短篇小说《旁观者》、聂鑫森的短篇小说《古城旧事（二题)》。

《社会科学战线》第5期发表王家新的《从炼金术到化学——当代诗学的话语转型问题》。

谢冕、孟繁华主编的《中国百年文学经典文库·诗歌卷》，由海天出版社出版。

王家新编选的《叶芝文集》(三卷本)，由东方出版社出版。

吴思敬的《心理诗学》，由首都师范大学出版社出版。作者认为，“内驱力”(诗人的创作动力)、“心理场”（诗人创作的心理环境)、“信息的内化”、“信息的再生”、“信息的外化”构成了诗人创作心理过程，加之“诗人的创作心态”、“诗人的个性特质”，建构起了心理诗学的系统理论构架。

王圣思选编的《“九叶诗人”评论资料选》，由华东师范大学出版社出版。

蒋登科的《迷人的阿红》、莫海斌的《正在凝固的脚印——诗人刘镇评传》、杨四平的《文玉诗世界》，由中国华侨出版社出版，三本书皆属“名人评传丛书”系列。

刘士杰的《诗化心史》，由中国社会科学出版社出版。作者论述对象主要有“朦胧诗”及“新生代”诗作。

章亚昕的《现代诗美流程》，由山东文艺出版社出版。

茹志鹃的短篇小说集《儿女情》，王安忆的短篇小说集《人世的沉浮》，须兰的中篇小说集《思凡》，陈丹燕的散文集《遥远地方的音乐声》，黄宗英的散文集《我公然老了》，由文汇出版社出版。

贾平凹的长篇小说《土门》，由春风文艺出版社出版。

陈染的短篇小说集《凡墙都是门》，东西的中篇小说集《没有语言的生活》，虹影的短篇小说集《六指》，朱文的短篇小说集《傍晚光线下的一百二十个人物》，由华艺出版社出版。

韩少功的短篇小说集《归去来》，由作家出版社出版。

赵本夫的中短篇小说集《走出蓝水河》，由百花文艺出版社出版。

浩然的长篇小说《苍生》，梁晓声的长篇小说《雪城》，由北京出版社出版。

鲍光满的长篇小说《苦旅》，由中国电影出版社出版。

胡绳的诗集《胡绳诗存》，由中国社会科学出版社出版。

陆星儿的散文集《一撇一捺》，由上海文艺出版社出版。

陆星儿的散文集《女人不天生》，由上海书店出版社出版。《女人不天生》与秦文君的《婚姻风景线》、蒋丽萍的《尘缘的感念》、潘真的《永远的雨季》、素素的《相知天涯近》等五本散文集均属上海书店推出的“红樱桃”丛书系列。

吴亮的散文集《与陌生人同在》，李国文的散文集《说三道四》，林斤澜的散文集《散花记散》，韩少功的散文集《世界》，由湖南文艺出版社出版。

金克木的散文集《书外长短》，由宁夏人民出版社出版。

张梅的散文集《此物最伤情》，由山东人民出版社出版。

十一月

1日，《四川文学》第11期发表蒋亚林的短篇小说《纱巾》。

《解放军文艺》第11期发表阎欣宁的短篇小说《牛马精神》。

《作家》11月号刊载田瑛短篇小辑，其中包括短篇小说《悬崖》、《干朝》和创作谈《都市的匪情》。文浪的短篇小说《有一种欲望像飞》（联网四重奏）也发表在这一期上。

《山东文学》第11期发表张继的《麦子的语言》（外一篇）等短篇小说。

《山西文学》第11期发表张石山的中篇小说《獒怪》、田中禾的短篇小说《姐姐的村庄》、张继的短篇小说《集资》。

《鸭绿江》第11期出版诗专号，刊有牛汉、王家新、于坚、廖亦武、西川、潞潞、张执浩、景斌、秦巴子、伊沙等人的组诗或长诗，另载有陈超的《诗歌现状回答》。

1－10日，第11届中日电影文学研讨会在昆明玉龙湾影视文化城举行。

1－16日，由韩少功等组成的中国作家代表团一行五人赴印度访问。

2日，《新剧本》第6期发表郭恩德的话剧《青台歌》。

3日，《人民文学》第11期发表邓一光的中篇小说《大妈》、刘庆邦的中篇小说《月子弯弯照九州》、李国文的短篇小说《当令》、余华的短篇小说《为什么没有音乐》、格非的短篇小说《喜悦无限》、王彪的短篇小说《阳光与风景》、徐迟的散文《自然·地球·人类》、蔡其矫的《福建人物》（诗3首）、王家新的《挽歌及其他》（诗5首）、郑敏的《试验的诗》（图像诗）。

5日，《芙蓉》第6期发表黄永玉的长篇小说连载《无愁河的浪荡汉子》、彭见明的短篇小说《寻找》、阎欣宁的短篇小说《第五支队》、聂冬梅的短篇小说《严叔》。

《湖南文学》第11期发表张欣的短篇小说《高山流水》、聂鑫森的短篇小说《玻璃幕墙》。

《延河》第11期发表景斌的短篇小说《粮食》、《又到花开花落时》、《对望》，创作谈《用一种虔诚结识》，陈同钢的评论文章《面对真实的人生》以及姜贻斌的短篇小说《境界》。

《莽原》第6期发表墨白的中篇小说《霍乱》、荆歌的短篇小说《为自己造谣》。

《长江文艺》第11期发表邱华栋的短篇小说《黄亭子50号》、《她说毁灭》、《城市航船》。

《广西文学》第11期发表邓一光的短篇小说《短篇二题》(《城市童话》、《不要降落你的骄傲》)、西篱的短篇小说《夜色如水》。

《飞天》第11期发表，季栋梁的短篇小说《普通的婚事》、景斌的短篇小说《不是游戏》。

6日，《当代人》第11期发表谈歌的短篇小说《城市票友》、于德北的短篇小说《状态》、荆淑英的短篇小说《迷途难返》。

7日，《天津文学》第11期发表刘庆邦的短篇小说《阳光》。

8-10日，由《诗探索》编辑部主办的"'字思维'与中国现代诗学研讨会"在北京国防大学同心宾馆举行。研讨会就"字思维"学说、汉语诗歌结构特质、母语写作及"字思维"与中国现代诗学的关系等问题展开了讨论。会议相关论文高秀芹的《"字思维"与中国现代诗学研讨会综述》，郑敏的《余波粼粼："'字思维'与中国现代诗学研讨会"的追思》，徐德江的《"字思维"对语言学发展具有突破性意义》发表于1997年第1期《诗探索》上。

9日，由浙江省《东海》文学月刊推出的"30万元东海文学巨奖"揭晓。著名作家史铁生以短篇小说《老屋小记》摘取金奖，余华的《我的故事》(中篇)、陈军的《禹风》(中篇)和苏童的《棚车》(短篇)获得银奖，格非、叶兆言、马原、池莉、刘毅然等10位作家获铜奖，另有26位作家获佳作奖。

10日，《北京文学》第11期发表林斤澜的系列小小说《门》、苏童的短篇小说《天使的粮食》、阿成的短篇小说《叔叔之死》。

《花城》第 6 期发表艾伟的短篇小说《少年杨淇佩着刀》、吕新的中篇小说《阴沉》、邱华栋的中篇小说《白昼的消息》、荆歌的中篇小说《时代医生》。

《芒种》第 11 期发表叶蔚林的短篇小说《短篇二题》（《无柳的柳村》、《送木炭的孩子》）、蒋亚林的短篇小说《深深的根》。

《福建文学》第 11 期发表陈劫夫的短篇小说《铃木和陈桑智慧的阴差阳错》、许经的短篇小说《沸城小记》、孙方友的短篇小说《玩笑》。

《中国作家》第 6 期发表汪曾祺的短篇小说《百蝶图》。

《诗刊》第 11 期发表邱华栋的组诗《询问》，孙静轩的《孙静轩诗选》。

《戏剧文学》第 11 期发表孟京辉的《实验戏剧和我们的选择》。

11 日，《青年文学》第 11 期发表崔京生的中篇小说《婚戒指》、孙惠芬的中篇小说《伤痛故土》、聂鑫森的短篇小说《传人》、赵凝的短篇小说《末日之舞》。

12 日，上海市作家协会与上海少儿出版社联合举行“圣野儿童文学创作 50 周年研讨会”。与会者历数《欢迎小雨点》等圣野诗歌留给他们终生难忘的印象，称赞圣野的诗反映了孩子们的喜怒哀乐，滋润了一代又一代儿童的心灵。

14 日，剧作家、导演张骏祥在上海病逝，终年 86 岁。学者胡克认为：“张骏祥的电影观念代表了中国 40 年代中期到 80 年代中期电影观念发展的一个重要流派的演变，早期电影观念由两部分组成，理论部分来自美国戏剧美学，创作部分是个性十足的电影喜剧，成为五六十年代中国主流电影观念主要代表之一”，“80 年代，他的电影文学价值的观点引起学术争论，引发了中国电影理论的变革”，“张骏祥强调‘重视电影的文学价值’，目的是纠正一种‘忽视编剧作用的倾向’，理论论述其实只是他的文学性和电影性二分法的旧调重弹，他认为导演的任务就是用自己掌握的电影艺术手段把作品的文学价值充分体现出来。从创作论出发，他的论述是清晰的，合乎逻辑的，……他的主要的问题是，把一种政策色彩浓厚的创作观念当作了电影的本质，把一种在自己设定的条件下能够言之成理的观点当作了普遍的、本质的、唯一正确的观点。”（胡克：《张骏祥的电影观念》，《当代电影》2005 年第 4 期）

15 日，《文艺争鸣》第 6 期的“争鸣风”栏目发表了朱辉军的《反“消闲娱乐”论》一文。这是继该杂志在第 2 期和第 3 期连续发表“文学艺术消闲功能”笔谈栏目以来，对这一问题的又一回应。前两期的内容主要是基于 1995 年 12 月 7 日在京召开的“文学艺术的消闲娱乐功能与精神文明”研讨会上与会者的相关发言，刊载了童庆炳、钱竞、孟繁华、许明、何西来、陶东风、杜书瀛等专家学者的相关文章。在这些文章中，作者们普遍认为文学艺术的消闲娱乐功能本是不争的事实，它是现实的需要。对这一功能的认同是社会稳定和进步的表现，从理论上说，文艺本来就具有这一功能。但是以往对这一问题的研究重视不够，更缺乏深入认真的研究。例如童庆炳在其《现实 · 历史 · 品味——当前文艺的娱乐消闲功能之我见》一文中认为“文艺消闲娱乐功能的突出，是现实的需要，大众的需要”，“一个社会的文艺的娱乐消闲功能被突出，是这个社会较为平稳的一种表征，这无损治理社会者的光辉。”并且“从文学历史发展的角度看，通俗的具有较强娱乐消闲功能的文艺作品，在当时与雅文学并不是对立的，而且经过时间的沉淀之后，俗文艺作品也可能变成在文艺史上有着重要地位的雅文学作品”，对此，他还提出了自己的要求：“高品位的追求应该成为一切通俗文艺创作、一切以娱乐消闲为目的的文艺活动的内在品质”。贺兴安在其《其势难挡的两个涌动》一文中指出“如果把人文精神的思想取向看作当今文艺发展的第一个涌动，那么，在文艺自身恒道上，它的观赏娱乐乃至消闲功能，又形成第二个涌动”。朱辉军在其文章中指出“基于文艺本身的事实和历史的规律”，要“在理论上坚定地反‘消闲娱乐’论”。他持这个论点的理由首先是因为文艺的审美愉悦功能和大众的“消闲娱乐”是有着本质的差别的，虽然“可以用文艺的消闲娱乐功能来引导大众进行健康的娱乐”，但是“文艺在消闲娱乐方面永远不及真正的消闲娱乐品，如麻将、台球、象棋、游戏机等等”，并且“为了真正让大众通过文艺去消闲娱乐，就不得不降格以求，制作具有文艺形式的消闲娱乐品，以投其所好”。

《天涯》第6期发表胡彬的中篇小说《病房随想》、严力的短篇小说《胡琴的身世》、闵凡利的短篇小说《神匠》、朱晖的散文《钓鱼》。

《长城》第6期发表刘醒龙的长篇小说《往事温柔》。

17日，《作品与争鸣》第11期发表何申的中篇小说《穷人》、铁凝的中篇小说《何咪儿寻爱记》、赵金禾的中篇小说《学习》、石英的短篇小说《编辑部的争吵声》。

19日，中国当代文学研究会、作家出版社、《文学评论》编辑部等单位联合在京举行了“当代现实主义文学问题讨论会”。

两年一届的河北文学院第三届合同制作家班，在石家庄河北会堂举行开班典礼。来自全省各地的26位作家成为河北文学院本届任期两年的聘任制作家。

20日，《钟山》第6期发表何顿的中篇小说《不谈艺术》、唐颖的中篇小说《不属于我的日子》、鬼子的中篇小说《农村弟弟》、王芜的中篇小说《掌中岁月》、文浪的中篇小说《别梦依稀》（联网四重奏）、荒水的短篇小说《人之将死》、坚妮的短篇小说《猴哥的世界》、雷达的散文《皋兰夜话》。

22－26日，第六届当代少数民族文学研讨会在海口市举行。来自全国14个省市的13个民族的学者、专家50多人，就新时期少数民族文学的历史、现状与面临的课题，以及强化文学批评与理论建设等展开了讨论。

25日，首都文学、文化界人士500余人，为中国现代文学馆新馆举行奠基典礼。

《收获》第6期发表老妞的长篇小说《手心手背》、赵长天的中篇小说《老同学》、王璞的中篇小说《魂断光明巷》、赵凝的中篇小说《坟场》、苏童的短篇小说《两个厨子》、野莽的短篇小说《开电梯的女人》、张洁的散文《哭我的老儿子》、李辉的随笔《风雨中的雕像——关于胡风的随感》、萧乾的散文《点滴人生》。

25–26日，中国作家协会第四届主席团第十一次会议在北京举行。

28日，首届中国人民解放军图书奖评选揭晓，获奖图书39种。

《剧本》第11期发表孙祖平、陆军、杨展业、邵宁的大型话剧《徐虎师傅》。

29日，作家出版社、《中国作家》、天津市作协、《中国海洋报》联合举行王家斌的长篇小说《百年海狼》研讨会。与会者认为，《百年海狼》是一部真正的海洋文学作品，具有很浓的海洋味作品，表现了人类对大海的热爱和开发，体现了一种代表21世纪的海洋意识。

本月，第三届国际华人诗人笔会在广东中山和佛山召开。

1996湖北三峡长篇小说笔会在湖北宜昌举行。

由山西《乡土文学》杂志社举办的"恒泰杯"乡土小说大奖赛揭晓。田东照的《秋天的故事》荣获一等奖，燕治国的《哥哥你走西口》、张旺模的《书记他爹》荣获二等奖，肖显志、郭宇一、张发、陈玉川、毛守仁等五人荣获三等奖，陈长吟等二十人作品获优秀奖。

上海市虹口区人民政府为曾在上海居住和战斗过的鲁迅、瞿秋白、郭沫若、茅盾、叶圣陶、冯雪峰、夏衍、沈尹默、丁玲、内山完造等十位文化名人居住地举行挂牌仪式。

河北省作家协会召开第三次会员代表大会，选举产生了新一届作协领导机构，女作家铁凝当选为主席，老作家徐光耀被推举为名誉主席。

由海南作家协会主持的中国经济特区文学研讨会在海口举行。

《北京文学》连续召开大学生读者评刊会。会议先后于中国人民大学、北京师范大学、北京大学举行。

俄罗斯作协接受了俄苏文学翻译家高莽为名誉会员。

海南省第二届“美兰杯”青年文学奖揭晓，青年作家李少君荣获殊奖。

在《广西文学》杂志社发起下，全国各地30余家省级文学期刊的负责人聚集在广西崇左县和宁明县，参加“全国省级文学期刊生存与发展研讨会”。与会者认为，调整图变是文学期刊面临的新课题。

我国影片《巫山云雨》在第十四届都灵电影节上获得最佳影片、国际影评人费比希两项大奖。此前，该片还获得首届韩国釜山国际电影节“新潮流奖”和’96加拿大温哥华国际电影节“龙虎奖”。

《山花》第11期发表李国文的中篇小说《人在途中》、蒋亚林的短篇小说《秋风叙述》、行者的短篇小说《三角板》、赵玫的短篇小说《疯女人》、秦巴子的短篇小说《一次旅行》、文浪的短篇小说《杀人的垃圾》(联网四重奏)。

《上海文学》11月号发表马驼的中篇小说《戴高乐机场草地上的兔子》、陶纯的中篇小说《寂静的营盘》。

《小说家》第6期发表肖克凡的中篇小说《最后一个工人》、虹影的中篇小说《纽约，纽约》、罗望子的中篇小说《游走城市的人》。

《百花洲》第6期发表叶广芩的中篇小说《孪生》、何继青的中篇小说《丑闻》。

《当代》第6期发表周梅森的长篇小说《人间正道》、汪曾祺的短篇小说《当代野人（二题)》。

《春风》第11期发表阎连科的长篇小说《生死晶黄》。

《时代文学》第6期发表海男的中篇小说《罂粟·重金属与歌手》、野莽的中篇小说《伏笔》。

《朱苏进文集》（四卷本），由江苏文艺出版社出版。

周国平的纪实文学《妞妞——一个父亲的札记》，由上海人民出版社出版。

《韩羽杂文自选集》，池莉的小说集《不谈爱情》，由百花文艺出版社出版。

王小波的杂文集《思维的乐趣》，钟敬文的散文集《进入 90 年代》，由北岳文艺出版社出版。

周梅森的长篇小说《人间正道》，由人民文学出版社出版。

二月河的长篇小说《乾隆皇帝（3）：日落长河》，由河南文艺出版社出版。

叶君健的长篇小说集《相逢在维也纳》，由长征出版社出版。

王耀东的诗集《王耀东诗选》，由作家出版社出版。

冯骥才的散文集《天籁》，蒋子龙的散文集《有感就动》，由敦煌文艺出版社出版。

从维熙的散文集《从维熙海外游记》，蒋子龙的散文集《蒋子龙海外游记》，由华文出版社出版。

丁东的散文集《冬夜长考》，肖复兴的散文集《最后的海菲兹》，李辉的散文集《秋白茫茫》，由天津教育出版社出版。

张承志的散文集《牧人笔记》，由花城出版社出版。

十二月

1 日，中国青年艺术剧院在京首演话剧《关东大集》，编剧杨宝琛，导演林荫宇。

《大家》第6期发表吕新的长篇小说《梅雨》（待续）、尤凤伟的中篇小说《石门绝唱》、文浪的中篇小说《遥望》（联网四重奏）、朱文的中篇小说《夏天，夏天》、王坤红的中篇小说《进入状态》、张海迪的短篇小说《长发飘飘》。

《四川文学》第12期发表阿来的中篇小说《望族》。

《解放军文艺》第12期发表赵琪的短篇小说《骑马挎枪走天涯》、《告别花都》。

《鸭绿江》第12期发表墨白的短篇小说《琳的现实及其以后的生活》、罗望子的短篇小说《小雷鸟》。

2－15日，我国影片《红天鹅》参加埃及第二十届开罗电影节竞赛。

3日，《人民文学》第12期发表于卓的中篇小说《七千万》、南翔的中篇小说《因果》、姚育明的短篇小说《六指叶》、王治花的短篇小说《混沌》、叶爱霞的短篇小说《抒情歌手》、程政的短篇小说《鸬鹚》、邹静之的《邹静之散文——近作五篇》、王英琦的散文《永恒的谜底》。

4日，在第九届荷兰阿姆斯特丹国际纪录片电影节上，我国纪录片《往事歌谣》被荷兰国家电影博物档案馆永久收藏。该馆已收藏我国影片44部，《往事歌谣》是1979年以来该馆收藏的第一部。

5日，人民文学出版社和江苏省作协联合在北京人民大会堂举行了周梅森长篇小说《人间正道》研讨会。与会者认为这是一部为改革事业鼓与呼的好作品，这种格调高昂、引人向上的作品正是我们的时代和人民所需要的。

《延河》第12期发表张虹的中篇小说《蓝岭的事故》、短篇小说《五弟元子》、创作谈《我伴你回家》，李天芳的评论文章《我读张虹》以及李治邦的中篇小说《拨响琴弦》、杨颖的短篇小说《糖纸》。

《北方文学》第12期发表王立纯的中篇小说《雾失楼台》、陈望尘的中篇小说《1993 年的友情》。

《湖南文学》第 12 期发表吕金辉的中篇小说《错乱》、储福金的短篇小说《朋友的朋友》。

《长江文艺》第 12 期发表赵金禾的中篇小说《走进春天》、李冯的短篇小说《墙》。

7 日，纪念郁达夫百岁诞辰系列活动在富阳举行。

7－10 日，“郁达夫研究国际学术讨论会”召开，与会者从多方面探讨了郁达夫在文学方面的贡献，对郁达夫的创作个性与审美特征研究提出了许多新见解。有学者以郁达夫散文和散文理论为题加以阐述，认为郁达夫首先是一个散文家，因为现代文学史还没有一个作家像郁达夫那样驾驭了散文那么多文体样式并获得全面丰收的，认为他是当之无愧的现代散文的开拓者；还有的论者认为郁达夫的小说开了浪漫主义的先河。另外，在郁达夫创作研究中还运用了许多新方法和新视角，如从比较文学的角度对郁达夫与同时代作家、郁达夫与外国作家加以比较、分析等。13 日，文艺报对此作了报道。（参见蒋增福：《检阅新成果的又一次聚会——郁达夫研究国际学术讨论会述评》，《中国现代文学研究丛刊》1997 年第 2 期）

《天津文学》第 12 期发表凌耀忠的中篇小说《中年饵食》、王怀宇的短篇小说《都市恐慌》。

10 日，《芒种》第 12 期发表王立纯的中篇小说《深入生活》。

《诗刊》第 12 期发表晓雪的诗《怒江行》（三首）、沙白的组诗《弦歌》。

12 日，徐迟在武汉坠楼身亡，终年 82 岁。徐迟，原名商寿，浙江湖州人。诗人，作家。代表作有诗集《美丽·神奇·丰富》、《战争·和平·进步》、《共和国的歌》；报告文学集《哥德巴赫猜想》、《地质之光》、《生命之树常绿》、《在湍流的涡旋中》等。方方在《天涯》1997 年第 2 期上撰文指出，进入 90 年代的徐迟先生，年近八十，的确是很老了。但对于一个诗人来说，最重要的不是自然增长的年岁，而是心态。徐迟先生可以说一直天然地持有着一颗年轻、热情而又丰富、敏锐的心。惟其如此，才使得他在身体适应不了他那颗敏锐如初、激情如初的内心情感时，他更会有一种加倍的痛苦。愈加丰富的内心和日益衰弱的身体，这二者之间的矛盾，对于一个一生都勤于创作的作家来说，是件多么残酷的事实。冯亦代在《收获》1997 年第 2 期上发表悼念徐迟的文章，指出徐迟如今离开了这个尘世，朋友们为他叹息、流泪，想到他对中国文学事业的贡献，特别是开创了报告文学的道路，为中国文学体裁中增加了一个新的品种，真是功不可没。将来投身缪斯殿堂的文学新人，也会永远记住他。他懂的东西太多了，人文科学与自然科学都有涉猎。夏衍老人在世时常常提到他，说中国文人，除了那几位原先学理工和医学转到文学的人外，徐迟可说是最先一个涉猎自然科学的人。我们应该像他那样扩大读书的范围，要读些自然科学的书刊以扩大自己的眼界。

13 日，戏剧家，中国现代话剧奠基人之一曹禺在北京逝世，享年 86 岁。孙庆生曾经用“文明戏的观众，爱美剧的业余演员，左翼剧运影响下的剧作家”来概括曹禺的戏剧人生。（孙庆升著：《曹禺论》，第 1 页，北京大学出版社 1986 年）唐弢曾说：“在话剧方面，许多老一辈作家田汉、欧阳予倩、丁西林、熊佛西等做了许多工作，写过不少好作品，筚路蓝缕，为话剧开拓了一条道路。但真正能够在现代文学史开一代风气，给人耳目一新之感的剧作，恐怕还得从曹禺的《雷雨》算起……曹禺恐怕是我国最早写出《雷雨》这样既能演又能读的大型剧本的作家。特别是他通过话剧这种形式，把中国人的精神气质表达出来了，起点很高。”（《立于世界戏剧之林的中国剧作家——曹禺》，《戏剧报》1983 年第 12 期）田本相说：“曹禺是一位走向世界的戏剧家……曹禺的戏剧不仅融汇着古希腊悲剧，莎士比亚戏剧的艺术传统，而且是以易卜生为代表的近代欧美戏剧潮流在中国的一个卓越的体现者，它坚持易卜生现实主义的精神并吸收着契诃夫，奥尼尔以及现代各个戏剧流派的艺术精华，形成了曹禺的诗化现实主义戏剧学派。”（田本相、刘一军著：《曹禺评传》，第 299 页，重庆出版社 1993 年版）董健认为，在 20 世纪中国戏剧现代化的进程中，曹禺的独特贡献主要表现在：“第一，在这个文化转型期里，他以宽广的文化视野，深沉的民族忧患意识，痴迷的艺术探索与艺术创造精神，在文化策略上做出了正确的、顺乎历史潮流也符合大众要求与艺术规律的选择，从而推动了中国戏剧的现代化进程”；“第二，曹禺的戏剧创作为中国戏剧的现代化树立了成功的榜样……从《雷雨》到《北京人》，很成功、很典范地表现了现代人的觉醒意识与批判意识”；“第三，在中国戏剧现代化的进程中，曹禺在戏剧文学上的贡献是独一无二的……真正代表着中国话剧作为文学样式的成熟的，是曹禺在三十年代献出的《雷雨》、《日出》等作品”；“第四，曹禺是中国现代戏剧史上最具有经典性的剧作家，他的《雷雨》、《日出》、《原野》、《北京人》等剧作，已经成为现代戏剧的经典作品。”（《曹禺与 20 世纪中国戏剧》，见董健：《戏剧与时代》，第 261－268 页，人民文学出版社 2004 年版）

广电部公布 1996 年第二批国产重点影片名单，它们是：《我也有爸爸》、《征服死亡地带》、《红发卡》、《郑成功》、《鹤童》、《红棉袄，红棉裤》、《浴血太行》、《刘胡兰》。

16－20 日，中国文学艺术界联合会第六次全国代表大会、中国作协第五次全国代表大会在北京召开。

17 日，中国作家协会第五次全国代表大会举行第二次全体会议，中国作协党组书记翟泰丰受作协四届理事会的委托，做了题为《站在时代前列，迎接文学繁荣的新世纪》的工作报告。中国文学艺术界联合会第六次全国代表大会举行第二次全体会议，中国文联党组书记高占祥受中国文联五届全委会主席团的委托，做了题为《肩负新使命迈向新世纪为繁荣社会主义文艺而奋斗》的工作报告。18 日，《文艺报》对大会作了综合报道。

《作品与争鸣》第 12 期发表谈歌的中篇小说《城市行为》、赵玫的中篇小说《岁月如歌》。

18 日，第十届中国图书奖颁奖大会在北京举行，100 种优秀图书获奖。

19 日，中国文联第六次全国代表大会选举产生了第六届全国委员会委员 163 名，周巍峙当选为新一届文联主席，才旦卓玛等 22 人当选为副主席，高占祥等 6 人当选为书记处书记。中国作家协会第五次全国代表大会产生了第五届全国委员会委员 180 名。巴金再次当选为中国作家协会主席，马烽等 14 人当选为第五届中国作协副主席，翟泰丰等 9 人当选为书记处书记。

《光明日报》发表杨颖、秦晋的《不倦的探索与创造——报告文学面面观》。

20－27 日，中央实验话剧院和中国青年艺术剧院首次合作的话剧《阿 Q 同志》在中央戏剧学院实验小剧场公演，导演孟京辉。该剧以鲁迅先生的《阿 Q 正传》为底本，用全新的观念重新诠释了“阿 Q”这个文学形象，在表现形式和表演上都进行了一系列新的尝试。

24－31 日，在突尼斯第三届苏斯国际儿童青年电影节上，我国儿童电影制片厂出品的故事片《金秋鹿鸣》获儿童故事片金奖。

27 日，“首届全国百佳出版工作者”颁奖大会在北京召开。

28 日，《剧本》第 12 期发表黄斌的无场次话剧《木棉河》。

本月，中国作协创联部和中国石油作协在河北涿州联合召开了中国作协与十部委文联（协）文学创作工作联络会。

为了纪念郁达夫诞辰一百周年，由谢铁骊导演的根据郁达夫小说改编的 10 集电视连续剧《春风沉醉的晚上》在富阳首映。浙江文艺出版社、富阳古籍印刷厂影印出版了首部《郁达夫手迹》线装本。浙江省书法家协会和富阳市政协共同举办了纪念郁达夫百岁诞辰书画展览。

由湖南省作家协会和湘西自治州文联联合举办的湖南省少数民族文学笔

会在张家界召开。

由中国当代文学研究会、中国当代少数民族文学研究会等单位联合主办的黎族文学研讨会在琼州大学召开。

1995年度第16届全国优秀电视剧“飞天奖”评选结果在无锡揭晓。本届“飞天奖”经全国各地电视剧创作制作单位上报参评的电视剧作品达143部920集。获长篇电视剧连续剧一等奖的是《英雄无悔》；获二等奖的有：《西部警察》、《天网》、《咱爸咱妈》、《梦醒五棵柳》；获三等奖的有：《苍天在上》、《乡下人，城里人，外国人》、《坨子屯纪事》、《国脉春秋》、《布依女》、《趟过男人河的女人》。《一亩三分地》获提名奖。《英雄无悔》的编剧获优秀编剧奖，《西部警察》的导演获优秀导演奖。

《山花》第12期发表储福金的中篇小说《四野箫音》、李洱的短篇小说《白色的乌鸦》、阎欣宁的短篇小说《清平世界》、鬼子的短篇小说《谋杀》、罗漠的短篇小说《深夜长巷》、李明的短篇小说《冤魂不散》、刘继明的短篇小说《玩具枪》以及王家新对话录《在诗与历史之间》。

《上海文学》12月号发表崽崽的中篇小说《你猜我是谁》、何玉茹的短篇小说《表妹从北京来》、燕华君的短篇小说《小桥流水》、阿来的短篇小说《有鬼》。

《芳草》第12期发表岳恒寿的短篇小说《纸花》。

《小说界》第6期发表陆天明的长篇小说《木凸——并非历史主义小说》（未完待续）。

《海燕》第12期发表凌耀忠的短篇小说《遥远的摆渡》。

《春风》第12期发表毕四海的中篇小说《尾巴》、齐铁民的中篇小说《乡谣》、岳恒寿的短篇小说《寻牛启事》、王怀宇的短篇小说《红色背景》、丁天的短篇小说《工程师的私生活》、沈敏的短篇小说《青丝》。

《诗探索》第4辑发表张同道的《带电的肉体与搏斗的灵魂——论穆

旦》，王岳川的《呼唤“人文理性”的跨世纪诗学》。王岳川指出，“理性化”是“现代化的核心概念”，可划分为“工具理性、历史理性和人文理性”三个层面。他否定了“工具理性”和“历史理性”，“呼唤‘人文理性’的重新出场”，并指出“一个真正的诗人……不要人为地过分地强调现代还是后现代，而需要强调一切有价值、有意义、有永恒性的东西”。

《北京日报》发表史铁生的散文《悼少诚》。

中国艺术研究院当代文艺研究室主任郑恩伯研究员，代表中国作协出席了在贝尔格莱德举行的第33届世界作家笔会。22个国家的100多名作家参加了这一盛会。

由《地火》、《天津文学》联合举办的王洪江作品讨论会在北京召开。与会专家认为王洪江的创作严谨，风格刚健，具有一定的潜力。

刘登翰、朱双一合著的《彼岸的缪斯——台湾诗歌论》，由百花洲文艺出版社出版。作者既从宏观角度对台湾诗歌潮流的发展做了整体描述，又从微观角度对活跃在台湾诗坛的60多个诗人做了精细的分析。全书分上篇“诗潮论”和下篇“诗人论”。“诗潮论”分五章：《台湾新诗的当代出发》、《政治的入侵和艺术的突围》、《现代主义诗潮的勃兴》、《现实的关切和传统的接续》、《艺术经验的汇聚和诗坛的多元发展》以及《结束语　从单一到多元，从破裂到整合：当代中国新诗的历史走向》。下篇论述的诗人主要有：覃子豪、纪弦、钟鼎文、周梦蝶、余光中、洛夫、蓉子、罗门、管管、文晓村、向明、商禽、痖弦、郑愁予、非马、叶维廉、杨牧、涂静怡、罗英、杜国清、席慕蓉、罗青、萧萧、简政珍、冯青、白灵、陈义芝、夏宇、鸿鸿等。

罗继仁的诗论集《诗潮耕耘录》，由百花文艺出版社出版。

臧棣自印诗集《燕园纪事》。

《陈染文集》（四卷本），苏童的短篇小说集《蝴蝶与棋》，陈村的短篇小说集《裙枪》、散文集《躺着读书》，由江苏文艺出版社出版。

叶兆言的散文集《又绿江南》，由上海书店出版，此书为“语丝画痕丛书”之一种。

周同宾的散文集《皇天后土——99个农民说人生》，由漓江出版社出版。该书于1998年获全国首届鲁迅文学奖优秀奖。

刘东的杂文集《浮世绘》，由辽宁教育出版社出版。

《韩少功自选集》（四卷），由作家出版社出版；其散文集《心想》由天津人民出版社出版；散文集《灵魂的声音》，由吉林人民出版社出版；散文集《海念》，由海南出版社出版。

赵玫的散文集《从这里到永恒》，由云南人民出版社出版。

铁凝的长篇小说《无雨之城》，由作家出版社出版。

周大新的长篇小说《平安世界》，陶纯的长篇小说《阳光下的故乡》，由明天出版社出版。

陈丹燕的长篇小说《独自狂舞》，由上海文艺出版社出版。

刘心武的长篇小说《栖凤楼》，匡满的诗集《今天没有空难》，犁青的诗集《犁青的诗》，由人民文学出版社出版。

邓云乡的散文集《水流云在书话》，由上海书店出版社出版；《书情旧梦：邓云乡随笔》由东方出版中心出版。

雷平阳的散文集《风中的群山》，由云南人民出版社出版。

林斤澜的散文集《岁灯心草》，由宁夏人民出版社出版。

吴亮的《吴亮话语：独行者说》、《吴亮话语：批评者说》、《吴亮话语：逍遥者说》、《吴亮话语：观察者说》，由浙江文艺出版社出版。

胡绳的散文集《夜读散记：一本出晚了五十年的书》，由中国社会科学出版社出版。

毕淑敏的散文集《素面朝天》，由海南出版社出版。

本年

由中宣部文艺局和《人民日报》文艺部联合举办的“五个一工程”获奖作品选评征文评选出第二届的优秀评论文章。获优秀评论奖的作者是张魁星、仲呈祥、向云驹、王敏、范咏戈、谢夏雨、吴守峰、明振江、刘致翔。

云南人民出版社出版的当代女性文学丛书——“她们文学丛书”引起文坛关注。这套丛书规模宏大，追踪和记录中国当代女性文学创作发展，联络全国最有影响的女作家。其中包括毕淑敏的小说集《预约死亡》、散文集《性别按钮》，徐小斌的小说集《蓝毗尼城》、散文集《世纪末风景》，黄蓓佳的小说集《藤之舞》，方方的小说集《推测几种》，徐坤的小说集《游行》，蒋子丹的小说集《贞操游戏》等。

编辑出版历时达十年之久的《中国近代文学大系》，由上海书店出版社全部出齐。这部书系约2000万字，共12个专集、30分卷，比较全面而真实地体现了从1840年中英鸦片战争到1919年五四运动前夕，这段长达八十年间的近代中国文学的历史风貌与时代特色。

截至本年底，中国大陆共有出版社564家（包括副牌社36家），其中中央级出版社220家（包括副牌社15家），地方出版社344家（包括副牌社21家）。音像出版单位297家。出版图书112813种，其中新版图书63647种，总印数71. 58亿册。期刊出版7916种。

1997 年

一月

1 日，《滇池》第 1 期发表王曼玲的短篇小说《鸟仙》、石钟山的短篇小说《阴谋》。

《长江文艺》第 1 期发表聂鑫森的中篇小说《吃官仓考》、程小成的短篇小说《位置》、阿福的短篇小说《生死之间》。

《四川文学》第 1 期发表何立伟的短篇小说《冬天的事情》、洪峰的短篇小说《爬塔》、李晋西的短篇小说《诞生》。

《作家》第 1 期发表余华的短篇小说《黄昏里的男孩》、张锐锋的散文《和弦》、张欣散文专辑、昌耀的散文诗《灵魂的事》。该期的联网四重奏，发表鲁羊的短篇小说《越来越红的耳根》。

《山东文学》第 1 期发表康志刚的短篇小说《年关》、闵凡利的短篇小说《小事一桩》。本期还有由张清华主持的关于"追寻批评的历史感"的讨论，发表了孔范今的《对当前文坛的四个问题的省思》。在这篇文章中，主要反思了以下四个问题：1. 关于文学的基点问题；2. 关于历史与人性问题；3. 关于边缘与中心问题；4. 关于自主与模仿问题。他认为只有通过文坛自觉的反思，"我们的文学才有希望达于新的进境，才有希望在负责而非狭隘功利的、自主而非盲目模拟的、积极而非追风趋时的价值调整中，展现我们的丰富而巨大的创造力。”

2 日，《新剧本》第 1 期发表吴玉中的话剧《雪童》。

国务院发布《出版管理条例》，自 2 月 1 日起施行。

3 日，《人民文学》第 1 期发表航鹰的中篇小说《白蝴蝶的复活节》、铁凝的短篇小说《秀色》、权文学的短篇小说《胎毒》、曹多勇的短篇小说《大河湾人的脖子事》、舒乙的散文《真实的姬百合》、李致的散文《白发》。曹多勇（1962－ ），安徽淮南人。1989 年开始发表作品。著有长篇小说《大河湾》、《美丽的村庄》，中短篇小说集《幸福花儿开》等。

5 日，诗人孙大雨病逝，享年 92 岁。孙大雨是“新月社”后期代表诗人之一，也是一位翻译家，中国著名的莎士比亚研究学者。其十四行体诗创作在新诗史上占有一定的历史地位。徐志摩曾指出：“大雨的商籁体的比较的成功已然引起不少响应的尝试。”

《湖南文学》第 1 期发表叶蔚林的中篇小说《秋夜难忘》、阿成的短篇小说《离家出走》、谢挺的短篇小说《故事》。

《朔方》第 1 期发表李方的短篇小说《陇上劫》、孙琪的短篇小说《粗品》、李国珍的短篇小说《黑色黄昏》。

《莽原》第 1 期发表杨东明的长篇纪实体小说《再生之门》、陈启文的中篇小说《归宗》、王家新的诗《奥尔弗斯仍在歌唱》。

《北方文学》第 1 期发表龙冬的短篇小说《都市赛马手》。

《芙蓉》第 1 期发表赵俊辉的中篇小说《祠堂沉吟》、短篇小说《大碗圩》、《书香门第》，谭纯武的中篇小说《同在屋檐下》，熊忠的短篇小说《火炉》。

《作品》第 1 期发表赵琪的中篇小说《广西》、蒋亚林的短篇小说《绿水》。

《青海湖》1月号发表牛正寰的短篇小说《妙智》、童素心的短篇小说《四大福音》。

《东海》第1期发表艾伟的短篇小说《简雯和她的蛐蛐》。该期的"'兄弟杯'全国最高稿酬征文"刊登了苏童的短篇小说《白沙》。艾伟(1966－)，原名竹雄伟，浙江上虞人。1988年重庆建筑工程学院城建系毕业。现供职于宁波《文学港》杂志社。宁波市作协副主席，市政协常委。1996年开始发表小说。著有长篇小说《爱人同志》、《爱人有罪》、《越野赛跑》、《风和日丽》，小说集《乡村电影》、《水中花》《小姐们》、《水上的声音》等。

7日，《天津文学》第1期发表洪峰的短篇小说《戒指》。

10日，《诗刊》1月号刊出创刊40周年纪念，刊有谢克强的《同志仍需努力——著名诗人徐迟访谈录》、阮章竞的《在（诗刊）工作的日子里》、吴家瑾的《往事如落叶》等文。从这期始，设"中国新诗选刊"板块。其中"时代传真"栏目收杏黄天的《工业时代的乐器》、赵贵辰的《当村长的大哥》等诗以及邵燕祥的《介绍一首城市歌谣》；"名家经典"栏目推出"汪静之诗选"，刊出其成名作、代表作十四首与近作二首；"又唱民歌"栏目刊出徐鲁的《又唱民歌》等诗作；"诉说与倾听——女诗人新作小辑"，刊出刘亚丽的《秋天》、《墓园的雪》，蓝蓝的《夏夜诗抄》（组诗选三）等诗作；"诗歌练习曲"栏目刊出叶辉的《小镇的考古学家》（组诗选三）、韩东的《时间：1990－1995》(组诗选二)、车前子的《诗二首》；"连载"栏目刊出谢冕的诗论《有些诗正离我们远去》，文中指出，"有些诗正离我们远去。它不再关心这土地和这土地上面的故事，它们用似是而非的深奥掩饰浅薄和贫乏。当严肃和诚实变成遥远的事实的时候，人们对这些诗冷淡便是自然而然的。……我感到有时读诗使人痛苦。不是因为那诗写的是痛苦，而仅仅因为它与痛苦无关，也与欢乐无关，或者说，它与我们的心情和感受无关。我们无法进入诗人的世界。那里的形象和意象拒人于门外。那些宣称不为今天也不为明天写作的人应当明白，要是他们的诗连今天的人都感到失望，很难想象会让后人欣赏。……这一看法，是有感于当前诗歌的通病而发，并不是对当前诗歌所已达到或未曾达到的总的评价。事实上，80 年代以来的诗歌创造了一个时代的辉煌，这意思前面已经说过了。我们现在需要一种勇气面对新诗探索前进中的歧误。”

《中国作家》第 1 期发表邵振国的中篇小说《雀舌》、邓一光的短篇小说《酒》。

《花城》第 1 期发表池莉的中篇小说《云破处》、陈染的中篇小说《时间不逝，圆圈不圆》、阿来的中篇小说《行刑人尔依》、张承志的散文《被潮水三次淹没》、史铁生的散文《私人大事排行榜》。

《北京文学》第 1 期发表梁晓声的中篇小说《钳工王》、刘庆邦的短篇小说《鞋》、徐小斌的短篇小说《雪霁》、王小波的短篇小说《夜里两点钟》。

《芒种》第 1 期发表阿成的短篇小说《月台聊斋》、赵新的短篇小说《绝吃》、谈歌的短篇小说《岳姑娘的故事》。

10－20 日，由贺子壮等 3 人组成的上海国际电影节选片组参加特里凡特举行的第 28 届印度国际电影节。我国影片《红樱桃》、《桃花红满天》参加比赛。

11 日，《青年文学》第 1 期发表陈应松的中篇小说《与蛇同醉》、祁智的中篇小说《亮相》、晓苏的短篇小说《黑色麻将》、余述平的短篇小说《今天的月亮很圆，但很冷》、张建新的短篇小说《小说二题》。“祁智的《亮相》在一个县委机关的各级干部为讨好新来的县委书记的钩心斗角中，让人沉重地感受到了体制的弊端及其对人性的扭曲。”（牛玉秋：《寄希望于新生代》，《一九九七，文学提供了什么》，载《人民日报》1998 年 1 月

9日）

14日，上海市作家协会召开了“女性与都市文学”研讨会，就上海所涌现的阵容整齐、创作实力雄厚的女作家群体这一文化现象进行了专题讨论。

15日，《江南》第1期发表洪峰的长篇小说《爱情故事的通俗讲法》、东西的中篇小说《美丽金边的衣裳》、吴晨骏的短篇小说《重返母校》、赵刚的短篇小说《电动玩具》。

《天涯》第1期发表张洁的中篇小说《梦当好处成乌有》、铁凝的短篇小说《蝴蝶发笑》、徐晓的散文《永远的五月》、史铁生的散文《说死说活》。

中央宣传部、广播电影电视部、新闻出版署、中华全国新闻工作者协会联合发布《关于禁止有偿新闻的若干规定》。

17日，《作品与争鸣》第1期发表梅毅的中篇小说《纯真年代》、康洪伟的中篇小说《蚀》、康志刚的短篇小说《隔壁阿二》。

18日，由江苏文艺出版社出版的五卷本《铁凝文集》在北京举行了首发式及作者签名售书活动。

大型文学双月刊《昆仑》停刊。1982年，大型军旅文学刊物《昆仑》诞生，这份杂志致力于发表最具时代感和探索性的军旅文学作品，与《解放军文艺》以及地方众多文学评论刊物一起为军旅文学研究提供了较大空间。而90年代后，曾经以较大篇幅刊登理论批评文章的《昆仑》杂志逐渐缩减了版面，这是伴随着意识形态语境逐渐向商业语境转换的必然结果。

《钟山》第1期发表李锐的长篇小说《万里无云——行走的群山》、王海玲的中篇小说《亦真亦幻》、肖克凡的中篇小说《人间消息》。该期的联网四重奏栏目，还发表了鲁羊的短篇小说《出去》。

21日，由《北京文学》月刊社和山西新星矿用潜水泵厂联合举办的《北京文学》“新星杯”短篇小说公开赛在北京举行了签字仪式。

《文艺报》发表吴方泽的《报告文学之困境》。

23 日，《诗刊》社在中华文学基金会文采阁举行“纪念《诗刊》创刊 40 周年”座谈会。

23－24 日，全国艺术表演团体体制改革工作会议在京召开。文化部部长刘忠德到会讲话，他表示，今年将进一步调整中国艺术表演团体布局结构，但主要任务不是简单减团的问题，而是要走以内涵发展为主的道路。今后一个时期全国艺术表演团体改革的三项主要任务是：建立科学合理的布局结构、建立充满活力的用人机制和建立长期稳定的经费来源渠道。

24 日，诗人苏金伞病逝，享年 91 岁。其主要诗集有《窗外》、《苏金伞诗选》、《苏金伞新作选》等，在诗坛的不同时期产生了一定的影响。苏金伞的创作历程达 70 余年，赢得不少国内外读者的喜爱。文艺批评家孙荪认为，苏金伞的诗像中原大地那样质朴厚重，那样旷达远阔，那样灵动潇洒，在艺术上已臻于大智若愚、大巧若拙的境界。臧克家称他是“诗坛上的著名老诗人，也是我的一位老朋友。六十余年来，他为诗歌创作付出了大量心血，获得了斐然成绩与声誉”。

新闻出版署发布《关于重申对出版反映党和国家主要领导人工作和生活情况图书加强管理的紧急通知》。

25 日，“中国十部民族民间文艺集成志书出版百卷嘉奖会”在人民大会堂举行。中共中央政治局委员、国务委员李铁映致信大会表示祝贺。贺信说：“盛世修志。这十部民族民间文艺集成志书，是中国丰厚独特的民族民间艺术遗产，凝聚着成千上万文化工作者、文艺研究人员及文化工作组织者的心血。”十部民族民间文艺集成志书被海内外专家学者誉为“文化长城”，这是由文化部、国家民委和有关的文艺家协会自 1979 年起先后联合发起，吕骥、周巍峙、李凌、孙慎、张庚、吴晓邦、钟敬文、贾芝、马学良、罗扬等专家学者任主编，文化部、全国艺术科学规划领导小组进行规划、领导，文化部民族民间文艺发展中心具体负责实施的艺术学科国家重点研究项目。它集我国民族民间优秀文化艺术成果之大成，是对研究我国文艺发展史、创作规律、美学特征和社会学、民族学、民俗学、历史学等具有重大科学价值的文献资料丛书。这一系列丛书共分十大艺术门类，按现行行政区划立卷，共计298部450册，4.5亿字。2004年，此书全部卷册的编纂工作完成并陆续出版。

《文艺争鸣》第1期刊发"王彪作品讨论"，内含陶东风的《王彪论》、谢有顺的《神圣的背面——王彪小说中的末世图景》、陈达的《原欲与抒情——王彪小说叙述策略的两极》、王彪的《面向灵魂的说话声》。在这一期上，王晓明、薛毅、刘克敌、倪伟、仲立新等人发起了一场关于《论当代中国作家精神资源》的讨论。讨论因摩罗的文章而起（见摩罗：《论当代中国作家的精神资源》，《文艺争鸣》1996年第5期），讨论的中心是在两个方面，一是知识者或作家个体与民众、"人民"或"底层"的精神关系，一是个人经验与批判立场或创作状态的关系。王晓明在《值得承担的艰难》中认为，从20世纪的艰难历史中走出来的当代中国作家，拥有自己最为深切、在世界范围内也堪称独特的生存体验，摩罗所描述的那种"被凌辱的记忆"就是其中重要的一类。他同意摩罗的意见，这样的记忆和体验正是我们今天潜在的精神资源。但是，作家能否深入地去发掘这个资源却不是易事，因为它并非通常意义上的对某个外物的应用，而是意味着创作者自身痛苦的精神转换，意味着原本是卑琐的生存体验的升华，意味着极为艰难的自我磨砺和自我建构。他认为，这一份艰难是值得承担的，因为正是这承担能向我们显示，人并不仅仅是为了活着而活着，更不仅仅是为了遭受凌辱才活着。薛毅在《就精神问题致摩罗先生》中认为，摩罗将"个人"的立场取代"人民"的立场是值得肯定的，但是对摩罗给"人民"所下的一连串判词却持有异议。所以，他期待个人精神自由，但反对精神教条。另外，同期发表的讨论文章还有刘克敌的《将屈辱化为精神资源》、倪伟的《个人主义与主体性的创制》和仲立新的《于无所希望中得救》等。摩罗（1961－　），本名万松生，江西人。

1978年考入九江师专中文系，毕业后在都昌县从事中学语文教学工作12年，1997年获得华东师大文学硕士学位后，在北京印刷学院出版系从事教学工作，2004年调入中国艺术研究院中国文化研究所。现为中国文化研究所副研究员。著有长篇小说《六道悲伤》，杂文集《耻辱者手记》、《自由的歌谣》、《因幸福而哭泣》、《不死的火焰》、《大地上的悲悯》、《第一年：一个人文学者的育儿手记》、《审视中学语文教育》等。

《当代作家评论》刊发“毕淑敏评论小辑”，内有何镇邦的《直面社会直面人生——简论毕淑敏的小说创作》、李清的《以小见大弦外余音——毕淑敏散文赏读》、曾明了的《毕淑敏印象》、毕淑敏的《没有少作》。

《大家》第1期发表毕淑敏的长篇小说《红处方》、王庆辉的长篇小说节选《钥匙》。该期的联网四重奏栏目，发表鲁羊的短篇小说《红衫飘零》。

《收获》第1期发表刘庆的长篇小说《风过白榆》、阎连科的中篇小说《年月日》、须兰的中篇小说《曼短寺》、苏童的短篇小说《告诉他们，我乘白鹤去了》、汪曾祺的散文《草木春秋》。

《黄河》第1期发表倪泓的中篇小说《到一斗谷当村长》。

《长城》第1期发表韩东的中篇小说《放松》、肖仁福的中篇小说《屠杀》、申跃中的中长篇小说《蓝火头》（上部）。

28日，《剧本》第1期发表李冰的六场话剧《人生一台戏》。同期，发表郭启宏的创作谈《我所理解的历史剧》。

《上海戏剧》第1期刊出桂荣华、乔宗玉、尹永华、张之薇的《中国剧坛十大问题》。该文列举了当下剧坛存在的主要问题：1. 中国剧坛的三大基石——编、导、演呈现明显的倾斜和断层；2. 批评的缺席和理论的贫困；3. 戏剧创作沦为缺乏“人学”的“文学”；4. 戏曲振兴未兴，一种“整旧如新”的伪古典主义替代了“推陈出新”的审美原则；5. 戏票价格恶性上涨，演剧场所门可罗雀，由此导致演剧艺术活动远离大众，日益萎缩；6. 戏剧多层面的实验和探索锐减，舞台艺术观念和技巧趋向陈旧、匮乏；7．不同剧种所具有的不同地理文化风韵明显削弱，歌舞声色的外在“包装”促使地方剧种风格走向模糊、雷同；8．脱离一度创作（文学剧本）的坚实基础，而在二度创作上搞大投入、大制作，由此造成剧院（团）的超负荷负担并危及其生存；9．艺术节日过多，会演评奖过滥；10．戏演文化，演为大众，演剧者文化修养、道德素质亟待提高。

29日，新闻出版署发布《关于严格禁止买卖书号、刊号、版号等问题的若干规定》。

本月，辽宁籍三十年代著名作家资料馆在沈阳开馆，为“东北作家群”的研究开拓了一个新的课题。为使资料馆办得更具图书馆特色，充分发挥馆藏地方文献的优势，还建立了“辽宁现当代作家资料信息库”和“作家作品资料库”。

由山西省作协、太原日报、百花文艺出版社联合举办的“高长虹研究座谈会”在太原召开。

上海的《巨人》杂志和台北的《民生报》联合举行“首届海峡两岸中篇少年小说”征文活动。

上海沪剧院和《芦荡火种》原作者文牧先生家属向上海市第一中级人民法院起诉汪曾祺及江苏文艺出版社侵犯其署名权。1997年，京剧《沙家浜》的执笔人之一汪曾祺将《沙家浜》剧本收入《汪曾祺文集（戏曲剧本卷）》，而该剧是由沪剧《芦荡火种》改编而成的，对此《文集》未予说明，署名为“汪曾祺……集体创作，由汪曾祺主要执笔写成”。上海沪剧院和文牧家属以侵犯著作权为由将文集主编和出版社推上被告席。此案后以原告撤诉收场，双方协议再版后的《汪曾祺文集》将依据1965年《人民日报》发表《沙家浜》剧本时的署名——根据沪剧《芦荡火种》改编，沪剧原作者文牧，北京京剧团集体改编，执笔汪曾祺、杨毓珉。

“’96 武汉文坛回顾暨‘金黄鹤文丛’作品研讨会”召开。“金黄鹤文丛”是由武汉市作家协会主编，由武汉出版社出版的一套丛书，包括以下长篇小说：何祚欢的《舍命的儿子》、徐世立的《儿科医生》、鹏喜的《不远的木屋国》、邓一光的《家在三峡》、董宏量的《遍地黄金》等。

在《雨花》杂志“创刊四十周年”纪念座谈会上，江苏电视台与《雨花》杂志社签约，从 1997 年开始，江苏电视台所属苏荧广告公司以广告代理形式，资助纯文学刊物《雨花》的发展，再创文学与新闻联姻新模式。

梁秉钧、黄灿然、北岛、欧阳江河等出席香港国际诗歌节。

1996 年度“刘丽安诗歌奖”颁布，韩东、金海曙、蓝蓝、凌越、欧阳江河、于坚、瞿永明、钟鸣等人获奖。金海曙（1961－ ），上海诗人、作家。1982 年毕业于厦门大学哲学系。1989 年到日本，1995 年获大阪外国语大学东亚文化硕士学位。2003 年担任北京人艺新版话剧《赵氏孤儿》编剧。著有作品集《深度焦虑》、长篇小说《赵氏孤儿》等。

第二届“金江寓言奖”（1994－1995）揭晓，徐强华、李少白、杨向红等 12 名作者的作品获奖。

《山花》第 1 期发表丁天的短篇小说《剑如秋莲》、荒水的中篇小说《黑色激情》、刘庆邦的短篇小说《少男》、李冯的短篇小说《牛郎》、刘照如的短篇小说《0212 次班车》、彭图的短篇小说《村长何玉胡》、鲁羊的短篇小说《如梦令》（联网四重奏）。

《上海文学》第 1 期发表刘醒龙的《路上有雪》和阙迪伟的《乡村行动》。这是两部以现实主义精神与手法描绘当代乡土中国的中篇小说新作。本期还刊有“‘写作与本土中国’笔谈”：李陀的《面临选择》、韩少功的《批评者的“本土”》、李锐的《我们的可能——写作与“本土中国”断想三则》、刘醒龙的《现实主义与“现时主义”》。韩少功在《批评者的“本土”》中认为：“随着交通和通讯手段的发达，中国文化又正与其他民族的文化实现全方位的交汇与融合，常常出现你中有我，我中有你的局面”，在这个时候谈“本土”，应该非常慎重。但是，本土是可以谈论的，因为“在全球文化大同的神话实现之前，人性与文化的形成，还是与特定的历史源脉、地理位置、政治体制区划等条件密切相关的。作家一旦进入现实的体验，一旦运用现实的体验作为写作的材料，就无法摆脱本土文化对自己骨血的渗透——这种文化表现为本土社会、本土人生、本土语言的总和。”他认为，“世界上评估文学的最重要的尺度只有一个，就是好与不好，动人与不动人。”

《十月》第1期发表何顿的长篇小说《喜马拉雅山》、梁晓声的中篇小说《又是中秋》、阿宁的中篇小说《坚硬的温柔》、王青槐的短篇小说《恩怨》、阎欣宁的短篇小说《日月分明》、周涛的散文《病室小札》。

《萌芽》第1期发表朱文颖的短篇小说《艺人》。朱文颖（1970－），女，生于上海。著有长篇小说《戴女士与蓝》、《高跟鞋》、《水姻缘》、小说集《龙华的桃花》、《禁欲时代：朱文颖小说自选集》等。

《文学世界》第1期发表张炜的短篇小说《致不孝之子》，徐坤的短篇小说《小青是一条鱼》、《甲A甲A》。该刊推出“‘泸河杯’第一届精短小说大奖赛（一）”，发表刘照如的《路上》、吴晨骏的《三个梦》、邱华栋的《消息树》、顾乾的《肚子》。

《漓江》第1期发表陈孝荣的中篇小说《劳动人事助理》、荆歌的中篇小说《爱你有多深》、张继的短篇小说《某个早晨》、艾晓明的短篇小说《非梦》。

《芳草》第1期发表邓一光的中篇小说《大路朝天》，范小青的中篇小说《通俗故事》、张继的短篇小说《绿豆地》。

《春风》第1期发表何申的中篇小说《好事多磨》，晓苏的短篇小说《黑色蝴蝶》、《启蒙时代》。

《当代》第1期发表李肇正的中篇小说《啊，城市!》、冯积歧的中篇小说《这块土地》、彭见明的短篇小说《鸟唱鱼跃是风景》、王石的中篇小说《雁过无痕》、秦兆阳的散文《随感四篇》。

《小说界》第1期发表陆天明的长篇小说《木凸——并非历史主义小说》（下半部）、卫慧的中篇小说《艾夏》、棉棉中篇的小说《一个矫揉造作的晚上》。该刊从本期起，本年的每期都有一篇王安忆的小说讲稿，此期刊有小说讲稿《小说的世界》，第2期刊有《处女作的世界》、第3期刊有《〈心灵史〉的世界》等。另外，本期还刊有陈思和的《“无名”状态下的九十年代小说——答本刊编辑问》。陈思和在文章中回答了他之所以试图用“共名”和“无名”来概括中国20世纪文学某种规律的原因。棉棉（1970－　），女，本名王莘，生于上海。1997年开始发表作品并由香港新世纪出版社出版个人小说集《啦啦啦》。作品有《盐酸情人》、《我们害怕》、《我是个坏男人》、《熊猫》、《啦啦啦》、《白色在白色之上》等中短篇小说，《糖》和《社交舞》等长篇小说。

《小说家》第1期发表刘醒龙的长篇小说《寂寞歌唱》、刁斗的中篇小说《情感教育》、赵德发的中篇小说《天牛庙故事》、海男的散文《过往的心迹》。

《百花洲》第1期发表郭本龙的中篇小说《烛光摇曳》、刘忠诚的中篇小说《黄昏永不来》。

赵汀阳、贺照田主编的《学术思想评论》第1辑刊出西川的《生存处境与写作处境》、程光炜的《九十年代诗歌：另一意义的命名》、肖开愚的《九十年代诗歌：抱负、特征和资料》、欧阳江河的《当代诗歌的升华及其限度》、王家新的《奥尔菲斯仍在歌唱》、唐晓渡的《五四新诗的现代性问题》等诗学论文。

《散文》第1期发表核物理学家詹克明的《裸猿〈道德篇〉》。

迟子建的散文随笔集《听时光飞舞》，由江苏文艺出版社出版。

孙甘露的随笔集《在天花板上跳舞》，由文汇出版社出版。

方方的随笔集《武汉人》，由浙江人民出版社出版。

二月

1日，《长江文艺》第2期发表董宏量的短篇小说《钢城轶事》（《口令》、《口技》）。

《滇池》第2期发表詹谷丰的短篇小说《我想有个家》。

《四川文学》第2期发表万夏的中篇小说《宿疾》、艾华的短篇小说《结婚纪念日》。

《作家》第2期发表夏商的短篇小说《出梅》、羊羽的短篇小说《秦翠》、西飏的短篇小说《闭上眼睛》、赵波的短篇小说《无花的日子》、徐惠照的短篇小说《放逐爱情》、张新颖的短篇小说《不着边际》、刘亮程的散文《对一个村庄的认识》、王英琦的散文《上帝不掷骰子》。该期上还刊有〔日〕栗山千香子的《史铁生访谈录》，在谈到写作心态时，史铁生说，“为什么要有各种各样的形式，很可能就是因为你对这个东西的理解吧。写作总离不开你所写的某件事情或某个人，而对不同的事情和不同的人，你的心态是有所不同的”。他认为，十年前他也很难估计他今天对写作是怎么理解的，很大程度上，对写作本身的理解在不断地改变，理解也在深入。夏商（1969－ ），原名夏文煜，上海人。1988年开始发表小说。著有长篇小说《妖娆无人相告》、《裸露的亡灵》、《标本师之恋》、《东岸纪事》，中篇小说集《我的姐妹情人》，中短篇小说集《爱过》、《香水有毒》，短篇小说集《沉默的千言万语》等。西飏（1965－ ）上海人，毕业于上海戏剧学院，曾在报社供职。1989年开始发表作品。著有中短篇小说集《青衣花旦》、《河豚》、《中国作家海外获奖作品集·西飚卷》等。

《山东文学》第2期发表陈占敏的短篇小说《腰杆儿》、陈锟的短篇小说《一个后生和他的影子》。

3日，《人民文学》第2期发表陈世旭的中篇小说《李芙蓉年谱》，冯积岐的短篇小说《曾经失明过的唢呐王三》，彭见明的短篇小说《风从湖上过》，石舒清的短篇小说《防空》，周涛的散文《梦寥廓》、钟鸣的《钟鸣随笔》。石舒清（1969－ ），回族，原名田裕民，宁夏海原人。宁夏作协主席。1989年开始发表文学作品。著有短篇小说集《苦土》、《伏天》等。

5日，《湖南文学》第2期发表叶广芩的中篇小说《黄连·厚朴》、裘山山的短篇小说《廖叔》。

《朔方》第2期发表詹谷丰的短篇小说《无死瑜伽》、孙方友的短篇小说《陈州笔记》（二题）、阎耀明的短篇小说《走高桥》（二题）。

《北方文学》第2期发表孙少山的中篇小说《大鱼》、韩思中的短篇小说《山屹梁梁》。

《作品》第2期发表盛丹隽的短篇小说《街头漫游》、商河的短篇小说《飞蛾以及梦游者》。

《青海湖》2月号发表风马的长篇小说《生灵境界》（节选）、刘国芳的短篇小说《分手》。

《东海》第2期发表韩东的中篇小说《利用》作为"'兄弟杯'全国最高稿酬征文"的作品，刘德良的中篇小说《生活无序》、阿航的短篇小说《谋粮》作为"东海文学院优秀作品联展"的作品。

7日，《天津文学》第2期发表牛伯成的中篇小说《混沌的日子》、谢志强的短篇小说《大红鱼》、浩日沁夫的短篇小说《日落时分阴云密布的天空》。

10日，《北京文学》第2期发表李国文的短篇小说《骂及其他》、于德北的短篇小说《流言》、邓一光的短篇小说《一生》。本期开辟“笔谈九十年代中国诗歌”专栏，刊出林莽的《生长与回归》、陈超的《九十年代诗歌的新变化》、郑单衣的《写作的自由精神》、孙文波的《与物质主义对话》、杨克的《个人写作与公共空间》、程光炜的《九十年代诗歌：另一意义的命名》等文章。程光炜认为，九十年代的诗歌写作放在近百年中国诗歌发展史中去看，其与社会关系的松弛性、模糊性、不确定性是空前和难以言状的。在这个意义上，程光炜说：“迄今为止的诗歌写作是一种非常典型的‘行为艺术’”。另外，他还认为，“九十年代”不仅仅是一个时间的范畴，九十年代诗歌实质是指观念上的一种深刻的东西。它要求诗人、诗论家与自己所熟悉的强大的知识系统痛苦地分离，然后，又与他们根本无从“熟悉”的知识系统相适应，相互隐喻。所以，九十年代诗歌展现给我们的是一个令人难以接受、但又不得不承担的灰色、黯淡的工程，人们能做的只是对它古怪、多义、矛盾的能指的最粗浅的命名。

《芒种》第2期发表王泽群的短篇小说《没有你的街》、吕斌的短篇小说《两条小溪》、刘军的短篇小说《偶然事件》。

11日，《青年文学》第2期发表范稳的中篇小说《到处乱跑》、范小青的短篇小说《错误路线》。

13－25日，故事片《我也有爸爸》获得第四十七届柏林国际电影节“国际儿童电影节评委特别奖”。我国导演宁瀛担任本次电影节评委。

14日，由中国作协、中国现代文学馆、中国社科院文学所和中国现代文学研究会共同主办的纪念王统照诞辰100周年座谈会在京举行。

作家乔典运逝世，享年68岁。乔典运逝世后，《人民日报》、《红旗》杂志、《文艺报》、《北京文学》等报刊多次发表文章予以评价，称乔典运用“寓洋于土的表现形式，释放出奇异的艺术能量”，具有剔幽发微的敏悟力和壶里藏乾坤的艺术包容力，是“半个农民哲学家和半个农民心理学家”，也是

“继鲁迅先生之后对国民精神劣根性进行最有力鞭笞的作家之一”。有学者指出“在其近作中，虽然还浸透着对农民的同情、怜悯以及某种程度的钦敬，但这种同情已经不是出自天然的亲切和敬仰，而是建立在严峻的现代批判精神基础上的更高的理性关注。……这样，他的情感和思维的兴奋点也从对现实政治政策负责转向了对历史和现实更带普遍性的思考。这种人生哲学同时也是艺术哲学的转变，使乔典运仿佛一下子突然成熟了。”（曾凡：《“乔典运现象”》，《当代文坛》1988 年 2 期）

15 日，《南方文坛》第 1 期发表杨春时、宋剑华的《现代史，还是近代史？——关于 20 世纪中国文学性质的对话》一文。此文引发了龙泉明的《近代性，还是现代性？——20 世纪中国文学性质漫议》一文，载《南方文坛》第 2 期。

16 日，以上影厂为母体的上海电影电视（集团）公司宣告成立。

17 日，《作品与争鸣》第 2 期发表石钟山的短篇小说《党员》、宁春强的短篇小说《八月》、李佩甫的中篇小说《学习微笑》、邱华栋的中篇小说《哭泣游戏》。

18 日，广播电影电视部公布了 1996 年第三批重点片共 9 部，分别是：《一棵树》（西安电影制片厂）、《离开雷锋的日子》（青影和北京紫禁城影业公司联合摄制）、《喜莲》（长春电影制片厂）、《紧急救助》（上海电影制片厂）、《男婚女嫁》（天津电影制片厂）、《我正年轻》（珠江电影制片公司）、《归国留学生》（天津电影制片厂）、《男生贾里》（中国儿童电影制片厂）、《这女人这辈子》（宁夏电影制片厂）。

新闻出版署发布《关于贯彻实施〈出版管理条例〉的通知》。

19 日，中国社会主义改革开放和现代化建设的总设计师邓小平同志在北京逝世，享年 93 岁。

23 – 3 月 2 日，童影厂厂长窦春起出席第七届开罗国际儿童电影节，我国影片《金秋鹿鸣》、《我也有爸爸》参赛，《金秋鹿鸣》获故事片金奖和儿童评委奖。

北京举行故事片《离开雷锋的日子》首映式。此片由青年电影制片厂出片，王兴东编剧，雷献禾、康宁导演。电影剧本获夏衍文学奖三等奖。

28日，《剧本》第2期发表杨利民的四幕话剧《地质师》。钟艺兵说："《地质师》记录了我国一代知识分子献身祖国石油开发事业的崇高境界和悲壮的命运历程，然而其剧本构思的独特性却在于：既没有展示任何油田实景，也没有涉及使观众听不懂的生产技术问题。四幕戏都发生在北京火车站附近的一所宿舍的客厅里，七个人物三十多年的变化，激起了我们情感的巨大波澜。"（钟艺兵：《论话剧〈地质师〉的人物形象塑造》，《文艺理论与批评》1998年第6期）

本月，香港作家金庸和日本学者池田大作作了一次跨世纪的对话——《探求一个灿烂的世纪》，《三联生活周刊》从第4期起连载。

北京市文艺学会就阿宁发表在《北京文学》1996年第2期上的中篇小说《校园里有一对情人》举行座谈会。

中国新文学学会在海口市召开了第十三届学术年会。会议由中国新文学学会副会长兼秘书长张永健主持，蓝田玉和韩少功分别介绍了"两会"的精神和情况，强调人文精神的讨论要联系具体的文学创作并引导文学健康发展。

山东省作协和济南市文联在济南共同主办了刘玉民长篇小说《羊角号》讨论会。

由《广西文学》杂志社组织的全国省级文学期刊生存与发展研讨会在广西召开。《山东文学》、《长江文艺》、《山花》、《北京文学》等27家期刊与会。

新疆维吾尔自治区文学艺术界联合会第五次代表会议在乌鲁木齐举行，天山南北文学艺术界的代表300余人出席。哈孜·艾买提当选为新疆第五届文联主席。

梁东当选为中国文联全委，刘庆邦当选为中国作协全委。他们分别出任《中国煤矿文艺》杂志新一届委员会主任和主编。

《山花》第2期发表许辉的中篇小说《过年》、罗望子的短篇小说《剩余的日子》、潘军的短篇小说《潘军小说二题》（《假面小孩》、《报人》）、吕志青的短篇小说《戏剧家之死》、张浩文的短篇小说《绣花鞋》、南野的短篇小说《黑暗中有着明晰》。

《上海文学》第2期发表严歌苓的短篇小说《拉斯维加斯的谜语》、何申的中篇小说《良辰吉日》、刘心武的中篇小说《护城河边的灰姑娘》。

《萌芽》第2期发表商羊的短篇小说《谋取幸福》、徐惠照的短篇小说《今夜没故事》。

《芳草》第2期发表叶广芩的中篇小说《狗熊淑娟》、曹多勇的短篇小说《三根的脚脖子事》、晓苏的短篇小说《羞涩岁月》。

《春风》第2期发表张继的短篇小说《陈村的传说》、王筠的短篇小说《男人的妇产科》。

《顾城诗全编》、《海子诗全编》、《骆一禾诗全编》，由上海三联书店出版社出版。

《张承志文学作品选集》（五卷本），由海南出版社出版。

三月

1日，《长江文艺》第3期发表李建纲的中篇小说《吉》、李府东的短篇小说《落霞》、贾劲松的短篇小说《寄托》。

《滇池》第3期发表廖会芹的短篇小说《情仇》、刘书平的短篇小说《乡村的日子》。

《四川文学》第3期发表李一清的中篇小说《水水的政权》、谭力的短篇小说《剧组谋杀》。

《作家》第3期发表李冯的短篇小说《拉萨》（联网四重奏），张笑天的中篇小说《尊严》、翟永明的随笔专辑、于坚的评论《从隐喻后退——一种作为方法的诗歌》。

《山东文学》第3期发表于晓威的短篇小说《九月玉米地》、张方文的短篇小说《土木》、薛岸杨的短篇小说《欢肠似冰》。

3日，《人民文学》第3期发表梁晓声的中篇小说《山里的花儿》、王芫的中篇小说《口红》（选载）、徐小斌的中篇小说《若木》、盛丹隽的短篇小说《胸卡与邮筒》、南野的短篇小说《老虎，虎》、张守仁的散文《悼徐迟》。

3－6日，为纪念著名电影艺术家费穆诞辰九十周年，中国电影资料馆在北京举办“费穆电影研讨会”和“费穆电影回顾展”。

5日，《湖南文学》第3期发表向本贵的中篇小说《有病流行》、邓宏顺的短篇小说《和尚》、裴建平的短篇小说《桑城之旅》。向本贵（1947－　），苗族，湖南沅陵人。湖南省文联副主席。1980年开始发表作品。著有长篇小说《苍山如海》、《凤凰台》、《遍地黄金》、《盘龙埠》、《非常日子》、《乡村档案》、《毒案喋血》、《金客》，中篇小说集《这方水土》、《血月亮》等。

《莽原》第2期发表二月河的长篇小说《天步艰难》、陈铁军的中篇小说《老杂碎》、行者的中篇小说《幻像的雕刻》。

《朔方》第3期发表季栋梁的短篇小说《孪生兄弟》、《机械故障》，陈铁军的短篇小说《短篇三章》，杨友桐的短篇小说《吊庄》。

《北方文学》第3期发表李肇正的中篇小说《穷人》、赵德发的短篇小说《冰障·鬼潮》、陆涛声的短篇小说《再见千岛湖》。

《芙蓉》第2期发表贾兴安的中篇小说《一介书生》，常罡的中篇小说

《天隔》，“新湘军”周爱华的短篇小说《十八岁的洪荒》、《枪决哑巴的那天》。

《作品》第3期发表邹月照的短篇小说《遥迢不归路》、许建平的短篇小说《槐树街上的浪漫主义》、陈继明的短篇小说《游泳》、孙方友的短篇小说《陈州笔记》。

《青海湖》3月号发表宋执群的《梅雨》（长篇节选）、叶玉林的短篇小说《达尔雅一家的选择》。

《东海》第3期上，“‘兄弟杯’全国最高稿酬征文”刊残雪的中篇小说《弟弟》，“振兴浙军特稿”刊张振刚的短篇小说《佛也方圆》，“文学院优秀作品联展”刊赵柏田的短篇小说《寻找隐地》，“新生代集萃”刊林雪的小说《鸽缘十八天》。赵柏田（1969－　），浙江余姚人。宁波市文联创研室主任。90年代初开始文学创作。出版有著作《历史碎影　日常视野中的现代知识分子》、《帝国的迷津　近代变局中的知识人性与爱欲》、《岩中花树　十六至十八世纪的江南文人》，中短篇小说集《站在屋顶上吹风》、散文集《光阴天涯》等。

7日，《天津文学》第3期发表王晓满的中篇小说《叶叶随风飘》。

8日，铁凝被河北师范大学聘为中文系兼职教授。

10日，《中国作家》第2期发表彭东明的中篇小说《秋天》、王跃文的中篇小说《旧约之失》。

《花城》第2期发表吕新的中篇小说《绸缎似的村庄》、王小波的中篇小说《白银时代》、张执浩的短篇小说《小说二题》、罗望子的短篇小说《老相好》。该期还刊有林舟对叶兆言的访谈文章《写作：生命的摆渡》。叶兆言认为，一个作家如果靠流派、集团的力量出现是很可悲的，一个作家声称“我是少林门派”或“我是武当门派”，只能说明他的信心不足。作家就应该是独一无二的，作家最大的苦恼是没办法做到独一无二。

《北京文学》第3期“新星杯‘短篇小说公开赛’”发表王蒙的《玫瑰大师及其他》、赵刚的《赵刚小说二题》(《露天电影》、《锻炼》)、韩东的《双拐记》、庄旭清的《出洞，出洞》、孙惠芬的《赢吻》等。同期发表谈歌的中篇小说《天下忧年》、汪曾祺的散文《哲人其萎》、林斤澜的散文《他坐在什么地方》、邓友梅的散文《心香祭故人》。同期还刊发有旷新年的《“后现代”神话》和王宁的《后现代主义与中国当代消费文化》等理论文章。

《芒种》第3期发表林深的中篇小说《人命关天》、王鸿达的短篇小说《羊在秋天里死去》。

《诗刊》3月号刊出“诗广场·朗诵诗”栏，刊有胡伟的《祭祖》、管管的《大英博物馆告诉吾说》、沈苇的《新柔巴依》等诗。此外还有萧犊的《忽如一夜春风来——纪念〈诗刊〉创刊40周年座谈会侧记》。

新闻出版署发布《关于期刊业治理工作的通知》和《关于报业治理工作的通知》。

11日，《青年文学》第3期发表王祥夫的中篇小说《巾帼歌谣》、程琳的中篇小说《黎莹》和军校的短篇小说《八亩地》。和军校（1963－ ），陕西礼泉人。1982年开始发表小说。著有长篇小说《千万别说我爱你》，中篇小说集《人心朴实》，中短篇小说集《寻找一个人的一句话》，短篇小说集《一不小心》，报告文学集《石油人的家》等。

12日，作家刘绍棠在北京逝世，享年61岁。刘绍棠出生于北京通县大运河畔的儒林村，他的创作生涯与运河结下了不解之缘。刘绍棠的创作风格师承孙犁等老一辈作家，致力于民族风格和乡土特色的探索与追求，积累了许多可贵的创作经验，成为当代乡土文学作家的代表。刘绍棠的挚友余飘说：“刘绍棠对建设中国当代乡土文学的重大贡献是：不仅创造性地提出了一套完整的‘乡土文学’的理论，而且创造了一大批光彩夺目的社会主义乡土文学的作品。1951年，刘绍棠在河北省文联工作、学习期间所发表的20多篇作品，就是写自己的家乡和人民，这是刘绍棠致力于乡土文学创作的开端。1956年，刘绍棠在短篇小说集《私访记》的后记中，第一次提出文学作品要有乡土特色的问题。1980年7月，刘绍棠在吉林大学作报告时，郑重地宣告自己是一个土著，是一个土著作家，要全力以赴从事乡土文学创作。同年11月，刘绍棠撰写文章，正式地将建立乡土文学的主张形成了文字：'我们要建立中国的乡土文学；在国内，我们要建立各地的乡土文学。我们必须在文学创作中保持和发扬我们的中国气派和地方特色。'不久，刘绍棠又写文章呼吁建立乡土电影，建立冀东的乡土文学。到1981年，刘绍棠的乡土文学的理论已经形成一个完整的体系。这个理论可以归纳为三大特点：乡土文学要表现中国气派，继承和发展民族风格。……乡土文学要充分表现地方特色。……乡土文学要描写农村的风土人情，富有泥土气味。"（余飘：《永不凋谢的青枝绿叶——记我国当代的优秀作家刘绍棠》，《中华魂》2007年第5期）有学者评论道："诗意书写源于诗意感受。刘绍棠以眷恋温爱的心态感受和回忆北运河乡村风俗民情。他是有社会功利意识的作家，现实乡村叙事的政治倾向性更为明显。但从整体上看，他浓厚的乡村'情结'、对于家乡父老兄弟姐妹感恩戴德的心情和民间审美冲淡了功利意识，进而赋予乡村世界以田园牧歌情调。这样的乡村世界是理想中的世界，是他基于对城市文明和现实社会风气的拒绝而在诗意的想象中创造的乡村世界，是他怀着无限眷恋和美好的情思憧憬的乡村世界，甚至可以说他是在诗意的回忆和热切的赞美中为自己营造的精神家园！因此，田园风光，乡村风俗，浪漫故事，传奇人物，理想人格，牧歌情调等等，都是他的精神寄托。"（石兴泽：《刘绍棠论》，《文艺争鸣》2008年第8期）

14－16日，中国文联第六届全国委员会第二次全体会议在北京举行。会议认真学习了《中共中央关于进一步做好文艺工作的若干意见》。中国文联主席周巍峙在讲话中强调，中央对社会主义精神文明建设和文艺工作高度重视。

15 日，《江南》第 2 期发表叶文玲的长篇小说选载《秋瑾》、林希的中篇小说《一杠一花》。

《天涯》第 2 期发表蒋韵的中篇小说《现场逃逸》、何立伟的短篇小说《小石》、虹影的短篇小说《蛋黄蛋白》。

17 日，关仁山的中篇小说《冻土地带》、朱辉的中篇小说《对方》发表在《作品与争鸣》第 3 期上。

19 日，作家张弦在南京逝世，享年 63 岁。张弦创作了《甲方乙方》、《未亡人》、《银杏树》、《挣不断的红丝线》等小说，深受好评；同时他也创作了大量的电影作品，其电影代表作《被爱情遗忘的角落》获第二届中国电影金鸡奖最佳编剧奖，该片也获得文化部 1981 年优秀影片奖。评论者指出："张弦是一篇做不完的文章。他操持着传统文学与叛逆者的双重犁片，耕耘在小说创作的领地，塑造了众多的女性形象。他选择的是一个与众不同的方向，有序地绝非盲目地进行着他艰难的跋涉。我们每读其中一篇，都要经历一番苦味的煎熬，物质精神的双重失重，酿成了张弦手中的杯杯苦酒，连连在读者心中翻涌。在这里，张弦把哲学的辩证法思想引入艺术的领域中，对于许多司空习惯的生活现象和观念，进行新颖的又是令人折服的形象论证，表明了张弦作品的深层的最可宝贵的民族意识和社会主义文学品格。"（柏文猛：《形象的意味：张弦解读》，《盐城师范学院学报》2000 年第 1 期）舒克说："研究张弦的电影剧作，对于我们探讨中国电影与文学的渊源，探讨中国电影的未来发展，具有重要意义。"（舒克：《弹拨情爱之弦剖析社会之刃——试论张弦作品从小说到电影的历史价值与艺术价值》，《电影评介》1998 年第 1 期）

在中国作协创研部、创联部，广东省委宣传部，深圳市委宣传部和《文艺报》联合主办的研讨会上，深圳市中学生郁秀的长篇小说《花季雨季》受到好评。与会者对其创作给予肯定，赞誉作品是跨世纪新人创作的“希望之歌”。该书由海天出版社出版。

20日，北京人艺在京上演话剧《鱼人》。编剧过士行，导演林兆华。剧本发表在《新剧本》1995年第5期上。申慧辉说：“过士行是一个写剧高手。他在《鱼人》中延续了《鸟人》和《棋人》的一个主题，即人的癖好何以会在过分的痴迷当中将人引向毁灭。……然而，《鱼人》不是简单地重复《鸟人》和《棋人》的主题，而是把《鱼人》置入人与自然的关系这个大话题下，使其染上浓重的‘环保’意识。在剧中，人与大自然的关系简单又复杂：人是索取者，大自然是给予者。人不停地向江河要鱼，把鱼都快钓没了，却仍然执迷不悟。”（申慧辉：《〈鱼人〉：失败者的童话》，《戏剧电影报》1997年4月3日）

《钟山》第2期发表俞胜利的中篇小说《老六》、何立伟的短篇小说《短篇三题》（《雪夜》、《刘玲从巴黎回来》、《在梦幻工厂》）、李冯的中篇小说《唐朝》（联网四重奏）。同期，“江苏新人小辑之四”发表了吴晨骏的中篇小说《往事或杜撰》、李惊涛的中篇小说《城市的背影》、赵刚的中篇小说《紫灯》、中跃的中篇小说《足球应该是圆的》、张剑的短篇小说《短篇三题》（《河流之隐》、《岸边的树》、《镜子》）等。该期还发表了朱苏进的散文《面对无限寂静》。

22日，《啄木鸟》第2期开始连载张平的长篇小说《抉择》，至第4期止。

23日，作家、评论家在中国作协大楼参加《小说选刊》新开张的“小说茶会”，主要品评了天津作家林希的小说。

25日，《文艺争鸣》第2期刊发“当代批评家论·王晓明的文学批评”，内有王光明的《讲述问题的意义——王晓明的文学批评》，张柠的《文学批评与文化批评》，范家进的《“厚障壁”的叩击者——我看王晓明的批评》以及王晓明、陈思和的对话文章《知识分子的新文化传统与当代立场》。王和陈在这篇文章中，借用“新文化传统”这个词重新解释了20世纪以来中国知识分子所走的道路及其价值取向和人文精神，其立场是当代的，着眼点是从近代以来知识分子的传统。文章主要谈了两个问题：一，我们怎样反思这百年来的知识分子传统；二，我们应该怎样来重建新文化传统。

《当代作家评论》第2期刊发“《许三观卖血记》评论小辑”，内有张闳的《〈许三观卖血记〉的叙事问题》、张柠的《长篇小说叙事中的声音问题——兼谈〈许三观卖血记〉的叙事风格》。同期还刊有“《沿江吉普赛人》评论小辑”，内有孙绍振的《崇高形象和生命哲学——评季仲的长篇小说〈沿江吉普赛人〉》、南帆的《两种现实之间》、何镇邦的《时代风貌与文化品格——读〈沿江吉普赛人〉》。

《大家》第2期发表吕新的长篇小说《梅雨》（连载）、叶兆言的中篇小说《走近赛珍珠》、徐坤的中篇小说《如梦如烟》、刘庆邦的短篇小说《种高粱喂鸽子》、姜贻斌的短篇小说《半个猎人》、李冯的中篇小说《纪念》（联网四重奏）。

《黄河》第2期发表马旭的长篇小说《善居》、刘维颖的中篇小说《统考在即》。

《长城》第2期发表蒋子龙的新闻小说《畅叙黎子流》、申跃中的长篇小说《蓝火头》（下部）、梅毅的中篇小说《另类情感》。

《收获》第2期发表张欣的中篇小说《今生有约》、龙冬的中篇小说《戏剧零碎》、鬼子的中篇小说《苏通之死》、荆歌的中篇小说《歌唱的年代》、阿宁的中篇小说《月色下的飞翔》、艾伟的短篇小说《敞开的门》、罗望子的短篇小说《老相好》。

新闻出版署发布《关于全国各出版社书号核发办法的通知》。通知规定，凡是在上年度受到停业整顿处分的出版社，核减其书号总量的10%－20%；优秀、良好出版社在规定书号核发量的基础上追加书号，优秀出版社的追加数量控制在本社书号总量的30%以内，良好出版社的追加数量控制在本社书号总量的15%以内；科技专著、统编教材、外文、民族文字等图书，其书号的追加数量不超过本社书号总量的20%。

26－29日，由文化部振兴京剧指导委员会、中国京剧艺术基金会、上海市文化局、文汇报、上海京剧院联合主办的上海京剧发展战略研讨会在沪举行。

28日，《剧本》第3期发表陈志斌、孙晓、王学军的大型多场次话剧《红绿灯下》。

八一电影制片厂出品的革命战争历史巨片《大转折》的首映式在北京人民大会堂举行。

本月，作家陈源斌等31位全国人大代表向八届全国人大会议秘书处提交议案，吁请中宣部、国家新闻出版署和国家税务总局等有关部门，对纯文学期刊给予切实关注和大力支持。

中国作协与国家民委举行第五届全国少数民族文学奖的评选。获奖作品中，长篇小说有央珍的《无性别的神》、张长的《太阳树》、庞天舒的《落日之战》等；小说集有石舒清的《苦土》、肖仁福的《箫声曼》、关仁山的《关仁山小说选》；诗集有华舒的《阳关在前》等。此次评奖的范围是从1992－1995年内全国各地（不包括港、澳、台）地、州以上出版社出版的少数民族作家用汉文或少数民族文字创作的长、中、短篇小说集、诗集、散文集、报告文学集、评论集、儿童文学集和翻译作品。该奖项已经成为全国少数民族文学奖中最具影响力的国家级文学奖。

武汉市委宣传部、武汉市文联、人民文学出版社在京联合召开了武汉青年邓一光的长篇小说《我是太阳》研讨会。该书已由人民文学出版社出版。

与会者认为，作品的富于独特底蕴之处，是描写了一个和平时期的军神、战神的形象，一个战争情结始终拂散不去的将军形象。评论家蔡葵认为，小说通过一个人的命运，一个家庭的悲欢离合，浓缩了共和国几十年来所经历的风风雨雨以及社会的起承转合。评论家贺兴安认为小说是从理性到非理性、从潜意识到显意识、从超我到本我、从政治因素到精神分析以致到性意识，在文学创作上进行了一次成功的探索。《当代》第 3 期发表了邓一光、韩小蕙的《关于长篇小说〈我是太阳〉的对话》、胡德培的评论文章《一部难得的佳作——读邓一光的长篇小说〈我是太阳〉》。胡德培认为，《我是太阳》的成功，一个重要方面，是着力描写人物，浓墨重彩地刻画和渲染人物的个性。他还认为，该小说是迄今最集中、最突出、最鲜明、最有力地以“太阳”来寄托某种精神和情感，来表现某种卓越的气概和超群的个性，从而塑造出成功艺术典型的第一部。

由《今晚报》社举办的冯骥才小说《征婚启事》续尾活动，自 1996 年底到 1997 年初在天津读者中引起极大反响。

《文艺生活报》自 1997 年开始，正式办成黑龙江省文联机关报。

作家出版社和瀛海威信息通信公司合作，将颇受读者注目的长篇小说《钥匙》上网。

《东海》文学月刊从 1 月号起推出全国最高稿酬征文活动。

冯骥才的长篇小说《三寸金莲》经越南著名汉学家范宝珠翻译，发表在越南的《外国文学》杂志上。

在上海作家协会第六届理事会第一次会议上，罗洛当选为上海作家协会主席。

云南省作家协会在昆明召开了首批重点作家的重点作品选题论证会。

中共湖南省委宣传部、湖南省文联、湖南省湖湘文化交流协会在长沙联合召开了“湖湘文化与 20 世纪湖南文艺”研讨会。60 余位专家、学者、文艺家对湖湘文化的内涵、源流与特质及湖湘文化对湖南文艺特别是20世纪湖南文艺的影响等议题进行讨论。

中国人民大学现代诗学研究所成立。由该研究所参与策划、门马主编的“坚守现代诗系”共6种，由改革出版社出版。内有肖开愚的《动物园的狂喜》、孙文波的《地图上的旅行》、西川的《隐秘的汇合》、欧阳江河的《透过词语的玻璃》、陈东东的《海神的一夜》、翟永明的《黑夜里的素歌》。这是第一套反映“90年代诗歌”创作实绩的诗丛。

《文学评论》第2期发表王家新的诗论《阐释之外：当代诗学的一种话语分析》。

《十月》第2期发表周大新的长篇小说《消失的场景》、何申的中篇小说《百年思乡岭》、程青的中篇小说《驻外》、中杰英的短篇小说《猎杀天鹅》、林希的短篇小说《遛笼》、海男的散文《出发者手记》。程青（1963－ ），女，江苏人。1985年开始发表小说。著有长篇小说《恋爱课》、《美女作家》、《织网的蜘蛛》、《十周岁》，中短篇小说集《今晚吃烧烤》、《上海夜色下的36小时》，散文集《暗处的花朵》等。

《上海文学》第3期发表李治邦的中篇小说《拥抱》、苏童的短篇小说《海滩上的一群羊》。该期还刊有许纪霖、包亚明、严锋的《后现代性与中国式的解读——对于利奥塔的三人谈》。包亚明认为中国对“后现代”的读解也存在一种误读，而这种误读所引发的问题更复杂。他说：“从历史分期的角度出发，人们往往会质问，中国还没有达到现代性的阶段，怎么又突然冒出后现代性问题，然后又会衍生出中国的后代性是真是伪的问题，或者以后现代性问题并不切合中国实际为由对它采取一种简单的、消解其合法性的程序。”而许纪霖认为，中国之所以会出现这种误读，除了中国知识界常有的不求甚解，望文生义种种情绪性的成分之外，还有一种时间线性观念在起作用。

《当代》第2期发表王蒙的长篇小说《踌躇的季节》、王跃文的中篇小说

《夜郎西》、铁凝的散文《疾步热岛》。

《萌芽》第3期发表王淑瑾的短篇小说《不系之舟》。

《漓江》第2期发表阙迪伟的中篇小说《生路》、刁斗的中篇小说《西哈努克亲王》、秦巴子的短篇小说《那个字》、杨邪的短篇小说《我们的朋友宋志文》。

《芳草》第3期发表关仁山的中篇小说《咀嚼疼痛》、余启新的短篇小说《闻香下马》、张执浩的短篇小说《死无对证》、于艾香的短篇小说《殉情》。

《山花》第3期发表吴晨骏的短篇小说《夜鸟》、傅太平的中篇小说《幻村》、阿成的小说《上校古巴列夫》、白桦的小说《猎手多吉传奇》、李冯的短篇小说《蝴蝶》（联网四重奏），“贵州青年作者小辑”发表了王剑平的小说《城市形状》。

《春风》第3期发表谈歌的中篇小说《危矿》、孙春平的短篇小说《列车终点前的对话》。

《小说界》第2期发表王小波的中篇小说《红拂夜奔》、荒水的中篇小说《匿名电话》、赵波的短篇小说《情变》。

《小说家》第2期发表陈映实的中篇小说《跨世纪幽魂》、李治邦的中篇小说《卸妆》、陈应松的中篇小说《大街上的水手》、罗望子的中篇小说《被俘》、叶兆言的短篇小说《蒋占五》、格非的短篇小说《月亮花》和《解决》、罗望子的随笔《去〈广陵散〉的路到底有多远》、格非的随笔《寒冷和疼痛的缓解》。

《百花洲》第2期发表殷慧芬的中篇小说《涩重的足音》、熊正良的中篇小说《你是一条虫》、石钟山的中篇小说《城市消息》、傅太平的中篇小说《端阳时节》、邱华栋的短篇小说《消息树》、商河的短篇小说《沉默与呼唤》。

周梅森的长篇小说《人间正道》出版，人民文学出版社和江苏省作家协会在人民大会堂联合举办了作品研讨会。

李振声的散文集《幻视中的完美》，由中央编译出版社出版。

赵玫的散文集《网住你的梦》，由天津人民出版社出版。

黄裳的学术随笔《妆台杂记》，由中国社科出版社出版

张紫葛的回忆录《心香泪酒祭吴宓》由广州出版社出版，由于真实性问题引起学界激烈批评。此书出版后先是一片赞誉之声，如1997年5月17日《文汇报》发表文章《学者传记又成畅销书》，称《祭吴宓》一书是“一本读后令人心向往之的佳作”。5月《深圳特区报》何清涟的文章认为，《祭吴宓》“是通过以吴宓为主的一群旧知识分子的命运，展示了自50年代至70年代中国社会变迁的一个非常重要的侧面。”以及北京《为您服务报》6月19日伍立杨的《穷途上的人生销磨》，《重庆商报》6月26日柳闻莺的《夜读〈祭吴宓〉》等文。多家报刊都对此书加以转载，如《文汇读书周报》、《广州日报》、《文摘周报》、《作家文摘》、《文摘报》等。然而不久，吴宓的家属、朋友、研究者都对此书的真伪提出质疑。如5月27日《北京青年报》“书访”版刘苏里就在“万圣排行榜”中指出此书“篡写历史，曲意迎合某种兴趣，终不能持久，更为善良者所不齿。《心香泪酒祭吴宓》出版前，便有知情者对该书提出异见；出版后，更引起激烈争议，文字将陆续见诸传媒，这不能不引起读者的关注。事实真相大白于世，为时不晚矣。”5月29日，《文汇报》更发表了季石的《〈心香泪酒祭吴宓〉质疑》，指出《祭吴宓》一书中多处史事失实，属于捏造。摘登《祭吴宓》的主要报纸大都因接到吴宓的三个女儿的声明（称“祭吴宓”一书中“吴宓求见邓小平”一节“内容失实，全无其事”）而停止连载。与之相对，《红岩》第6期刊载了一系列文章为此书作者辩护，包括张紫葛的《纸短情长谢读者》、其妻温晓莉的《〈心香泪酒祭吴宓〉问世的前前后后》、吴宓晚年弟子周锡光的《真作假来假亦真　无为有时有还无——驳唐振常先生“吴宓真相”说》、刘则信的《给钟鸣的信》、伍

立杨的《穷途上的人生销磨》、石琼生的《史迁之功左丘之识——张紫葛〈心香泪酒祭吴宓〉引起的震荡》等文。6月21日,《文汇读书周报》发表唐振常的《君子可欺以其方难罔以其非道——论张紫葛〈心香泪酒祭吴宓〉之诬》。7月5日,《文艺报》发表王泉根《吴宓是否有此“密友”?》,根据其研究否认张紫葛是吴宓“密友”和吴宓改造日记等说法。7月30日《团结报》发表金绍先的《也谈张紫葛及其〈祭吴宓〉等几本书》,11月29日《文艺报》发表周国平的《一本欺世盗名的伪劣书——评〈心香泪酒祭吴宓〉》,1998年第1期《百年潮》发表陈斯言的《〈祭吴宓〉——一本虚构作伪的“纪实”书》。至此,学界基本取得共识:《祭吴宓》一书名为纪实,实则“虚构”。

四月

1日,《长江文艺》第4期发表晓苏的中篇小说《马镇挽歌》、秦巴子的短篇小说《纯洁》。

《滇池》第4期发表陈锟的中篇小说《雾笛》、荆歌的短篇小说《牛奶》、张执浩的短篇小说《马太日记》、阿福的短篇小说《一个申领牡丹卡的矮个钳工》。

《四川文学》第4期发表阿来的中篇小说《非正常死亡》。

《作家》第4期发表述平的短篇小说《有朋自远方来》、刁斗的短篇小说《梦的解析》和《生活》、李国文的散文《那个穿着火红衣裙的精灵》、西川的散文《在路上》、刁斗随笔《生活》。

《山东文学》第4期发表杨彩云的短篇小说《走四方》、陈占敏的短篇小说《睁眼闭眼》。同期还发表了张清华、施战军的《关于当前文坛精神分化的对话》，崔苇的《此岸与彼岸共在》，陈宝云的《选择的尴尬》，朱德发、贾振勇的《20世纪视野中的新时期文学》。

中共中央办公厅、国务院办公厅发布《关于对编辑出版集中介绍党政领导干部情况出版物加强管理的通知》。

1－3日，中宣部在北京召开文艺评论工作座谈会。会议分析了当前我国文艺评论工作的现状，研究如何更好地坚持为人民服务、为社会主义服务的方向和百花齐放、百家争鸣的方针，加强和改进文艺评论工作，推动文艺精品的生产。

广西壮族自治区党委宣传部召开了“首届百名青年作者创作会”。

3日，全国文学创作基地广西贺州市基地在南宁宣告成立。

《人民文学》第4期发表祁智的中篇小说《机遇》、红柯的短篇小说《美丽奴羊》和《过冬》、贾平凹的短篇小说《玻璃》、阿成的短篇小说《长途笔记》、张执浩的短篇小说《一生要穿多少双鞋子》、陈铁军的短篇小说《杀戏》、雷抒雁的散文《梦在家园》。

5日，《湖南文学》第4期发表聂鑫森的中篇小说《名人墓园》、彭志明的短篇小说《持刀者》。

《朔方》第4期发表石舒清的短篇小说《修坟手记》。

《北方文学》第4期发表星竹的中篇小说《枪镇》。

《作品》第4期发表王海玲的短篇小说《永远像要下雨》、杨晓升的短篇小说《枯树》、艾伟的短篇小说《镜子碎了》。

《青海湖》4月号发表张国志的中篇小说《诱惑》、袁炳发的短篇小说《老家的故事》。

《东海》第4期“‘兄弟杯’全国最高稿酬征文”刊刁斗的短篇小说《大鹿岛的传说》，“振兴浙军特稿”刊周天步的中篇小说《未来的日子》，“东海文学院优秀作品联展”刊刘德良的中篇小说《别人的城市》。

7 日，《天津文学》第 4 期发表谢光才的中篇小说《夜晚》、李青的中篇小说《流水生活里的愉快片断》、王筠的短篇小说《本次航班晚点》。

9 日，“中共北京市委，北京市人民政府表彰影片《离开雷锋的日子》暨北京紫禁城影业公司成立一周年大会”在北京市电影公司举行。

10 日，《芒种》第 4 期发表张波的短篇小说《单身矿工》、殷小英的短篇小说《野鸡峪》、张西祥的短篇小说《天狗吃月亮》。

《北京文学》第 4 期发表徐坤的中篇小说《谁给你传球》，毕淑敏的《装修》、寇挥的《寇挥小说二题》（后两篇属“‘新星杯’短篇小说公开赛”）。该期还发表张抗抗的散文《感谢读者》以及陈晓明的理论文章《九十年代：文学怎样对“现在”说话》。陈晓明认为，文学怎样对“现在”说话，这是文学保持先锋性姿态的基本出发点。对于文学来说，“现在”有双重涵义：文学史的既定前提和人们生存面对的现实，而“怎样说话”则是其姿态和立场的基本定位。对于当代中国文学来说，特别是对于小说叙事来说，“现在”既是一个永远无法逾越的障碍，也是一条走向创新的必由之路。在这篇文章中，他通过三个部分来谈这个问题：一，宏伟叙事的解体；二，面对现在的叙事解放及其困境；三，在多重历史关系中把握“现在”。文章通过对九十年代文学流向的分析，发现它所提示的变化和提供的新文学经验，也看到它所面临的困境。

11 日，王小波病逝，享年 45 岁。其代表作有长篇小说《黄金时代》、《白银时代》、《青铜时代》，剧本《东宫・西宫》及数十万字的杂文随笔。谈到王小波，王蒙曾经说：“他也很幽默，很鬼。他的文风自成一路。但是这都不是我读他的作品的主要印象，首要印象是，这个人太明白了。”“明白的意思就是不但读书，而且明理，或曰明白事理，能用书本上的知识廓清实际生活中的太多的糊涂，明白真实的而不是臆造的人生世界。”“王的亲人和至友称他为‘浪漫骑士’，其实他是很反对‘瞎浪漫’的，他的观点其实是非浪漫的。当某一种‘瞎浪漫’的语言氛围成了气候成了‘现实’以后，一个敢于直面人生直面现实讲常识讲逻辑的人反而显得特立独行，乃至相当‘浪漫’相当‘不现实’了。”“看了王小波的《我的精神家园》，我深感难得明白，明白最难得。什么叫明白呢？第一很实在，书本联系现实，理论联系经验，不是云端空谈，不是空对空，模糊对模糊；第二尊重常识和理性，不是一煽就热，也不是你热我也热，不生文化传染病。第三他有所比较，知古通今，学过自然科学和人文科学，得过华、洋学位，英语棒。于是一瓶子不满半瓶子晃荡的人明明被他批驳了也还在若无其事地夸他。叫做不怕不识货就怕货比货，货比三家，真伪立见，想用几个大而无当的好词或洋词或港台词蒙住唬住王小波，没有那么容易。第四他深入浅出，朴素鲜活，几句话说明一个道理，不用发功，不用念咒，不用作秀表演豪迈悲壮孤独一个人与全世界全中国血战到底。第五他虽在智力上自视甚高，但绝对不把自己当成高人一等的特殊材料制成的精英、救世主。”（王蒙：《难得明白》，《不再沉默——人文学者论王小波》，第5－16页，光明日报出版社1998年版）戴锦华说：“在中国当代文学中还绝少有人如王小波般地以且着魔且透彻且迷人的书写方式书写‘历史’与权力的游戏；但它所指涉的固然是具体的中国历史，首先是我作为其同时代人的梦魇记忆：‘文化大革命’的岁月；但远不仅于此，它同时是亘古岿然的权力之轮，是暴力与抗暴，是施虐与受虐，是历史之手、权力之轭下的书写与反书写，是记忆与遗忘。在笔者看来，王小波及其文学作品所成就的并非一个挺身抗暴者的形象、一个文化英雄（或者可以说，这正是王小波所不耻并调侃的形象：抗暴不仅是暴力/权力游戏的必要组成部分，而且间或是一份‘古老’的‘媚雅’），而是一个思索者——或者应该径直称之为知识分子、一次几近绝望地‘寻找无双’——智慧遭遇之旅。”（戴锦华：《智者戏谑——阅读王小波》，《不再沉默——人文学者论王小波》，第135、136页，光明日报出版社1998年版）崔卫平指出：“王小波对于思想专制的批判，是一个长期以来存在的并仍将长期的任务，这个问题被有些人轻易地忽视了，好像我们已经进入了后现代的大好时光。王小波的立场中，也包含后现代的成分，但他对于前现代的批判仍然是最令人瞩目的一部分。就这一部分而言已经构成当代思想文化的宝贵财富。进一步说，在这一点上，也很能看出一个人的素质。是一个靠投机而钻营的人呢，通常他会大批使用只要能引起‘遗忘’的语言，以控制未来的语言及生活的方面；还是一个对思想、文化及生活富有责任感的人，他执著地以面对过去来面对当下与未来。”（陶东风、崔卫平、雷颐：《语境与立场——关于王小波的对话》，《文艺争鸣》1998 年第 3 期）

山东作协、全国文学创作山东中心和中国作协创研部、中国作协创联部在中国作协大楼联合举行了张宏森的长篇小说《车间主任》研讨会。与会者认为，这部作品立足点放在普通工人身上，讴歌普通劳动者，在当前的工业题材创作上取得了可喜的突破。

1996 年度《小说选刊》中短篇小说评奖在京举行，获奖的 5 篇作品是谈歌的《大厂》、李国文的《涅槃》、李佩甫的《学习微笑》、李贯通的《天缺一角》、东西的《没有语言的生活》。

《青年文学》第 4 期发表星竹的中篇小说《杀富济贫》、何玉茹的短篇小说《选择》、曹明霞的短篇小说《心里有事》、金仁顺的短篇小说《青春岁月像一条河》。金仁顺（1970－），女，吉林白山人。毕业于吉林艺术学院戏剧系。著有小说集《爱情冷气流》，散文集《仿佛白日梦》，影视作品集《绿茶》等。

15 日，绍武、会林合著，由北京十月文艺出版社出版的长篇小说《骄子传》在北京举行研讨会。与会者赞扬该作品以文学的手段反映了半个世纪的中国历史，表现了一代人的心路历程。

中国社会科学院少数民族研究所民间文学研究室在北京召开以“民族民

俗文化与当代生活”为题的学术研讨会。学者们就民族、民间文学和民俗文化研究中的一些基本概念，就民俗学当前正在发生的现代转型等一系列重大问题展开了讨论。

17日，李府东的中篇小说《太阳照常升起》、吴金田的中篇小说《浮生》、彭瑞高的中篇小说《本乡有案》、汪曾祺的短篇小说《小孃孃》发表在《作品与争鸣》第4期上。

《中国电影报》发表人民日报评论员文章《多出精品力作促进电影繁荣》。

20日，著名科幻作家童恩正在美国康涅狄克州病逝，享年61岁。童恩正生于湖南宁乡。考古学家、科幻作家。“在科幻创作和理论上的双重开拓，奠定他在中国科幻发展史上的重要地位。”（吴岩主编：《科幻文学理论和学科体系建设》，第47页，重庆出版社2008年版）1957年，童恩正在《红领巾》发表了小说《我的第一个老师》，其第一篇科幻小说《五万年以前的客人》发表在《少年文艺》1960年第3期上。1960年出版《古峡迷雾》，并最终走上专业文学工作者之路。1978年后，他改写了《古峡迷雾》和《珊瑚岛上的死光》。原作于1963年的《珊瑚岛上的死光》，在1978年发表后引起很大轰动，被评议为中国科幻小说代表作，获奖多次，并被拍成我国第一部科幻电影。之后他还写了《雪山魔笛》、《追踪恐龙的人》、《宇航员的归来》、《晖晖的小伙伴》等科幻小说。1991年，童恩正赴美讲学，后移居美国。在中国科幻文学史上，童恩正除因在艺术创作方法、题材上开创了多个“第一”（如第一人称叙述方式，对自然之秘的关注等）备受称赞之外，也因在60－70年代和70－80年代科幻文学政治性高于文学性的大背景下，对文学性的关注而独树一帜。曲折动人、悬念迭起的故事情节，鲜明的人物性格，以及成功的环境描写，让童恩正的科幻小说可读性大增，在科学性和文学性方面结合上达到了同时代科幻作家未曾达到的高度。在理论建设方面，童恩正强调科幻文学的文学性，他认为在科幻文学创作中，科学仅仅是创作手段而非目的，科幻小说的功能在于普及科学的人生观，而非单纯的科学知识；他认为文学性决定了作品的永恒价值。其主张扭转了建国后直至改革开放之初，科幻文学界将科幻小说视作科普工具这一错误倾向，直接引起了80年代对科幻文学姓“科”还是姓“文”的全国性大讨论，同时也影响了诸多与其同时代和此后的科幻作家的科幻观念。

江苏省委宣传部、中国作协创联部、江苏省作协、江苏少儿出版社等单位，在京联合举办黄蓓佳长篇儿童小说《我要做好孩子》研讨会，与会者称赞该作品是一部写出时代美感和民族希望的书。

在突尼斯的苏斯举行的第三届苏斯国际儿童青年电影节上，中国儿童电影制片厂的《金秋鹿鸣》获得电影节儿童题材长片桂冠“金苏斯”大奖。

22日，中国社会科学院授予台湾乡土作家陈映真名誉高级研究员称号。这是该院授予台、港、澳地区及外国学者的最高名誉头衔。

河北省作家阎涛诉北京作家权延赤抄袭剽窃案在北京市崇文区法院做出一审判决。1991年7月，河北作家阎涛向北京市崇文区人民法院提起诉讼，状告权延赤侵犯其著作权。阎涛在起诉书中称，权延赤的《走下神坛的毛泽东》、《掌上春秋》、《领袖泪》、《卫士长谈毛泽东》、《伟人的足迹》、《红墙内外》等6本书以照搬、肢解与变通的方法大量抄袭了他于1988年5月出版的长篇纪实小说《东行漫记》，他要求法院判决权延赤侵权，停止出版发行被诉讼的6本书，公开赔礼道歉，赔偿经济损失与作品使用费65902元。但是一审判决令阎涛不服，1997年5月14日，阎涛在一审判决后在《中华读书报》发表了题为《我为什么起诉权延赤》的答记者问。1998年12月18日由北京市第二中级人民法院作出终审判决，权延赤败诉，这场历时8年的诉讼终于告结。

23日，新闻出版署主办、中国书刊发行业协会承办的中国书刊发行业最高荣誉奖首届“中国书刊发行奖”和为庆祝新华书店建店60周年颁发的“新华书店双优奖”（成绩优良、服务优秀）颁奖大会在北京召开，同时公布了中国书刊发行业协会于3月20日制定的《全国书刊发行业公约》。

23–26日，由华中师范大学主办的“20世纪中国文学与理论批评”国际学术研讨会举行。与会者探讨了20世纪中国文学的性质、特征与传统，文学理论批评的成就、困境与生机，研究方法、批评尺度等问题。

25日，中共山西省委宣传部、中国作协创研部、中国作协创联部、山西省作家协会、北岳文艺出版社，就“山西作家长篇小说丛书”在北京召开研讨会，与会者就许建斌的《乡村豪门》、彭图的《野狐峪》、李秀峰的《黎明大出殡》、钟道新的《特别提款权》、剑铧的《花期》、刘维颖的《滴翠崖》、郭润生的《残庄》和王祥夫的《种子》8部长篇进行了品评。

27日，樊南方、忆秋、何蔚、余卉等10位作者获湖南省首届楚文学新奖。

28日，钟敬文教授95寿辰及学术思想座谈会在北京师范大学举行。（《民间文学论坛》1997年第2期报道）

29日，作家刘醒龙获武汉市第十届劳动模范称号。

本月，吉林省第五届长白山文艺奖在长春落幕。公木、王肯、苏里、雷振邦等10位老作家、艺术家获长白山文艺奖特别成就奖；乔迈、张笑天等11位获长白山文艺奖成就奖；长篇小说《雪殇》、电影《九香》等17部作品获长白山文艺奖作品奖；另有19部文艺作品获长白山文艺荣誉奖。

中国青年出版社举行曾哲长篇小说《呼吸明天》研讨会，该书被称为“长篇短体漂泊小说”。曾哲（1956–　），北京人。80年代末开始“漂泊文学”的探索实践。著有长篇小说《呼吸明天》，诗集《远云的天》，游记《西路无碑》、《墨脱·察隅·大峡谷》、《徒步·加德满都到拉萨》、《走进独龙江的日子·寨子和孩子》、《尼泊尔笔记》。主编出版有《漂泊者之旅》、《在路上》、《走读西部》等“漂泊笔记丛书”。

《山花》第4期发表聂鑫森的中篇小说《摸一摸小猫的屁股》、金海曙的短篇小说《鸽子！鸽子！——东京手记》、葛红兵的短篇小说《一个博士研究生的手记》、裘山山的短篇小说《伤心总是难免的》、袁政谦的短篇小说《走神》、杨邪的短篇小说《1992年的最后一件案子》、朱辉的短篇小说《一桩与爱情有关的窃案》。

广东省委宣传部、省新闻出版局、省科学技术委员会、省期刊学会联合举办了广东省优秀期刊评选活动，《特区文学》成为唯一连续两届获奖的大型纯文学刊物。

陈丹燕的长篇小说《一个女孩》的德译本《九生》获联合国全球青少年文学奖。

一部以去伪存真、拾遗补缺为宗旨的大型系列文学丛书《世纪的回响》由珠海出版社出版。全套丛书共4卷40种，巴金为丛书题写了书名。其中，第一辑收有许地山的《缀网劳蛛》、凌叔华的作品选集《朝雾中的哈大门大街》、丽尼的散文选集《鹰之歌》、冯至的作品选集《昨日之歌》、穆旦的作品选集《蛇的诱惑》、废名的长篇小说选集《纺纸记》、辛劳的作品选集《捧血者》、吴组缃的短篇小说选集《一千八百担》、芦焚的作品选集《果园城》、卞之琳的作品选集《地图在动》等。

广东省作协为进一步推动文学创作，促精品、出人才，开始实施“四五工程”（即五部长篇小说、五位评论家、五位青年作家、五位主编）。

由中国现代文学馆、中央民族大学满族研究所、辽宁省作协《满族文学》杂志社、辽宁省满族文学学会等主办的“第二届满族文学奖”评选结果在北京揭晓。此次参评作品以1992年至1995年发表的长篇小说、中短篇小说集、散文、诗歌集及评论专著为主，参评者包括了内地、港澳台及海外的满族作家。这次共评出71部作品，庞天舒的长篇小说《落日之战》、赵玫的散文集

《一本打开的书》、台湾林佩芬的长篇儿童文学《西迁之歌》、美国赵冈的专著《红楼梦新探》、华舒的诗集《阳光在前》5部作品获一等奖。黑龙江老作家关沫南的小说集《流逝的恋情》、辽宁巴音博罗的诗集《悲怆四重奏》、河北关仁山的小说集《关仁山小说选》、杨子忱的长篇传记文学《王尔烈全传》等18部作品获二等奖，北京淑勤的长篇历史小说《荡平三潘》、甘肃匡文立的小说集《白刺》等28部获三等奖，浙江寇丹的小说集《仙华风流》、高作智的文学评论集《艺苑文谈》、郑恩波的散文选《望儿山·多瑙河·紫禁城》获佳作奖。胡可荣获荣誉奖。

陕西省作协和人民文学出版社联合举行韩起的工业题材长篇小说《水焚》研讨会。该作品被认为是工业题材的别调，与会者对作品的不足也提出了批评。

张俊彪创作了三部九卷150万字的长篇小说《幻化》三部曲的第二部《日环食》。

广东青年文学院向全国招聘第二批合同制作家的初选工作开始。在百多名报名者中，有谈歌、关仁山、毕飞宇等作家。第二期青文院的协办者是《佛山文艺》杂志社。

周绍义的长篇工业题材小说《黑白》列入山东文艺出版社的"青未了长篇小说林"丛书。中国石油作协、胜利油田文联和山东文艺出版社在北京举行了《黑白》研讨会。

《大家》杂志、《作家报》和《佛山文艺》杂志联合举办了由广东环宇科技信息公司协办的"跨世纪批评"研讨会。与会者就世纪之交文学批评的理论建设与实践功能、八十年代与九十年代文学批评的变化及其意义、市场经济体制之下文学批评的策略等问题进行了讨论。

"审美文化与美学史"学术讨论会在扬州举行。与会者认为当代审美文化应走向现实生活、走向人民大众，与企业文化、社区文化、校园文化相结合，为经济建设主战场服务。

蒋韵的长篇小说《栎树的囚徒》在北京举行作品研讨会。该小说最先发表在《花城》上，后由花城出版社出版。

中央实验话剧院在京演出话剧《活着，得靠自己》。编剧石零，导演汪遵熹（特邀）。

由民间投资独立制作的新派话剧《断腕》在京首演。剧本原创王新纪，改编、导演田沁鑫。

由新闻出版署、国家教委、全国妇联、中国儿童少年基金会、团中央、文化部、全国少工委、广电部联合主办的第三届全国优秀少儿读物评选揭晓。40 家出版社的 412 种少儿读物参加了此次评选，评选出 105 种获奖图书，《男生贾里》等 10 种图书获一等奖。

广电部公布 1996 年第四批重点电影共 13 部。它们是：《红河谷》、《大转折——挺进大别山》（上下集）、《彝海结盟》、《大进军——解放大西北》、《男孩女孩》、《滑板梦之队》、《徽商情缘》、《白马飞飞》、《红杜鹃白手套》、《太行星》、《阿娜的生日》、《毕业交响曲》、《驴嘎上电视》。1996 年广电部先后确定四批重点影片共 37 部。

影片《变脸》在土耳其伊斯坦布尔国际电影节上获金郁金香奖和导演奖。

《萌芽》第 4 期发表赵波的短篇小说《温润童心》。

《芳草》第 4 期发表肖克凡的中篇小说《堡垒漂浮》、“江汉作家群”马竹的中篇小说《空中有一棵桑葚树》。同期还有王又平和魏天无的《旁观者说：'96 文学批评理论述评》。

《上海文学》第 4 期发表王祥夫的中篇小说《腊月谣》、冯慧的中篇小说《梅雨季节》。

《春风》第 4 期发表唐家兴的中篇小说《紫湖》、陈望尘的短篇小说《一只鸟儿飞进窗》、贾兴安的短篇小说《对酒当歌》。

第三届全国煤矿文学“乌金奖”在北京揭晓，共有77篇（部）作品获奖。包括王德林的中篇小说《裸体巷道》、张瑞平的短篇小说《歌谣在思乡者心中》、荆永鸣的短篇小说《狭长的窑谷》、段永贤的报告文学《心泉》等。

《小小说选刊》1995－1996年度“奥克杯”小小说优秀作品揭晓。毕淑敏的《走过来》、司玉笙的《高等教育》、迟子建的《与周瑜相遇》等15部小小说获奖。

乔典运的长篇遗著《金斗纪事》，由漓江出版社出版。

《邵燕祥文抄》（随笔三卷），由作家出版社出版。

《张抗抗自选集》（5卷本），由贵州人民出版社出版。

李庆西的学术随笔《书话与闲话》，由浙江文艺出版社出版。

《当代散文名家精品文库·赵丽宏卷》，由四川人民出版社出版。

五月

1日，《长江文艺》第5期发表陈孝荣的中篇小说《工作同志》、残雪的短篇小说《雨景》、吕新的短篇小说《副虹》、张执浩的短篇小说《太阳照在我的脸上》。

《滇池》第5期发表胡旭东的短篇小说《独鹰嘴祭》、聂鑫森的短篇小说《忘年交》、阿成的短篇小说《咫尺天涯》。

《作家》第5期“短篇小说五家十篇”栏目发表刘庆的短篇小说《庞林医生的电话》、《湖边的夜晚》，毕飞宇的短篇小说《马家父子》、《遥控》，李洱的短篇小说《遭遇》、《秩序的调换》，陈家桥的短篇小说《冠军的衰落》、《棉纺厂》，金仁顺的短篇小说《秘密》、《外遇》。该期还发表了丁天的短篇小说《伤害》、《独行者》（联网四重奏）。陈家桥（1972－　），安徽六安人。1993年毕业于南京财经大学。毕业后在南京仪表厂工作。1995年后供职于《大家》杂志、《南方人物周刊》、安徽电视台等单位。1990年开始发表作品。著有长篇小说《爱情三部曲》、《化妆时代》、《阿p》、《男虚》等。

《山东文学》第5期发表蒋亚林的《晚唱》、郭洪才的《梦羊》、闵凡利的《小米的婚事》、晓苏的《悬赏爱情》、祁智的《笑在新年的钟声里》、关汝松的《叶之秋》等短篇小说。同期刊有由张清华主持的关于"后现代主义：存在与幻象"的讨论，有季广茂的《"奥比多斯驴在行动"——后现代主义在中国的解说词》、姜静楠的《后现代之后的文学形式》、孟繁华的《远观"文化白领"》。

2－7日，中央戏剧学院、广东省戏剧家协会、广东对外文化交流中心、广州市文化局、中山大学外语学院等单位联合主办的第七届全国尤金·奥尼尔学术研讨会暨戏剧演出周在广州举行。研讨会主要就奥尼尔的成就与地位、研究与演出奥尼尔作品的意义以及奥尼尔戏剧在中国的影响与前景等问题进行了研讨。会议期间，上演了5部奥尼尔的戏剧，分别是：广州市话剧团的《安娜·克里斯蒂》（王晓鹰），上海人艺的《早点前》（俞洛生），上海戏剧学院戏剧研究所的《上帝的儿女都有翅膀》（张应湘），中央戏剧学院的《休伊》（赵之成）和广东省话剧院的《天边外》（鲍黔明）。

《新剧本》第3期发表王俭的话剧《归去来》。

3日，《人民文学》第5期发表鬼子的中篇小说《被雨淋湿的河》、李康美的中篇小说《赴任》、储福金的短篇小说《六指》、王彪的短篇小说《复述》、吴晨骏的短篇小说《音乐家张志伟自述生平》、陈昌本的散文《霹雷水瀑布》、晓凡的散文《吃掉赞美》。

4日，作家、翻译家李霁野在天津逝世，享年94岁。李霁野是鲁迅先生的学生和战友，一生致力于宣传、发扬鲁迅精神。作为鲁迅研究专家，他的著作《鲁迅精神》、《纪念鲁迅先生》、《鲁迅先生与未名社》，对于鲁迅研究有着重要的史料价值。他从1923年起开始从事进步文学翻译，70多年来共翻译出版了500余万字的作品，其中包括《简·爱》、《被侮辱与损害的》、《战争与和平》等世界文学名著。他的译著和文学作品拥有广泛的读者，一向受到高度评价。1995年他与巴金、冰心等老一辈著名文学翻译家同获“彩虹翻译奖”荣誉奖。有《李霁野文集》（18卷出版）。李霁野的文学成就主要是翻译，其散文创作却不广为人知。研究者指出：“怀旧和回忆，成为李霁野散文创作的开端，这类作品，也是他自认为‘纯散文’而收入《温暖集》的主要作品。……生命的有限，是人生悲哀的源头。这决定了李霁野怀旧的散文，总隐含着悲哀与痛惜。”“尽管如此，它们仍然充盈着一股温暖的气息。生与死的欢乐与忧愁，转化成珍惜生命的人间温情。”“李霁野的散文，充满了大量的‘互文性’文字——把古今中外的文学、知识，与自己的体验巧妙地糅于一体，使文章充满智慧和情趣。……西方文学影响下的对人生的哲理思索，使李霁野的散文在平凡中平添一种隽永和深沉；亲切的语气，真挚的情感，与读者的平等关系，这形成了他散文的富于‘知性’而又娓娓动人的自然真诚的风格。亲情，友谊，知识，经验，生与死，爱与美，等等，人生的瞬间，琐屑的小事，都成为他散文创作的源泉。他‘珍惜这些生活的鳞爪’，‘有意或无意地咀嚼’和‘品尝’，以一颗拳拳之心，向读者奉献他对人生的爱与思索。在中国现代散文史上，李霁野的散文也许称不上大家，但却是极富个性的一家；他的散文，真实地呈现了一个现代知识分子真诚、善良而富于自由思想的心灵。”（杨联芬、刘伟：《生命的微光　人间的智慧——谈李霁野的散文》，《中国现代文学研究丛刊》2005年第2期）

5日，《湖南文学》第5期发表未迟的中篇小说《年关》、杨眉的短篇小说《夜路》。

《朔方》第5期发表李方的短篇小说《夏野事件》、《打斗》。

《莽原》第3期发表陈家桥的长篇小说《坍塌》、阎欣宁的中篇小说《忽然而已》、张炜的短篇小说《仙女》和《唯一的红军》、闵凡利的短篇小说《魔人》。

《北方文学》第5期发表黄建华的短篇小说《街坊》，徐岩的短篇小说《大寒》、《酒坛》，王鸿达的短篇小说《城市生活》。

《芙蓉》第3期发表谈歌的短篇小说《短篇二题》(《绝章》、《绝事》)。

《作品》第5期发表李弘的短篇小说《策划一个上帝给你》、詹政伟的短篇小说《爆炸》。

《青海湖》5月号发表康志刚的短篇小说《白雪》、冯积歧的短篇小说《林的故事》、解永敏的短篇小说《初恋的感觉》。

《东海》第5期发表洪峰的中篇小说《结局和开始》作为"'兄弟杯'全国最高稿酬征文"的作品，曹伶文的中篇小说《在海岛》、陈恩裕的短篇小说《即将诞生的雕像》。

6日，韩少功给《文艺报》发来《让我们节省一点时间和精力——韩少功致〈文艺报〉》，就《马桥词典》的批评做出回应。

7日，中国作家协会在北京为《苍狼文丛》举行了首发式。批评论家充分肯定了丛书出版的意义，并探讨了蒙古族文学的特点以及对民族文化大厦的贡献。"苍狼文丛"为蒙古族历代诗人、作家的优秀作品集，包括《北中国情谣——蒙古族诗词选》、《马背上的柔情——蒙古族散文选》和《黄金家族的守望——蒙古族小说选》3部书，由那顺德力格尔主编、内蒙古赤峰市昭乌达译书社编译、中国对外翻译出版公司出版。

《天津文学》第5期发表周绍义的短篇小说《相片》、王世铎的短篇小说《鸟笼》。

8-9日，河北省长篇小说创作座谈会在石家庄召开，35位作家、理论家和出版界的代表为26部长篇小说"会诊"，并就如何繁荣长篇小说创作展开讨论。

10日，《中国作家》第3期发表航鹰的中篇小说《弃婴》、葛均义的中篇小说《旗镇》，何申的短篇小说《乡间闹事六题》、袁鹰的散文《雪夜祭徐迟》。

《花城》第3期发表林白的长篇小说《说吧，房间》、残雪的中篇小说《开凿》、金仁顺的短篇小说《冬天》、王蒙的散文《安憩的家园》。

《北京文学》第5期发表"'新星杯'短篇小说公开赛"参赛作品，包括铁凝的《小郑在大楼里》、迟子建的《驼梁》、甘铁生的《偶舞艺人》、吴晨骏的《啊，美好的生活》。该期在"女性诗歌"专栏中发表王小妮、瞿永明、蓝蓝、海男的诗作，并在"对批评现状的忧虑"专栏中刊出一组笔谈。笔谈包括谢冕的《批评的退化》、洪子诚的《"问题的批评"》、欧阳江河的《"他是个中国人，他有点慢"》、高秀芹的《无规则游戏：九十年代诗歌怎么了？——质询九十年代诗歌与诗评》等。谢冕认为当今文学批评的通病是：批评在文学中变得越来越没有地位了，批评正在退化；文学批评不对文学作品说话；文学批评没有文学性。洪子诚在文章中列举了几个问题：批评的目的是什么，"审美批评"是否还有可能，在文学批评中究竟如何处理文本与作者的关系，等等。他认为只有在对这些问题的不断追问，才能找到解决当前问题的途径。

《芒种》第5期发表孙惠芬的中篇小说《欲望年代》、皮皮的短篇小说《想去中国》、吕野的短篇小说《祈求》、肖士庆的短篇小说《对酒当歌》。

《诗刊》5月号的"诗家春秋"栏目发表舒婷的诗《母语》、杨晓民的诗《乡晕》、陈所巨的诗《开阔地》等。

11日，《青年文学》第5期发表丁天的中篇小说《漂着》、王怀宇的中篇小说《奔求》、王曼玲的短篇小说《爱情时代》、王鸿达的短篇小说《氤氲的雨》、王明新的短篇小说《墙壁里的声音》。

12 日，百位首都文学界知名人士在北京作家协会大楼里举行“首都文学界诗文会”，喜迎香港回归。

12－16 日，中国小说学会第三届年会在青岛举行。本届年会以“90 年代小说”为主题，对 90 年代以来市场经济下的小说创作现象、90 年代小说、小说家、小说评论及小说与精神文明建设的关系等问题进行了广泛深入的讨论。

13 日，由江苏省文联、省文化厅、南京军区政治部文化部联合主办，江苏省剧协承办的纪念中国话剧运动 90 周年演出、研讨活动在南京举行，拉开了全国纪念话剧 90 周年的序幕。共有 7 台剧目参加了本次演出，分别是：南师大南国剧社的《升官图》、江苏人艺的《城市女儿》、南京市话剧团的《大江奔流》和《梅花情结》、连云港市话剧团的《生命的长堤》、前线话剧团的《钟山风雨后》和《秦淮百万人》。

《文艺报》第 55 期刊登“关于现实主义的讨论”的两篇文章：萧平的《关于现实主义的一点看法》和李保平的《现实主义的“多路出击”》。

15 日，《江南》第 3 期发表张炜的《东巡》、李冯的《温吉儿》、陈丹燕的《百合深渊》、陈锟的《作家部落》等中篇小说。

《天涯》第 3 期发表王安忆的短篇小说《屋顶上的童话》、徐坤的短篇小说《行者妩媚》、韩东的散文《爱情中的交谈》。同期还发表了唐晓渡的评论《重新做一个读者》。

16 日，作家汪曾祺因病在北京逝世，享年 77 岁。汪曾祺曾师从沈从文、闻一多、朱自清诸先生，1940 年开始在报刊上发表小说。1950 年调京后先后在北京文联、中国民间文学研究会工作。1962 年调入北京京剧团（现北京京剧院）。其短篇小说《受戒》、《大淖纪事》被广为传颂。近年出版有《汪曾祺文集》。其评论《沈从文和他的边城》曾获《芙蓉》文学奖。他还是革命现代京剧《沙家浜》的主要编剧。

汪曾祺曾自述道："我大概是一个中国式抒情人道主义者。……我的人道主义不带任何理论色彩，很朴素，就是对人的关心，对人的尊重和欣赏。"(《我是一个中国人——散步随想》，《汪曾祺文集》文论卷，第238页，江苏文艺出版社1994年版）关于汪曾祺的小说，王安忆曾说："汪曾祺老的小说，可说是顶顶容易读的了。总是最最平凡的字眼，组成最最平凡的句子，说一件最最平凡的事情。轻轻松松带了读者走一条最最平坦顺利简直的道路，将人一径引入，人们立定了才发现：原来是这里。诱敌深入一般。坚决不竖障碍，而尽是开路，他自己先将困难解决了，再不为难别人。正好与如今将简单的道理表达得百折千回的风气相反，他则把最复杂的事物写得明白如话。他是洞察秋毫便装了糊涂，风云激荡过后回复了平静，他已是世故到了天真的地步。"（王安忆：《我读我看》，第115－116页，上海人民出版社2001年版）林超然说："汪曾祺是一位中国当代文学重要的亲历者，甚至是一块晴雨表。他与中国当代文学一道沉浮，我们对他的疏远与亲近就不可避免地带有特殊的历史和心灵的意味……汪曾祺身上有着浓郁的儒者之风，但却寻不到半点迂腐之气。他的平静是经过万千打磨、滤尽冲动的平静，他内心深处的滴血与流泪与别人并无二致，而漾出笔端的却常像《安乐居》结尾这样克制的文字：'安乐居已经没有了。房子翻盖过了。现在那儿是一个什么贸易中心。'这三句极为简朴的话回荡着一种矛盾、复杂的情思：有留恋、怀念、惋惜——对小酒馆的安乐生活，对老北京的遗风；也有赞叹、欣慰和某种拭目以待的心理对时代的发展，社会的前进和改革。"（林超然：《寂寞的指证——汪曾祺论》，《文艺理论研究》2003年第6期）因此，马风说："在新时期文学已经走过的历程中，汪曾祺小说正是以其鲜明的艺术个性亦即独具的审美品格，赢得了强烈而广泛的影响。和某些有'影响'的作品迥然有别的是：汪曾祺凭赖的绝不是小说之外的非文学因素，比如对时下所关注的某种政治观念、某个社会事件加以配合和迎合，从而借此博取舆论的赞赏和读者的青睐。汪曾祺干不出这样的勾当。他的‘影响’没有折扣和水分，货真价实。唯其如此，这影响才能成为一种持久的精神辐射，并进而承接和延续了一个小说流派。这要算作汪曾祺对新时期小说做出的另一个贡献。”（马风：《汪曾祺与新时期小说——一次文学史视角的考察》，《文艺评论》1995 年第 4 期）

《作品与争鸣》第 5 期发表毕四海的中篇小说《最后的资本家》、王海玲的中篇小说《热屋顶上的猫》。

张艺谋执导、述平编剧的电影《有话好好说》首映。

16 – 20 日，中国儿童戏剧研究会在京举行全国儿童剧创作研讨会。与会者充分肯定了 90 年代以来儿童剧的创作势头，认为近年来儿童剧在题材体裁的开拓、风格样式的多样以及剧本结构、人物形象塑造等方面都有了长足进步，大多数剧目反映了当今儿童生活。与会者呼吁更多的成人艺术团体加盟或客串儿童文艺，共同为儿童服务。

20 日，《小说评论》第 3 期刊发“刘醒龙长篇新作研究专辑”：丁帆的《论文化批判的使命——与刘醒龙的通信》、刘醒龙的《浪漫是希望的一种——答丁帆》、徐兆淮的《激情 · 体验 · 超越——刘醒龙〈生命是劳动与仁慈〉阅读随想》、李鲁平的《生命的意义源泉及对劳动的审美——评〈生命是劳动与仁慈〉》。同期还刊有“《土门》与《土门》之外——关于贾平凹《土门》的对话”，对话者有邢小利、阎建滨、李建军、孙见喜、王永生、贾平凹等人。对话主要涉及以下几个方面：一是《土门》放在陕西近年来长篇创作和全国同类题材乃至世界题材创作中应该怎么看的问题；二是《土门》所表现的乡村的都市化问题；三是作品中体现出的作家的民间化立场问题；四是小说的结构问题；五是如何看待贾平凹近年来的作品描写中的丑陋化现象的问题。

《钟山》第 3 期发表迟子建的《逆行精灵》、毕飞宇的《哥俩好》、王祥夫的《回乡》、程青的《海南诗歌迷人的地方》、丁天的《饲养在城市的我们》（联网四重奏）等中篇小说。同期发表的散文有王蒙的《心碎布鲁吉》、叶兆言的《城南城北》。

20－27日，由中国作协《小说选刊》牵头、《成都晚报》协办在四川成都市召开了全国文学期刊主编研讨会。《钟山》、《长城》、《作家》等30多家文学期刊的负责人参加了研讨会，围绕着文学期刊的生存现状与未来发展进行了讨论。

21日，中宣部文艺局、《人民日报》文艺部邀请首都文艺界部分人士座谈，纪念毛泽东《在延安文艺座谈会上的讲话》发表55周年，强调在新的历史条件下坚持《讲话》指引的方向，坚持我们党的文艺思想、文学路线、文学方针，努力发展和繁荣社会主义文艺。

21－22日，北京市作家协会第三次会员代表大会在通州宾馆召开，作家浩然当选为北京市作家协会主席。

22日，中国文联、人民日报、光明日报、中央电视台联合召开了纪念《在延安文艺座谈会上的讲话》发表55周年座谈会。

23日，1996年中国电影华表奖评奖结果揭晓。《大转折》、《红河谷》、《喜莲》、《夫唱妻和》、《离开雷锋的日子》等10部影片获优秀故事片奖。王兴东（《离开雷锋的日子》），郭中朿、郝国忱（《喜莲》）获优秀编剧奖，傅学成、刘佩琦、于慧分别获得优秀男女演员奖。

中国毛泽东诗词研究会在京举行新版《毛泽东诗词集》座谈会，与会者着重围绕60年代毛泽东诗词中的政治性和艺术性的关系进行了探讨。

中国电影剧本的最高奖，第一届“夏衍文学奖”评选结果在北京揭晓。《西南凯歌》（陆柱国编剧）获一等奖；《离开雷锋的日子》（王兴东编剧）、《四季》（马卫军编剧）、《星塘阿芝》（芦苇编剧）获二等奖；《一棵树》（张子良编剧）、《红河谷》（冯小宁编剧）等6部作品获三等奖；《旱舟》（张惠生编剧）等10部作品获鼓励奖。

25日，《当代作家评论》刊发“《务虚笔记》评论小辑”：周政保的《〈务虚笔记〉读记》、张柠的《史铁生的文字般若——论〈务虚笔记〉》、郭春林的《没有救赎的人（类）》、史铁生的《聆听和跟随——给友人的一封信》。同期还刊发了“《窑地》评论小辑”：沈寅的《窑地：一种文化的历史与性格》、姜桂华的《生存困境的文化探脉——长篇小说〈窑地〉解析》、张涛的《致友人书》、刘兆林的《三气读完的〈窑地〉——代复张涛〈致友人书〉》。

《大家》第3期发表何顿的中篇小说《自我无我》、赵玫的中篇小说《当另一个人走进来》、荆歌的中篇小说《八月之旅》、张旻的短篇小说《男孩秦南》、吕新的长篇小说《梅雨》（续完）。该期的联网四重奏发表了丁天的短篇小说《门》。

《收获》第3期发表王小鹰的长篇小说《丹青引》、刁斗的中篇小说《新闻》、赵长天的中篇小说《再见许鹄》、行者的短篇小说《士兵李一信》、张中行的散文《不合时宜》。

《黄河》第3期发表马烽的长篇小说《玉龙村纪事》、韩思中的中篇小说《黑货》。

《长城》第3期发表关仁山的长篇小说《福镇》、贾大山的中篇小说《钟》、张荣珍的中篇小说《老兵油子》、阿宁的短篇小说三题《温故知新》（《风雪》、《求学》、《爱情》）、何玉茹的短篇小说《田园恋情》、谈歌的短篇小说《大哥的故事》、曹明霞的短篇小说《雪落无声》。

25－6月9日，中央实验话剧院赴沪演出4台话剧：《生逢其时》、《俺爹我爸》、《故意伤害》和《伐子都》。这是中央实验话剧院继1994年之后，第二次赴沪演出。

26－6月15日，中央戏剧学院表演系94班在该院“黑匣子”实验剧场同时推出英、美、俄、法、中等6个不同风格、体裁及国度的实验演出剧目，分别是：《圣水》、《一级谋杀》、《密特朗巴什》、《到我死的那一天》、《天长地久》和《玫瑰歌声》。此次实验性演出由表演教研室主任、黄定宇总体策划和指导，“表94”青年艺术群体自行改编、导演与表演。目的是着力造就21世纪集编、导、演于一身的话剧及影视艺术人才。

28日，《上海戏剧》第3期发表杜宣的四幕十五场史诗剧《沧海还珠》。

28－6月1日，第五届中国国际儿童电影节在京举行。

29日，陆文夫就调解“马桥之争”在《文艺报》上作出说明，发表《一个良好的愿望》。

31日，第七届中国电影“童牛奖”在上海揭晓颁奖。本届“童牛奖”共有参赛儿童片19部。《我也有爸爸》、《滑板梦之队》、《驴嘎上电视》获优秀故事片奖；《自古英雄出少年——华佗学医》、《大森林里的小故事——小蜗牛过生日》获优秀美术片奖。《我也有爸爸》、《孤儿泪》与《红发卡》获得少儿评委“永乐杯奖”优秀故事片奖。

本月，为纪念毛主席《在延安文艺座谈会上的讲话》发表55周年，很多单位都举办了座谈会或研讨会。如由中国艺术研究院主办、《文艺理论与批评》编辑部承办的、由曾参加过延安文艺整风的老文艺家和中青年文艺工作者50余人在北京举行了座谈会；中国解放区文艺研究会、天津社会科学院联合在津召开“人民文艺的世纪历程”研讨会；中央电视台与中国作家协会联合召开电视座谈会等。

1996年“昌达杯”《人民文学》奖揭晓，10篇刊于1996《人民文学》的佳作获特别奖和优秀奖。谈歌的中篇小说《大厂》获特别奖。获优秀奖的作品共9篇。

四川巴金文学院继“王森杯”文学奖颁发之后，又在成都四川省作协举行了“诺迪康杯”文学颁奖仪式，共有6部作品获奖。

1997

由《东海》文学月刊、浙江文艺出版社、浙江日报文化周刊部联合发起的“跨世纪浙江新锐作家作品研讨会”在杭州举行。与会者就部分作品交流了创作体会和意见。

中国文联“世纪之星工程”展演活动在上海举行，王占君、徐梅花、吴学华、张绍林、张继刚、李维康、赵奇、裴艳玲、潘虹、郭文景10位中青年文艺家荣获“世纪之星”的称号。

《文学报》与《上海文化报》等单位联合召开了旅日作家林惠子的小说《樱花恋》和《忏悔梦》作品研讨会。

上海文艺出版社和中共深圳宝安区委联合举办朱崇山的长篇小说《风中灯》研讨会。

柯云路的长篇小说《超级圈套》举行座谈会。

史铁生被国务院残疾人工作协调委员会、国家人事部、中国残联评为“全国自强模范”。

西藏拉萨首届圣地文学艺术奖颁奖，李知宝、朗顿·班觉、丹增贡布、乌斯玛等17名文艺家获奖。圣地文学艺术奖是西藏拉萨政府的最高奖。

广东省作协再次向全国招聘青年作家。河北的谈歌、关仁山，江苏的毕飞宇，武汉的晓苏，广东的曾维浩、李宏、晓音、王小妮、王海玲入选。他们于本月底与广东省作协签订为期两年的合同，6月起享受每月1200元工资、每年500元医疗费和一年一次探亲往返旅费等待遇。他们的作品，《佛山文艺》有首选权。

中国工人出版社推出“红麒麟丛书”，其中，风马的长篇小说《生灵境界》引起小说界关注。

唐敏的长篇小说《圣殿》由文化部所属的文化艺术出版社作为“青铜牛丛书”系列之第一部正式出版。

吴然获台湾“杨唤儿童文学奖”，任溶溶获“杨唤儿童文学奖特殊贡献奖”。

《十月》第3期发表孙春平的中篇小说《道碴无言》、二月河的中篇小说《爝火五羊城》、高建群的中篇小说《饥饿平原》、刘庆邦的中篇小说《月光依旧》、余未人的中篇小说《回国纪事》、崔莫愁的中篇小说《黄牛问题》、燕子的中篇小说《太阳雨》、鲁羊的短篇小说《在北京奔跑》、张执浩的短篇小说《牵手》、马丽华的散文《诗话西藏》。

《上海文学》第5期发表贾平凹的短篇小说《梅花》。该期还刊有罗岗的《书写“当下”：从经验到文本》和王宏图的《私人经验与公共话语》两篇理论文章。

《当代》第3期发表关仁山的中篇小说《老陵》、小牛的中篇小说《上路谣》、航鹰的中篇小说《蒺藜女》、袁一强的中篇小说《戏剧人生》、马其德的中篇小说《命独如我》、马莉的短篇小说《爱人与情人》。

《萌芽》第5期发表朱晓琳的短篇小说《法兰西不是故乡》。

《漓江》第3期发表熊正良的中篇小说《城市麻雀》、夏商的中篇小说《恨过》、羊羽的中篇小说《某少女》、西飏的短篇小说《美人鱼》。该期还刊登了由陈晓明主持的讨论文章《存在与不可超越的困境》、《关于纯粹的写作》。

《芳草》第5期发表楚良的中篇小说《清明过后是谷雨》、杨晓升的中篇小说《溅血的城市》、林希的短篇小说《小哥儿——府佑大街纪事》。

《春风》第5期发表程琳的中篇小说《生命过程》、白天光的短篇小说《曼陀罗的悲剧》和《紫楼岁月》、李治邦的短篇小说《院子里有棵老槐树》、王开林的短篇小说《钱是什么东西》。

《小说界》第3期发表毕飞宇的中篇小说《林红的假日》、殷慧芬的中篇小说《屋檐下的河流》。

《小说家》第 3 期发表祁智的中篇小说《纸婚》、李晶的中篇小说《学习一年间》、晓白的中篇小说《学校轶事》、田柯的短篇小说《流水落花儿》。

《文学世界》第 3 期发表刘庆邦的短篇小说《少年》、张剑的短篇小说《外婆手里的风》和《影子》。同期刊有"'泸河杯'第一届精短小说大奖赛（三）"的参赛作品陈传珂的《钓趣》、宋瑞斌的《怀念起手》；"'宏祥杯'第三届小小说大奖赛专辑（三）"的参赛作品谢志强的《奢侈》。

《百花洲》第 3 期发表王跃文的中篇小说《平常日子》、傅用霖的中篇小说《一溜烟儿和追风腿》。

《山花》第 5 期发表张执浩的《盲人游戏》、张旻的《回身遥望》、星竹的《毛地之行》、寇挥的《昔王、新妻及其朋友》、邹静之的《九栋》、丁天的《张立国和刘英》（联网四重奏）等短篇小说。同期还发表邹静之的散文《博伊伦之歌》、周晓枫的散文《水银》。

《特区文学》第 3 期发表霍达的长篇小说《补天裂》、肖达的短篇小说《悬尘》。

西川的诗集《虚构的家谱》，由和平出版社出版。

《林白文集》四卷本，由江苏文艺出版社出版。

杨黎光的长篇报告文学《伤心百合——一个好男人的故事》，由时代文艺出版社出版。

六月

1 日，《长江文艺》第6期发表叶明山的中篇小说《小宅杨环》、王雄的短篇小说《门对门》。叶明山（1944－　），安徽庐江人。1964年开始发表作品。著有长篇小说《男儿女儿好看时》、《怪物》，中篇小说集《假如他能活两次》，短篇小说集《红丝带》等。

《滇池》第6期发表胡性能的短篇小说《毒酒事件》、赵刚的短篇小说《窗户》。

《四川文学》第6期发表墨白的短篇小说《走进你胸膛中的梦游者》、鲍十的短篇小说《上下五千年》、吴霜的短篇小说《秋情》。

《作家》第6期发表吕新的短篇小说《被画匠法隆先生无意间绘在墙上的》和《罗顺纹究竟是个什么人》、荆歌的短篇小说《消息》和《麝香》、赵刚的短篇小说《小家伙，我听不懂你的话》和《窗户》、林白的诗《玫瑰，玫瑰，在一切之上》。

《山东文学》第6期发表凌可新的短篇小说《玉米的声音》、张建新的短篇小说《爱到最后》、包光寒的短篇小说《营地三章》。同期还有由许明主持的“分裂与错位：九十年代的文化场景”的讨论，发表了孟繁华的《精神裂变与众神狂欢——今日中国的文化冲突》、章亚昕的《诗性精神与文化环境》。

《散文》第6期发表瘦谷的散文《树的记忆》。

3日，《人民文学》第6期发表吕雷的中篇小说《阴晴圆缺·香港纪事》、毕飞宇的短篇小说《火车里的天堂》、陈家桥的短篇小说《相识》、敏子的短篇小说《一个女人和一个女孩》、孙武军的散文《蚊子与我》、刘真的散文《起点》。

5日，《湖南文学》第6期发表石钟山的中篇小说《父母大人》、残雪的短篇小说《关于信使和他》、熊忠的短篇小说《苇洲上的孕妇》、谢友鄞的短篇小说《守车长》和《艺术狂人》。

《朔方》第6期发表于秀兰的短篇小说《心归何处》、张若冰的短篇小说

《高墙里的孩子们》。

《北方文学》第6期发表何申的短篇小说《乡间趣事》、孙玉民的短篇小说《乌苏里船歌》。

《作品》第6期发表余述平的短篇小说《办公室的雨水》、张伟的短篇小说《鼓乐之秋》。

《青海湖》6月号发表和军校的短篇小说《正正》、马海轶的短篇小说《赵大师傅》。

《东海》第6期发表袁明华的中篇小说《南方的孤独》、黄克庭的短篇小说《残疾人》、"'兄弟杯'全国最高稿酬征文"的参赛作品贾平凹的散文《浙江日记》。

《文艺报》发表田本相的《中国话剧的诗化现实主义传统》。文章认为，在中国话剧走过的九十年光辉历程中，"诗化现实主义传统是特别值得珍惜和继承的"。曹禺和夏衍是奠定中国诗化现实主义戏剧的基石。其美学特征在于："它十分重视诗意真实的创造。在真实性上，不仅是生活的客观再现，而且渗透着主体的审美意识和审美情感。在'真实性'中注入情感的真诚和真实。在反映现实时，熔铸着理想的憧憬和情愫。在'龌龊的生活'中透视出希望，于残酷的现实中看见时代的亮色，在卑微和灰色的人物身上也能发现他们具有'一颗金子般的心'。同时，也十分注意戏剧意象的创造。意象，原是中国传统的诗学范畴，但为中国话剧所吸收。注意戏剧情景氛围的营造，注意舞台物象的诗意蕴藉，注意人物形象的心灵和情感世界的展示。总之，它追求更有机更内在更完整更和谐但却是一个更具有深刻意蕴的境界。"这种传统不仅在戏剧文学上有所表现，"在导演上也得到丰富和发展。焦菊隐的导演体系，即应纳于中国话剧的诗化现实主义传统。他同样以中国戏曲的美学精神，打通了斯坦尼斯拉夫斯基体系，而创造了中国特色的中国导演学派。"

6日，霍达的长篇小说《补天裂》在京举行座谈会。与会者对作家强烈的历史责任感、历史使命感深表敬佩，认为该书是一本震撼人心的饱含爱国激情的现实主义著作，是一份迎接香港回归的厚礼。

7日，《天津文学》第6期发表李骏的中篇小说《仰望苍穹》、但及的短篇小说《我们的遭遇》。

剧作家、电影事业家于伶在上海病逝，终年91岁。夏衍说："于伶的一生，伴随着中国现代戏剧运动以至整个革命运动从艰难创业到发展壮大的坎坷曲折的历程。他同我们这一代知识分子一样，经历了几十年风霜雷电、血火刀兵的考验。流过汗，流过泪；追求过，挣扎过，痛苦过，欢乐过。然而，他们上下求索，九死不悔，始终朝着既定的目标迈出坚实的步伐。"（夏衍：《〈长夜行人〉序》，袁鹰著：《长夜行人——于伶传》，第2-3页，上海文艺出版社1994年版）刘厚生说："于伶是我们伟大革命时代的峥嵘的儿子。""于伶写戏几十年的历程鲜明地反映了中国新兴话剧运动的历程和特征。""于伶的一生，是剧作家，同时也是戏剧活动家。这是中国戏剧运动中相当普遍的现象，于伶则是一个突出的卓越的代表。"（刘厚生：《说于伶》，《戏剧文学》1992年第3期）柏彬说："在中国话剧发展史上，像于伶那样既是位具有高度原则性和灵活性的戏剧运动领导者，也是位勇于开创局面、埋头苦干的剧团行政领导者，同时又是位善于及时反映现实斗争的剧作者，具有如此多方面才能的戏剧工作者，确是不曾多见。"（柏彬：《杰出的革命话剧运动家——于伶》，中国艺术研究院话剧研究所主编：《中国话剧艺术家传（第3辑）》，第31-32页，文化艺术出版社1986年版）周扬说："他与人民呼吸与共，息息相通。他始终置身于人民群众之中。作者以其耳闻目睹的亲身经历，写出来像《长夜行》、《夜上海》、《七月流火》等这样满含血泪的令人难忘的作品。展现在这些剧作中的，有日寇铁蹄下离乡背井、流离失所的悲惨的难民图；也有坚贞的抗战爱国人士和革命地下工作者的英雄画像。"（周扬：《〈于伶剧作集〉序》，《于伶剧作集》，第1-2页，中国戏剧出版社1984年版）有学者认为“于伶的创作非常能体现中国现代戏剧与政治的紧密关系，特别是对于孤岛剧运，他的创作最能代表孤岛不同于国统区和大后方的风格。”这种风格具有寓庄于俗、寄俗于诗的特征。“斗士是于伶的外表，而诗人是于伶的灵魂。斗士是时代赋予他的历史使命，而诗人则是他内心深处的一块净土。”（刘星、曹辛华：《寓庄于俗　寄俗于诗——试论于伶孤岛时期戏剧创作的风格特征》，《南京社会科学》2007 年第 10 期）

9 日，峨眉电影制片厂出品，谢晋导演，鲍国安、苏民、高远、朗雄主演的《鸦片战争》在北京人民大会堂举行首映式。

9－12 日，中共中央宣传部在哈尔滨市召开“多出优秀作品”工作座谈会。中共中央政治局委员、书记处书记、中宣部部长丁关根在座谈会上指出，要坚持为人民服务、为社会主义服务的方针和百花齐放、百家争鸣的方针，充分尊重文艺规律，充分尊重作家艺术家的劳动，着力提高文艺作品质量，把好的精神食粮奉献给人民。

10 日，《芒种》第 6 期发表白天光的短篇小说《黄昏的杜撰》、陈望尘的短篇小说《捉奸》。

《诗刊》6 月号的“香港——百年沧桑唱回归”专栏发表程绯的诗《百年回归》、大卫的诗《一封寄给香港的信》、绿原的诗《回归曲》。

《北京文学》第 6 期发表“‘新星杯’短篇小说公开赛”的参赛作品，有谢挺的《杨花飞》、刘玉堂的《充实的日子》、张梅的《美莲》、三木公的《无解的方程》、张抗抗的中篇小说《工作人》。同期还刊有吴秉杰的《现实主义沉思录》、萧夏林的《泡沫的现实和文学》等理论文章，任洪渊的诗论《语言相遇：汉语智慧的三度自由空间》（连载）。

11 日，广西文联 40 多位文艺家与来访的香港作家、艺术家怀着喜迎香港回归的心情，进行了座谈和交流。

《青年文学》第 6 期发表朱辉的中篇小说《暗夜危行》、梁晓声的中篇小说《红磨坊》、王跃文的短篇小说《冬日美丽》、吴强的短篇小说《金枪鱼》、陈锟的短篇小说《开启封锁五年的信箱》、刘玉栋的短篇小说《傻女苏锦》。

11 日，电影《鸦片战争》在香港举行首映式。

12 日，四川省作家协会第五次全省代表大会在成都召开。会议由省作协党组书记张仲炎主持，省作协党组副书记杨牧作工作报告。

北京人民艺术剧院在京演出话剧《古玩》。编剧郑天玮，导演林兆华、任鸣。剧本发表在《新剧本》第 5 期上。

12－14 日，北京市文联第六次代表大会在首都举行。管桦当选为新一届市文联主席。

17 日，《作品与争鸣》第 6 期发表梁晓声的中篇小说《又是中秋》、谈歌的中篇小说《天下荒年》、庞天舒的短篇小说《平常人的故事》。

20 日，新闻出版署发布《关于专项报送长篇小说出版情况和样书的通知》。

26 日，新闻出版署发布《图书质量保障体系》。

28 日，《剧本》发表熊国栋的大型写真话剧《城市女儿》。

本月，由上海市作协、市总工会和《上海文学》杂志社联合举办的“文学反映当代生活研讨会”在北京举行。来自湖北的刘醒龙、邓一光，河北的谈歌、关仁山，天津的肖克凡与上海文学、评论界人士 60 余人畅谈创作体会。

朱崇山的长篇小说《风中灯》，由上海文艺出版社出版。上海文艺出版社、文学报、中共深圳宝安区委联合举办《风中灯》研讨会。

江西省政府批准成立江西文学创作中心——滕王阁文学院。

河南省文学院正式成立，并聘请一批作家当院士。

中国文联理论研究室、武汉市文联、武汉市文化局和武汉出版社联合举办了对武汉作家何祚欢长篇小说《舍命的儿子》的研讨会，普遍认为该小说题材虽小，却有颇高的认识价值。

任君子的长篇小说《军旅情祭》，由中国文学出版社出版。陕西作协为这部作品举行研讨会。

“20世纪中国文学与理论批评国际学术研讨会”在武汉召开。与会代表分别从四个方面进行了讨论：20世纪中国文学与理论批评的历史经验与发展规律，为21世纪文学与理论发展提供前提和参照；21世纪文学与理论批评可预见的发展，可提出的挑战及相应的准备与回答；20世纪转型期文学和理论批评的重大改革与跨世纪文学和理论批评的蓝图；中外文学人文思潮冲撞、交汇的未来趋势及其世纪之交文学和理论批评现代品格的重构和创建。

反映部队当代现实生活的“军旅长篇小说新作丛书”，由解放军文艺出版社出版，其中包括黄国荣的《兵谣》、刘增新的《美丽人生》、简嘉的《兵家常事》、师永刚的《西北望》、苗长水的《等待》、杜守林的《沙盘》6部作品，这套丛书的座谈会在京联合召开。

广西文学界招聘首批专业作家揭晓，近年来活跃在全国文坛上的一批青年作家东西、鬼子、李冯、黄佩华等成为广西首期专业作家。

四川省作家协会选举产生了四川省作家协会第五届领导机构，名誉主席巴金，主席马识途。

《漓江》开辟“纯粹的写作”专栏。

“新加坡作家作品”国际研讨会在武汉中南财经大学举行。研讨会由该校与新加坡作家协会联合举办。会议以黄孟文、王润华、张挥、南子、淡莹、陈华淑、林高、林锦、孙爱玲、林红等10个新加坡作家的作品为研讨对象，就新加坡文学的走向和艺术特征展开了探讨。

《西藏文学》杂志为反映西藏“一江两河”（雅鲁藏布江、拉萨河、年楚河）工程的辉煌业绩，从1996年秋冬以来，先后组织四批作家、诗人到日喀则、山南、拉萨等地深入生活。

《文艺报》第73期“关于现实主义的讨论”栏目发表王毅的《人性关怀：现实主义的永恒命题》和熊元义的《当前现实主义文学的新特征》两篇文章。

上海举行“文学反映当代生活”研讨会。来自湖北、河北、天津的作家与上海作家一起交流创作体会，认为成为一个优秀作家，必须有责任感，要关注生活、深入生活、反映生活。

《东北现代文学大系》是我国第一部地域性现代文学大系。全书共14卷，700万字，历时五年编纂，由沈阳出版社出版。《大系》收入了自1919年“五四”运动至1949年新中国成立30年间东北作家发表的反映东北生活题材的各类型文学作品。专家认为《大系》是对《中国新文学大系》的补充，为编纂地域文学大系开了先河。

中国青年艺术剧院在京演出小剧场话剧《生为男人》（编剧张健钟，导演郦子柏）和《灵魂出窍》（编剧苏雷，导演张奇虹）。

上海话剧艺术中心——上海人民艺术剧院制作体在沪演出话剧《归来兮》。编剧王俭，导演卢昂。

《山花》第6期发表李劼的中篇小说《小鱼游游游》、张生的中篇小说《陆通的故事》、张继的短篇小说《贷款》、朱苏进的短篇小说《火焰》、陈武的短篇小说《云朵》。该期还发表了洪治纲的文章《现实叙事与拒绝理想的无定性》。张生（1969－　），原名张永胜。生于河南焦作，毕业于南京大学中文系，获博士学位。先后在上海交通大学中文系、同济大学人文学院担任教职。上海作协首届及第二届签约作家。出版有中短篇小说集《一个特务》、《刽子手的自白》、《地铁一号线》，长篇小说《白云千里万里》、《十年灯》，小说集《乘灰狗旅行》，随笔集《可言，可思》及专著《鸡尾酒时代的记录者——〈现代〉杂志》，译有《文化批判理论：主题的变奏》等。

《上海文学》第6期“爱情·婚姻·家庭小说专号”发表张欣的中篇小

说《你没有理由不疯》、林屏的中篇小说《红蜻蜓》、于艾香的中篇小说《天灾人祸》、沈海深的短篇小说《亲疏都是缘》。同期刊有点评这几部小说的两篇文章：张新颖的《关于爱情的事》和南妮的《爱情傻瓜》。

《萌芽》第6期发表商羊的短篇小说《生活在春天》、周洁茹的短篇小说《夜太黑》。周洁茹（1976－　），女，江苏常州人。拉过小提琴，曾在宣传部门和电台工作。1991年开始写作。著有长篇小说《小妖的网》，中短篇小说集《我们干点什么吧》、《长袖善舞》、《你疼吗》、《我知道是你》，随笔集《天使有了欲望》等。

《春风》第6期发表王怀宇的《二叔的水稻》、刘庆的《送稿的女人》、肖达的《落红》、金仁顺的《芝麻开门》、聂鑫森的《楼上楼下》等短篇小说。

《芳草》第6期发表何申的中篇小说《乡村富人》、熊易的短篇小说《英雄本色》、刘阳春的短篇小说《我要回家》。

赵德发的长篇小说《缱绻与决绝》，由人民文学出版社出版。

张海迪的散文集《生命的追问》，由作家出版社出版。

七月

1日，中英两国政府香港政权交接仪式在港举行，中国政府开始对香港恢复行使主权、香港特别行政区正式成立。

“郭小川研究会”在郭小川的故乡河北承德成立，诗人刘章、何理出任研究会会长，刘甫田为副会长，青年诗人刘向东、李海健被推举为秘书长。

《文论报》第13期发表汪曾祺的《铁凝印象》。

《芒种》第7期发表刘以鬯的《寒风吹在脸上像刀割》、黄傲云的《庙街的未央歌》等短篇小说。

《长江文艺》第 7 期发表田柯的《独自在家》、马竹的《遍地高楼》、王艾的《纸条》等中篇小说，岳恒寿的《百年之吻》、钱家璜的《即将开闸的时刻》、袁先行的《影子》、雨人的《蓝色的梦》等短篇小说。

《四川文学》第 7 期发表走马的中篇小说《第代着冬》，陈望尘的《初识画家》、林雪的《月白色的绸衫》、陈锟的《夕阳在握》等短篇小说。

《滇池》第 7 期发表方言的中篇小说《仇人》、吕斌的短篇小说《冬日》、刘广雄的短篇小说《被埋葬的土地》。

《作家》第 7 期发表郝炜的短篇小说《瓷器的声音》、《改变》及创作谈《写作的欲望》，夏商的短篇小说《一个耽于幻想的少年之死》（联网四重奏）、周忠陵的中篇小说《谜团》，潘军的散文《明澈见底的河流》、韩东的散文《爱与恨》、陈染的短文一组，史铁生的《文学的位置或语言的胜利》、余华的《作家与现实》、格非的《作家的局限和自由》、林白的《记忆与个人化写作》、朱文的《关于沟通的三个片断》等评论。

2 日，《新剧本》第 4 期发表石零的话剧《生逢其时》。

3 日，《人民文学》第 7 期发表孙春平的中篇小说《天地之间有杆秤》、陈国凯的中篇小说《天道有情》、刘玉堂的短篇小说《一头六四年的猪》、蓝强的短篇小说《有巢的树》、艾真的短篇小说《失信》、徐庄的短篇小说《大傻的故事》、牧野的短篇小说《日食》、王小妮的散文《放逐深圳》。

《佛山文艺》第 7 期上半月号发表胡蝶的短篇小说《想入非非》、蔡劲松的短篇小说《狮子张开口》、戊戟的长篇小说《黑豹传奇》（第 49 回）。

5 日，《芙蓉》第 4 期发表邓宏顺的中篇小说《响鞭》、阙迪伟的中篇小说《幸福路》、汪淏的中篇小说《背景与人物》、严立群的中篇小说《麻石小街》、巴兰兰的短篇小说《幻觉》、张瑞田的短篇小说《秋天的爱情》。

《萌芽》第 7 期发表傅勤的《十七岁的时候》、何影泓的《那年夏天》、徐岩的《醉秋》等短篇小说。

为庆祝香港回归，《北方文学》第 7－8 期合刊发表了诗歌、散文专号。

《湖南文学》第 7 期发表王跃文的中篇小说《蜗牛》、张执浩的短篇小说《用土语交谈》、丁爱华的短篇小说《别随便打开别人的锁》。

《青海湖》第 7 期发表张薇的长篇小说节选《梦想南方》、赵熙的短篇小说《晚照》、赵新的短篇小说《没有拨错电话》。

《朔方》第 7 期发表郭文斌的短篇小说《农村工作》、《一片荞地》及创作谈《学习微笑》，火会亮的短篇小说《打井轶事》，屠建堂的中篇小说《风流》。

《莽原》第 4 期发表范小青的长篇小说《城市民谣》、罗望子的中篇小说《漫步月球的马拉松选手》、何继青的中篇小说《陈年旧事》、石桥的中篇小说《村支书小写》、张立波的短篇小说《守望城市》。

《作品》第 7 期发表何继青的中篇小说《即将远行》，谢志强的《临时关系》、刘国芳的《记忆》、汝荣兴的《疯子泪》、王奎山的《归鸟》、范伟的《吹南风的第三个日子》等短篇小说。

7 日，《天津文学》第 7 期发表宋树新的中篇小说《一家之主》，刑小利的《镜子里的霞》、贾瑞增的《血算盘》、张有齐的《断梦》等短篇小说。

8 日，“阿宁作品研讨会”在河北石家庄召开。

10 日，张海迪散文集《生命的追问》出版座谈会在人民大会堂举行。

《诗刊》7 月号推出“紫荆花的芳香——香港诗人小辑”，刊登了犁青的《踏浪归来》、吴正的《香港组曲》、晓帆的《七月的弦音》、蓝海文的《相思彩雀》（三首）、秀实的《九七给香港》、王一桃的《诗的纪念册》（组诗）、孙重贵的《电车与船》（二首）、谈耘的《萌梅》、傅天虹的《武夷山峰》、西彤的《香港：牛年故事》、聂适之的《鞋的变奏》等香港诗人的作品。同期“诗人与作品”栏目，发表了杨子敏的《开弓没有回头箭——读塞风的诗》、刘小平的《贵在坚守——读查干新著〈灵魂家园〉》、高深的《解剖自我解读人生解析社会——读华舒的〈人生白皮书〉》、任洪渊的《“白色花”：情韵·智慧·生命力——读曾卓、绿原、牛汉》、宋垒的《又一批“重放的鲜花”——重读〈新民歌三百首〉有感》、刘强的《诗德俱隆泰山不颓——怀念著名诗人孔孚先生》、姚学礼的《香港百年诗人》等评论文章。

《中国作家》第4期发表张石山的中篇小说《攻城》、许志强的中篇小说《清明难得晴》、苏策的短篇小说《刀下留人》、康道宁的长篇小说《人狮》。

《花城》第4期发表张炜的中篇小说《远河远山》、朱文的中篇小说《尖锐之秋》、瘦谷的中篇小说《悬置》、向启军的中篇小说《结局》、荒原的短篇小说《谶语》、彭见明的短篇小说《纸鹤》、陈家桥的短篇小说《危险的金鱼》；林舟的《人生的逼视与抚摸——刘恒访谈录》、鲁枢元的《乌托邦之思》、王安忆的《小说的技术》；张承志的散文《沙漠中的唯美》。

《北京文学》第7期发表王小波的中篇小说《万寿寺》，张人捷的中篇小说《狂奔不止》，李银河的文章《〈绿毛水怪〉和我们的爱情》，“‘新星杯’短篇小说公开赛”的参赛作品张亦辉的《证婚人啊你是谁》和姝娟的《我不怪你》，臧棣的诗1组和诗论《人怎样通过诗歌说话》。

11日，《青年文学》第7期发表何玉茹的中篇小说《四孩儿和大琴》、彭东明的中篇小说《陆岛》，华夏的《杀人》、石舟的《滋味》等短篇小说。

15－19日，全国中年作家创作座谈会在大连市召开。来自全国的60多位中年作家与会，学习中宣部有关会议精神，并围绕“担负历史重任，多出优秀作品”进行了讨论。

《天涯》第4期发表张生的《一个特务》、林白的《火光穿过白马镇》、孔见的《供桌上的瓶子》、王平的《车祸》、狗子的《婚》等短篇小说。

《江南》第4期发表王大进的中篇小说《油菜花黄》、朱亮的中篇小说《女人今年四十五》、姬画的中篇小说《错乱》、李杭育的短篇小说《阿三的革命》、艾伟的短篇小说《白头翁》和《铜锁》、沈旭夏的短篇小说《旋转》。

《作品与争鸣》第 7 期发表林深的中篇小说《人命关天》、张继的中篇小说《乡选》、赵琪的中篇小说《广西》、姜贻斌的短篇小说《气味》。

16 日,《文艺争鸣》杂志第 4 期“争鸣风”专栏围绕文坛的“分化”现象，刊登了张清华的《仰望足下的裂隙——关于当代文坛精神分化的思考》、王光东的《分化的意义——个性特征的显现》、施战军的《九十年代创作走向分流的实质——一个有关文学理想的话题》、吴义勤的《难得“分流”》等评论文章。张清华认为，分化现象透视出当代知识分子与当代文坛的精神裂变正在深入，拯救文坛精神分化与衰颓的根本在于重建写作的人文立场；王光东从还原艺术、还原生活、还原民间三个方面分析了“分化”的特征与意义，指出 90 年代文学创作最为核心的特点就是“个性”特征的呈现；施战军认为，90 年代的创作分流属于“虚”与“实”的分流，在悠远的文学理想下，实现“虚”与“实”的和谐，变“为平民”和“为个人”的写作为“为人”的写作当是近前的阶段性理想；吴义勤则认为，文学的“分流”和“分裂”是喜剧性的，它标志着健康、多元的文学生态环境开始建立，是培育中国文学健康个性的重要步骤，也为人们反思和重构当下的文学批评提供了一种有力的参照，意义非同寻常。

18 日,《佛山文艺》7 月下半月号发表戊戟的长篇小说《黑豹传奇》(第 50 回)。

20 日,《钟山》第 4 期发表叶弥的中篇小说《成长如蜕》、海男的中篇小说《关系》、潘军的中篇小说《结束的地方》、陈应松的中篇小说《人腮》,朱辉的短篇小说《看蛇展去》、赵伟国的短篇小说《天墓》、高晓声的短篇小说《这儿有黄金》及创作谈、储福金的短篇小说《治病》及创作谈、韩东的短篇小说《复写》及创作谈、夏商的中篇小说《剪刀石头布》(联网四重奏)、陈思和的《1996 年小说创作一瞥》、汪政、晓华的《略论当前现实主义创作及其批评》。小说《成长如蜕》使叶弥引起广泛关注，评论者认为:“这部作品并非某些人所期望的那种具有先锋性的‘技术活’，但它却以冷峻客观的笔触写出了青年一代成长过程中审美理想的溃灭，以及这个物欲时代吞噬精神的心灵震颤历程。无论作者是有意或无意，文本所提供的全部文化内涵都聚焦重叠在人的精神被物化的具象和意象的创造中，它所提出的灵魂叩问，正是每一个知识分子所应关注的文化批判命题”。“毋庸置疑，在这个农业时代向工业文明过渡的资本积累时代里，传统/现代，理想/现实，构成了中国人生存困境中最基本的精神问题。”（丁帆：《玄览精神史的蜕变过程——〈成长如蜕〉读后札记》，《当代文坛》1998 年第 4 期）“在社会与文学发生急剧变革的时代，叶弥的成长小说不急于把现成的结论硬塞给她的读者，也避开在战火和苦难中成长的创作模式，而着重于描绘人物在各种欲望的诱惑面前的精神蜕变历程以引起人们的关注与思考，应当说是她对往昔成长文学的顺应潮流的调整与发展。”（徐兆淮：《伴着文学大树一道成长——叶弥其人其文印象》，《当代作家评论》2002 年第 3 期）叶弥（1964 -　），女，原名周洁，江苏苏州人。1994 年开始发表小说。著有中短篇小说集《成长如蜕》、《钱币的正反两面》、《天鹅绒》、《粉红手册》，长篇小说《美哉少年》等。

21 日，第 17 届中国电影金鸡奖初评工作开始在京进行。自此届起，金鸡奖由中国文联与中国电影家协会共同主办。

21 - 22 日，第五届中国作协儿童文学委员会在京举行第一次全体会议。出席会议的委员们表示要以党中央两代会的讲话精神为写作指导，以无愧于伟大改革时代的精神风貌勤奋工作。

22 日，《啄木鸟》第 4 期发表范东锋的中篇小说《正队长副队长》、王火的短篇小说《老 K 与小 K》。

25 日，《收获》第 4 期发表苏童的长篇小说《菩萨蛮》、邓一光的中篇小说《远离稼穑》、徐小斌的中篇小说《吉耶美与埃耶美》、彭小莲的中篇小说

《一滴羊屎》、王彪的短篇小说《成长仪式》、黄立宇的短篇小说《一枪毙了你》。

《当代作家评论》第4期开辟“汪曾祺纪念小辑”专栏，刊登汪曾祺的随笔《我是一个中国人——散步随想》、周政保的《蔼然仁者之言——当代散文大师汪曾祺先生》、孙郁的《古魂新魄》、李洁非的《空白——悼念汪曾祺先生》等文章。

《当代作家》第4期发表张抗抗的中篇小说《寄居人》、孙方友的中篇小说《湖光》、柳浪的长篇小说《青春鸟》（连载）、周白义纪念汪曾祺的文章《那双眼睛——忆汪老》。

26－30日，由福建师范大学、中国社会科学院文学研究所联合主办的首届现代汉诗学术研讨会在武夷山召开。研讨会以“现代汉诗的本体特征”为主题，着重探讨了现代汉诗的本体特征与建构策略，就现代汉诗的诗学难题、现代汉诗与现代汉语、现代汉诗与中国诗歌传统、现代汉诗的现状与前景等问题展开了争鸣。会议论文结集《现代汉诗：反思与求索》由作家出版社1998年9月出版。由荒林整理的会议综述发表在《山花》第10期。

28日，《剧本》第7期发表李政、祥子的大型新编历史话剧《海上升明月》。同期，发表田本相、宋宝珍的《八十年代以来的香港话剧概观》（连载）。

28－31日，文化部在京召开全国艺术表演团体工作会议。会议总结了近几年的改革进程，提出了今后改革建设的基本思路和操作办法。

主题为“科学·科幻·和平与发展”的北京国际科幻大会在中国科技会堂召开。美国科幻研究会前秘书长伊丽莎白·安·赫尔教授，美国科幻杂志《轨迹》主编查理·布朗先生，中国老作家郑文光、金涛和创作新秀吴岩、尤异、星河、喻京川等与会。会议对世界各国科幻文艺的历史、现状和发展趋势进行了剖析，并对其风格、流派和特色进行了评价。

31 日 –8 月 2 日，在重大革命历史题材影视创作领导小组成立十周年之际，该领导小组在京召开座谈会。广电部部长孙家正在会上作了题为《关于重大革命历史题材影视创作的几个问题》的讲话。

本月，纪念许钦文诞生 100 周年座谈会在其故乡绍兴举行。会上，绍兴文艺界代表 60 余人就许钦文小说艺术风格、许钦文与鲁迅的友谊等问题作了专题发言。

由辽宁省作家协会承办、东北三省作家协会联合举办的第三届“东北文学奖”评奖结果在沈阳揭晓。本届评奖集中检阅 1992 –1996 年辽、吉、黑三省散文和诗歌的创作成果。共有 54 种作品初步入围，其中散文集 24 部，诗集、长诗、组诗 30 部。最后投票选出王充闾的散文集《春宽梦窄》、张抗抗的《张抗抗散文选集》、丁耶的《丁耶诗选》、曲有源的《白话诗》、李琦的诗集《守在你梦的边缘》、李松涛的长诗《拒绝末日》获一等奖。门瑞瑜的《雪国绿》、文畅《文畅散文选》和《西部生命》、李人毅的《一个男人的远村》、张少武的《长河散渔》、张爱华的《女人的佛》、赵培光的《野马闲驰》、原野的《善良是一棵矮树》等散文集，冯晏的《原野的秘密》、刘镇的《沉思季节》、牟心海的《太阳雨》、李占学的《悄声集》、张玉林的《麦子上的村庄》、赵首先的《黑白星座》、姚亚涌的《最初的辉煌》、萨仁图娅的《梦月》等诗集，庞壮国的《活人读史》、柳沄的《倾听与诉说》等组诗获二等奖。

《河南新文学大系》，由河南大学出版社出版，该丛书所收入的作品，系从河南籍和长期在河南生活的外籍作家自 1917 年到 1990 年公开发表的新文学作品遴选出来的，分为理论批评、短篇小说、中篇小说、散文、诗歌、戏剧、儿童文学、通俗文学、史料等 9 卷 10 册，总计 500 余万字，汇集 330 多位作家的各类文学代表作 1000 余篇。

在意大利举办的第八届国际儿童电视节上，中国的《寂静之声》获得最佳故事奖和最佳演员奖。

由西藏自治区党委宣传部、文化厅、广电厅、文联共同组织的第三届“珠穆朗玛峰”文学艺术奖在拉萨举行颁奖大会。获奖作品有藏文评论《评〈西藏当代作家丛书〉第二辑》、汉文小说集《情绪》等13部。

老舍故居捐献交接仪式在北京市政府举行，北京市市长贾庆林、老舍夫人胡絜青等出席仪式。

中共湖北省委决定设立“湖北省作家协会文学创作奖激励基金”和“湖北省文联文学艺术发展基金”，拨款奖励基金本金100万元人民币，利息用于奖励。

《春风》第7期发表吴驹的中篇小说《城市理想》，何玉茹的《伍大夫》、沈贻伟的《把持》、叶明山的《不能回家》、周洁茹的《我们的家事》、许家强的《狗拉爬犁》等短篇小说。

《山东文学》第7期发表辛国云的《生日》、刘玉栋的《追梦》、牟敦乐的《通勤》等短篇小说。

《雨花》第7期发表郭宝光的中篇小说《麦穗谣》，袁梅的短篇小说《东门旧事》。

《山花》第7期发表红柯的短篇小说《鹰影》、刁斗的中篇小说《移步换景》及文论《有小说的生活》、李洱的中篇小说《鬼子进村》、储福金的短篇小说《挑炭》、于艾香的短篇小说《神秘的来访者》、荆歌的短篇小说《秘密档案》、夏商的短篇小说《正午》，韩小蕙的《写作圣境》、周国平的《点与面》、王开林的《狂潮》等散文。

《小说界》第4期发表李治邦的《无处可退》、尚绍华的《考拉别针》、棉棉的《啦啦啦》等中篇小说，残雪的《夜访》、程树榛的《归来》、陈炳熙的《馨香的白手帕》、王大进的《关于一次在江轮上经历的回忆》等短篇小说，王天云的传记文学《夏衍在上海》、王安忆的小说讲稿《〈九月寓言〉的世界》、郜元宝的《荒芜的悸动——谈谈卫慧的小说》以及《中国新文学大系1949－1976序言选》。

《上海文学》第7期发表李国文的中篇小说《垃圾的故事》、彭瑞高的中篇小说《乡镇合一》。

《芳草》第7期发表韩永明的中篇小说《总工会主席》、李叔德的中篇小说《祝你万事如意》、曾哲的短篇小说《神山落日》。

《百花洲》第4期发表谈歌的中篇小说《下岗》、星竹的中篇小说《边陲远镇》、迟子建的长篇小说《热鸟》。

《当代》第4期发表柯云路的长篇小说《东方的故事——男女相互阅读的先锋文本》（节选）、肖克凡的中篇小说《最后一座工厂》、李国文的短篇小说《关于狗的传奇》，徐剑的报告文学《鸟瞰地球——中国战略导弹阵地工程纪实》（选载），王英琦的《回到未来——关于〈哥德巴赫猜想〉作者之死的猜想》、吴道弘的《两株树》、张健行的《战地青春掠影》、秦晴的《含泪的奶葡萄》、李木生的《不凋的激情——黄河壶口瀑布抒怀》等散文，邵燕翔的诗歌《金谷园》。

黄灿然主编的《声音》第5卷出版，刊有“多多诗选”及叶辉、臧棣、凌越、庞培、唐丹鸿、陈东东、黄灿然、金海曙等人的诗作。庞培（1962－　），本名王方，生于江苏江阴。1977年初中毕业后，先后做过电焊工、钣金工、商店营业员。1985年发表小说处女作。1997年出版第一本书：诗文集《低语》。曾是同人刊物《北门杂谈》的发起人。著有散文集《乡村肖像》、《五种回忆》、《忧郁之书》、《瞎子阿炳》、《旅馆》、《帕米尔花》等。

《诗神》第7期发表西川的《90年代和我》。

《华人文化世界》第7期发表史铁生随笔《外国及其他》。

灰娃的诗集《山鬼故家》，西川的《西川诗选》，晓雪的《生活的牧歌——论艾青的诗》，由人民文学出版社出版。

西川的随笔集《让蒙面人说话》，由东方出版中心出版。

《迟子建文集》四卷本，由江苏文艺出版社出版。

中国电影导演协会和日本电影导演协会联合在京主办“中日电影导演研讨会”。研讨会观摩了中日双方的影片，并就本国的电影现状、未来发展等专题进行讨论和交流。

八月

1 日，《芒种》第 8 期发表赵熙的《山岩》、郑海涛的《乡事二题》(《杀猪匠》、《纸匠》)、贺景文的《帮闲》、崔仁的《推销大王》等短篇小说。

《长江文艺》第 8 期发表蒋杏的中篇小说《又是秋天》、周季胜的中篇小说《宾馆之夜》、秦巴子的短篇小说《苏芸是一朵云》、刘国芳的短篇小说《摆场》。

《四川文学》第 8 期发表克非的短篇小说《罪之船》和《乌桂》、谢声的中篇小说《云飞扬》。

在《滇池》第 8 期发表刘广雄的《我不曾告别》、白雪儿的《雪宇》、黎小鸣的《高压气枪》、第代着冬的《白羽毛的鸟》等短篇小说。

《作家》第 8 期发表徐坤的短篇小说《厨房》、《古今传奇》和理论文章《重重帘幕密遮灯——九十年代的中国女性文学写作》，于艾香的短篇小说《离我而去》，黎小鸣的短篇小说《夜晚逐鹿》。

3 日，《人民文学》第 8 期发表邱华栋的《天空中最美的坠落者》和《蜘蛛人》、荆歌的《环肥燕瘦》、何玉茹的《沮丧的爱情》、力哥的《需要关怀》等短篇小说，童庆炳的《我的“节日”》、刘亮程的《住多久才算是家》、曹文轩的《板门神》、马永波的《散失的笔记》等散文。

《佛山文艺》8月上半月号发表王敏《北京女孩儿》、刘殿学《月黑风高夜》等短篇小说、戊戟的长篇小说《黑豹传奇》(第51回)。

4日，庆祝中国人民解放军建军70周年文艺颁奖大会在京举行。颁奖包括第六届中国人民解放军文艺奖、第二届全军“文艺新作品奖”、第九届全军“电视剧金星奖”、第三届“战士文艺奖”、“热心为兵服务的文艺战士奖”5个类别。电影《大转折》，长篇小说《兵谣》，电视剧《大漠丰碑》，小合唱《军营锤炼了你和我》等一批优秀作品和董文华等一批优秀演职员分别获奖。歌剧《芦花白木棉红》获得了文化部1996年歌剧音乐剧调演大奖，电影《大转折》获得了广电部颁发的“华表奖”最佳影片奖，电视剧《大漠丰碑》、《大渡桥横铁索寒》等作品获“五个一工程奖”，小品《全都忙》获全国小品比赛一等奖。

4－9日，“世界儿童文学大会暨第四届亚洲儿童文学大会”在韩国汉城举行。本次大会主题是“世界儿童文学传统与未来”，包括四个议题：(1)西方儿童文学与东方（中、日、韩）儿童文学；(2)艺术的儿童文学与大众的儿童文学；(3)21世纪后期产业与儿童文学；(4)人类儿童文学到底是什么？中国有20多位代表参加，蒋风、秦文君、孙建江、李晓仁等在会上发言。

5日，《萌芽》第8期发表周洁茹的《花满天》、刘悦的《星期五的情绪》、阿义的《朝北房间的爱情》等短篇小说。

《湖南文学》第8期发表彭东明的《泥里水里》、叶明山的《春扰农家》、阿来的《小镇的话题》、郑柯的《仇家》、严立群的《警长阿贵》等中篇小说。

《青海湖》第8期发表聂鑫森的《孟老大》和《鲁睿》、张冀雪的《无歌的午后》、路生的《梦系唐古拉》等短篇小说，才旦的长篇节选《部落王》。

《朔方》第8期发表张冀雪的中篇小说《新麦地》、张鹏的短篇小说《热点之争》。

《作品》第8期发表刘斯奋的长篇小说《鸡鸣风雨》（节选）、阎欣宁的短篇小说《为了告别的聚会》、马瞻的短篇小说《第二方位》。

《中国戏剧》杂志社在京举行纪念中国话剧90周年座谈会。参加座谈会的有徐晓钟、田本相、童道明、顾威、刘锦云、林克欢、孟京辉、赵寻、齐致翔、黄维钧等。与会者就中国话剧的历史、现状和发展进行了探讨。

6－10日，在第五届瑞士洛迦诺电影节上，我国影片《西夏路迢迢》获青年评委会特别奖。著名导演张艺谋担任本届电影节的评委，西影厂副厂长雷涛等3人参加电影节活动。

10日，《北京文学》第8期发表作为"'新星杯'短篇小说公开赛"的参赛作品，刘庆邦的《平地风雷》、马原的《开心的逃逸》、张弛的《杀人的不是我》、王海玲的《麦穗随风起》、星竹的《荣誉证书》、陈应松的《哭舟》、古清生的《德国人希望》、刘剑波的《棚天花》、胡丹娃的《逃出雅座》；本期还开辟了"汪曾祺与短篇小说"专栏，刊登了汪曾祺生前的评论文章《短篇小说的本质》、钱理群的《寂寞中的探索》、林斤澜的《呼唤新艺术》、李锐的《被割断和被误会的》、朱也旷的《旷野中的呼喊》等文章。另外，梁晓声的《'97中国社会各阶层的分析》和"北京新生作家群"座谈会纪要也发表在该期。此前，《北京文学》邀请在京部分青年作家和中青年评论家在北京顺义县石门村召开了"北京新生作家群"座谈会。

11日，《青年文学》第8期发表张继的中篇小说《村长与车》、杨剑鸣的中篇小说《打雷鸟》、老陈的中篇小说《片厂老北》、衣向东的短篇小说《一尊酥香》、但及的短篇小说《秋天的愤怒》、邵振国的短篇小说《在312国道旁》、陈家桥的短篇小说《失明的界限》。

13日，第五届全国少数民族文学创作奖揭晓，共有60部（篇）作品和3位翻译家获奖，24个民族的作家榜上有名。本届评奖活动的评选范围是1992

年至1996年间出版的少数民族作者用汉文或少数民族文字创作的长篇小说、中篇小说、短篇小说集、诗集、散文集、报告文学集、儿童文学集。央珍的《无性别的神》、张长的《太阳树》、庞天舒的《落日之战》等8部长篇小说，石舒清的《苦土》、肖仁福的《箫声漫》、关仁山的《关仁山小说选》等14部小说集，华舒的《阳关在前》、哥布的《母语》等13部诗集，赵玫的《一本打开的书》、鲍尔吉·原野的《善良是一颗矮树》等7部散文集，乌恩巴雅尔《八十年代蒙文小说现象》等4部评论集，白山《血线——滇缅公路纪实》等3部报告文学集，海代泉的儿童文学作品集《螃蟹为什么横行》等获奖。

15日，梅洁作品研讨会在张家口举行。与会者认为，梅洁的散文写家庭与亲情、婚姻与爱情，然而又熔铸于时代、社会之中，具有一定的艺术感染力和概括力。

17日，《作品与争鸣》第8期发表于卓的《七千万》、姚鄂梅的《脱逃》和庞一川的《谁是谁的师傅》等中篇小说。姚鄂梅（1968－ ），女，湖北宜昌人。1992年开始发表作品。著有长篇小说《像天一样高》、《百话雾落》等。

18日，由梁斌文学研究会、天津市文联、天津市作协联合举办的纪念梁斌逝世一周年座谈会在天津举行，《梁斌书画集》、《梁斌文学评论集》和《大地之子——梁斌文集》3本作品集也一并推出。

《佛山文艺》第8期下半月号发表何玉茹的《思考着的女人》、杨浩的《寻找希望》、刘卫的《男人的心像大海》等短篇小说，戊戟的长篇小说《黑豹传奇》（第52回）。

国家技术监督局、新闻出版署联合发布《标准出版管理办法》。

19－31日，以电影局局长刘健中为团长的中国电影代表团一行3人参加第二十一届蒙特利尔世界电影节，并对加拿大电影业进行考察。我国故事片

《鸦片战争》参赛，《埋伏》等3部影片参展。

20-22日，中国当代文学研究会、日本中国当代文学研究会、首都师范大学中文系、清华大学中文系在京联合举办了“中国新时期文学中日学者对话会”。与会者围绕代表性的作家和代表性的倾向，就中国八十年代文学的进程与影响、九十年代文学的现状与趋向等问题展开了研讨。

21日，余光中在《辽宁日报》撰文回顾自己的诗歌创作经验，并提出成就一位真正诗人的一些条件，认为做一位真正的当代诗人不仅需要继承古典的大传统与五四的新传统，旁采域外的诗艺诗观，还要加上对当代生活的敏感，对当代口语的把握。

22日，第六届中国金鸡百花电影节组委会在京举行新闻发布会。《红河谷》、《大转折》、《离开雷锋的日子》获第20届大众电影百花奖最佳故事片奖；《鸦片战争》、《宋氏三姐妹》获第17届中国电影金鸡奖最佳故事片奖；演员刘佩琦和于慧分别摘取了最佳男女主角奖；导演韦廉因执导《大转折》获最佳导演奖。

24日，纪念成仿吾诞辰100周年座谈会在人民大会堂举行。为纪念成仿吾诞辰100周年，当代中国出版社出版了《成仿吾传》、山东大学出版社出版了《成仿吾画册》、东北师大出版社出版了《成仿吾年谱》增订本、中央党校出版社再版了《成仿吾诗选》。

25日，冰心文学馆在其家乡福州长乐落成并开馆。

《大家》第4期发表叶兆言的中篇小说《王金发考》、铁凝的中篇小说《午后悬崖》、刁斗的中篇小说《纪念日》、程巍的中篇小说《雪地上的图案》、夏商的中篇小说《看图说话》（联网四重奏）、王石的中篇小说《新闻记者》、李洱的短篇小说《黝亮》，臧棣诗10首，陈旭光、谭五昌的诗论《“知识分子写作”：文化转型年代的思与诗》，庞培的《乡村想象》、孙见喜的《石痴贾平凹》、苏北的《关于汪曾祺的几个片断》等散文。

25－28 日，华东地区戏剧期刊第十一届“田汉戏剧奖”评奖活动在安徽青阳县举行。共有 15 部话剧和 14 篇评论获奖。其中，获得剧本一等奖的话剧是赵莱静、陈云发的《难忘玫瑰红》；获得评论一等奖的是钱念荪的《朱光潜论中西戏剧的异同点》。

28 日，《中华文学选刊》杂志首次举办的文学评奖结果揭晓。评奖范围是该刊 1933 年创刊到 1996 年间选发的数百篇作品，此次评奖有 16 部中篇小说、10 部报告文学、10 篇短篇小说、10 篇散文获奖。

《佛山文艺》第 9 期上半月号发表周帆的短篇小说《肉色诱惑》、刘宝池的短篇小说《月亮光环》、李方的短篇小说《娘儿们陶玉婉》、徐泽的短篇小说《最后的春梦》、马丁的短篇小说《点亮心中一盏灯》、戊戟的长篇小说《黑豹传奇》（第 53 回）。

《剧本》第 8 期发表邵钧林、嵇道青的大型话剧《虎踞钟山》。

本月，北岳文艺出版社推出了长篇军旅小说“金戈”丛书，迎接建军 70 周年。首批推出 5 部长篇，分别是：石钟山的《飞越盲区》、陈怀国的《遍地葵花》、老加的《风卷旗》、宿聚生的《准备离机》、雪岛的《无帆的海船》。

山东友谊出版社推出《双桨文丛 · 中国当代小说名作名评》丛书。有王安忆的《屋顶上的童话》、史铁生的《老屋小记》、李锐的《二龙戏珠》、刘玉堂的《自家人》、张炜的《不孝之子》和韩少功的《余烬》。

由华北五省区文联共同举办的第二届“华北区文艺理论”评奖活动在河北石家庄结束。该奖项设立于 1993 年。本届获奖作品有：《侦探小说学》（黄泽新、宋安娜合著）、《广告摄影创意语言》（夏效著）、《孙犁现实主义艺术论》（金梅著）、《多元与选择》（贾方舟著）、《当代文学的窘态与选择》（方伟著）、《生命本体论反思录》（刘大枫著）等。

首届辽宁曹雪芹长篇小说奖评奖揭晓，丹东市作家张涛的《窑地》获奖，部队作家杜守林的《沙盘》获提名奖。辽宁曹雪芹长篇小说奖由辽宁省作协和曹雪芹祖籍地辽阳市人民政府联合设立并颁发，是该省长篇小说创作的最高成果奖，每年评选一次，每次评选出一部获奖作品。

《春风》第 8 期发表齐铁民的中篇小说《钟摆》、张执浩的《露天之歌》、黄晓延的《英雄出世》、但及的《正午》、金大成的《扁头》和《赖子》等短篇小说。

《山东文学》第 8 期发表张国栋的《红色幔帐》、童村的《焦日》、孙福新的《一棵大树》、林火的《学着当村长》、王毅堂的《风化石》、张军的《小梅》等短篇小说，崔文华的中篇小说《莫斯科郊外的小木屋》。

《雨花》第 8 期发表刘玉堂的中篇小说《新生事物》、朱辉的《老汤》、陶方宣的《小楼一夜》等短篇小说。

《上海文学》第 8 期发表西飏的短篇小说《青衣花旦》。

《十月》第 4 期发表池莉的《来来往往》、徐小斌的《玄机之死》、航鹰的《归来的柏拉图》、刘进元的《白毛》、欧阳玉澄的《陆晕》、蒋子龙的《提起公诉》等中篇小说，李大卫的《晨练时分》、刘剑波的《伴你远行》、南野的《月季・胡同》等短篇小说。

《小说》第 4 期发表邱华栋的短篇小说《沙漏》和《烈焰黑唇》。

《山花》第 8 期发表吕新的中篇小说《青纱帐》、关仁山的中篇小说《假眼》，赵凝的《行为艺术》、王建平的《爱你》、蔡劲松的《浮游之鱼》等短篇小说，孟繁华的评论文章《物欲都市的迷乱与反抗——评邱华栋的都市小说创作》，何士光的散文《文字是一种般若——〈蒿里行〉自序》。同期还发表葛红兵的评论文章《晚生代的意义——晚生代作家论写作札记》，他指出，晚生代小说已经成为一面旗帜，它以自己独特的审美质素完成了一次文学上的从群体文学到个体性文学的转型，它呼唤一种与其在精神气质上相通，在审美趣味上相投，在思想根基处理解的新的批评；葛红兵认为，晚生代文学作为个体性文学呼唤个体型批评家，那些不以宏伟叙事为基线批评文学，而以个体的立场在语言中和另一个个体作个人性相逢的人。本年度《南方文坛》第5期上，徐坤、东西、朱也旷、张弛、邱华栋、李大卫等9位晚生代作家也发表了他们对“晚生代”看法。1997年11月23日《文艺报》第138期刊发了北南的一篇题为《如何评价年轻一代作家的创作——且看“晚生代”自我画像》的周末特稿，再次谈到“晚生代”的相关话题。

《小说家》第4期发表蒋子龙《新支点：泛工业题材的时代——“新支点长篇小说丛书”总序》，苏童的短篇小说《神女峰》，毕飞宇的短篇小说《水晶烟缸》（原结尾），田柯、晓白等的短篇小说《水晶烟缸》（续尾），力云的《蒋占五》（续尾），关仁山的中篇小说《弹起你的土琵琶》、创作谈《作家眼里的现实主义》、自传随笔《回头望路随想》，东西的中篇小说《生活》、创作谈《上帝发笑——关于创作的偏见》，汪淏的《恍惚》、高彦杰的《女人阿枝》、贾劲松的《承受岁月》等中篇小说，韩向阳的《夏天的杀局》、陈茂欣的《吆声依旧》、余述平的《释放》等短篇小说。

《芳草》第8期发表谈歌的《污染》和《创作手记》、抱朴子的《预约明天》、叶宗佩的《沉重的表态》等短篇小说，李运抟的评论文章《虚实交织中的历史思索——由〈云破处〉看池莉小说走向》。同期亦发表《我是太阳》研讨会纪要。

《天津文学》第8期发表叶弥的《成长如蜕》、海男的《关系》、潘军的《结束的地方》、陈应松的《人腮》等中篇小说，荆歌的短篇小说《老于的大脚传奇》、高晓声的短篇小说《这儿有黄金》和创作谈《写少了》，荒林的《林白的小说：内心欲望的叙事》、殷实的《被“时代”牵着鼻子走?》、金慧敏的《向五四精神挑战：池莉的“人生”三部曲》、夏德勇的《论池莉小说的文化冲突与价值取向》、朱青的《淡而有味的池莉小说》等评论文章。

北京长安小剧场上演改编自马原同名小说的话剧《倾述》。导演牟森说：“戏剧《倾述》将以男女主人公个人的、真实的生活倾述为主体，结合诗化的多种舞台形式，通过两种年龄、两种类型完全不同的人生历程和人生体验去面对观众，以期引起观众能面对和回味自己的日常生活。”（《〈倾述〉意味着什么》，《戏剧电影报》7月3日）

百花文艺出版社推出“三驾马车”丛书。包括何申的《年前年后》、谈歌的《天下荒年》、关仁山的《大雪无乡》三种，收录了三位作者近年来在社会上引起强烈反响的《年前年后》、《信访办主任》、《天下荒年》、《大厂》、《大雪无乡》、《九月还乡》等作品。

“20世纪末中国诗人自选集”，由湖南文艺出版社出版。其中有西川的《大意如此》，欧阳江河的《谁去谁留》，王家新的《游动悬崖》，陈东东的《明净的部分》。

“诗人随想文丛”（宗仁发、岑杰主编），由上海东方出版中心出版。包括于坚的《棕皮手记》、西川的《让蒙面人讲话》、王小妮的《手执一枝黄花》、陈东东的《词的变奏》、钟鸣的《徒步者随录》、徐敬亚的《不原谅历史》、翟永明的《纸上建筑》、海男的《屏风中的声音》、王家新的《夜莺在它自己的时代》等9种。

魏巍的长篇新著《火凤凰》，由人民文学出版社出版。这是他的“革命战争三部曲”之三，前两部是《东方》、《地球上的红飘带》。

陆建华的《汪曾祺传》，由江苏文艺出版社出版，全书共20章，30多万字。

李炳银的《当代报告文学流变论》，由人民文学出版社出版。

游友基的《九叶诗派研究》，由福建教育出版社出版。

《舒婷文集》三卷本，由江苏文艺出版社出版。

王蒙的《世界华文散文精品·王蒙卷》，由广州出版社出版。

蒋子丹的散文集《乡愁》，由海南出版社出版；散文集《小楼记事》，由上海文艺出版社出版。

九月

1日，《长江文艺》第9期发表荆歌的中篇小说《居无定所》、张执浩的短篇小说《春天在哪里呀》和《春天开什么花》、周华山的短篇小说《亦步亦趋》、阿成的短篇小说《滋味三咂》、艾伟的短篇小说《镜子碎了》。

《四川文学》第9期发表赵高明的中篇小说《赵武灵王传奇》、毕四海的短篇小说《魔圈》。

《滇池》第9期发表吴驹的短篇小说《英雄理想》、吴励生的中篇小说《反侦察谋略》、薛燕平的短篇小说《一种烦恼》、海男的短篇小说《标志将到哪里去》。

《芒种》第9期发表阿成的中篇小说《失控》、陆棣的《生死奇迹》、冯积岐的《一炷香》、胡侃的《棋迷招聘》等短篇小说。

《作家》第9期发表刘庆邦的短篇小说《五月榴花》、裘山山的短篇小说《绑架爱情》、鬼子的中篇小说《学生作文》、鲁羊的理论文章《"写小说"干什么》。

1-4日，由中国作家协会、中华文学基金会和苏州大学联合举办的"第四届巴金国际学术研讨会"在苏州大学召开。

2日，中共中央宣传部在京召开精神文明建设"五个一工程"第六届工作会议暨颁奖大会。227件作品获本届"五个一工程"入选作品奖，其中有长篇小说5部：周梅森的《人间正道》（人民文学出版社）、张宏森的《车间主任》（山东文艺出版社）、黄蓓佳的《我要做好孩子》（江苏少年儿童出版社）、郁秀的《花季·雨季》（广东海天出版社）、刘先平的《刘先平大自然探险长篇系列》（中国青年出版社）；长篇报告文学4部：张建伟和邓琮琮的

《中国院士》（浙江文艺出版社）、李钧的《生命甘泉的追寻者》（解放军出版社）、田天的《你是一座桥》（长江文艺出版社）、高胜历的《东部热土》（青岛出版社）；散文集1部：张海迪的《生命的追问》（作家出版社）；儿童文学作品3部：秦文君的《宝贝当家》（上海少年儿童出版社）、赵郁秀和韩言主编的《棒槌鸟儿童文学丛书》（6册，沈阳出版社）、薛屹峰的《天地无情》（《少年绝境自救故事》丛书之一）（甘肃少年儿童出版社）。入选的话剧作品是《地质师》（黑龙江）、《热血甘泉》（总政）、《王振举》（宁夏）、《新居》（广东）和《大院》（铁道部）。获奖的少儿戏剧有《一二三，起步走》、《远山的花朵》、《这里将是别墅》、《雪童》、《开天辟地人之初》、《纳西小子》、《小白龟》等。入选影片是《大转折》、《鸦片战争》、《红河谷》、《离开雷锋的日子》、《喜莲》、《夫唱妻和》、《青年刘伯承》、《男孩女孩》、《一棵树》、《男婚女嫁》、《彝海联盟》、《滑板梦之队》、《军嫂》、《徽商情缘》、《红杜鹃白手套》、《鹤童》。另外，大型电视文献纪录片《邓小平》入选作品特别奖。

3日，电影剧本规划策划中心在京宣告成立。该中心是广电部直属的事业单位，是全国专业性电影剧本规划、策划、创作、研究和经营、开发的实体。

《人民文学》第9期发表李国文的短篇小说《缘分》、赵刚的中篇小说《我的大学》、朱辉的中篇小说《动静》、野莽的短篇小说《乡下少年》、叶明山的短篇小说《田埂尽头》、朱也旷的短篇小说《网络时代的爱情》。同期刊有叶延滨的随笔《随感随录》、王一桃的散文《关于香港》、刘白羽的《你是强者中的强者，你是圣者中的圣者——在张海迪〈生命的追问〉座谈会上的讲话》。

4日，文化部第七届"文华奖"评奖揭晓。黑龙江省大庆话剧团创作演出的话剧《地质师》、江苏省苏州市滑稽剧团的儿童剧《一二三，起步走》荣获文华大奖。总政话剧团的《女兵连来了个男家属》、北京人民艺术剧院的

《天之骄子》、河北省话剧院的《厂长马恩华》、上海青年话剧团的《商鞅》、四川省人民艺术剧院的《船过三峡》、辽宁省朝阳市话剧团的《烧锅屯》和江苏人民艺术剧院的《城市女儿》7台话剧，北京市儿童艺术剧团的《雪童》、青岛海尔儿童艺术剧团的《我爱我班》、中国福利儿童艺术剧院的《白马飞飞》、武汉市儿童艺术剧院的《希望》4台儿童剧荣获文华新剧目奖。

5日，由山东省文化厅、文联、作协和山东省中国现代文学学会联合举办的"王统照先生诞辰一百周年纪念暨学术研讨会"在山东济南举行。

《芙蓉》第5期发表肖克凡的中篇小说《百年》、阎欣宁的中篇小说《果腹之果》、王开林的中篇小说《城市晚风》、张继的短篇小说《村长与文书》、姜贻斌的短篇小说《老乐的短火》、陈冰的短篇小说《欢颜》、残雪的短篇小说《窒息》和《邻居》。

《萌芽》第9期发表商羊的《搬家游戏》、毛晓岚的《谜》和仲斌的《恋爱幻想》等短篇小说。

《北方文学》第9期发表杨恒标的中篇小说《七月汛事》，陈然的《怀念桑树》、谷木的《将军三题》、冯积岐的《想起了老黄》、补丁的《雪飘依旧》、徐卓人的《宝英》等短篇小说。

《湖南文学》第9期发表翁新华的中篇小说《鸡蜈之搏》、白崇人的短篇小说《一个美国女人的故事》和庞敏的短篇小说《开花结果的烦恼》。

《青海湖》第9期发表刘苗科的中篇小说《夜色朦胧》，轩锡明的中篇小说《〈黑指甲〉——昔日荒诞之三》，孙方友的短篇小说《乡间人物》，陈玺的短篇小说《儿子》，刘文琦、钱佩衡的长篇小说《飘荡的骆驼蓬》（节选）。

《朔方》第9期发表蓝风的《找不见方伯言》和《热爱油画》、南台的《无月的夜晚》、赵伟国的《遭遇腾格里》、甫振雷的《欧额额和她的酸菜缸》、未峰的《好学生·坏学生》、牛维佳的《沉没的陆地》等短篇小说。

《莽原》第5期发表乔典运的自传文章《命运》和红柯的短篇小说《林

则徐之死》。

《作品》第9期发表梅雨的中篇小说《拇指上的草原》，陈庆祥的《我们正年轻》、王涛的《猫眼》、华夏的《飞翔》、杨邪的《1992年的最后一件案子》等短篇小说。

6日，第三届国家图书奖颁奖大会在京举行，《曹禺全集》（花山文艺出版社）、《旷世俊才——杨度》（湖南文艺出版社）、《小鳄鱼丛书》（孙幼军等著，海燕出版社）、《神脑聪仔卡通系列丛书》（聪仔工作室，接力出版社）获奖。获提名奖的有《刘先平大自然探险长篇系列》、《花季·雨季》、《少年绝境自救故事》、《共和国儿童文学名著金奖文库》。

7日，《天津文学》第9期发表赵命可的中篇小说《不知什么鸟在叫》，许遐志的《父亲，父亲》、侯洪义的《桥》、李吉鸿的《小镇无歌》、魏子义的《不再有梦》等短篇小说。

8日，蒙特利尔世界电影节主席罗西克先生函告谢晋导演，经评委会协商，该电影节决定授予谢晋"美洲特别大奖"。

9日，儿童故事片《变脸》在第17届莫斯科国际儿童电影节上获得金奖。

10日，《中国作家》第5期发表何申的长篇小说《富起来的于四》、谈歌的长篇小说《年初》、关仁山的长篇小说《干草车》、胡发云的中篇小说《处决》、邹宏的中篇小说《厂长有悔》、陆建华的纪实文学《汪曾祺与沈从文》。

《花城》第5期发表海男的长篇小说《坦言》、王小波的中篇小说《未来世界的日记》、郭平的中篇小说《一个长得和我一样的人》、行者的短篇小说《两棵幻想中的树》、赵刚的短篇小说《一个人的30岁》，吕德安的诗《蟋蟀之死》、朱朱的诗《湍流》（6首），张承志的散文《相约未来》，林舟的《穿越都市——邱华栋访谈录》，肖开愚的长篇诗论《南方诗——普遍的观察、揣测和随想》。

作为“‘新星杯’短篇小说公开赛”的参赛作品，王安忆的短篇小说《从黑夜出发》，储福金的短篇小说《缝补》，赵玫的短篇小说《梦中花园》，李建、司马南山的短篇小说《红腰带》和艾晓明的短篇小说《雨季轶事》发表《北京文学》第9期。《北京文学》第6期刊载了萧夏林的批评文章《泡沫的现实和文学——我看“现实主义冲击波”》。该文认为“在思想主体意义上，现实主义冲击波是一个媚欲的文本”，“在艺术上则更是粗糙的，毫无艺术张力和感染力”。所谓现实主义文学，即批判现实主义文学；所谓现实主义精神就是批判现实主义精神。文中指出，在所谓的现实主义文学冲击波中，人们既未看到当代中国现实的真相，又未看到现实后面的文学，在众多的文本中人们看到的只是现实主义的一些泡沫和碎片；河北三驾马车及湖北刘醒龙等代表的作家作品未必是中国现实主义文学的回归和中国文学复兴的希望。此文在文学界和读者中激起了很大反响，有“河北三驾马车”之称的谈歌、关仁山、何申分别撰文回应：《关于作文与做人》、《面对现实的写作》、《为了心中那份实情》，从不同角度阐明他们的观点，三篇评论文章由本期一并刊出。关仁山说：“就农村题材作家而言，现实精神就是土地精神。中国乡村的土地精神是什么？面对世纪末中国乡村大世相，回望田园的早晨，真情涌动。时代没有摹本，只有不穷的精神。文学需要承接这种精神，背负这沉重，亲吻大地，抒写人间情怀，透视时代变革的辉光，对乡土和众生祈愿、剖析，歌颂与预言。我的作品尽管没达到这种境界，但是应该这样去想一想的。对于小说归属哪个‘主义’的界定，我认为不重要，并不是给谁戴上现实主义的帽子谁就光荣。‘主义’是理论界的事，对于作家珍贵的是永留责任和良知，守住那份对民间和土地的亲情。然后再由生活体验发展到生命体验。”何申说：“我们写农村题材的作家，大部分写得比较实，写出的作品，绝大多数还是能经得住实际的考验。……我想我们文学创作者和文艺评论者，是不是也应该脚踏实地从实际出发一次，把自己的作品和文章放在实践中去检验一回。你写了不少作品，编得玄玄乎乎，老百姓看了说扯淡，咱乡下根本不是那么回事，你撰了几篇文章，论得条条是道，内行人一看，说整个一个不知道实际是咋回事的人，那不仅是白受累，还说明咱对人对己不负责任，实属不应该。”

《诗探索》第3辑发表陈旭光、谭五昌的《断裂·转型·分化——90年代先锋诗的文化境遇与多元流向》。

11日，《青年文学》第9期发表麦家的中篇小说《陈华南笔记本》、周文的中篇小说《油菜花开了》，储福金的《看书》、阎欣宁的《喃喃细语》、何存中的《骑得秋风归》等短篇小说。

12日，席慕蓉在上海举行“席慕蓉作品座谈会”。

13日，《佛山文艺》第9期下半月号发表艾晓明的短篇小说《黄百合》及戊戟的长篇小说《黑豹传奇》（第54回）。

15日，《天涯》第5期发表田柯的中篇小说《伪证》、格非的短篇小说《沉默》、朱辉的短篇小说《镜子里的陌生人》、张浩文的短篇小说《杀狗》。

《江南》第5期发表刘兆林和刘稀元的《雪黑雪白》、王林生的《鸡毛飘在水面上》、朱新法的《爱情一种》、郑九蝉的《我在佳木斯师范读书时的同学们》、刘振的《城市风流》、傒晗的《扒雪》等中篇小说，张生的短篇小说《一九九三年的表演》。

16日，新闻出版署发布《关于对引进版图书加强管理的通知》。

《文艺争鸣》第5期“文论百家”专栏刊登“女性文学”讨论专辑评论文章：王光明、荒林的《两性对话：中国女性文学十五年》，丁帆、王彬彬、费振钟的《“女性”写作中的文化悖论》，赵勇的《怀疑与追问：中国女性主义文学能否成为可能》，降红燕的《关于“超性别意识”的思考》，张喜田的《寻找的悲歌——新时期女作家的“精神怪圈”》，易光的《寻找自己的天空——〈暗示〉读解》，学者们对女性文学取得的成就及面临的问题阐述了各自的观点。

17 日，《作品与争鸣》第 9 期发表谈歌的《危矿》及韩方的评论文章《文明的冲突》，田东照的《跑官》、梅毅的《另类情感》等中篇小说。

20 日，《钟山》第 5 期发表乔雪竹的长篇小说《女人之城》、王泽群的中篇小说《弑父》、邓一光的短篇小说《狼行成双》、王大进的短篇小说《旅行》、苏童的短篇小说《星期六》及创作谈、林斤澜的短篇小说《树》及创作谈、陈染的短篇小说《残痕》及创作谈。

21 日，《文艺研究》第 5 期发表周宪的《文化的分化与“去分化”——现代主义与后现代主义的一种文化分析》、王一川的《张艺谋神话：终结及其意义》、叶舒宪的《文学与人类学相遇——后现代文化研究与〈马桥词典〉的认知价值》等评论文章。

22 日，《啄木鸟》第 5 期发表曹正文的中篇小说《房子迷宫》、晋川的中篇小说《片警和夏天发生的故事》、张亦嵘的短篇小说《88 号界牌》。

25 日，《大家》第 5 期发表叶兆言的《故事：关于教授》、贾平凹的《观我》、朱文的《与悬铃木斗争到底》等中篇小说，罗望子的短篇小说《老相好》，王小妮的诗歌《会见一个没有了眼睛的黑人歌手》、鲁羊的《重写的〈麻衣〉组诗》，张锐锋的散文《倒影》、林白的《手记 12 篇》，胡彦的评论文章《先锋小说：终结与重建》。

《收获》第 5 期发表刘醒龙的长篇小说《爱到永远》、格非的中篇小说《赝品》、潘军的中篇小说《三月一日》、禾家的中篇小说《中年危机》、陈染的短篇小说《碎音》、荆歌的短篇小说《牛奶》、阿宁的短篇小说《生日》。

《当代作家评论》第 5 期开辟“摩罗评论小辑”和“刘醒龙评论小辑”两个专栏。“摩罗评论小辑”刊登了摩罗的三篇评论：《悲剧意识的压抑与觉醒——汪曾祺小说论》、《灵魂搏斗的抛物线——张炜小说的编年史研究》和《王晓明论》；“刘醒龙评论小辑”刊登了何言宏的《现世空间的评判与重组——刘醒龙的两部长篇小说及相关话题》、贺仲明的《平民立场的现实审察——评刘醒龙近期小说创作》、沈义贞的《寻找“新支点”——评刘醒龙的〈寂寞歌唱〉》、李贯通的《充盈之美——刘醒龙印象点滴》、刘醒龙的《仅有热爱是不够的》。同期，“作家作品研究”专栏还刊登了张闳的《时间炼金术——格非小说的几个主题》和阎晶明的《“伦敦天空的发明者”——我读王小波小说》。

《当代作家》第5期发表赵玫的中篇小说《女皇之死》、许志强的中篇小说《活着要有理由》、刘富道的短篇小说《无聊》、丛艺的短篇小说《哦，方舟》、阿鸿的短篇小说《孤独的商人》、赵刚的长篇小说《答案飘在风中》。

《长城》第5期发表晨光的中篇小说《急诊》、原旭东的中篇小说《冰炭在怀》、长庆的中篇小说《不肖》、邱苏滨的中篇小说《夏天的枸杞》、成建峰的中篇小说《道如夏天》、山菊的短篇小说《办公室主任》、田涛的短篇小说《叔叔的婚事》、张记书的短篇小说《蜗牛居闲笔》。

28日，第八届冰心奖颁奖大会在京举行，雷洁琼、胡潔青等出席了颁奖大会，北京少年儿童出版社的《自画青春丛书》、海燕出版社的《中国大百科全书（青少年版）》等42种图书获奖。

《佛山文艺》第10期上半月号发表航亿苇的短篇小说《那一种笑容》、刘道存的短篇小说《闹丧》、戊戟的长篇小说《黑豹传奇》（第55回）。

《剧本》第9期发表梅阡的五幕话剧《广陵散》。

《上海戏剧》第5期发表郭启宏的昆剧《司马相如》。

29日，电影局发出通知，由于美国迪斯尼、哥伦比亚三星、米高梅三家公司接连推出《茨顿》、《西藏七年》、《红色角落》等反华影片，暂停与这三家公司的业务合作。

30日，中国环境文学研究会、山西省作家协会、太原市文联、湖北省新华书店和长江文艺出版社共同在北京召开10卷本《哲夫文集》（长江文艺出版社）研讨会，与会者围绕哲夫作品的特色，特别是作家应该怎样描写人与自然的关系、有良知的作家为何关注人类的生存问题发表了许多意见。《〈哲夫文集〉研讨会纪要》发表在《当代作家》第6期。

本月，第三届全国文艺心理学研讨会在京召开，会议由北京师范大学中文系和中外文艺理论学会组织。来自全国各高校、科研单位的专家学者40余人出席了会议。会上，专家学者们系统回顾了本世纪以来文艺心理学研究的历程，并在此基础上对文艺心理学的未来发展、90年代以来创作心理和消费心理的新特征等议题进行了讨论。此次会议的另外一项内容是成立了“中外文艺理论学会所属文艺心理学研究会”，这是我国第一个文艺心理学研究方面的全国性组织机构。

新时期散文创作研讨会在鞍山举行，会议由中华散文杂志社与鞍山市作家协会联合举办。与会者认为，进入90年代，全国的散文创作呈现新的繁荣，已初步形成“散文热”，但也出现了一些值得注意的问题；与会者在发言中强调了散文的社会功能，呼唤张扬时代主旋律、具有宏大气魄和阳刚之气的散文。会后，编辑出版有《名家谈新时期散文创作》和《名家写鞍山》两书。

《十月》第5期发表王旭峰的《平湖秋月》、郑彦英的《老秘》、郭平的《钟声此起彼伏》、陶纯的《葡萄园》、傅用霖的《邵氏三兄弟》等中篇小说，杨绛的短篇小说《方五妹和她的“我老头子”》、张翎的短篇小说《团圆》、王小妮的随笔《九十年代：我看见的疼痛》。

《春风》第9期发表王泽群的《永远的金妮》、影人的《此情悠悠》、贾迪的《经纬结》、刘敏的《失重记忆》、彼岛的《堕落》等中篇小说。

《山花》第9期发表李大卫的短篇小说《采访》、东西的短篇小说《反义词大楼》及文论《小说生长的土壤》、张炜的中篇小说《孤竹与纪》、王大进的中篇小说《堂姑妈的哲学教育》、欧阳玉澄的《这事儿又怎么了》、周占华的《将军与猎人》、何文的《鸽子》、朱亚宁的《断线》等短篇小说，张炜的散文《土与籽》、《梦意》，蒋子龙的散文《看佛是缘》，邵建的评论文章《存在之境——东西小说札记》。

《芳草》第9期发表谭先义的中篇小说《袋中人物》、赵金禾的中篇小说《红石坡》、陈爱萍的短篇小说《世事》、崔立民的短篇小说《钢板垛》、罗文发的短篇小说《石竹卖画》、潘艳的短篇小说《雨过天青云开处》。

《上海文学》第9期发表李肇正的中篇小说《头等大事》、黄国荣的中篇小说《陌生的战友》、王延辉的短篇小说《少年记忆》、赵枫的短篇小说《真相》。

《长江文艺》第9期发表荆歌的中篇小说《居无定所》、阿成的短篇小说《滋味三咂》。

《雨花》第9期发表苏童的短篇小说《八月日记》和《他母亲的儿子》、阎欣宁的短篇小说《浅水之鱼》。

《当代》第5期发表张国擎的中篇小说《斜阳与辉煌》、梁晓声的中篇小说《盗靴》、王海玲的短篇小说《四季不断的柔风》、李霁宇的短篇小说《麦克事件》，冯骥才的随笔《末日夏娃》，冯夏雄的《解脱日本梦》、向红笛的《两位母亲》、文畅的《老市长的回忆》等散文，李瑛的诗歌《倾斜的夜》，文乐然的报告文学《宁静地带——走近王启明》。同期还刊登了1996年“红豆杯”征文获奖作品名单：尤凤伟的《生存》、柳建伟的《都市里的生产队》、王跃文的《今夕何夕》、向本贵的《灾年》、徐宝琦的《大苇塘》获得中篇小说奖；魏润身的《风骨》、申力雯的《梅太太的宅院》获得短篇小说奖。

《小说界》第5期发表乔雪竹的长篇小说《男人之夜》、王蒙的中篇小说《春堤六桥》、刘广雄的中篇小说《今天是你的生日》、姜贻斌的中篇小说

《夜歌》、张宏杰的中篇小说《白与黑》、魏微的短篇小说《一个年龄的性意识》、陈卫的短篇小说《伤心夏季》、王安忆的小说讲稿《〈巴黎圣母院〉的世界》。魏微（1970－ ），女，江苏常州人。1994 年开始写作。主要作品有小说《在明老陵乘凉》、《乡村、穷亲戚和爱情》、《化妆》、《乔治和一本书》、《尖叫》、《大老郑的女人》，随笔《通往文学之路》、《1988 年的背景音乐》等。陈卫（1973－ ），江苏金坛人。1988 年开始写作，1996 年创办民间文学刊物《黑蓝》，2002 年与朋友一起创办“黑蓝文学网”，提出“70 后”作家群的概念，并于 1999 年提出“重塑‘70 后’”。2000 年策划编辑实验视觉文学合集《饮食男女》，2003 年策划当代艺术展览《电解质》，出版有小说集《你是野兽》等。

肖开愚自印诗集《向杜甫致敬》。

《广西文学》第 9 期刊出“诗专号”，刊出吴思敬、翟永明、韩东、王小妮、杨克、于坚等人的诗论。

刘文勇的长篇小说《香港的早晨》，由中国青年出版社和香港华通出版社联合出版。

鲁彦周的长篇小说《双凤楼》，由江苏文艺出版社出版。

杨黎光的长篇报告文学《美丽的泡影》，由中国文联出版公司出版。

《贺敬之诗选》，由人民文学出版社出版。

《雁翼选集·文论集》，由四川人民出版社出版。

《顾准日记》，由经济日报出版社出版。

张炯、邓绍基、樊骏主编的《中华文学通史》（3 编 10 卷），由华艺出版社出版。

十月

1 日，《长江文艺》第 10 期发表陈应松的中篇小说《渔人结》、孙哲的中篇小说《商残》、周崇贤的中篇小说《基层》、李苇的短篇小说《门外》、陈宏灿的短篇小说《拷问》。

《芒种》第 10 期发表刘益令的中篇小说《城市灯光》、力哥的短篇小说《今天该吃谁》、高立群的短篇小说《浮花浪蕊》。

《四川文学》第 10 期发表裘山山的《遭遇同学》、郭彦的《盛装的新娘》、田海燕的《鸟过无痕》、张嘉慧的《乖乖阿古》等短篇小说，麦家的中篇小说《地下的天空》。

《作家》第 10 期发表任白的中篇小说《草丛那边》、周洁茹的短篇小说《熄灯做伴》、夏鲁平的短篇小说《新居》，余华、格非的《三重话语之间》和王彬彬的《“公道”与“私情”》等评论。

3 日，谈歌的中篇小说《城市》、何顿的中篇小说《错过的游戏》、薛忆沩的短篇小说《出租车司机》、李洱的短篇小说《错误》、张弛的短篇小说《结庐在人境》、陈占敏的短篇小说《校园冬日》、何玉茹的《创作随想》发表《人民文学》第 10 期。关于薛忆沩的小说《出租车司机》，彭钢说：“关于人生与死亡主题的内心独白、从生活境遇中触发的哲学性沉思、既投入又超脱的叙事态度、纯正高古的文笔与优雅的风度，这些因素构成薛忆沩小说的独特风格”；“小说的意图相当明确，就是要打破日常生活对人生意义的蒙蔽，通过一场灾难成就一次关键的转折”，“小说的主旨并非对感情的描写而是另有深意。……一个普通人如何去应对死亡事件并理解其中的含义？这并不容易。”（彭钢：《薛忆沩的“纯文学”小说》，《创作》2001 年第 2 期）申霞艳说：“薛忆沩的叙事非常节制，不仅是语言的节制，更重要的是情感的节制，他从来不让叙事者滥情，他对海明威冰山理论身体力行。他甚至对出租车司机妻子孩子的车祸一笔带过。他只叙述此后司机的变化，他的行为、想法、记忆尤其是对这座熟悉的城市产生了变化。同时他越过了死亡看见了生活，他感受到宁静。"（申霞艳：《生活就在语言中》，《羊城晚报·花地副刊》2006 年 3 月 11 日）

5 日，《萌芽》第 10 期发表袁志的短篇小说《军校之恋》。

《北方文学》第 10 期发表尹学芸的中篇小说《女人是祸水》、石舒清的短篇小说《牛头》、雷建政的短篇小说《护身符》、吕斌的短篇小说《辘轳县》。

《湖南文学》第 10 期发表叶广芩的中篇小说《雨也潇潇》，樊家信的短篇小说《校雠》、《"半醉山人"的狂草字》和《胡子浪漫曲》，峻里的短篇小说《河边的女人》、大方的短篇小说《后七天》等。

《青海湖》第 10 期发表何继青的《边城的日子》、龙仁青的《雪青色的洋卓花》、赵新的《醉酒》、石易的《青年朋友》等短篇小说，陈元魁的长篇小说《麒麟河》（节选）。

《朔方》第 10 期发表叶林的短篇小说《再会韦英》、《无意越轨》，巴可成的短篇小说《黄河流过青铜峡》、周晓波的短篇小说《投胎》、林红宾的短篇小说《心辙》。

《作品》第 10 期发表程贤章的中篇小说《围龙》、赵江的短篇小说《远亲近邻》、许建平的短篇小说《弟弟的明天》、简宁的短篇小说《碎片》。

5 - 11 日，二十一世纪出版社在江西三清山举办"跨世纪中国少年小说创作研讨会"。这次会议的重要收获，是在少年小说领域中张扬起'幻想文学'的旗帜，进一步推动少儿文学本性的艺术复归，进一步实现了中国儿童文学界与世界儿童文学潮流同步发展的可能性。

6 日，中国文联、中国戏剧家协会联合主办的'97 中国曹禺戏剧文学奖颁奖活动在曹禺的故乡湖北潜江市举行，共有话剧、儿童剧、戏曲等10部作品获奖。其中话剧3部，分别是《地质师》（杨利民）、《商鞅》（姚远）和《都市军号》（王树增）；儿童剧1部：《雪童》（吴玉中）；戏曲6部，分别是《死水微澜》（徐棻）、《哪嗬咿嗬嗨》（常剑钧、张仁胜）、《歌王》（常剑钧、梅帅元、陈海萍）、《原野情仇》（胡应明）、《木乡长》（胡桔根）、《水墙》（赵德平、张世昆）。胡可在颁奖会上的发言《以无愧于伟大时代的艺术精品奉献给人民》刊登在《剧本》第10期发表。

7日，《天津文学》第10期发表刘宝池的中篇小说《平原上的舞蹈》、陈武的短篇小说《我的朋友住在桑庄》、王大进的短篇小说《关于一次在江轮上经历的回忆》。

8日，由中国作家协会儿童文学委员会及明天出版社共同举办的“金犀牛丛书”作品研讨会在京举行。“金犀牛丛书”辑入的是由成人作家向孩子们讲述当代社会生活的长篇小说，作品以表现少年儿童的成长，初涉社会引发的心灵的激烈冲撞为重点。“丛书”第一辑的作品分别是：王安忆的《一个故事的三种讲法》、张炜的《远河远山》、池莉的《黑鸽子》、迟子建的长篇小说《热鸟》、毕淑敏的《雪山的少女们》、刘毅然的《奔逃》。

10日，新闻出版署发布《图书、期刊、音像制品、电子出版物重大选题备案办法》，规定涉及国家安全、社会安定等方面的内容，对国家的政治、经济、文化、军事等会产生较大影响的15个方面的重大选题出版之前必须报新闻出版署备案。

《北京文学》第10期发表刘恒的中篇小说《贫嘴张大民的幸福生活》；作为“‘新星杯’短篇小说公开赛”的参赛作品有：爱琴海的《斡兀立·海迷失湖》、何申的《老汉与叫驴》、王明新的《人约黄昏》、邱华栋的《翻谱小姐》、行者的《阴阳鱼》、凌可新的《刺秦》和许建平的《肥鼠》等。同期刊有黄灿然、孙文波的诗一组。

《诗刊》10月号刊出“十月的歌者——阳光大地与江河”，刊有冀汸《跨过零点》、曾卓《大江》、杨晓民的《心之象》等诗。

11日，《青年文学》第10期发表铁凝的中篇小说《发烧发烧》和短篇小说《安德烈的晚上》、麦家的中篇小说《胡琴哭似的唱》、黄国荣的中篇小说《为人在世》、余述平的短篇小说《城市狮子》、刘萧的短篇小说《乡事南眺》、刘国芳的短篇小说《抬头望见北斗星》。

13日，《佛山文艺》第10期下半月号发表何慧的短篇小说《家庭舞会》、刘剑锋的短篇小说《纸上爱情》、刘书方的短篇小说《绵绵春事》、戊戟的长篇小说《黑豹传奇》（第56回）。

15－19日，全国青年作家创作座谈会在河北石家庄举行。来自全国30余个省市和部队的58位青年作家与会。

16－19日，为纪念中国话剧运动90周年、纪念中国人民解放军建军70周年，总政文化部在京举办话剧创作研讨会。会议就军队戏剧的现状与发展态势，面临的新课题、新挑战以及自己的优势与潜力进行了认真的分析，并在总结五年来军队戏剧创作演出情况的基础上，就军旅戏剧创作中的一系列重大课题进行了研讨。研讨会期间，还演出四台优秀剧目，分别是南京军区政治部前线话剧团的《虎踞钟山》、沈阳军区政治部话剧团的《炮震》、济南军区前卫话剧团的《老兵》和兰州军区战斗话剧团的《兵妹子》。

17日，北京市剧协、北京日报联合召开“首都话剧舞台现状与发展前景座谈会”。与会者围绕当下剧本创作现状、戏剧批评的缺失或失落、独立制作戏剧、文艺体制改革等问题展开了热烈的讨论。在谈到剧本创作不景气的现状时，与会者总结了五点原因：一是作者心态浮躁，急功近利，没有思索的时间，没有独特的发现，缺乏十年磨一戏的精神，剧本的政治化和商业化倾向太强，严重违背艺术创作规律；二是写真人真事太多太滥，为宣传而写作，为获奖而写作，剧本缺乏戏剧冲突，不经读，不耐看，恍如过眼烟云，昙花一现；三是行政干预太多，领导定调、一人拍板的事时有发生，大大束缚了剧作家的手脚，创作空间相当狭小；四是一些媒体经常帮倒忙，吹喇叭抬轿子，使许多剧作成了运作、操作或炒作，而不是创作；五是一些评奖本身就有问题，助长了剧本创作的不良倾向，致使一些领导、作者和剧团的思想发生偏差，创作不是为繁荣发展戏剧，而是为政绩、名利或奖金。（详见《“首都话剧舞台现状与发展前景座谈会”小记》，《中国戏剧》1997年第11期）

《作品与争鸣》第10期发表张欣的中篇小说《你没有理由不疯》、星竹的中篇小说《杀贫济富》、阿宁的中篇小说《月色下的飞翔》、聂鑫荣的短篇小说《防盗窗》。

20日，李国文在《作家报》撰文谈“散文的雷达”，认为雷达的两类散文耐人寻味，一类是着笔于人生体验的，代表作为《冬泳》，另一类是侧重于心灵感觉的，代表作为《皋兰夜语》。

22日，中国作协枫桥文学创作基地在苏州揭牌，成为中国作协在各地的第七个文学创作生活基地。

23日，中央实验话剧院上演法国哲学家、戏剧家、小说家萨特的名剧《死无葬身之地》，导演查明哲。该剧演出后，在学术界、艺术界、新闻界引起一定的反响，同时赢得了观众的赞誉。徐晓钟看完该剧后对查明哲说：“八十年代以来小剧场话剧涌现出许多好戏，这出戏是小剧场演出中最具震撼力的一出。”田本相认定这是他近两三年来看到外国剧作的演出、小剧场戏剧演出中，最具艺术水准的演出。《戏剧》第4期刊发编辑部特稿《重新寻找与确立戏剧事业在社会变革中的位置——〈死无葬身之地〉成功演出带给我们的启示》。

24日，中国现代文学馆新添“卜少夫文库”。至此，中国现代文学馆已拥有了第37位中国作家的文库。

26日，第七届上海影评人奖（永乐杯）十佳影片颁奖仪式在上海影城举行。王兴东获最佳编剧奖（《离开雷锋的日子》）；《大转折》、《红河谷》、《离开雷锋的日子》、《埋伏》、《红月亮》、《红发卡》、《离婚了，就别来找我》、《男孩女孩》、《我也有爸爸》、《伴你到黎明》获十佳影片奖。

28日，由湖北作家协会理论研究室组织召开的邓一光的长篇小说《我是太阳》研讨会在武昌举行。与会者对《我是太阳》的艺术成就和思想价值给予了充分肯定，认为"《我是太阳》在军事题材创作领域作出了独特的贡献，尤其是小说洋溢的阳刚美给当今柔弱之风流行的文坛以强劲冲击，应和了时代对理想对崇高的怀念和呼唤，可以看作是对以'三红一创'为代表的红色经典的改写与重铸"。与会者指出，"当代文坛在莫言之后，众多的以后辈视角写前辈的作品中，描写父辈的困顿失落、无所作为居多，充斥着对父辈的亵渎。《我是太阳》则高扬起英雄主义旋律，充满着对父辈的崇敬，向我们提出了'我们应该怎样写父亲'的问题"，作者笔下的主人公的形象"丰富了当代文学中的英雄画廊。……既写作为英雄的人，也写作为人的英雄，全面展示历史进程中的人性，以传统与反传统结合的写法弥补了以往革命历史题材小说创作在英雄塑造上的欠缺，有新的发现，新的创造。"与会者也指出了作品的不足，认为"作者在关山林身上寄寓了过多的主观情绪，妨碍了他对其人性深度的挖掘以及文化含量的提炼，有些地方仍有概念化、片面化、简单化的倾向，作为一个长篇小说的主人公而言，关山林的性格明显单薄，缺少变化，不够丰满"。在艺术结构方面，有人认为"作品的结构较传统，以时间与地域的变化来构架，在艺术与生活、纪实与虚构之间缺乏均衡感，显得有些匆忙，如果采用其它的结构方式可能会更好一些。"（秋明：《〈我是太阳〉研讨会综述》，《长江文艺》1998年第1期）

《佛山文艺》第11期上半月号发表中跃的短篇小说《绝代佳人》、李治邦的短篇小说《难得释放》、赵维忠的短篇小说《遭遇机关》、肖云的短篇小说《寒蝉悲歌》、戊戟的长篇小说《黑豹传奇》（第57回）。

31日，西南联大建校60周年，中国文学出版社和国林风书店在京举行了《西南联大现代诗抄》的首发式暨出版座谈会。该诗抄由杜运燮和张同道共同编选，收入联大诗人创作于1937－1948年间的诗作300余首。

本月，由《小小说选刊》、《百花园》举办的第二届当代小小说作家作品讨论会在郑州大学举行，来自全国各地50余位作家、评论家及报刊编辑与会。

上海鲁迅纪念馆新辟“赵家壁专库”，赵家壁是鲁迅生前好友，著名的编辑出版家，他一生以“读书、写书、编书、出书”自勉，在六十余年的编辑、创作生涯中，发起组织并主编了《中国新文学大系》，为中国的新文化事业作了重要的贡献。“赵家壁专库”收藏赵家壁的捐赠，计有《中国新文学大系》第一辑、《良友文学丛书》、《良友文库》、《万有文库》、《晨光文学丛书》、《晨光世界文学丛书》等15类440余册珍贵图书，大多是三十年代鲁迅、茅盾、郑伯奇、郁达夫、巴金、老舍、丁玲、沈从文等人创作、翻译和所编的图书。

《春风》第10期发表王立纯的中篇小说《一棵树，结两梨》，星竹的《宝盆》、梁晴的《廉价假日》、周大新的《笔记小说三题》（《裤头》《轮胎》《明代玉如意》）、于晓威的《夜色荒诞》、徐灵的《数牛》、武金国的《傻人》等短篇小说。

《山东文学》第10期发表星竹的中篇小说《马蹄声碎》，嘉男的《时光中的心情》、于晓威的《鼓坞歌谣》、庄旭清的《杂色》、徐岩的《飘落》、李宁武的《脱兔》、张执浩的《水月》、杨林鸿的《招生》等短篇小说。

《山花》第10期发表赵玫的短篇小说《逃亡》及文论《古道西风》、何申的中篇小说《人物》、潘军的中篇小说《杀人的游戏——〈北纬20度〉之四》、石钟山的中篇小说《村长老赖》、吕志青的短篇小说《生于水火》、庞培的短篇小说《北门街上的死者》。同期还刊有王一川的评论文章《从诗意启蒙到异趣沟通——90年代中国审美精神》、荒林的《现代汉诗学术研讨会综述》。

《上海文学》第10期发表唐颖的中篇小说《爱的岁月最残酷》、殷慧芬的中篇小说《焱玉》、王安忆的短篇小说《蚌埠》。

《雨花》第10期发表中跃的中篇小说《怎样来唱这支歌》，野莽的《虚惊》和《狼舌枫》、陈中华的《冬验》、朱静的《玻璃杯碎了》、于晓威的《逻辑关系》、葛玉莹的《做客》等短篇小说。

《读书》第10期发表王晓明《走出文学困境和精神困境》、唐小兵《文学批评的经济学》。

《小说家》第5期发表储福金的中篇小说《心行》、随笔《我说“克隆人”》和《谈通俗文学》，李贯通的短篇小说《蛛网》，军校的中篇小说《挣个牌牌村口挂》，正昌的中篇小说《流年》，方远的中篇小说《没落情感》，王强的中篇小说《写在风中》，马叙的短篇小说《乡下女人》，修祥明的短篇小说《酱王》。

《芳草》第10期发表《〈儿科医生〉作品讨论会纪要》，谢力军的中篇小说《医药魔方》，巴兰兰的中篇小说《赌石》，张执浩的短篇小说《车轮滚滚》、《一亩三分地》和创作谈《隐秘的乐趣》。

《时代文学》第5期发表东西的中篇小说《姐的一九七七》、凌可新的中篇小说《敲错了一扇门》、何申的短篇小说《乡间往事五题》。

《诗歌报》第10期刊出“’97年民间社团专号”。

孙文波、肖开愚、臧棣策划，孙文波、林木主编的《小杂志》第1辑在北京出版，主要诗作者有张曙光、孙文波、朱永良、臧棣、西渡、肖开愚、王家新、桑克、姜涛、金海曙、胡续冬、周瓒、丁丽英等人。西渡（1967－　），本名陈国平，诗人，生于浙江浦江。1985年考入北京大学中文系，1989年毕业后任职于北京某出版社。出版有诗集有《雪景中的柏拉图》、《草之家》、

《连心锁》，诗论集《守望与倾听》、《灵魂的未来》等。丁丽英（1966 - ），女，新生代诗人，出生于上海。出版有诗集《一个时期的妇女肖像》，短篇小说集《孔雀羽的鱼漂》，长篇小说《时钟里的女人》等。

德国柏林文学宫举办“中国文学周”，肖开愚、柏桦、黄灿然、张枣、吕德安、朱文等应邀参加。

树才的诗集《单独者》，莫非的诗集《词与物》，由华夏出版社出版。

谢冕等著的诗论集《从诗中走过来：论罗门蓉子》，由文史哲出版社出版。

上海话剧艺术中心——上海人民艺术剧院制作体在沪演出话剧《老式喜剧》。编剧〔苏联〕阿尔布卓夫，导演戴榕。

《沉默的大多数——王小波杂文随笔全编》，由中国青年出版社出版。

冯骥才的访谈录《一百个人的十年》，由江苏文艺出版社出版。

马学良、梁庭望、李云忠主编的《中国少数民族文学比较研究》，由中央民族大学出版社出版。

十一月

1 日，《芒种》第 11 期发表陈章永的《中国地图》、田柯的《故事里的事》、雷雁林的《致富》、范玮的《槐花》和《鸡毛》、于海的《闲聊波尔卡》等短篇小说。

《四川文学》第 11 期发表何小竹的《骆驼》和《火车出站》、吴斌役的《疯牛象征着什么》、华夏的《凶手》、苏清鹏的《丧事》等短篇小说，羊羽的中篇小说《白云远去》。何小竹（1963 - ），苗族，重庆彭水人。1983 年开始公开发表诗歌，后为“非非”诗派成员。著有诗集《回头的羊》、《6 个动词，或苹果》，长篇小说《爱情歌谣》、《藏地白日梦》，短篇小说集《鱼和成都》，散文集《蓬勃的植物是幸福的》等。

《滇池》第 11 期发表杨耀锋的《门》、伊沙的《现场》、凌耀忠的《服丧的子芹》、彭鑫荣的《搁置》、李治邦的《绝话》、路人的《土命》等短篇小说。

《作家》第 11 期发表陈家桥的中篇小说《中如珠宝店》（联网四重奏），朱辉的短篇小说《变脸》、《闷棍》及创作谈《纯粹的小说》，张执浩的短篇小说《散步的瘫子》、《替我生活》及创作谈《自由发言》，斯好的短篇小说《浴室》。同期还发表蔡翔的《有关现代性问题的阅读札记》，汪政、晓华的评论《突围表演——与罗望子有关的叙述与评论》。蔡翔在文章中写到“现代性这一概念，似乎正愈来愈引起研究者的重视”。他认为，“把现代化和现代性这样一些概念引进我们的研究，事实上，也同时把 20 世纪中国问题的全球性背景引进我们的视野，并且，进一步驱使我们逼近中国问题的实质。而问题的关键当然在于，对于中国这样一个后发的第三世界的现代国家来说，其现代化的状况乃至现代性的准确定义究竟是什么？我们又根据什么来描述出中国现代性的‘历史性经验’或者‘作为经验的状况’。”汪政、晓华在论及新生代作家的总体风格与罗望子的小说特点时说：“对于这批写作者来说，他们既幸运而又不幸，既丰富而又贫乏，两者相较，我以为后者又远甚于前者。他们面对的是已经崛起的文学之林，不断的文学‘革命’使他们目瞪口呆，乏新可陈，开放的时代使他们在拥有的同时又被笼罩在先行者的阴影之下。而当下的生活正处于既失范而又无‘故事’无激情的岁月。远离近距离的文学背景，远离消解了诗意的生活是他们不约而同地不得不采取的姿态。因此，对罗望子来说，与其说他是正面地、主动地采取现在的写作方式，倒不如说是一种被动的突围，许多的新生代作家都在作着类似的突围，逃至阅读，逃至内心”，“罗望子其实是一个寓言作家，相对而言，寓言化写作也是他突围表演最为诱人的地方。”

2日，《新剧本》第6期发表许雁的话剧《男儿有泪》。

3日，《人民文学》第11期发表马峰的中篇小说《袁九斤的故事》、李冯的中篇小说《碎爸爸》、梁晓声的儿童小说《坎儿》、刘庆邦的短篇小说《野烧》、刁斗的短篇小说《消息树》、金海曙的短篇小说《深度焦虑》、林莽的散文《水乡札记》。

5日，《芙蓉》第6期发表向本贵的长篇小说《苍山如海》、李本深的中篇小说《鼻子》。

《萌芽》第11期发表秦文君的中篇小说《小鬼鲁智胜》。

《北方文学》第11期发表阙迪伟的中篇小说《走过山地的脚印》、石钟山的短篇小说《走向生活》、王兆新的短篇小说《同学钱章》、衣向东的短篇小说《新兵李祥》、赵桂林的短篇小说《远离舞台》。

《湖南文学》第11期发表陈孝荣的中篇小说《宣传委员》、庞天舒的短篇小说《老屋童话》、武建良的短篇小说《七月的诺言》和聂鑫汉的短篇小说《秀兰》。

《莽原》第6期发表古坝的中篇小说《暖硕》，陈启文的中篇小说《无梦年代》，戴锦华的《没有屋顶的房间》、陈思和的《门槛上的断想》、刘思谦《以个人的名义》、潘军《关于“今日写作”的一封信》等评论文章。

《作品》第11期发表谈歌的中篇小说《风波》、赵琪的短篇小说《热泪》、澄清的短篇小说《展览》、野莽的短篇小说《老编小公》、罗羽年的短篇小说《距离》。

《星星》诗刊第11期发表白连春的诗《逆光劳作》。

6日，陈伯吹在沪逝世，享年91岁。陈伯吹于1927年出版第一部小说《学校生活记》，30年代进入创作鼎盛期，出版了诗集《小朋友诗集》、《小朋友歌谣》，童话诗《小山上的风波》、《牧童》，童话《阿丽思姑娘》、《波罗乔少爷》，小说《华家的儿子》、《火线上的孩子们》等，在当时引起较大反响。建国以后，陈伯吹出版了《一只想飞的猫》、《幻想张着彩色的翅膀》、《中国的铁木尔》等作品。“作为一篇优秀的教育童话，《一只想飞的猫》通篇没有一句话说教。作者没有直言面斥小读者，而是巧妙地将道德教育潜藏在一个轻松幽默的故事中”。（王新志：《陈伯吹与中国当代儿童文学》，见陈伯吹：《一只想飞的猫》，第335页，湖北少年儿童出版社2006年版）陈伯吹儿童文学创作中注重教育的特点与其理论主张有着密切的关系。自上世纪三十年代开始儿童文学的理论研究以来，陈伯吹先后出版了《儿童故事研究》、《儿童文学研究》等，建国后则陆续出版了《作家和儿童文学》、《儿童文学简论》、《在学习苏联儿童文学的道路上》等著作，其研究涉及基本理论、作家作品评论等许多方面，不仅能“吸收、融合他人的研究成果，而且常常见解独到，形成了他自己的关于儿童文学的比较完整系统的理论”。（方卫平：《中国儿童文学理论批评史（卷一）》，第269页，明天出版社2006年版）由于长期从事儿童教育和儿童读物的编辑工作，陈伯吹的儿童文学观也带着鲜明的教育家色彩。他认为儿童文学创作应适应儿童的心理发展特点，同时强调作品要有健康的思想内容，对儿童进行积极的教育引导，注重作品的知识性和趣味性。陈伯吹的理论，代表了二十世纪50年代对儿童文学认识所能达到的高度，构筑了该时代儿童文学理论的基本框架，他的这些主张后来被称为“童心论”。除了创作与理论研究之外，陈伯吹对中国儿童文学界的贡献还体现在儿童文学队伍的组织工作以及捐款成立“上海儿童文学园丁奖”（后改名为“陈伯吹儿童文学奖”）上。后者每年评选一次，用以鼓励儿童文学创作。

7日，《天津文学》第11期发表郑彦英的中篇小说《炊事》、方爱平的短篇小说《卖文人》、张诚的短篇小说《浑然奔腾》。

8－11日，由中国社会科学院主办的第九届世界华文文学国际研讨会在京召开，会议研讨的主题分别是“世界华文文学的综合观察”、“汉语思维、地域推移与母题变奏”、“华文文学的都市性与现代性”、“华文文学的文化学思考”、“华文文学学科的基本理论问题”等。

10日，《中国作家》第6期发表钟道新的长篇小说《权力的界面》、张雅茜的中篇小说《好戏连台》、房光的中篇小说《王乡长打工》、许大雷的中篇小说《疼痛》、柴然的中篇小说《伊甸园的这一边》。

《花城》第6期发表东西的长篇小说《耳光响亮》，张梅的中篇小说《随风飘荡的日子》，李逊的中篇小说《同声尖叫》，商河的中篇小说《纸鸢》，刁斗的短篇小说《孕》，韩东的随笔《偶像崇拜》，林舟的《反抗无奈的写作——对刁斗的一次书面访谈录》、王蒙的《文学的歧义》等文章。

作为“‘新星杯’短篇小说公开赛”的参赛作品，朱也旷的《从午夜到清晨》、丁天的《草木》、张福洪的《非主流国度》、舒文锋的《秩序》、田柯的《点在线上》、赵凝的《网络事件》、周晓华的《空门》、今月的《现代恋爱》发表在《北京文学》第11期。之前，《北京文学》杂志编辑部邀请在京作家、诗人、评论家、编辑家、记者举行评刊会。北京市作协主席浩然、市文联党组副书记陈世崇到会并讲话，参加会议的还有张守仁、贺绍俊、张颐武、肖复兴、臧棣、陈戎等，与会者对杂志一年多的工作进行了评价，并为来年工作提出了建议，评刊会纪要也刊登在《北京文学》第11期发表。

12日，由中国现代文学馆和浙江文艺出版社联合举办的“林海音作品研讨会暨《林海音文集》首发式”在京召开。

由山东省作协和上海文艺出版社等单位联办，陈占敏的长篇小说《沉钟》讨论会在济南举行。

13日，《佛山文艺》第11期下半月号发表陈飞雪的短篇小说《结了婚的女人》、何葆国的短篇小说《那一种精灵》、郭文斌的短篇小说《中国探戈》、戊戟的长篇小说《黑豹传奇》（第58回）。

北京人民艺术剧院在京演出话剧《头条居委会》。编剧楚建、顾威，导演顾威。

15日，彭荆风在《作家文坛》发表文章《是绝对独一无二的吗？——〈我是太阳〉抄袭〈纵横天下〉的战场场景》，此文在武汉地区引起了争论，相关方面的一些人士就此发表了各自的看法。陈美兰认为："即使彭文所说的抄袭的确存在，也丝毫不影响这部小说的价值之所在。"王先霈也认为彭文"观点有失偏颇"，"根据几百个字来否定一部38万字的作品，这对作家本人是极不公平的"，"不能让尖刻的评论文章损害作家的热情"。（参见山风：《世纪末的喧闹——近来文坛官司种种》，《飞天》1998年第9期）

《天涯》第6期发表艾伟的中篇小说《一个叫李元的诗人》、张钧的短篇小说《债主》、刘齐的短篇小说《玫瑰指甲沙龙》。

《江南》第6期发表李森祥的长篇小说《传世之鼓》、高红十的中篇小说《野渡无人》、周亚的中篇小说《北京的初雪》、陆建光的短篇小说《告别董事长》。

《文学评论》第6期设置"纪念何其芳专辑"栏目，刊登了孙玉石的《论何其芳三十年代的诗》和刘世德的《辛苦的种树人——怀念何其芳同志》等评论文章。

15－28日，由中国戏剧家协会、广州市人民政府联合主办，广州市文化局承办的第五届中国戏剧节暨第十四届中国戏剧梅花奖颁奖活动在穗举行。来自全国15个剧种的22台剧目参加了演出。戏剧节期间，颁发了中国曹禺戏剧文学奖的剧目奖。获得优秀剧目奖的话剧是《虎踞钟山》、《地质师》、《男儿有泪》、《宋王台》。

16日，《文艺争鸣》第6期"争鸣风"专栏刊登关于电影《鸦片战争》的评论专题文章：罗以民的《电影〈鸦片战争〉的几点失误》、余开伟的《对历史影片〈鸦片战争〉的质疑》、陈建新的《析影片〈鸦片战争〉的"新意”——提两个值得商榷的问题》，从不同的角度对谢晋执导的影片《鸦片战争》提出了质疑。同期，“文论百家”专栏还刊登了多篇文论：何平、汪政、晓华的《现实与梦想——关于汉语小说的问答》，南帆的《学术视域及其他》、吴炫的《知识分子：批判的立场、对象和方法》。

17日，《作品与争鸣》第11期发表关仁山的中篇小说《老陵》和王闻的评论文章《谁为你身后守陵?》、海男的中篇小说《关系》、李府东的短篇小说《落霞》，吴兴业和吴庆俊的《寻觅与脱离：一场失望的女权求索》、寿静心的《女人的选择》等评论文章。

20日，《钟山》第6期发表张国擎的中篇小说《古柳一景》、张继的中篇小说《遍地羊群》、残雪的中篇小说《鱼人》、聂鑫森的短篇小说《龙头青铜锁》、陈家桥短篇小说《永禅》（联网四重奏），王宁的评论文章《德勒兹与中国当代文学的精神分裂结构》。

21日，为纪念中国话剧90周年，中央戏剧学院与《戏剧》编辑部联合主办的纪念20世纪戏剧运动研讨会在京举行。会议围绕中国戏剧的现状与症结、对传统的回顾与评价、对贴近生活的再认识等几个话题展开讨论。《戏剧》第4期刊发编辑部特稿《“重写”历史，迎对未来——纪念20世纪戏剧运动研讨会综述》。

《文艺研究》第6期发表余虹的《中西传统诗学的入思方式及其历史性建构》、曹顺庆的《道与逻各斯：中西文化与文论分道扬镳的起点》等评论文章。

22－24日，中国当代文学研究会女性文学委员会发起，中华文学基金会创研部、福建省文联文艺理论研究室、《台港文学选刊》编辑部、福建师大和厦门大学中文系联合主办的“中国当代女性文学”第三届学术研讨会在厦门召开。会议以中国女性文学的本体特征为主题，旨在探讨当代中国女性文学形成的内在理路及特征，审视女性文学创作的经验和意义，设想建构21世纪女性文学和文学理论的发展前景。相关文章可参见荒林的《中国当代女性文学第三届研讨会简述》(《中国文化研究》1998 年第 1 期) 和《问题意识、批评立场和九十年代女性写作》(《南方文坛》1998 年第 2 期)。

25 日，中国作家协会华文文学创作基地在杭州建立。

《大家》第 6 期发表池莉的中篇小说《霍乱之乱》、迟子建的中篇小说《九朵蝴蝶花》、高建群的中篇小说《车祸》、陈家桥的中篇小说《现代工艺》(联网四重奏)、刘心武的短篇小说《最后金蛇》、云江的短篇小说《龙非龙》和《废料场 · 一只生锈的铁箫及怪鸟》。

《收获》第 6 期发表陈村的长篇小说《鲜花和》、王安忆的中篇小说《文工团》、宋元的中篇小说《一个最好的办法》、赵凝的中篇小说《生命的交叉点》、金仁顺的短篇小说《五月六日》、朱也旷的短篇小说《杜鹃的忧郁》。

由张毓茂主编、沈阳出版社出版的《东北现代文学大系》(1919 - 1949) 面世，共 14 卷，700 万字。《当代作家评论》第 6 期开辟"《东北现代文学大系》评论小辑"，刊登了张毓茂的《〈东北现代文学大系〉总序》、孙玉石的《留给下个世纪的一份珍贵的遗产——谈〈东北现代文学大系〉》、钱理群的《一部地方区域的"文学大系"》。张毓茂在总序中将东北现代文学的发展与东北社会形态的演变视为同步，划分为三部分：(一) 五四到"九 · 一八"以前的文学；(二)"九 · 一八"事变后曲折发展的东北沦陷时期文学；(三) 抗战胜利后的解放战争时期文学。孙玉石和钱理群肯定了《东北现代文学大系》对现代文学学术研究的推动作用。同期，还刊登了丁宗皓的《在传统与现代之间——余光中先生访谈录》、林斤澜的创作手记《短篇短篇》、方方的创作手记《倾诉是心灵的舞蹈》、李振声的评论文章《"文本寄生者"李冯和他的长篇小说〈孔子〉》。

《当代作家》第 6 期发表何存中的中篇小说《正果》、贾劲松的短篇小说《玲子的离去》、周华山的短篇小说《瞬间》、欧阳玉澄的中篇小说《何事惊慌》、陈步松的中篇小说《生生死死》、林深的短篇小说《地界所见》、黄灿的中篇小说《轻歌》、林家品和萧玲玲的长篇小说《我是少女》（选载）、《哲夫文集》研讨会纪要。

《长城》第6期发表李亚的《父亲和我们》、马晓丽的《覆水难收》、顾艳的《无可奈何》、解俊山的《力不从心》、孙树峰的《公园轶事》、易先的《驴的喜剧》等中篇小说。

26-27日，由中国社科院文学研究所、中国作协创研部、安徽省张恨水研究会等单位联合举办的“张恨水与中国通俗文学研讨会”在京举行。

27日，国家工商行政管理局发布《关于查处印制、销售有严重政治问题图书行为的通知》。

28日，《佛山文艺》第12期上半月号发表陈小虎的《我是你的朋友》、江华明的《阳光开始毒辣》、毛桃的《佳人无泪》、王涛的《金发少年》、季栋梁的《小村无大事》等短篇小说，戊戟的长篇小说《黑豹传奇》（第59回）。

《剧本》第11期发表罗辑的三幕话剧《天上掉下个林妹妹》。

本月，贾平凹获“法国女评委外国文学奖”，该奖始创于1904年，与“龚古尔文学奖”、“梅迪西文学奖”共为法国三大文学奖。本届评委由12名法国著名女作家、女评委组成。贾平凹是本年获得该奖项的“外国文学奖”的唯一作家，同时也是亚洲作家第一次获取该奖。

由浙江大学文学院与黑龙江作协联合主办的“张抗抗文学创作研讨会”在其故乡杭州举行。

《香港文学史》按繁简体版分别由香港作家出版社和北京人民文学出版社出版，全书分总论和上、下两卷，计17章，论及108位香港作家。

由中国当代文学研究会、中华文学基金会文学部、中国华侨出版社联合主办的“旅美女作家严歌苓作品研讨会”在京举行。

甘肃省作家协会召集作家和评论家，对近年来创作较为活跃的张冀雪、牛正寰、贾继红、薛霞、吴连芳、吴卓芳5位女作家的作品进行研讨。

由中国作协、华文出版社、湖北教育出版社和新闻出版报主办的“纪念叶君健从事文学创作六十五周年研讨会”在京举行。

由中国社会科学院文学所当代室、河南省作家协会、河南省文学院联合召开了“小说的本土化和可能性”问题研讨会，来自京豫两地的评论家、作家出席了研讨会，会议就河南作家行者的短篇小说写作，研讨了小说对精神世界的探讨、对想象力的拓展的作用、语言的诗化与乡土风貌等方面的问题。

《十月》第6期发表关仁山的中篇小说《隐形海》、范稳的中篇小说《脸不红心不跳》、顾世敏的中篇小说《天路无垠》、王秋燕的中篇小说《有红木家具的房子》、王手的中篇小说《少年少年》、陈国凯的短篇小说《丁一凡先生》、华夏的短篇小说《武松》、阿宁的短篇小说《独生眼睛》、于坚的散文《棕皮手记：我在美丽的云南》。

《当代》第6期发表周梅森的长篇小说《天下财富》，毕淑敏的中篇小说《雪山的少女们》，彭瑞高的《雾村》、周大新的《碎片》、侯玉鑫的《谎祸》、晓白的《狭窄的缝隙》、羊夏的《心里有事》、杨威立的《橘枳》等短篇小说，梁衡的《一座小院和一条小路》、刘亚舟的《故园情》、乔忠延的《天成风流漓江水》等散文，李龙年的诗歌《走向开阔带》，翁寒松的评论文章《人类法理精神的文学颂歌——评赵德发的长篇新作〈缱绻与决绝〉》。

《山花》第11期发表谢挺的短篇小说《后窗》、李冯的短篇小说《孖》及文论《也说晚生代》。李冯在文中指出：“晚生代存在的合理性大概有如下两点：(1) 某些迂腐僵化或欧美制式的文学标准在当下已不适用。评论者无力对晚生代进行梳理整合，反衬了目前文学创作的多元与生机。(2) 晚生代不过相当于文学上岗证。其原则是只要你停止写作，不发表作品，那你就不算晚生代了，这多少杜绝了作家不写作品只靠老本吃闲饭，而且成为了晚生代，也没有多大荣耀可言，你还是得老老实实地写下去。像晚生代这样一个庞杂、乌合式的联盟其内部显然蕴藏着深深的危机，只不过，目前暂时被它无序而活跃的生机所遮弥。危机首先当然来自于它的命名方式，假设它不分化瓦解，不为众多分化出来特点鲜明的小流派所取代，从时间的角度看，它也自然会给比它更晚生的后晚生代顶替，如同它最初靠晚生而诞生那样。但更深的危机，或许就针对着晚生代内部的每一个人。晚生代作家纷纷登场亮相固然十分热闹，可写作落实下来毕竟是个人行为，而不是团体操。”同期还刊出徐坤的中篇小说《作秀》、斯妤的中篇小说《断篇》、李国文的短篇小说《见鬼》、王干的短篇小说《爱情》、野莽的短篇小说《坐公共汽车指挥交通的黑呢子礼帽》和《黑夜中的老拳击手》、陈家桥的短篇小说《我的意思》、赵柏田的短篇小说《站在屋顶上吹风》、程光炜的评论文章《不知所终的旅行——九十年代诗歌综论》。

《春风》第11期发表南嫫的中篇小说《首席朋友》，汝舟的《猎手》和《窑屋》、李林的《厂魂》、谷凯的《谁都知道爱情是怎么回事》等短篇小说。

《雨花》第11期发表王昉的短篇小说《花街》和《秋桐》。

《芳草》第11期发表何存中的中篇小说《画眉深浅》、吴苾雯的中篇小说《今天不是昨天》，义晓的短篇小说《三种声音的变奏》、游江天的短篇小说《墙》、程天保的短篇小说《红灯·黄灯·绿灯》、阮红松的短篇小说《怪病》，程云的长篇小说《月照回马坡》（节选）。

《上海文学》第11期发表荆歌的中篇小说《革命家庭》、马驼的中篇小说《往伤口上撒把盐》、许春樵的中篇小说《犯罪嫌疑人》、赵剑平的中篇小说《女县长》、石磊的短篇小说《青春饭票》、李洱的短篇小说《有影无踪》、周洁茹的短篇小说《点灯说话》。

《小说界》第6期发表祁智的《送戏》、邱华栋的《平面人》、卫慧的《黑色温柔》、赵彦的《风筝误》等中篇小说，王安忆的小说讲稿《〈复活〉

的世界》，残雪的评论文章《来自空洞的恐怖——读卡夫卡的〈地洞〉》。

《山东文学》第11期发表陈占敏的《下雨》、无桅的《结网行动》、崔文华的《拜访达乌勒》、张明亮的《女孩儿生病》、陈玉霞的《大观园酒店怡红厅》、周福桥的《全是我错了》等短篇小说。

《百花洲》第6期发表李肇正的《同林鸟》、向本贵的《心中有个太阳》、荆歌的《有影无踪》、晓苏的《爱情奏鸣曲》、郭平的《美丽的梦中人》等中篇小说。

《读书》第11期发表肖开愚的《当代中国诗歌的困惑》。文章阐述了90年代诗歌与80年代诗歌的区别，诗歌面临的批评状况，写作自身的困境及可能性等问题。

王家新的《中国现代诗歌自我建构诸问题》发表《诗探索》第4期。文章认为，文化身份危机和主题重构正在成为90年代诗学焦虑的中心；90年代诗歌与西方的关系正由“影响与被影响”转变为一种互文关系；中国古典正被重新引入现在。

中国青年艺术剧院在京演出话剧《全是北京人》，编剧刘进元，导演王贵。

第十五届中国电视金鹰奖在上海揭晓。《和平年代》、《儿女情长》、《车间主任》获得最佳长篇电视剧连续剧奖；《大漠丰碑》、《深圳人》获最佳中篇电视连续剧奖；张宏森（《车间主任》）获最佳编剧奖。

上影出品的故事片《我也有爸爸》在印度国际儿童和青年电影节上获最佳影片金象奖。

沈苇的诗集《高处的深渊》，由新疆青少年出版社出版。

万龙生的《诗路之思》，由中国三峡出版社出版，本书系“巴渝作家书系”之一种。

江曾培主编的《中国新文学大系（1949－1976）》20卷，由上海文艺出版社出版。

《林海音文集》，由浙江文艺出版社出版。

赵丽宏的散文集《晶莹的瞬间》，由河北少年儿童出版社出版，散文集《心里的珍珠》，由上海人民出版社出版，散文集《拨动心弦》，由海天出版社出版。

十二月

1日，《长江文艺》第11－12期合刊发表郑桂兰的长篇小说《长长芭芒路》、阎连科的短篇小说《小村与乌鸦——〈耙耧山脉〉之二》、田柯的中篇小说《徐处》、楚明的中篇小说《商海情缘》。

《芒种》第12期发表何凯旋的《张书立给我们留下了什么》、雪静的《界限》、赵新的《点子》、刘建国的《出场风景》、张连君的《和井有关的故事》和《算数》等短篇小说。

《四川文学》第12期发表李一清的短篇小说《二先生》、阿贝尔的短篇小说《老姜嫩姜》和《替罪马》、郑直的短篇小说《另一种虚弱》、朱文的短篇小说《罪魁祸首是马纳多拉》，刘大军的中篇小说《莫怨我》、郁小萍的中篇小说《教授楼》。

《滇池》第12期发表行者的《史家庄》、周占华的《短暂的掌柜的》、刘醒龙的《汽车不敢撞人》等短篇小说。

《作家》第12期发表杜保平的中篇小说《珍珍故事》、马星海的短篇小说《刽子手》、明哲的短篇小说《西村旧事》。

2日，纪念中国话剧诞生90周年活动在上海揭开序幕。活动持续了两周，上海话剧艺术中心、上海戏剧学院、中国福利会儿童艺术剧院、现代人剧社等话剧团的艺术工作者为观众奉献了多场优秀话剧演出；活动期间主办方还举办了为期2天的话剧艺术现状研讨会。

3日，《人民文学》第12期发表萧平的中篇小说《下车伊始》、李少君的中篇小说《海口之恋》、阙迪伟的中篇小说《事故》，行者的短篇小说《元音》、薛燕平的短篇小说《行者》、刘益善的短篇小说《城市风景》、阿福的短篇小说《峡谷的长度及其他》、姝娟的短篇小说《妙颊》，晓雪的散文《罗马小记》、顾浩的散文《金陵春草》。

3-4日，中国文联各文艺家协会中青年会员德艺双馨座谈会在京举行。中共中央政治局委员、书记处书记、中宣部部长丁关根出席会议并讲话。

5日，《萌芽》第12期发表朱文颖的中篇小说《腼腆岁月》、路玮的短篇小说《房檐四角的天空》。

《北方文学》第12期发表牛维佳的中篇小说《无法矜持》，叶绍荣的《草鞋县令》、李元友的《因为一个吻》、史爱平的《失真》、凌鼎年的《人瑞·小乔又嫁了》和陈大超的《把柄·希望》等短篇小说。

《湖南文学》第12期发表孙少山的中篇小说《寻找父亲的女孩儿》，聂鑫荣的《列车向南》、赵炎秋的《敬蛇冲纪事》、何冰的《危情》、刘晓平的《爱的滋味》等短篇小说。

《青海湖》第12期发表程枫的长篇小说《母与女》（节选），张兴元的《辞宴》和《送烟者》、袁先行的《永远的太阳》、陈永林的《丑哥》和《赌》、朵兴福的《走进昨天》等短篇小说。

《朔方》第12期发表葛林的短篇小说《富人乐园》、查舜的短篇小说《人生在世》、姚欣则的短篇小说《老两口的故事》。

《作品》第12期发表邹贤林的中篇小说《梦里花落知多少》、程树榛的中篇小说《古堡夕照》、周崇贤的短篇小说《我要活——下——去》、高小莉的短篇小说《家园》。

5－7日，由中国诗歌学会、诗潮杂志社联合举办的第11届全国诗刊诗报协议会在辽宁省葫芦岛市举行。与会者就晚近诗歌的状况、新诗的繁荣和发展、如何办好诗歌报刊以及如何应对市场的挑战展开讨论，同时还以大量的事实驳斥了新诗灭亡论的观点，认为诗歌的生命力和感召力是不容忽视的。

7日，《天津文学》第12期发表凌耀忠的中篇小说《不系之舟》，霍聪的短篇小说《心情》、武宝生的短篇小说《吕梁婆姨》。

10日，《北京文学》第12期发表作为"'新星杯'短篇小说公开赛"的参赛作品，有刘心武的《绣鸳鸯》、梁晓声的《教授之死》、肖克凡的《好大一棵树》、袁一强的《一场非学术争论》、郑兴有的《不要呻吟》。该期还刊登了张宝申的《相约明天》、艾真的《失语》、王永午的《原地消失》、谭谊的《风情》、晚晴的《仇视》等短篇小说。

11日，《青年文学》第12期发表阿宁的《阳光下的独步》、李肇正的《商人》、陈敦德的《鸳鸯树》、罗望子的《新郎来到三十亩》、刘岸的《付出你的血泪》等中篇小说。

11－14日，诗刊社承办的中国作家协会鲁迅文学奖（资产新闻杯）单项奖1995－1996年全国优秀诗歌奖评奖在北京召开会议，评出8部获奖诗集。它们是李瑛的《生命是一片叶子》、匡满的《今天没有空难》、韩作荣的《韩作荣自选诗》、沈苇的《在瞬间逗留》、张新泉的《鸟落民间》、王久辛的《狂雪》、辛茹的《寻觅光荣》、李松涛的《拒绝末日》等。

12日，中国报告文学学会、中华文学基金会、中国海洋石油报、中国现代文学馆在京联合举办诗人徐迟追思会。以徐迟命名的中国报告文学最高奖"徐迟报告文学奖"于2002年4月在京启动，该奖项由中国报告文学学会与徐迟的故乡浙江省湖州市人民政府联合设立。

北京人民艺术剧院复排曹禺名剧《雷雨》。导演夏淳、顾威。

13日，《佛山文艺》第12期下半月号发表林艺燕的短篇小说《女人之约》、周民军的短篇小说《谁让我遇上了你》、张继的短篇小说《换一种活法》，戊戟的长篇小说《黑豹传奇》（第60回）。《佛山文艺》1997年增刊发表戊戟的长篇小说《黑豹传奇》（第61回）。

13－15日，中国艺术研究院、河北师范大学、河北省文化厅、中国文联理论研究室、河北剧协联合在石家庄举行“曹禺学术研讨会——纪念曹禺逝世一周年”。与会专家、学者交流了近年来曹禺研究的最新成果，就曹禺的文化地位和剧作的现代意义问题、曹禺剧作的诗意特征、曹禺剧作走向当代及如何改编等问题进行了探讨。

13－16日，由中国文联，中国影协、佛山市人民政府联合举办的第六届中国金鸡百花电影节在佛山市举行。王兴东获最佳剧本奖（《离开雷锋的日子》），《鸦片战争》获最佳故事片奖。

17日，《作品与争鸣》第12期发表池莉的中篇小说《云破处》及蔚蓝和陈奇的评论文章《理性关照下的小说阐释》、《无情人生》，铁凝的短篇小说《秀色》及崔道怡和丁夫的评论文章《令人落泪的短篇小说》、《〈秀色〉能永远吗?》。

18日，由冯小刚执导的中国首部贺岁影片《甲方乙方》上映。

19日，第四届茅盾文学奖评选结果在京揭晓。4位作家的4部长篇小说获奖：陈忠实《白鹿原》（修订本，人民文学出版社1993年出版）；王火《战争和人》（三部曲，人民文学出版社1987年、1989年、1992年出版）；刘斯奋《白门柳》（第一、二部，中国文联出版公司1984年、1991年出版）；刘玉民《骚动之秋》（人民文学出版社1990年出版）。本届评选范围为1989年到1994年间发表的长篇小说。评奖委员会由巴金任主任，刘白羽、陈昌本、朱寨、邓友梅任副主任。评委会成员有23人：刘白羽、陈昌本、丁宁、刘玉山、江晓天、朱寨、邓友梅、陈涌、李希凡、陈建功、郑伯农、袁鹰、顾骧、唐达成、郭运德、谢永旺、韩瑞亭、曾镇南、雷达、雍文华、蔡葵、魏巍。

25 日，由四川省作家协会、人民文学出版社、小说选刊杂志社、巴金文学院共同举办的阿来的长篇小说《尘埃落定》作品研讨会在京举行。与会者认为，《尘埃落定》为 1997 年长篇小说创作添上了亮丽的一笔。《尘埃落定》是阿来的首部长篇小说，是遥远边地上，老王与王子、男人和女人、父与子、夫与妻、兄与弟围绕权力与欲望上演的一部惊心动魄的末世悲喜剧。《尘埃落定》由人民文学出版社出版，此前该小说已被《小说选刊（长篇小说）增刊》1997 年第 2 辑全文选载，该期同时也发表了阿来的创作谈《落不定的尘埃》。《当代作家评论》1998 年第 4 期刊登了《尘埃落定》评论小辑，包括周政保《“落不定的尘埃”暂且落定——〈尘埃落定〉的意象化叙述方式》、贺绍俊《说傻·说悟·说游——读阿来的〈尘埃落定〉》、殷实《退出写作》三篇文章。其中周政保的文章认为，《尘埃落定》所实现的诗化或意象化的叙述方式，尤其是在凸显人的生存状态的特殊性的同时，艺术地模糊了“人”——生活在“此处与别处”、“此时与彼时”的差异，使作品的思情张力及题旨寓意超越了描写的具体性，或从审美上突破了题材的局限。这部小说于 2000 年荣获第五届茅盾文学奖。评委认为这部小说视角独特，“有丰厚的藏族文化意蕴。轻淡的一层魔幻色彩增强了艺术表现开合的力度”，语言“轻巧而富有魅力”、“充满灵动的诗意”，“显示了作者出色的艺术才华”。

28 日，《剧本》第 12 期发表李景文的大型话剧《警星》。

29 日－1998 年 1 月 11 日，文化部、中国文联主办，文化部艺术局、中国戏剧家协会承办，中国话剧艺术研究会、中国艺术研究院话剧研究所及中央电视台协办的中国话剧 90 周年纪念活动在京举行。具体内容包括召开纪念大会、举行话剧艺术发展战略研讨会、举办话剧新剧目交流演出、表彰老艺术家、编辑电视专题片等。共有 18 台话剧参加了本次交流演出，分别是：北京人艺的《雷雨》、中国儿童艺术剧院的儿童剧《认识你真好》、中央实验话剧院的《死无葬身之地》、南京军区前线话剧团《虎踞钟山》、天津人民艺术剧院《蛐蛐四爷》、上海话剧艺术中心的《尊严》、广州话剧团的《男儿有泪》、福建人民艺术剧院的《沧海争流》、广东话剧院实验话剧团的《绿色的阳台》、兰州军区战斗话剧团的《兵妹子》、济南军区前卫话剧团的《老兵》、总政话剧团的《男人兵阵》、沈阳军区前进话剧团的《炮震》、南京话剧团的《大江奔流》、辽宁人民艺术剧院的《岁月》、新疆话剧团的《罗布村的情祭》等。除了北京人艺的《雷雨》和中国儿童艺术剧院的《认识你真好》为两出纪念演出剧目外，其他16台戏均为近年来新创作的剧目。这次交流演出共设编剧、导演、舞美设计、表演四个方面的单项奖。

29日，中国话剧90年纪念大会在北京人民大会堂举行。李岚清、李铁映出席大会并讲话。中国剧协副主席徐晓钟在会上作了《走具有中国特色的话剧发展之路》的主题发言（载《中国戏剧》1998年第2期）。大会结束后，来自全国各地的百余位话剧界专家学者参加了为期三天的“话剧艺术发展战略研讨会”。会议围绕“如何继承和发扬中国话剧的优秀传统”、“‘新时期’以来话剧的成就和经验”、“话剧的探索与创新问题”、“话剧如何反映时代精神和时代生活”、“培养新的话剧人才和新一代话剧观众”、“当前话剧面临的问题及其对策”、“中国话剧如何迎接21世纪”等专题进行了探讨。

30日，新闻出版署发布《出版管理行政处罚实施办法》、《内部资料性出版物管理办法》、《电子出版物管理规定》。3个文件均自1998年1月1日起施行。

本月，在毛泽东诞辰104周年之际，毛泽东文学院在长沙落成。江泽民总书记题写院牌。

宁夏回族自治区党委宣传部、区文联、宁夏人民出版社和宁夏作协联合召开了“宁夏长篇小说研讨会”，庆祝宁夏文坛《罗马饭店》、《涡旋》、《一朝县令》、《风尘岁月》、《诡道》5部长篇小说的相继出版。

上海文艺出版社在沪召开长篇小说创作笔会。此次笔会的主要议题是怎样提高长篇小说的质量和产量。陈忠实、韩少功、邓刚、李锐、陈世旭、陈村、江曾培、王安忆、格非等作家以及上海文艺出版社总编辑何承伟、副总编辑郏宗培参加了笔会。

梁晓声、毕淑敏获《新华文摘》“双星”文学奖。该奖由人民出版社、新华文摘社、青岛双星集团联合主办，授予那些曾由《新华文摘》转发过对社会产生深刻影响的作品的当代作者。

广西文联、广西作协联合中国作协于中旬在南宁召开青年作家东西、鬼子、李冯作品研讨会。

《小说月报》第七届百花奖颁奖仪式在北京人民大会堂举行，18位作家和他们的责任编辑获奖，50名热心读者获读者奖。岳恒寿的《跪乳》、谈歌的《大厂》、何申的《信访办主任》、方方的《埋伏》、李肇正的《女工》、梁晓声的《学者之死》、池莉的《你以为你是谁》、刘醒龙的《分享艰难》获中篇小说奖；冯骥才的《石头说话》、毕淑敏的《翻浆》、贾平凹的《制造声音》、陆颖墨的《大水》、王周生的《星期四，别给我惹麻烦》、徐坤的《遭遇爱情》、毕飞宇的《哺乳期的女人》、迟子建的《亲亲土豆》获短篇小说奖；田松林的《绝症》、徐惠芬《爱的阅读》获微型小说奖。

山西省作家协会在长治市召开“山西省诗歌创作会议”。与会者认为当前全国诗歌现状普遍不景气，诗歌创作没有受到各方重视；但诗人必须重视自己人格的塑造，且创作要密切联系时代；同时诗评的冷漠与滞后也是制约诗歌创作走向繁荣的一个重要因素。

在浙江省第五次作代会上，叶文玲当选为省作协主席，黄源任名誉主席。

黑龙江省举行第四次文代会、作代会，才起当选为省文联主席，贾宏图当选为省作协主席。

上海市新闻出版局从上海学术著作出版基金中拨出一部分款项作为长篇小说（含少儿长篇）的专项修改奖励，鼓励作家和出版社精益求精多出力作。

王安忆专著《心灵世界》，由复旦大学出版社出版。该书根据她在复旦大学讲课时的讲稿整理而成。全书共十三章，围绕着心灵世界展开，前两章属概述，阐述其小说理论，中间八章以其理论评析了八部中外名著，后三章论说了小说结构、语言、风格等。

《春风》第 12 期发表孙少山的中篇小说《一年》、岳恒寿的中篇小说《酸葡萄》、刘宝池的中篇小说《无及村谣》、叶蔚林的短篇小说《风雨林涛》。

《山东文学》第 12 期发表刘景桥的《制造困难》、龙仁青的《壁柜里的爱情》、尚长文的《荒原风把黑发吹动》、蒋亚林的《失衡》、孙福新的《水》、张凯的《并不遥远》等短篇小说。

《山花》第 12 期发表张旻的《向红》、闻树国的《絮叨忧郁》、余未人的《感受不惑》、刘剑波的《注视》、张力的《虾神》等中篇小说。闻树国（1956－2002），天津人。1976 年入伍服役。1980 年起先后任百花文艺出版社副总编辑、《小说家》主编、《天津文学》杂志社常务副主编。1988 年开始小说创作。著有长篇小说《蒲棒》、《孤独者的温柔之乡》，神话学专著《传说的继续》，长篇读书随笔《徘徊在书外的感觉》等。

《上海文学》第 12 期发表施放的中篇小说《少年不识愁滋味》，陈国凯的《都市奇谭》、赵长天的《中国餐馆》、沈嘉禄的《琴弦上的舞蹈》、谢挺的《我们的儿子》、李易平的《母族》、半岛的《父与子》、高彦杰的《星根与黄妹》等短篇小说。

《雨花》第 12 期发表孙见的《斗羊》和《出院》、张国志的《伤心的舞步》、徐岩的《说点抗联的事》等短篇小说。

《读书》第 12 期发表王蒙的散文《重组的诱惑》、残雪的散文《梦里难忘》、李陀的散文《让争论浮出水面》。

《小说家》第 6 期发表池莉的短篇小说《谁在支配一切》，朱文的《一月的感情》、萨娜的《有关萨满的传说与纪实》、鬼子的《梦里梦外》、陈垦的《寻找灵魂》、邵振国的《张大使记》、芳洲的《空白地带》、王立新的《世纪末的忏悔》等中篇小说。萨娜（1960－　），女，达斡尔族，内蒙古莫力达瓦旗人。著有中篇小说《有关萨满的传说与纪实》、《阿西卡》、《一个感情理想主义者的死亡》、《野地》、《流失的家园》等，中短篇小说集《你脸上有把刀》等。

《芳草》第 12 期发表董宏猷的中篇小说《鸽子树》、江清明的中篇小说《还厂》、绍六的中篇小说《心锁》、邹平的短篇小说《再见了，牛》。

《诗探索》第 4 辑发表王家新《中国现代诗歌自我建构诸问题》、伍方斐《顾城后期诗与诗学心理分析》。

上海话剧艺术中心——上海人民艺术剧院制作体在沪演出话剧《尊严》。编剧沙叶新，导演俞洛生。剧本发表《新剧本》第 3 期上。

〔美〕迈克尔·克里斯托弗著、范益松译的两幕剧《与影子较量》发表在《戏剧艺术》第 4 期。

《东海》第 12 期发表叶兆言的中篇小说《纪念少女楼兰》。

江熙的诗集《用你的背叛拯救我》，由作家出版社出版。

陈仲义的《从投射到拼贴——台湾诗歌艺术六十种》，由漓江出版社出版。全书分“现代”和“后现代”两编，以翔实的诗歌例证论述了台湾现代诗歌艺术的方法与技巧。

曹文轩的长篇小说《草房子》，由江苏少年儿童出版社出版。

施蛰存的散文随笔集《卖糖诗话》，由湖南人民出版社出版。

王蒙的散文集《靛蓝的耶稣》，由作家出版社出版。

本年

由中国现代文学馆编选、华夏出版社出版的《中国现代文学百家》问世。这套书编选作家的时间跨度为1919年到1949年。首选作品的范围包括话剧、现代小说、新诗、杂文、散文、报告文学等文学体裁。首批30部包括鲁迅、茅盾、郭沫若、老舍、巴金、曹禺、冰心、叶圣陶、丁玲、艾青、郁达夫、闻一多、王统照、许地山、何其芳、萧红、张天翼、沙汀、林徽因、朱自清、萧乾、艾芜、王鲁彦、李劼人、凌淑华、彭家煌、徐志摩、夏衍、李广田、张恨水。收录了他们的代表作、成名作以及作者的照片、手迹、书影、主要著作书目、作家小传等背景性资料。

《中国新文学大系》第四辑共20卷由上海文艺出版社出版，收录从1949年到1976年间的作品，分为文学理论、小说、戏剧、电影、散文、诗歌、史料等6个分卷。《大系》中收录了当年被认为“毒草”的作品，如萧也牧的小说《我们夫妇之间》；文艺理论卷中收入被错误批判过的理论文章如胡风、俞平伯等人的文章；散文、杂文卷中收入流沙河的《草木篇》、遇罗克的《出身论》及《燕山夜话》和“三家村”等曾被判为“毒草”的文章；电影卷中《海瑞罢官》、《不夜城》和“文革”期间的《创业》也入选。按《大系》体例要求，入选作品原则上只收“初版本”，如《红灯记》选收翁偶虹、阿甲的改编本；选收沪剧《芦荡火种》不收京剧《沙家浜》等。这一辑还首次列选这一时期台湾，香港，澳门作家的新文学作品。《大系》第五辑（1976－2000）30卷也正在筹划中。

广西文联与一批中青年作家签约，建立了贺州、南丹、平果3个文艺家体验生活、创作的基地，出版了蓝怀昌的《北海狂潮》（漓江出版社出版）、张宗栻的《绿岸》（北京十月文艺出版社）等12部长篇小说。

为推动短篇小说创作，《作家》和《漓江》两家文学刊物决定：两刊将在1998年第1期整期联展南北新锐作家短篇小说，每位作家两篇，两家杂志各发一篇，这些作家包括徐坤、朱文、邱华栋、李冯、刁斗等共23人。有评论者注意到这类栏目与新生代作家存在着密切关系："由于一些文学期刊连年开辟诸如'联展'、'汇展'之类栏目，以及其他常态栏目，六十年代（有的七十年代）出生的作家群体，在起步阶段以短篇小说为主，在一九九七年形成'气候'"。这些作家"年轻'气盛'，创作力强，作品现已遍及所有重要文学期刊，且频频获奖。他们往往融合多种创作方法和艺术手法，讲究传达艺术感觉、独特视角和个人经验。其中一些作者，试图在个人性和公共性、现实状态和历史形态之间寻找结合点。既注重短篇小说文体上的探索性和实验性，又讲究故事内涵中的深刻性和可读性。"该学者同时也指出，"被称为'新生代'或'晚生代'的创作群体，各个彼此差异颇大，而且亟需理论批评的规范和引导，他们还有待在编辑帮助下，通过修改，把作品打磨得更其精细；大部分以现实生活为题材的短篇小说，对生活的描述，停留在表象层面或形而下的展示上，缺少超越的气度和实力，对人的境况和发展缺乏形而上的思考及其穿透力。"（马相武：《积极意义的短篇'定格'》，载《人民日报》1998年1月9日）

本年的散文创作出现了一些新的文体样式，"丰富了散文的形式与品类"，"如《上海文学》在'世事浮沉'专栏推出的陈丹燕等人的介乎于小说与随笔之间的散文，《天涯》在'民间语文'专栏推出的流行于近年社会的'广告文案'和'民间语村'等，都以对传统散文文体的超越，表现出编者与作者在散文创作的观念上紧跟时代的适时新变"。（白烨：《散文：保持扎实平稳的姿态》，载《人民日报》1998年1月9日）

谢冕主编的"女性诗歌文库"，由春风文艺出版社出版。该诗丛包括翟永明的《称之为一切》（唐晓渡编选）、王小妮的《我的纸里包着火》（徐敬亚编选）、唐亚平的《黑色沙漠》（谢冕编选）、海男的《是什么在背后》（程光炜编选）、林雪的《在诗歌那边》（李霞编选）、蓝蓝的《内心生活》（耿占春编选）、阎月君的《忧伤与造句》（沈奇编选）、傅天琳的《结束与诞生》（佐佐木久春编选）等8部诗集。其中，翟永明诗集有编选者唐晓渡的序《谁是翟永明》，后附翟永明的文章《献给无限的少数人》，诗人在文中把自己诗歌的读者定位为“少数人”，但“少数，然而无限”。王小妮诗集有编选者徐敬亚的序《一个人怎样飞起来》，后附“王小妮创作年表”及几篇谈诗短文。阎月君诗集有编选者沈奇的序《倾听：断裂与动荡——阎月君论》。

中央实验话剧院上演由孟京辉执导的先锋戏剧《爱情蚂蚁》。

经中宣部批准，由中国文联、中国民间文艺家协会主办的中国民间文艺最高奖山花奖设立。

《中国民间文化》出至22集后停刊。

钟敬文主编的《中国民间故事集成·浙江卷》、贾芝主编的《中国歌谣集成·海南卷》和马学良主编的《中国谚语集成·广东卷》、《中国谚语集成·山西卷》，均由中国新闻出版署中心出版。

黑龙江省民间文艺家协会编的赫哲族史诗《伊玛堪》，由黑龙江人民出版社出版。这些作品是从近20年来黑龙江省民间文学家们在多次调查中从称为“伊玛卡玛发”的赫哲族歌者口中搜集采录的“伊玛堪”40多部中精选出的。伊玛堪，亦作“依玛坎”，在赫哲族语中最早的含义为鱼即哈（鱼），现在大致认为有故事、捕鱼的故事、捕鱼民族的歌之意，其形式有说有唱，类似汉族的“大鼓”、“苏滩”，蒙古族的“说书”，是一种古老的民间说唱文学艺术。伊玛卡玛发，在赫哲族语中是对伊玛堪歌手的尊称。

余未人、卢惠龙主编的“贵州民间文学选粹丛书”（10卷），由贵州人民出版社出版。其中包括：龙玉成、王继英编《贵州民间歌谣》，燕宝、张晓编

《贵州民间故事》，燕宝、张晓编《贵州神话传说》，阮居平编《贵州民间长诗》，龙跃宏、龙宇晓编《侗族大歌琵琶歌》，潘定智、杨培德、张寒梅编《苗族古歌》，何积全编《彝族叙事诗》，刘之侠、潘朝霖编《水族双歌》，康健、王冶新、王子尧、何积全编《彝族古代文论》，韦兴儒、周国茂、伍文义编《布依族摩经文字》等。

钱舜娟的《江南民间叙事诗及故事》，由上海文艺出版社出版。此书是作者一生的研究成果的总结。书中有对近年来江南地区新搜集到的长篇叙事吴歌《五姑娘》、《沈七哥》、《薛六郎》、《白蛇传》、《孟姜女》等作品的发掘、整理过程的介绍、研究，对诗中所表现出来的风土人情进行了细致的剖析；此书还对民间歌手陆阿妹、姚永根、阿福等人的生平和创作进行了介绍。

云南人民出版社在1987－1997年间，大规模出版了介绍拉丁美洲现当代文学的丛书——《拉丁美洲文学丛书》40部，囊括了马尔克斯、博尔赫斯、科塔萨尔、略特、卡彭钦尔、聂鲁达等几十位拉美文学巨匠的代表作。该丛书的出版在国内外引起关注。

1998 年

一月

1 日，《作家》第 1 期推出短篇小说元月展，刊发各地 20 位青年作家的作品。有荆歌的《痒》、东西的《戏看》、潘军的《一九六二年，我五岁》、红柯的《靴子》、张旻的《伤感而又狂欢的日子》、李冯的《祝》、鬼子的《替死者回忆》、丁天的《蕾》、李洱的《鸡雏变鸭》、邱华栋的《蓝色的火焰》、夏商的《浪琴》、刁斗的《替补》、海男的《在煤渣上跳独舞的女人》、金仁顺的《好日子》、土小妮的《1966·你的普希金正在锅炉里》等。

《小说界》第 1 期发表严歌苓的长篇小说《人寰》附创作谈、周大新的短篇小说《现代生活》、李凡的短篇小说《星光乐园》、韩东的随笔《无是无非》。

《广州文艺》第 1 期发表张梅的长篇小说《与米兰无关》、王小波的中篇小说《舅舅情人》、夏商的短篇小说《香水有毒》。

《长江文艺》第 1 期发表邓一光的中篇小说《左牵黄，右擎苍》。

2 日，《新剧本》第 1 期发表燕燕的话剧《男人兵阵》。

3 日，《人民文学》第 1 期发表陈世旭的中篇小说《青藏手记》、东西的中篇小说《目光愈拉愈长》，贾平凹的短篇小说《读〈西厢记〉》，沈小筱的散文《垂钓记趣》、郭风的随笔《八旬斋偶笔》。本期开设新栏目“小说连环”，邀请一些作家共同讲一个故事，每期一位作家，至第6期止。本期邀请李大卫讲述《如愿以偿》（第一章）。本期小说新人栏目推荐的是：周洁茹及其两篇短篇小说《我们干点什么吧》、《抒情时代》。徐坤对周洁茹的《我们干点什么吧》等作品表示肯定，认为“本文中隐约透露出的青春气息，熠熠闪亮的艺术潜质，以及她对生活的一份精细的感觉，还有一份纯情的优雅，都令疲惫的读者耳目一新”，认为她意味着一种“纯粹女性写作范式的建立和生成希望”。（徐坤：《双调夜行船》，第168页，山西教育出版社1999年版）徐岱认为：“无论是卫慧的矫揉造作的作秀还是棉棉的青春情调的叙说，她们殊途同归地，都或者虚假地营造都市文化的影像，或者真诚地重构生命的浪漫传奇；她们笔下的人物行为显得过于极端、生活方式过于尖锐，远离新一代都市女性的生活常态。而以一个‘目击者’与‘参与者’的姿态最大限度地贴近新一代青年人的当下生活，这就成了周洁茹小说的特色所在。”（徐岱：《另类叙事：论“新生代”小说三家》，《南方文坛》2002年第5期）

《芳草》第1期发表余启新的短篇小说《鹿死谁手》。

5日，《上海文学》第1期发表刘醒龙的中篇小说《大树还小》、刁斗的中篇小说《资格认定》，沈东子的短篇小说《太平洋商厦》。冯敏认为刘醒龙的《大树还小》以一位农家子弟的身份回顾“知青”的成长，并对故地重游的他们予以道德评价，从而形成新的角度，成为与原先“知青”文学“青春无悔”的主旋律并列的复调。（冯敏：《关于“成长小说”》，《文艺报》1998年6月4日）刘醒龙说：“关于《大树还小》我一直没有将它当作知青小说，将来也不会，别人如果硬要将它戴上那顶有标志的花色帽子，我也没办法。在我的眼中，知青和非知青只是这一类人同另一类人的区别。但作为同一历史环境中的人，他们本应是平等的，是没有差异的。现实的严酷性，正是将相同的人用种种手段与手法划成不同的群体，不同的阶层。譬如知青、知识分子、市民、农民等，在这些群体的划分过程中，实际上是一种给生存过的人划分等级的过程。这一点是非常重要的。特别是在自身与自身四周的环境需要判断时，人总是会先给自己一个较高的定位。这一点大约能够说明，哪怕是最等而下的农民，也会一次次在历史中发动起义，高喊‘皇帝轮流做，今朝到我家’的根由。实际上，不只是这篇小说，包括那篇《凤凰琴》，我只想到那些在特定环境中，人生价值的尴尬状态，并无处心积虑为这类人呐喊叫屈的意思。一个人携带生命来到这个世上，他应当是与其他有生命的人具有相同的意义与价值。……我强调我的小说只是在这一点上提醒人们，上帝是仁慈的，是以平等仁爱之心善待每一个人的。在上帝的眼中，每一个人都是其他人的天使。”俞汝捷说：“在以往的现实主义小说中，无论是对苦难人生的同情，还是对美好生活的憧憬，也无论是对善的赞美，还是对恶的鞭挞，都带有鲜明的倾向、浓烈的色彩”，而在刘醒龙的《大树还小》中，“对受害者也是同情的，却不够强烈，对负有罪责者也想谴责，却又不能理直气壮”，小说中秦四爹说过这样一段话：“现在这个世道，喜儿不像喜儿，黄世仁不像黄世仁!”，它仿佛道出了作者的犹豫、困惑和无奈。爱憎只能建立在认知基础上；认识尚无把握，情感也就强烈不起来。（俞汝捷、刘醒龙：《由〈大树还小〉引发的对话》，《江汉论坛》1998 年 12 期）

《莽原》第 1 期发表海男的长篇小说《面孔》、红柯的中篇小说《阿斗》、行者的中篇小说《寇家庄》、莫言的《俄罗斯散记》。

《芙蓉》第 1 期发表刁斗的中篇小说《取景器》、中跃的短篇小说《世纪病毒》。本期开始连载唐浩明的长篇小说《张之洞》，共分两期连载完。

《山花》第 1 期发表麦家的中篇小说《几则日记或什么也不是》，刘心武的短篇小说《水锚》、迟子建的短篇小说《朋友们来看雪吧》、鬼子的短篇小说《为何走开》。同期发表戴锦华的文章《迟子建：极地之女》。戴锦华认为迟子建是一位极地之女，她带给文坛的，不仅是一脉边地风情，而且是极地人生与黑土地上的生与死：是或重彩、或平淡的底景上的女人的故事。生与死在迟子建的笔下有着一份别样的单纯与质感。在迟子建笔下，比对生死之秘的痴迷更为清晰的，是颇为独特的、对生死之谜的了悟。戴锦华还指出，和王安忆一样，迟子建在写作生涯中成长。然而，在写作成长的书卷中，迟子建的作品渐次浮现出来的是一份苍凉，一份被“温暖和爱意”所洇染了的苍凉，如极地的黑土般的广漠。成长与拒绝成长、渴望丰饶与执著自我，构成了迟子建女性书写间的困境。这女性体验中的双重视点，成就了迟子建对“历史”/“胜利者的清单”的漠视，成就了她温和的、对现代文明表述的怀疑。本期“联网四重奏”刊发王海玲的中篇小说《踽踽》。

《大家》第1期发表何立伟的中篇小说《老何的女人》、赵玫的中篇小说《天空没有颜色》。《大家》针对近年长篇小说冗长泛滥乃至乏味现状，开设新栏目“长篇短制”，为读者推出10万字左右的精、短长篇小说。第1期推出的是荆歌的《粉尘》。刊物还从此期起设置“新散文”栏目，旨在“倡导注重散文文体的自觉探索，注重审美经验的独到发现的写作”，连续推出张锐锋、庞培、于坚、祝勇、周晓枫、宁肯、刘亮程等新锐散文家的作品。第1期刊登张锐锋的散文《世界的形象》、庞培的散文《旋律与对位》，以及张锐锋的《让隐匿的事物发光——我的新散文写作及其他》、庞培的《我对于散文的理解》、程光炜的评论《怀旧、伤痛与童年记忆——评庞培、张锐锋的新散文》。

之后，北京的《人民文学》、《十月》等主流文学期刊又相继开辟栏目倡导“新散文”；中国文联出版社推出了以祝勇、周晓枫、张锐锋、宁肯等为代表的“深呼吸散文丛书”，而由韩忠良、祝勇主编，由春风文艺出版社推出的“布老虎散文”丛书，更是连续不断地推出“新散文”“春、夏、秋、冬”卷。此外，祝勇还主编了《一个人的排行榜》、《新散文九人集》；南帆、周晓枫主编出版了《7个人的背叛》等散文选本，为“新散文”的兴起推波助澜。不仅如此，“新散文”的一些口号、观念和作品还被一些媒体反复渲染，尤其是散文家祝勇写了《散文：无法回避的革命》等一系列文章，对“新散文”进行理论上的总结。“新散文”现象引起文坛关注，在继“小女人”散文和“文化”散文后，很多曾是诗人或仍为诗人的作家的散文作品，展现出不同于传统散文的文体探索。

对于“新散文”的定义，陈慧认为，它不是对一个流派或一个写作群体的命名，而是对在散文写作实践中一种新的集体性的语体倾向不自觉的出现这一事实进行关注。陈慧强调“新散文”是一种“个人性的写作”，是一种“创造性的艺术”。在她看来，这种“新散文”的意义在于：抛却了先于文体和文化的种种成见，探索着散文写作的多种可能。她认为，“新散文”代表作家张锐锋的散文写作，追求一种“智性写作”的过程。他之所以选择了散文这一文体，是因为他在其中发现了智性表达的自由。（陈慧：《新散文：写作中的散文》，《大家》1998 年第 2 期）张锐锋这样说明自己的文体实验：“我所能找到的一个重要的理由是，散文从本质上可以跨越种种类型的界限，它不具有小说、诗或剧作的特定要求，它既可以汪洋恣肆地从它们之中汲取某些成分，又可以是它们种种要素的创造性综合。”（张锐锋：《让隐匿的事物发光——我的新散文写作及其他》，《大家》1998 年第 1 期）施战军则认为“新散文”的艺术精神在于以下五方面：一是“新散文的叙事具有从容自如的风度”，这主要取决于“梦游所及的可能性”。二是“新散文的场景世界”都是“内心的光线所及的所有景象”，它“构成新散文最突出的对于‘情境’表达的沉湎”。三是新散文创作有两种不同的诗性趣味。一类是庞培、张锐锋、周晓枫、杜丽、钟鸣、王小妮等人的创作靠近“意象之场，他们用较为具体的物象构件担任诗性的某个寓言单位的主人公，文与气质趋近于古典的境界”；另一类是指于坚、海男、陈东东等人“迷恋于词语本身对世界言说的可能性，在意向上趋于零散的瞬间把握，书卷气的叙说或自身隐秘的破解，有某种自娱性”。四是新散文的抒情个性是生命的低语，它是心灵的颤动，需要敛气屏息来倾听。五是新散文的艺术精神包含两点：一是“寓‘我’于‘一切’的等观气度之上，尤其体现在人与自然和谐梦想之中”，“以卑微的心灵看取世界”；一是“新散文的艺术精神表现为内心的自尊、自救与自赎，所有的新散文作家都意识到‘内心’或‘心灵’成为了写作的核质的重要，词语或物象的光亮就是内心境像的反射”。同时，施战军也指出，“在文本的层面上，新散文的篇幅越发长了，长有长的自由，长也有长的限制，几部近作已有感情枯槁的迹象，知性的过多填充，会丧失内心的感召，断送新散文的前程。”（施战军：《新散文的艺术视野》，《大家》1998 年第 2 期）

6 日，广东文学刊物《广州文艺》和广西文学评论刊物《南方文坛》联袂开辟“两张帆”专栏，推介南方青年作家。本年拟陆续推出翟永明、叶玉琳、何顿、张梅等人作品。

7 日，资产新闻实业有限公司向中国作家协会捐赠 500 万元人民币作为文学发展的奖励基金仪式在京举行。这意味着由中国作家协会主持的鲁迅文学奖、茅盾文学奖和全国优秀儿童文学奖三大奖项的奖励发展基金有了长期可靠的保障。

由冯小刚执导的首部贺岁片《甲方乙方》在北京首轮映出的票房已达 750 万元左右，成为北京市 1995 年以来国产片票房最高纪录。

9 日，由席殊好书俱乐部举办，俱乐部导读专家担任评委的席殊’97 十大好书评选在京揭晓。文学类上榜作品有：《我的精神家园》（王小波）、《邵燕祥文抄——梦边说梦》、《里尔克诗选》、《许三观卖血记》（余华）、《奥威尔文集》、《纳博科夫文集》、《妞妞》（周国平）、《海子诗全编》、《安部公房文集》、《余光中散文集》。

10 日，《花城》第 1 期发表迟子建的中篇小说《观彗记》、王小波的中篇小说《绿毛水怪》、墨白的中篇小说《局部麻醉》，白桦的短篇小说《呦呦鹿鸣》、王干的短篇小说《话城》、刘继明的短篇小说《愚公移山》，张枣、雪迪的诗一组，残雪的读书随笔《无法实现的证实：创造中的永恒痛苦之源——卡夫卡〈一条狗的研究〉读解》。同期还选载了刘震云的长篇小说《故乡面和花朵》。这部作品是刘震云经过六年创作、两年修改而成的，共计 200 余万字，分四卷。一、二卷均为前言卷、三卷是结尾、四卷是正文。全书于本年 9 月由华艺出版社出版。该小说在年初各大期刊选载后，引起评论界广泛讨论。《中华读书报》、《中国青年报》、《新民晚报》等报刊发表评论文章，称该长篇大异于刘震云以往“新写实主义”的表现手法，扭转了 20 世纪中国文学白话小说的话语操作，情绪饱满、想象力奇异，给广大读者打开了一个新鲜和隐秘的世界。洪治纲认为，“这是一部完全颠覆了人们阅读定势和期待视野的反经验之作，是作家对以往《一地鸡毛》式的写实作风的一次蓄意已久的刻意反对，但它却在无边的自由中丧失了审美的立足点，使话语显得迷乱、无序且冗赘不堪。”（洪治纲：《经验的修筑与逃离》，《文艺报》1998 年 2 月 17 日）刘震云说：“我希望能够通过这个长篇写作来表达我对一个完整世界的整体感觉。……以前写的都是中篇、短篇小说，比较注重语言的流畅感。而这部小说，要求一种全新的叙述方式，全新的语言。以前我写的作品都是属于经验领域内的事，而这部小说则是一个非经验的领域和世界。……对我来说，由这个长篇写作开始，我的写作才真正具有了意义，开始进入创作阶段。过去是对一种真实的追求，现在是对生活持一种结构态度。”（张英：《写作向彼岸靠近——刘震云访谈录》，《作家》1998 年第 6 期）这部小说体现了作者在文体和内容上的双重探索，其结构的庞杂、技巧的多变、语言的繁复、意义的含混等等都令人叹为观止，也引起了一些争议。李敬泽认为，《故乡面和花朵》有多种读法，前三卷和第四卷互为正文或前言，在刘震云这里，一种二元论模式被编织起来，所以前三卷和第四卷之间是我们可以恰当地提出和探讨问题的关键地带。（李敬泽：《通往故乡的路——刘震云〈故乡面和花朵〉》，《南方文坛》1999 年第 3 期）何振邦对此小说的评价是："中国的第一部真正意义上的'精神长篇小说'，是《追忆似水年华》的中国版"。（《中国文学年鉴 1999－2000》，作家出版社 2002 年版）傅元峰指出，"在《故乡面和花朵》中作家对原有风格进行了一次痛苦的扬弃，反讽叙述作为一种与此前叙述风格顺向的突破，成为《故乡面和花朵》叙述特征的重要层面。反讽叙述使刘震云长达二百万字的精神游走没有丧失其作品一以贯之的悲剧品格，而获得一种广袤包容性。"（傅元峰：《一种被推向极致的反讽叙述——试读〈故乡面和花朵〉》，《小说评论》2000 年第 4 期）

《中国作家》第 1 期发表李建军的中篇小说《当关》、向本贵的中篇小说《修桥》、邱华栋的短篇小说《电话人》。

《北京文学》第 1 期发表何顿的中篇小说《美容美发》。本期"短篇小说公开赛"栏目刊登王蒙的《短篇小说之谜》、阎连科的《4 月 6 日至 8 日：回你家去吧》、华青的《萨琳娜之恋》。同期推出"学院 6 人诗选"，内有周瓒、周伟驰、姜涛、胡续冬、穆青、冷霜的诗和姜涛论述"偏移"同仁诗人诗学观的文章。

《诗刊》1 月号刊出孙绍振的文章《后新潮诗的反思》并加有"编者按"："从中可以强烈地感受到一位富有历史使命感和社会责任感的诗论家坚守诗歌艺术、勇于追求真理的执著精神。"孙绍振在文中指出，"后新潮诗产生以来，虽然也有新探索，但是所造成的混乱，似乎比取得的成绩更为突出，新诗的水平并没有全面的提高。""最值得忧虑的是诗歌不但失去了真诚，而且失去起码的尊严。""号称后新潮的诗作，不但与我们日常的感觉、我们的肉体和灵魂距离异常遥远，而且连和真正的诗歌艺术的距离也变得遥远了。""诗坛的虚假，产生于人格的虚假，又必然普及着人格的虚假。虚假的势头在 90 年代初愈演愈烈，其实质是表现了某些中国知识分子思想的危机和精神的堕落。这种堕落具体表现在三个方面，第一，对于诗人自我生命缺乏责任感，把生命当作游戏”；“第二，对于诗歌本身，缺乏责任感”；“第三，缺乏时代的使命感”。

《电影文学》第1期发表电影剧本《夫唱妻和》，编剧张刚。

11日，文化部《蒲公英奖评奖办法》正式出台。“蒲公英计划”即《九十年代中国儿童文化艺术事业发展纲要》，是1992年由文化部、国家教委等8部委联合制定下发的。“蒲公英奖”每年一届，每年评选一至两个门类，三年为一个周期。参评作品范围包括音乐、舞蹈、戏剧、曲艺、美术、书法、摄影、儿童文学、儿童读物、少儿报刊、儿童文化理论。

《青年文学》新设栏目“1998文学方阵”，是对某一地域、行业、年龄段里最活跃的青年作者们的创作系统连续的展示。第1期推出“文学方阵·湖南”，刊登彭见明的中篇小说《洪荒的脚步》、何立伟的短篇小说《消逝》、残雪的短篇小说《妹妹的安排》。本期还选载了刘震云的长篇小说《故乡面和花朵·王喜加》，为卷四中的第7章。冯秋子的散文《白音布朗山》也发表《青年文学》第1期上。

12－13日，上海《巨人》杂志、台湾《民生报》与海峡两岸儿童文学研究会联合举办的“海峡两岸中篇小说创作研讨会”在上海召开。与会者就中篇少年小说的创作现状及如何推动海峡两岸儿童文学创作的交流和发展进行了探讨。同时，1997年海峡两岸中篇少年小说征文获奖名单揭晓，共评出一等奖三名，佳作奖七名。一等奖包括《我的经历和你的故事》（常新港）、《你是我的妹》（彭学军）、《等待红姑娘》（台湾陈素宜）。佳作奖则有《五天半的战争》（简平）、《天天天蓝》（饶云漫）、《远山》（谢华）、《菱子的选择》（殷健灵）、《少年本色》（小民）、《地球与Q星》（王国刚）及《美国的月亮》（缪忆纬）。

13日，世纪出版社和中国作协儿童文学委员会联合举办了“《大灰狼画报》创刊十周年暨中国低幼文学作品创作新走向研讨会”。与会者认为，低幼文学作品的新走向应以弘扬游戏精神和幽默意识为主，同时内容上要有参与性的设置。

15日，《文学评论》第1期发表谢冕的《丰富而贫乏的年代——关于当代诗歌的随想》。文章认为，“从70年代末到90年代末将近20年的诗歌实践给我们的最大启示，是诗歌因承载了社会的忧患而获得了公众的同情与承认。诗歌在这种对于苦难和悲情的表现中不仅调整与完美了自身，而且赢得了全社会的关注。”“其实，社会对诗歌的热情，恰恰是因为诗歌发挥和展示了社会‘代言者’的职能，是社会给予诗歌的一个回报。80年代后期因为强调诗人的个体意识而不加分析地排斥并反对‘代言’，带来了消极的后果。”“在90年代，诗歌的确回到了作为个体的诗人自身。一种平常的充满个人焦虑的人生状态，代替了以往充斥诗中的‘豪情壮志’。”该文进一步指出，“告别80年代的诗歌其主导的流向，是全面推向诗的个人化和增强诗的私密性，大量的诗歌表现了对历史的隔膜和对现世的疏离。诗在过去的惯性决裂方面投入了巨大的热情，诗歌却也因而陷入了丰富之中的贫乏，这也是不争的事实。”

《天涯》第1期发表严力的短篇小说《母语的遭遇》。同期还选载了刘震云的长篇小说《故乡面和花朵》。同期的“研究与批评”版块刊出西川的文章《个人，他我，一切我（外六题）》和王家新的文章《群岛的对话》。在《个人，他我，一切我（外六题）》中，西川发表了一系列的看法：“一个诗人，一个作家，甚至一个批评家，应该具备与其雄心或欲望或使命感相称的文化背景和精神深度，他应该对世界文化的脉络有一个基本了解，对自身的文化处境有一个基本判断，否则最好不要开口说话。”“写作需要真知灼见，而这真知灼见的传承和发展大概属于秘传性质。”“我在《诗歌炼金术》这篇短文中表达过类似的观点：诗人应该从‘个我’走向‘他我’，继而走向‘一切我’”。“不必急于讨论诗歌语言的自足性，不必急于讨论暗示、辐射、虚拟、解构，不必急于拿出对抗时代或与时代同流合污的道德姿态。”“有时站在推动民族文化与时代文明的立场而不是个人写作的立场上，我宁愿强调理性的价值，因为这是思想的基础。因此，所谓伪哲学，亦属于文学写作的秘传之法，了解它、进入它的人可谓寥若晨星。”“我想，即使网络资本主义在全球实现，个人痛苦、爱与死亡、对于幸福的追求这类古老的问题依然无法得到解决，因为从根本上说，这类问题属于灵魂。批评不应该成为生活的借口，就像文学写作也不应该成为生活的借口一样。一个诗人、一个作家、一个批评家，投入生活并不意味着谄媚生活，更不意味着无视或邀宠于生活之恶。”“有人说诗歌这种文学体裁已经过时，这种说法的前提似乎是诗歌是死的，这种说法表明了一种对于诗歌的巨大误解。我们可以说一种诗歌形式已经过时，但诗歌写作的精神将一直存在下去。”在《群岛的对话》一文中，王家新认为：“‘个人写作’首先是从写作的性质及话语方式上，并且是在特定的历史语境中提出来的。”“‘个人写作’在当下语境中被提出，显然还与眼下这个时代大众传媒、消费文化、商业文化一统天下局面的形成以及它与意识形态的合流共谋有直接关系。”“因此，‘个人写作’的提出，不仅体现为在当今时代对一种个人精神存在及想象力的坚守，也带有一种与社会主流文化持异、分离的性质。”“重要的是，‘个人写作’已不仅是一种诗学设想，实际上自八十年代后期以来，一些诗人的写作一直在朝此努力。正是他们的写作实践，形成了一个既不同于朦胧诗也有别于新生代的诗学时代，形成了一种不再是板块组接而是类似于‘群岛上的谈话’的个人话语的景观。”

《江南》第1期发表谢友鄞的中篇小说《千年大道走成河》，阿成的短篇小说《新舟空傍旧情流》、荆歌的短篇小说《拖拉机手》。同期选载刘震云的长篇小说《故乡面和花朵》卷一中的第6－7章。

《特区文学》第1－2期发表梁衡的散文《特利尔的幽灵》。

17日，《文艺报》就“《我是太阳》抄袭说”在武汉地区引发的争论及相关方面的一些人士的看法做了专文摘编。湖北省新闻出版局版权处工作人员认为，应该属于合理引用。评论界认为，应当多想创作问题，少打文坛官司。《我是太阳》的编审、人民文学出版社编辑胡玉萍认为，文学批评应该多一些宽容。邓一光则表示不愿意介入纠纷。《文艺报》曾于1997年12月13日第四版转载《作家文汇》1997年11月15日刊登的云南作家彭荆风指责武汉青年作家邓一光的战争小说《我是太阳》的文章《是绝对的独一无二吗？——〈我是太阳〉抄袭〈纵横天下〉的战场场景》。

全国文学创作中心座谈会在京举行，六个创作中心（广东、湖南、内蒙古、山东、山西、上海）的"当家人"就如何繁荣文学创作进行深入交流、探讨。

19－21日，中国作协第五届全委会第三次（扩大）会议在京举行。与会人员就如何进一步研究和开创文学工作新局面展开讨论，要逐步改变作品整体质量还不理想、优秀作品数量还不够多的状况。

20日，全国宣传部长会议在京举行。江泽民总书记在会见会议代表时强调要紧紧围绕党的十五大主题扎实生动的做好宣传思想工作。

新闻出版署发布《关于加强和改进人民出版社工作的若干意见》。

《钟山》第1期发表莫言的短篇小说《拇指铐》（附创作谈）、徐坤的短篇小说《亲亲宝贝》（附创作谈）、海力洪的短篇小说《大风》、宁岛的短篇小说《钻石和痣》。本期"联网四重奏"栏目发表的是王海玲的中篇小说《记忆中的木小鸟》。同期还选载了刘震云的长篇小说《故乡面和花朵·风起》卷一中的1－3章。海力洪（1968－　）生于柳州市。毕业于南京大学中文系新闻专业。大学期间开始写作。著有中短篇小说集《药片的精神》、《左和右》、《广西当代作家丛书·海力洪卷》，长篇小说《缪氏家族》等。

21日，《文艺研究》第1期刊发一组就20世纪中国文学"现代性"展开的笔谈。针对宋剑华、杨春时提出的以"近代性"命名"五四"以来的中国文学的意见，龙泉明、杨义、陈剑晖等学者或从“现代性”历史文化内涵的辨析、或对“五四”新文学的“现代性”特征的分析以及“现代性”作为发展中的理论思维的阐述，表达了不同的看法。笔谈文章包括：宋剑华的《现代意识与现代文学》、杨春时的《前现代性的“中国现代文学”》、龙泉明的《现代性与现代主义》、杨义的《关于中国文学现代性的世纪反省》、陈剑晖的《现代性：百年文学的艰难历程》、刘思谦的《中国女性文学的现代性》、伍方斐的《现代性：跨世纪中国文学展望的一个文化视角》等。

23日，中国文联、中国剧协和《人民日报》文艺部联合主办，《中国戏剧年鉴》社承办的“中国曹禺戏剧文学奖·评论奖”（'97昆泰杯）颁奖大会在京举行。这次评奖是首次举办以戏剧评论为主的全国性奖事，是文学艺术界目前唯一的全国性评论奖，也是戏剧评论的最高奖项。首届曹禺戏剧评论奖有5篇文章获奖：廖全京的《题材的超越——川剧〈山杠爷〉散记》，霍长和的《大气磅礴的英雄史诗——评歌剧〈苍原〉的音乐》，徐晓钟的《“老船工”的启示——试析胡庆树在〈同船过渡〉中的表演》，洪兆惠的《追光照亮的灵魂》，列斌的《调动各种艺术手段增强话剧的表现力——〈春秋魂〉的导演手法》。

25日，《收获》第1期发表王彪的长篇小说《身体里的声音》，何立伟的中篇小说《龙岩坡》、李洱的中篇小说《现场》、黑城的中篇小说《水底的红门》，贾平凹的短篇小说《小人物》、杨静南的短篇小说《愤怒》，汪曾祺的《散文五篇》、余秋雨的散文《关于友情》、阿城的散文《攻击与人性之二》。

《黄河》第1期发表林贤治的《胡风“集团”案：20世纪中国的政治事件和精神事件》。文章认为：“在胡风‘集团’事件和‘五四’运动中，都是知识分子担任主角，无论是悲剧的角色还是正剧的角色，在这中间是有着深沉的精神联系的。个性。自由。民主。科学。价值重估。偶像破坏。……我们会惊异地发现，所有在‘五四’出现的东西，在胡风‘集团’事件中打一个旋涡就都消失了。可以肯定，存在着一个‘百慕大三角’。这是知识分子通往解放之路的绕不开的死角。因此，必须勇敢地从事探险和打捞的工作。”《黄河》杂志因为刊载这篇长达五万字的散文而备受关注，1999 年的《黄河》杂志办刊方针变为“一本有较高文化品位的、体现‘大文学’特色的、具有可读性和思想性的杂志”。尤其是“作家书斋”专栏，将思想文化作为关注的焦点，反映当下知识分子对时代、社会和人生的理性思索，具有强烈的批判意识。《黄河》副主编谢泳针对 1999 年各大文学期刊（如《上海文学》、《北京文学》、《青年文学》、《小说家》）较为集中地发生向思想文化倾斜的趋向，指出“文学期刊现在向思想文化靠拢不是过火，而是远远不够”。

《当代作家评论》第 1 期发表柳建伟与何启治的对话《五十年光荣与梦想——关于编辑、出版者与长篇小说创作关系的对话》。

26 日，北京人艺小剧场上演贝克特的荒诞派戏剧《等待戈多》，导演任鸣。在解释排演该剧的创作初衷时，任鸣说：“我们不希望大家把人艺当作古老的化石。人艺应该在完成经典传统剧目的同时，是一个极其富有探索精神、在现代戏剧方面走得最远的剧院。人艺的创作风格将走向多元化。”（《北京人艺探索荒诞戏　李六乙寻找　任鸣等待》，《戏剧电影报》1 月 8 日）

28 日，《剧本》第 1 期发表庞泽云（执笔）、王承友的大型话剧《炮震》和刘国勋的《车站前的广场》。

本月，人民文学出版社、解放军艺术学院文学系、四川省作家协会、四川巴金文学院邀请北京部分评论家、作家 40 余人在京举行长篇小说《北方城郭》研讨会。该书作者柳建伟，1997 年由人民文学出版社出版。

中国报告文学学会和艾迪尔广告咨询公司联合举办报告文学研讨会，探讨报告文学创作的真实性问题。大家一致认为，真实性、法制观念和政策观念是报告文学创作中应该引起作家重视的问题。

福建省作协第五次全省委员会选出新的领导班子。章武为省作协主席，孙绍振、刘登翰、季仲、南帆、杨少衡、舒婷、蒋夷牧为副主席。

以王火为团长，肖复兴、刘星灿、徐小斌为团员的中国作家代表团访问了捷克和南斯拉夫，并出席了在贝尔格莱德召开的第34届国际作家会议。

陕西省作协召开韦昕的长篇历史小说《大唐纪事》作品研讨会。与会者认为，韦昕通过纪事而纪史，通过纪史而写人，与一些侧重作家主观性的“新历史小说”不同，韦昕的历史小说比较重视历史的真实性和客观性。

伊沙在西安《文友》杂志主持“世纪诗典”，对当代诸多诗人的作品进行民间立场的评析。

第29届印度国际电影节上，我国影片《变脸》获得金孔雀奖，并被评为最佳亚洲影片。

《作家》和《漓江》联合举办短篇小说元月展，汇集各地20位年轻作家的作品。《漓江》第1期刊发的作品有潘军的《对面》、荆歌的《流产》、红柯的《中午两点》、刁斗的《变形记》、东西的《天上掉下友谊》、王小妮的《结巴》、张旻的《远方的客人》、鬼子的《遭遇深夜》、李冯的《梁》、李洱的《威胁》、夏商的《水果布丁》、海男的《快乐老家》、邱华栋的《天真》、丁天的《箫声咽》、金仁顺的《名叫马和》等。

《十月》第1期发表梁晓声的中篇小说《疲惫的人》、周大新的中篇小说《新市民》、邱华栋的中篇小说《遗忘者》、萨娜的中篇小说《你脸上有把刀》、何玉茹的中篇小说《怕之门》、赵建国的中篇小说《城市猎人》，王安忆的短篇小说《天仙配》、娄贻斌的短篇小说《操刀卖肉》、乔叶的短篇小说《一个下午的延伸》，李瑛的组诗《黄土地》，钱钟书和杨绛的散文《收藏了十五年的附识》。同期开始连载《李准自述》，共六篇，至第6期止。乔叶(1972－　)，女，原名李巧艳，河南修武人。河南省作协副主席。1993年开始发表作品。著有长篇小说《我是真的热爱你》，散文集《坐在我的左边》、《自己的观音》、《迎着灰尘跳舞》等。

《小说家》第1期发表赵本夫的长篇小说《天地月亮地》(《地母》第二卷选章)，陈家桥的中篇小说《父亲》、诗歌《慢慢逃跑》和随笔《精神病患者与小说》。“第三届小说家精短中篇”栏目开赛，本期刊发李冯的《七五年》、王芫的《欺骗》、王大进的《非命》。

何顿的《喜马拉雅山》、朱文的《什么是垃圾，什么是爱》、海男的《带着面孔的男人》、刘继明的《仿生人》等长篇小说，由江苏文艺出版社出版。

湖北少年儿童出版社推出一套长篇儿童小说《鸽子树丛书》，由方方、竹林、赵玫、蒋子丹、蒋韵、林白、唐敏等女作家联袂创作。

《笔会文丛》第一批共十种书，由学林出版社出版。有柯灵的《燕居闲话》、华君武的《补丁集》、秦怡的《跑龙套》、赵青的《两代丹青》、陈刚的《黑色浪漫曲》、章含之的《那随风飘去的岁月》、吴冠中的《沧桑入画》、董鼎山的《自己的视角》、吴正的《黑白沪港》、肖关鸿《史与诗》。

金梅著《悲欣交集——弘一法师传》，由上海文艺出版社出版。

中国友谊出版公司和台湾远流出版公司在海峡两岸同时推出98年度新书——台湾作家林佩芬的历史小说《两朝天子》。

叶文玲的长篇小说《秋瑾之死》，由香港明窗出版社出版。该书曾以《秋瑾》为书名在1996年由浙江文艺出版社出版。《秋瑾之死》是作家在《秋瑾》的基础上进一步修改而成。

张泉选编的《梅娘小说散文集》，由北京出版社出版。

《柯岩研究文集》，由中国文联出版公司出版。

张同道的《探险的风旗——论20世纪中国现代主义诗潮》，由安徽教育出版社出版。谢冕在序《世纪之交的精神历险》中评论说：这“大约是中国第一部全面而系统地探讨20世纪中国现代主义诗潮的史论式著作”。

张抗抗的散文集《沧浪之水》，由江苏文艺出版社出版。

鲁湘元的《稿酬怎样搅动文坛——市场经济与中国近现代文学》，由红旗出版社出版。

《韩少功散文》（两卷），由中国广播电视出版社出版。

方方的随笔集《雅兴》，由江苏文艺出版社出版。

二月

1日，《作家》第2期发表舒婷自选诗（1992－1997）及诗论《语言为舵》，叶兆言的中篇小说《关于饕餮的故事梗概》。

《广州文艺》第2期发表陈家桥的中篇小说《南京》、邱华栋的短篇小说《瘾君子》（外二篇）。

《长江文艺》第2期发表林希的中篇小说《车夫贾二》。

《解放军文艺》第2期发表阎连科的中篇小说《大校》、赵建国的中篇小说《眺望青山》。

3日，《人民文学》第2期发表蒋子龙的当代纪实小说《三鱼气象》，陈源斌的中篇小说《重现江湖》、叶楠的中篇小说《大洋守望》，杨少衡的短篇小说《红布狮子》、李玉林的短篇小说《大把打轮》，阿坚的散文《拉萨随想》、柳萌的散文《寂寞的童年》。本期小说连环载邱华栋《如愿以偿》第二章。本期小说新人推荐：徐庄及其两篇短篇小说《好好地拾掇他》、《看火车》。杨少衡（1953－　），河南林州人。福建省作协副主席。1979年开始发表作品。著有长篇小说《市级领导》、《底层官员》、《党校同学》，中短篇小说集《彗星岱尔曼》、《西风独步》、《代理市长》等。

5日，《山花》第2期发表李冯的中篇小说《审判》、潘军的短篇小说《半岛四日》、聂鑫森的短篇小说《早熟》、苇岸的散文《大地上的事情》。

《上海文学》第2期发表何玉茹的短篇小说《最后的朋友》、程小莹的短篇小说《背朝你或望其项背》，周涛的散文《谁在轻视肉体》。本期还选载了刘震云的长篇小说《故乡面和花朵》卷四中的第6章。

《萌芽》第2期发表朱晓琳的中篇小说《走过香榭丽舍大街》，中跃的短篇小说《校园杀手》。

《湖南文学》第2期发表石钟山的中篇小说《父亲进城》。

8日，中国作协诗刊社举办第十四届“青春诗会”。本届诗会是与会人数最多的一届。本年3月10日，《诗刊》3月号刊出“第十四届青春诗会专号”。

中央戏剧学院演出话剧《保尔·柯察金》。编剧刁奕男，导演蔡尚君。

9－11日，舒婷诗歌音乐朗诵会在北京音乐厅连续举办三场。共朗诵了舒婷的15首代表作，在中年以上的诗歌观众中引起强烈的反响。谢冕认为，舒婷的诗很能引起人们的共鸣，是因为它不像现在的一些诗过于私人化。

9日，中国作协影视文学委员会在京成立，并举行首届委员会议。李準、施勇祥为主任，叶辛、柯岩、陈汉元、苏叔阳为副主任。与会者认为这次文学与影视大联姻必将提高影视创作的文学水平，开拓文学创作的视野。

人民文学杂志社在京召开了改革与发展研讨会。为将一本全新的《人民文学》带入21世纪，制定以下改革思路：将“三性”（时代性、权威性、群众性）作为刊物定位，将“三史”（编年史、心灵史、风俗史）作为刊物内容的主要特征，将政治意识、精品意识、市场意识作为编辑必须具有的观念。

10日，中国作家协会主办的首届鲁迅文学奖各单项优秀作品奖在京揭晓。鲁迅文学奖每三年评选一次，下设短篇小说、中篇小说、报告文学、诗歌、散文和杂文、文学理论和文学评论、文学翻译七项。第一届评选的是1995－1996年的优秀作品。获全国优秀短篇小说奖的有《老屋小记》（史铁生），《雾月牛栏》（迟子建），《赵一曼女士》（阿成），《镇长之死》（陈世旭），《哺乳期的女人》（毕飞宇），《心比身先老》（池莉）6部；获全国优秀中篇小说奖的有《父亲是个兵》（邓一光），《小的儿》（林希），《挑担茶叶上北京》（刘醒龙），《年前年后》（何申），《涅槃》（李国文），《天知地知》（刘恒），《没有语言的生活》（东西），《黄金洞》（阎连科），《天缺一角》（李贯通），《双鱼星座》（徐小斌）10部；获全国优秀报告文学奖的有《锦州之恋》（邢军纪、曹岩），《灵魂何归》（亦名《没有家园的灵魂》）（杨黎光），《黄河大移民》（冷梦），《黑脸》（一合），《恸问苍冥》（金辉），《没有掌声的征途》（江宛柳），《东方大审判》（郭晓晔），《温故戊戌年》（张建伟），《淮河的警告》（陈桂棣），《大国长剑》（徐剑），《敦煌之恋》（王家达），《共和国告急》（何建明），《走出地球村》（李鸣生），《开埠》（程童一等），《毛泽东和蒙哥马利》（董保存）15部作品；获全国优秀诗歌奖的有《生命是一片叶子》（李瑛），《今天没有空难》（匡满），《韩作荣自选诗》（韩作荣），《在瞬间逗留》（沈苇），《鸟落民间》（张新泉），《狂雪》（王久辛），《寻觅光荣》（辛茹），《拒绝末日》（李松涛）8部作品；获全国优秀散文奖的有《何为散文选集》（何为），《春宽梦窄》（王充闾），《中华散文珍藏本·周涛卷》（周涛），《女人的白夜》（铁凝），《秋白茫茫》（李辉），《皇天后土》（周同宾），《从这里到永恒》（赵玫），《羊想云彩》（刘成章），《湮没的辉煌》（夏坚勇），《两种生活》（斯妤）10部散文集；获全国优秀杂文奖的有《微言集》（林祖基），《何满子杂文自选集》（何满子），《邵燕祥随笔》（邵燕祥），《韩羽杂文自选集》（韩羽），《世象杂拾》（唐达成）5部杂文集；获全国优秀理论评论奖的有《认识老舍》（樊骏），《社会主义市场经济与文学价值论》（敏泽），《自传统至现代——近四百年中国文学思潮变迁论》（陈伯海），《论鲁迅与林语堂的幽默观》（曾镇南），《茅盾几部重要作品的评价问题》（邵伯周）5篇文章；获全国优秀翻译奖的有《华兹华斯抒情诗选》（杨德豫），《艾青诗百首》（燕汉生），《浮士德》（绿原），《修道院纪事》（范维信），《莱蒙托夫全集2·抒情诗Ⅱ》（顾蕴璞）5部作品；获全国优秀散文杂文荣誉奖的有《我的家在哪里》（冰心），《赋得永久的悔》（季羡林），《牵牛花蔓》（严秀），《半月随笔二集》（雷加），《郭风散文选集》（郭风），《烟水江南绿》（艾煊）6 部散文杂文集；获全国优秀文学翻译彩虹奖荣誉奖的有陈占元、金克木、黄源、刘辽逸、吕叔湘、施蛰存、孙绳武、伍孟昌、朱维之、陈冰夷、齐香、方平、金隄、蒋路、磊然、李芒、钱春绮、孙家晋、唐笙、辛未艾、袁可嘉、叶水夫、郑永慧、草婴、任溶溶 25 位翻译家。

《北京文学》第 2 期发表高建群的中篇小说《大杀戮》。本期“短篇小说公开赛”栏目刊登刘玉堂的《麻绳传奇》（外一篇）、潘军的《抛弃》、朱辉的《救命》、赵恺的《红狐狸》。

《电影文学》第 2 期发表电影剧本《江邻轶事》（编剧叶楠）、《逆水行舟》（编剧陶光轩）。

11 日，《青年文学》第 2 期发表王雄的中篇小说《下派的日子》。本期推出“文学方阵・广西”刊登常弼宇的中篇小说《搬家》、李冯的中篇小说《回故乡之路》、东西的短篇小说《好像要出事了》、鬼子的短篇小说《你猜她说了什么》。

13 日，中国剧协在京召开纪念田汉诞辰一百周年座谈会。

由浙江电影制片厂新摄制的故事片《周恩来——伟大的朋友》首映式在“浙江省暨绍兴市纪念周恩来诞辰一百周年大会”上举行。

17 日，中国作协成立台港澳暨海外华文文学联络委员会，邓友梅、唐达成担任主任。

18 日，由中国作协主办的我国唯一全国性少数民族文学月刊《民族文学》在京举行庆祝创刊 200 期座谈会。

20 日，《当代》第 1 期发表王跃文的中篇小说《夏秋冬》、何申的中篇小说《乡村英雄》、王静怡的中篇小说《穆宅春秋》。

22 日，为纪念知青上山下乡 30 周年，《今晚报》副刊部举办“老插忆趣”有奖征文。铁凝、韩少功、张抗抗、何志云、李锐、范小青等知青作家，以及王佐良、李银河等学者纷纷加盟。

25 日，陕西省委宣传部、省文联、省作协联合召开《白鹿原》（修订本）荣获第四届茅盾文学奖表彰会，对陈忠实给予一万元奖励。对于《白鹿原》最终获得第四届茅盾文学奖，贾平凹说：“其实在读者和他的心中，《白鹿原》五年前就获奖了。现今的获奖，带给我们的只是悲怆之喜，无声之笑……作品的意义并不在于获奖，就《白鹿原》而言，它的获奖重在给作家有限的生命中一次关于人格和文格的正名，从而使生存的空间得以扩大。”（贾平凹:《上帝的微笑》,《小说评论》1998 年第 1 期）何启治认为：“陈海对《白鹿原》的肯定对它的获奖起了重要的作用；但陈忠实本人适当的妥协和对《白鹿原》所作的并非伤筋动骨的修订，对它的获奖当然也是重要的。”（何启治:《〈白鹿原〉档案》,《出版史料》2002 年第 3 期）评委会当时对作品的修订意见主要是:“作品中儒家文化的体现者朱先生这个人物关于政治斗争‘翻鏊子’的评说，以及与此有关的若干描写可能引出误解，应以适当的方式予以廓清。另外，一些与表现思想主题无关的较直露的性描写应加以删改。”(《文艺报》1997 年 12 月 25 日的“本报讯”) 陈忠实对书稿进行的修订如下：一些与情节和人物性格刻画没多大关系的、较直露的性行为的描写被删去了，如删去了田小娥第一次把黑娃拉上炕的有一些性动作过程的描写，关于国共两党“翻鏊子”的政治上可能引起误读的几个地方或者删除，或者加上了倾向性较鲜明的文字……总共不过删改两三千字。（参见何启治:《〈白鹿原〉档案》,《出版史料》2002 年第 3 期）陈海对《白鹿原》的肯定看法：陈忠实“充分地理解现实斗争的复杂性，理解中国革命的长期性、复杂性和残酷性这个特点，但又同样清楚地看到中国历史发展的趋向。尽管陈忠实在自己探索中国社会关系和社会斗争的过程中，也出现了自己主观认识上的一些问题，但他整体思想倾向的正确是应该肯定的，他的这部作品，深刻地反映解放前中国的现实的真实，是主要的。”（参见何启治：《〈白鹿原〉档案》，《出版史料》2002 年第 3 期）

《郑州大学学报》第 1 期组织“关于 90 年代诗歌”话题，推出谢冕、洪子诚、程光炜、臧棣、欧阳江河、耿占春、西渡、孙文波、周瓒等人的笔谈。

28 日，《剧本》第 2 期发表纪念中国话剧九十年专稿，刊登李铁映的《在中国话剧九十年纪念大会上的讲话》和徐晓钟的《走具有中国特色的话剧发展之路——纪念中国话剧九十年》。同期，发表蒋晓勤、姚远、邓海南的大型音乐话剧《青春涅槃》和王治普、肖广森的六场话剧《三个月亮》。

本月，由《文艺报》主办的“文化工业”问题研讨会在京举行。与会的专家及学者对什么是“文化工业”，如何认识西方国家“文化工业”现象，以及“文化工业”现象在当代中国是否已经出现，我们应如何对待此现象等问题进行了讨论。3 月 5 日，《文艺报》理论与争鸣板块发表“文化工业讨论”专题文章。王逢振的《文化工业与社会发展》，认为对西方文化工业的批判是必要的，但不能不加分析地全面否定。否定大众文化实质上是固守少数文化或精英文化所依托的等级社会，阻碍社会的前进。章国锋的《关于文化工业的思考》，认为围绕文化工业的讨论，核心是文化工业与大众文化的关系；要认识到文化工业的反文化性质，即文化工业是资本为获取利润而一手制造出来的行业，在“文化”的伪装下，将文化异化为商品，将大众的文化热情引入商品消费的陷阱，文化工业不但无助于大众文化的素质和审美情趣的提高，而且威胁着严肃文化，尤其是文学艺术的生存基础。4 月 14 日该栏目还就“文化工业”问题发表了专版文章，包括《“文化工业”的翻译与“拿来”——程代熙先生访谈录》、周玉宇的《“文化工业”问题研讨会纪要》、周平远的《文化工业与文化策略》。周平远的文章认为，与其把文化工业当做一种“反文化”加以否定，不如把它当做一种“新文化”加以研究，并制定出相应的文化策略；作为一种文化策略，应该把文化工业问题纳入“有中国特色社会主义的文化建设”的总体框架来考虑。5月7日，《文艺报》“理论与批评”栏目发表关于“文化工业”问题的讨论文章。有郭英剑的《文化的境遇与前景》、《文化产业：一个现实的话题——高起祥、钱光培访谈录》，崔少元的《全球化·文化工业·文化认同——文化工业侵略性、腐蚀性漫谈》。崔文认为，当今文化工业产品基本上是由西方发达资本主义国家倾销到一些亚非国度的，由此引发诸如文化剥削、文化霸权等问题。

应美国现代传播公司和加拿大蒙特利尔世界电影节的邀请，以广电部副部长赵实为团长，张艺谋、冯小宁、何群、宁静、韩三平、童刚等为团员的中国电影代表团赴纽约访问，参加中国电影展活动。中国电影展2月5日在纽约的美国导演协会放映厅举行开幕式，并放映《红河谷》。影展先后在纽约、洛杉矶、休斯敦、桑塔巴巴拉和加拿大的蒙特利尔举行，展映了《红河谷》、《鸦片战争》、《林家铺子》、《秋菊打官司》、《过年》、《男孩女孩》等17部中国影片。

《戏剧艺术》第1期发表丁罗男的《中国话剧文体的嬗变及其文化意味》、刘永来的《关于上海小剧场戏剧运动的思考》。

《台湾与海外华文文学评论和研究》更名为《世界华文文学论坛》。

《土家族文学》杂志在湖北长阳土家族自治县创刊。

洪子诚等主编的“90年代文学书系”，由社会科学文献出版社出版。“书系”包括小说、散文、诗歌三部分，共六卷。它摒弃了常见的从某一理论批评立场出发的编选行为，而同时兼顾历史和美学标准，每卷都有详尽的导言，对90年代文学作了描述、解释、分析、批评和建议。其中诗歌卷《岁月的遗照》由程光炜编选。该卷因为其“知识分子”立场与倾向引起关注和争议。与之针锋相对的是1999年花城出版社出版了《1998中国新诗年鉴》（于坚、韩东、杨克、谢有顺等策划），这导致了1999年4月北京“盘峰会议”——

“世纪之交：中国诗歌创作态势与理论建设研讨会”中的“民间写作”与“知识分子写作”之争。

《冰心译文集》，由译林出版社出版，收录了冰心一生中几乎全部的翻译作品。

系列长篇小说集《金锚文学丛书》，由中国青年出版社出版，首批共六部作品。该系列小说系统展示我国海军的风采和精神风貌。

温金海的长篇系列小说《沉沦》，由中国文联出版公司出版，包括《无意沉沦》、《推销死亡》、《逃亡岁月》、《旧情难诉》四部。

《贵州民间文学选粹丛书》、《贵州民间文化研究丛书》，由贵州人民出版社出版。两套丛书共计21本，500余万字，集贵州民间文学之精粹和民族文化研究的新成果。

贵州省作协组织编写的《贵州新文学大系》，由贵州人民出版社出版，按文学门类分8卷11册，全面展示了1919－1989年间贵州本土文学创作实绩。

木青的长篇小说《重工街柔情》，由百花文艺出版社出版。

姜贻斌的长篇小说《左邻右舍》，由作家出版社出版。

《牛汉诗选》，由人民文学出版社出版，为“诗世界丛书”之一。作品分为《短诗卷》、《长诗卷》、《散文诗卷》、《诗剧卷》4卷，收1941年至1996年所创作的诗170余首（篇），前有作者《谈谈我这个人，以及我的诗》代自序，后附史佳《牛汉生平与创作年表简编》。

郝海彦主编的《中国知青诗抄》，由中国文学出版社出版。本书收录郭路生、芒克、林莽、多多等100余诗人270余首诗作。后附有北京大学中文系72级创作班工农兵学员集体创作的《理想之歌》等。

张抗抗的散文集《山野现代舞》，由陕西人民出版社出版。

高占祥、李准主编的《新时期文学艺术成就总论》，由花山文艺出版社出版。

三月

1日，《作家》第3期发表吴晨骏的中篇小说《草之歌》、李洱的中篇小说《玻璃》、棉棉的中篇小说《告诉我通向下一个威士忌酒吧的路》、张锐锋的散文《孔子——别人的宫殿》。

《小说界》第2期发表从维熙的长篇小说《龟碑》、王童的中篇小说《黑姆佛洛狄特通道》、棉棉的短篇小说《九个目标的欲望》。

《广州文艺》第3期发表殷慧芬的中篇小说《上海爱情故事》、刘心武的短篇小说《大公务员之死》。

《长江文艺》第3期发表刘醒龙的中篇小说《心情不好》、石钟山的短篇小说《国旗手》、红柯的短篇小说《树泪》、聂鑫森的短篇小说《大家乐》。

3日，《人民文学》第3期发表叶舟的中篇小说《世面》、苏童的短篇小说《过渡》、吴青的散文《遗像前的鲜花》、许奉生的散文《相濡以沫》。本期小说连环：李冯《如愿以偿》第三章。本期小说新人推荐：艾伟及其两篇短篇小说《乡村电影》、《七种颜色的玻璃弹子》。

《芳草》第3期发表叶广芩的中篇小说《到家了》。

4日，广西作家协会召开五届二次理事会，以一万元奖给获得首届“鲁迅文学奖”的青年作家东西（获奖作品为中篇小说《没有语言的生活》），并增补其为作协理事。会议还决定，在原设“广西金冠文学奖”以十万元奖金奖励广西籍“茅盾文学奖”获得者的基础上，凡广西籍作家获“鲁迅文学奖”者，给予一万元奖金；凡获奖者为广西作协会员的，增补为理事。

5日，《莽原》第2期发表魏高翔的长篇小说《暂时之痛》、何士光的短篇小说《日子》、辛保平的中篇小说《无法斯文》。

《上海文学》第3期发表叶广芩的中篇小说《瘦尽灯花又一宵》、刘庆邦的短篇小说《喜鹊的悲剧》、刘继明的散文《亲爱的小鱼》。

《芙蓉》第2期发表张执浩的短篇小说《倒叙》、《寻人启事》。

《山花》第3期发表李大卫的短篇小说《少年英雄传，或假装我身怀绝技》、徐坤的短篇小说《答案在风中飘荡》和文论《颠覆：作为一种文本策略——97女性写作回眸》。本期"联网四重奏"刊发李洱的中篇小说《悬铃木枝条上的爱情》。

《大家》第2期发表何顿的中篇小说《男人的故事》、李洱的中篇小说《午后的诗学》。本期"长篇短制"栏目刊登张炜的小说《凝望——43幅照片的故事》。"新散文"中刊登于坚的《翠湖记》、张锐锋的《世界的形象》(续)。评论有陈慧的《新散文：写作中的散文》、施战军的《新散文的艺术视野》、李森的《文本中的时间之谜——张锐锋的"新散文"》。

博源的短篇小说《匆忙青春》发表在《萌芽》第3期上。

10日，《中国作家》第2期发表徐小斌的中篇小说《天籁》、斯妤的中篇小说《对面》、钟晶晶的中篇小说《屋顶有只猫》、梅卓的短篇小说《麝香》。梅卓（1966－　），女，藏族，原名宦晓梅，青海化隆人。青海省作协主席。1987年开始发表作品。著有长篇小说《太阳部落》、《月亮营地》、《太阳石》，中篇小说集《麝香之爱》，游记《藏地芬芳——三个康巴汉子和一位安多女子的游历》，散文诗集《梅卓散文诗选》等。

《北京文学》第3期发表王立纯的中篇小说《今晚我在哪个门口守夜》、李贯通的短篇小说《层次》、程青的短篇小说《风花雪月》、何玉茹的短篇小说《努力和结果》。

《花城》第2期发表曾维浩的长篇小说《弑父》、北村的中篇小说《东张的心情》、陈家桥的中篇小说《现代人》、张旻的短篇小说《两个汽枪手》、绿原的诗《人淡如菊》。曾维浩（1962－　），湖南武冈人。1981年参加工作，历任中学教师，县委宣传部干事，县文联秘书，杂志编辑。1983 年开始发表作品。广东省第二届青年文学院签约作家。著有长篇小说《弑父》，中短篇小说集《凉快》、《流浪的夏天》、《都市雕塑》，散文随笔集《灶台上的玫瑰》等。

《诗刊》3 月号刊出“第十四届青春诗会专号”，刊有谢湘南《呼吸》、《深圳早餐》，大卫的《伟大的时代或者细小的感觉》，臧棣的《个人书信史话》，李元胜的《树叶上的街道》，沈苇的《内心的边疆》等诗和李小雨、邹静之、周所同的《让世界从诗开始——第十四届青春诗会侧记》。

《电影文学》第 3 期发表电影剧本《背起爸爸上学》（编剧王浙滨），《山村款爷》（编剧杨玉金、陈玉柱）。

11 日，新闻出版署印发《新闻出版业 2000 年至 2010 年发展规划》。

《青年文学》第 3 期发表王大进的中篇小说《玄武湖的焰火》。本期推出“文学方阵·北京”，刊登徐坤的短篇小说《一醉方休》、刘庆邦的短篇小说《外衣》、丁天的短篇小说《葬》、邱华栋的短篇小说《抛物线》、荒水的短篇小说《日行》。

河北作家邢卓因图书质量低劣状告其长篇小说《半世私情》的出版方西藏人民出版社，此案为国内首例。

12 日，湖南长沙举行田汉诞辰 100 周年纪念大会。雷抒雁专门作诗《永久的思念》。

13 日，《红岩》文学双月刊设立《红岩》文学奖，以庆贺《红岩》复刊 100 期。《红岩》由重庆市文联主办。

14 日，在九届全国人大一次会议上，广西作家何培嵩等 33 位代表提交了《关于要求国家对省级文学刊物给予经济倾斜、扶持政策的提案》。

作家出版社和二炮政治部文化部在京联合举办了徐剑的长篇报告文学《鸟瞰地球》研讨会。

15 日，《天涯》第 2 期发表蔡之岳的短篇小说《别用狗嘴跟我讲话》、黄立宇的短篇小说《你想对我说什么》。

《江南》第2期发表毕飞宇的长篇小说《那个夏季那个秋天》、朱文的中篇小说《弟弟的演奏》、吴晨骏的中篇小说《屋顶上的飞机》。

16日，北京人民艺术剧院小剧场上演话剧《雨过天晴》。编剧、导演李六乙。

17日，《作品与争鸣》、《作家报》、《佛山文艺》向全国作家发出倡议：深刻体察、把握下岗与再就业的现实命题，写出无愧于这一现实变化的深刻性的佳作力作，为20世纪中国文学缔造“下岗再就业小说”这一新品种，并向全国作家征稿。5月起在《佛山文艺》半月刊上陆续推出来稿，《作品与争鸣》、《作家报》选择优秀的作品转载并进行评价与讨论。

18日，新闻出版署发出《关于调整“九五”国家重点图书出版规划的通知》。调整后的“九五”国家重点图书出版规划共有1211个项目。

广东省作家协会散文创作委员会和珠海特区报社联合主办的陈伯坚散文研讨会在珠海召开，与会者认为陈伯坚散文别具一格、幽默、有味、小篇幅大境界。

《中国戏剧》第3期发表谭霈生的《关于中国话剧重新“定位”的几点思考》、廖全京的《近年戏剧创作中的一种现象》。其中，谭霈生指出，中国当代话剧存在的种种问题，“其最深最大的症结”在于“将戏剧仅仅视为意识形态，完全以对待意识形态的办法与方式来对待戏剧，来运作戏剧。”认为“戏剧不仅仅是意识形态，戏剧首先是艺术生产。从意识形态向艺术生产转轨，恐怕这才是当代戏剧改革的基点。”对于戏剧的历史使命问题，谭文认为，“戏剧是文化的组成部分”，“自有其不同于经济与政治的独特的使命与作用。这就是它参与着文化的重新建构的伟大任务”，“参与着以价值体系为核心的人格与素质的重建，以此达到对人的全面的人格与素质能力的培养教育”。而这一点正是我们过去所忽视的。

20日，21世纪出版社和中国作家协会儿童文学委员会联合在京举行新版《一百个中国孩子的梦》出版座谈会。与会者高度评价此书，誉之为“中国儿童文学的骄傲”。《文艺报》4月7日的“理论与批评”刊登了部分评论文章，有束沛德的《一部不同凡响的力作》、崔道怡的《赤子之心，真善美的根》、曹文轩的《以梦为马》。

江苏省委宣传部、中国作协创研部、江苏省新闻出版局、江苏省作协、江苏文艺出版社联合举办范小青的长篇小说《百日阳光》作品研讨会。与会者称，小说以新的视角、现实主义的笔法回顾了苏南乡镇企业艰难的创业历程。一改《裤裆巷风流记》中淡淡笔调描述小巷风情的手法，这部作品的出现象征着范小青中年“变法”的成功。

《钟山》第2期发表侯大康的中篇小说《蜃影》、卫慧的中篇小说《像卫慧那样疯狂》、王蒙的短篇小说《满涨的靓汤》、朱辉的短篇小说《红口白牙》（附创作谈）、刘心武的短篇小说《人面鱼》（附创作谈）、刘庆邦的短篇小说《发大水》（附创作谈）、高晓声的散文《江心洲》。本期“联网四重奏”栏目发表李洱的短篇小说《夜游图书馆》。

中国青年艺术剧院在京演出话剧《花房姑娘》。编剧彭涛，导演吴晓东。剧本发表在《新剧本》第6期。

20－22日，由北京作家协会、中国当代文学研究会、清华大学中文系和《诗探索》编辑部联合主办的“后新诗潮研讨会”，在北京北苑宾馆举行。会议以对新诗潮之后的诗歌创作做出学理清理和理性发言为主旨，切入到当代诗歌创作、批评实践及阅读接受层面，勘探中国当代诗歌的成就与问题。在京和来自全国各地的重要诗歌评论家、诗人和学者40多人与会，李青、谢冕、蓝棣之、杨匡汉、吴思敬共同主持了研讨会。会议主要围绕“后新诗潮”的命名和评价及相关诗学问题展开研讨。吴思敬、刘士杰、陈仲义、王光明、唐晓渡、陈超、吴晓东、陈旭光、郑单衣、周亚琴、王一川、郑敏、西川、臧棣、西渡、王家新、刘福春、欧阳江河、麦芒、李劼、姜涛、崔卫平、蓝棣之、荒林等在此次会议先后作了发言，发表了自己的看法与见解。以吴思敬、刘士杰、陈仲义等为代表的大多数观点，认为在时间上，“后新诗潮”酝酿于80年代初期，形成于80年代中期，1986年《诗歌报》、《深圳青年报》发起的“现代诗歌群体大展”是其成为潮流的标志。90年代以后，“后新诗潮”的有代表性的流派逐渐解体，取而代之的是从中脱颖而出的一批有特色的先锋诗人。谢冕认为，“后新诗潮”最值得重视的一个特征是与80年代后半期开始的个人化进程发生的紧密关联，它在对于集体主义等意识形态的摆脱中竭力恢复诗的个人性，凸显出朝诗的本身特质的回归倾向。王光明认为“后新诗潮”与“新诗潮”用抗衡的姿态与国家话语不同，它摒弃了诗的时代代言的职能，发展了诗歌话语的个人性，并在此基础上产生了对诗的本体性的追求，“后新诗潮”对诗的语言和诗人本身提出了更高的要求。它是一个复杂的过程，但作为结果，它有力地冲击和更新了人们的诗歌观念。唐晓渡和陈超则主张从诗歌文本出发，比较“后新诗潮”与“新诗潮”作品的整体性的风格差异，从中提炼与概括出“后新诗潮”的美学素质与崭新特征。陈旭光、吴晓东、郑单衣等人则不赞同将“后新诗潮”限定在80年代中期至末期之间，而倾向于把时间下限取消，以肯定自“后新诗潮”开始的一个新的诗歌时代的整体性与连续性，认为“后新诗潮”作为一种先锋性的诗歌潮流，代表了一种新的充满生命活力的文化形态，它超前性地预示了整个文化转型的必然趋势。（参见荒林执笔的会议综述《当代中国诗歌批评反思——“后新诗潮”研讨会纪要》，《诗探索》1998年第2辑）会议引起一些反响与争议：1998年7月25日，《华夏诗报》第118期刊出丁芒的《惜其才华，哀其虚无，厌其狂悖，鄙其唯我——评北京“后新诗潮研讨会”部分发言》等；1998年9月15日《华夏诗报》第119期刊出柯岩的《流派可以不同，但不要排除异己》、黎焕颐的《说几句不客气的话》等；1999年2月25日，《华夏诗报》第123期刊出汪村的文章《如此怪论——读“后新诗潮研讨会”有感》等。

23日，第二届“大家·红河文学奖”在人民大会堂举行颁奖大会。获奖作品为：长篇小说奖空缺；迟子建的《白银那》和叶兆言的《故事，关于教授》获得中篇小说奖；业余青年作者木祥的《怒江故事》获得短篇小说奖；张锐锋的《飞箭》获得散文奖；屠岸等7位诗人创作的组诗《公仆之歌》获得诗歌奖。

25－27日，由台东师范大学主办的“台湾地区（1945年以来）现代童话学术研讨会”在台东举行。大陆学者金燕玉、王泉根、汤锐、方卫平、孙建江以及作家张秋生、冰波、葛竞应邀参加。

25日，中国作协儿童文学委员会召开在京委员会议，委员们讨论了《全国优秀儿童文学奖评奖条例》（征求意见稿）和《关于举办中国作家协会第四届（1995－1997）全国优秀儿童文学奖的评奖方案》（草案），并就编辑《50年儿童文学精选》进行了商讨。

《收获》第2期发表须兰的中篇小说《光明》、韩东的中篇小说《在码头》、何顿的中篇小说《丢掉自己的女人》、王大进的中篇小说《纪念物》、苏童的短篇小说《小偷》、钟晶晶的短篇小说《金子》、刘继明的短篇小说《他不是我儿子》。

《中华读书报》发表一组关于文学批评的专题讨论文章。钱竞认为，进入90年代以后，学术风气明显变化：注重“学术化”、追求“史学化”，与它们相应的是不注重价值判断，不急于做善恶优劣的评判；不关心文坛现状，对如今的创作与评论都失去了兴趣。王得后认为，文艺批评必须具有相应的眼力与笔力；文艺批评家的宽容，不是放弃是非、放弃爱憎、放弃对艺术的批评。韩石山认为，对于一个批评者，最重要的是有没有批评的眼光和胆量。童庆炳认为，文学批评首先要讲知识，而近些年文学批评中缺乏常识的批评时有所见。程光炜认为，90年代的批评与80年代的批评之间的关系是两种话语方式的互换，它们之间有一种相关联、延伸性的张力。

26日，人民文学出版社、中国电视剧制作中心、《小说选刊》杂志社在京联合召开了周梅森长篇小说《天下财富》研讨会。《天下财富》是周梅森继长篇小说《人间正道》之后推出的“当代”三部曲中的第二部，反映股市生活。中央电视台中国电视剧制作中心在小说写作之初就给予了重点扶持，根据小说改编的22集同名电视剧已作为重点剧目投拍，其剧本已荣获中央电视台主办的全国优秀电视剧本征评一等奖。

27日，中国作协儿童文学委员会与福建少儿出版社在京联合主办了“花季小说”丛书暨长篇少年小说创作研讨会，与会者对“花季小说”显示的特色给予肯定，认为它们脱去了以往儿童文学创作的窠臼，读起来更亲切、感人，展示了儿童文学新生代（第五代）年轻作家的水平和实力。

28日，《文艺报》进入因特网，在我国第一家非纸媒体《世纪潮》的支持下运作。

《剧本》第3期发表纪念中国话剧九十年专稿，刊登胡可的《我国军队话剧的战斗传统——纪念中国话剧九十年》和谭霈生的《关于中国话剧重新“定位”的几点思考——写在中国话剧九十年纪念之际》。同期，发表马孝严的六场话剧《郑国》。

29日，首届“中国星星跨世纪诗歌奖”在成都颁奖，白连春、孙静轩、章德益获奖。该奖项由四川省作协和星星诗刊社共同设立。

30日，中共江苏省委宣传部、中国作协儿童文学委员会、江苏省新闻出版局在京联合举办“曹文轩长篇新作《草房子》作品研讨会”。与会者称赞《草房子》是“儿童文学的重大收获”和“少年小说的最新成果”。诗人金波认为“读曹文轩的《草房子》，最重要的是感受情调”，路文彬认为《草房子》是“古典与浪漫的悲悯歌吟”，孙幼军盛赞作者“为‘小孩子’写出了‘大作品’！”此次研讨会部分评论家的发言刊登在《文艺报》1998年4月16

日的“理论与批评”栏目中。

浙江省作协、浙江文学院推出现实主义文学精品工程，八位浙江中青年作家分别与省作协、浙江文学院商定选题并签约。有李杭育《诗人之翔》、王彪《欲雪还雨》等。

本月，第四届国际华文诗人笔会在海南省三亚市举行。与会者就华文新诗的理论与创作问题进行了广泛交流和探讨。这次会议由三亚市政府、国际华文诗人笔会主办，香港大公报广州办事处与海南诗社协办。

太白文艺出版社、陕西省作协、西安市文联联合召开了青年散文家作品研讨会，就太白文艺出版社推出的“西风烈文丛”中的作品展开讨论。与会者认为青年散文家以群体面目出现显示了陕西散文创作新锐的实力，还显示出不同于上一代的文学景观。该文丛包括的七部作品是朱鸿的《放弃》、邢小利的《回家的路有多远》、穆涛的《俯仰由他》、冯积岐的《人的证明》、庞进的《慧雨潇然》、陈长吟的《行色匆匆》、刘明琪的《善待世界》。

1997 年度中国科幻小说银河奖在上海颁发。绿杨的《黑洞之吻》获得特等奖。获奖者中有三分之二是大学生，新一代的科幻作家群正在形成。科幻小说银河奖是由《科幻世界》于 1986 年设立，至今已是第九届。

《剧本》第 5 期发表上海话剧艺术中心－上海青年话剧团制作体在沪演出两幕音乐喜剧《歌星与猩猩》。编剧赵耀民，导演熊源伟。剧本。

《十月》第 2 期发表阙迪伟的中篇小说《寻找番薯》、谈歌的中篇小说《绝士》、何立伟的中篇小说《与你有关或无关》、赵光鸣的中篇小说《汉留营》、鲍蓓的中篇小说《倒影》、秦巴子的短篇小说《四月纪事》、季宇的短篇小说《暗语》、陈祖芬的报告文学《为你着想》。

《小说家》第 2 期发表刘震云的长篇小说《故乡面和花朵·行进》、铁凝的短篇小说《B 城夫妻》、楼肇明的文章《叙事与诠释：关于 90 年代散文的载体和文本类型》。本期“擂台赛”刊发张人捷的《何日君再来》、吴晨骏的

《颤抖》、王静怡的《反动》等“精短中篇”小说。同时刊出邓一光作品专辑：中篇小说《燕子飞时》、诗歌《听〈LES YEUX SAPHIR〉》、随笔《我们在生命的河流里看到了什么》。

《诗探索》第1辑发表于坚《诗歌之舌的硬与软：关于当代诗歌的两类语言向度》。于坚认为，当代诗歌在语言上有两个向度：普通话写作和受到方言影响的口语写作。普通话写作“作为毛泽东为汉语留下的一笔遗产，它是现代汉语中最接近神学、乌托邦和意识形态的部分，它对汉语中世俗化的倾向确实有着制约作用，对于一个健康的语言系统来说，作为一个舌头较为强硬的一面，它是非常必要的。事实上，正是普通话的写作，使50年代至80年代初期的诗歌没有付诸阙如，它已经被公认丰富了中国新诗的历史，加快了汉语的现代化。”而“口语写作实际上复苏的是以普通话为中心的当代汉语的与传统相联结的世俗方向，它软化了由于过于强调意识形态和形而上思维而变得坚硬好斗和越来越不适于表现日常人生的现时性、当下性、庸常、柔软、具体、琐屑的现代汉语，恢复了汉语与事物和常识的关系。口语写作丰富了汉语的质感，使它重新具有幽默、轻松、人间化和能指事物的成分。”

《俞平伯全集》十卷本，由河北花山文艺出版社出版。全集收集了作者七十年来各种文章著述，分编为十卷。第一卷为诗歌，第二卷为散文，第三卷为诗文论，第四卷为词曲论，第五、六、七卷为红楼梦著述一、二、三集，第八、九卷为书信，第十卷为家书、日记和孙玉蓉研究员撰写的《俞平伯年谱》（简编）。在中国社会科学院文学研究所和花山文艺出版社举办的座谈会中，与会者对《全集》的出版意义给予肯定并认为，现在许多对俞平伯的了解局限于他的红学研究，那只是其众多成果中的一项，而《全集》的出版则有助于大家更全面的研究俞平伯。

上海11家出版社协力推出大型图书文库“海螺·绿叶”文库。这套文库由上海市新闻出版局牵头，联合11家出版社对众多图书资源进行重新遴选和组合，分类编为常人修养、文学精选等10个专集100种图书。这在上海出版史上也是一件新鲜事，同时上海海螺有限公司买下文库的冠名权，这是一种出版社和企业合作的新途径。

十卷本《周梅森文集》，由长江文艺出版社出版，荟萃了周梅森15年创作的各种题材的作品。包括10部长篇小说和16部中篇小说，共计600万字。

洪子诚主编的“九十年代中国诗歌”丛书，由文化艺术出版社出版。诗丛包括张曙光《小丑的花格外衣》、孙文波《给小蓓的俪歌》、张枣的《春秋来信》、黄灿然的《世界的隐喻》、臧棣的《燕园纪事》和西渡的《雪景中的柏拉图》6本诗集。

丁芒的《丁芒诗论二集》，由广西人民出版社出版。

叶兆言的散文集《失去的老房子》，由陕西人民出版社出版。

四月

1日，中央实验话剧院重新演绎挪威剧作家易卜生的话剧《玩偶之家》，导演吴晓江。

《广州文艺》第4期发表尤凤伟的短篇小说《旅游》。

《长江文艺》第4期发表赵金禾的中篇小说《灵魂拷问》，晓苏的短篇小说《茶倌来信》、《院长日记》、创作谈《我爱短篇》。

《解放军文艺》第4期发表庞天舒的中篇小说《再生》。

《作家》第4期发表林白的短篇小说《枪，或以梦为马》、随笔《我喜欢自由精神》和《像鬼一样迷人》。

3日，诗人张志民因病在北京逝世，享年72岁。张志民在乡土诗的创作上取得了较为突出的成绩，在现当代诗坛上产生了一定影响。对于张志民的作品，孙静轩说："他的诗，可以说是出自于一颗赤子之心，出自于爱，出自于高度的责任感和使命感，没有谁像他一样自始至终深情地注视着中国的农民、关心他们的命运的了。""从某种意义上说，志民是中国的一个农民诗人。他的诗充满了泥土的气息，而他本人，也整个地表现了农民的气质。"（孙静轩：《一棵枣树——诗人张志民剪影》，《中国作家》1986年第5期）谢冕说："中国农民的纯朴品质，在诗人这里转化为艺术上的简洁的风格。张志民诗的美学特征就是简洁。"（谢冕：《崇山峻岭中生长的生命是坚强的》，《诗探索》1997年第3期）段登捷认为，张志民40年的诗歌创作有着鲜明的艺术特色，首先他长于叙事，善于叙事，并能把叙事和抒情完善地结合起来；其次，张志民在诗歌创作中长于描写，善于塑造人物形象，这在当代诗人中是较为突出的；第三，张志民在诗歌创作中善于捕捉生活情趣，这就使他的诗歌尽管明白如话，但却含蓄隽永，达到深入浅出、雅俗共赏的效果；第四，张志民诗歌的表现形式独特。他的诗歌语言简练明快，形象生动，明白而不粗俗；他的诗歌形式，自由活泼，不拘一格；他的诗歌有些民歌和散曲的韵味。（段登捷：《论张志民的诗歌创作》，《文艺理论与批评》1996年第2期）

《人民文学》第4期发表荆歌的中篇小说《惊愕奏鸣曲》、红柯的短篇小说《阿力麻里》、刘庆邦的短篇小说《春天的仪式》、毕淑敏的散文《无胆之人》。本期小说连环：丁天《如愿以偿》第四章。本期小说新人推荐：戴来及其两篇短篇小说《要么进来，要么出去》、《你躺在那干什么》。戴来（1972－ ），女，苏州人。河南省委宣传部首届签约作家。出版有小说集《要么进来，要么出去》、《别敲我的门，我不在》、《亮了一下》、《把门关上》，随笔集《我们都是有病的人》、《将日子折腾到底》，长篇小说《对面有人》、《鼻子挺挺》、《练习生活练习爱》、《爱上朋友的女友》、《甲乙丙丁》等。

4日，刘白羽完成长篇新著《风风雨雨太平洋》。这部作品历经四年创作，是一部反映朝鲜战争的作品。这是刘白羽在他陆续推出《大海》、《第二个太阳》、《心灵的历程》三部长篇后的又一部长篇作品。刘白羽认为他所亲身经历的战争都已写完，其长篇小说的创作可以画上句号。

上海话剧艺术中心在沪演出话剧《股票的颜色》。编剧赵化南，导演陈明正。

5日，《作家报》邀196名评论家、主编和作家投票，评出1997年度十佳小说。赵德发的《缱绻与决绝》、毕淑敏的《红处方》、阿来的《尘埃落定》等10部长篇小说，刘恒的《贫嘴张大民的幸福生活》、阎连科的《年月日》、李国文的《垃圾的故事》等10部中篇小说，铁凝的《秀色》、杨绛的《方五妹和她的"我老头子"》、严歌苓的《拉斯维加斯的谜语》等10篇短篇小说获奖。

《山花》第4期发表谈歌的中篇小说《年前的秧歌》、朱文的短篇小说《磅、盎司和肉》、格非的短篇小说《未来》。

《上海文学》第4期发表彭瑞高的中篇小说《多事之村》、王祥夫的中篇小说《鹦鹉》、储福金的短篇小说《引力》、阎连科的短篇小说《农民军人》。

6日，第四届"总后勤部军事文学奖"揭晓。"总后勤部军事文学奖"创立于80年代末，是军内设立较早的文学奖。本届获奖作品中，王宗仁、马泰泉的长篇报告文学《梧桐·凤凰》、周大新的中篇小说《碎片》、李延国的短篇报告文学《扬起新长征的风帆》等都曾在社会中产生一定影响。

7－8日，由《文艺研究》编辑部和中国人民大学《中国文化发展报告》课题组承办、中国艺术研究院主持召开的"中国文化艺术发展战略学术研讨会"在北京举行，80余位专家学者出席了研讨会。《文艺研究》第4期发表"中国文化艺术发展战略学术研讨会"的部分发言与论文，如张岱年的《21世纪的中国文化艺术与20世纪应该有什么不同》，钱中文的《了解文化建设的处境》，童庆炳的《中国文化艺术应喊出自己的声音》等。

8日，林兆华戏剧工作室在首都剧场演出话剧《三姊妹·等待戈多》，导演林兆华。

9日，《文艺报》“理论与批评”栏目发表一组评论文章《为孩子们争一片蓝天绿地》，均系根据3月23日中国作协儿童文学委员会、吉林省新闻出版局、吉林省作家协会在京联合召开的金叶的长篇小说《都市少年》三部曲研讨会上专家学者的发言整理而成。同期刊有对于广西作家叶葵的长篇儿童小说《超世纪少年羲雷》的评论文章。

10日，《北京文学》第4期发表食指的一组诗歌近作及林莽的诗评《食指的启示》。同期“短篇小说公开赛”栏目刊登王松的《穷人皮顺子》、赵刚的《上帝知道》、唐颖的《困倦的波浪》、陈家桥的《副厂长的密码》。

《诗刊》4月号刊出李瑛的《我的另一个祖国》（四首），匡满的《翼上翼下》（组诗），刘立云的《生命是一种奇迹》（组诗）等，以及“简宁作品小辑”。本期还刊登了吴欢章的《当前中国诗歌发展的几个问题》、张永健的《诗人与自然》、魏巍的《读〈硝烟中的长春藤〉》、牛汉的《大地女儿心灵的清韵》、刘征的《讽刺诗是只吉祥鸟》、寇宗鄂的《辣味·鲜味·诗味》、伍立杨的《苍茫情味》、许淇的《试释‘意象派’原则》、杨光治的《诗的尴尬》等诗论文章。

《电影文学》第4期发表电影剧本《金色的草原》（编剧路远），《都市晨曲》（编剧陈玉福）。

11日，《青年文学》第4期推出“文学方阵·山东”，刊登张继的中篇小说《两个农民》、张炜的短篇小说《在族长与海神之间》、刘玉堂的短篇小说《一次打工的经历》、王延辉的短篇小说《意念杀人》。

14日，《文艺报》刊载《海上驶来了一对青春的风帆——“花季小说”丛书暨长篇少年小说研讨会纪要》，文章对该丛书多元的青春色彩、内容和形式上的特色等方面给予了较高的评价。

16日，《文艺报》在京举办重庆作家余德庄长篇小说《海噬》研讨会。与会者认为这是一部具有独特审美价值的好作品，写出了现实生活的丰富性，较深刻地剖析了商海大潮中的众生，有很强的现实针对性和警世意义。研讨会纪要见1998年4月30日《文艺报》“理论与批评”栏目《撼人心灵的商海启示录——长篇小说〈海噬〉研讨会纪要》及李敬敏、胡德培、曾镇南、何启治、李复威的评论文章。

17日，第二届夏衍电影文学奖暨全国优秀电影剧本征集评选活动在京结束。自1997年6月1日以来，全国各地寄来应征剧本454部。最终获奖名单如下：电影文学奖一等奖：《马兰草》（彭继超、陈怀国编剧）；二等奖：《英雄圈》（张卫明编剧）、《金婚》（李东东、申健编剧）、《兵哥》（杨争光编剧）；三等奖：《山不转水转》（郑沂、赵铮后编剧）、《高原如梦》（尚敬编剧）、《天月》（杜丽鹃编剧）、《山河交响乐》（中杰英编剧）、《两生花》（马卫军编剧）。此外，还有5部剧本获评委会奖。

《当代》第2期发表20日，正昌的中篇小说《人家话语》。同期还选载阿来的长篇小说《尘埃落定》的第1-4章。

21-22日，中国作协召集第四届茅盾文学奖获奖者王火、陈忠实、刘斯奋、刘玉民和评论界、出版界有关人士就长篇小说的创作现状进行研讨。中国作协书记陈建功、副书记陈昌本，副主席邓友梅出席研讨会，他们在发言中提出，长篇创作要注重质量、力戒浮躁、重视修改、关注读者。王火认为，长篇的创作离不开丰富的生活积累；陈忠实强调，作家要清楚小说是写给读者看的；刘斯奋认为，作家的素养决定作品的厚重；刘玉民认为，创作中要抓住生活和人物这两个灵魂。

21日，辽宁少年儿童出版社出版的《岁月》丛书出版座谈会在京召开。与会者认为这是一套既有文学价值又有史料价值的好书。这套丛书的作者都是经历过战争岁月后来又成为文艺家的年逾古稀的老人。

23日，第四届上海文学艺术奖揭晓。巴金、贺绿汀、王元化、谢晋获得杰出贡献奖。王安忆的长篇小说《长恨歌》，王小鹰的长篇小说《丹青引》，钱谷融的论著《艺术·人·真诚——钱谷融论文自选集》，王运熙、顾易生等的《中国文学批评通史》，电影《红河谷》等12部作品获得优秀成果奖。

26－30日，中国戏剧家协会、广东省艺术研究所、珠海市文化局主办，中国剧协研究室和《广东艺术》编辑部承办的“戏剧与市场经济”研讨会在珠海举行。本次研讨会是戏剧界第一次较大规模的探讨戏剧与市场经济问题的会议。

28日，《文学评论丛刊》复刊号首发仪式暨文学现状学术讨论会在南京举行。创刊于70年代末的《文学批评丛刊》，由于种种原因在80年代末停刊，此次在南京复刊，由南京大学中文系和中国社科院文学研究所《文学评论》编辑部联合主办，每年出版两辑。

《剧本》第4期发表翟枫树、匡子亮（执笔）的大型话剧《在那座丰碑下》。

29日，方纪因病在天津逝世，享年79岁。关于方纪的作品，孙犁说："他的文章，不拘一格，文无定法，有时甚至文无定见。他常常是党之所需，时之所尚，意之所适，情之所钟，就执笔为文，洋洋洒洒。他的胆量也大，别人不敢说的，他有时冲口而出。别人不敢表现的，他有时抢先写成作品。……文如其人，对方来说，尤其明显。他的散文视野很广阔，充满真实和热烈的情感。他的文字流畅而美丽，给人以淙淙流水的音响。"（孙犁：《方纪散文集》序，人民文学出版社1979年版）冯牧说："他创作过长篇小说，短篇小说，报告文学，散文，评论，杂文，叙事诗和抒情诗，在其中，最为著称于世并且最为我心仪的，是他的散文。方纪的散文，我以为最能反映他的独具风范的思想和文采，最能表现他对于祖国和人民的发自胸臆的深情，也最能显示他的有如行云流水般舒畅流利，有如沃野平畴般开朗明丽，有如战斗行军般壮怀激烈的优美风格……他的一些反映我国北方农民生活和农村变革为题材的小说，也是颇具特色的。从中可以感受到浓烈的北方农村的生活

气息，感受到正在进行着改天换地的农村变革的跃动的脉搏声音。”（冯牧：《方纪文集》序，百花文艺出版社1985年版）

本月，新闻出版署和中国作家协会主办的“八五”（1991－1995）期间全国优秀长篇小说评奖在京揭晓。本届评奖共有35家文艺出版社参加，参评书共102种。在参评作品中，《大上海沉没》（俞天白）、《失态的季节》（王蒙）、《他乡明月》（柯岩）、《逐鹿金陵》（庞瑞垠）、《南方有嘉木》（王旭烽）、《蓝眼睛·黑眼睛》（马瑞芳）、《孽债》（叶辛）等20部作品获奖。

北京人民艺术剧院小剧场上演古装话剧《驿站桃花》。导演田沁鑫。剧作由中商瑞麟广告公司投资，实行制作人制，独立运作。

第五届北京大学生电影节在北京举行。《一代天骄成吉思汗》获最佳故事片奖，张扬（《爱情麻辣烫》）获最佳导演奖。

《戏剧艺术》第2期发表〔英〕哈罗德·品特的两部作品：话剧《背叛》（谷亦安、芦小燕译）和《搜集证据》（荣广润译），以及汪义群的文章《品特的〈背叛〉及其在中国的首演》。

《刘玉堂新乡土小说》，由作家出版社出版，包括长篇卷《乡村温柔》、中篇卷《最后一个生产队》、短篇卷《山里山外》。

王敖诗选集《朋克猫》，由中国文联出版公司出版。该诗集分为2编，分别为“绿朋克和伤感小调”和“猫的儿童时代”。诗集正文前有臧棣的序《王敖的诗和“用我能听懂的语言说话”》及胡续冬的序《王敖：学院中的另类》。

季羡林的散文集《牛棚杂忆》，由中共中央党校出版社出版。该书是季羡林的一本“文革”时期回忆录，以幽默甚至是调侃的笔调讲述自己在“文革”中的不幸遭遇。该书被席殊读书俱乐部评为1998年“十大好书”（文学类）之一。

陈染的随笔集《阿尔小屋》，由华艺出版社出版。

古远清的《台港澳文坛风景线》，由国际文化出版公司出版。

由青海省《格萨尔》研究所组织编写的国内第一部藏文《格萨尔》儿童文学丛书出版，该丛书共6部36万多字。

张美妮、巢杨主编的《中国新时期幼儿文学大系》，由未来出版社出版，本书收录的是1987年－1995年这17年间的优秀幼儿文学作品，分为六卷7册：童话卷（2册）、故事卷、散文卷、儿歌卷、诗歌卷、理论卷。

《中国当代儿童诗丛》，由湖北少年儿童出版社出版，这套丛书汇集了曾卓、金波、高洪波、徐鲁、聪聪、薛卫民、邱易东、姜华等8位诗人和儿童文学作家的最新儿童诗作。

被冠以“南方写作”名称的海南作家丛书由海南出版社出版。该套丛书由海南省作家协会主编，分短篇小说、中篇小说、散文、诗歌4卷，是对建省10年来海南文学成就的概括和检阅。

五月

1日，《小说界》第3期发表阎英明的中篇小说《乡镇行动》，刘玉堂的中篇小说《走进荒原》，董懿娜的短篇小说《折翼而飞》，残雪的随笔《蜕变——由混沌到澄明》、《读卡夫卡的〈审判〉》。同期开始刊载张洁的长篇小说《无字》第一部，至第4期止。该书第一部本年由上海文艺出版社出版单行本。全书共三部，由北京十月文艺出版社2002年1月出齐。2005年获第六届茅盾文学奖。董懿娜（1972－　），女，生于上海，祖籍浙江宁波。1996年毕业于南京大学中文系。著有小说集《残片》，散文集《叶上花》、《玻璃心的日子》、《未落定的尘埃》，长篇小说《我们都是陌生人》等。

《作家》第5期发表残雪的中篇小说《海的诱惑》、何立伟的短篇小说

《美人》、赵本夫的短篇小说《天下无贼》、罗望子的散文《初恋》。

《广州文艺》第5期发表展锋的中篇小说《什么东西》、墨白的中篇小说《飘失的声音》、洪烛的短篇小说《城市梦游》。

《长江文艺》第5期发表刘继明的中篇小说《逍遥游》（附创作谈），伊沙的短篇小说《哪窍开了》，何存中的短篇小说《正是春水泱泱时》、《水底的歌声》。

《解放军文艺》第5期发表邓一光的短篇小说《闪电》、何亮的短篇小说《天地间》。

3日，《人民文学》第5期发表张宇的中篇小说《老房子》，郝炜的短篇小说《小冬与车》、《夏天的恐慌》，中跃的短篇小说《拿破仑游戏》，陈中华的短篇小说《第一百条红道子》，《谢冕随笔》、汪曾祺的散文《美国家书》。本期小说连环：李洱《如愿以偿》第五章。本期小说新人推荐：石舒清的短篇小说《清水里的刀子》、陈继明的短篇小说《寂静与芬芳》。

4日，由大理白族自治州人民政府委托大理白族自治州文联主办，中国作家协会台港澳暨海外华文文学联络委员会、香港世界华文文学研究会协办的金庸学术研讨会在大理举行。与会的专家、学者就金庸作品特别是取材于大理的《天龙八部》进行了深入的学术讨论。

第七届《上海文学》优秀作品奖在上海揭晓。此次评选范围是1994－1997年在该杂志上发表的作品，共评出中篇小说10篇、短篇小说8篇、散文3篇及理论文章4篇。在25位获奖者中，上海作家有14位，展示了近年来上海文学创作的实绩。该奖项于1984年设立，已评选过六届。

5日，《山花》第5期发表周洁茹的中篇小说《告别辛庄》、莫言的短篇小说《蝗虫奇谈》、李洱的短篇小说《奥斯卡超级市场》、谢友鄞的短篇小说《老黑鱼号的短暂航程》、耿占春的文章《一场诗学与社会学的内心争论》、李少君的文章《现时性：90年代诗歌写作中的一种倾向》。

《芙蓉》第3期发表林希的中篇小说《铁路警察》、阎欣宁的中篇小说《爱从何来》、潘向黎的短篇小说《师兄》。

《莽原》第3期发表荆歌的短篇小说《鬼脸》、王家新的长诗《回答》。

《上海文学》第5期发表何继青的中篇小说《记忆苏珊》、林希的短篇小说《沙袋子》、张执浩的短篇小说《我们的澡堂》、王璞的短篇小说《辣椒的故事》。

《大家》第3期发表王安忆的短篇小说《流星划过天际——屋顶上的童话》、林希的中篇小说《五先生》。北村的小说《老木的琴》发表在"长篇短制"栏目。本期"新散文"推出宁肯的《沉默的彼岸》。

《萌芽》第5期发表素素的中篇小说《另一次爱情，不是我自己的》。

5-8日，华东地区戏剧期刊第十二届"田汉戏剧奖"评奖活动在上海举行。共有13个剧本和14篇评论获奖。其中，郭启宏的昆剧《司马相如》（载《上海戏剧》）获得剧本一等奖；《中国剧坛十大问题》（载《上海戏剧》）获得评论一等奖。

7日，中国社会科学院文学研究所理论室在京召开新时期文艺学20年学术讨论会，与会的学者对20年的文艺学发展予以高度评价。杜书瀛认为，过去一百年的文艺学发展有两个20年最为耀眼，一个是上世纪末的1898年算起的20年，是现代文艺学初步形成期；另一个是1978年算起的这20年，是文艺学快速发展期。王一川把80年代的文学理论描述为四个特点：从一元到多元；从客体到主体；从认识到情感；从思想到形式。童庆炳、何西来、钱竞等在发言中对文学理论是否从"中心"到"边缘"展开了讨论。陶东风就80年代的美学与文艺学话语的基本理论等问题作了发言。钱中文就文艺学建设的理论资源问题做了分析。

10日，中央宣传部、新闻出版署发布《关于当前出版社改革的若干意见》、《关于当前图书发行体制改革的若干意见》。

《花城》第3期发表王安忆的中篇小说《忧伤的年代》、叶兆言的中篇小说《别人的房间》、潘军的中篇小说《对门·对面》、海男的中篇小说《仙乐飘飘》、周洁茹的中篇小说《飞》、李冯的短篇小说《辛未庄》、荆歌的短篇小说《贯穿始终》、黄立宇的短篇小说《楼顶上的摄像机》、张抗抗的散文《瞬间与永恒的舞蹈》、张锐锋的散文《沙上的神谕——以色列笔记片断》。

《北京文学》第5期"短篇小说公开赛"栏目刊登星竹的《孤独的老河蟹》、赵大年的《观音土》。

《诗刊》5月号刊出"纪念中国改革开放二十周年诗歌专号（1978－1998）《诗刊》优秀作品回顾选展"。刊登了柯岩的《科学大会诗稿》（二首），白桦的《阳光，谁也不能垄断》，公刘的《沉思》，曲有源的《"打呼噜"会议》，张学梦的《现代化和我们自己》，艾青的《大上海》，舒婷的《祖国啊，我的祖国（外一首）》，雷抒雁的《小草在歌唱》，韩瀚的《重量》，边国政的《对一座大山的询问》，林子的《给他》，张志民的《假如鲁迅还活着》，郑敏的《石碑的请求（外一首）》，梁小斌的《雪白的墙》，叶延滨的《干妈》，王小妮的《我在这里生活过（二首）》，刘祖慈的《为高举的和不举的手臂歌唱》，郭路生的《相信未来》，流沙河的《老人与海》，黄永玉的《难以忍受的欢欣》，叶文福的《我不是诗人》，赵恺的《第五十七个黎明》，梁南的《我追随在祖国之后》，牛汉的《华南虎》，公刘的《创新》，昌耀的《划呀，划呀，父亲们!》，李钢的《蓝水兵》，邵燕祥的《青海》，傅天琳的《风从南方来（二首）》，杨克的《小平，您好!》，简宁的《一九八五年诗抄（二首）》，绿原的《漠风》，蔡其矫的《一个城市的流行色》，沙白的《再致苏区人民》，贾平凹的《我的祖先是从山西大槐树下来的》，翟永明的《母亲》，吉狄马加的《部落的节奏（外二首）》，韩作荣的《城市与人（三首）》，廖亦武的《大盆地，我的保姆》，刘章的《古句新声（三首）》，丁庆友的《纪念那一片泥土（二首）》，曹宇翔的《走吧，带领着人民》，黎焕颐的《题南浦大桥》，苏金伞的《野火与柔情（组诗）》，李瑛的《诗三首》，曾卓的《生命之火（二首）》，高深的《爱在其中（二首）》，白连春的《听一个农民的谈话（三首）》，孙静轩的《吹萨克斯风的克林顿》，林染的《大江流日夜（二首）》，老乡的《阳光的诺言（三首）》，朱增泉的《国都（组诗）》，郑玲的《渴望麒麟》，刘向东的《长城守望者》，叶玉琳的《水乡》，大解的《来临（外一首）》，余同友的《九重水稻》，冀汸的《以 1°15’ 的视角看城市（二首）》，大卫的《一封寄给香港的信》，（香港）吴正的《中国（外一首）》，（香港）黎青的《避风港》等作品。同期刊出张同吾的评论文章《宏阔的时代主题》。

赵瑜的长篇报告文学《马家军调查》全文由《中国作家》第 3 期独家首发。这部作品是对辽宁以马俊仁、王军霞、曲云霞等为核心的中长跑运动队成长、发展、成功及个人心理性格缺陷、队伍内部矛盾冲突等现象的报告。作品深刻揭示了体育体制和传统落后文化对人们的严重束缚和影响，对社会、对人发出了变革、更新的呼喊。这部作品引起了社会各界广泛评论、争议并最终引发一场官司。后原、被告双方以庭外调解的方式结束此案。（参见李炳银：《报告文学创作一瞥》，《中国文学年鉴 1999－2000》，作家出版社 2002 年版）

《电影文学》第 5 期发表电影剧本《激情英雄》（编剧贾若）、《警探奇缘》（编剧黄江）。

11 日，《青年文学》第 5 期发表刘宏伟的中篇小说《像风一样刮过》。本期推出“文学方阵·上海”，刊登羊羽的中篇小说《在 P 城逗留》、潘向黎的中篇小说《无雪之冬》、夏商的短篇小说《童年的夜晚》。

11－14 日，中德友好协会、中国社科院外文所、中国德语文学研究会、中国青艺等单位在京联合召开纪念布莱希特诞辰 100 周年大会暨国际学术研讨会。研讨会上，与会者围绕布莱希特戏剧理论、方法、创作、演出的成就；

布莱希特与中国戏曲的关系；布莱希特的诗歌创作以及什么是“间离效果”；中国戏剧应该向布莱希特学习什么等问题进行了广泛的讨论。会议期间，还举办了布莱希特戏剧的专场演出。中国青艺演出了《三毛钱歌剧》，香港“剧场行动”演出了布莱希特的第一部剧作《巴奥》。其中，《三毛钱歌剧》是首次在中国演出，也是青艺继《伽利略传》、《高加索灰阑记》之后第三次上演布莱希特的作品，导演陈颙。

12 日，《文艺报》推出“名著编辑说长篇”栏目，拟陆续刊登对于资深编辑的专访文章。这是针对当前长篇小说创作活跃，作品数量多但是优秀作品寥寥无几的现状，希望对当前长篇小说创作有一定启发意义。本期刊发对原中国青年出版社副总编辑王维玲的访谈《作家、出版社、领导部门都是优秀长篇产生的关键》。

中国作协创研部、《文艺报》、山西教育出版社、《北京文学》在京联合举办李鸣生长篇报告文学《中国 863》作品研讨会。与会者认为，《中国 863》展示了这一计划制定、实施、攻坚的过程，是继徐迟《哥德巴赫猜想》之后又一厚重之作。

1997 年度《萌芽》新人奖揭晓，小说类《不系之舟》、《搬家游戏》、《房檐角的天空》的作者王淑瑾、商羊、路玮；纪实作品《窃车：正在升级的都市犯罪》、《乡镇企业中的大学生群落》的作者张雄、蒋东敏等 8 位新人获此奖励。

14 日，北京人民艺术剧院在京演出话剧《官兵拿贼》。编剧毓钺、张晓果、李春熹，导演任鸣。

1997 年度中国电影华表奖评选结果揭晓：赵冬苓（《激情辩护》）获优秀编剧奖；《鸦片战争》、《大进军・席卷大西南》、《安居》、《一代天骄成吉思汗》、《惹是生非》、《黑眼睛》、《长征》、《红西服》、《灯塔世家》、《非常爱情》获优秀故事片奖。由同名小说改编的《花季・雨季》（深圳影业公司）

获优秀儿童片奖，饰演谢欣然的颜丹晨获得新设置的电影新人奖。

15日，《天涯》第3期发表王安忆的短篇小说《小东西》、张炜的短篇小说《马颂》、韩少功的散文《熟悉的陌生人》。

《江南》第3期发表刘玉堂的中篇小说《革命家家》、徐坤的短篇小说《弟弟》。

16日，作家出版社《共和国五十年文学名作文库》编选工作启动。“文库”以发表时间为序，按体裁分别编选建国50年来具有代表性、经典性、文献性的作品，分为中篇小说卷、短篇小说卷、报告文学卷、散文杂文卷、儿童文学卷、新诗卷。

19日，由《小说选刊》杂志社设立的“小说选刊”奖1997年度评奖结果揭晓。这次评选增加了长篇小说奖。阿来的《尘埃落定》获长篇小说奖，鬼子的《被雨淋湿的河》、李国文《垃圾的故事》、叶广芩的《黄连厚朴》获中篇小说奖，刘庆邦的《鞋》、铁凝的《安德烈的晚上》、孙惠芬的《台阶》获短篇小说奖。

《文艺报》“名著编辑说长篇”专栏刊登对原人民文学出版社编审王笠耘的访谈《一挥而就的东西能完美?》。

20－21日，诗刊社与洋河集团主办的“改革开放二十年诗歌回顾与展望研讨会”在北京召开。《诗刊》8月号刊出周所同的《面对跨世纪的中国新诗——“改革开放二十年诗歌回顾与展望研讨会”纪要》。《诗刊》副主编、诗人叶延滨总结：“通过这次研讨会，大家在以下几个方面可以说取得了共识：第一，改革开放给中国新诗发展提供了空前的时机和条件，同时中国诗人们的创作努力，也为改革开放事业起了推波助澜的作用。……第二，对中国新诗二十年的回顾，也是对中国新诗百年历史的回顾。中国新诗是20世纪的产物，而世纪末的二十年是中国新诗，稳定发展‘最长和最完整’的一个时期，总结这一时期的经验、成就、不足与教训，是对21世纪最好的展望方式。第三，二十年改革开放的一个重要成就，就是诗坛一个新格局的形成—百花齐放和百家争鸣。”

20日，《钟山》第3期发表程青的中篇小说《泡沫》、叶弥的中篇小说《现在》、刁斗的中篇小说《工程》、李卫的中篇小说《生活在原处》、陈锟的中篇小说《几个人出入的几扇门》、王安忆的短篇小说《千人一面》（附创作谈）、格非的短篇小说《让它去》（附创作谈）、叶兆言的短篇小说《小杜向往的浪漫生活》（附创作谈）、林白的短篇小说《木瓜与裸体的爱》（附创作谈）、周洁茹的短篇小说《淹城的故事》、楚尘的短篇小说《1976年的体育课》。

21日，1997年度中国电影华表奖暨第二届夏衍电影文学奖颁典礼在京隆重举行。获得本届夏衍电影文学奖的剧本：一等奖《马兰草》（袁继超，陈怀国）；二等奖《英雄圈》（张卫明）、《金婚》（李东东、申建）、《兵哥》（杨争光）；三等奖《山不转水转》（郑沂、赵铮后）、《高原如梦》（尚敬）、《天月》（杜丽鹃）、《山河交响乐》（中杰英）、《两生花》（马卫军）。

《文艺理论与批评》第3期发表王锡渭的文章《从“文革”后散文创作的两次繁荣看亲历性散文写作的形象思维》。

22日，中宣部文艺局、广电总局电影局、人民日报文艺部、光明日报文艺部联合在京召开《大进军·席卷大西南》、《非常爱情》、《灯塔世家》、《快乐天使》4部国产影片座谈会。

25日，《收获》第3期发表万方的中篇小说《没有子弹》、王璞的中篇小说《送父亲回故乡》、潘军的中篇小说《海口日记》、殷慧芬的中篇小说《欢乐》、李洱的短篇小说《喑哑的声音》、艾华的短篇小说《结巴》。

《当代作家评论》第3期开设“城市化与文学”专栏，到第5期止。李洁非陆续发表3篇文章：《城市文学之崛起：社会和文学背景》、《初识城市》、《躯体的欲望》。在《城市文学之崛起：社会和文学背景》一文中，李洁非认为，“完整地看，现代城市是由两种东西缔造的，此即‘工业化’和‘市场经济’，二者缺一不可。……只有在商品原则之下，现代城市才表达着它的意志，否则，它的存在是没有理由的”，“所谓的城市文学，必须基于上述的‘城市’概念之上。”而且“不可想象，没有将社会关系和个人命运置于商品交换法则的巨大阴影笼罩之下来观察、思考和表现的文学，能够被称作‘城市文学’”。因为“对于城市来说，物化力量解释了城市中的一切——政治、性、冒险、剥夺、幻想、堕落和贫穷。这些题材虽然没有一项是全新的，但在城市的空间里，它们都被赋予了新的形式和含义。”在中国大量出现于90年代的“城市文学”，“它首先来自于社会现实，而不是来自文学‘内部’，是历史的变迁造就了这一文学事实，而不是从文学史当中衍生了这一题材”。

本月，由中华美学学会、贵州师范大学、贵州社会科学院、贵州大学、贵州省美学会联合主办的“百年中国美学”学术讨论会在贵阳市召开。与会者认为，20世纪是中国美学发展历史上的一个重要的阶段，它既延续了中国古代美学，又突破了古代美学的思维模式，是中国学者自觉建立中国美学现代学科体系的时代。会议中争论的重要问题涉及美学的理论形态、美的内涵等问题。

由文化部、上海市政府主办的’98上海国际艺术节在沪举行。来自国内艺术表演团体的10台剧目和14台国外参演作品参加了戏剧节的展示演出和祝贺演出。其中，参加演出的国内话剧有《蛐蛐四爷》、《沧海争流》以及音乐话剧《歌星与猩猩》。

孙幼军获第十届“杨唤儿童文学特殊贡献奖”。

上海话剧艺术中心－上海青年话剧团制作体在沪演出话剧《禁闭》。编剧〔法〕让·保尔·萨特，导演赵屹鸥。

由上海电影评论学会主办的上海影评人十佳影片评选揭晓。陆柱国

（《大进军·席卷大西南》）获最佳编剧奖。获1997年度十佳影片的依次为：《鸦片战争》、《红西服》、《黑眼睛》、《大进军·席卷大西南》、《海之魂》、《安居》、《长征》、《爱情麻辣烫》、《周恩来外交风云》、《激情辩护》。

《十月》第3期发表钮海燕的中篇小说《解放》、于卓的中篇小说《八千万》、熊正良的中篇小说《无题》、李乔的中篇小说《将军的眼泪》、梁晴的短篇小说《世交》、唐旭红的短篇小说《悬放在空中的花盆》、曹岩的报告文学《北中国的太阳》。

《小说家》第3期发表高建群的中篇小说《坏女孩》、王干的中篇小说《一个镍币的两种读法》、肖亦农的中篇小说《漂泊》、海力洪的中篇小说《丧与殇》。本期"擂台赛"刊发孟秋的《撒旦福音》、马驼的《河水只能向前流》、东西的《痛苦比赛》等"精短中篇"小说。

《读书》第5期发表王德威的《伤痕即景暴力奇观》。他认为：九十年代以来，余华推出了三部长篇小说：《呼喊与细雨》（即《在细雨中呼喊》）（1991）、《活着》（1992）、《许三观卖血记》（1995），这三部小说代表余华小说形式的新尝试，也可视为他对过去数年的写作执念的重新思考。《呼喊与细雨》是此前余华作品从《十八岁出门远行》到《一九八六年》等的一种传记化、个人化的让步，仿佛余华要为自己那些作品中不可名状的暴力诱惑安插一个源头。相较之下，余华第二部《活着》则别有天地。但仔细比对小说与电影的版本，不难发现余华创作的初衷要比张艺谋（及编剧芦苇）严峻深刻得多。余华的新作《许三观卖血记》应是他创作十年重要的记录。余华过去的作品夸张对自体的身残及伤害，并由此渲染生命荒凉虚无的本质，以及任何人为建构意义的努力从记忆到历史书写的无偿。《许三观卖血记》依稀承续了这一姿态，余华却终从身体无用也无谓的牺牲中，找到一些用处。这一对"用"（utility）的重新发现也许是主角极阿Q的作风，也许反映了大陆锐变中的消费心态，也许更暗示了余华对自己价值观的妥协。他书写暴力与伤痕，似乎已逐渐挪向制度内合法化的暴力，合理化的伤痕，而且不再排斥一种疗伤止暴的可能——家庭。回首十年创作的过程，余华俨然借《许三观卖血记》作了盘整。他是变成熟了，还是保守了？在这层意义上，他未来创作的动向，尤其值得注意。

谢冕、孟繁华主编的《百年中国文学总系》，共 12 卷，由山东教育出版社推出。其中包括谢冕的《1898：百年忧患》、程文超的《1903：前夜的涌动》、孔庆东的《1921：谁主沉浮》、旷新年的《1928：革命文学》、李书磊的《1942：走向民间》、钱理群的《1948：天地玄黄》、洪子诚的《1956：百花时代》、陈顺馨的《1962：夹缝中的生存》、杨鼎川的《1967：狂乱的文学年代》、孟繁华的《1978：激情岁月》、尹昌龙的《1985：延伸与转折》、张志忠的《1993：世纪末的喧哗》。北京大学文学研究所、山东教育出版社在京联合召开了该丛书的研讨会。"总系"作者钱理群、洪子诚、孔庆东、李书磊、旷新年、尹昌龙等以及现当代文学研究专家和出版界、新闻界50余人与会。这套"总系"的体例、构想、文体、评述都有较大的突破而自成一格。其《万历十五年》式的以年度为单位的修史方法、大文学概念、"拼盘"式结构都达到了重点突出、特定镜头突出、对文学现象的细部描述突出的效果。"总系"在充分体现作者学术个性的前提下，集中表达了一个学术群体对百年中国文学辉煌而悲壮的历程的思考，具有重要的学术价值。

"新生代长篇小说文库"，由长春出版社编辑出版，包括毕飞宇的《那个夏天那个秋季》、邱华栋的《蝇眼》、曾维浩的《弑父》、荆歌的《漂移》、李冯的《孔子》、祁智的《呼吸》、东西的《耳光响亮》。

刘斯奋的《白门柳》三部曲，由中国青年出版社出版。《白门柳》前两部由中国文联出版公司出版。中国作协和广东作协在京联合举办刘斯奋长篇小说《白门柳》研讨会。中国作协副主席翟泰丰认为，《白门柳》思想精深、艺术精湛。明史专家顾诚教授对《白门柳》描写的历史表示首肯，认为作者选择明末这段“大动荡”时期，很有历史眼光。

革非的长篇小说《赤后祖》，由中国文联出版社出版。

白烨主编的《破产——“现实主义冲击波”小说》，由华艺出版社出版。收有关仁山、谈歌、何申、刘醒龙四位“现实主义冲击波”代表作家的8部中篇小说：关仁山《破产》、《大雪无乡》，刘醒龙《分享艰难》、《路上有雪》，谈歌《大厂》、《大厂续篇》，何申《年前年后》、《信访办主任》，均为描写国有大中型企业濒临困境的艰难抉择和乡镇干部面临新旧矛盾的殚思竭虑的写实力作。

孙犁两部散文新作《书衣文录》、《芸斋书简》，由山东画报出版社出版，为研究者提供了珍贵的一手资料。

赵丽宏的散文集《在岁月的荒滩上》、《岁月的目光》、《天堂就在你身边》，分别由吉林人民出版社、广东旅游出版社和江苏教育出版社出版。

小海、杨克编的《他们——〈他们〉十年诗歌选》，由漓江出版社出版。诗集所收录的作品，时间跨度为1986－1996年，其中大部分作品直接选自《他们》第1－9辑，也有小部分选自作者后来的创作。诗集收入韩东、于小韦、丁当、于坚、小海、普珉、吕德安、朱文、小君、杨键、杨克、杜马兰、伊沙等的诗作。诗集后面附有部分作者简介。

臧棣、西渡编的《北大诗选》，由中国文学出版社出版。诗集收录了1978－1998年间北大出身的近80位诗人的诗歌创作，其中的代表者如骆一禾、海子、西川、臧棣、麦芒、清平、哑石、恒平、西渡、戈麦、橡子、胡续冬、周伟驰、周瓒等，所收诗作近400首，较为全面地反映了北大这一时期的诗歌创作成绩。

汪剑钊选编的《中国当代先锋诗人随笔选》，由中国社会科学出版社出版。

由端木蕻良之妻钟耀群和其侄曹革成合编的《大地诗篇——端木蕻良作

品评论集》，由北方文艺出版社出版。

青年评论家林舟的《生命的摆渡——中国当代作家访谈录》，由海天出版社出版。

《葛冰童话系列》，由作家出版社出版，包括《蓝皮鼠大脸猫》、《小糊涂神儿全传》、《小精灵灰豆儿》、《三寸教授奇遇记》四部作品。

《叶文玲文集》首发仪式在杭州举行。作家出版社出版，共8卷。

六月

1日，《广州文艺》第6期发表姚中才的中篇小说《南方生活》。

《长江文艺》第6期发表叶向阳的中篇小说《喜马拉雅不在北京》、星竹的短篇小说《夏日策划》、王兆新的《笔记小说四题》。

《作家》第6期发表李冯的短篇小说《采访》。

2日，人民文学出版社、中国左翼作家联盟会址纪念馆、上海市虹口区图书馆联合主办的“纪念冯雪峰诞辰95周年座谈会”在虹口区图书馆举行。

3日，《人民文学》第6期发表李大卫的中篇小说《双城寻猫记》、卿卿的散文《书的魅力》、高远的散文《海遗珠》。本期小说连环刊发了刁斗的《如愿以偿》第六章。本期小说新人推荐：魏光焰的中篇小说《街衢巷陌》、李肇正的中篇小说《城市生活》。

5日，中国作协创联部和《散文选刊》杂志社等单位在河南省焦作市联合举办中国当代散文创作研讨会。与会者就如何认识近年的散文繁荣，如何估价世纪之交散文的发展趋向，如何看待报纸副刊与文学刊物间的散文创作走向，如何使散文创作从“热”走向深层次、高水平等问题进行探讨。

《山花》第6期发表星竹的中篇小说《一种贫困》、赵明寰的中篇小说

《别人的村庄》、东西的短篇小说《闪过》、刘庆邦的短篇小说《五分钱》、白桦的短篇小说《紧急迫降》。

《上海文学》第6期发表唐颖的中篇小说《绝色的沙拉》、潘向黎的中篇小说《变歌》、卫慧的短篇小说《爱人的房间》、周洁茹的短篇小说《乱》。

《萌芽》第6期发表素素的中篇小说《一个人的天荒地老》。

《东海》第6期发表莫言的中篇小说《牛》。

6日，新闻出版署发布《重申几类需经专项申报的选题的通知》。通知指出，凡涉及国民党上层人物的；反映其他上层统战对象的选题；专门论述“文革”的著作，以林彪、江青反党集团为主要描写对象的文艺作品；涉及党史上陈独秀、王明、张国焘一类人物的；涉及民族政策的论著和文学作品等选题，一律按照规定办理专项申报手续，并抄报新闻出版署。目前不宜出版港澳工商界名人传记。

8日，首届刘勰文艺评论奖在山东揭晓。该奖项作为山东文艺评论最高奖，每年评选一次。此次，有12部专著、18篇评论文章获奖。

《东海》“兄弟杯”全国纯文学最高稿酬奖在杭州揭晓。此次评选范围为《东海》1997年第1期到第12期上所发表的各类文学作品，获奖作品每千字稿酬由30元提高到300元。8部作品获奖：苏童的《白沙》、残雪的《弟弟》、洪峰的《结局和开始》、贾平凹的《浙江日记》、张抗抗的《钟点人》、潘军的《对话》、李国文的《人·钓鱼》、叶兆言的《纪念少女楼兰》。

9日，“后现代主义之后的西方理论思潮”研讨会在北京举行。该研讨会由北京语言文化大学比较文学研究所和中国比较文学学会后现代研究中心共同主办。与会者分别就后现代理论思潮在西方和中国的不同表现形式、后现代主义之后的西方理论思潮态势、后殖民理论和第三世界批评、女权主义和女性研究、文化研究的方法和策略、全球化及其给人文科学带来的种种后果以及中国当代文化建设的策略等论题进行了讨论。

10 日，《北京文学》第 6 期发表王小波的短篇小说《马但丁》、赵刚的短篇小说《枪令》、王璞的短篇小说《西尼气之旅》。

《诗刊》6 月号刊出张洪波的《让诗歌健康地走在中国的春天里——北京部分著名诗人访谈录》。访谈的对象及访谈文章分别为：邵燕祥《应当发现和支持真正的好诗》、绿原《新诗一定是有前途的》、雷抒雁《诗刊应该是一个不带成见的刊物》、刘征《喝新茶赏古砚纵谈诗歌》、张光年《诗歌要过读者关和朗诵关》、朱子奇《讲真话，吐真情，求真理，行真事》、李瑛《提高素质，拒绝平庸》。

《电影文学》第 6 期发表电影剧本《天神之子》（编剧张锐）、《欲火》（编剧宋存学）、《塞纳河畔的真情》（编剧李辉）。

11 日，《文艺报》“名著编辑说长篇”专栏刊发对原人民文学出版社编辑王苏的访谈《出精品力作不是赚钱的事情》。

《青年文学》第 6 期发表聂鑫森的短篇小说《球迷杨玛》。本期推出“文学方阵·湖北”，刊登刘醒龙的中篇小说《浪漫挣扎》、邓一光的中篇小说《消失在路上》、刘继明的中篇小说《祈祷》、何存中的短篇小说《疯狂的乌鸦》、张执浩的短篇小说《水月》。

17 日，中宣部文艺局、广电总局电影局、人民日报文艺部、光明日报文艺部在京联合召开《花季 · 雨季》、《惹是生非》、《燃烧的港湾》、《挺立潮头》四部影片座谈会。

18 日，《文艺报》“名著编辑说长篇”专栏刊登对原中国青年出版社文学编辑室主任蒋晓天的访谈《编辑是最重要的一关》。

20 日，文化部、广播电视总局、中国文联在人民大会堂举行纪念田汉诞辰 100 周年座谈会。

《当代》第 3 期选载柳建伟的长篇小说《突出重围》第一到第十章。本期开始，新设栏目“民间文学社”，专门介绍民间文学社，选发社员作品。本期介绍北大五四文学社。

23 日，中国影协召开优秀国产影片学术研讨会，对《大进军·席卷大西南》、《花季·雨季》、《非常爱情》、《灯塔世家》、《燃烧的港湾》、《惹是生非》、《挺立潮头》、《快乐天使》8 部影片进行学术研讨。

25 日，国务院办公厅发布《国家新闻出版署（国家版权局）职能配置、内设机构和人员编制规定》。指出，国家新闻出版署（国家版权局）是国务院主管新闻出版事业和著作权管理的直属机构。在著作权管理上，以国家版权局名义对内对外单独行使职权。

中国文联理论研究室和中国电影出版社在京举行青年作家刘方炜长篇小说《放逐》研讨会。与会学者认为，该作品采用“编年史”式的手法，打破以往长篇小说的模式，表现了 1976 年以来中国历史的重大变化，富有新意。

《文艺报》发表简兮的《北京人艺：方言话剧最后的幸存者?》。7 月 23 日，《文艺报》发表顾礼俭的《推广普通话是话剧危机的罪魁吗?》一文，对简文的观点提出质疑。

27－28 日，由中国作协、河北省作协、河北省文联、天津市作协、天津孙犁研究会和天津解放区文学研究会联合举办的孙犁创作学术研讨会在天津举行。

本月，湖南省作协和湖南文艺出版社在毛泽东文学院联合召开长篇小说精品研讨会。与会者就精品的衡量标准、产生的生态条件、作家创作精品所具备的素养和作家的立场等问题进行了讨论。

辽宁省作协 20 位首批合同制作家，签约一年，成效明显。他们都按当年的签订的创作规划完成了任务。合同制作家是对原有作家终身制的改革和发展，旨在鼓励新人，旨在鼓励创新，鼓励竞争。

中央戏剧学院文学系 94 编导本科班以“戏剧与梦想”为题，在北京青艺小剧场推出四部由他们创作、执导的小剧场话剧：现代悲喜剧《为了狗与爱情》（编剧申捷，导演宋萌）；历史传奇剧《血色玄黄》（编剧刘深，导演郭琪）；家庭生活剧《昔日重现》（编导王天宁）和荒诞轻喜剧《八世夫妻》（编剧周钦波，导演武亚军）。《文艺报》10月1日发表布而的《抓住戏剧本质的实验》一文，对此次公演活动的特色及意义进行剖析。

女性诗刊《翼》第1卷于北京出刊。执行主编周瓒、与邻、穆青。主要内容有翟永明、唐丹鸿、穆青、与邻、吕约、周瓒的诗；周瓒译英国克里斯蒂娜·罗塞蒂诗一首；与邻译法国马格丽特·尤瑟纳尔随笔一篇。此外有周瓒的《论翟永明诗歌的声音与述说方式》等文。

姜涛的《叙述中的当代诗歌》、西渡的《历史意识与90年代诗歌写作》、郑单衣的《80年代的诗歌储备》，及吴晓东等关于“后新诗潮”的文章发表在《诗探索》第2辑上。

安石榴、潘漠子创办《外遇》诗报于深圳。

林莽、刘福春选编的《诗探索金库·食指卷》，由作家出版社出版。

竹林的五卷本《竹林文集》，由华夏出版社出版。竹林曾以处女作《生活的路》率先对知青上山下乡运动作出反思，从而奏响了当代知青文学的先声。《文集》除收入竹林的知青文学代表作之外，还收入了她展现本世纪中国江南农村变迁和女性命运的史诗性长卷《女巫》，表现农村艰难的生存环境和坚毅不屈的人物性格的《苦楝树》，反映当代世道人心，带有鲜明传记色彩的《挚爱在人间》等长篇小说。此外还收入了她的中短篇小说。

《鲁迅文学奖获奖作品丛书》，由华文出版社出版，共分七卷，汇集首届鲁迅文学奖获奖作品。

朱晓琳的第一部中短篇小说集《冬日的季风》，由中国文联出版公司出版。

叶辛出版文学界第一本作家写真集《半世人生》，该书以160幅照片配发了3万字的散文，由上海画报出版社出版。

“学苑英华”丛书第二辑，由上海文艺出版社出版，包括季羡林的《朗润琐言》、杜维明的《一阳来复》、周策纵的《弃园文萃》、李学勤的《失落的文明》。主要讲述各自的治学历程和经验。

余秋雨的散文集《山居笔记》，由文汇出版社出版。

刘烨园的散文随笔《脉的影》，由泰山出版社出版。

《赵玫随笔自选》，由广西民族出版社出版。

《赛珍珠作品选集》及《赛珍珠传》，由漓江出版社出版，这是建国以来出版的第一套赛珍珠文集。文集的首发仪式在南京大学举行。

七月

1 日，《作品》第 7 期发表何玉茹的短篇小说《一个男人的诉说》、周洁茹的短篇小说《梅朵与梅兰》。

《解放军文艺》第 7 期发表衣向东的短篇小说《目视前方》、张慧敏的短篇小说《蓝蝴蝶》。

《作家》第 7 期推出七十年代出生的女作家小说专号，收入卫慧的《蝴蝶的尖叫》、周洁茹的《回忆做一个问题少女的时代》、棉棉的《香港情人》、朱文颖的《广场》、金仁顺的《月光啊月光》、戴来的《请呼 3388》、魏微的《从南京始发》等作品，同时配发作家创作谈、照片和评论家专人评语。《作家》杂志于本年 10 月 1 日，第 10 期刊发了夏商等人的笔谈《〈作家〉·七十年代出生的女作家小说专号》。夏商将“更新代”的典型表征归结为以下几点：“（1）题材直接还原于生活，想象力显得空乏；（2）叙述中宣泄的欲望过于激昂，导致情绪的控制覆水难收；（3）故事的背景基本放在纷乱的城市（特别在夜晚的城市中），主人公（作者）既迷恋它又不愿与之妥协；（4）对非主流（另类）的东西天性爱慕，热衷在文中引用英文单词和咖啡馆及酒吧名；（5）与嬉皮士精神存在酷肖之处，小说中混乱的生存空间——吸毒、同性恋、妖形人类、亚文化艺术家、性、地下迪斯科——使人联想起回归线边的亨利·米勒和在路上的凯鲁亚克……”任白认为，卫慧、棉棉等人“注定要以一种‘惊吓者’的身份进入文学或文学的历史”。对于70年代出生的女作家的集体亮相，苗欣宇期待她们的“智慧、勇气和有效的利用生命”。丁燕希望这些女性作家更“大气”一些。李洋认为这些作家以“女性写作”和“70年代出生”为特点向人们展示了这个与众不同的写作群体正日趋成熟。肖铁认为这些小说并没有带给我们新的写法、新的思想和“不完全是清新”的新的气息。

叶明山的中篇小说《冬至》、凌可新的短篇小说《彩色照片》、郭雪波的短篇小说《荒漠枪事》、普丽华的短篇小说《小城碧玉》发表在《长江文艺》第7期上。

《小说界》第4期发表张洁的长篇小说《无字》（第1部·下卷），何顿的中篇小说《慰问演出》，宗璞的短篇小说《彼岸三则》、王渝的短篇小说《望月》、丁丽英的短篇小说《法会》，徐坤的文章《双调夜行船——九十年代的女性写作》。文章中，徐坤从考察“文化立场”而非“性别立场”的角度出发，指出90年代女性写作的一个突出特点是母亲谱系的梳理和母女关系的重新书写，并梳理了男性视阈下的女性形象的默变，认为90年代中国大陆女性写作的崛起宣告了中国女性写作的成熟与建立本土女性主义诗学的可能。

2日，《新剧本》第4期发表李心田的话剧《黄昏来临的时候》。

3日，《人民文学》第7期发表邓一光的中篇小说《大姨》，尤凤伟的短篇小说《为兄弟国瑞善后》，阿成的短篇小说《回乡》、《沼泽地》，牛汉的《旧作与断想（诗与诗论）》，郑敏的诗歌《不可竭尽的魅力》，周涛的散文《散文和名·拳王争霸》，周国平的散文《人生圆桌之一》。

《芳草》第7期发表冯积岐的中篇小说《种瓜得豆》，荆歌的短篇小说《有益的错误》。

4日，《文艺报》刊登文艺报社与惠普公司联合举办的针对文学艺术界的文艺家们“换笔”现象的“我与电脑”征文启事。王蒙的文章《我体会到了电脑写作的魅力》发表在《文艺报》的“我与电脑”征文栏目里。

5日，《小说月报》第7期发表王祥夫的中篇小说《年事》（选自《山西文学》1998年第4期），关仁山的短篇小说《藻王》（选自《民族文学》1998年第5期）。

《大家》第4期发表星竹的长篇小说《道具》（“长篇短制”栏目）、洪峰的长篇小说《海边河水也结冰》，蒋韵的中篇小说《走入深渊》、李大卫的中篇小说《蓝桥遗梦》（“联网四重奏”栏目），莫非的组诗《没有场景的词语》。

《莽原》第4期发表周洁茹的短篇小说《花》、《画了一条船》。

《萌芽》第7期发表朱晓文的短篇小说《人海中沉浮》。

《芙蓉》第4期发表唐浩明的长篇小说《张之洞》、黄永玉的长篇小说《无愁河的浪荡汉子》，王小波的中篇小说《似水柔情》，李锐的散文《妇女角色》、蒋韵的散文《有朋在杜伊斯堡》。从此期起，《芙蓉》开始推出“七十年代人”小说专栏，此期收入陈家桥的短篇小说《按意志行事·密友》。

《上海文学》7月号发表严歌苓的短篇小说《无出路咖啡馆》、刘增元的短篇小说《口泉沟闲话》。

《山花》第7期发表残雪的中篇小说《下山》，李大卫的中篇小说《骨牌一路倒下去》，毕飞宇的短篇小说《款款而行》，林白的短篇小说《知青与剑，与马，与恋人，与红薯》，石钟山的短篇小说《钓鱼台》，冯积岐的短篇小说《目睹过的或未了却的事情》，朱辉的短篇小说《红颜》，卫慧的短篇小说《水中的处女》（“七十年代出生作家”栏目），蔡翔、罗岗、薛毅的《理想主义的昨天与今天》。

7日，我国现代著名作家、记者、学者、鲁迅研究专家和杰出的爱国文化人士曹聚仁先生诞辰98周年纪念日，由北京有关学人发起筹办的中国曹聚仁研究资料中心宣告在京成立，作为对曹聚仁先生的特殊纪念。（参见柳哲《曹聚仁研究资料中心在京成立》，《新文学史料》1999年第1期）。

《小说选刊》第7期发表冯积岐的中篇小说《祖父之死》（选自《天津文学》1998年第4期），叶蔚林的短篇小说《方格红头巾》（选自《湖南文学》1998年第5期），鬼子的短篇小说《遭遇深夜》（选自《漓江》1998年第1期），郭小东的文章《知青吊》（选自《广州日报》1998年3月20日）。

9日，由鲁迅文学院举办的尹曙生长篇小说《抗争》研讨会在京举行。

10日，《花城》第4期发表刘震云的长篇小说《故乡面和花朵》，行者的中篇小说《小说》，毕飞宇的短篇小说《生活在天上》，李大卫的短篇小说《家园西大街甲2号，或WENXUESHI BLDG》，于坚的长诗《飞行》，张承志的散文《音乐履历》。

《中国作家》第4期发表毕四海的中篇小说《都市里的家族》，周大新的中篇小说《同赴七月》，阿宁的中篇小说《幸福》。

《北京文学》第7期“短篇小说公开赛”栏目发表周洁茹的短篇小说《午夜场》、《预谋》，刘庆邦的短篇小说《一个聪明人和一个精神病患者》，刘继明的短篇小说《逃亡者》，夏榆的短篇小说《桃花红杏花白》。

《诗刊》7月号刊出“七月诗广场——朗诵诗辑”，刊有朱增泉的《南方炮台》、张不代的《英雄史诗与最后的疼痛》等诗。

《电影文学》第7期发表电影剧本《往事》，编剧李茂林；《异国兄妹不了情》，编剧张德发。

11日，《青年文学》第7期发表荆歌的中篇小说《三少妇》，肖仁福的中篇小说《报告》，叶弥的短篇小说《无处躲藏》，朱辉的短篇小说《大河》，韩东的短篇小说《姐妹》，周洁茹的短篇小说《肉香》，刘剑波的短篇小说《二月十四日夜晚》，安顿的《新口述实录》。

15 日，《江南》第 4 期推出“九十年代新作家小说专号”，收入李肇正的中篇小说《祈祷》，海力洪的中篇小说《寻仇记》，田柯的中篇小说《九三年》，周洁茹的中篇小说《鱼》，罗鸣的中篇小说《鸟人》，子方的中篇小说《我的大学》，红柯的短篇小说《狼嗥》，吴晨骏的短篇小说《午夜狂人》，张生的短篇小说《另外一个人》，徐庄的短篇小说《会魔法的伊玛目》，艾伟的短篇小说《广陵散》，戴来的短篇小说《还不到时候》，王大进的短篇小说《像雪一样温暖》，朱也旷的短篇小说《偶遇》，李修文的短篇小说《王贵和李香香》等。李修文（1975－　），湖北荆门人。1997 年毕业于湖北大学中文系。曾任《作家》杂志编辑，后进入武汉文学院。著有短篇小说集《心都碎了》，长篇小说《滴泪痣》、《捆绑上天堂》等。

《南方文坛》第 4 期开辟“知青文学”专栏，收入的文章有郭小东的《知青后文学状态》、南帆的《抗拒遗忘》、蔡翔的《重新书写的历史》、陈剑晖的《跳出“知青情结”》、木弓的《知青小说的缺陷》和贺绍俊的《绕不开理想情结的知青小说》。关于知青文学，郭小东认为，渴求心理补偿的自卑情结和悲情的感伤性格构成了新时期知青文学的基调，早期知青文学在新时期文学初始阶段有着积极的作用，但中国文学最终应当对这种知识分子的传统心理进行批判与修正，在人类精神的崇高意义上建构新型的小说品格。90 年代，知青作家在寂寞中自我调整，取得了一定的成绩，但对于文学而言，知青后状态的表述仍是极为艰难的文学话题。南帆认为，对于知青上山下乡这段历史，文学不应当将其遗忘，也不应当将苦难演变成观赏对象，而是应当深入挖掘其历史内涵并对其中的农民视角予以重视。在蔡翔看来，近二十年有关知青运动的记忆和文字已近构成了一整套强势的知青话语，如何在深刻的反思中颠覆既定的话语系统，运用另一种叙事视角拨开严峻的历史真相才是值得我们认真思索的。陈剑晖指出，“知青情结”的感情是纯洁神圣的，但随着时代的变迁，我们应当告别80年代，跳出“知青情结”。木弓认为，从批判现实主义文学理想的高度看，知青小说的发育尚未完全，作家们应当在人物形象塑造方面下功夫，让笔下的人物能够在发展中的当代文学史中保留下来。贺绍俊将知青小说中的理想主义称为现实的理想主义或个性化的理想主义，并对其内涵、优劣加以剖析。

《天涯》第4期发表刘继明的短篇小说《被啤酒淹死的马多》，本期“90年代诗歌精选之三”专栏中刊有肖开愚、吕德安、孙文波、张曙光、臧棣等人的诗作。

17日，《作品与争鸣》第7期发表冯骥才的中篇小说《末日夏娃》、王士美的中篇小说《切·格瓦拉之死》。

18日，《中国戏剧》第7期发表廖奔的《“三大戏剧体系说”的误区》和沈林的《斯坦尼斯拉夫斯基·布莱希特·梅兰芳》两篇学术争鸣文章。该刊的编者按指出，自黄佐临先生1962年在广州会议创作座谈会上作《漫谈戏剧观》的报告后，我国戏剧界即把斯坦尼斯拉夫斯基、布莱希特、梅兰芳的学说或流派并称为“世界三大戏剧体系”。本期的两篇文章对此提出疑义。廖文认为，“三大体系”的提法在概念上是含混不清、缺乏逻辑前提和科学性的，它将人们导向危险的偏见与盲视；黄佐临先生将斯、布、梅进行比较，是希望改变斯氏体系长期统治中国剧坛的状况，打破中国剧坛单一的舞台模式，从未暗示或明确提出过所谓“三大体系”的概念。沈文认为，“三大体系”的提出虽有积极意义，但在方法论上是不够严谨的，对中外戏剧史的考察是不彻底的，对当代戏剧现状的调查是欠缺的。紧接着，《中国戏剧》第9期发表了谢柏梁的《我看“世界三大戏剧体系”》，同样认为“世界三大戏剧体系”说法不成立。文章在分析黄佐临三大戏剧观形成过程的基础上，指出这种划分方式存在的问题，并提出了划分几种“世界戏剧体系”的可行性。

20－8月2日，由意大利国家电影公司和中国国家广电总局电影局联合举办的中国电影展在罗马开幕。影展放映《离开雷锋的日子》、《一代天骄成吉思汗》、《红河谷》等10部影片。

21日，《文艺报》第84期第1版刊载“文坛专递”——《文学家与经济学家谁对现实的观察更敏锐》。文学批评家陶东风认为，文学家的声音必不可少。经济学家吴稼祥提出，寻求效率与公平之间的和谐。作家乔良称面对社会改革，作家不应做与风车作对的堂·吉诃德。文学批评家陈晓明指出，人文学者的声音是对弱者的一种抚慰。经济学家盛洪主张，不在于是歌颂穷人还是富人，而应是歌颂一种文化一种精神。作家斯好认为，文学家对富人持怀疑批判态度是很自然的。中国社科院经济学博士生左传长称，文学家和经济学家应该携起手来，共同承担历史的使命。

22日，《新剧本》编辑部、北京市剧协、《戏剧电影报》等单位在京联合举办小剧场戏剧研讨会。与会者就小剧场戏剧的历史、定义、发展、演出风格及现状等问题各抒己见，强调目前小剧场戏剧最主要的问题是演出质量有待提高；编剧、导演对生活的感悟和体味不深，演员的表演水平欠佳；提倡演出风格应该多样化；要从市场出发，从观众的欣赏水平出发，结合中国国情，使小剧场戏剧为中国的戏剧发展增添活力。

25日，《收获》第4期发表贾平凹的长篇小说《高老庄》，池莉的中篇小说《小姐你早》，尤凤伟的中篇小说《蛇会不会毒死自己》，林希的中篇小说《吴三爷爷》，阿城的散文《跟着感觉走》，余秋雨的随笔《关于嫉妒》。

《长城》第4期发表中跃的短篇小说《八面埋伏》，华夏的短篇小说《太阳照常升起》，郭牧华的中篇小说《城市独白》，张雨贵的中篇小说《土民》。

《当代作家评论》推出“邓一光评论小辑”，收入文章有：於可训的《什么是关山性格及其文化涵义——对〈我是太阳〉中心人物的文化阐释》，李遇春的《破碎的英雄与英雄的破碎——论邓一光“兵系小说”中的英雄系列》，於曼的《对本色英雄的追寻——论邓一光的小说对英雄形象的塑造》。

26 日，《小说》第 4 期发表白天光的中篇小说《梁围子的员外》，石钟山的中篇小说《快枪手》，祝成侠的中篇小说《身不由己》，冯积岐的中篇小说《炮人》，山鬼的中篇小说《雾非雾》，荆歌的短篇小说《小刘的婚礼及其他》、《信以为真》。

28 日，湖南省作协在《作家与社会报》上发出《致全省作家的公开信》，呼吁作家为抗洪救灾贡献一切力量。

《文艺报》第 87 期“我与电脑”征文栏目发表。

《剧本》第 7 期发表廖维康的小剧场话剧《绿色的阳台》和熊源伟的创作问题研究《在二十一世纪的门槛上——关于中国话剧的前瞻与思考》。

本月，端木蕻良文学生涯 70 周年国际研讨会在北京天安门招待所召开。海内外学者 40 余位围绕端木蕻良的小说创作中的自我形象、艺术风格、叙事特点、文化意味、文化视角等诸多问题展开答辩评议。该研讨会由北京市文联、作协与辽宁省昌图县县政府联合主办。

中国作协建立文学创作基地，在全国范围内选择了在生产建设中成绩显著、重视精神文明建设、有着丰富的文学资源和创作开发价值的部门或单位，如新疆石河子生产建设兵团、浙江杭州华立集团、云南昆明钢铁总公司等。

中国作协创联部建立会员资料数据库，为出版《中国作家大辞典》作资料准备。《中国作家大辞典》（照春、高洪波主编）于 2000 年完成并由中国文联出版社出版。辞典收入 1949 年至 1999 年加入中国作家协会的全体会员，其中包括港澳特别行政区及海外华人入会作家和已故作家，全部在册人数是 6949 名。

中国作协发展 329 名新会员，会员总数达 5800 余名，六十年代以后出生作家占申请总人数 44%，副高以上职称逾 65%，跨世纪文学人才向年轻化、学者型、知识型靠拢。

合肥市委、市政府重奖荣获首届“鲁迅文学奖”的作家陈桂棣。

中共济南市委宣传部召开表彰会，重奖荣获第四届“茅盾文学奖”的作家刘玉民，为其记三等功，颁发奖金5万元。

南京作家朱文向全国青年作家发出一份题为《断裂》的调查问卷。问卷共发出73份，收回55份，参加者来自北京、上海、江苏等13个省市，包括金仁顺、刁斗、东西、于坚、李修文、葛红兵、林白、李冯、邱华栋、李大卫、朱也旷、田柯、棉棉、夏商、西飏、郜元宝、韩东、朱朱、魏微、林舟、荆歌等一大批作家、诗人和学者。该问卷后被《街道》、《文友》杂志全文刊载，《岭南文化时报》特辟专栏进行讨论。10月10日，朱文的《断裂：一份问卷和五十六份答卷》和韩东的《备忘：有关“断裂”行为的问题回答》发表在《北京文学》第10期上。问卷中共设13个问题，分别是：一、你认为中国作家中有谁对你产生过或者正在产生着不可忽略的影响？那些活跃于五十年代、六十年代、七十年代、八十年代文坛中的作家，是否有谁给予你的写作一种根本的指引？二、你认为中国当代文学批评对你的写作有无重大意义？当代文学评论家是否有权利或足够的才智对你的写作进行指导？三、大专院校里的现当代文学研究对你产生过任何影响吗？你认为相对于真正的写作现状，这样的研究是否成立？四、你是否重视汉学家对自己作品的评价，他们的观点重要吗？五、你觉得陈寅恪、顾准、海子、王小波等人是我们应该崇拜的新偶像吗？他们的书对你的写作有无影响？六、你读过海德格尔、罗兰·巴特、法兰克福学派……的书吗？你认为这些思想权威或理论权威对你的写作有无影响？他们对进行中的中国文学是必要的吗？七、你是否以鲁迅作为自己写作的楷模？你认为作为思想权威的鲁迅对当代中国文学有无指导意义？八、你是否把基督教、伊斯兰教、佛教等宗教教义作为最高原则对你的写作进行规范？九、你认为中国作家协会这样的组织和机构对你的写作有切实的帮助吗？你对它作何评价？十、你对《读书》和《收获》杂志所代表的趣味和标榜的立场如何评价？十一、对于《小说月报》、《小说选刊》等文学选刊，你认为它们能够真实地体现中国目前文学的状况和进程吗？十二、对于茅盾文学奖、鲁迅文学奖，你是否承认它们的权威性？十三，你是否认为穿一身绿衣服的人就像一只青菜虫子？总体来看，这些问题获得的是否定性回答。朱文称，此次问卷的问题是针对现存文学秩序的各个方面以及有关象征符号的，通过对这些的回答将明确一代作家的基本立场及其形象。韩东认为，行为“要解决的不是一个利益问题，而是有关理想的问题”，“我们必须从现有的文学秩序之上断裂开”，抛弃“平庸有毒的写作”，投身到“有理想热忱有自身必要性的真正的写作”中去，“重申文学的理想目标，重申真实、创造、自由和艺术在文学实践中的绝对地位”。关于此次“断裂”行为，文学界众说纷纭。作家张抗抗认为，参与者们的态度失之简单，答案惊人的一致，有并未完全按照自己的想法回答问题的嫌疑，但他们对于当前文坛状况的不满是有一定合理性和针对性的，也会对陈腐、庸俗的习气有一定冲击力。批评家白烨希望“断裂”者们真的成长为文学上的有益于世道人心的“不断革命”者，而不要重蹈红卫兵再闹“文化大革命”的历史覆辙。批评家陶东风认为，他们采取怀疑论的思维方式，并未看到批评家之间的分歧和对立，似乎对自己所反对的对象缺少准确的把握，是一种很粗糙的反抗情绪。《南方周末》鄢烈山在文章中指出，此次问卷有些问题的设计很“弱智”，不合时宜，某些人思维的混乱、狂妄令人吃惊。《人民文学》的编辑李敬泽认为，从某种意义上说，这次行动的根本目的不应当是文学秩序的批判和重建，而是个人的选择和承担，许多行动的参与者未必意识到了这一点，或者这一点正在行动中被遗忘。（参见京文：《一份问卷引出一场争论》，《太原日报》1998 年 12 月 7 日；沈乔生《我对〈宣言〉、〈备忘〉的看法》，《当代文学资料与信息》1998 年第 6 期）

贵州省文联第五次代表大会在贵阳召开，选举产生了贵州省文联第五届委员会及主席团，杨长槐（侗族）当选为主席，陈伟、何光渝、余未人等人当选为副主席。

云南省作家协会第五次代表大会在昆明召开，选举产生云南省作协新一届领导班子，杨仕良（彝族）当选为主席，汤世杰、沈石溪、张永权等人当选为副主席。

湖北大学人文学院“湖北作家研究室”主办“跨世纪湖北文学”研讨会。会后编辑出版《湖北作家文丛·现当代湖北文学研究》。

云南省作协主办的《边疆文学》第2届“边疆文学奖”揭晓，何超元的小说《湍急的河道》、罗汉德的中篇小说《太阳花》、张宝三的诗歌《邓小平颂》等作品获奖。

《文友》第6期公布“中国10名最差作家”评选结果，汪国真、贾平凹、柯云路、张贤亮、刘心武、梁晓声、韩石山、毕淑敏、张抗抗、周德东榜上有名（以得票多少为序）。白立、白丁在同期文章《瞧一瞧谁来吃晚餐》中披露了这十位作家登上“花名册”的原因：汪国真——“被长大成人的少男少女出卖”；贾平凹——小说中性描写过多、对城市的把握失误、散文愈发酸腐；柯云路——越来越精于制造“超级圈套”的技术，与科学、文学、理性和逻辑相去甚远；张贤亮——为女演员宫雪花作传；刘心武——风波不断，随笔泛滥；梁晓声——过多的道德激愤降低了文学水准，且“出手”过于频繁；韩石山——批评文章有失学者风范；毕淑敏——作品质量下降，失之于“充实的空洞”；张抗抗——《爱情画廊》炒作程度高于其文学性；周德东——“偶像”、“王子”的宣传“使渐渐长大的读者产生了逆反心理”。此次评选活动由《文友》杂志社策划发起，评选对象为“当代影响较大的知名作家”。

青海省作家协会第四次代表大会在西宁召开，董生龙当选为作协主席，程枫、鲍义志、马丁等当选为副主席，陈士濂等被聘为名誉主席。

余华因其作品《活着》而获意大利“格林扎纳·卡佛”奖。

《十月》第4期发表汤世杰的中篇小说《为什么没有锣鼓》，张庆国的中篇小说《钥匙的惊慌》，刘广雄的中篇小说《异乡人古小奇》，吕克昌的中篇小说《教办主任》，王坤红的短篇小说《阿格的故事》，纳张元的短篇小说《走出寓言》，冯志宏的短篇小说《柴河车》，于坚的散文《棕皮手记·在哥本哈根》、张锐锋的散文《上帝的沙地》和从维熙的纪实文学《折梦“桃花源”》。

《小说家》第4期“第三届小说家精短中篇擂台对抗赛”栏目发表赵刚的短篇小说《等待戈多》，丁天的短篇小说《轮盘赌游戏》，红柯的中篇小说《金色的阿尔泰》。同期刊发关仁山的短篇小说《鹿回头》（“悬念大师”栏目），谈歌的中篇小说《猴事》，张执浩的中篇小说《没有糖吃的日子》，祖先海的中篇小说《临时房客》，何申的短篇小说《教员生活八题》。

《中华散文》第7期发表杨闻宇的《乡村琐忆》。

周大新的3卷本长篇小说《第二十幕》，由人民文学出版社出版。

秦牧作品评论集《寻梦者的塑像》，由人民文学出版社出版，该书由秦牧创作研究会编辑。

晓雪的《诗美的采撷》，由河北教育出版社出版。本书系张炯总序的“学者评论家近作文丛”之一种。

“曼陀罗文丛”，由作家出版社出版，包括邵燕祥的《忧郁的力量》、林贤治的《平民的信使》、筱敏的《风中行走》、钱满素的《飞出笼子去唱》、一平的《身后的田野》及郭宏安的《雪落在莱蒙湖上》等散文集。

故事片《一代天骄成吉思汗》在美国费城国际电影节上获最佳影片奖。

八月

1 日，《作家》第 8 期发表王小妮的短篇小说《1966 · 新土豆们进城的这一天》，李大卫的短篇小说《蚂蚁》，默默的《自选编年诗》，余华在香港中文大学的演讲稿《我能否相信自己》，张锐锋的散文《烛光》，李国文的散文《西窗漫笔》。

《长江文艺》第 8 期发表叶广芩的中篇小说《天上船》，邱华栋的短篇小说《普尔马斯特会员店》、《环形树》，刘卫的短篇小说《有关警察的三个爱情故事》，余述平的短篇小说《站在草垛上看月亮》、《学步》，南野的短篇小说《勇敢的积累》。

3 日，《人民文学》第 8 期发表林希的中篇小说《天津扁担》，程青的中篇小说《上海夜色下的 36 小时》，鲁彦周的短篇小说《闹羊花》，卫慧的短篇小说《甜蜜蜜》，昌耀的诗一组，季羡林的散文《漫谈散文》、《虎年抒怀》，徐刚的散义《人生圆桌之二》。

《芳草》第 8 期发表红柯的中篇小说《水羊》，张建东的短篇小说《红妮儿》，江长喜的短篇小说《中国营地》，袁卫的短篇小说《一诺千金》（“金融文学”栏目）。

5 日，《小说月报》第 8 期刊登谢友鄞的中篇小说《浪迹边地》（选自《珠海》1998 年第 3 期），铁凝的短篇小说《树下》（选自《作品》1998 年第 6 期），星竹的短篇小说《豆腐》（选自《滇池》1998 年第 7 期）。

《萌芽》第 8 期发表素素的短篇小说《水蓝色的眼泪》。

《上海文学》8 月号发表王安忆的短篇小说《轮渡上》，丁丽英的短篇小说《熨斗 · 约会》，棉棉的短篇小说《每个好孩子都有糖吃》。

《山花》第 8 期发表赵玫的中篇小说《十七英里海岸》，荆歌的短篇小说《楚文香一九九七大事纪》，许辉的短篇小说《雷声覆盖着平原》，罗鸣的短篇小说《回家》，臧棣的《哲学课》诗 4 首，唐晓渡的《九十年代先锋诗的几个问题》。

7 日，全国文学创作内蒙古中心在呼和浩特举行揭牌仪式。

《小说选刊》第 8 期刊登阎欣宁的短篇小说《阳台朝北》（选自《小说》1998 年第 3 期），荆歌的短篇小说《陈年的咳嗽》（选自《东海》1998 年第 5 期），阿来的中篇小说《宝刀》（选自《湖南文学》1998 年第 7 期）。

10 日，《北京文学》第 8 期发表莫言的《白杨林里的战斗》、周大新的《宣德年间的一些希望》、刁斗的《鹊巢》、罗望子的《小丁醉了》、刘心武的《畦春韭绿》、张旻的《月牙弯弯》等短篇小说。

《电影文学》第 8 期发表电影剧本《天堂鸟》，编剧李钦、萧远；《国旗卫士之歌》，编剧梦建。

11 日，《青年文学》第 8 期发表孙慧芬的中篇小说《还乡》，刘庆的中篇小说《启事》，迟子建的短篇小说《清水洗尘》，刁斗的短篇小说《掐一》，白天光的短篇小说《火绳》、《逝去的沼泽》。

15 – 19 日，中国写作学会、武汉大学写作研究所、写作杂志社联合举办的全国微型小说、诗歌、散文大奖赛颁奖仪式暨笔会在福建武夷山举行。

16 日，国务院办公厅发布《关于进一步加强对有关出版物管理的通知》。通知要求各有关部门认真管好重大选题出版物的出版；加强对以版权贸易方式进行出版活动的指导和管理；加强对境外有关出版物进口、销售的管理；加强对重大出版项目的宏观调控；严厉打击非法出版活动；切实加强对出版工作的领导。

16 – 10 月 30 日，青艺小剧场剧目展演在京举行，参演的剧目有北京彼岸工作室的《窒息》、香港疯祭舞台的《元州街朱莉小姐不再在这里》、台北莎士比亚妹妹们的剧团的《2000》、东京榴华殿剧团的《FALSE》以及青艺的《绿房子》、《花房姑娘》等。

17 日，《作品与争鸣》第 8 期发表阙迪伟的中篇小说《寻找番薯》，陈琳的中篇小说《殊途异归》，邱华栋的中篇小说《天使的洁白》。本期还刊载了吴跃农批判梁晓声“仇富”心理的文章《仇富不能创造财富》以及梁晓声的反驳文章《空手套白狼批判——兼驳吴跃农》。随后，《作品与争鸣》第 9 期发表辛卒的文章《我看梁、吴之争》。

20 日，绿原出席第 37 届斯特鲁加诗歌界并领取金环奖。

湘籍青年作家彭东明因小说人物名字而吃名誉官司。彭东明的小说《秋天》中主人公名为“洪耀才”，恰与某地一商人名字相同，引起了该地方百姓对该重名商人的议论并影响到其声誉和经济利益。商人洪耀才一纸诉状将彭东明告上法庭。经过法院二次审理，最终以洪耀才负担受理费、驳回洪耀才的诉讼请求而结束了这场名誉官司。

《当代》第 4 期“焦作化电”杯征文栏目发表鲁彦周的短篇小说《老坡·苏西坡·老跛》，阿宁的短篇小说《电工的季节》。

21 日，文艺评论家冯健男因病在石家庄逝世，享年 76 岁。

23－28 日，第四届中国长春电影节在长春市举行。先子良、熊郁（《桃源镇》）获最佳编剧奖，《一代天骄成吉思汗》获最佳华语片奖。经中宣部、国家广电总局批准，中国长春电影节已被确定为国家电影节。

25 日，《文艺报》第 99 期第 3 版“我与电脑”征文栏目发表刘剑波的《弹奏小说》、曹建勋的《电脑，伴我二次春播》等文章。

26 日，“中国当代女性文学第四届学术研讨会”暨“首届中国当代女性文学评（颁）奖”大会在河北省承德市召开。该奖共设“创作奖”和“建设奖”两个单项奖。其中，“创作奖”颁发给在当代卓有成就尤其是近二十年比较活跃的大陆女性作家；“建设奖”颁发给当代尤其是近年来在中国女性文学理论建构、译介和组织推动女性文学研究工作的成绩突出者。方方、王安忆、池莉、迟子建等30位女性作家获本届“创作奖”；林丹娅、荒林、谭湘、季红真等15位学者、评论家获本届“建设奖”。此次评奖由中国当代女性文学委员会、中华文学基金会、中国作协创研部三家共同主办。获奖作品集《花雨——首届中国当代女性文学获奖作者精品卷》于2001年由花山文艺出版社出版。

28日，《剧本》第8期发表殷习华的四幕话剧《老兵》。

30日，第九届中国儿童文学冰心奖在京揭晓，《看北极丛书》、《关怀》等50种图书获图书奖，《如诗如歌》、《青春有价》等18篇作品获新作奖，68名儿童和教师获冰心艺术奖。

本月，长江流域发生百年不遇的特大洪水，洪水几乎全流域泛滥。加上东北的松花江、嫩江泛滥，全国境内包括受灾最重的江西、湖南、湖北、黑龙江四省，共有29个省、市、自治区都遭受了这场特大灾害，受灾人数上亿，近500万所房屋倒塌，2000多万公顷土地被淹，经济损失达1600多亿元人民币。在党中央、国务院的领导下，经各级政府和广大军民全力抢险，夺取了抗洪斗争的全面胜利。

中国社科院文学研究所当代文学研究室和中国当代文学研究会联合举行了题为“重话‘文革’时期文学”的学术对话会。研究者除了强调研究“文革”文学的学术价值和意义外，还特别提出了一个研究方法的问题。认为对这一特殊历史环境下的文学，应特别注意研究方法、研究视角和研究策略的运用。王尧认为加强“文革”文学研究的学理性应注意：“注重揭示意识形态与文学的互动关系，研究‘文革’对文学的影响，阐释‘文学’中的‘文革’；注重作家的思想命运与心路历程的描述，把握‘文革文学’内在的思想结构；注重对‘文革文学’整体的、本质的把握，不作单独的体裁研究；注重文学思潮、现象、文本形成过程的研究；注重剖析‘文革文学’的审美变态现象；注重‘文革文学史料’的梳理、积累并加以描述。”

广东作家程贤章长篇小说《围龙》研讨会在广州举行，百名作家、评论家到会，称《围龙》开创了客家文学的先河。

陕西作协第七届505文学奖揭晓，赵发元的《曲江雨》、朱鸿的《药叫黄连》等10位作家的10部散文集获奖。505文学奖设立于1992年，由505集团公司（当时为中国咸阳保健品厂）出资设立基金、陕西省作家协会设奖，每年一届。

浙江文艺出版社出版浙江女作家王旭烽的长篇小说《不夜之候》，这是作者继《南方有嘉木》后的又一部具有史诗气度的力作，二者与其后推出的《筑草为城》（浙江文艺出版社1999年5月出版）一道，构成了表现现代史上中国茶人命运的“茶人三部曲”。小说中关于茶文化的描写不仅占了较多的篇幅，而且独具认识价值和审美价值。在第一部《南方有嘉木》中，关于茶文化的介绍和描述有相当一部分是游离于主人公的命运和心理沉积之外，是作为一种知识静态地介绍给读者的，这种描写还停留在比较低的层面上。但是在《不夜之侯》和《筑草为城》中，这种关于茶文化的描写大都作为忘忧茶庄几代传人的文化心理积淀来表现，作者着力写出他们那种因茶文化长期浸染而形成的独特的、柔中有刚的茶人性格，于是，对茶文化的开掘进入更深的层次。（何镇邦：《长篇小说创作漫评》，《中国文学年鉴1999－2000》，作家出版社2002年版）《茶人三部曲》后于2000年获第5届茅盾文学奖。

光明日报出版社推出系列丛书《中国知青情恋报告》的首批图书《青春锻炼》、《青春祭坛》、《青春极地》。

中国作家协会编译中心编辑的《美国华文作家作品百人集》，由中国友谊出版公司出版。

巴金任名誉主编、汇集《收获》40年来散文精品的《〈收获〉文库·散文卷》6册，由文汇出版社出版，共收编了《收获》自1957年创刊以来发表的当代名家散文200余篇。

九月

1日，《小说界》创刊100期，简办百期庆典，韩少功、王蒙、王安忆等作家纷纷发表贺电（见该刊第6期）。薛海翔的长篇小说《情感签证》，赵凝的中篇小说《手指插向迷宫》，魏微的短篇小说《乔治和一本书》，王安忆的短篇小说《杭州》发表在第5期上。

《解放军文艺》第9期发表衣向东的中篇小说《老营盘》。

《作家》第9期发表夏商的短篇小说《刹那记》、《金陵客》及创作谈，肖班的短篇小说《慢车》、《鸟能飞多高》，王小妮的短篇小说《1966·眼睛里暗藏着沥青的中学生》，程青的短篇小说《苹果》，王大进的中篇小说《张得的今世缘》，小海的诗《村庄与田园》、随笔《诗到语言为止吗?》，张抗抗的文章《汉语魔方》。

《长江文艺》第9期发表李鲁平的中篇小说《筑巢引凤》，赵玫的短篇小说《小城烟雨》。同期推出"'98长江大抗洪"专栏，李传锋、刘益善等人的文章收入其中。

3日，《人民文学》第9期发表李康美的中篇小说《女县长》，朱辉的中篇小说《青玉案》，刘建东的中篇小说《大于或小于快乐》、王家新的诗《孤堡札记》及诗学随笔《文学中的晚年》。

4–6日，第五届海外华文女作家协会年会在美国旧金山举行。来自世界各国的70多位女作家出席了此次年会。会议选举了旅美女作家喻丽清为本届会长，并讨论了有关议题。（参见子通《第五届海外华文女作家年会掠影》，《南方文坛》1998年第6期）。

5日，《小说月报》第9期刊登莫言的中篇小说《牛》（选自《东海》1998年第6期），余述平的中篇小说《石油的另一种说法》（选自《地火》1998年第3期），徐坤的短篇小说《乡土中国》（选自《小说林》1998年第3期），冯积岐的短篇小说《去年今日》（选自《延河》1998年第7期），毕飞宇的短篇小说《男人还剩下什么》（选自《漓江》1998年第3期），邱华栋的短篇小说《红木偶快餐店》（选自《文学世界》1998年第4期）。

《大家》第5期发表朱辉的中篇小说《停电的时候》，刘庆的短篇小说《家庭妇女》（"联网四重奏"栏目）。

《莽原》第5期发表赵玫的中篇小说《罂粟花》，许建平的中篇小说《大礼拜》，南野的短篇小说《边缘语言诠释》，崔子恩的短篇小说《冥王星曲折文本》，张驰的短篇小说《不腻斋轶事》、《外景》，唐晓渡的《何谓"个人写作"》。崔子恩（1958－　），祖籍山东平度，出生于哈尔滨市。1995年起发表小说。其长篇小说《桃色嘴唇》入选台湾《中国时报》"一周好书榜"，其任编剧的电影《男男女女》获第52届瑞士洛迦诺国际电影节国际影评人大奖，《舅舅的人间烟火》获2001德国之声文学大奖赛最佳广播小说大奖。

《萌芽》第9期发表中跃的短篇小说《钢琴狂想》。

《上海文学》9月号发表艾伟的中篇小说《到处都是我们的人》，钟晶晶的中篇小说《正午的姿态》。

《山花》第9期发表刁斗的中篇小说《询问笔录》，王建平的短篇小说《新居》，刘庆的短篇小说《旅游地》（"联网四重奏"栏目），棉棉的短篇小说《白色在白色之上》、《黑烟袅袅》（"七十年代出生作家"栏目）。

《长江文艺》第9期"90年代诗人四重奏"专栏发表肖开愚、孙文波、臧棣、张曙光的诗。鲁西西在编者前言中将上述四位诗人列为90年代诗歌这一整体中的重要人物，认为他们率先打破了写作中意识形态的"幻觉"和形式化的种种限制，以真实的叙述、直面的态度、平视的（而非俯瞰的）直觉表现了对现实世界的共同关注，使语言的多样化和个体语言的综合化成为可能。

世界著名的意大利歌剧《图兰朵》由我国电影导演张艺谋导演，在北京紫禁城太庙上演。

7日，《小说选刊》第9期刊载徐坤的短篇小说《乡土中国》（选自《小说林》1998年第3期），聂鑫森的短篇小说《车在旅途》（选自《山西文学》1998年第7期）。

新闻出版署发布《关于组建“中国新闻出版信息网络（内部网）”的通知》。

9日，上海第四届（1996－1997）“长中篇小说优秀作品大奖”评奖揭晓，在选送的14部长篇小说、30部中篇小说、7部纪实和报告文学中，共评选出长篇小说一等奖1部：《马桥词典》（韩少功）；二等奖2部：《丹青引》（王小鹰）、《壮士中华行》（余纯顺，纪实文学）；三等奖2部：《务虚笔记》（史铁生）、《长相思》（周懋庸）。中篇小说一等奖1部：《年月日》（阎连科）；二等奖2部：《和天使一起飞翔》（万方）、《春堤六桥》（王蒙）；三等奖4部：《我爱比尔》（王安忆）、《本乡有案》（彭瑞高）、《分享艰难》（刘醒龙）、《屋檐下的河流》（殷慧芬）。中共上海市委宣传部在上海图书馆举行小说创作座谈会，市领导为获奖作家颁奖。1999年5月，上海文艺出版社出版《上海第三、四届（1994－1995、1996－1997）“长中篇小说优秀作品大奖”获奖作品集》。

以上海地区图书、音像、电子软件等版权产业界为主组织的社会团体上海反盗版联盟成立。这是我国第一家反盗版联盟。

10日，《诗刊》9月号刊出《诗刊》社关于《中国诗歌现状调查》的调查表。此次调查从1998年4月初开始到7月中旬，调查采取委托非《诗刊》工作人员在文化群体调查和随刊寄表中抽取6月15日至7月15日的回表方式，共抽样调查1600余人。调查对象由农村、工厂、学校、部队等不同的社会群体成员组成。此次调查还请被调查者列出了自己最有印象的当代诗人5－10人。最后统计共出现诗人649名，按得票数排列在前50名的是：舒婷、艾青、臧克家、李瑛、雷抒雁、叶延滨、贺敬之、柯岩、郭小川、牛汉、顾城、流沙河、余光中、汪国真、郭沫若、张志民、徐志摩、公刘、席慕蓉、昌耀、绿原、西川、张新泉、邵燕祥、孙静轩、李小雨、海子、刘章、刘征、白桦、戴望舒、李季、赵恺、韩作荣、邹静之、杨牧、叶文福、梅绍静、周所巨、傅天琳、田间、何其芳、鲁迅、闻一多、林莽、于坚、高洪波、曾卓、朱子奇、苏金伞等。在这些名单中，老、中、青三代诗人各占一定的比例，不同写作方式的诗人都榜上有名。（以上据《中国文学年鉴1999－2000》，作家出版社2002年版）因为《诗刊》编委和工作人员在其中竟有15人之多（占总人数的33.3%），这个排名刊出后不久，先后引来了诗人金汝平、沈奇、谢有顺等人的相继批评，并引发一场官司。

《花城》第5期发表徐小斌的长篇小说《羽蛇》，韩东的中篇小说《交叉跑动》，李洱的中篇小说《破镜而出》，东西的短篇小说《关于钞票的几种用法》，王彪的短篇小说《有人在喇叭里》。

《中篇小说选刊》第5期刊载刘醒龙的中篇小说《浪漫挣扎》，李肇正的中篇小说《城市生活》。

《中国作家》第5期发表老鬼的长篇小说《血与铁》。

《北京文学》第9期发表红柯的短篇小说《呱呱叫的早餐》，杨打铁的短篇小说《铁皮屋顶》，郝炜的短篇小说《寻访杜德》。

《电影文学》第9期发表电影剧本《神秘的一朵梅》，编剧盛曼姝、贾力先。

11日，《青年文学》第9期发表周洁茹的短篇小说《到常州去》，肖班的短篇小说《头重脚轻》，张生的短篇小说《迟到的伤逝》，艾伟的短篇小说

《报复》，红柯的短篇小说《雪崩》。

12日，诗人罗洛因病在上海逝世，享年71岁。罗洛1945年开始发表作品。著有杂文集《人与生活》，诗集《春天来了》、《雨后》、《阳光与雾》、《海之歌》、《山水情思》，诗论集《诗的随想录》，短篇小说《我知道风的方向》、《出发》、《我爱》、《我心中有一支歌》，译著诗集《法国现代诗选》、《萨特抒情诗选》、《魏尔仑诗选》，主编《诗学大辞典·中国卷》等。1999年，上海社科院出版社出版《罗洛文集》，全书分为“诗歌”、“译诗”、“诗论”、“散文·译文·科学论著”四卷，共300万字，收录罗洛创作的诗歌500余首，译诗300余首，论文及散文各百余篇，较为全面地展现了一个诗人的才华、对历史的沉思、对人生的感悟和一个中国知识分子的心路历程与理想追求。

中央实验话剧院在京演出话剧《坏话一条街》。编剧过士行，导演孟京辉。剧本发表在《新剧本》第5期上。

15日，《文学评论》第5期“新时期文学二十年”栏目发表丁帆、何言宏的《论二十年来小说潮流的演进》，陈美兰的《创作主体的精神转换——考察中国新时期文学的一种思路》，南帆的《双重的解读——八九十年代中国文学的一种描述》，杜书瀛的《新时期文艺学反思录》，王元骧的《中国文学理论研究的世纪回眸》。丁帆、何言宏在文中提到，新时期小说经过二十余年的奋力开拓，形成了多元共生的文学格局。该文系统评析了“伤痕”、“反思”、“改革”、“寻根”、“现代派”、“实验小说”、“新写实小说”、“晚生代小说”、“女性主义小说”、“现实主义冲击波小说”等流派。陈美兰认为，中国文学近二十年的演化过程是创作主体精神转换的过程。这个过程带来了文学新的精神内涵和新的艺术风貌，为文学的发展开拓了一个前所未有的开阔的、充满历史动感的精神空间。在南帆看来，八九十年代中国文学的宏大主题同样是“现代化”，但是，文学感觉到了更多的内容，其中某些内容与

"现代性"的价值观念体系产生了距离。两者之间的重合与分离形成阐述这个时期文学史的双重曲线。这样的阐述将显示这个时期文学话语的功能——显示文学话语如何以自己的独特方式参与"现代化"的历史实践。杜书瀛指出，新时期文艺学同本世纪初的文艺学有着许多相似处。这二十年，在文艺学的基本观点、哲学基础、思维方式、价值取向、学术命题、研究范式等方面，发生了显著的、深刻的变化，获得了长足的进步和深入的发展。他在文章中就"拨乱反正"的意义与局限、认识论文艺学的功与过和对西方现代文艺学资源的吸收这三个问题进行了深入浅出的梳理，认为文艺学已进入到一个对话的时代。王元骧认为，我国文学中的现实主义思潮，在本世纪经历了复杂曲折的历程，例如关于文学的性质，关于文学的个性与社会性、阶级性，关于思想与艺术、内容与形式，关于文学的功能等等，都有不同的理解，发生过论争。我们很有必要对其进行回顾和总结。

《江南》第5期发表荆歌的中篇小说《认真的叙事》，刘继明的中篇小说《第九个木兰》，王松的短篇小说《巾帼风尘》、《野渡》。

《南方文坛》"知青文学"专栏发表以下文章：郜元宝的《"知青文学"之一瞥》，李敬泽的《遮蔽与敞开》，兴安的《我看"知青文学"》，施战军的《苦难的空无——"知青文学"札记》，张柠的《朦胧的记忆》，黄伟林的《知青运动　知青作家　知青文学》。郜元宝称，知青文学通常指"文革"后集中涌现出的一批知青作家反映知青生活的作品，但在其可能性上，有关这段历史以及和知青相关的其他生活现象的创作，都不妨称之为知青文学。初期知青文学的特点是"真感情无目的地流露，一种不知好歹的浪漫主义"，随后，"感情的裸露"、隐晦逐渐改变了知青文学最初的逻辑，并产生不可遏制的分化。知青文学最大的缺憾在于，无论空间或时间上，都没有更深层次的沟通与融合，所以至今尚未出现情感经验上更具包容度的力作。李敬泽认为，"知青"现象是中国现代性演进过程中非常特殊的插曲，它是一份遗产，我们应该珍重、爱惜。后来者应当不断严肃地对这段历史进行批判的重述，使被遮蔽的敞开，使被施魅的得以祛魅，发现现象的丰富性，在丰富和差异中探索历史的深度。兴安认为，“知青文学”留给我们可继承的遗产太少，“知青作家”过于看重自己的经历和想象，忽略了作为客观的“他者”的眼光。施战军称知青作家的写作为“外衣”写作，缺乏属于独特个体的生命经验与独特心灵的遭逢沧桑，而新生代“知青文学”也只是展示了一个背面的知青面貌和原生型态，缺失主体经验的投入。深化知青文学，应当依靠还是那些“当年的‘知识青年’重新开始对历史人生的书写，心灵的扩容和眼界的高远始终要以自己的人生经验作底，精神在非理性时代的苦难处境应该无比犀利地镌刻在我们的文学史页上”。张柠在文章中叙述了自己关于知青下乡的感性经验，并对知青运动有所反思。黄伟林认为，80 年代的知青文学处于诗的阶段，知青作家偏重于书写个体人生经验和个体文化感觉，分为理想主义、现实主义、人性探寻三种路向。90 年代的知青文学则逐渐消退了诗的成分，努力向史的方向迈进。知青作家开始热衷于以回忆录的形式记录他们的知青经历，结果只能是文学对历史退避三舍。

《天涯》第 5 期发表方方的中篇小说《过程》，红柯的短篇小说《无边无际的秋天》。

15 – 10 月 10 日，中央戏剧学院举办’98 国际戏剧邀请展，共有来自日本、英国和中央戏剧学院的五台话剧参加演出。参演剧目为日本新宿梁山伯剧团的帐篷剧《人鱼传说》、英国大卫 · 格拉斯剧团的儿童剧《汉森和格瑞泰机器》、英国基尔德霍尔音乐戏剧学院与温布尔顿艺术学院联合演出的《第十二夜》、中央戏剧学院表演系 95 级学生演出的《第十二夜》、中央戏剧学院戏剧艺术研究所推出的试验性小剧场话剧《在路上》。

20 日，《钟山》第 5 期发表张炜的短篇小说《割烟》、《赶走灰喜鹊》，毕飞宇的短篇小说《白夜》，阿宁的中篇小说《丢失》，莫言的短篇小说《长安大道上的骑驴美人》，李亦的中篇小说《送葬》，戴来的短篇小说《我看到了什么》、《找呀找》，顾前的短篇小说《方糖放在哪里》、《巧克力玫瑰》，刘庆的短篇小说《彩票》，叶广芩的散文《炉前话旧》，王小妮的《随笔两则》。

22 日，中国版权保护中心成立新闻发布会在北京举行。《著作权法》的修改工作正在进行，全国唯一的综合性著作权专业刊物《著作权》后由该中心编辑出版。

25 日，《收获》第 5 期发表王安忆的中篇小说《隐居的时代》，苏童的中篇小说《群众来信》，中跃的短篇小说《戏剧新闻》，陈沂的杂文《严峻的考验》、阿城的随笔《艺术与情商》、余秋雨的随笔《关于善良》。

《当代作家评论》推出"金庸评论小辑"，收入的文章有：刘再复的《金庸小说在二十世纪中国文学史上的地位》，陈平原的《超越"雅俗"——金庸的成功及武侠小说的出路》，陈墨的《金庸小说与二十世纪中国文学》。刘再复认为，要对金庸热作出学术上的解释，"我们有理由相信，缺少充分评说金庸作品的二十一世纪中国文学史是残缺不全的文学史。""金庸的意义在于在香港殖民地一隅延续并光大了本土文学的传统。""我们看到，金庸的小说一方面并没有失去悠久的文学传统所造就的独特趣味，尤其是清代至民国年间本土传统的文学演变过程中产生的成功的地方被金庸继承下来了；另一方面，他又有许多创新的地方，尤其是他注意刻画和表现人性——虽然是古今中外优秀作品所具有的，但在民国时期本土传统的文学是不多见的——全面提升了这一传统中作品的品质，达到了雅俗共赏的至高境界。"他认为，在大陆由于"文学意识形态化导致自由精神的丧失"的同时，"金庸在香港一隅保持了文学的自由精神，这是难能可贵的。"在考察了白话文传统之后，作者认为金庸"不但是本土传统在文学上最为杰出的代表，而且也是本土文学对白话文有最大贡献的作家。"陈平原认为，"称金庸的贡献在于其以特有的方式超越了'雅俗'与'古今'，不难被学界认可。""作为小说家的金庸早已金盆洗手，而作为政论家的查良镛仍然宝刀不老，表面上有时间差，可这不妨碍我们将其相提并论。因为，在金庸创作的高峰期，左手论政，右手小说。我关注的是这种写作策略，使武侠小说家金庸一改'边缘'姿态，在某种程度上介入了现实政治和思想文化进程。""其实，小说家之追求普遍意义，与政论家的注重现实感慨，并不完全抵牾。""强调金庸的小说与政论之间的互补关系，其实是为了指向武侠小说之特色：极大的兼容性。""金庸之值得格外关注，主要不在于文化知识的丰富，而是其对于中国历史的整体把握能力。""不过，对金庸的史学修养，不应估价过高，这里强调的是，对于中国历史的独立思考，乃是金庸小说成功的一大关键。"陈墨认为，金庸为代表的"新派武侠小说"是香港文学及香港文化独特价值的一种具体表现。"金庸小说的艺术成就及其对二十世纪中国文学的独特贡献，不仅表现在其对武侠小说传统价值体系的成功改造，崭新的人文思想主题的提炼，及深刻的人生艺术境界的创造与拓展等方面；而且还表现在独特的想象方式，完善的长篇小说叙事规范及其成熟优美的民族文学语言艺术等方面。"同期刊发张清华的文章《"在幻象和流放中创造了伟大的诗歌"——海子论》。

25－26日，上海戏剧学院、中国莎士比亚学会在沪举办"莎士比亚在中国——演出与研究"国际研讨会。与会者围绕莎剧在中国舞台上的演绎、西方人眼中的中国莎剧演出、莎剧在中国及亚洲的嬗变、莎士比亚英译探讨及莎学批评等问题展开了探讨。

26日，《小说》第5期发表陈应松的中篇小说《沉船渡》，周文的中篇小说《老马的驳克枪》，张国栋的中篇小说《梦想高原》，张执浩的短篇小说《干旱的青蛙》、《为梦所困》。

28日，《剧本》第9期发表卢石华、李天生的大型话剧《太行儿女》。

28日－10月8日，中国作家协会、福建省泉州市对外文化交流协会、泉州市文联在福建泉州联合主办"北美华文作家作品研讨会"。此次研讨会的主题为“以华文写作的北美华文作家作品现状与展望、海外华人文学与中国文化传统、与会专家写作经验交流”。

29 日 - 10 月 1 日，由中国文联、中国剧协和浙江省文化厅、省文联共同主办，中国戏剧杂志社、浙江省演出公司等单位承办的第十五届中国戏剧梅花奖颁奖活动在杭州举行。

30 日，《戏剧》第 3 期开辟“田汉戏剧创作研究专辑”，以此纪念田汉先生诞辰一百周年。发表丁涛的《走近、走进田汉——读解田汉早期作品》、吴戈的《漂泊的浪漫诗意的感伤——论田汉“南国”时期的抒情戏剧》、杨景辉的《在“二元”矛盾中完善自我——田汉初探》、张鹰的《论田汉话剧的民族特色》和张健的《田汉、欧阳予倩、熊佛西和艺术戏剧运动》。

本月，江苏南京《东方文化周刊》特邀江苏的 8 位诗人，联袂创作千行组诗《民族魂——’98 华夏抗洪图》，诗人们将稿酬全部捐献给灾区。

为配合抗洪救灾斗争，《诗刊》社紧急编印《抗洪救灾诗传单》，并随刊赠送。

中国当代文学研究会和中国社科院文学所当代室在京联合举办“八九十年代文学比较”座谈会，与会专家学者就 80 年代与 90 年代文学比较研究、中国文学应该以什么样的姿态迎接 21 世纪等问题进行探讨。李复威主张不要将八、九十年代文学分开，而应视为一个整体进行宏观考察。吴思敬将 90 年代文学与 80 年代的差别归纳为：理想主义有所淡化，精神漂泊有所抬头；集团写作有所淡化，个人化写作有所抬头；先锋情结有所淡化，向传统、现实回归的倾向有所抬头。张韧认为，90 年代的文学与 80 年代的文学相比较，正从单一走向多元，从排斥走向互补，作家们开始关注“生存状态”，由多元、多样性向个性化转变。杨匡汉指出，好的作品应从四个维度进行要求：命运与苦难维度；切近、把握生存状态维度；拷打灵魂本真维度；形而上维度。作家应在原创性与艺术的语言方面多下功夫，把艺术推向极致。《南方文坛》

1998年第6期刊登了此次座谈会的会议记录《文学的过渡与审视的维度——八九十年代文学比较对话录》。

山西省作家协会和中国社科院文学所《文学评论》杂志社联合举办的"小说：艺术与市场"学术研讨会在山西省介休市召开，韩东、朱文、张颐武、李兆忠等作家、评论家代表40多人参加了研讨会。与会者就当代小说创作与市场经济的关系、市场经济对文学创作、出版、发行带来的挑战和机遇、市场经济的形成给作家创作带来的从主题内容到艺术手法的变化等话题进行讨论。

学术理论期刊《文艺研究》与深圳点通数据有限公司合作，推出全文光盘版，其中包括自1979年创刊至1999年第2期的3000余万文字和6000余幅彩图。

为庆祝中国现代文学馆新馆落成，文学馆联合青岛华夏文化艺术传播中心向全国知名作家征集"心语"，请他们把自己对人生、社会、文学、生命与爱情的观点凝成一句话，并将它与作家的小传和签名一道精选成《中国作家3000言》一书出版发行，作为作家们向文学馆的献礼。《中国作家3000言》由新华出版社于10月份推出。

河南省文联党组提出期刊的三个转变：由编辑型向经营型转变；事业型向企业型转变；服务于体制向服务于读者转变。《莽原》、《河南戏剧》、《散文选刊》、《传奇文学选刊》、《故事家》、《热风》六家期刊，从领导班子、内部管理、人事制度到市场营销都大幅度进行了改革，自1998年第6期起刊物从内容到包装全面革新。以《莽原》为例，1998年第6期栏目设置为："当代名家"、"内部的远方"、"中篇小说"、"敬泽推荐"、"今日阅读"、"作家沙龙"和"长篇小说"，较之于第5期，"诗歌"专栏被取消，其他栏目变动不大。1999年起，刊物由原来的16开本、192页变为32开本、300页，栏目以"跨文体写作"、"小说"、"作家随笔"、"诗人手记"、"诗歌"、"妙文拾译”、“作家沙龙”等为主。

第二届冰心文学奖（小说奖）揭晓，王成均、李元恒《父亲山、母亲地》获一等奖。

第八届文华奖评选揭晓。本次文华奖评奖，进行了相应的调整：第一，文华奖由每年评奖改为两年评一次；第二，从本届开始不评文华大奖，文华大奖在2000年的第六届中国艺术节上评出；第三，压缩奖项数量，增设“文华新剧目特别奖”；第四，实行评委评奖意见和获奖剧（节）目评语公开发布制度，评奖意见和获奖评语在《艺术通讯》上公布。获得本届文华新剧目奖的话剧是南京军区前线话剧团的《虎踞钟山》、福建人民艺术剧院的《沧海争流》、沈阳军区前进话剧团的《炮震》、广东省佛山市话剧团的《新居》和济南军区前卫话剧团的《老兵》。获得本届文华新剧目特别奖的话剧是南京市话剧团的《大江奔流》、兰州军区战斗话剧团的《兵妹子》和甘肃省话剧团的《马背菩提》。

《十月》第5期发表李佩甫的中篇小说《败节草》，张欣的中篇小说《婚姻相对论》，严歌苓的中篇小说《白蛇》，刘继明的中篇小说《请不要逼我》，苏童的短篇小说《人造风景》，南野的短篇小说《不插花的房间》、王小妮的散文《爸爸》。

《小说家》第5期发表荆歌的中篇小说《平面》，西贝的中篇小说《性的迷惘》，朱也旷的短篇小说《论失眠》、《论死亡》，鬼子的短篇小说《罪犯》，阎连科的短篇小说《兵洞》（“悬念大师”栏目），高宁的短篇小说《日本虫》。

《诗探索》第3辑发表奚密的《诗与戏剧的互动：于坚〈0档案〉的探微》。

江苏文艺出版社“双叶丛书”推出第4辑名人伉俪合集，书目包括《探索人生》（巴金和萧珊）、《有了爱就有了一切》（冰心和吴文藻）、《多情人不老》（周有光和张允和）以及《浪漫人生》（赵元任和杨步伟）。

漓江出版社推出《中国年度最佳小说丛书》，共收入王蒙、李国文、池莉、徐坤、邓一光等49位作家的49篇小说。此丛书由《小说选刊》从全国近一百种省级以上文学刊物当年发表的近四千篇中短篇小说中选编而成。

广东人民出版社推出"南方新学人丛书"，首批收入的散文集有：鄢烈山的《没有年代的故事》、单世联的《迟到的光》、艾晓明的《骑桶飞翔》和李公明的《思想守望录》。丛书从这些中青年学者的大量文化社会评论中精选出部分充满批判精神、自由立场和个体经验的随笔短论集结成集，表现出知识分子对社会进步的关切和呐喊。

迟子建的《迟子建随笔自选集》、《迟子建影记》，分别由广西民族出版社和河北教育出版社出版。

舒洁的诗集《心灵的故园》，由作家出版社出版。该诗集收录了舒洁自1987年至1997年间创作的诗200余首。诗集分4辑，分别为"缅怀与守望"、"致幼子书"、"蒙古人：心灵的故园"、"逝水的灵性"。诗集正文后附有作者后记《在飘逸的神明中》，回顾了作者十年来的创作历程。

三联书店"散文与人"丛书推出"宿命的召唤"卷，强调听从时代的召唤，保持对社会现实关注，守望知识者精神家园，坚持独立思考，期待以深厚人生内涵与斐然文采兼融的散文，回应鲁迅在本世纪之初发出的"立人"的呼唤。该卷由邵燕祥、林贤治主编，收录的思想随笔包括筱敏的《书的灰烬》、冉云飞的《沙俄时代书刊检查中的告密》、哈维尔的散文、威塞尔的随笔等。这些文章的内容涵盖历史、哲学、宗教、自然科学等诸多方面，谋求精神与生活的汇通。

王彬、顾志成编选的《二十世纪中国新诗选》，由大众文艺出版社出版。全书收录了260余位诗人的400多篇诗作。

现代汉诗百年演变课题组编、王光明执编的诗论集《现代汉诗：反思与求索》，由作家出版社出版。

杜丽的散文集《带绿色玻璃罩的台灯》，由陕西师范大学出版社出版。

张抗抗的散文集《风过无痕》，由江苏人民出版社出版。

金波主编的《红帆船诗丛》，由浙江少年儿童出版社出版，包括金波的十四行诗《我们去看海》、雷抒雁的少年朗诵诗《青春的声音》以及朱效文、徐鲁、东达、宁珍志的诗作。

十月

1日，《作品》第10期发表邱华栋的短篇小说《看得见的音乐》。

《作家》第10期发表王安忆的短篇小说《遗民》，刘庆邦的短篇小说《不是插曲》，王小妮的短篇小说《1966·是什么人坐上了火车头》，皮皮的短篇小说《左肾》，残雪的文章《城堡的起源》，翟永明的随笔小辑，严歌苓的散文《波希米亚楼》。

《长江文艺》第10期发表海男的中篇小说《粉色》，艾伟的短篇小说《捞船》。本期“'98长江大抗洪”专栏收入叶明山、方方等七人的文章。

3日，《人民文学》第10期发表关仁山的中篇小说《天壤》，张执浩的短篇小说《黄金小鸡》，李瑛的诗《风雨人生》，郭风的散文《石蒜花开……》，何怀宏的散文《人生圆桌之四》，汪政的散文《悲悯于怜爱》。同期刊发王勇军的文章《时代·生活·读者·文学——本刊读者调查综述》。文章指出，《人民文学》杂志的专项读者调查结果显示，受调查者中阅读文学期刊的目的为“艺术欣赏”的占82%，为“了解社会人生”的占66.1%，为“思索作品主题”的占40.1%，为“把握人物性格命运”的占26.7%。读者最喜欢的文学期刊前6名依次为《人民文学》、《收获》、《小说月报》、《小说选刊》、《十月》、《当代》。读者最喜欢的作家前8名依次为：贾平凹、梁晓声、路遥、苏童、陈世旭、王蒙、李国文、汪曾祺。读者喜欢的作品类别依次为：现实性强的、艺术性强的、可读性强的。读者喜欢的题材依次为：揭示生活中的问题矛盾、贴近百姓生活、关注现实的重大题材。此次调查与上次的读者调查相比，读者的参与率下降了1.3个百分点，说明读者对文学的热情与关注程度处于下降的趋势，文学及其期刊的前景不容乐观，仍然面临着来自市场、生存等方面的严峻挑战。读者调查结果对于文学最现实的出路给予了提醒：贴近现实生活与否，可读性的强弱与否，艺术性的高低与否，是左右文学及其期刊走势的三个重要因素。读者阅读文学期刊出于艺术欣赏和对社会人生的了解的占到较高的比例，而出于休闲娱乐的比例呈明显上升之势，这一调查结果表明读者对文学艺术的认识和理解更趋深刻、理智和成熟。读者的文化修养和艺术素质进一步提高，读者队伍也在进一步纯粹化。调查还显示出读者文化程度的提高（大专以上占60.5%）与收入的微薄（月收入400－700元占39.3%）不成比例，这说明文学期刊面对的读者大多是一批文化素质越来越高，而工资收入却相对较低的工薪阶层，这就要求在不断提高文学期刊的内外在质量的同时，不能忽略一个重要因素：让读者们买得到，更买得起。

《芳草》第10期推出“防汛抗洪特辑”，收入鲁艺兵等人创作的5篇作品。同期刊发邢卓的短篇小说《校友会变奏曲》。

5日，《上海文学》10月号发表殷慧芬的中篇小说《吉庆里》，林希的中篇小说《避水珠》，潘军的短篇小说《和陌生人喝酒》。

《山花》第10期发表韩东的短篇小说《我的一天》，谢友鄞的中篇小说《守望边地》，张者的中篇小说《你用的什么口红》，李冯的短篇小说《二十万》，红柯的短篇小说《雪，暴风雪》，北村的短篇小说《芦苇陈林》，赵波的短篇小说《九八年夏天》（“七十年代出生作家”栏目）。

7日，女作家茹志鹃因病在上海逝世，享年73岁。茹志鹃的文学创作以短篇小说见长，笔调清新、俊逸，情节单纯明快，细节丰富传神，善于从较小的角度去反映时代本质。她的许多作品如《百合花》、《静静的产院》、《如愿》、《阿舒》、《三走严庄》等都受到过茅盾、冰心、魏金枝、侯金镜等老一辈作家的好评。茅盾称短篇小说《百合花》为“最近读过的几十篇中间最使我满意，也最使我感动的一篇。”1979年2月，《人民文学》刊发了茹志鹃的《剪辑错了的故事》，该小说后获1979年全国优秀短篇小说奖，开创了新时期小说创作艺术探索的先河。侯金镜称：“既然描写生活中的重大复杂斗争不是她的所长，她就选择斗争中的一朵浪花、一支插曲而由小见大，在这类素材里施展她的创作能力。而这也就影响了作品的风采和调子。豪迈奔放、粗犷不羁的色彩很少，而委婉柔和细腻而优美的抒情却成为她作品的基调。”（侯金镜：《创作个性和艺术特色——读茹志鹃小说有感》，《文艺报》1961年第3期）黄秋耘曾高度赞赏茹志鹃“从微笑到深思”的变化，赞同她的“鞭挞”说，认为《剪辑错了的故事》是“一篇表现手法和艺术构思都别开生面的作品”，有着深刻的社会意义和振聋发聩的作用。茅盾也认为茹志鹃从心理状态入手写十年浩劫的烙印比正面写“更发人深思，更耐人咀嚼”。在文学史地位方面，学者施战军认为，抛开入史常规，“从较为混沌的情绪心理呈示角度、日常化叙述的深度模式等来看取茹志鹃在当代文学的特殊地位，是应引起文学史写作者注意的地方。”（施战军：《茹志鹃小说与中国当代文学》，《南方文坛》2001年第1期）2009年，关于茹志鹃小说创作成就的问题，学界再次展开了一场讨论。《南方文坛》第1期刊发的宋剑华的文章《经典的模仿：〈百合花〉与〈红棉袄〉之对比分析》是这场讨论的导火索。宋剑华认为，茹志鹃“将《红棉袄》的故事素材，巧妙地移植到了她自己所熟悉的时空背景，这才使《百合花》以其历史事件的‘真实性’，产生了震撼读者心灵的轰动效应”，这是“十七年”文学以“模仿”代替“创新”的表现之一。随后，《南方文坛》第2期刊发了评论家李建军的文章《模仿、独创及其他——为〈百合花〉辩护》。李建军指出，“文学范畴里的模仿，是指写作者对大师经验和经典文本的借鉴和学习”，“对于‘独创性’的强调和追求，也应该有一个限度”，“‘大胆假设’并不是一个具有普适性的治学方法”。他认为：“写作《百合花》的茹志鹃是从《红楼梦》里获得了文学的真传，领悟了小说的神髓”，“从小说写作来看，茹志鹃能够把自己的态度和感情融化到对细节的耐心、细致的客观描写中”，“茹志鹃的《百合花》远比孙犁的《红棉袄》写得好”。

《小说选刊》第10期刊载石钟山的中篇小说《快枪手》（选自《小说》1998年第4期），凌鼎年的短篇小说《诱人的河豚》（选自《春风》1998年第7期）。

8日，“维维杯”第六届《十月》文学奖在京揭晓，池莉的《来来往往》、梁晓声的《学者之死》、关仁山的《九月还乡》、李国文的《人物》、杨绛的《方五妹和她的“我那老头子”》、张锲的《在地球的那一边》、季羡林的《听雨》等作品获奖。

“’98中国曹禺戏剧文学奖·剧本奖”在福建泉州举行颁奖大会。获奖的话剧剧本有：《虎踞钟山》（作者邵钧林、稽道清）、《沧海争流》（作者周长赋）、《炮震》（作者庞泽云、王承友）、《圣旅》（作者孙德民）和儿童剧《大森林》（作者王靖）。

9日，内蒙古文艺创作基金文学创作“索龙嘎”奖、艺术创作“萨日纳”奖评审委员会授予扎拉嘎胡、冉平第五届内蒙古“索龙嘎”、“萨日纳”杰出贡献奖，奖金两万元。

10日，《北京文学》第10期发表莫言的短篇小说《一匹倒挂在杏树上的狼》，魏微的短篇小说《在明孝陵乘凉》。

《诗刊》10月号推出“青年诗人专号”，“十月的祖国”栏目中刊出了第广龙的《祖国的高处》（李瑛作评语），宋志刚的《风过长沙》（蔡其矫作评语），俄尼·牧莎斯加（彝族）的《祖国及其他》（屠岸作评语），刘大兴的《愤怒吧！钢铁》（刘征作评语），张怀帆的《叫开春天》（晏明作评语）。“青春方阵”栏目刊出了代薇的《像秋天一样》、古马的《身体里的铁》、蓝蓝的《给我的孪生女儿》、大卫的《我是一个怎样的人》等青年诗人的诗作。《中国新诗选刊·中青年诗人近作选》则刊出了郁葱和章德益的作品小辑。

《电影文学》第10期发表电影剧本《男妇女主任》，编剧张继、何庆魁。

12日，作家陈登科因病在安徽逝世，享年80岁。陈登科数十年来始终沿着社会主义现实主义的创作道路一路前行，先后出版了十几部、近600万字的文学作品，具有鲜明的民族化、大众化特色。他的作品多取材于农村，具有浓郁的地方乡土气息。陈登科的创作历程大约可分为三个阶段。一是初级阶段，即起步到成名阶段，《杜大嫂》、《活人塘》、《移山记》、《淮河边上的儿女》及《黑姑娘》等中短篇均属这一时期的作品，《活人塘》是其间的代表作。二是成熟阶段，代表作品有《百岁图》系列短篇小说和长篇小说《风雷》等，其中《风雷》被视为作家走向成熟的标志。三是后期的重新审视历史和重新审视自我的阶段，《破壁记》、《三舍本传》是这一时期的主要作品。（参见赵吉琴：《皓首银髯更风流——访著名老作家陈登科》，《乡音》1995年第4期）

15日，由中国作家协会作家出版社、杭州钱江电器集团联合举办的《叶文玲文集》暨《鉴湖女侠——秋瑾》首发仪式在北京人民大会堂浙江厅举行。长篇历史小说《鉴湖女侠——秋瑾》曾在香港明窗出版社以《秋瑾之死》之名出版，并广获好评，这部作品的鲜明特色是以诗化的笔触来抒写秋瑾的英雄传奇。《叶文玲文集》共分八卷，由作家自选各个创作时期、各种文体门类的重要作品精编而成，共计365万字，较为全面地体现了作家40年来的创作面貌和艺术成就。两书均由作家出版社出版。

15－23 日，第 5 届 BeSeTo 戏剧节在日本东京举行。广东省话剧院实验剧团的小剧场话剧《绿色的阳台》代表我国参加了本届戏剧节的演出。

16 日，新闻出版署发出《关于目前期刊出版有关问题的通知》。通知要求，期刊主管、主办部门进一步加强管理，出版期刊必须符合党的路线、方针、政策；不得擅自改变办刊宗旨、编辑方针；不得擅自更改期刊名称，利用改变刊期搞一号多版等；如有更改，须按规定报上级有关部门审批。海外报刊在内地的发行工作，须经国家批准的报刊进口单位办理，海外报刊在内地的办事机构不得直接从事海外报刊在内地的征订发行业务。海外报刊不得通过内地驻外机构利用内地其他渠道办理发行业务。

17 日，《作品与争鸣》第 10 期发表何申的中篇小说《乡村英雄》。

18 日，电影局在中国电影资料馆举办纪念尤里斯·伊文思诞辰 100 周年研讨会，以纪念这位世界“纪录影片之父”和中国人民的老朋友。

18－24 日，上海戏剧学院和加拿大多伦多大学人文学院联合在沪主办’98上海国际小剧场戏剧节暨学术讨论会。

20 日，《当代》第 5 期发表池莉的中篇小说《致无尽岁月》

20－23 日，《钟山》杂志社在南京举办“新生代作家小说创作学术研讨会”。黄毓璜、王干、费振中、王彬彬、李敬泽、张新颖、汪政、吴义勤、施战军、朱文、邱华栋、韩东、鲁羊等近 20 位作家与评论家参加了此次研讨会。与会者就“新生代的界定”、“新生代作家的创作特点”、“新生代作家的优势与不足”、“新生代作家与二十一世纪文学”等话题展开研讨与对话，会议由《钟山》主编赵本夫、执行主编徐兆淮主持。评论家们认为，“新生代”只是个约定俗成的概念，不具备学术的严密性，大致指的是 60 年代以后出生 90 年代走上文坛的一些作家。吴义勤认为，应宽泛理解“新生代”，对它不能封闭而要开放。黄敏璜认为新生代还不具备学术命名的条件，它的创作还没有真正形成个性。汪政认为新生代对先锋小说和新写实实际上既存在一个双线继承，三者又在逻辑上呈一个否定之否定的正—反—合过程。关于新生代作家的创作特点，吴义勤认为它提供了一种新的艺术经验和反映模式，提供了民间的丰富性。林舟认为，新生代对工具的语言和艺术的语言的区分做了很好的尝试，也展示了现代文明下人的生存困境。汪政认为新生代作家也有对意义图式的抒写要求，但潜在的意义却免不了“复制”的命运。对于新生代的缺失及今后的发展，吴义勤指出，新生代的出现显示了文学自身内在发展的要求，是本世纪文学发展的一个新的增长点，但同时不少新生代作家有着先天不足，他们对创作的理解与成果之间存在不少矛盾。施战军认为新生代写作的遮蔽主要来自概念和语词，漠视“他人”可能导致它的自取灭亡。(贾梦玮:《“新生代作家小说创作学术研讨会”》,《钟山》1999 年第 1 期）

22 日，首届北京市文学艺术奖在京颁发，主要表彰 1997 年至 1998 年度北京市属宣传文化单位和市文联所属各文艺家协会会员创作的优秀文艺作品。毕淑敏的长篇小说《红处方》、刘恒的中篇小说《贫嘴张大民的幸福生活》、史铁生的短篇小说《老屋小记》、北京儿童艺术剧团的《雪童》、北京人民艺术剧院的《古玩》等获奖。

27 日，《文艺报》126 期第 1 版“文坛专递”栏目刊载朱子峡的文章《作家对京城建筑说长道短》。

由百花文艺出版社、孟州市委、市政府和焦作市文联联合举办的第二届韩愈杯散文大赛颁奖大会在韩愈故里河南省孟州市举行。这次大赛，共评出一等奖三名，二等奖六名，三等奖十三名，李存葆的《大河遗梦》、韩美林的《换个活法》、朱以撒的《归来兮，唐风》等作品榜上有名。

柯云路长篇小说《成功者》研讨会在京召开，与会者认为该作品是柯云路回归现实主义文学创作道路的一部重要作品。

28 日，中央实验话剧院在京演出意大利剧作家达里奥·福的戏剧《一个无政府主义者的意外死亡》。改编黄纪苏，导演孟京辉。

《剧本》第10期发表许凤国、隋治操、曹文的六幕话剧《家园》。

29日，中国作家协会台港澳暨海外华文学联络委员会，中华全国台湾同胞联谊会和中国人民大学华人文化研究所联合在京举办台湾著名作家黄春明作品研讨会。与会者围绕黄春明小说的思想意蕴、时代特征和艺术成就以及台湾乡土文学的发展等议题交流了看法。

30日，浙江省委宣传部和省作家协会召开"浙江作家创作基地"成立大会。会议介绍了首批分布在该省不同地区的不同行业的六家浙江作家创作基地：淳安千岛湖风景管理区，象山县松兰山海滨旅游区，中国均瑶集团，金桥大厦，江山市廿八都镇，硬骨头六连所在部队。

诗人公木因病在长春逝世，享年88岁。公木原名张松如，曾参加过延安文艺座谈会，他还是《中国人民解放军军歌》的词作者。诗歌对于公木来说是"神圣对邪恶战争的阵线"，是"创造的意志"，是"真理的美"。公木认为，诗歌必须按照艺术规律为革命服务，诗歌永远和人民的生活相联系、和时代的风云相呼应。（参见刘柏青等《论公木的新诗创作》，《吉林大学社会科学学报》1986年第2期）张福贵称"公木是一位积极融入历史并且能够真实评价历史的诗人。由激情走向理性，又由理性走向智慧，包含诗人心路历程的全部坎坷与丰富。"（张福贵：《公木诗歌世界的心路历程与人文精神》，《东北师大学报》2000年第5期）公木治学领域广泛，在中国诗学和古代哲学研究上取得了瞩目的成就。他提出的"第三自然界"理论，丰富了人们对于诗歌本体和功能的理解。他用考古学新发现，对《老子》进行深入研究，在海内外产生很大影响。

本月，由北京语言文化大学、南京师范大学、国际比较文学协会文化研究委员会共同举办的"读解民族：文学和民族身份建构"研讨会在南京举行。50余名中外专家学者就文化接受及其在东西方的变形、民族身份在文学经典形成中的作用、一种民族身份在另一种文学文本中的表现、翻译和文学作品的误读、全球化和文化身份的建构以及全球化与本土化的辩证关系等议题进行讨论。

我国现当代著名诗人艾青纪念馆在其故乡浙江金华落成。

上海话剧艺术中心－上海人民艺术剧院制作体在沪演出话剧《办公室秘闻》。编剧卫中，导演俞洛生。

《戏剧艺术》第 5 期发表〔德〕海纳·米勒著、丁扬忠译的剧本《任务——一个革命的回忆》以及丁扬忠的《海纳·米勒和他的剧作〈任务〉》。

《社会科学》第 10 期发表陈惠芬的《城市·女人·散文：女性散文散论》。

《贾平凹文集》(14 卷)，由陕西人民出版社出版。

张抗抗的散文集《张抗抗影记》、《大荒冰河》（老三届著名作家回忆录丛书)，分别由河北教育出版社和吉林人民出版社出版。

方方的随笔集《方方影记》、《出门看风景》、《听取自然》，分别由由河北教育出版社、陕西师范大学出版社和上海书店出版社出版。

江苏人民出版社出版“曼陀罗丛书”之一：高尔基《不合时宜的思想——关于革命与文化的思考》。

江苏美术出版社继《老房子》、《老古董》、《老照片》之后，推出新一套“老字号”图书《老城市》系列。该系列图书首批出版《老北京》、《老上海》、《老南京》、《老天津》，分别由徐城北、吴亮、叶兆言、林希等当地作家撰文。

钟敬文的《民间文艺及其历史》，由山东教育出版社出版。

著名作家、老报人曹聚仁六七十年代散见于香港报刊的专谈人物的随笔，由他的女儿曹雷搜集整理选编成《听涛室人物谭》，由上海人民出版社出版。

长江文艺出版社推出汇集新时期优秀报告文学作品的 10 卷本、500 万字规模的《中国新时期优秀报告文学大系》。

上海文化出版社推出以“对话”为主要体裁和基本特色的出版物《跨文化对话》。第1辑主题是“未来十年中国和欧洲最关切的问题”，围绕文化冲突、生物发展与伦理道德以及电脑网络等对人类生活的影响展开讨论。

十一月

1日，《解放军文艺》第11期发表陶纯的中篇小说《营地之光》。

《作家》第11期发表吴晨骏的短篇小说《逃学去新疆》，陈家桥的短篇小说《母亲的声音》，黄梵的短篇小说《纸上运动会》，王小妮的短篇小说《1966·公园深处才有白塔河燕蛤蜊》，崔子恩的中篇小说《孵化小恐龙》。

《长江文艺》第11期发表陈应松的短篇小说《暴风》、《给蝎子治病》、《党进财迷路记》，田柯的中篇小说《宝云雕母》。本期“’98长江大抗洪”专栏收入蒋林、梁必文等5人的作品。

《小说界》第6期发表卫慧的短篇小说《葵花盛开》，周洁茹的短篇小说《出手》。

2日，《新剧本》第6期推出小剧场戏剧专辑，发表4个不同风格的小剧场戏剧：王海翎的《冲出强气流》、张献的《拥挤》、彭涛的《花房姑娘》和〔法〕让-保罗·萨特的《死无葬身之地》。

3日，《人民文学》第11期发表王祥夫的中篇小说《百姓歌谣》，徐小斌的短篇小说《阿迪达斯广告》，毕飞宇的短篇小说《手指与枪》，何玉茹的短篇小说《楼上楼下》，程光炜的散文《书斋与街头》，李公明的散文《人生圆桌之五》。

《芳草》第 11 期发表聂鑫森的短篇小说《梅魂酒宴》，卢苇的中篇小说《天沟》。

3 -4 日，中国作家协会台港澳暨海外华文学联络委员会，中华全国台湾同胞联谊会和中国人民大学华人文化研究所联合在京举办《陈映真文集》首发式暨作品座谈会，与会者就陈映真的文学创作及其在台湾乡土文学中所占有的重要地位等议题展开讨论。

5 日，《小说月报》第 11 期发表刘庆邦的短篇小说《梅妞放羊》（选自《时代文学》1998 年第 5 期）。

《大家》第 6 期发表贾平凹的自传《我是农民——乡下五年的记忆》（"长篇短制"栏目），墨白的长篇小说《梦游症患者》（"长篇短制"栏目），吴晨骏的短篇小说《明朝书生》（"联网四重奏"栏目）。

《上海文学》11 月号发表海男的中篇小说《蝴蝶在哪里飞翔》，西飏的中篇小说《河豚》，南野的短篇小说《骑马过梦》。此期《上海文学》"本刊专递"栏目还刊登了雷达、刘醒龙、邓一光等人追忆周介人的文章。

《山花》第 11 期发表徐坤的短篇小说《相聚梁山泊》，吴晨骏的短篇小说《梦境》（"联网四重奏"栏日），赵柏田的短篇小说《秘密处决》，黄梵的短篇小说《两种回忆或两个》，聂鑫森的短篇小说《因缘》，魏微的短篇小说《迷途》（"七十年代出生作家"栏目），孙文波的《母语》诗 4 首，南野的诗 1 组。

《莽原》第 6 期发表郝炜的短篇小说《战争开始了吗》、《荒诞的背景》。

《萌芽》第 11 期发表朱文颖的短篇小说《殊途同归》。

《芙蓉》第 5 期发表叶蔚林的短篇小说《一个妇人的复仇方式》，陈早春的散文《迫不得已的出风头》。此期"七十年代人"专栏推出卫慧的中篇小说《欲望手枪》和李文的《小小说三题》。

6 日，上海美琪大戏院上演四幕七场越剧新作《孔乙己》。剧作取材于鲁迅的《孔乙己》、《药》等小说。编剧沈正钧，导演郭小男。

7日，《小说选刊》第11期刊载梁存喜的中篇小说《小县出清官》（选自《草原》1998年第6期），孙兆岳的短篇小说《孤独的破碎》（选自《小说林》1998年第4期），漠月的短篇小说《白狐》（选自《朔方》1998年第8期）。

8日，全国首届侦探小说（宏业杯）大赛在京颁奖，白烨、范小青、刘醒龙、余华等作家榜上有名。

8-12日，"新中国文学五十年"学术研讨会暨中国当代文学研究会第十届年会在重庆师范学院举行，与会专家学者就如何评价50年来当代文学的风风雨雨、当代文学学科的建设等议题展开研讨。杨匡汉指出，90年代是一个繁华背后贫乏的年代，美丽和不美丽交织的年代，是反思探索慢慢向前的时代。我们对创作的东西要去反思、回顾。他称自己有三个拒绝：拒绝废话、套话；拒绝脱离文本；拒绝把自己的一家之言看成重要的价值标准，企图统治别人。郭宝亮称，目前我们的文学研究谈"主义"多谈"问题"少，更多的理论泛滥而缺少从文学作品出发，只能是"无的放矢"。洪子诚指出，目前当代文学史的"通史"太多，专题性、阶段性的研究不够，这就导致了"通史"质量不够高。南帆指出，20世纪上半部分，知识分子与民间的关系从"启蒙者与被启蒙者"开始，直至出现了一个巨大的颠倒。这种关系模式持续地投射到20世纪的汉语历史之中。50年代之后，"民间"这个概念获得了很高的理论位置；同时，这个概念基本丧失了反叛正统的功能。赵树理的小说与民歌却是意味深长的个案。知青文学之后二者关系出现了重要的转折。九十年之后一些作家重返民间，韩少功的《马桥词典》、李锐的《无风之树》、余华的《许三观卖血记》值得关注。（参见蒲卫萍：《纵论当代文学五十年》，《红岩》1999年第2期）

10日，《花城》第6期发表阎连科的长篇小说《日光流年》，崔子恩的中篇小说《土星时间零点整》，潘军的短篇小说《九十年代的获奖作品》，苏童的短篇小说《开往瓷厂的班车》。

何建明反映我国高校百万贫困生命运的长篇报告文学《落泪是金》发表在《中国作家》第6期上。作者以“地毯式”的采访挖掘到贫困大学生们不为人知的经历与内心世界，揭示了他们为走进大学、为生存自救所付出的超常艰辛，并提出在中国的现代化进程中必须强化对弱势群体的关注和帮助，使他们真正感受到社会主义国家的温暖并为之作出自己的贡献。该作品后获第二届“鲁迅文学奖”、首届“徐迟报告文学奖”、《中国作家》优秀作品奖和全国优秀校园文学奖。但此后，作品中的主人公之一、原中国农业大学学生王文喜和该校学生处主管贫困生工作的刘庆江，将作家以及刊发“落”文的《中国作家》杂志推上了法庭，声称“落”文中有近5000字的内容“抄袭”和“剽窃”了王文喜《我的成长之路》一文。1999年5月，北京市第二中级人民法院在一审中裁定，何建明及《中国作家》杂志社败诉。作家本人及杂志社不服判决，遂向北京市高级人民法院提出上诉。经过近一年的重新审理，2000年3月13日，北京市高院认为，上述提及的5000字内容，是作家根据实际采访及所获资料有改动地加以使用的片断，不构成抄袭剽窃。（参见《北京晨报》2000年3月14日）

《北京文学》11期发表北村的中篇小说《老木的琴》（梗概，原载《大家》第3期），徐坤的短篇小说《一醉方休》（原载《青年文学》第3期）。

《电影文学》第11期发表电影剧本《生死抉择》（上），编剧鲁彦周、鲁书潮。

11日，《青年文学》第11期发表肖克凡的中篇小说《天津大雪》，赵玫的短篇小说《裸露的往事》，王松的中篇小说《蓝咪的一天》。

新闻出版署发布《图书编辑工作基本规程》。

12－16日，由中国作协和江苏省委宣传部联合举办的“全国诗歌座谈会

（张家港诗会）”在江苏省张家港市召开，来自全国各地100余位著名诗人和诗歌研究者参加了此次会议。与会者就改革开放20年诗歌的创作与发展、如何履行诗人和诗歌的职责与使命、如何推进诗歌的繁荣和发展等一系列问题展开研讨。《诗刊》1999年第2期刊发阎延文的文章《把诗歌推向二十一世纪——全国诗歌座谈会（张家港诗会）侧记》。

13－15日，中国散文学会与四川联合大学中文系在成都联合主办“20世纪中国散文与现代文化”研讨会，来自全国20多个省、市、自治区的专家学者及散文作家60余人与会，对散文的深化发展问题各抒己见，就如何评价建国后17年的散文创作、90年代散文发展的得与失、大陆与台港澳散文比较、中国现代散文的文体建设、21世纪中国散文发展前景展望等话题进行探讨。中国散文学会会长、评论家林非提出当前散文的深化问题。他说，深化要向两个方向发展，第一是思想的深刻，第二是感情的深邃，这二者的实现最终要由艺术技巧来推动。

15日，《南方文坛》推出“七十年代人”专栏，收入的文章有：宗仁发、施战军、李敬泽的《关于“七十年代人”的对话》，洪治纲的《灵魂的自我放逐与失位——我看七十年代出生的作家群》，葛红兵的《命名的尴尬——也谈“七十年代生作家”》。施战军认为，“70年代人”相对于以往，是一群“解禁的个人”，是一些捆绑不住的手脚，是彻底过滤掉了“拥护/反对”式的精神遗骸的一代。宗仁发为“七十年代人”归纳了五个关键词：背景——生在红旗下，长在物欲中；风格——“雅皮士”的面孔，“嬉皮士”的精神；性爱——有经历，无感受；立场——以享乐为原则，以个性为准绳；作品——向世纪末集体逼近的突围表演。李敬泽指出，“70年代人”的根本特点是历史似乎已经终结。洪治纲坦言，自己一直对70年代出生的作家持以十分警惕的态度，认为他们从创作的总体态势上看，几乎一开始就体现出某种惊人的自足性与浮泛性，即在现代都市生活肢解下灵魂的自我放逐状态、理性价值大面积失位情形以及由此而自觉形成的情绪化、表象化的叙事特征。葛红兵认为，较之于朱文、韩东等“晚生代”作家，七十年代生的作家们拥有更轻灵的思想、更青春性的人生哲学、更为开放的无所顾忌的书写和更为放纵的语言意识，他们当中已经诞生了比较有特色的作品，但更多的 70 年代作家还只不过是试笔而已。

《天涯》第 6 期发表庞培的短篇小说《扛尸人的夏天》，佚名的中篇小说《活得像个人样》。《活得像个人样》发表时署名“佚名”，后来才知道是网络写手邢育森的作品。这是一篇网络小说，小说讲述了在电脑公司工作的年轻职员“我”与女友碎碎的故事和与网友“勾子”、“国产爱情”从网上交谈到现实交往的经历。有人认为，“它实在是生活在这样一个时代下的我们这一群人的生活与心态状况的绝妙写照”。“高唱着‘将来的主人，必定是我们’、‘我们是共产主义接班人’长大的这一代青年，刚踏上社会却骤然遭遇体制的巨大变革，原先的种种许诺都已经成为一张张‘空头支票’，……于是失望，对未来的迷惘便凝聚成一种强烈的‘集体无意识’：‘我们被制度抛弃了’。这种‘社会弃儿’的心理认同导致青年们强烈的愤世嫉俗的悲观情绪。”“我真不知道，我们将‘在阳光和阴影的街上’走向哪里？虽然《活得像个样》最终‘向下’走到了一个绝望的尽头，提供我们一个很是晦暗的参照和暗示，但是透过其写实的笔端，在时代旋涡中的我们这一群青年的生活状况、精神状态以及心理处境却已经深刻地揭示于世人与后人面前，从而催人警醒。这是一部含泪带血的真正的‘活的文本’！”（吴冠军：《我们这一群人》，《天涯》1999 年第 2 期）邢育森（1972 －　），博士，网络作家，与李寻欢、宁财神并称为“网络三驾马车”。曾参与《闲人马大姐》、《东北一家人》、《家有儿女》等多部影视剧创作。出版小说集《活得像个人样》、《极乐世界的下水道》、《网侠》和《当我再也无法离开》。小说《活得像个人样》在台湾被拍成同名电影。

16日，《新剧本》编辑部、北京电视台、中央实验话剧院在京联合举办过士行作品研讨会。来自首都文艺界的专家、学者30余人围绕过士行的四部话剧作品展开了探讨。《文艺报》1999年4月22日以《过士行与新京味话剧》为题，刊登本次座谈会纪要。

17日，《作品与争鸣》第11期发表李肇正的中篇小说《城市生活》，陶纯的中篇小说《尘烟》。

18日，新闻出版署发出《关于期刊出版少数民族文字版有关问题的通知》。通知对出版少数民族文字版期刊刊名、主管单位、办刊宗旨、编辑方针、内容、封面、版式设计、刊号的形式等做了规定，指出出版多种少数民族文字版期刊须报上级有关部门审批，期刊不得擅自进行分版，未经批准分版的按非法出版物处理。

18－22日，由中国文联、中国影协、重庆市人民政府联合主办的第七届中国金鸡百花电影节在重庆举行。获得这届百花奖最佳故事片的有《甲方乙方》、《鸦片战争》、《长征》；获得金鸡奖最佳编剧的是陆柱国（《大进军·席卷大西南》），最佳故事片《安居》。

20日，《钟山》第6期发表卢新华的中篇小说《细节》，储福金的中篇小说《雪冬》，荆歌的中篇小说《飞行纪录》，安黎的中篇小说《那个斜坡》，高晓声的短篇小说《惊魂》，吴晨骏的短篇小说《医院之夜》、张抗抗的散文《林中记事》。

20－22日，由《诗潮》等单位合办的“现代诗歌研讨会”在大连举行。唐晓渡、陈超、西川、钟鸣、翟永明、王小妮、王家新、臧棣、西渡、姜涛、陈东东等与会。

21－24日，由中国作协和广西壮族自治区党委宣传部联合举办的全国第3届少数民族文学创作会议在广西南宁召开。自1986年召开全国第二届少数民族文学创作会议以来，我国少数民族文学取得了可喜成就。少数民族文学从创作、翻译、出版、评论到研究、教学，都已初具规模，形成体系。目前，全国已有各少数民族省区、自治州、县不同民族文字出版的文学期刊80余种。

22日，“相信未来　热爱生命”诗歌朗诵演唱会在北京朝阳区文化馆举行，此次活动使食指诗歌再掀热潮。

22－29日，由香港戏剧协会主办，香港临时市政局、香港中文大学、香港艺术中心等联合主办的第二届华文戏剧节在香港举行。北京人艺、香港话剧团、香港演艺学院、台北表演工作坊、澳门剧协、新加坡实验剧场等（单位）演出团体参加了本次戏剧节的演出。

25日，《收获》第6期发表刁斗的长篇小说《证词》，莫言的中篇小说《三十年前的一次长跑比赛》，格非的中篇小说《打秋千》，朱文颖的中篇小说《俞芝和萧梁的平安夜》，丁丽英的短篇小说《疯狂的自行车》，张生的短篇小说《片断》，周洁茹的短篇小说《不活了》，张承志的散文《粗饮茶》，余秋雨的随笔《关于年龄》，阿城的散文《再见篇》。

《长城》第6期发表星竹的中篇小说《玻璃店》，肖仁福的短篇小说《八奶奶和她的曾扑》。

《黄河》第6期发表郭万新的中篇小说《车夫》，赵新的中篇小说《村戏》。

《当代作家评论》第6期发表崔卫平《文明的女儿》。文章论述了女诗人陆忆敏的创作。作者指出，“就诗歌方面所取得的成就而言，就本世纪最后二十年内对于现代汉诗写作的可能性和潜力进行探索和建树而言，陆忆敏无疑是一位‘显要人物’和‘先驱者’”。“陆忆敏的诗中没有那种恶狠狠的、险象丛生的意象和言词，她更宁愿采撷日常生活的屋内屋外随处可见的事物：阳台、灰尘、餐桌、花园、墙壁、屋顶等等，她有着一份在女诗人那里并不多见的与周围世界的均衡感和比例感，因而她能够举重若轻。许多句子像是信手拈来，可以想见她写得不吃力。从形式上讲，她的诗歌比较接近中国古典诗歌中的长短句词，上下行字数参差不一，段落的划分也比较随意，语言的行进随着呼吸起伏，有很强的节奏感，能吟能诵”。陆忆敏（1962－ ），出生于上海，上海师范大学中文系毕业。陆忆敏为第三代诗人代表之一。诗歌有《美国妇女杂志》、《超现实主义》、《沙堡》、《风雨欲来》、《我在街上轻声叫嚷出一个诗句》、《出梅入夏》等，先后被《中国当代实验诗选》（唐晓渡、王家新编选，春风文艺出版社 1987 年版）、《灯芯绒幸福的舞蹈——后朦胧诗选本》（唐晓渡编选，北京师范大学出版社 1992 年版）、《苹果上的豹》（崔卫平编选，北京师范大学出版社 1993 年版）、《后朦胧诗全集》（万夏、潇潇选编，四川教育出版社 1993 年版）等书收入。

26 日，《文学报》1040 期第 4 版“回眸二十年专稿”发表刘心武《关于〈班主任〉的回忆》。

《小说》第 6 期发表宫商羽的中篇小说《紫云砚》，中跃的中篇小说《音阶是无限循环上升的》。

28 日，《剧本》第 11 期发表邹星枢的大型话剧《酒韵》。

本月，《文艺报》在京举行青年作家杨道金的纪实文学《死罪难逃——震惊中外的千岛湖“3·31”惨案》（群众出版社 1998 年 11 月出版）研讨会。

由嘉庆大学与深圳市特区文化研究中心联合举办的“客籍作家与作品研讨会”在广东梅州举行，会议就如何进一步拓宽客籍作家与作品的研究领域等问题展开讨论。

江苏省作协与江苏电视台续约联办《雨花》。在一次活动中，扬州市文联与《雨花》签约，向全国 2000 家县（市）图书馆赠送 1999 年度《雨花》杂志；江苏省公众多媒体通信局与《雨花》签约联办《雨花》杂志电子版。《雨花》是国内第一家登上因特网的文学期刊，迄今已有全球十几万网民访问该站点。

《诗刊》社在京举办“王耀东诗歌研讨会”。与会者就王耀东的诗学主张、诗歌成就及其诗路历程进行了总结和探讨。

通俗文学刊物《今古传奇》在宁举办作家、读者座谈会，作家苏童、叶兆言、毕飞宇等出席了此次座谈会。

纪念周立波诞辰九十周年暨《山乡巨变》出版40周年座谈会在周立波的家乡湖南益阳市召开。

曹文轩长篇小说《红瓦》作品研讨会在京举行，与会者称赞该作是一部“探索人生”的学者型长篇小说。

《星星》第11期刊登于坚抨击“知识分子写作”的文章，引发争鸣。

《十月》第6期发表关仁山的中篇小说《北方图腾》，王大进的中篇小说《戏剧或城市风景》，林希的中篇小说《菊儿姐姐》，马丽华的《诗二首》。

《小说家》第6期发表邓一光的中篇小说《她是他们的妻子》，徐坤的中篇小说《招安，招安，招甚鸟安》，韩东的短篇小说《我的柏拉图》，谈歌的短篇小说《绝伪》。

张笑天的3卷本长篇历史小说《太平大国》，由漓江出版社出版。该小说描写了从1850年金田起义到1864年太平天国覆灭的全过程，气势恢宏，史情并茂，具有史诗的规模和气度。作者将长篇小说与电视剧剧本进行“套种”创作，积累了可资借鉴的经验。

杨晓民的诗集《羞涩》，由长江文艺出版社出版。诗集正文后附录作者的《网络时代的诗歌》和《沉默的或不该沉默的》两篇文章。

张抗抗的散文集《鹦鹉流浪汉》，由重庆出版社出版。

郑敏的诗论集《结构——解构视角：语言·文化·评论》，由清华大学出版社出版。

钟鸣的《旁观者（1－3）》由海南出版社出版。本书系作者的诗性随笔集，熔诗歌、小说、随笔、传记、文论、注释、翻译、文献、新闻、图片、手稿等诸多艺术手段为一炉。该书问世后，反响不一。有人认为是“90 年代以来最具个性的散文作品之一”（安多:《旁观者清当局者亲》），有人则认为这是一部“意在炫耀的作品”（林贤治）。

贾平凹的文论集《做个自在人》，由内蒙古人民出版社出版。

花城出版社推出阎连科的长篇小说《日光流年》。这部描写新中国农村的力作系阎连科历时三载三易其稿写就的，鲜活的语言、大胆的意识、诗性的想象，将农村生活描绘得栩栩如生，深入骨髓，备受文坛内外赞誉，被认为是继《白鹿原》之后的当代文坛描写农村的又一典范之作。

十二月

1 日，总政宣传部与中国作家协会、中国报告文学学会联合在京为《决胜三江》（王文杰、解生著，解放军出版社 1998 年出版）、《遏制江河》（殷实著，解放军文艺出版社 1998 年出版）、《九江狂澜》（徐志耕、葛逊、汪沉著，海风出版社 1998 年出版）三部抗洪题材报告文学作品举办座谈会。与会者认为，这些作品的出现，是 1998 年报告文学创作中一道特殊的景观。它们气势雄壮、激情洋溢、内容丰富，具有极强的鼓舞人心的作用和较高的历史文献价值。

《作家》第 12 期推出“吉林作家作品专号”，收入孙正连的短篇小说《寻找马杆》、夏鲁平的短篇小说《一件粉红色羊绒大衣》、王齐君的短篇小说《字与词》等，并设置“悼公木先生”专栏，发表徐敬亚等人的悼念文章。

《长江文艺》第 12 期发表郭雪波的中篇小说《大漠魂》，刘建农的短篇小说《小区纪事》，“’98 长江大抗洪”栏目发表周敬成的《砥柱中流——长航集团’98 抗洪抢险纪实》。

2 日，新闻出版署发出《关于加强书号总量宏观调控的通知》。

3 日，《人民文学》第 12 期发表宋元的中篇小说《横渡长江》，彭瑞高的中篇小说《秋天备忘录》，陈家桥的短篇小说《兄弟》，吴玄的短篇小说《未城跳蚤》，陈伯坚的短篇小说《母亲张大汉》，杨东平的散文《人生圆桌之六》，胡启明的散文《继父》，曾敏之的散文《画梅琐记》。吴玄（1966 -），原名吴祥生。浙江温州人。现为《西湖》杂志副主编。1990 年代末开始发表作品。著有长篇小说《陌生人》，中篇小说集《谁的身体》、《像我一样没用》，中短篇小说合集《像马一样奔跑》等。

《芳草》第 12 期发表梅雨的中篇小说《木秀于林》，彭东明的短篇小说《阿黄》，中跃的中篇小说《推销员日记》（“金融文学”栏目）。

4 日，在《昆仑》、《漓江》等文学期刊接连停办之时，河北省作家协会与河北恒利集团达成共同主办《长城》的协议，签字仪式在河北会堂举行。

5 日，《萌芽》12 期发表赵波的短篇小说《假发下的伤心人》。

《上海文学》12 月号发表叶辛的短篇小说《小说家》，中跃的短篇小说《不谈印象》。

《山花》第 12 期发表鲁羊的小说《密函——〈鸣指〉选章》，行者的短篇小说《苦楝花》，许建平的短篇小说《画画请吃糖》，白桦的短篇小说《“桃花源”历险记》，孙方友的短篇小说《陈州笔记》（二题）。

《芙蓉》第 6 期发表吴若增的短篇小说《一位卖血为生的军阀子弟》，谢宏的中篇小说《马儿，骑手和草》。

7 日，《小说选刊》第 12 期刊发张继的短篇小说《送茶的女人》（选自《山西文学》1998 年第 10 期），王建平的短篇小说《大雨》（选自《延河》

1998年第9期)，残雪的短篇小说《永不宁静》(选自《文学世界》1998年第5期)。

10日，《北京文学》12期推出“北京作协合同制作家小说专辑”，丁天的短篇小说《你想穿红马甲吗?》，陆涛的中篇小说《黑枪》，星竹的短篇小说《北村怀旧》等作品被收入。此期还发表了王蒙的短篇小说《怒号的东门子》。

《诗刊》12月号刊出“各地诗歌社团诗选”，推出了山东《诗歌》，浙江《北回归线》，湖南《新乡土诗派》，浙江《倾斜》，山东大学《诗群》，广东《面影》，江苏《原样》，天津《诗》，河南《阵地》，上海《城市诗人》，河北《新诗季刊》，北京《转折》，广东《招商世纪》，黑龙江《东北亚诗报》，陕西《上升》，广东《三只眼》，四川《抚琴诗社》，重庆《国际汉语诗坛》，海南《持烛者诗报》，广东《锦江诗报》，陕西《表达》，浙江《群岛》，广东《射门诗报》，湖南《丑丑诗刊》等诗歌社团刊物作品。

《电影文学》第11期发表电影剧本《生死抉择》(下)，编剧鲁彦周、鲁书潮；《图腾祭》，编剧周林生。

11日，《青春之歌》的作者杨沫逝世3周年，杨沫女儿徐然向广东省珠海市文联捐赠杨沫“1990年冬写于珠海”的1000多页的《英华之歌》小说手稿。

《青年文学》第12期发表何玉茹的短篇小说《做人不能这样》。

16日，上海市举行京剧《曹操与杨修》公演十周年纪念活动及座谈会。座谈会上，与会者结合该剧产生与演出、修改的过程，指出《曹》的成功是党的“双百”方针在新时期得到贯彻落实的一个生动例证和实际成果。

17日，《作品与争鸣》第12期发表曾明了的短篇小说《遥远的落日》、谈歌的中篇小说《乡关何处》、燕华君的中篇小说《应春玉兰》、简宁的中篇小说《处女星座》。

最高人民法院发布《关于审理非法出版物刑事案件具体应用法律若干问题的解释》，自1998年12月23日起施行。

18日，儿童剧作家任德耀逝世享年80岁。任德耀一生在儿童剧编剧、导演、舞台美术、院团管理、剧目架设、人才培养、理论研究等方面都取得了创造性的成就。在剧本创作方面，从《友情》开始，先后创作了《马兰花》、《小足球队》、《宋庆龄和孩子们》等23部儿童剧。其剧本“一般都人情味浓厚，以情感的力量来打动孩子们，让他们在喜怒哀乐中，分清美与丑、善与恶、真与假。作者还追求强烈的舞台感和充分的剧场性”，并且“注意节奏调度，演员表演，舞台美术的空间、视像”都尽量做到清楚明了（邹亮语）。《马兰花》是任德耀根据我国民间故事，并参考熊塞声的长诗《马莲花》改编而成，全剧分三幕十一场。作品完好地保存了民间文学的特色，流露出浓郁的民族风味。任德耀与洪讯涛、刘厚明、乔羽创作的儿童剧，形成了中国儿童剧史上的一个高峰，至今仍无人能超越。

19日，钱钟书因病在北京逝世，享年88岁。钱钟书博学多能，兼通数国外语，学贯中西，在文学创作和学术研究两方面均做出了卓越成绩。解放前出版的著作有散文集《写在人生边上》，用英文撰写的《十六、十七、十八世纪英国文学里的中国》，短篇小说集《人·兽·鬼》，长篇小说《围城》，文论及诗文评论集《谈艺录》。其中《围城》有独特成就，被译成多国文字在国外出版。《谈艺录》融中西学于一体，见解精辟独到。解放后，出版有《宋诗选注》、《管锥篇》五卷、《七缀集》、《槐聚诗存》等。此外还参与《毛泽东选集》的外文翻译工作，主持过《中国文学史》唐宋部分的编写工作。他的《宋诗选注》在诗选与注释上都卓有高明识见，还对中外史学中带规律性的一些问题作了精当的阐述。《管锥篇》体大思精，旁征博引，是数十年学术积累的力作，堪称比较文化研究的经典，曾获第一届国家图书奖。钱钟书的治学特点是贯通中西、古今互见的方法，融汇多种学科知识，探幽入微，钩玄提要，在当代学术界自成一家。因其多方面的成就，被誉为文化大家。60 年来，钱钟书致力于人文社会科学研究，淡泊名利，甘愿寂寞，辛勤研究，著作等身，饮誉海内外，为国家和民族做出了卓越贡献，培养了几代学人，是中国的宝贵财富。李铁映在文章中称钱钟书为“中国数千年文化传统在一个风气开通、历史转型时期的特殊结晶”，是“20 世纪我国最杰出的学者之一”，是文学创作上的“全才”和“多面手”（李铁映：《深切缅怀学术文化大师钱钟书》，《江南论坛》2000 年第 2 期）。敏泽指出，“钱氏之学，可以四字概之，曰博、大、精、深”，钱氏学术精神的基本格调一是“甘于寂寞，力反俗学”，一是“独行其是，不顾人非”。“具体的文艺鉴赏和批判”是钱钟书一生为学的基本立足点，其学术旨趣和追求在于“打通各个人文学科之间的藩篱；打通中西；打通古今”（敏泽：《论钱学的基本精神和历史贡献——纪念钱钟书先生》，《文学评论》1999 年第 3 期）。王元化在接受采访时说：“钱先生的去世，意味着本世纪初涌现出来的那一代学人的终结。”柯灵说：“渊博和睿智是钱先生的两大精神支柱，灵心慧眼，明辨深思，热爱人生而超然物外，洞达事情而一尘不染，水晶般的透明与坚实，形成他立身处世的独特品格。”古典文学专家傅玹琮先生说：“钱先生在治学上对我们后辈的启示，就是树立了一个高标准，使我们懂得这才是真正的做学问，这样的治学，才真正的有意义。”（参见《文学报》1998 年 12 月 24 日）舒建华认为：“钱钟书作为一个能真切进入哲学思维境界的中国现代作家，他的创作既有一般作家难以企及的独特的心理优势，即诗与思的谐和，这使他的创作取得哲学品格与艺术品位双峰并峙的成就。但是他身上又有比一般作家更难以克服的心理弱势，那就是诗与思冲突带来的‘紧’的心理态势。这种态势贯穿他的全部文学创作尤其是在现代形态的作品中。……钱钟书的创作代表了中国现代文学史上智性型作家群最高的文学成就。他的创作可以视作为对整个 20 世纪中国文学的一个‘偏见’——一个偏离文学发展主潮的作家隔岸观照中发表的精审的见解。他在文学史上的地位不容评估过高，但他给中国文学发展的参照价值应予重视。”（舒建华：《论钱钟书的文学创作》，《文学评论》1997年第6期）

20日，《当代》第6期发表赵德发的长篇小说《君子梦》（第一卷），王旭烽的中篇小说《苏堤春晓》，李玉华的中篇小说《流人》，王蒙的短篇小说《枫叶》，朱晖的短篇小说《支书老林》。

21日，郑振铎诞辰100周年座谈会在京举行。座谈会由文化部、中国社会科学院、国家文物局共同举办。此前12月10－11日在福建省长乐市召开了郑振铎诞辰百周年纪念会暨学术研讨会。河北花山文艺出版社推出20卷本《郑振铎全集》。

22日，中国剧协、北京市艺术研究所在京联合主办京剧创作研究中心筹备会暨京剧走向21世纪学术研讨会。研讨会涉及现代科技与京剧艺术联姻、中国京剧向世界传播、京剧的振兴和建设、京剧人才和观众的培养、京剧院团的体制等问题。

27－29日，中国戏剧家协会第五次全国代表大会在京举行。中共中央政治局委员、中央书记处书记、中宣部部长丁关根给大会发来贺词。大会审议了第四届主席团的会务工作报告，提出今后一段时期剧协工作的任务和目标，修改了《中国戏剧家协会章程》，并选举产生新一届的协会领导机构。李默然担任中国剧协主席，方掬芬、白淑贤、刘长瑜、刘锦云、李维康、何孝充、余笑予、茅威涛、尚长荣、徐晓钟、阎肃、裴艳玲、薛若琳、魏明伦、瞿弦和为副主席。

28日，《剧本》第12期发表吕建华的大型话剧《最忆是杭州》和王俭的小话剧《好大一棵树》。同期，发表纪念田汉诞辰100周年专稿，刊登董健的《论田汉的编剧艺术——纪念田汉诞辰百年与逝世三十年》和安葵的《田汉对新中国戏曲改革的贡献》。

29 日，由人民文学出版社和中国作协创研部联合举办的周大新长篇小说《第十二幕》研讨会在京举行。

30 日，文化部、北京市政府联合主办的第二届中国京剧艺术节在京开幕。江苏省京剧院的《骆驼祥子》和北京京剧院的《风雨同仁堂》获本届艺术节金奖。

本月，宁夏回族自治区第五次文代会在银川举行，张贤亮当选自治区文联主席，杨继国等 8 人当选为副主席。

上海文学艺术界联合会第五次代表大会在上海举行。吴贻弓当选为新一届上海市文联主席，王峰、方增先、叶辛等当选为副主席。

内蒙古作家协会第五次代表大会在呼和浩特举行，选举扎拉嘎胡为自治区作协主席，丁茂、力格登等为副主席，选举敖德斯尔等四人为名誉主席、名誉副主席及名誉委员。

由吉林省作家协会与时代文艺出版社联合主办的杜保平长篇小说《女人无牌坊》研讨会在长春举行。与会者就作品中的女性意识与挑战男权问题、女性尊严与人的隐私问题、市井文化与新小市民现象，以及长篇小说的雅与俗、抒情与讽刺等问题进行讨论。

中国寓言文学研究会’98 年会暨第四届理事会在湖北襄樊召开，年会上颁发了中国寓言研究会第二届“金骆驼奖”和第三届金江寓言文学奖。《黄瑞云寓言》（第四版）、《天帝庙里的遭遇》（薛贤荣）等作品获奖。

台湾女作家林佩芬创作的长篇历史小说《天问》研讨会在京举行，与会者称赞该作品是一部历史真实和艺术真实达到完美结合之作。

由中国作家协会创研部、作家出版社、黑龙江省作协和大庆市文化局联合举办的王立纯长篇小说《庆典》研讨会在京召开。

由中国报告文学学会和山东教育出版社联合举办的徐迟报告文学《生命之树常绿》首发式暨座谈会在北京召开。40 余位作家、评论家和学者就徐迟报告文学的鲜明特色，报告文学如何与时代同步、与科学同步等问题展开讨论，并高度评价徐迟对中国报告文学发展所做出的杰出贡献。

辽宁省第二届“曹雪芹长篇小说奖”评选结果揭晓。获奖作品空缺，四部作品获得提名：朱东惠的《裂岸》、胡小胡的《太阳雪》、王占君的《辽太祖阿保机》、皮皮的《渴望激情》。

由中国作协鲁迅文学院创建的“今日作家国际互联网”（http://www.jrzj.com.cn）正式开通，这是中国首家专门展现中国当代文坛的网站。

上海话剧艺术中心－上海青年话剧团制作体在沪演出话剧《小平，您好》。编剧赵家捷，导演雷国华。剧本发表在《新剧本》第2期上。

第十六届中国电视金鹰奖在南京揭晓。《水浒传》、《人间正道》、《红十字方队》获优秀长篇电视连续剧奖；王大为凭借《太阳之子》获最佳编剧。

《不见不散》、《好汉三条半》、《兔儿爷》、《春风得意梅龙镇》、《百万彩票》、《男妇女主任》等一批贺岁片相继拍竣。

上海古籍出版社推出由当代知名女作家石楠、赵玫、王晓玉、庞天舒等联袂创作的女性历史题材小说“花非花”系列。其中，“花非花”系列包括《赛金花·凡尘》（王晓玉）、《王昭君·出塞曲》（庞天舒）、《武则天·女皇》（赵玫）和《陈圆圆·红颜恨》等四部长篇。几位作家以其女性的思考和情感体验，来叙写历史上著名女性的风雨人生，具有浓浓的女性文学气韵。

《杨炼作品1982－1997》两卷，由上海文艺出版社出版。

昌耀的诗集《昌耀的诗》，由人民文学出版社出版，收录诗人自20世纪50年代至90年代各个阶段创作的诗歌近200首。

莫言的散文集《会唱歌的墙》，由人民日报出版社出版。

叶兆言的散文集《录音电话》，由湖南文艺出版社出版。

青岛出版社推出“野菊二集·思想者杂语”，包括林贤治的《守夜者札记》、蓝英年的《青山遮不住》、崔卫平的《带伤的黎明》、程映虹的《四窗东眺》、邢小群的《凝望夕阳》和马斗全的《南窗寄傲》。“野菊文丛”共有三集，第一集“新锐杂文”包括鄢烈山的《中国的个案》、丁东的《尊严无价》、朱健国的《钢铁是怎样没炼成的》、刘洪波的《文化的见鬼》、何龙的《当代愚公挖什么》和蔡栋的《胡子与学问》；“野菊三集”有吴江的《文史杂论》、江晓原的《东边日出西边雨》、闻一的《山外青山》、刘兵的《驻守边缘》、王毅的《重回罗马》和丁东的《午夜翻书》。这些杂文“以关注国运民瘼、世道人心的责任感，是其所是，非其所非，他们的思想锋芒常使人想见孤军深入短兵相接如入无人之境的气概。”（邵燕祥：《序言》，《中国的个案》，青岛出版社 1997 年版）

邹岳汉主编的《散文诗精选》，由湖南文艺出版社出版。该书全部作品选自《散文诗》杂志（从 1993 年第 1 期起至 1998 年第 12 期止），为该刊六年间的精选本。全书收录共 300 位诗人的散文诗。本书附录有《散文诗》大事系年和邹岳汉的《毛板船的旅程——〈散文诗〉创办十三年回眸》。

本年

本年以来，全国文学期刊的发行量普遍下降，《昆仑》、《漓江》、《小说》相继停刊。经费不足，发行量下降，编辑队伍不稳定，文学期刊在经济转型期面临挑战。对此，业内人士认为，文学正在向它正常的社会位置回归，尽管这回归的路途中有着太多的坎坷和艰辛。1999 年国家最后一次向《人民文学》拨款 10 万，以后实行自负盈亏，副总编肖复兴说：“《人民文学》的改革就像是国有大中型企业的改革一样，比那些年轻的刊物要难得多。”他们适时定出了内容上的锐进和精粹、形式上的丰富多彩、包装上的新面貌等方针，并进行读者调查，参与组织全国文学期刊主编研讨会。《大家》通过与企业相结合，以最好的装帧设计、名家做栏目主持、名家的稿子和插图以及最符合市场化的操作和最高数额的文学奖设置受到广泛关注。《天涯》1996 年改为“泛文学刊物”，立志“从文体上突破‘纯文学’的框架，把《天涯》办成一本真正意义上的‘杂’志”，设置了“作家立场”、“民间语文”等栏目，“文学”仅仅成为其栏目之一。该刊从一家边缘省份鲜有人知的地方刊物，迅速转型为一家在思想文化界产生广泛影响的刊物。同时，他们在发行上也下功夫，除邮发外，全国各大精品书店均有零售。《当代》、《中华文学选刊》、《中华散文》等人民文学出版社下属刊物均设立期刊发行部，利用邮局发行之外的其他方式包括二渠道开拓市场，把刊物送到读者手中。所有的刊物都不约而同地调整了自己的栏目，不再满足于传统的小说、散文、诗歌、评论四大块。广东的批评刊物《粤海风》1997 年进行改版，当年出版了三期新版杂志，它标举“文化的现象批评”和“现象的文化批评”，风格泼辣而犀利，独具一格。《北京文学》1996 年第 6 期开设“百家诤言”、“世纪观察”等栏目，关于“忧思中国语文教育”的讨论产生了广泛影响，1999 年又推出“声音”、“记忆”、“思想”、“世纪留言”等栏目，2001 年该刊又推出龙头栏目“现实中国”，采用报告文学体裁及时报道公众关心的社会问题、事件及人物。在 1999 年的“改版热”中，不少文学刊物都通过打破传统的文体分界，变脸为“泛文学”刊物。《作家》杂志在小说、诗歌、散文和报告文学这四类传统文体之外开辟了一批新栏目，譬如“作家地理”、“记忆·故事”等，以创办“中国的《纽约客》”为目标，由“纯”向“杂”转轨；《青年文学》主张打破文体界限，倡导把小说的叙事、散文和诗歌的个人化感受以及报告文学的纪实成分融会在一起的“模糊文体”；《山花》和《莽原》为“新文体”开辟了专栏；《大家》则呼唤突破了所有成规的“新的文学精灵”——凸凹文体；《黄河》、《小说家》都缩减了文学作品的容量，大量刊登思想性文字。《中华文学选刊》在 2000 年把民谣、漫画、墙头标语等也纳入选刊视野，同时把评论矛头直指电视、话剧、新新人类等热点话题。文学期刊联手呼唤“跨文体写作”的原因主要是从当时的思想随笔热中获得启示，试图把文学的战场扩张到政治、经济、社会、文化等更加广阔的领域。值得注意的是，不少刊物的改制行动半途而废，匆促地推出口号，又糊里糊涂地偃旗息鼓。（参见黄发有：《90年代以来的文学期刊改制》，《南方文坛》2007年第5期）

《萌芽》自1998年12月开始启动“新概念作文大奖赛”，由《萌芽》杂志社联合北京大学、复旦大学、华东师范大学等7所重点大学共同发起，聘请王蒙等著名作家学者担任评委。大赛以“叛逆者”的姿态提出了三条方针：“新思维”，提倡无拘无束；“新表达”，使用个性语言；“真体验”，真实、真切、真诚地感受、体察生活。大赛组织者对参赛者（参赛者分为3组：应届高中毕业生；除高三外的初高中学生；除中学生以外30岁以下的青年人）的许诺是，获奖作品除在《萌芽》杂志刊登外，还将由专家点评，结集出版。从第一届开始，与《萌芽》共同发起比赛的全国重点大学承诺为获奖的高三文科人才提供破格录取的“绿色通道”。1999年第一届、2000年第二届“新概念作文大赛”中，有21名一等奖获奖者被各大高校破格免试录取。大赛的成功有效地拉动了《萌芽》的销售量，到第二届“新概念作文大赛”启动时，杂志已是供不应求。到2003年，大赛已成功举办了5届，《萌芽》的销售量从原来的1万余份飙升至26万份。（见易舟：《〈萌芽〉成功“突围”》，《文艺报》2003年1月30日）“大赛”汇聚了社会各界力量（包括大学校长、学者、中学教师、作家、出版杂志社编辑等）推动了语文教育的改革。所谓“新概念”（“新思维”、“新表达”、“真体验”），就是针对中学语文教学的现状而提出，要“探索一条还语文教学以应有的人文性和审美性之路”（《“新概念作文大赛”倡议书》，《萌芽》1999年第1期）。“新概念作文大赛”的诞生，其背景是中学语文改革的呼声不断。从1997年底，有关中学语文教育的话题就不断引起全国舆论界的关注。《北京文学》、《中国青年报》等报刊都发表了重要文章。从1998年第6期开始，《萌芽》杂志以“教育怎么办”为主题连续发表了一些文章，探讨中学语文教育面临的危机和出路。“新概念”组织者设想“具有语文创造活力的优秀作品，将能通过《萌芽》出版而直接辐射于全国的文学界和教育界，而通过长期与《萌芽》保持联系的专家学者的评荐文章，也可以为中学语文教育提供正确的导向作用”（《“新概念作文大赛”倡议书》，《萌芽》1999年第1期），而大赛也确实在一定程度上推动了中学语文教育改革。经过多方努力，“素质教育”的方针终于在体制上被确立下来（1998年高考结束后，一些“名师”在将1998年和1997年的试卷进行分析、对比后，发现新试卷加强了可变因素，作文试题的灵活性加强，提高了对学生素质的要求。2000年3月国家教委颁布了新修订的中小学语文教学大纲，有关专家认为，新大纲基本上采纳了有关讨论中一些根本性意见，语文教育改革的趋势被正式确立下来。（参见唐宁：《呼唤中国文科人才——“新概念作文大赛”出台前记》，《新民晚报》1998年11月13日；王丽：《历史将记上一笔——关于〈北京文学〉与中国语文教育大讨论》，《北京文学》2000年第5期）。大赛还推动了文学写作的低龄化倾向，导引了在中学生中广泛存在的创作潜流，为作家成长创造了条件。《萌芽》的编辑赵长天谈到，他们了解到中学生中存在两套语言系统，应付老师的是一套，同学中流传的是另一套，打破高中语文老师们的话语霸权，让中学生写他们愿写的文章，这就是“新概念”最初的创意。（赵晓峰：《新概念作文始作俑者赵长天话说“新概念”与“80后”》，《齐鲁晚报》2005年11月22日）在首届大赛中，中学生们爆发出的惊人的创造力，正是“另一个系统”发生了作用。（参见沈嘉禄：《让孩子们写点真的——“新概念”苹果挑战中国语文应试作文教育》，《新民周刊》1999年4月12日）发掘中学生创作资源的先行者是一些出版社，《花季·雨季》（郁秀）、《三重门》（韩寒）、《我爱阳光》（许佳）等中学生作品的发掘和热卖是其标志。而“新概念作文”则为广大中学生的

“不务正业”提供了光明正大之途。它既可以容纳像韩寒这样的传统教育体制的叛逆之徒，又以入选重点大学的诱人前景成为大多数学生可以放心走的一条常规道路。韩寒这名当年由大赛发掘出的一等奖获得者、媒体眼中的“高才留级生”所引发的话题，至今对中国教育界影响深远。《萌芽》杂志是文坛青春文学热和“80后”作家群的始作俑者，“新概念”出来以后，一些出版社和书商发现了其中的市场和商机，全力打造这样一批青春写手、作家，导致80后创作大量出现，加以媒体的热烈关注和炒作，为“80后”文学的创作、作品的销售推波助澜，韩寒、郭敬明、张悦然等一大批“80后”作家由此走上文坛。（参见郭珊、刘妍：《“新概念”，这八年》，《南方日报》2006年5月21日；邵燕君：《“综合化”与“专志化”——两种重要改版模式》，《倾斜的文学场——当代文学生产机制的市场化转型》，第59、60页，江苏人民出版社2003年版）韩寒（1982－　），上海金山人。作家，赛车手。1998年“新概念”作文大赛获一等奖。著有长篇小说《他的国》、《像少年啦飞驰》、《长安乱》、《三重门》、《一座城池》等，短篇小说与散文合集《零下一度》，散文集《就这么漂来漂去》，杂文集《可爱的洪水猛兽》等。

北京席殊书屋有限公司向首都新闻界发布了“1998年十大好书”评选结果，文学类和非文学类各10本书榜上有名。评选程序是100多家出版社自荐好书，在此基础上，由一个文史哲经各方面专家组成的预选小组进行入围推荐，再将结果报告给导读专家，最后根据50多位导读专家投票的多少确定排名，由此列出“十大好书”。评选的基本出发点是“中国公共知识分子向中国公众所推荐的本年度高品位公共读物”，强调阅读的普遍性（非专业性）和读物的高品位（非市场化、非畅销化）。其中文学类“十大好书”包括韦君宜著《思痛录》、季羡林著《牛棚杂忆》、余华著《活着》、谢冕和钱理群著《1948，天地玄黄》、卢跃刚著《大国寡民》、葛剑雄著《悠悠长水——谭其骧前传》、胡平著《千年沉重》、老鬼著《血与铁》、《纽伯瑞儿童文学奖丛书》等。

瑞士苏黎世联盟出版社出版老舍的长篇小说《四世同堂》德文全译本，该译本为老舍著作德译本中篇幅最大的一部。

为迎接建国50周年和上海解放50周年，上海作协推出四套“大上海”丛书：《大上海小说丛书》（第二辑）、《大上海纪实文学丛书》、《上海50年文学精选》和《上海50年文学批评丛书》。其中，小说丛书包括《肇事者》（赵长天）、《暂憩园》（史中兴）、《我儿我女》（陆星儿）、《躁动的城市》（李肇正）和《水月》（蒋丽萍）等五部长篇。这些作品各自截取上海现实生活中的某一横断面，刻画了普通市民、改革家、教师、歌星、名人、离休干部等在改革开放和大上海的发展中的生态、心态的变化，具有较为深刻的社会意义。纪实文学丛书细致地解析了上海150多年丰富多彩的历史个例与当代绚丽斑斓的城市场景，既描述与解释了过去，又探索与展望了未来。文学批评丛书分为理论卷、思潮卷、作家论卷等。

北京少儿出版社与北京市作家协会联手主编出版适合小学中高年级儿童阅读的“新创故事丛书”。

钟敬文主编《中国民间故事集成·北京卷》、《中国民间故事集成·江苏卷》、《中国民间故事集成·福建卷》、《中国民间故事集成·四川卷》和贾芝主编《中国歌谣集成·江苏卷》均由中国新闻出版署中心出版。

《周作人民俗学论集》、《顾颉刚民俗学论集》、《钟敬文民俗学论集》、《江绍原民俗学论集》、《黄石民俗学论集》和《刘魁立民俗学论集》，由上海文艺出版社出版。

截至本年底，中国大陆共有出版社566家（包括副牌社36家），其中中央级出版社219家（包括副牌社15家），地方出版社347家（包括副牌社21家）。音像出版单位293家。出版图书130613种，其中新版图书74719种，总印数72.39亿册。期刊出版7999种。

1999年

一月

1日，《长江文艺》第1期发表映泉的短篇小说《广大社员》，刘平海的中篇小说《风卷旗》，吕鑫森的短篇小说《古风》，林非的散文《在美国旅行的几件快事》，长明的散文《凝聚的力量》，张钧的《生命激情来自于自由的灵魂——林白访谈录》，郭圣才的报告文学《石牌奇迹》。

《作家》第1期发表池莉的短篇小说《一夜盛开如玫瑰》，莫言的短篇小说《祖母的门牙》，苏童的短篇小说《古巴刀》，格非的短篇小说《马玉兰的生日礼物》，潘军的短篇小说《上官先生的恋爱生活》，残雪的短篇小说《世外桃源》，洪峰的短篇小说《1998年12月31日的爱情故事》，以及昌耀的《昌耀近作》和唐晓渡的《行者昌耀》。

《中华散文（我的故事）》第1期发表艾煊的散文《古莲新花》，邵燕祥的散文《〈天台山笔记〉序》。

《散文》第1期发表朱胜国的散文《忧天与忧人》，赵丽宏的散文《听琴》，周同宾的散文《山居三札》，艾煊的散文《贪泉（外三篇）》。

2日，《新剧本》第1期发表张青野的话剧《大江作证》，杜村的话剧《爱情泡泡》。

3日，《人民文学》第1期推出了“特别推荐”专栏，刊登“建国50年征文”中的优秀作品，至第8期止。首期发表了徐怀中的短篇小说《来也匆匆，去也匆匆》，毕四海的中篇小说《选举》，王宏甲的报告文学《初见端倪》，阿成的中篇小说《我可爱的故乡》，陈丹燕的短篇小说《阳光下午才能照进来》，陈继明的短篇小说《青铜》、《城市的雪》。“小说家谈艺”发表林白的《一闪而过的事物》，海男的《到荒野穿什么》。同期，还发表了郑敏的诗歌《诗的交响》和诗论《诗歌审美经验》，袁鹰的散文《散文之重》、《三上井冈》，楚楚的散文《草原短章》，筱敏的散文《标本》。

4日，《太原日报》第5版刊登金汝平《〈诗刊〉：你要堕落到几时》一文，批评1998年《诗刊》社所做的“中国新诗调查”结果不公，评选出的“最有印象的当代诗人”前50名人选有问题。文中说：“当我们浏览这份密密麻麻的‘排行榜’时，禁不住大笑起来，如此的广告术也太笨拙、太低级了。不少杰出的诗人名落孙山，而许多《诗刊》编者却混迹其中。有的写过几篇民歌，有的哼过几行顺口溜，除了《诗刊》同仁和那些目光短浅的诗歌函授学员奉承他们是‘诗人’外，我想，‘诗人’这沉甸甸的桂冠会压弯他们的脑袋!”文章发表后，《诗刊》编辑部认为，此文已完全超出了正常的舆论批评范围，严重侵犯了自己的名誉权，遂向北京市朝阳区人民法院提起诉讼，要求《太原日报》消除影响，赔礼道歉，并赔偿人民币50万元，但起诉的不是作者而是《太原日报》。两个多月后，在中国作协和作家权益保障委员会的主持协调下，双方实现了庭外和解。《太原日报》社与《诗刊》负责人在北京进行商谈达成一致意见，言归于好。双方还商议在建国五十周年前夕共同举办一次诗人笔会，以期推进诗歌繁荣，促进诗人团结，增强两家报刊的联系。（据魏永征：《〈诗刊〉和〈太原日报〉和解好》，《中华新闻报》1999年9月9日）

5日，翻译家、作家叶君健在北京家中逝世，享年85岁。叶君健的儿童小说“语言晓畅而又包含真情”，“长于人物心理的刻画和描写”，“能准确捕捉小主人公心灵瞬息间的变化”，小说的篇章结构“类似于叙事散文……仿佛从记忆的储藏库里或周围的生活中信手拈来，娓娓道出。”（汤素兰语）此外，在叶君健的作品中，蕴涵着诗的意境和诗的韵味。这种诗的意境和诗的韵味，与叶君健特有朴素简洁的语言风格紧密联系在一起。其作品不铺陈曲折离奇的情节，也从不堆砌华丽的辞藻，总是以朴素的笔调、冷静的叙述和简练的勾勒，使作品中的一切能够朴素自然地展现出来。而正是在这朴素简洁的勾勒中，读者可以品味出那种深蕴的诗情。

《大家》发表胡性能的中篇小说《暗处》，卫慧的中篇小说《陌生人说话》，苏童的短篇小说《向日葵》，朱文的短篇小说《再教育》，《涅槃：作家访谈录》（提问人为艾克，回答者为格非、洪峰、李敬泽、于坚等）。同期，开设“凸凹文本”栏目为跨文体写作进行实验，其中，发表了张欣的中篇小说《变数》。跨文体写作成为一种文坛现象。“《大家》所谓的‘跨文体’是要打破小说、散文、诗歌、评论四大块（其实这也是文学期刊的固定栏目）的人为划分，而把这四种文体糅到一起，同时又能让读者看出某种文体的主导态势。”《大家》杂志在1999年开设“凸凹文本”栏目，并在此栏目下发表相应的作品。从第2期开始，同时开设了“凸凹四方谈”，邀请评论家对当期的“凸凹文本”进行点评。此年度反响较大、“跨文体”意味最浓的文本是李洱的《遗忘——嫦娥下凡或嫦娥奔月》（第4期）。但在2000年，《大家》就取消了这一栏目，只是在两篇作品的题目之后标有“凸凹文本”的字样（分别为第3期林白的《玻璃虫》和海男的《男人传》）。2001年，《大家》唯一出现“凸凹文本”字样的地方是第3期的封面，以此指认池莉、陈村、肖克凡的同题作品《开会》，但在目录中，却把《开会》放在了当年新开设的“俗说俗世”的栏目中。2003年与2004年，《大家》无“凸凹文本”，但在2004年的第2期，出现了一个“跨文体写作”的栏目，栏目之下的文本为黄尧的《半月门》。到第3期，此栏目又消失了。《莽原》杂志在1999年开设了“跨文体写作”栏目，在此栏目下，全年6期共发表文本12个。但在第二年，此栏目下的文本锐减为5个（其中第2期空缺）。2001年，“跨文体写作”栏目被取消，至今未恢复。《中华文学选刊》在2000年开设“无文体写作”栏目，但开到第9期便无疾而终。（参见赵勇：《反思“跨文体”》，《文艺争鸣》2005年第1期）对于“凸凹文本”这一跨文体现象，许多作家、学者也进行了讨论与反思。3月5日，《大家》刊发了谢有顺的评论文章《文体革命的界限》，王一川的评论文章《我所期待的跨文体文学——从“凸凹文本”谈起》，吴义勤的评论文章《可疑的文体》和李敬泽的评论文章《凸凹三记》；5月5日，刊登了王干的批评文章《边缘与暧昧：诗性的剩余与溢涨——近年来文体实验研究报告之一》。7月20日，《文艺报》刊登郭宝亮的文章《跨文体写作：文学的贫困与表达》，而后11月16日又刊登王侃的文章《尴尬的“跨文体写作”》。《文学世界》1999年第4期刊登李振声、张新颖的文章《跨文体写作：对文学整体说话》与《质疑“跨文体”写作》。《文学自由谈》1999年第2期刊发了李巍的《凸凹：文学的怪物》。

《芙蓉》第1期发表朱文的中篇小说《大汗淋漓》，陈卫的短篇小说《世界》、《中间》、《被迫接受》，魏微的短篇小说《十月五日之风雨大作》。同期，还发表了朱大可探讨人类精神的长文《逃亡与皈依》，其中一些片断在《钟山》、《花城》、《艺术潮流》等刊发过，本次为全文发表。

《花城》第1期“实验文本”专栏发表张锐峰的长篇散文《皱纹——记忆的描绘、理解》并加编者按称：“这是一次大胆的实践，《皱纹》的写作方式和发表方式在中国文坛都属首次。”同期，还发表了莫言的中篇小说《我们的七叔》，张旻的中篇小说《求爱者》，黄佩华的短篇小说《你看人家》，周永进的短篇小说《门》，于坚的散文《大地记——春天 · 荷马 · 山神的节日》，张钧的《在意念与感觉之间寻求一种真实——东西访谈录》，西川的诗歌《在你我之间》（诗七首）。

《莽原》改版，从第1期起推出“跨文体写作”专号，发表张闳的《戴面具的萨德》，敬文东的《让城市减缓速度》。同期，还发表了崔子恩的长篇小说《桃色嘴唇》，行者的短篇小说《孟谷的一次人生体验》。此外，“《莽原》周末”专栏发表了张宇的《理性的康乃馨》；“作家沙龙”专栏发表了杜曙波的文章《没样样，有样样》。

《山花》开设“自由撰稿人”专栏，至第11期止。“自由撰稿人”专栏发表了李冯的短篇小说《一周半》和随笔《辞职与写作》。同期，还发表吕新的中篇小说《家峪兄，已经半夜了》，刘庆邦的短篇小说《美少年》，王松的短篇小说《哭夜》，谢挺的短篇小说《倒立写作》，卫慧的短篇小说《跟踪》，李锐的散文《出入山河》，孙里的散文《送别茹志鹃》，王一川的《倾听跨体文学潮》。王文对“跨体潮”现象的兴起作了分析和理解。指出此时勃兴的“文体革命潮”主要是以文体的方式显现，这可以视为中国现代文学界内部矛盾在文体上的一次辩证的和革命性的解决。此外，“文体实验室”专栏发表了贺奕的短篇小说《火焰的形状》。贺奕（1967－　），湖南株洲人。先后就读于南京大学中文系，北京大学中文系，获文学硕士学位。著有中短篇小说集《伪生活》、《身体上的国境线》等。

《文艺报》发表食指的诗歌《我从冰天雪地中走来》、随笔《我的1999》。

由中国作家协会创研部、《小说选刊》编辑部、陕西省作家协会和太白文艺出版社联合举办的贾平凹第六部长篇小说《高老庄》研讨会召开。

6日，《当代小说》第1期发表荆歌的中篇小说《让你的子弹上膛》，张生的短篇小说《你一生见过几个医生》，李修文的短篇小说《心都碎了》，行者的短篇小说《渡过》，谢挺的短篇小说《电影消息》，吴晨骏的短篇小说《一点点爱》，葛红兵的短篇小说《你说你是谁》，南野的短篇小说《柔软的手指拔出牙来》，吴义勤的批评文章《新潮小说批判》。吴文对先锋派小说创作提出了批评。指出，在世纪之交的大众文化背景下，先锋派和先锋派文学已经失去原来的面目，落入了世俗物欲之中，先锋小说文本也变得媚俗。而这样的改变也恰好使我们理性地认识先锋派成为可能。与此同时，先锋派的世俗化和通俗化也可以看作是平民文学到来之际的进步性的文学事件。

10日，《北京文学》第1期发表严歌苓的中篇小说《青柠檬色的鸟》，王璞的小说《迷恋》、《空白》，徐庄的小说《五月五月》，林希的中篇小说《翻身男女》，虹影的组诗《鱼教会鱼歌唱》，邱华栋的随笔《北京地图册》，张抗抗的随笔《离别杭州》，以及张大春的评论文章《要谁好看》。

《中国作家》第1期推出“小说精品全刊”，其中发表了8位作家的作品，分别是：刘心武的长篇小说《树与林同在》，胡发云的中篇小说《老海失踪》，严歌苓的中篇小说《阿曼达》，田中禾的中篇小说《进入》，林希的中篇小说《天津爷们儿秦扁担的秘密档案》，铁凝的短篇小说《寂寞嫦娥》，张炜的短篇小说《鱼的故事》，刘庆邦的短篇小说《草帽》。同期，还发表了李千树的报告文学《为了进入世界500强》。

《诗刊》1月号刊出“百姓镜头·1999”栏目。发表的诗歌有蔡其矫的《长山列岛》，杜运燮的《最动人的电视连续剧》，刘湛秋的《猛然发现路旁的花已出瓣了……》、《绯红的烟云洋溢着……》、《为了那奇妙的旋律……》、《学会遗忘才能学会轻松》、《我们永远不能拥有音乐……》，张新泉的《水劫》、《世界杯·球迷肖像》、《小康敲打乐》、《寻找剃头匠》，郑单衣的《悲哀》、《许诺——献给彩亦》、《此诗送给你》。此外，从这期起，连续一年刊出了刘福春撰写的《中国新诗百年珍品》。

12日，云南人民出版社在京举行《聆听西藏》丛书出版座谈会，与会数十位文学、新闻和出版界人士对这套丛书的出版表示欣喜，认为这些作品为近年来的文学在艺术形式和内容上都增添了一笔亮色。该丛书本月由云南人民出版社出版。包括龙冬选编的《聆听西藏——以小说的方式》、黄宾堂选编的《聆听西藏——以散文的方式》、子文选编的《聆听西藏——以纪实的方式》、顾建平选编的《聆听西藏——以诗歌的方式》4 种图书。以多种形式、不同角度、不同层面展示了西藏的文化、历史、宗教、民俗以及自然景观等。

中国文联、中国视协、文艺报在北京联合召开 42 集家庭幽默剧《万家轶事》观摩研讨会。中国文联副主席李准、文艺报副主编彭加瑾主持研讨。

《文艺报》发表铁凝的创作随笔《我的 1999》。

13 日，诗人鲁藜在天津病逝，享年 85 岁。鲁藜一生心地坦荡，具有哲人式的超然人生观，孙犁说他是“老天真”。他把诗视如生命一样宝贵，在他身上有点“穷途舍命作诗人”（闻一多语）的意味。他有颗未曾泯灭的“童心”，始终保持创作的气质与活力。“他的诗篇里充满真的诗性、善的理性，美的旋律。他把对人生与理想的追求建立在和祖国人民同命运的基石上，一起斗争、胜利，一起受难、再生。他写的诗自然、朴素、凝练，但常常是意象富集之作，是从心田里绽出的花朵”，“鲁藜晚年的诗风更加成熟了，在坚持战斗的传统风格中有所变异，不仅拓宽了诗路，在诗美里面也注入一滴滴新流。他的诗具有又深又真的观察，试图找到一种解释人生奥秘的表现方式，这必然更多地运用哲理诗的体式”，这是“富有弹性的集句式的诗体。鲁藜本人也由歌唱诗人变为思索的诗人。”（李以、王玉树：《诗人老去童心在——读鲁藜近作》，《文学自由谈》1989 年第 5 期）

14 日，《文艺报》刊登《余秋雨教授敬告全国读者》，因其新作《霜冷长河》未及上市便遭盗版，同时又有不少人对其《山居笔记》等作提出质疑。《余秋雨教授敬告全国读者》一文写道：“近几年来，我已有一个经验，凡有一个新的盗版本出笼，报刊间一定有几篇用极夸张的口气批判我的文章相配合；反过来也一样，一见特别怪异的批判文章，立即就能在书市发现新的盗版本。这已经被反复验证了十几次，屡试不爽。这次一下子冒出来那么多盗版本，正如所料，又兴起了一个批判潮。……这样做的行为模式不难解读：一个人在大街上遇到抢劫，正在奋力追抓盗贼，突然横向里冲出来两个蒙面人，拦住被盗者说有重要的历史问题需要盘问”，“他们的小聪明是专门找一些冷僻的史料‘差错’来纠缠，因为谁都能够判断，今天没有哪位读者会花费大量时间去查证究竟是否真有‘差错’，于是这样的‘差错’每天都可以编造一大堆，一切都反着说，能转移人们的视线就成”，“……现在能做的，首先应该在全社会建立反盗版的共识，齐心协力打击以牟利为目的的文化盗贼和文化杀手，识破他们的种种圈套，为中华文化留下一份真正的宁静，一点真正的原创力”。据学者解玺璋的归纳，批评界对余秋雨的批评从《文化苦旅》开始，“前后大致经历了三个阶段：其一，在肯定余秋雨才华横溢，文采飞扬的同时，指出他在文章中留下的‘硬伤’，包括常识性和知识性错误以及文体方面的毛病；其二，指出他在为人为文中的矫饰，特别不满于他在文章中对‘文革’失足或有意回避，或淡化处理的讳莫如深的态度，直击他常挂在嘴边的所谓作家的人格和良知。……其三，对余秋雨散文的话语策略和话语体制所做的文化批评，指出它与我们这个时代的特殊关系以及它在社会生活中可能发挥的作用和意义。”周泽雄在《最酷的作家》中批评余秋雨“将盗版者与批评者以‘文化盗贼和文化杀手’这一可怕句式捆绑在一起”，是要“把天下的嘴堵死”。而丁东和谢泳的文章都提到余秋雨在“文革”中与“石一歌”的关系，谢泳特别提到《长者》这篇散文，其中讲到余秋雨在“文革”中的一段经历，说他 1975 年就接触到了二三十年代的文化资源，但对照他发表在《学习与批判》上的《胡适传》，“说明他的思想深处并没有从那些文化中看到真实的历史”。朱大可在《抹着文化口红游荡文坛》一文中认为：“在革除了深度和力度的所谓‘后文化时代’，这是继汪国真之后在散文和历史交界处所发生的一个重要事件。”它表明，知识精英“这个曾经散发着思想香气的阶层，已经被大众与全球一体化市场与资讯的洪流所吞没”，只有余秋雨这样的“市场的先锋”还继续浮在水面上。在同一篇文章中朱大可指出：“如果说《文化苦旅》是一次以‘王道士’为话语基调的‘民族主义’言说，那么《山居笔记》就是以‘一个王朝的背影’为基调的‘国家主义’文本，它意在表达作者在文人与国家关系上的微妙立场。”也有人持相反意见，杨长勋等人则认为，个别人对余秋雨的批评是“强词夺理”，是“有意地无中生有，捏造一系列虚假的事实，使一些不明真相的读者信以为真”，是“对文化人的无端谩骂和批判”，“已经很多年没有见到过了”。（解玺璋：《文化界直击“余秋雨现象”》，《青年教师导报》2000 年第 3 期）

15 日，《长城》第 1 期发表铁凝的短篇小说《第十二夜》，戴来的短篇小说《突然》，邵燕祥的长诗《长城》，张炜的随笔《阅读的烦恼》，王旭烽的随笔《小曲好唱口难开》，以及宗仁发、施战军、李敬泽的《关于“七十年代人”的对话》。

《江南》第 1 期发表洪峰的中篇小说《河边旅馆》，毕飞宇的短篇小说《与阿来生活二十二天》、《故地》，残雪的中篇小说《平凡的经历》，林丹娅、残雪的访谈录《诗意的痛苦：叩问灵魂》，残雪的文章《无穷的拷问——读〈城堡〉》。同期，开始连载莫言的长篇小说《红树林》（至第 2 期）。

《文学评论》第 1 期发表朱寨的《关于胡风文艺思想的评价问题》。朱文指出：胡风作为马克思主义文艺理论家，对文艺发展发挥了重要作用，产生了重大影响，对胡风及其文艺思想和影响的研究不应停留在政治上的辩驳，而应该在学术领域加以研究。同期刊发了杜书瀛的《内转与外突——新时期文艺学再反思》。杜文指出，“向内转”，作为新时期文艺学研究中与文学创作相呼应的一个突出现象，自有其合理之处，但是以往的外部研究也自有其存在的意义和价值，所以，必须将二者结合起来，去研究复杂的社会精神现象——文学。

20 日，《钟山》从第 1 期开始连载叶兆言的长篇小说《别人的爱情》（至第2期)。同期，还发表阎连科的中篇小说《金莲，你好!》，林希的中篇小说《阳谋》，王大进的短篇小说《槐花蜜》，张翎（加拿大）的短篇小说《警探理查逊》，金仁顺的短篇小说《玻璃咖啡馆》，沈东子的短篇小说《气球》，虞静的短篇小说《电话》，卫慧的中篇小说《神采飞扬》，方方的散文《南京爷爷》，余华的随笔《我为何写作》，王充闾的散文《桐江波上一丝风》，王瑞芸的散文《我的朋友朱丽》，王彬彬的文章《文学与小说》，林舟的文章《生命个体的存在：起点与归途》、王世城的文章《知识分子文化写作：危机与可能》以及贾梦玮的文章《关于"新生代"——"新生代作家小说创作学术研讨会"综述》。

21日，《文学报》发表雷达的文章《困境与出路》，木弓的文章《批评的本性有缘不变》。

23日，《文汇报》开设专栏："期刊'断奶'，文学怎么办"，关注国内许多文学期刊将取消国家财政补贴，而转向在市场中生存和发展的这一现象。其中发表了肖复兴的《面向市场大势所趋》、周政保的《变与不变》、叶辛的《要沉住气》、沈乔生的《没有人能脱离市场》。肖文指出，随着社会主义市场经济的确立，文学期刊必须面向市场，最终由市场来决定其存亡。周文指出，"断奶"不会影响到真正的文学创作，优秀的文学刊物终究是繁荣的。叶文指出，文学刊物要经受得住市场经济的考验，要沉住气。沈文指出，文学刊物不能脱离市场，文学的市场化是文学繁荣不可或缺的阶段。

25日，《收获》第1期发表何立伟的中篇小说《光和影子》，李洱的中篇小说《葬礼》，苏童的短篇小说《水鬼》，万方的短篇小说《爱不够的伊人》，谌容的小说《天伦之乐》。同期，开始连载周梅森的长篇小说《中国制造》(至第2期)。本期起为余华开辟"边走边看"专栏，连续在第1-6期上发表了《音乐的叙述》、《高潮》、《否定》、《色彩》、《灵感》、《字与音》6篇随笔。还开辟了"百年上海"专栏，陆续发表了王安忆、程乃珊、白先勇、袁鹰、孙甘露等人的随笔，至第 6 期止。

27 日，在著名作家、翻译家兼老记者萧乾 90 华诞之际，朱镕基总理亲笔致信祝寿并贺《萧乾文集》出版。同时，中国作协、中央文史馆、中国现代文学馆和浙江文艺出版社，在京联合举行“萧乾文学创作 70 年暨《萧乾文集》首发式座谈会”。该文集约 320 万字，包括小说、散文、特写、杂文、回忆录、文学评论和书信。

28 日，《剧本》第 1 期发表蒋晓勤、邓海南、刘红焰的大型话剧《大江东去》。

29 日，《新剧本》编辑部、北京市剧协在京联合举办“老舍与现实主义戏剧创作”座谈会。会议由北京剧协主席林连昆主持。与会者结合自身的创作体会，畅谈老舍剧作对后世创作的影响，认为老舍对老北京氛围的营造，对中国人生存状态的把握，以及对民间生活语言的驾驭，使其剧作成为一个特殊的现象，他的成功之作无愧为现实主义戏剧的经典。

本月，《散文选刊》杂志组织专家对 1998 年在全国散文报刊上发表的优秀散文进行了推选，评出 1998 年中国散文排行榜如下：梁衡的《大无大有周恩来》，巴金的《怀念曹禺》，林贤治的《胡风“集团”案：20 世纪中国的政治事件和精神事件》，谢冕的《一百年的青春》，季羡林的《虎年抒怀》，卞毓方的《煌煌上庠》，余秋雨的《关于友情》，贾平凹的《进山东》，夏中义的《谒吴晗书》，严春友的《大自然的智慧》，张承志的《音乐履历》，雷达的《乘沙漠车记》，周涛的《谁在轻视肉体》，冯秋子的《白音布朗山》，庞培的《西藏的睡眠》，邓琮琮、张建伟的《第十二座雕像》，野鹰的《黑色圆舞曲》。(《散文选刊》1999 年第 1 期)

湖南省作协为湖南 60 年代出生作家群在长沙举行创作座谈会，肯定他们各自独特的创作追求和作品中鲜明的精神风貌，并就文学的本源和这一代作家的文化环境、生态特征、审美欲求、写作态度及优势等问题进行了深入探讨。

百花文艺出版社、《文学自由谈》编辑部在天津联合举办周凡恺长篇散文《1968——一个少年眼中的世界》研讨会。评论家们就作品的文学和历史价值及社会学意义进行讨论。

《上海文学》第1期发表彭瑞高的中篇小说《六神有主》，苏童的短篇小说《拱猪》，赵波的短篇小说《等待三十岁的来临》，丁丽英的短篇小说《孔雀羽的鱼漂》，西飏的文章《虚构之虚构》，许子东的文论《"感谢苦难"与"拒绝忏悔"——解读有关'文革'的当代小说》。许文对'文革'小说的叙事模式进行了分析。指出，大部分'文革'小说都通过"离开—归来—再离开"的归乡模式将主人公置于"感谢苦难"的位置；通过"红卫兵—知青"角度的"错误"反省而将主人公置于"我不忏悔"的位置。

《十月》第1期发表铁凝的中篇小说《永远有多远》，荆歌的中篇小说《地方》，陆涛的中篇小说《黑头发飘起来》，王松的中篇小说《斜街风景》，郭英杰的中篇小说《卢子玉》，晓航的中篇小说《有谁为我哭泣》、短篇小说《在冬天里奔跑》，秦巴子的短篇小说《荒芜英雄路》，梁晴的短篇小说《生日》，张承志的散文《安宁的权利》，蓝文君的报告文学《经理刘连义的幸福观》。晓航（1967－　），北京人。著有长篇小说《穿过无尽的流水》、《旧梦如花》，中篇小说集《送你一棵凤凰树》中短篇小说集《有谁为我哭泣》等。

《诗林》第1期推出"70年代出生诗人专辑"，内有姜涛、胡续冬、冷霜、穆青、周伟驰、王雨之等的作品。

《电影文学》第1期发表电影剧本《激情眷恋》，编剧杨利民。

《萌芽》杂志第1期刊登《"新概念作文大赛"倡议书》。

徐刚以维护人类生态环境为出发点，发表《中国风沙线》、《最后的疆界》、《守望家园》，李炳银在《真实的魅力和风险》中誉之为："中国的'环境文学'最高峰，发出了对地球守望的呐喊"。

《诗歌报》停刊，引起社会广泛关注。

四川作协主办的三种期刊《四川文学》、《星星》、《当代文坛》进行改版，并重新亮相。

凡一平的长篇小说《变性人手记》，由漓江出版社出版。

蒙古族作家孙书林的长篇小说《百世苍凉》，由大众文艺出版社出版。

台湾女作家朱天文的小说集《世纪末的华丽》在大陆出版，这也是她在大陆出版的第一本小说集。

《胡风全集》，由湖北人民出版社出版。

陈超编的《中国当代诗选》（上、下卷），由河北教育出版社出版。

西渡编的《戈麦诗全编》，由上海三联书店出版。

伊沙的诗集《野种之歌》，由青海人民出版社出版。

《周而复散文集》，由华夏出版社出版。该散文集分为《永不陨落的巨星》、《浪淘沙》、《航行在大西洋上》和《五洲风情录》4 卷，共计 100 多万字。

李锐的散文随笔集《不是因为自信》，由湖南文艺出版社出版。

川木的《川木散文选》，由中国文联出版公司出版。

苏童的散文随笔集《纸上的美女》，由人民日报出版社出版。

《叶兆言绝妙小品文》，由时代文艺出版社出版。

二月

1 日，北京老舍纪念馆和重庆北碚老舍纪念馆开馆。

《长江文艺》第 2 期发表王石的中篇小说《寻你到永远》及其创作经验谈《写好每一篇》，谢友鄞的短篇小说《我们是兄弟》，谈瀛洲的短篇小说

《伤疤》，石钟山的短篇小说《俗人男女》，刘平海等人的报告文学《悠悠才保情，拳拳寸草心》，阮家国的报告文学《国税守护神》，李骞等人的访谈录《岳恒寿访谈录》。

《作家》第2期发表鬼子的中篇小说《伤心的黑羊》，李冯的中篇小说《在天上》，东西的短篇小说《把嘴角挂在耳边》，海力洪的短篇小说《恐龙与三只羊》，余华的随笔《我不喜欢中国的知识分子》和《永远活着》，黄平辉的散文《绍兴二题》，黄瑞云的《夏水和云梦泽》。

3日，老舍诞辰100周年纪念日。老舍诞辰100周年纪念座谈会在人民大会堂举行。

《人民文学》第2期的“特别推荐”专栏发表周绍义的中篇小说《女人与油田》，叶广芩的中篇小说《谁翻乐府凄凉曲》。同期，还发表了艾伟的短篇小说《去上海》，张长的短篇小说《朦胧的永远》，孙春平的短篇小说《魔障》，朱文颖的小说《重瞳》、《十五中》，陆文夫的散文《深巷又闻卖米声》、《真情实感是为文》，鲍尔吉·原野的散文《南箭亭子往事》，胡昭的散文《与公木师相处的日子》，卞毓方的散文《张謇是一方风水》，高洪波的散文《喀什人物》。

5日，《山花》第2期的“自由撰稿人”专栏发表北村的短篇小说《消息》和随笔《自由和纯粹的写作》；“文体实验室”专栏发表了海南的《女人传》。同期，还发表了朱也旷的短篇小说《黄泥路》和文论《小样本理论及其他》，艾伟的短篇小说《钓鱼》，祁智的短篇小说《风水》，叶兆言的随笔《展览馆里的风景》，北村的随笔《自由和纯粹的写作》，李大卫、李洱、李冯、李敬泽、邱华栋的对话《日常生活——对话之二，1998年11月3日》，任洪渊、静矣的《眺望21世纪的第一个汉语词》。

《小说月刊》第2期发表桂雨清的中篇小说《禅房花影》，肖克凡的中篇小说《水铺轶事》，牛伯成的中篇小说《日落月圆》，王思勉的中篇小说《夜影》，李治邦的短篇小说《对手》。

6日，《当代小说》第2期发表雪静的中篇小说《乔麦花》，老虎的短篇小说《黄花寺的传说》，王世友短篇小说《蚁行无痕》。老虎（1968－ ），本名岳喜虎，山东梁山人。著有长篇小说《漂泊的屋顶》，中短篇小说集《潘西的把戏》等。

10日，《北京文学》第2期发表邵建的文章《"枭鸣"的猫头鹰——知识分子肖像》，徐友渔的文章《存在的意义和道德的政治》，崔卫平的文章《信仰生活》。同期，还发表了散文随笔：林斤澜的《轻重小驴车》，张承志的《弟弟们》，半岛的《眺望白银时代的星空》，红柯的《天才之境》，赵世民的《快》，殷龙龙的《汽车》，毛志成的《贾府三题》，柏舟的《不凡的凡人》，邵燕祥的《随想随写》，何光沪的《无题有感》，张守仁的《杞人忧天》、《我今忧水》，张新蚕的《母亲》，萧春雷的《天堂的毁灭（外二篇）》。

《诗刊》第2期开辟"张家港热风"专栏，发表"全国诗歌座谈会作品之一"。其中有翟泰丰的《展雄才》、《琵琶行·长恨歌新传》、《赞秦氏》、《倾国相欢》、《夜景奇观》，顾浩的《浪淘沙慢·太湖》，朱子奇的《祝愿》、《明天》，蔡其矫的《长江之花张家港》、《江南第一华西村》等。同期，还发表了屠岸的诗歌《二十一世纪的召唤》，吉狄马加的诗歌《献给土著民族的颂歌》，郑敏的诗歌《夏日蝉声与禅语》等。

《戏剧文学》第2期发表邹红的文章《北京人艺观众群调查的启示——走向高雅艺术的话剧》。文章在对1997年4月北京人艺部分观众问卷调查统计结果分析的基础上指出，"我们的话剧观众与先前相比，已经发生了很大的变化。如果说在三四十年代，话剧的主要观众是市民阶层和包括青年学生在内的知识分子，在延安甚至是农民和红军战士，那么在今天，构成话剧观众主体的，则是那些受过良好教育、具有较高文化素养的年轻人，他们成为当今话剧最热心的观众。""话剧已不再是最流行的宣传媒介和最大众化的娱乐形式，而趋向于高雅化和精致化。”

11日，作家萧乾在北京逝世，享年90岁。萧乾的作品真诚坦荡，深邃警醒，读来发人深省，耐人寻味，他是一生用“心”写作的人。而萧乾自己则认为，这辈子的处事原则之一就是讲真话。萧乾描写了草根阶级在残酷生活中所表现出来的自尊自爱的品质，用带有自传体色彩的叙述，虽然带有点点忧伤，但文章的主体方向是积极健康的，并且具有很强的诗味。在其散文和杂文中，萧乾坚持独立思考和历史反思，针砭现实，以“敢于讲真话，坚决不说假话”作为自己的座右铭。“在气质上，犹如我们所分析，他属于浪漫主义，但是他知道怎样压抑感情，从底里化进造型的语言，糅合出他丰富的感觉性的文字。类似一切最好的浪漫主义者，他努力把他视觉的记忆和情绪的记忆合成一件物什。”“他是个有心人，用心在卖气力。你想象不到他乖巧的多么可爱。他识绘。他会把叙述和语言绘成一篇异样新绿的景象，他会把孩子的感受和他的描写织成一幅自然的锦霞”，“他的文笔充满了希望。他是一个意象创造者。他会换个花样，拿冷不防的比喻引起你的情趣，叫你觉得他库藏的丰盈。”（刘西渭：《〈篱下集〉——萧乾先生作》，1936年6月1日1卷1期）“他在与郁达夫的自传加情感的浪漫抒情风气持异之时，提供了一套新的审美操作程式，即以冷静的悟性节制情感，并以蕴藉的乡土性涵容情感，从而克服了那种一咏三叹、一泻无余的情感宣泄，使心灵自传和乡土体验进入了一个润物无声的情感渗透的境界。在自传性、情感性、乡土性诸审美因素的折衷调理之间，箫乾小说减弱了郁达夫小说的那种社会思潮的冲击力，而趋于审美体验的蕴藉和精微了。”“老舍的笔墨具有画家的明晰工细，萧乾的笔墨具有梦境的清幽隽永，即是说，在老舍把北京风俗市民化之时，萧乾却借风俗抒写出心灵的乐章。二者皆追求真与诗的结合，一者侧重于真，一者升华着诗。”（杨义：《萧乾的小说艺术》，《文学评论》1992年第2期）而萧乾的散文特写则“注重题材的选择，他所注目、所选取的内容必须是突出的现象、典型的事实；他所追求的不仅仅是人物的真实、事件的真实，甚至包括细节的真实、人物心理活动的真实。他说：‘真实对特写比什么都更为重要，因为感动人的不是文字，而是英雄事迹本身。’萧乾始终以记者的敏感去追逐、发现生活。‘从事实中，人物的心灵被反映了，生活的脉搏跳动了，时代的精神闪烁了’。”（邢莉：《心与象通，意与境谐——评萧乾的散文特写》，关纪新主编：《1949－1999 中国少数民族文学经典文库·理论评论卷》，第229页，云南人民出版社1999年）

20日，《当代》第1期发表王火的长篇小说《霹雳三年》，王跃文的长篇小说《国画》（连载），何申的短篇小说《我的四友人》，刘敏的短篇小说《现代家庭一种》，李瑛的组诗《风雨人生》。

24－3月1日，中国戏剧家协会、辽宁省文化厅、大连市文化局在大连联合举办'99全国话剧创作研讨会。研讨会共讨论了8个剧本，分别是：《月光下的人们》（李宝群），《浪花飞过》（单联全），《洗礼》（王海鸰），《圣旅》（孙德民），《水下村庄》（陈健秋），《世纪之门》（谢海威），《“厄尔尼诺”报告》（姚远、蒋晓勤、邓海南），《窗外有片红树林》（陈慧中）。会议期间，与会者还就目前全国的话剧状况进行了评估，交流了话剧创作和演出信息。

25日，中国电影集团公司与广西电影制片厂、北京新画面影视发行咨询有限责任公司举行发行著名导演张艺谋新作《一个都不能少》的签约仪式。该片是中国电影发行放映协会1999年在中华院线统一运作的第一部影片。

28日，冰心在北京逝世，享年99岁。关于冰心，沈从文曾经有过这样的评价：“十年来在创作方面，给读者的喜悦，在各个作家的作品中，还是无一个人能超过冰心女士。以自己稚弱的心，在一切回忆上驰骋，写卑微人物如何纯良具有优美的灵魂，描画梦中月光的美，以及姑娘儿女们生活中的从容，虽处处略带夸张，却因文字的优美与亲切，冰心女士的作品，以一种奇迹的模样出现，生着翅膀，飞到各个青年的心上去，成为无数欢乐的恩物，冰心的名字，也成为无人不知的名字。”（沈从文：《论冰心的创作》，《文艺月刊》1931 年第 2 卷第 4 期）郁达夫说：“冰心女士散文的清丽，文字的典雅，思想的纯洁，在中国可算是独一无二的作家了”。“对父母之爱，对小兄弟小朋友之爱，以及对异国的弱小儿女，同病者之爱，使她的笔底有了像温泉水似的柔情”。“我以为读了冰心女士的作品能够了解中国一切历史上的才女的心情；意在言外，文必己出，哀而不伤，动中法度，是女士的生平，亦即是女士的文章之极致。”（郁达夫：《〈中国新文学大系〉散文二集·导言》，第 17 页，良友图书公司 1935 年版）茅盾说：“她已注视现实了，提出问题了，她并且企图给各界人提议，然而她的解答等于不解答，末了，她只好从‘问题’面前逃走了，‘心中的风雨来了’时，她躲到了‘母亲的怀里’了。这一‘过程’可说是五四时期许多具有正义感然而孱弱的好好人儿的共同经验，而冰心女士是其中‘典型’的一个。”“冰心女士把社会现象看得非常单纯。她认为人事风云无非是两根线交织而成；这两根线便是‘爱’和‘憎’。她以为‘爱’和‘憎’二者之间必有一者是人生的指针。她这思想，完全是‘唯心论’的立场，可是产生了她这样单纯的社会观的，却不是‘心’，而是‘境’。因为她在家庭生活小范围里看到了‘爱’，而在社会生活这个大范围里却看到了‘憎’。于是就发生了她的社会现象的‘二元论’。”（茅盾：《冰心论》，《文学》1934 年 8 月第 3 卷第 2 号）夏志清在其《中国现代小说史》中说，“冰心的作品不多，但她是值得在第一期的作家中占一席重要地位的。虽然她的诗和散文因缺乏现实的架子而倾向于伤感，她的一些短篇小说具有独特的风格，不受她所处那时的迷信与狂热所感染。”“冰心代表的是中国文学里的感伤传统。即使文学革命没有发生，她仍然会成为一个颇为重要的诗人和散文家。但在旧的传统下，她可能会更有成就，更为多产。她对西方文化的研究只徒然的鼓励了她说教的倾向，破坏了她的感性；她对泰戈尔和吉伯伦的喜爱，也只令她对大自然产生了一种神秘主义的态度，而这种神秘主义其实可说是冒牌的。要是她从小只读中国诗词的话，这种态度便能够被压抑住。当然，冰心的优点并不在于感伤的说教，也不在于对自然的泛神崇拜态度，而在于她对狭小范围内的情感有具体的认识。”（夏志清：《中国现代小说史》，第66、62页，香港中文大学出版社2001年版）周明说：作为一位贯穿20世纪的中国现当代文学大师，“冰心不仅是‘五四’新文学以来具有重大影响的作家，更是我们时代利民族与文学良知的代表。她作品的影响，人格的魅力，感染着激励着我们一代又一代人。她的爱与温暖长留人间。”(周明：《思念到永远——写在冰心逝世十周年之际》，《中国文化报》2009年3月10日)。此外，《文艺报》第24期发表了刘白羽、王蒙、袁鹰、王安忆、铁凝等人的悼念文章，第31期发表了阮章竞悼念冰心老人的诗作《翘首望青云》。《人民文学》第5期出版了“怀念冰心特辑”，载有张光年的《舍不得冰心大姐》、张洁的《乘风好去》等文章。3月19日冰心遗体告别仪式在八宝山革命公墓举行，李瑞环、李岚清等党和国家领导人前来向冰心老人告别。

《剧本》第2期发表孙德民的六场话剧《圣旅》。

本月，《上海文学》第2期发表迟悟的中篇小说《公民王二》，张执浩的中篇小说《毛病者也》，严歌苓的短篇小说《冤家》，陈应松的短篇小说《洪水三记》，乌人的短篇小说《在法庭上》，于坚的诗歌《傍晚的边界》，半岛的随笔《到天晴的时候》。同期，还发表了丁丽英的文章《小说的长度》。丁文指出，读者阅读情况的转变使读者无法长时间集中注意力来阅读，于是鸿篇巨制受到了冷落。

《中华文学选刊》第1期登载的中短篇小说有：肖克凡的《天津大雪》，韩东的《我的柏拉图》，王大进的《朋友》，张虎生的《临时动物》，张生的《另外一个人》，苏童的《人造风景》，何玉茹的《楼上楼下》，赵德发的《网虫老杨的死或生》，沈冬子的《有谁比我更爱好 Broken English》，叶广芩的

《你找他苍茫大地无踪影》；登载的散文有：张抗抗的《无法推诿的责任》，邓一光的《在乃堆拉听自己的心跳》。同期，还登载了何建明的报告文学《落泪是金》，李炳银的文章《真实的魅力和风险——1998 年报告文学创作述评》。

《今天》第 1 期发表于坚、西川等人的诗歌。

《电影文学》第 2 期发表电影剧本《我的 1919》，编剧黄丹，唐娄彝。

新年刚过，文学期刊纷纷改版，以新面孔示众，“文学期刊改刊有两大方向：一是由纯文学向通俗文学改变。许多曾培育出文学新人的文学刊物现在完全是一副通俗文学的面孔。二是压缩纯文学，融进大文化内容。”（田涌：《文学期刊99 向改版要生路》，《中国青年报》1998 年 12 月 18 日）《上海文学》、《青年文学》、《北京文学》、《小说家》等刊物普遍出现“泛文化”趋向：思想、文化、经济、社会、个人性的随笔、散记、杂文、回忆、传记、新闻特写等虚构的纪实性文章大比例提高，小说等纯文学作品数量减少。对于文学期刊的改版，有的专家认为是适应市场需求，是有利于促进文学期刊发展的；有的则认为改版失去了文学期刊自身独立的文学主张，不利于其发展。总之，对于文学期刊的改版是仁者见仁，智者见智。及至后来，很多改版后的文学期刊，纷纷又回到了原来的路子上去了。如《芙蓉》、《天津文学》等在改版失败后，又都回到了传统的老路。

张笑天的长篇小说《太平天国》，由漓江出版社出版。

继 1997 年，明天出版社为青少年推出《金犀牛丛书》小说卷后，又将推出该丛书的散文卷。这次加盟的 6 位女性作家分别是：毕淑敏、迟子建、徐坤、蒋子丹、方方和铁凝。

杨克主编的《1998 中国新诗年鉴》，由花城出版社出版。该书分为作品和理论两部分，宣布秉承永恒的“民间立场”，理论文章选有于坚的《诗歌之舌的硬与软》、《穿越汉语的诗歌之光》，沈奇的《秋后算账》，谢有顺的

《诗歌与什么相关》等，此书出版后引起争议。

丁丽英自印诗集《一个时期的妇女肖像》。

郑敏的《诗歌与哲学是近邻：结构——解构诗论》，由北京大学出版社出版。

三月

1 日，《长江文艺》第 3 期发表叶明山的短篇小说《父亲没有走远》，孙方友的短篇小说《陈州笔记》，陈家桥的短篇小说《乡村纪事》，徐鲁的散文《伤感的萨克斯》，汪法频的散文《走进隆中（三章）》，风舟的散文《“江河水”——插队道白·在船上》，化夷的散文《父亲》。同期，还发表了鲍风的文章《文学在向我们提供什么？——1998 年〈长江文艺〉中篇小说述评》。鲍文指出对当下现实生活的当下“叙写”是 1998 年此刊所发中篇小说的显著特点；对当下人生“心灵史”的“当下叙写”是其最为震撼人心的部分。

《作家》第 3 期的“联网四重奏”专栏发表金仁顺的短篇小说《四封来信和一篇来稿》。同期，还发表了张旻的中篇小说《王奇的故事》，臧棣的诗歌《燕园纪事》以及陈超的《少就是多：我看到的臧棣》，李冯、邱华栋、李洱等的谈话录《个人写作与宏大叙事》。

《中华散文（我的故事）》第 3 期发表刘心武的散文《寸移》，李慎之的散文《千秋万岁名，寂寞身后事——送别钱钟书先生》。

《散文》第 3 期发表贾宝泉的散文《修养·悟道》，石楠的随笔《旅法二章》，车前子的散文《结之为圣，散之成仙》，叶谓渠的散文《芭蕉文学游踪》。

2 日，由高占祥、李准主编的《新时期文学艺术成就总论》出版座谈会在京举行。该书由花山文艺出版社在1998年12月出版。

《新剧本》第2期发表王鹏博的话剧《下岗了，别趴下》，徐恒进的小剧场话剧《芦苇荡》和〔日〕别役实的小剧场话剧《厕所在这儿》。

3日，《人民文学》第3期的“特别推荐”专栏发表阎连科的中篇小说《朝着东南走》和邓友梅的散文《阿姐志鹃》。同期，还发表了刘庆邦的短篇小说《谁家的小姑娘》、《回门》，陈应松的短篇小说《洪水三记》，荆歌的短篇小说《流光塔》，杨打铁的短篇小说《碎麦草》，张弛的小说《洪湖记事》、《跟范哥犯葛》，杨晓民的组诗《秋天的马拉松》，周涛的诗歌《幻想家病历》以及诗论《与诗有关》等。

5日，福建省人民政府发文通报表彰奖励首届鲁迅文学奖获奖者何为、郭风，各奖励近2万元。何为的《何为散文集》荣获首届鲁迅文学奖中的“全国优秀散文奖”，郭风的《郭风散文选集》获得该奖中的“全国优秀散文荣誉奖”。

《大家》第2期的“凸凹文本”专栏发表庞培的作品《旅馆》。同期，还发表了北村的中篇小说《周渔的喊叫》，刘正义的中篇小说《学殇》，丁丽英的《短篇小说二题》(《去罕达的路》、《跟随》)，陈家桥的短篇小说《为谋杀配音》，金仁顺的中篇小说《冷气流》，苏童的短篇小说《巨婴》，朱文的短篇小说《穷人》，谢有顺的评论文章《文体革命的界限》，王一川的评论文章《我所期待的跨文体文学——从“凸凹文本”谈起》，吴义勤的评论文章《可疑的文体》和李敬泽的评论文章《凸凹三记》。其中，李敬泽的《凸凹三记》对发表在《大家》“凸凹文本”上的《雪儿》、《星期影子》、《乡村案件》、《女人传》作了评论。

《芙蓉》第2期发表顾前的短篇小说《回家》、《爱情离我们有多远》、《关于一个女人的点滴消息》、《你激动什么?》，黄永玉的长篇小说《无愁河的浪荡汉子》，并开始连载李小山的长篇小说《新中国》（第一部，至第3

期）。同期，还发表了韩少功的散文《大题小作》（《自我机会高估》、《乏味的真理》、《饿他三天以后》），张承志的散文《忘掉了丝绸路》，朱大可的文章《先知之门——海子与骆一禾论纲》。

《花城》第2期发表陈家桥的长篇小说《别动》，行者的中篇小说《大化之书》，残雪的中篇小说《变通》，墨白的中篇小说《光荣院》，黎紫书的短篇小说《蛆魇》，罗望子的短篇小说《丛林故事》，南帆的散文《守护还是复制?》，李建春的散文《声样》，闻树国的散文《阅读时刻：飘逸·焦虑》。

《莽原》第2期“跨文体写作”专栏发表何士光的《心在什么地方》，敬文东的《晚报的出口处和银行的入口处》，张闳的《窗的梦幻》，闻树国的《与上帝对话》。“《莽原》周末”专栏发表了李静宜的《此境何境》。“作家沙龙”专栏发表了李广贤的《月亮走，我也走》。同期，还发表了田中禾的《白色心迹》、刘恪的《城与市》、赵郭明的《普救寺的春天》、赵刚的《圣经故事》、阿成的《平头生活》等小说，庞培的《秋灯集》、王小妮的《为自己的心脏写一份病历》等随笔，臧棣的《和望远镜有关的笔记》等诗歌。

《山花》第3期的“自由撰稿人”专栏发表潘军的短篇小说《1967年的日常生活》和随笔《答何锐先生问》。同期，还发表了许春樵的中篇小说《悬空飞行》，龙志毅的长篇小说《政界》，沈东子的短篇小说《浓荫里的阳光》，徐锁荣的短篇小说《高庄二鬼》，崔子恩的短篇小说《履历表的耻辱》，余述平的短篇小说《为什么把草帽戴在我头上》，金仁顺的短篇小说《鲜花盛放》，罗望子的小说《迷人的田园》和随笔《人与事》，何士光的评论《初读〈政界〉》，张柠的文章《衰老人群中的一位年轻作家》。张文对作家朱文及其作品进行了评论。

6日，《当代小说》第3期发表路也的中篇小说《我们的节日》。同期，还发表戴来的《啥都有》、宣儿的《雾色弥漫》、周洁茹的《朝西边走去》、叶弥的《晚景》、赵凝的《两只麻木的苹果》、潘向黎的《彩虹》、马枋的《黄昏变奏曲》、李若涛的《阿眉》等短篇小说。

9日，新闻出版署发布《关于加强和改进重大选题备案工作的通知》。《通知》提出：对重大选题要严格执行已有的各项管理规定；实行重大选题月报制度；实行重大选题备案工作专人负责制度；分级把关等。同日发布《关于加强对国庆献礼图书出版管理的通知》。《通知》指出：在出版过程中出现了一些值得重视的问题，如属重大选题备案内容的图书，却不履行重大选题备案手续；有的违反图书出版的有关规定，超专业、超分工出书；有的甚至借编辑出版献礼图书之机，借机敛财等，造成很坏的影响。为加强献礼图书的出版管理，涉及需履行重大选题备案手续的选题和书稿，必须按规定程序办理；非国家正式出版单位不得进行有关国庆献礼图书的出版活动，更不许擅自购买境外书号出版图书。

10日，《北京文学》第3期发表肖克凡的短篇小说《天津赌事》，严力的短篇小说《新郎》，陶正的短篇小说《游客列传》，王童的中篇小说《把耶稣逗笑的日子》，李晶的短篇小说《朱颜在一九六六年》，王建平的短篇小说《距离》，以及摩罗的文章《面对黑暗的几种方式——从鲁迅到张中晓》，张英的《世纪末的中国文化——余秋雨访谈录》。同期，还登载了夏商、西飏和张生的《从上海出发——沪上小说家三人谈》，其中主要谈到张爱玲、王安忆以及现在海派创作情况等。

《诗刊》第3期发表巴音博罗的诗歌《和平或镣铐之舞》（《黑镜头：原子弹雕刻的伤疤》、《有一道目光盯着我们》、《鲜花不能对抗子弹》），宫玺的诗歌《山海关》、《海滨速写》等。同期还发表了张不代的评论《关于“朦胧诗”思考提纲》，指出“朦胧诗运动”的最大历史功绩在于它企图将新诗从“政治奴仆”的角色中解放出来，然而，这次解放却并不彻底，甚至是失败的，因为“朦胧诗运动”始终没有能够回答“诗歌应该解放到何种程度上，才能具有强有力的生命力?”这样一个问题。“朦胧诗运动”的本质仅仅在于“否定”，而并没有提出“否定”过后该何去何从。巴音博罗（1965 -　），满族，汉名崔岩，辽宁沈阳人。1990 年开始发表作品。著有诗集《悲怆四重奏》、《龙的纪年》，长诗《苍黄九章》、《回望》、《还乡》、《龙》等。

《中国作家》第 2 期推出“纪实文学专辑”，其中发表了郝敬堂的《2·25 海南剿匪大捷》，彭子强的《本届政府没有分洪——’98 抗洪高层决策纪实》，李锦华的《走近中国艾滋病患者》，王国安的《中国的“人权报告”》，蓝文君的《开始并没有掌声》，张若愚的《属大龙的人》。

12 日，一合的反腐败长篇小说《断道》首发式在石家庄举行。该书由群众出版社出版。

15 日，《长城》第 2 期发表谈歌的《无处告别》，林希的《喝粥人》，何玉茹的《最后时刻》等中篇小说以及朱文颖的短篇小说《抵偿的彼岸》。

《江南》第 2 期发表潘军的中篇小说《关系》，叶弥的中篇小说《耶稣的圣光》，毕四海的中篇小说《水土无假》，荆歌的短篇小说《绑架者》、《痛的礼物》，东西的短篇小说《我和我的机器》，林舟的“东西访谈录”《在两极之间奔跑》，残雪的《老狐狸克拉姆的痛苦——读〈城堡〉》，并继续连载了莫言的长篇小说《红树林》。

《文学评论》第 2 期发表钱中文的《文学理论现代性问题》、昌切的《无力而必须承受的生存之重——刘恒的启蒙叙述》，张红萍的《论迟子建的小说创作》。钱文指出，在现代性的影响下，新时期的文学思想、理论的进展是一个不断区分政策与理论、初步确立自身学理、获得自主性意识的过程，是在文艺中初步摆脱政治群体意识之后，审美意识发生激变、现代审美意识包括大众审美群体意识不断生成的过程；而文艺中出现的后现代性现象以及对其所作的批判，正是现代性自身的悖论及其潜力的反映和体现。昌切的文章指出刘恒的小说创作以对人的探索为中心，他的创作侧重的是人性—生存的启蒙，并且将这种探索落实在具体的日常生活中的人类性和普遍性意蕴。刘恒的作品风格是沉郁的，在认同与超越之间徘徊，给人一种矛盾却又真实可信的阅读效果。张文指出，迟子建是一个矛盾组合体，这些矛盾使她形成了热情与宁静、空灵与写实相融合的艺术风格。在其前期作品中努力营造出一种童话世界；在其后其作品中则将纷杂的世相融入小说，构筑了一个神话世界。

16 日，中国社科院文学所在北京召开“唐宋名篇与中国现代人文建设”学术座谈会。

18 – 20 日，中国文联第六届四次全委会、中国作协五届四次全委会在北京召开。丁关根、张锲、陈昌本、翟泰丰等在会上讲话。会议主题是繁荣文学创作，树立精品意识，多出优秀作品，推进精神文明建设。

20 日，《钟山》第 2 期继续连载叶兆言的长篇小说《别人的爱情》。同期，还发表何立伟的《没有暴风雨》、陈家桥的《克隆人》、刘岸的《长江守望》、夏季风的《现实与传说》等中篇小说；王安忆的《酒徒》、巴乔的《追踪美丽女人仇红》、孟秋的《你不是想知道 YC 是谁吗》、胡竞舟的《千纸鹤》、金仁顺的《伎》等短篇小说；艾奇、王彦的纪实文学《英舰“紫石英号”被俘纪实》。此外，“理论与批评”专栏还发表了罗岗的《理论的“傲慢”与“偏见”——当代思想史札记之一》、周宪的《文化场内游戏规则的“去魅”分析》。

23 日，中国作协儿童文学委员会与浙江少年儿童出版社联合召开“中国幽默儿童文学创作丛书”研讨会。与会者认为，中国当代儿童文学创作的幽默成分总体上太少，浙江少年儿童出版社出版这套丛书顺应了儿童文学发展的趋势。

25 日，《收获》第 2 期发表莫言的中篇小说《师傅越来越幽默》，赵长天的中篇小说《以后再说》，李年吉的中篇小说《东京时间》，从维熙的中篇小说《死亡游戏》，余华的随笔《高潮》，并继续连载周梅森的长篇小说《中国制造》。同期，还发表了李辉的随笔《漂泊梦之谷：萧乾和他的〈痕迹〉》，程乃珊的随笔《上海先生》，贾植芳的随笔《上海是个海》。

26 日，北京大学举办纪念诗人海子逝世 10 周年朗诵活动。

金庸出任浙江大学人文学院院长。

28 日，《剧本》第 3 期发表卫中的话剧《办公室秘闻》。

31 日，中国作协在北京召开“三讲”教育动员大会。“三讲”指“讲学习、讲政治、讲正气”。

本月，全国文学创作中心工作座谈会在京召开，创作中心负责人围绕去年各中心的工作进行了交流，并探讨了如何进一步办好文学创作中心的思路。

美国长青文化中心和著名舞蹈家姚珠珠发起的美国南加州各界华人纪念老舍百年诞辰的系列活动于 3 月下旬在洛杉矶拉开序幕。舒乙赴美参加了纪念活动。

全新的《古今传奇》创作中心正式开张。组建创作中心是为了吸引全国一流的通俗文学作家、策划一流的选题，推出一流的作品。进入创作中心的作家待遇丰厚。

青年小说家艾伟荣获“1998 年度浙江省青年文学之星”的称号。

《上海文学》第 3 期发表卫慧的中篇小说《硬汉不跳舞》，丁丽英的短篇小说《该换一个机芯了》，李逊的短篇小说《中生代通道》，荆歌的短篇小说《棉花乳房》，楚楚的随笔《箫》。同期，还发表了许纪霖、刘擎、罗岗、薛毅的《寻求“第三条道路”——关于“自由主义”与“新左翼”的对话》。该对话关注了 20 世纪末中国思想界发生的最引人注目的一场思想论战，即自由主义与“新左翼”的论战。该论战的导火索是 1997 年年底《天涯》杂志社发表的汪晖长文《当代中国的思想状况与现代性》。由此学界围绕着中国现代性以及现代化发展模式等问题出现了一些分歧，为社会所广泛关注。该对话中，四人对这场论争发表了各自的看法和见解。许纪霖指出，在这场论战中，双方的分歧首先在于：在90年代全球化的语境下，在传统社会主义解体、资本主义“大获全胜”的情况下，是否“历史已经终结?”刘擎认为，自由主义和新左翼的争论仍然是对中国现代化问题的回应。罗岗认为汪晖是一个批评性的立场，他对中国进入全球化体系保持着警惕的态度，同时，罗岗还认为看待这个问题的时候，还需要回到资本主义和社会主义的关系上来。当市场经济在中国基本实现时，又产生了一些新问题，这就需要进行“第三次思想解放运动”，即重新观察中国的社会主义道路。薛毅指出，应该重新深入理解资本主义和社会主义，说到资本主义更多地考虑到的是它的国际方面，而社会主义也应该包含以下两个方面，首先，作为反资本主义、超越资本主义的努力，在社会主义国家诞生之前就存在的，是伴随资本主义的；其次，还应该反思社会主义运动的各个方面。但是这种反思并不意味着一些自由主义者所认为的资本主义就是最好的观点。此外，四人还就“自由主义”和“新左翼”争论的另外一个焦点：公正问题、自由与民主之关系、市民社会的构建等进行了讨论，最后，许纪霖指出，自由主义和“新左翼”各自追求的目标，并不是不相容的，在这二者之间，可以走出一条超越其间的“第三条道路”，即，不偏激、不极端的，理性与激情平衡的道路。

《十月》第2期发表迟子建的中篇小说《青草如歌的正午》，谈歌的中篇小说《天绝》，胡丹娃中篇小说《一个人的周期病》，中跃的中篇小说《习惯痛苦》和短篇小说《斗地主》，李肇正的中篇小说《石库门之恋》，张虹的短篇小说《蓝岭纪事》，陈祖芬的纪实文学《多伦多之恋》，以及顾建平的评介《讲故事的人》。

《诗探索》第1辑刊出郑敏、翟永明研究小辑，发表了谢有顺的文章《诗歌与什么有关》，孙绍振的文章《关于所谓“脱离人民”的理论基础》。

《电影文学》第3期发表电影剧本《蓝眼睛，红五星》，编剧李超。

莫言的长篇小说《红树林》和小说集《长安大道上的骑驴美人》，由海天出版社出版。

王朔的长篇小说《看上去很美》，由华艺出版社出版。

73岁诗人李瑛的长达3200行的诗作《我的祖国》，由百花洲文艺出版社出版，并被列为国家新闻出版署建国50周年献礼的重点图书。

中国文联出版公司出版崔卫平主编的纪念文集《不死的海子》。

张抗抗的知青回忆录《大荒冰河》出版，反思为其主题。

军旅女作家孙晶岩的《山脊——中国扶贫行动》由中国文联出版社出版。该书是一部全景式描写中国扶贫问题的长篇报告文学。

吴秋林的《中国寓言史》，由福建教育出版社出版。

刘士杰的《走向边缘的诗神》，由山西教育出版社出版。本书系“九十年代文学观察丛书”之一种。

四月

1日，《长江文艺》第4期发表南翔的中篇小说《惹人爱恨也无由》，周占华的短篇小说《八部魔》，关仁山的短篇小说《龙凤碑》，荆歌的短篇小说《游戏规则》，庞培的短篇小说《我父亲的故事》，梅雨的短篇小说《少女罗奔》，单波的散文《走近台湾》，刘晓闽的散文《给自己留一间“小屋”》，罗文发的散文《夕照》，翟宗法的报告文学《位卑未敢忘忧国》。

《作家》第4期开辟为“后先锋小说专号”。其中，发表了李洱的《故乡》，夏商的《集体婚礼》，刘庆的《记一件有意义的事》，李冯的《七短章》，张生的《西递村》，朱辉的《面孔轶事》，西飏的《圣诞时光》，海力洪的《叹息》，张执浩的《纸》，贺奕的《情感的隐秘部分》，罗望子的《姊妹俩》，金海曙的《非法滞留者》。

《中华散文（我的故事）》第4期发表梁晓声的散文《我的梦想》，柳萌的散文《囚禁歌声——北大荒纪事》，李洁非的散文《抚今话昔——中学时代琐忆》。

《散文》第4期发表朱以撒的《赤足而行》、周树山的《由诗而思》、林非的《〈长恨歌〉里的谜》、瘦谷的《暗香中的梦影》等散文。

2日，作家黎锦明在湖南长沙逝世，享年94岁。黎锦明（1906-1999），湖南湘潭人。1917年后入北京美术学校、北京师范大学学习。1925年开始发表作品。黄埔军校二期毕业，1930年代加入左翼作家联盟。创作了中国现代文学史上第一部描写大革命时期农民运动和武装斗争的小说《尘影》，由鲁迅作序，并得到鲁迅的充分肯定。抗战爆发后任教于衡山师范、桂林师范。1947年任教于湖南大学外文系。30年代是他创作的高潮期。1952年被选为湖南省政协委员、省文联委员。代表作有短篇小说《烈火》、《雹》、《破垒集》；中篇小说《尘影》、《蹈海》、《一个自杀者》；论文《文艺批评概说》等。黎锦明承袭鲁迅的现实主义传统，遵循着文学研究会"为人生"的文学主张。他的大量乡土题材和"为人生"的小说都是以现实主义的方法创作出来的，直接取材于社会现实。黎锦明的乡土题材的小说，生动反映了湘中闭塞、落后的农村现实，真实描绘出在这一特殊环境下生存的各色人物。黎锦明还以现实主义的手法开启革命小说的先河，具有较强的时代精神，客观上配合了中国现代革命各个历史阶段的斗争。鲁迅在《〈中国新文学大系〉小说二集序》中评价他的小说"蓬勃着楚人的敏感和热情"。还说"有时如中国'磊砢山房'主人的瑰丽；有时如波兰显克微支的警拔，却又不以失望收场，有声有色，总能使读者欣然终卷。"沈从文这样评价过黎锦明："新文学运动中小说部门，自鲁迅先生用乡村风光背景写成他的《呐喊》、《彷徨》之后，当时湖南作家从中取法，使作品具有一种新风格，得到鲁迅称赞的，为黎锦明先生作品"。黎锦明现实主义的作品中还承袭鲁迅的创作，有"复仇"这一重要主题，如《复仇》、《邹萧》等作品。“可以这样说：黎锦明的小说是在一种激越诡异的传奇里，书写着现实人生的种种故事，是清醒的现实主义和奇异浪漫主义的交织。现实主义的题材创作和‘反抗复仇’主题的艺术创新，扩大了小说的审美张力，使他的小说的创作思想和艺术个性显得复杂而特别，也因此能够获得鲁迅的特殊的称赞，这并不是谬赞。”（参见王吉鹏，孙晶：《鲁迅与黎锦明》，《湘潭大学学报》2007 年第 4 期）

人民日报社在京为 1997 – 1998 年度《人民日报》发表的优秀报告文学颁奖。蒋子龙、池莉、刘醒龙、曾凡华、王宏甲、汤世杰等的 15 篇作品获奖。

3 日，《人民文学》第 4 期的“特别推荐”专栏发表冉正万的中篇小说《奔命》和郭敦德的报告文学《中法建交内幕》；“小说家谈艺”专栏发表了阿来的《关于灵魂的歌唱》和叶广芩的《跨越语言的障碍》；“诗与诗论”专栏发表了林莽的诗作《沉入寂静》和诗论《对诗歌写作的一点想法》。同期，还发表了田中禾的中篇小说《外祖父的棺材和外祖母的驴子》，尤凤伟的短篇小说《晴日雪》，郝炜的短篇小说《相片》、《红皮靴》，杨学光的短篇小说《黑白往事》，韩少华的散文《想起了王继德》、《从梦说起》，阿坚的散文《陋室自美自嘲》，陈嘉映的随笔《旅行人的感想》。

5 日，《山花》第 4 期的“自由撰稿人”专栏发表西飏的短篇小说《聚散》和散文《我的自由生涯》；“文体实验室”专栏发表了西川的长诗《鹰的话语》。同期，还发表了王彪的中篇小说《我们心上的痛》，聂鑫森的短篇小说《风雪夜归人》，肖班的短篇小说《没有目的地的旅行》，于坚的评论文章《我们时代的诗歌》。

《小说月刊》第 4 期发表肖仁福的中篇小说《骗局》，郝炜的中篇小说《枪击事件》。

6 日，中央实验话剧院在京演出话剧《我认识的鬼子兵》。编剧欧阳逸冰，导演汪遵熹。

《当代小说》第4期发表中跃的中篇小说《夏日私语》，陈占敏的短篇小说《无尽生涯》，陈忠实的小小说《爷爷的包头帕》。同期刊发张清华的文章《愚昧的力量》，高荣华的文章《被触动的心弦》。

9日，中国青年艺术剧院演出法国喜剧《居里夫妇》（原名《舒兹先生的勋章》）。编剧〔法〕让·偌埃尔·芬维克，导演魏晓平。

10日，《北京文学》第4期刊载“正豪杯”“当代中国文学最新作品排行榜”（1998年下半年）的作品。其中有中篇小说：阿来的《宝刀》（原载《湖南文学》第7期），殷慧芬的《吉庆里》（原载《上海文学》第10期），张继的《逼婚记》（原载《江南》第6期），何顿的《慰问演出》（存目，原载《小说界》第4期），池莉的《致无尽岁月》（原载《当代》第5期）；短篇小说：王安忆的《轮渡上》（原载《上海文学》第8期），丁天的《你想穿红马甲吗?》（存目，原载《北京文学》第12期），迟子建的《清水洗尘》（原载《青年文学》第8期），刘庆邦的《梅妞放羊》（原载《时代文学》第5期），魏微的《在明孝陵乘凉》（存目，《北京文学》第10期）；诗歌：邹静之的《诗六首》（存目，《北京文学》第9期），小海的《村庄与田园》（原载《作家》第9期），灰娃的《只有一只鸟儿还在唱》（原载《湖南文学》第10期），刘毓浦的《刺猬级诗人戴月逃亡》（原载《作家》第12期），彭燕郊的《无色透明的下午》（原载《诗刊》第9期）；散文随笔：李慎之的《千秋万岁名　寂寞身后事——送别钱钟书先生》（原载《新民晚报》1998年12月29日），刘烨园的《我的兄弟死在路上》（原载《山东文学》第11期），西川的《难以描述的旅行》（原载《天涯》第5期），李陀的《丁玲不简单》（存目，《北京文学》第7期），雷达的《王府大街64号》（原载《中华散文》第10期），刘亚洲的《王仁先》（原载《人民文学》第10期），刘齐的《游大寨》（原载《美文》第10期）。

《诗刊》第4期发表侯马的诗歌《欲飞结》、《春天，请照看一枚鸟蛋》，长岛的诗歌《桥上》、《洞箫》，西川的诗歌《降落》、《深深的沉默》、《歌》，邹静之的诗歌《小灯——知青记事》等。

10日–15日，中国戏剧家协会、中国戏曲现代戏研究会和山东省文化厅在济南联合举办全国戏曲革命历史题材创作研讨会。与会者总结和探讨了近二十年来，革命历史题材戏曲创作的成就、经验与不足、教训，并重新观看了不同时期具有代表性和产生较大影响的剧作和讨论了新近创作的剧本。（详见晓耕：《促进戏曲革命历史题材创作，迎接建国50周年——记全国戏曲革命历史题材创作研讨会》，《中国戏剧》1999年第5期）

15日，《文汇报》发表宗仁发的《文学期刊改版的喜与忧》，宗文指出“文学期刊改版”令人可喜之处是注意到了读者、市场以及知识的竞争等；然而也存在一系列问题，如形式重复，偏向于泛文学等问题。

16日，中国青年艺术剧院建院五十周年。院庆期间，青艺在京演出四台剧目，分别是：法国喜剧《居里夫妇》，墨西哥话剧《社会形象》，杨利民的话剧《在这个家庭里》和实验戏剧《在路上》。李岚清观看了《居里夫妇》，并向该院院庆表示祝贺。

16–18日，由中国社科院文学所当代室、北京市作家协会、《诗探索》编辑部、《北京文学》杂志社联合举办的“世纪之交：中国诗歌创作态势与理论建设研讨会”在北京市平谷县盘峰宾馆举行，这是继1998年3月在北京召开的“后新诗潮研讨会”之后的又一次重要诗会，也是近年来争论最为激烈的一次诗会。会上，围绕“世纪之交：中国诗歌创作态势与理论建设”的主题，双方诗人与批评家形成了两种对立性的意见。其中一方有王家新、唐晓渡、陈超、臧棣、程光炜、西川、孙文波、西渡等，他们被指认为“知识分子写作”的主要代表；另一方有于坚、伊沙、徐江、沈奇、侯马、杨克等，他们被指认为“民间写作”的主要代表。论争双方主要围绕语言资源、美学趣味、诗歌经验等三方面的观点分歧而展开。“知识分子写作”强调书面语写作、追求贵族化审美趣味、持守超越日常经验的人文关怀精神；“民间写作”则强调口语化写作、追求平民化的审美趣味、看重日常经验的呈现与表达。这次诗歌会议因为内部爆发了激烈的诗学论争而被名之为“盘峰论争”。于坚在发言中对“知识分子写作”提出了比较尖锐的批评，他指出：诗人要关心大地、关心环境、关心日常生活，在自己母语之光的照耀下写作，并强调诗歌写作的原创性。沈奇认为“知识分子写作”反映了一种文化心态，即理论贵族的心态。伊沙与徐江主张诗歌界应向公众敞开，诗人应在今天的市场时代谋求生存之道。王家新在发言中为“知识分子写作”进行辩护，他对“日常生活”写作倾向表示质疑，认为任何伟大的诗人都不可能完全和他的时代保持一致。孙文波也为这一观点进行了辩护，他认为“知识分子写作”这一概念的提出和使用与当代语境的变化有关系，不是一个孤立的问题，许多伟大的诗人都同时是知识分子，写作无法回避西方的文化与精神资源。西渡也反驳了否定“知识分子写作”的观点，认为知识并不脱离生命，将利用西方的诗歌资源说成是“买办”是一种强辞。唐晓渡在发言中就“知识分子写作”发表了自己的看法，他认为“知识分子写作”是当代中国特定语境中的产物，它本身并不是一个诗学命题，关键是它在当代诗歌语境中的具体含义；关于“原创”问题，他认为应谨慎使用这一概念，防止变成一种大而无当的夸耀口实。谢冕、吴思敬、任洪渊、陈仲义、林莽、王光明、张清华、崔卫平、刘福春等评论家发表了较为客观的意见，一定程度上在论争双方之间起到了某种调解作用。会后，被指认为“知识分子写作”和“民间写作”的两派诗人与批评家，在《北京文学》、《诗探索》、《大家》、《山花》、《文艺报》、《中华读书报》、《南方周末》、《中国青年报》、《文论报》、《中国图书商报》、《科学时报・今日生活》、《诗参考》、《太原日报・文学周刊》、《文友》等报纸杂志发表文章，针对对方的诗学观点与立场进行激烈的争论乃至抨击。（参见张清华：《一次真正的诗歌对话与交锋——“世纪之交：中国诗

歌创作态势与理论建设研讨会”述要》，《北京文学》1999年第7期）

17－5月2日，第六届北京大学生电影节在北京举行。《春天的狂想》、《一个都不能少》等19部国产故事片和7部纪录片在北京师范大学、清华大学、北京大学等20所高校轮流放映。由学生代表和部分青年影评人组成的评委会评出各个奖项，《一个都不能少》获最佳故事片奖。电影节还先后举行了“青年导演与市场”、“青春意识和中国电影”、“电影与时代”学术研讨会和“大学生与导演谈世纪之交的中国电影”座谈会等多项活动。

17日，《文艺报》发表茹志鹃的遗作《我写〈剪辑错了的故事〉的种种》。

20日，《当代》第2期继续连载王跃文的长篇小说《国画》。同期，还发表了王蒙的散文《纯正君宜》，李鸣生的报告文学《国家大事》，马役军的报告文学《探问柏林》，朱向前的评论《是大作，但不是精品——三谈〈北方城郭〉及其他》。

20－5月20日，电影局在全国各大中城市举办“纪念五四运动80周年青年电影展映月”。展映的影片有新片《一个都不能少》、《快乐老家》、《长征》等，复映片《青春之歌》、《烈火金刚》等。

22日，晓浩的《西藏，1951年——人民解放军进藏实录》的研讨会在京召开，此书由民族出版社出版，是第一部全面展现西藏和平解放历史的纪实文学作品。

23日，由《当代》和《小说选刊》联合举行了青年军旅作家柳建伟的长篇小说《突出重围》的研讨会。

25－29日，《戏文》杂志社承办的“东港杯”戏剧期刊工作会议暨第十三届“田汉戏剧奖”评奖活动在舟山市举行。“田汉戏剧奖”前身是华东“田汉戏剧奖”，1985年由华东地区八家省级戏剧刊物共同发起。共有17个剧本和23篇评论获奖。其中，罗怀臻的新编京剧《西楚霸王》（原载《上海戏剧》)、洪钰的大型戏曲《幕内内幕》(原载《剧作家》)、顾锡东的七场历史故事剧《将门之子》(原载《戏文》)和代路的话剧《工人世家》(原载《戏剧丛刊》)获得剧本一等奖;评论一等奖空缺。

28日,中国儿童文学研究会"叶君健儿童文学研究部"举行了揭牌仪式。

《剧本》第4期发表刘家声的大型话剧《二人转》。

29日,姚雪垠在北京去世,享年89岁。姚雪垠青年时期的写作大多与其经历相关。短篇小说《差半车麦秸》奠定了他在中国现代文学史上的地位,得到茅盾、郭沫若的全力推荐,不仅在国内产生广泛影响,而且被译成英文,配上插图,在美国杂志上发表;后又被译成俄文,收入莫斯科出版的《中国短篇小说选》。20世纪40年代,姚雪垠受到文坛重视,他这一时期的优秀作品还有长篇小说《春暖花开的时候》、《长夜》和中篇小说《牛全德与红萝卜》等,基本属于"普罗文学"倾向的作品。1957年秋,姚雪垠开始动笔写作他的代表作长篇历史小说《李自成》。这部小说共5卷12册,约计330万字。1963年《李自成》第一卷问世,1976年12月第二卷分上、中、下册出版;1981年8月第三卷分上、中、下册出版;80年代中期,作家完成了第四、五卷口述录音书稿,之后经不断修改,部分单元在期刊上连载。1999年8月,姚雪垠逝世3个月后,这部历史长篇小说巨著的第四、五卷最终出版。从1963年面世,到1999年杀青付梓,这部作品历时36年,"当代中国小说史上,没有哪一部作品经历如此漫长的时间。"(董之林:《观念与小说——关于姚雪垠的五卷本〈李自成〉》,《文学评论》2008年第2期)茅盾曾这样评价姚雪垠及《李自成》:"作者在《李自成》中,打算为中国的封建社会生活(包括它的各阶层间的相互关系),描绘一幅绚丽多彩的画卷,在已出的两卷中,已经写了一部分;在以后的三卷中,还欲深入一层去描写。中国的封建文人也曾写过丰富多彩的封建社会的上层和下层的生活,然而,用历史唯物主义和辩证唯物主义来解剖这个封建社会，并再现其复杂变幻的矛盾的本相，‘五四’以后也没有人尝试过，作者是填补空白的第一人。他的抱负，是值得赞美的。”（茅盾：《关于长篇历史小说（李自成）》，《文学评论》1978 年第 2 期）茅盾又说：“第一卷写战争不落《三国演义》等书的旧套，是合乎当时客观现实的艺术加工，这是此书的独创特点。以潼关南原之战为例，有时写短兵相接，有时写战局全面的鸟瞰，疏密相间，错落有致。”（茅盾：《茅盾致姚雪垠（1974 年 12 月 23 日）》，《茅盾姚雪垠谈艺录》，第 22 页，人民文学出版社 2006 年版）但是，这种以艺术作品诠释历史唯物主义历史观念的做法，也曾引起过争议。阿英曾批评，《李自成》“使人感到有些反历史主义，觉得完全是写游击战争，而不是李闯王时代的农民革命。如当时闯王和部将都是这样，革命早成功了。……历史上的农民革命，从纲领起，有许多缺点，如不写这些缺点，就是替他擦粉，不能在典型环境中写出典型人物。”（阿英：《阿英、吴晗、李文治谈（李自成）》，《姚雪垠研究专集》第 526、527 页，黄河文艺出版社 1985 年版）《李自成》的艺术成就，学界总体上是认可的。1990 年，在“姚雪垠文学创作六十周年学术讨论会”上，与会专家认为，“对长篇小说创作的美学追求，姚雪垠提出了一套虽还不算完整但却有相当启迪意义的理论见解：追求整体开阔美，强调长篇小说对生活的整体透视；追求艺术色泽的丰富美，强调长篇小说对生活和情绪展示的多层、复合处理；追求形式建构的均衡美，强调长篇小说结构形式构筑中注重美的法则。他的美学见解，是从艺术接受的角度的体察中理解长篇小说这种特殊文体的审美功能，因此，对创作具有普遍的意义。他的美学见解，还注意到了现代艺术的审美趋向。其艺术思维方式哪怕还不时露出传统的惯性，但确实已经开始从单维到多维，从单线到多线，从平直到复向。这些美学见解已经成为传统艺术通向现代艺术桥梁上的一块理论基石。”（范军：《姚雪垠文学创作六十周年学术讨论会综述》，《华中师范大学学报》1991 年第 1 期）

由中国作协、云南人民出版社及《民族文学》杂志社在京联合召开了黄尧的长篇报告文学《世纪木鼓》的研讨会。

29－30日，中国电影艺术研究中心、中国影视交流协会在京联合举办98农村题材电影研讨会。

本月，由《小小说选刊》举办的1997－1998年度优秀作品颁奖会暨第三届当代小小说作家作品研讨会在郑州举行。

由中国作协创联部和《散文选刊》杂志社联合举办的“99中国当代散文创作研讨会”在江苏苏州举行，会议对本世纪中国散文创作作了回顾，同时对即将来临的新世纪散文的走向与趋势进行了探索性的研讨。

《上海文学》第4期发表王祥夫的中篇小说《谁再来撞我一下》，陈丹燕的短篇小说《无旗之杆》，刘庆邦的短篇小说《毛信》，贺奕的短篇小说《苦岁粮》，王晓明的批评文章《半张脸的神话》，陈思和的批评文章《“成功人士”与“失败人士”》，薛毅的批评文章《关于个人主义话语》，倪伟的批评文章《虚假主体的神话及其潜台词》，李冯的文章《写作与资源》。李文指出中国小说尚待开发的资源有很多，中国作家只是没有很好地利用起来。要想利用这些资源，就必须避免将本土资源简单做欧化处理。

《电影文学》第4期发表电影剧本《神鹰部落》，编剧石学海，素素，江奇涛。

《文学报》月末版——《大众阅读》于本月首次与读者见面。卫慧的小说《爱要怎么说出口》发表于此。

曹文轩的长篇小说《根鸟》，由春风文艺出版社出版。

韩作荣主编的《光的赞歌》(《人民文学》50周年诗选)，由新世纪出版社出版。

唐晓渡主编的《1998现代汉诗年鉴》，由中国文联出版公司出版。收入100多位诗人作品及十多位诗人、批评家的诗论文章。

张明策划、廖亦武主编的《沉沦的圣殿——中国20世纪70年代地下诗歌遗照》，由新疆青少年出版社出版。

叶兆言的散文集《闲话三种》，由百花文艺出版社出版。

韩作荣主编的散文集《汗与泪痕》（上、下），由新世纪出版社出版。

湖南少年儿童出版社出版世界儿童文学研究丛书，有张美妮著《英国儿童文学概略》、汤锐著《北欧儿童文学述略》、孙建江著《意大利儿童文学概述》、方卫平著《法国儿童文学导论》、吴其南著《德国儿童文学纵横》等专著。

中国作协第四届（1995－1997）“全国优秀儿童文学奖”获奖作品名单揭晓。获奖作品有：长篇小说《草房子》（曹文轩著，江苏少年儿童出版社），《我要做好孩子》（黄蓓佳著，江苏少年儿童出版社），《花季·雨季》（郁秀著，海天出版社）等；中、短篇小说集《赤色小子》（张品成著，少年儿童出版社），《一百个中国孩子的梦》（董宏猷著，21世纪出版社）；童话《唏哩呼噜历险记》（孙幼军著，湖南少年儿童出版社），《小朵朵与半个巫婆》（汤素兰著，江苏少年儿童出版社），《我和我的影子》（张之路著，江苏少年儿童出版社）等；幼儿文学《花生米样的云》（王晓明著，海燕出版社），《大头儿子和隔壁大大叔》（郑春华著，新蕾出版社），《长鼻子和短鼻子》（野军著，海燕出版社）；诗歌《为一片绿叶而歌》（薛卫民著，湖北少年儿童出版社）；散文《山野寻趣》（刘先平著，中国青年出版社）；纪实文学《还你一片蓝天》（李凤杰著，湖北少年儿童出版社）；科学文艺、寓言空缺。

五月

1 日，作家王海鸰在北京劳动人民文化宫书市上签名售书。王海鸰的长篇小说《牵手》创作完成，以此改编的电视连续剧在中央一套黄金时间播出。人民文学出版社周密计划，5 天之内出书，以前所未有的低折扣发货，3 天之内全国大城市同时到书，媒体的宣传战同期打响。人文社为《牵手》出版上下动员，高速运转。这一切让作者大为感慨："这不是人文社的风格。"（参见尚晓岚:《跟着市场走　牵住读者手》，《北京青年报》1999 年 5 月 8 日）《牵手》的成功使人文社迅速占据了"影视同期书"的出版高地，之后《大宅门》、《橘子红了》、《五星饭店》、《猎豹出击》、《无极》等相继推出，都取得了不凡的业绩。所谓的"影视同期书"是在电影、电视剧刚刚上映或热播的时候，推出的同名书籍，依靠影视带动书籍的销售。许多出版社也都有相应的举措。如现代出版社的"影视同期书"以"梦剧场"系列为标志，这个系列包括"电影小说"《刮痧》、《大腕》、《绝对情感》，"电视小说"《贻笑大方》、《背叛》、《就那么回事》、《寻枪》等。群众出版社"影视同期书"的重点在公安题材，《黑洞》、《黑冰》、《清官于成龙》、《重案六组》等作品。作家出版社的《绝对权力》，在不到两个月时间已经销售 13 万册，而且一举登上文学图书排行榜榜首，还有《中国制造》、《至高利益》、《一场风花雪月的事》、《拿什么拯救你，我的爱人》等。上海文艺出版社出版了《红色康乃馨》、《十面埋伏》，漓江出版社出版了《军歌嘹亮》，浙江文艺出版社出版了《天下粮仓》文学剧本，这些书在当时都产生了较大影响。山东文艺出版社于 1997 年出版了《车间主任》，成为当时颇具影响的"影视同期书"，当年销量达到 15 万册；2000 年出版《大法官》，2002 年出版《誓言无声》，2003 年出版《大染坊》，这几部书都被评为“全国优秀畅销书”。（参见秦艳华、路英勇：《“影视同期书”出版热的文化反思》，《中国出版》2006年第12期）

《长江文艺》第5期发表马竹的中篇小说《墙上的森林》，程天宝的中篇小说《失印》，丁丽英的短篇小说《游乐园》，董宏量的短篇小说《红鞋子》，中跃的短篇小说《快乐公主》，姜忠华的短篇小说《春种时节》，章德益的散文《城市笔记》，田方明的散文《漫步星空》，倪立秋的文章《审丑的小说——评晓苏的新著〈大学故事〉》，吴建波的文章《人与自然的现代史诗——谈李寿和的〈荆江分洪大特写〉》，黎山峣的《本然人性的艰难返归——评阎志长诗〈挽歌与纪念〉》，张钧的《走向自觉的精神哗变——关于“断裂”行为的思考笔记》。张钧的文章是对朱文和韩东等人“断裂”事件的思考。张对此持肯定态度，指出这一行为是一种文学的哗变，是一种精神的自觉，同时也是对个人化的写作立场和民间性的价值取向的捍卫。

《作家》第5期的“联网四重奏”专栏发表胡性能的《日常生活的景象》（三题）。同期，还发表了毕飞宇的短篇小说《怀念妹妹小青》，黄土路的短篇小说《小李下个月来看你》，钟鸣的组诗《彼得堡的黑太阳》。

《中华散文（找的故事）》第5期发表王英琦的散文《存在的天空充满阴霾》，叶文玲的散文《别人的文章》。

《散文》第5期发表柳萌的散文《灯火的记忆》，刘成章的散文《美丽山梁》，徐鲁的散文《百年苍茫（外一篇）》，徐知免的散文《回忆朱自清先生》。

2日，《新剧本》第3期发表沈虹光的话剧《幸福的日子》。

3日，《人民文学》第5期推出“怀念冰心特辑”，其中发表了张光年的文章《舍不得冰心大姐》，郭风的文章《高山仰止》，张洁的文章《乘风好去》，束沛德的文章《爱心连着童心》和唐达成的文章《通彻生命最深的秘密》。同期，“特别推荐”专栏发表铁凝的短篇小说《省长日记》，红柯的短篇小说《乔儿马》，程树榛的报告文学《回应人类的呼唤》；此外，还发表了戴来的中篇小说《一、二、一》，路也的中篇小说《饮食疗法》，罗鸣的短篇小说《中奖彩票》，马兰的短篇小说《窥视者》，苇岸的散文《1998·节气》，翟永明的散文《寻找兰姆》。

4 日，五四运动八十周年纪念大会在北京人民大会堂举行，国家领导人江泽民、李鹏、朱镕基、李瑞环、胡锦涛、李岚清等出席大会，胡锦涛发表了重要讲话，指出五四运动所具有的重要的意义和作用。

在北京西山大觉寺明慧茶院举行了“五四”前后十年文化思潮研讨会，与会者有季羡林、王元化、庞朴、汤一介、钱理群、陈平原、林毓生、周策纵等国内外人文社会科学专家、学者。

5 日，《大家》第 3 期的“凸凹文本”专栏发表赵玫的《欲望旅程》。同期，还发表了方方的中篇小说《在我的开始是我的结束》，宣儿的长篇小说《城市记忆》，朱文的中篇小说《看女人》，胡性能的中篇小说《谁是小杏》，苏童的短篇小说《你丈夫是干什么的》，焦洱的短篇小说《十二刀》，王干的批评文章《边缘与暧昧：诗性的剩余与溢涨——近年来文体实验研究报告之一》，张新颖的批评文章《浅显的想法》，杨少波的批评文章《何时我们才会有准确的表达——读〈旅馆〉的二十条札记》，昌切的批评文章《文化间际对话——卜松山眼里的他者》。

《芙蓉》第 3 期发表狗子的中篇小说《飞了》，继续连载李小山的长篇小说《新中国》（第一部）。同期，还发表了张承志的随笔《在中国信仰（外一篇）》。

《花城》第 3 期发表张梅的长篇小说《破碎》，林白的中篇小说《米缸》，陈智胜的中篇小说《晃来晃去》，李洱的短篇小说《堕胎记》，魏微的短篇小说《父亲来访》，杨牧之的《访英随笔二则》，陈家琪的散文《往事中的思想经历》，汪丁丁的随笔《莱茵河——欧游漫笔》，张钧的《知识分子的叙述空间与日常生活的诗性消解——李洱访谈录》。

《莽原》第3期的“跨文体写作专号”发表何士光的《找一张安详的面孔》，张闳的《淡蓝色的药片，或生与死》，敬文东的《城市的客人或主人》，游刃的《隐秘的对称》。同期，还发表了张宇的中篇小说《潘金莲》，祖先海的中篇小说《寻找马钢》，杜立新的长篇小说《空手道》。此外，“《莽原》周末”专栏还发表了耿占春、乌热尔图等的《关于翻译语体》；“作家沙龙”专栏还发表了谢玉好的《爱情风景》。

《山花》第5期“自由撰稿人”专栏发表林白的短篇小说《菠萝地》和散文《做一个快乐的自由人不容易》。同期，还发表了叶广芩的中篇小说《不知何事萦怀抱》，李治邦的短篇小说《背景音乐》，荆歌的短篇小说《鼠药》，何文的短篇小说《误入》，胡性能的短篇小说《来苏》。此外，“文体实验室”专栏还发表了狄马的《声音叙事》。

《小说月刊》第5、6期合刊发表肖仁福的长篇小说《柔软地带》。

6日，《当代小说》第5期发表肖班的《为时已晚》、李修文的《小东门的春天》（附创作谈《追忆逝水年华》）、冉正万的《乡村命案》、海力洪的《遗物》、刘玉栋的《酒水空间》、嫣红的《凶手》、老虎的《关于小海》、孙见的《喇叭》、关汝松的《城市寓言》、丁爱华的《回头》等短篇小说。

8日，中国驻贝尔格莱德使馆不幸成为美国在对科索沃的轰炸行动中的受害者。一架美国B－2轰炸机使用五枚精确制导炸弹轰炸了中国使馆，造成馆舍严重毁坏，20多名使馆工作人员受伤，新华社记者邵云环、光明日报记者许杏虎和朱颖不幸遇难。事件发生后，在世界范围引起轩然大波，更是激起了中国民众极大的愤慨。

10日，中国作家协会召集部分作家举行座谈会，对北约悍然轰炸中国大使馆表达了愤怒的声讨和强烈的谴责。《文艺报》第53期头版刊载《中国作家协会声明》，谴责以美国为首的北约轰炸中国驻南斯拉夫联盟大使馆的野蛮行径。

《北京文学》第5期发表巴金、张抗抗、夏中义、金辉等的《世纪留言》，邹静之的中篇小说《我家房后的月亮》，庄旭清的短篇小说《小说（外二篇）》（《老刘这个人可能不得好死》、《矿长是坐躺椅的胖子马东》、《老宋是这样被战败的》），和军校的短篇小说《战友啊战友》，张瀚墨的中篇小说《万泉河边的谋杀案》，费虹寰的短篇小说《前因后果》，寇挥的短篇小说《千草原野》。

《中国作家》第3期推出“民俗·风情专辑”，其中发表了肖克凡的《天津娃娃》、叶广芩的《醒也无聊》、何申的《热河大兵》、冯良的《小女》、邵振国的《塬上朝朝夕夕》、满都麦的《三重祈祷》、川妮的《平安夜》、葛均义的《九九重阳》等中篇小说。同期，还发表范曾的《梵高的坟茔》、朴康平的《真的听到了〈国际歌〉》（外一篇）、王肇英的《从此长大》等散文，孟可的《新柴达木手记》、廖达天的《赵志正：红旗漫卷中原》等报告文学。

《诗刊》第5期开辟为“纪念光辉的五四运动八十周年”专号。发表邹静之的《甘南小记——代编者按》，扎西才让的诗歌《哑冬》（包括《雪猎》、《哑冬》、《10月2日的日记》），唐亚琼的诗歌《巴掌上的爱》（包括《头发》、《拍拍身上的尘土》），臧棣的诗歌《在某种意义上》，毕东海的诗歌《遗憾》等。同期，还发表了王玉树的随笔《向老诗人鲁藜告别》等。

15日，《长城》第3期发表格非的短篇小说《苏醒》，阿成的短篇小说《天泰客栈》，田松林的短篇小说《蒲堂闲墨》，汤吉夫的短篇小说《小说二题》，于卓的中篇小说《九千万》，孙惠芬的中篇小说《在外》，张继的中篇小说《小营庄村的永明》，中跃的中篇小说《对天发誓》，孙越生的文章《历史的肖像》，柳萌的随笔《长城随想》。

《江南》第3期发表陈军的长篇小说《北大之父》，刘醒龙的中篇小说《棉花老马》，何也的中篇小说《在没有寻找和寻找的日子里》，程青的中篇小说《有雾小岛》，阿成的短篇小说《海市蜃楼》，刘嘉陵的短篇小说《关于花我们能说些什么》，王手的短篇小说《太平歌舞》以及残雪的文章《生命力爆发时的风景》。

《文学评论》第 3 期开辟“纪念五四运动八十周年”专栏。发表杨义的《“五四”运动与现代中国人文建设》。杨文分析了“五四”新文化运动的文化姿态、精神方式和思辨逻辑，探讨了作为新文化运动两大旗帜的民主与科学的观念与其倡导者之间的复杂关系，以及它对现代学术与文化精神建设所发生的错综影响。最后在此基础上对现代中国人文精神和人文学术体系的创造性建设进行了思索。发表王岳川的《中国九十年代话语转型的深层问题》。王文指出，90 年代的学术思想，在一些关键性范畴和话语上有一定程度的“转型”，从 80 年代对历史和传统的审视，进入到了对自我和自我时代的审视，并对产生这种“转型”的深层的社会文化原因进行了梳理和探讨。此外，还发表了於可训的《当代文学史的逻辑建构——兼评当代文学研究的一种思路》。针对当代文学研究中的用某些政治学的、文化学的、社会学的理念，或某个理想的文学时代的某种抽象的文学理想去嵌套切割文学现实，把文学现实变成了这些理念的奴仆这一问题，於文指出，应该看到当代文学内部已经发生了的变化的各种复杂关系以及其内在的联系，并在此基础上对当代文学进行有机的历史整合。於文提出应以“二项互补”（在当代文学内部运行的“政治的文学”和“人的文学”之间，应当建构一种互补关系，作为当代文学传承新变的一种基本的功能结构）和“两极互动”（在“政治的文学”和“人的文学”之间，应当建构起一种互动关系，作为当代文学发生发展的一个基本的动力结构）作为当代文学史的逻辑建构的基本原则。

16 日，《文汇报》发表了张炜的随笔《运河谈片》。

18 日，中国文联、中国剧协、中国话剧研究会、中央戏剧学院、中央实验话剧院、北京剧协等单位联合在京举办欧阳予倩诞辰 110 周年纪念大会。

《文艺报》第56期开设专版纪念文学巨人巴尔扎克诞辰200周年。

19日，新生代散文代表作家苇岸因肝癌医治无效逝世，享年39岁。苇岸(1960－1999)，北京昌平人，代表作有随笔集《大地上的事情》、《太阳升起以后》。其中《大地上的事情》在诗歌界与散文界产生了较为广泛的影响。王兆胜评价这本书说："这些由小片断组成的散文，更多的不是人声，而是天地自然的呢喃，是天籁之声。"诗人王家新这样评价苇岸的创作："苇岸是直接抵达了生命和创造本原的诗人……，他的语言目击了创造。"苇岸在回答《美文》杂志社"散文写作对您意味着什么"时说："我不大认同现代日益盛行的个体生活理性化，而对世界却采取非理性态度的做法（这种态度早已渗透到文学和艺术之中）。当人们每天对自己、亲人及朋友尽其应尽的责任时，世界也以同样的理由要求着它的每一个个体。作为一个散文作家，散文写作对我更多地意味着它是我对这个世界尽责的一种方式。""在物质/精神、技术/人文的文明冲突中，苇岸先生用他39年'厉行节俭，抑制贪欲'的俭朴、素食和'内心精神上提高'的自我完善的生命之旅，温和地表达了他对物质的实利主义、对人文环境及产品的技术化和商品化的拒斥与抵制；还用他对大自然心脏律动的倾听以及与大自然相亲相近的大地上的事情的书写，委婉地表示了他对工具理性和现代化负面影响的困惑、忧虑和不满。"（袁毅：《最后一棵会思想的芦苇——追忆苇岸先生》，《书屋》2001年第10期）苇岸"极具生态性的自然观与人生观在其《大地上的事情》中得到了集中的体现。他能够以其宽厚博爱的胸怀去感受自然、接纳众生，并站在自然的立场上批判现代化进程中的弊病，因而具有深厚的生态哲学思想。"（韦清琦：《生态意识的文学表述：苇岸论》，《南京师大学报》2005年第2期）

20日，1998年度中国电影华表奖颁奖典礼在京举行。张笑天（《世纪之梦》），张继、何庆魁、赵德平（《男妇女主任》）同获优秀编剧奖。获优秀故事片奖的有《春天的狂想》、《男妇女主任》、《世纪之梦》、《快乐老家》、

《一个都不能少》、《故园秋色》、《不见不散》、《龙飞凤舞》、《良心》、《上海纪事》。第三届夏衍电影文学奖同时颁奖：由黄丹、唐娄彝编剧的《我的一九一九》获一等奖；《李白》、《冰与火》、《国歌》获二等奖；《大战宁沪杭》等5部剧本获三等奖；《冰山之火》等3部剧本获评委会奖。

《钟山》第3期发表方方的长篇小说《乌泥湖年谱》，黄蓓佳的《玫瑰灰的毛衣》、郭平的《一个夜晚》、李逊的《在黑暗中狂奔》、张者的《毒药》等中篇小说，彭见明的《与蛇为邻》、中跃的《猴子观海》、黄立宇的《牛皮纸信封》、曹桥的《二小姐》、贾兴安的《还是没有意思》、薛媛媛的《德山大伯》、胡性能的《扑腾的鸟》等短篇小说，汪政的《命名和理想——新生代写作及其相关的理论问题》和吴义勤的《史诗的尴尬与技术的无奈——当前长篇小说质量问题的反思》等评论文章。

23－28日，为庆祝建国50周年和纪念“五四”运动80周年，文化部在京举办春华秋实——建国50周年全国艺术院校展演周活动。在戏剧专场中，上海戏剧学院演出话剧《家》、小剧场话剧《庄周试妻》；中央戏剧学院展演5个经典戏剧片段，分别是建国之初反映南京路上好八连事迹的《霓虹灯下的哨兵》，莎士比亚的喜剧《仲夏夜之梦》，欧阳予倩先生改编和执导的《桃花扇》，美国音乐剧《西区故事》和新时期中国戏剧代表作《桑树坪纪事》。

25日，《收获》第3期发表杨争光的长篇小说《越活越明白》（连载至第4期），祁智的中篇小说《陈宗辉的故事》，朱文颖的中篇小说《浮生》，张生的短篇小说《刽子手的自白》，王松的短篇小说《本色》，刘心武的短篇小说《民工老何》，冯骥才的散文《致大海——为冰心送行而作》，余华的随笔《否定》，谷野的散文《夜上海，由此开始：上海的宝善街时代》，黄裳的散文《上海的旧书铺》。

《当代作家评论》第3期发表于坚的文学谈话录《“抱着一块石头沉到底”》。

27日，由漓江出版社出版的张笑天的长篇小说《太平天国》的研讨会在北京召开。

28日，《剧本》第5期发表陈慧中的大型话剧《窗外有片红树林》。

28－6月1日，由电影局主办，中国电影集团公司中国儿童电影制片厂、中国儿童影视中心承办的第六届中国国际儿童电影节在京举行。电影节展映了14部中外优秀儿童故事片。

本月，宁夏作家协会第四次会员代表大会选举产生了宁夏作协新一届领导班子，张贤亮再次当选主席，张武被推举为名誉主席。

在内蒙古自治区文学艺术界联合会第五次代表大会上，阿云嘎当选自治区文联主席。

在云南人民出版社的精心策划和组织下，扎西达娃、阿来、范稳、曾哲、彭见明、江浩、龙冬七位作家从5月中旬到8月底将进行一次创作活动。他们在七条不同的进藏路上边走边拍边写，最后将出版一套“走进西藏”文化丛书。2000年1月，该丛书出版，包括：扎西达娃的《天边》，阿来的《永远的嘉绒》，范稳的《走廊》，曾哲的《喜马拉雅山南山经》，彭见明的《仰望高原》，江浩的《赛马节：男人与女人最靓丽的时刻》，龙冬的《新藏线上》。

《十月》第3期发表刘继安的中篇小说《夹缝》，储福金的中篇小说《平常人生》，母国政的中篇小说《羊耳镇》，程青的中篇小说《老乔的某年夏天》，鱼河的中篇小说《你去问马吧》和短篇小说《愚卿的故事》，华夏的短篇小说《王跃进的一生》以及陈东捷的评介文章《以文本的方式》。

《上海文学》第5期发表王安忆的小说《喜宴》、《开会》以及创作随笔《生活的形式》。在文章中，作者说自己写农村，其实写的就是农村生活的方式。这样一种生活方式呈现出的是审美的性质，上升的形式。同期，还发表了陈丹燕的小说《煤炉上的Toast》，艾伟的中篇小说《重案调查》，布衣的短篇小说《两个乞丐》，吴亮的批评文章《城市虚像》，罗岗的批评文章《谁之公共性》，季桂保的批评文章《传媒主宰下的神话》，残雪的随笔《通往梦幻之乡》。

《电影文学》第5期发表电影剧本《晚安，恋人们》，编剧韩志君。

作家扎拉嘎胡的长篇小说《黄金家族的毁灭》由上海文艺出版社出版。

“我们丛书”由广西民族出版社出版。分别收入了在文坛上颇为活跃的5位广西青年作家东西、鬼子、李冯、凡一平、海力洪的中短篇小说集《目光愈拉愈长》、《谁开的门》、《唐朝》、《浑身是戏》、《左和右》。

杨克主编的《90年代实力诗人诗选》，由漓江出版社出版。

六月

1日，《长江文艺》第6期发表方方的中篇小说《劫后三家人》，邓一光的短篇小说《飞翔》，裘山山的短篇小说《下午茶》，刘勇的短篇小说《一个保险小姐的一天》，冯慧的短篇小说《错位》，曹建勋的短篇小说《林林与安澜》，刘照如的短篇小说《新闻录像》，骆文的散文随笔《童心》，熊召政的散文《自古名山待圣人》，陈辽的文章《答“批评家档案”专栏三十三问》，刘岱、谢克强的文章《〈长江文艺〉50年大事记》。同期，“第三种写作”专栏还发表了刘照如的《新闻录像》。

《作家》开设“朱文颖短篇小辑”和“楚尘作品小辑”专栏，分别发表了朱文颖的《刀客》、《一个沙漠中的意大利人》和楚尘的短篇小说《迪迪之死》、《即兴四重奏》。

《中华散文（我的故事）》第6期发表冯骥才的散文《照透生命（外三章）》，陈平原的散文《乡间的野花——回忆我的中学生活》，陈水章的散文

《杯祸》，范曾的《警世钟——写在世纪末》，邹静之的散文《黑白剪辑》。

《散文》第6期发表卞毓方的散文《印度洋上》，孙远刚的散文《散文之河》。

2日，由百花洲文艺出版社、中国诗歌学会、中国作协创研部联合主办的李瑛长诗《我的中国》出版座谈会在北京举行。

3日，《人民文学》第6期发表李晶的中篇小说《自在飞花》，何玉茹的短篇小说《到群众中去》，王璞的短篇小说《跳房子》，冉平的短篇小说《毒药》，金瓯的《前面的路》，高晓声的散文《正欲洗手上岸时》。此外，"特别推荐"专栏还发表了鬼子的中篇小说《上午打瞌睡的女孩》，邵燕祥的诗歌《九十年代杂诗抄》，徐刚的纪实文学《长江传》选章。

4日，新闻出版署发布《国家电子出版物评奖办法》。指出，经中央宣传部批准，特设立国家电子出版物奖。该奖为全国电子出版物最高奖，评奖活动由新闻出版署主办。

5日，陕西省作家协会名誉主席、作家王汶石因病在西安逝世，享年78岁。胡采曾这样评价："汶石不但是一个善于讲故事、善于作精细描述的小说家，而且还是一位对我们的时代生活充满了内在激情的诗人。""王汶石的风格特点是：惯于作冷静的描述，他总是把自己的生活激情，灌注到对人物对情节的精雕细刻中去；他的冷静地描画和剖析的力量，时常使他的作品，更接近于戏剧；作品中的许多情节，带有引人入胜的戏剧冲突。他能够把严肃的思想主题，同充满生活情趣的描写相结合。在他的作品里，有激流，也有缓流，有严肃的思想斗争，也有令人笑出声来的幽默。汶石的艺术描写，给人以多样化的感觉。""王汶石的作品，含蓄，朴素，明快，在艺术表现上留有余地，给人的感觉，很像素描。也许正因为如此，所以，有些人读王汶石的作品，觉得颇为耐人寻味。"（胡采：《论王汶石的短篇小说——序〈风雪之夜〉》，《延河》1959年第9期）吴济时说，王汶石"在五十年代后期和六十年代初期，他的作品曾以能及时反映我国农村的现实生活，具有强烈的时代精神：以活生生的人物，生动风趣的情节，朴实优美的笔调，炽热向上的感情；以他质朴、明朗、峭拔、机趣的艺术风格，引起人们广泛的注意，获得了文艺界的高度评价。"（吴济时：《王汶石短篇小说的艺术特色》，《武汉大学学报》1980年第6期）

第八届中国电影"童牛奖"在福建长乐市揭晓。南京电影制片厂的《草房子》，福建电影制片厂的《男孩女孩》与北京电影制片厂的《疯狂的兔子》获得优秀故事片奖；中央新闻纪录电影制片厂的《山梁》获优秀纪录片奖；深圳电影制片厂的《花季·雨季》获"童牛奖"荣誉奖；北京电影制片厂的《开心哆拉咪》获儿童戏剧风格探索特别奖。儿童评委评选的"冰心杯奖"由《花季雨季》、《草房子》、《男孩女孩》获得。

杨晦先生诞辰100周年纪念会暨杨晦学术思想研讨会在北京大学举行。

我国首部以环保工作为题材的影片《零点行动》在京举行首映式。

《山花》第6期的"自由撰稿人"专栏发表丁丽英的小说《到滨江大道的草坪坐一坐》以及随笔《自由的代价——自由撰稿人的生活》。同期，还发表了邱华栋的短篇小说《豹子的花纹》和评论《在我们的时代里》，张永龙的中篇小说《逃离》，赵刚的短篇小说《电影消息》，廖增湖的短篇小说《鸟儿的鸣叫》，熊正良的短篇小说《我会杀人》，蔡翔的随笔《语词》，丁丽英的随笔《自由撰稿人的生活》。此外，"文体实验室"专栏发表了闻树国的《悼念上帝——〈圣经旧约〉批判》。

6日，中国解放区文学研究会第九届学术研讨会，在石油部门的协助下，于6日至8日在北京举行。与会者研讨了建国50年以来解放区文学研究的成果和经验，总结了解放区文学在20世纪中国现代文学发展过程中的地位、作用以及研究会成立以来的工作成绩和经验，还就中国解放区文学的研究工作在新世纪如何发挥其作用等问题进行了讨论。

《当代小说》第6期发表中跃的短篇小说《“北漂”故事》，雨浓的短篇小说《无雪的冬季》、《在风中飘逝》，罗望子的短篇小说《城市上空的扫帚》、《朱丽叶》和创作手记《为了澄清某个事实》，阎欣宁的短篇小说《火》，解永敏的短篇小说《死亡的姿势》，程先利的中篇小说《情殇》，王馥莉的短篇小说《秋风吹起的那个早上》，张达的评论文章《论现实主义文学的当代转变》（“纪念建国50周年特稿”）。张文指出，现实主义的文学创作到了80年代后期才发生了性质上的转变，表现为创作实践从以理性为支点走向了以感性为支点，从思想内涵走向了感受性内涵。

7日，中央实验话剧院在京青艺小剧场上演话剧《恋爱的犀牛》。编剧廖一梅，导演孟京辉。《恋爱的犀牛》大获成功，引起社会各界以及评论界的广泛重视。刘平说：“孟京辉是一个很有个性的导演，其艺术创造具有先锋性和前卫性。他的导演风格，常常是从追求形式感出发，以形式裹挟内容，在舞台上展现一种形式美。并在关注社会现实的过程中与时代保持着一种距离，用反讽、黑色幽默和激烈的手法，在戏中体现出一种诗情和激情，表现出一种反抗，使作品产生一种具有爆发力的‘狠’劲儿，吸引观众来参与。《恋爱的犀牛》的演出就体现着他的这种艺术风格，整个演出集戏剧、音乐为一体，强烈的形式感，夸张的表演，幽默、戏谑的语言，既是前卫的，又是现实的。作曲家张广天写的几首歌，既加强了该剧的音乐性和节奏感，也有助于故事的表达，渲染了剧中的情景，感染着观众去思考并产生共鸣。这样，原本一个普通的故事便具有了吸引观众的艺术感染力。”（刘平：《实验戏剧应该有自己的探索方向——从〈恋爱的犀牛〉看实验戏剧的创作》，《戏剧文学》2000年第3期）此外，6月12日《文艺报》第67期也发表了关于《恋爱的犀牛》的评论文章：《在网络时代爱的迷失——现代音乐戏剧〈恋爱的犀牛〉》，作者方小黑。

8日，《文艺报》第65期开专版纪念普希金诞辰200周年。

9－10 日，跨世纪台港澳暨海外华文文学研讨会在福建召开。

10 日，《北京文学》第 6 期发表丛维熙、叶永烈、叶辛、华君武、刘心武、余华、季羡林、邱华栋、陈超张、岱年、钟敬文、莫言、黄梵的《世纪留言》，张弛的中篇小说《邓朝彩行状录》，韩东的中篇小说《古杰明传》，宣儿的中篇小说《逆转》，王安忆的短篇小说《青年突击队》，楚尘的短篇小说《路过黄村》，张者的短篇小说《数字化时代的爱情》，朱文颖的短篇小说《阿三与猫》。

《诗刊》第 6 期发表李亚伟的诗歌《生活》、《女友》，湘竹的组诗《三少女颂歌》等。

10－13 日，四川大学外国语学院和中央戏剧学院在四川大学联合举办第 8 届全国尤金·奥尼尔学术研讨会。此次研讨会的主题是“世纪之交看奥尼尔”。会议期间，成都市川剧院三团演出了根据奥尼尔剧作《榆树下的欲望》改编的川剧《欲海狂潮》。

12 日，中央实验话剧院在京演出话剧《生死场》。编剧、导演田沁鑫。剧本发表在《新剧本》第 6 期上。钱理群说：“看了《生死场》，我真切感受到剧作者继承了萧红对普通人生存状态的关注，体现出萧红作品，或者说这类作品的大气磅礴的品格。这出戏不仅从剧作上讲优秀，对文学界如何认识一些作家和文学现象也有启示。”（钱理群：《关于话剧〈生死场〉》，《剧本》2000 年第 2 期）

15 日，王蒙、张承志、刘震云、张洁、张抗抗、毕淑敏等六位作家状告世纪互联通讯技术有限公司侵犯著作权。六位原告指出被告未经原告授权许可，擅自在其网站上登载原告享有完全著作权的作品。9 月 18 日，北京海淀区人民法院判决世纪互联通讯技术有限公司败诉。

新闻出版署作出决定，成立“全国古籍整理出版规划领导小组”。于友先任组长。

新闻出版署发布《关于重申出版鲁迅著作有关规定的通知》。重申凡涉及出版鲁迅的全集、文集和书稿，出版之前需专题报批；《鲁迅全集》的编辑出版工作仍由人民文学出版社承担。2004 年 6 月 18 日，该文件被新闻出版总署令第 25 号《新闻出版总署废止第二批规章、规范性文件的决定》废止。

《上海戏剧》第 6 期发表陆军的小剧场话剧《夏天的记忆》。

20 日，《当代》创刊 20 周年。第 3 期发表创刊小辑“《当代》往事”。同期发表刘岸的中篇小说《天鹅湖传说》，查舜的中篇小说《风流云散》，夏真的短篇小说《风波》，唐达成的随笔《漫忆汪老》，何启治的随笔《陈忠实和他的〈白鹿原〉》，陈超的随笔《一代人与写作》，马丽华的报告文学《地球上的最后秘境——雅鲁藏布大峡谷》，蔡葵的评论文章《历史·命运·人性——〈第二十幕〉和周大新的艺术世界》，杨子彦的评论文章《重构新的艺术世界——读海城〈新西游记〉》。

22 日，《文艺报》第 71 期发表丁关根关于《创作更多优秀作品迎接建国 50 周年》的文章，高洪波的诗歌《有这样一个人——为〈我的中国〉致李瑛先生》。同期，还发表了林莽悼念苇岸的文章《告别苇岸》。

25 日，《文汇报》发表梁晓声的文章《写给九十年代的儿女们》。

26 日，美学家蒋孔阳在上海逝世，享年 77 岁。《文学报》7 月 1 日刊发朱立元的《先生，中国美学界铭记您》、徐俊西的《真理占有我——悼念孔阳先生》、吴中杰的《审美人生》、蒋年的《爸爸永远和我们在一起》以及蒋红的《我回来了，爸爸却走了……》等悼念文章。其中朱立元说：蒋孔阳先生“在西方美学史的研究方面具有开创性”，“对中国古典美学的研究也具有开拓性”，“对当代中国美学的最大贡献，……是在美学理论的建设方面。”曾繁仁认为：“蒋孔阳先生在马克思主义实践论基础上，运用综合比较的方法，以人与现实的审美关系为逻辑起点，所建立起来的融汇中西、贯串古今、囊括史论的‘审美关系论美学’，在美的本质、美学规律、美感特征、审美范畴、中西艺术等一系列问题上完成了卓越的理论建树，显示出开阔的理论视野和巨大的学术包容能力，对总结20世纪、面向21世纪的中国美学具有方向性的指导意义。”（曾繁仁：《蒋孔阳美学思想评述》，《文史哲》2000年第5期）

由山西省文联、山西省作协等单位联合举办的“张平作品研讨会暨《十面埋伏》首发式”在太原举行。

26－28日，由北京语言文化大学、挪威奥斯陆大学与中国艺术研究院等单位共同主办的“易卜生与现代性：易卜生与中国”国际研讨会在京举行。讨论的议题包括易卜生与欧洲现代主义文学运动、易卜生的戏剧在后现代社会的接受、易卜生对中国现代戏剧艺术的影响、易卜生研究在西方的新发展、易卜生研究在中国、易卜生与中国剧作家比较研究、易卜生的剧作在中国戏剧舞台上的演出、易卜生剧作的翻译问题以及易卜生后期剧作新探等。会议综述见《文艺研究》1999年第6期徐燕红的文章《“易卜生与现代性：易卜生与中国”国际研讨会综述》。

28日，《王朝闻集》出版暨王朝闻从事学术活动70周年座谈会在京召开。

《剧本》第6期发表永涓、田牛、在呈、乃芬的儿童剧《小宝贝儿》。

本月，出现了关于作家浩然的一场争议。其导火索是《环球时报》1998年9月20日发表的关于浩然的访谈《浩然要把自己说清楚》。此文披露了浩然的三个观点：1. 迄今为止，“我还从未为以前的作品（《艳阳天》、《金光大道》、《西沙儿女》）后悔；相反，我为它骄傲。我最喜欢《金光大道》。”2. “我认为我在‘文革’期间，我对社会、对人民是有贡献的。”3. “我想我是一个奇迹，亘古未出现过的奇迹。这个奇迹的创造者是中国农民——我从一个只读过3年小学的农民成为名正言顺的作家，在中国历史上是没有出现过的。”此文刊登后，1998年12月，冯骥才主编的《文学自由谈》在第6期发表了焦国标批评浩然的杂文《你应该写的是忏悔录》，12 月 23 日北京《新闻出版报》发表了吴跃农的杂文《不和谐的杂音》，1999 年 4 月 3 日天津《今晚报》副刊发表了章明的杂文《浩然的确是个“奇迹”》。6 月 30 日《羊城晚报》发表了朱健国的《“争议浩然”再起波澜》对此前这些文章加以综述，将争议的焦点总结为以下几点：“浩然应不应为‘文革’中受‘四人帮’之宠后悔？浩然是不是一个中国农民的奇迹？浩然在 1989 年秋复出后，为何愈来愈狂妄？浩然到底是有贡献的农民作家，还是有过的‘文革’帮闲？浩然声称手中保存了 100 多个作家托他转给江青的信，到底是‘对江青的效忠信’，还是申冤信？”不久，红孩在《作品与争鸣》1999 年第 11 期撰文反驳，文章名为《遭遇“流氓”——兼谈我对〈“争议浩然”再起波澜〉一文的看法》。2000 年 2 月 12 日，《文艺报》刊载《浩然，是非让人评说》，集中梳理了自 1998 年 9 月 20 日《环球时报》发表《浩然：要把自己说清楚》的文章以来，文化思想界对之发表的文章观点。2000 年 2 月 17 日，《作品与争鸣》第 2 期刊发了方野的《批评应实事求是——就评价浩然与章明同志商榷》，对章明发表于《南方日报》的《浩然的确是个“奇迹”》中的观点进行了批驳。

浙江省作协、浙江文艺出版社在杭州联合召开《陈学昭文集》研讨会，与会者讨论研究了陈学昭的文学创作成就，充分肯定了她在浙江乃至全国现当代文学史上的重要地位。

由辽宁省社科院文学所、东宇集团图书公司联合主办的刘兆林文学创作研讨会在沈阳市举行，与会者就作者的创作成就、艺术风格等问题展开了讨论。

北京大学世界传记中心、中外传记文学研究会等单位在京联合召开首届传记文学国际研讨会。

《当代》杂志创刊 20 周年之际，《当代》杂志举办两项文学评奖活动：一为：“焦作化电”杯《当代》文学奖日前揭晓，评出了 1998 年该刊发表的

8篇优秀作品，其中主要有：中篇小说：池莉的《致无尽岁月》，王跃文的《夏秋冬》，何申的《乡村英雄》，王世春的《春忙·春茫》；短篇小说：王蒙的《枫叶》，谢萌的《黄站》；杂文：李国文《嘴巴的功能》；报告文学：陈桂棣，春桃的《民间包公》。二为“双轮”杯报告文学奖，该奖评出了三年来刊登发表的优秀报告文学5篇，分别为：陈桂棣、春桃的《淮河的警告》，王家达的《敦煌之恋》，点点的《点点记忆》，杨镰的《最后的罗布人》和戴煌的《九死一生》。

《上海文学》第6期发表丁天的中篇小说《青春勿语》，潘向黎的中篇小说《牵挂玉米》，逸晴的中篇小说《广州气质》，董懿娜的短篇小说《弦月》，郝炜的短篇小说《气味》。

《文学报》月末版开专版讨论“作家当院长教授好吗?”陈思和、叶兆言等发表了相关言论。“都市小说”专栏发表了魏微的短篇小说《情感一种》；“流行部落”专栏发表了蔡鸿君的短篇小说《一个桀骜不驯的女人》；同期，还发表了林希的短篇小说《珍藏一片痴心》，邓一光的短篇小说《以车换马》。

《诗探索》第2辑发表王光明的《个体承担的诗歌》，陈仲义的《日常主义诗歌——论90年代先锋诗歌走势》，孙文波的《我理解的90年代：个人写作、叙事及其他》以及王家新、西渡、徐江等参与诗歌论争的文章。

《电影文学》第6期发表电影剧本《冰与火》(上)，编剧康雯丽；《园园的花足球》，编剧肖尹宽。

中国青年艺术剧院在京演出《在这个家庭里》。编剧杨利民，导演林荫宇。剧本发表在《新剧本》第5期。

西川诗集《西川的诗》，由人民文学出版社出版。该诗集系“蓝星诗库”之一种，共收录作者的100余首诗歌作品。

“中国民间文化探索丛书”，由北京师范大学出版社出版。其中包括钟敬文的《中国民间文学讲演集》、许钰的《口承故事论》、赵世瑜的《眼光向下的革命》、杨利慧的《女娲溯源：女娲信仰起源地的再推测》。

潜明滋的《中国神源》，由重庆出版社出版。

七月

1 日，《长江文艺》第 7 期发表石钟山的中篇小说《角儿》，朱文颖的短篇小说《卑贱的血统》及林舟的评论《无可替代的故事》。林舟认为朱文颖的作品中“透露着某种焦虑和不安——当我们抓住什么的时候我们开始怀疑这是否是我们要抓住的东西，甚至怀疑究竟有没有这种东西。我以为这才是孤独的言说的最后的旨趣，同时它又是叙述的最初的理由：显然这是一种缠绕的状态，也是一种真实的状态。在朱文颖这里，它自然地显现着写作与个体生命存在的最本质的联系——写作是源于孤独、体验孤独和摆脱孤独。由此我们可以感受到朱文颖小说叙事的某种隐忍于深处的尖锐，或许它在朱文颖小说中一直存在着，而到了《卑贱的血统》这里越发突现出来了。”

《作家》第 7 期开始连载潘军的长篇小说《独白与手势》，至第 12 期止。发表朱辉的短篇小说《驴皮记》，李修文的短篇小说《不恰当关系》及创作谈《国家和我》，方方的随笔《一个房间的小木屋》，王朔、刘震云、邱华栋、张英的对话录《从〈看上去很美〉谈起》。这篇对话录主要关注的是王朔新作《看上去很美》语言风格的变化，张英谈到“为什么会放弃原来语言的优点比如讽刺和调侃”的问题，对此王朔回答：“我很想给自己一个变化，如果没有新东西，我自己也觉得没有意思，更没有想到要和过去有什么区别。一个小说有一个小说的路子，就像每一个人的相貌都不会相同一样，好不容易找到了，就顺手写了。一想就是很长的一本书，把既有的写作风格和写作习惯都破一下，不再理会篇幅、故事情节、叙述节奏，彻底自由，随心所欲真实一把。哪怕时时中断、处处矛盾，都不管了。只设一个主人公，那就是我自己，其他人招之即来，挥之即去，不给他们任何超过生活真实的机会，不使这整部小说越看越像个故事。总之，是个放开手脚、毕其功于一役的意思。语言的特点是因人而异的，《顽主》的语言用在这部小说里就不合适。”同期发表吴俊文章《民间性的传统》，文章认为“所谓文学的民间性价值立场，简单地说，它首先是非正统的，即其价值观念并不以正统的（政治）意识形态为指向或归宿，而主要在于表现民间世俗生活的思想和感情的丰富形态。因此其次，它也是非意识形态化的，即其不具有自觉的意识形态动机或目的，或者至少是并不以之为文学表现的先决条件或前提。再次，它是非主流的，即其不属于任何居于主流地位的文学史谱系中，主要是民间（知识者）而非正统士大夫的文学形式创作，例如，戏曲、小说之类，多由落第、不仕或退隐的文人所创作，它（他）们往往并不包括在主流文学史或经典文学传统之中，而体现为民间的文学形式。这也可以说它是非古典和经院化的，即其价值取向在于世俗性的通俗化和平民性的大众化，反映了最广大的民间社会的普遍倾向。最后，它是非功利性的，即在政治、文化和生活的各种层面上，它不需要有实际的名利目标为创作的主要条件，所以作者往往在社会上和历史上佚名，而作品的流变也比较复杂，不易考定”，“经历了‘五四’、‘文革’和80年代，直到世纪末的90年代，文学的民间性价值立场的形成、失落和重建过程，颇有些类似于哲学上的正、反、合过程。重建的过程虽然刚刚开始，但新文学的这一传统将因之走向新世纪。”

《小说月报》第7期发表张卫明的中篇小说《城门》（选自《解放军文艺》1999年第5期），叶广芩的中篇小说《醒也无聊》（选自《中国作家》1999年第3期），孙少山的中篇小说《向岭道班》（选自《湖南文学》1999年第5期），聂鑫森的短篇小说《万笋楼》（选自《芳草》1999年第5期），贾兴安的短篇小说《景物与一些人》（选自《青春》1999年第5期），刘嘉俊的短篇小说《物理班》，方方的创作谈《一个人怎样生活需要问为什么》，张卫明的创作谈《检讨书》。

由林兆华执导的话剧《棋人》在日本新国立剧场上演。全剧均由日本话剧演员表演。这是中日两国话剧界首次联手将中国话剧搬上日本舞台。

《文学报》刊登特稿《纪念蒋孔阳先生》；同期刊登文章《瞄准新市场，开拓新空间》，介绍《芙蓉》改版后发行量显著增加；《一稿多投：你赞同吗?》介绍随着媒体快速发展，文坛克隆现象愈演愈烈。有关人士呼吁应尽早制定相应的法律条文以保障多数人的利益。

《文论报》上发表臧棣的文章《诗歌：作为一种特殊的知识》。这是"知识分子写作"与"民间写作"论战中的一篇重要文章。臧棣指出："80年代以来，在诗歌领域，丑化成为一种文学行动，一直就没有中断过它的表演……现在，以'知识分子写作'为对象的新一轮丑化行为出现了……"臧棣认为，"80年代后期以来的中国先锋诗人，已普遍将诗歌的日常性视为一个非常重要的诗歌资源"，这"显然是热衷于诗歌政治的谢有顺和沈奇所不愿看到的，或者说没有能力看到的。"而他们"'近乎文学诽谤'的行为是将'知识分子写作'与'知识/知识话语'等同起来"，作者称"我本人致力于倡导诗歌的非知识化"，"这主要使诗歌摆脱对现代知识的依附状态，其目的是捍卫想象力对存在的描绘与解释"。

2日，《新剧本》第4期发表李龙云的话剧《正红旗下》以及创作谈《浅谈〈正红旗下〉的改编》。

3日，《人民文学》第7期发表阿宁的中篇小说《无根令》，李大卫的中篇小说《地震中的手提琴》，范小青的短篇小说《平安夜》。

5日，《大家》第4期发表残雪的中篇小说《神秘列车之旅》，朱文的中篇小说《小谢啊小谢》，刘燕燕的中篇小说《阴柔之花》，苏童的短篇小说

《新时代的白雪公主》，王家新的诗论《知识分子写作或曰“献给无限的少数人”》，李洱的“凸凹文本”作品《遗忘》及张闳、陈晓明、洪治纲、汪政对其解读与评论的文章。

《山花》第7期发表艾伟的中篇小说《标本》，朱辉的短篇小说《红花地》，赵毅衡的短篇小说《绛衣人》，朱文的短篇小说《人民到底需不需要桑拿》及《答贺绍俊先生九问》，西渡的文章《对于坚几个诗学命题的质疑》，李冯、林白、沈东子的《〈'98新诗年鉴〉三人谈》。

《芙蓉》1999年第4期开始推出“重塑‘70后’”专栏，本期发表陈卫的《你是野兽》，棉棉的《一个病人》等10篇小说，以及李安、林舟的评论文章《重塑“七十年代以后”》、《别样的写作》。《重塑“七十年代以后”》指出：文坛推出的“七十年代以后”使这一命名有两大特点：“女作家的数量远远大于男性作家，女作家的数量更是多得惊人”；“以一些女作家为主的‘时尚女性文学’严重遮蔽了‘七十年代以后’创造、真实、艺术和美的文学创作。”因此，重塑“七十年代以后”代表着“创造、艺术、真实、自由、思想和美的文学创作，以及独立的精神世界和深刻美好、触动我们心灵的文学理想的追求，应该成为我们苛求‘七十年代以后’写作的主要原则”；“我们盼望中国文学深层意义上的独立。我们渴盼中国文学从此逐步脱离政治、改良、社教、道德、宗教、文化、功利野心以及时尚的左右，首先回到文学本体的建设”；“我们盼望通过此次行动，集中而健康地体现‘七十年代以后’不为时尚左右的真正文学创作的真实面貌。”

《花城》第4期发表罗望子的长篇小说《暧昧》及张钧对他的访谈录《寓言化叙事中的语词王国》，潘军的中篇小说《秋声赋》，王彪的中篇小说《无比幸福》，艾伟的短篇小说《乡村公园》，史铁生的散文《病隙碎笔》，吴炫的文章《当代现实的问题及其美学期待》。

《莽原》第4期发表何士光的“跨文体写作”《人世是一处客栈》，鲁雁的长篇小说《最后的庄稼》，陈家桥的中篇小说《阴谋》，王家新的文章《〈回答〉的写作及其他》，李大卫等的文章《传统与语言》。

6 日，高晓声逝世，享年 71 岁。作为一个乡土小说作家，高晓声是与农民水乳交融的。其“小说完美地担承农业人生在中国当代的郑重叙事，远接五四乡土表达余响，整合改革小说、反思小说的最新进展，以深沉的问题意识和无限的悲悯情怀，借人物在现代城市文明中的遇挫与慌张，布展农民文化命运的种种真相，是当代社会变迁和个人生活秘史的双重写真，是新启蒙思想的快意陈说，是汉语诗意书写走向新高的雄辩铁证。”（林超然：《通往城市的路依然遥远——重读高晓声〈陈奂生上城〉》，《名作欣赏》2008 年第 19 期）。“如果说他的社会问题小说，还拘泥在‘十七年’小说层面上的话，那么他的文化心理小说，则实现了对既往乡村小说的全方位超越。‘陈奂生系列’的着力点在人物的文化心理上，但作家却没有放弃小说的故事性。每篇都有一个完整、巧妙的故事情节，且故事的开端总是出人意料，心理与故事水乳交融，具有鲜明的中国小说传统。高晓声的叙事语言感情丰沛、众声喧哗，别具一格，但在他的文化心理小说中，又可以强烈感受到一个民间说书人的声音，声情并茂、抑扬顿挫，眼观天下、而心距离农民很近，形成了一种质朴、幽默、苦涩的主旋律。文本的故事性和叙事的说书体，体现出来的是一种浓郁的民族风格和韵味。使它走进了农民读者，也走进了各种各样的读者，达到了雅俗共赏的境界。”（段崇轩：《在精英、农民与智者之间——高晓声小说创作论》，《文学评论》2007 年第 5 期）同时高晓声的创作又和他的题材保持着距离，坚持着内心的主观情感。“文学的域土是辽阔的，高晓声拥有的只是一方天地，他在这个天地的经营中左右逢源，游刃有余，在当代，很少有作家能够像他这样对农民有那么充分的熟知和透彻的理解，也很少有作家像他这样厮守于自己的一方天地。”但“事实上，‘农民作家’高晓声写农民，我们的诸多感受中恰恰就突现着一种‘距离感’，不只显在于‘思想'，又分明贯穿于'艺术'。只要认真品味过高晓声作品的叙述和语言，便很可以于此多所领略。（黄毓璜：《高晓声的小说世界》，《当代作家评论》2001 年第 6 期）高晓声的创作对于当代文学的发展依然有着深远的借鉴和指导意义。李徽昭在《高晓声的当下意义》（《理论与创作》2008 年第 5 期）中指出：高晓声对于乡土社会及其文化有过深刻的发现与表达，这使得高晓声的乡土意识呈现为：由底层民众意识与精英意识纠结合成的自我意识、深刻的哲学意识。这其中突出体现了高晓声乡土意识价值的是底层民众意识、自我意识、批判意识、哲学意识，高晓声的这些乡土意识包含着诸多值得肯定的内容，对当下文学现状有着较多值得深思的意义。"韩东则认为："高晓声的东西不时髦，但肯定能留下来。怎么留下来？这也许是我个人的一厢情愿吧。我有一个想法，一个作家怎么留下来？怎么能不朽？不是说他的书一百年以后还有人看。一百年以后还有人看的也只有《红楼梦》，寥寥无几。而是，你必须活在后辈作家那里。如果有一个后来的作家读到高晓声，觉得特别好，从中汲取了营养，而这个作家又很有出息，他会说到高晓声，承认这个师承关系，并且在他的东西里面有高晓声的影子。我觉得这是可能的，绝对可能的。"（李徽昭：《从乡土小说与高晓声谈起——访谈韩东》，《当代文坛》2008 年第 1 期）

《当代小说》第 7 期发表陈家桥的中篇小说《被捕》及创作谈《我的小说宣言》。

新闻出版署发布《报刊刊载虚假、失实报道处理办法》。指出，报刊不得刊载虚假、失实的报道和纪实作品；刊载虚假、失实报道和纪实作品，有关出版单位应当在其出版的报纸、期刊上进行公开更正，消除影响；致使公民、法人或其他组织的合法权益受到侵害的，有关出版单位应当依法承担民事责任，新闻出版署或者所在地省、自治区、直辖市新闻出版局可视情节轻重，给予警告或 10000 元以下罚款的行政处罚。

10日，《北京文学》第7期发表李治邦的中篇小说《随风起舞》，裘山山的短篇小说《父亲》，李肇政的短篇小说《供楼》，刘宏伟的短篇小说《乔装侦察》，赵刚的短篇小说《时间追击》，张英对张洁的访谈录《真诚的言说》，并发表张清华的《一次真正的诗歌对话与交锋》，唐晓渡的《致谢有顺君的公开信》，谢有顺的《谁在伤害真正的诗歌》，西川的《思考比谩骂更重要》、韩东的《附庸风雅的时代》等文和陈超、李志清的《问与答：对几个常识问题的看法》等涉及"盘峰论争"的文章，意见出现较大分歧。

《中国作家》第4期推出长篇小说特辑，刊登李佩甫的长篇小说《羊的门》。关于这部作品，《莽原》第6期发表何弘的文章《众说纷纭〈羊的门〉》。孙荪在文章中说，《羊的门》以出色的文学表现，让我们看到了这样的人物在平原大地上活生生的生长过程。何弘说，从呼家堡这个小小的村子中看到了整个中国和它的历史。墨白说，呼天成是一个由儒家文化和道家哲学修炼而成的精灵，他吃透了我们这个民族崇尚皇权和奴性十足的本质，他是呼家堡人和与他有着切肤关系的人们的精神教父。张宇说，只有东方文化、平原之地才能诞生呼天成这么一个人物，他因此才具有独特丰富的艺术魅力。陈继会说，呼天成是一个"东方教会"式的人物，封建主义、共产主义、父道、新教思想集中体现在了他的身上。李静宜认为，这部作品对于当代文学的意义，也许正在它展现了一个农民如呼天成这样一种非同寻常的生存境界。何向阳认为，在"阿Q——呼伯"系列的国民劣根性批判中，这部作品不但与中国现代文学史中一贯的批判精神有着接通，而且与文学思想中的人道主义传统一脉相承。李洱认为，呼天成是二十世纪中国最具本土性的人物。王鸿生、曲春景则从叙事学的角度进行了分析，王鸿生认为从总体上看，《羊的门》的确攀上了本世纪中国乡土文学的高峰，它既是集成性的，也是开创性的。曲春景认为，作品的力量得益于作家的才华和他深厚的叙事能力。田中禾认为，《羊的门》在现实主义与现代审美的融合上达到了一个新的层次，在对中国当代生活的透视和对中原文化与历史的概括和把握上，达到了一个新的高度。2000 年 1 月 20 日《小说评论》刊发对李佩甫的长篇小说《羊的门》的评论小辑，理论文章有：丁增武的《“批评的恢复”——析〈羊的门〉的主题意象》、黄书泉的《长篇小说阅读札记》、李伯勇的《“村妇性生存”的全息裸示——〈羊的门〉阅读笔记》。2000 年 5 月 25 日，《当代作家评论》刊发“《羊的门》评论小辑”，文章有：张宇的《打开〈羊的门〉》、曲春景的《权力文化的叙述结构》、刘思谦的《卡里斯马型人物与女性——〈羊的门〉及其他》。该长篇小说后由华夏出版社出版。

13 日，中国文联诞生 50 周年纪念大会在人民大会堂举行。老中青三代文艺家和首都艺术界知名人士出席，中宣部部长丁关根转达他对中国文联的祝贺，中国文联党组书记高占祥在会上发言。

四川《读者报》同时发表了于坚的《真相大白》和王家新对于坚等人进行质疑的文章《诗人何为》。随后，北京《科学时报・今日生活观察》7 月 31 日专版刊出唐晓渡的《我看到……》、王家新的《也谈“真相”》、孙文波的《事实必须澄清》、蒋浩的《民间诗歌的神话》、陈均的《于坚愚谁》等“诗歌论争”文章。

15 日，《长城》第 4 期发表何申的中篇小说《热河鸟人》，陈家桥的中篇小说《幻觉》，原非的中篇小说《春困》，金仁顺的短篇小说《啊朋友，再见》，蔡楠的短篇小说《夏天就像夏天一样炎热》，张清华、佘艳春的文章《批评为何速朽——当下文学批评片议》。

《江南》第 4 期发表陶纯的中篇小说《埋葬》，艾伟的中篇小说《1958 年的堂・吉诃德》，戴来的中篇小说《消化》，王干的短篇小说《记忆北京》，章轲的短篇小说《思想者的公园》，金庆伟的短篇小说《往事像水一样流》。

《文学评论》第 4 期发表谢冕文章《文学的纪念（1949 - 1999）》，指出中国当代文学直接承继了近代以来文学强国新民的传统。抗日战争以来，把文学发展的基点放置于广大农村，则是社会情势之必然。在工农兵方向指引下，当代文学向现代文学的积存提供了一批具有经典意义的作品；同时对作家创作个性和不同风格的排斥，也造成一种濒临绝境的贫乏。新时期文学改变了已往单一的流向，但又面临市场经济状态下，一些作品中意义被消解，审美功能被忽视的挑战。中国作家天生地要承受时代的重压，把这种“重”用各自的方式表现出来，是作家不可推卸的历史责任。

《南方文坛》第4期全文登载《关于今日批评的答问》。“批评缺席”是这些年流行的一种说法，表达了人们对批评现状的不满。为了严肃探讨批评现状到底如何，批评目前处于何种位置，《南方文坛》组织了这次关于今日批评的答问，中心围绕以下四方面问题进行：1. 为什么当下的文学批评逐步转向文化批评？文学还能否回到文学？2. 当下文艺如何体现批评的功能？“批评缺席”了吗？3. 个人化和个人话语给当下文学带来什么样的变化？4. 为什么一些文学刊物大幅度向思想文化倾斜？坚守文艺批评阵地的《南方文坛》最需要坚守的是什么？文学批评家吴义勤、张新颖、王彬彬、谢冕、童庆炳、南帆、谢有顺、王一川、邵建、施战军、白烨、贺绍俊、雷达、马相武、黄伟林、洪治纲、陈晓明、王晓明、陈思和、孟繁华的回答表达了其对批评现状及前景的思考，也体现出一种确凿的姿态：对于文学批评，批评家一直在场。

17日，首届中国西部文学期刊主编年会在昆明召开。本届中国西部文学期刊主编年会由贾平凹倡议，《滇池》编辑部主办，年会旨在讨论世纪之交中国文学期刊前景，互通信息，拓展思路，比较各刊策略得失，以探求新的生存与发展之路。昆明市文联《滇池》、云南省作协《边疆文学》、云南人民出版社《大家》、宁夏《朔方》、陕西《美文》、四川《青年作家》、四川《星星诗刊》、重庆《红岩》、北京《当代》、天津《小说月报》、广东《花城》编辑部的主编、副主编和编辑到会。

20日，《钟山》第4期发表方方的长篇小说《乌泥湖年谱》，苏童的中篇小说《驯子记》，邓一光的中篇小说《扬起扬落》，李修文的中篇小说《解放》，残雪的短篇小说《绿毛龟》，朱辉的短篇小说《热吻不留痕》，杨剑龙的文章《独立人格的追求与文学创作的个性》，何言宏的文章《全球化时代的中国启蒙》，南帆文章《人物观念的理论跨度》。

《文艺报》刊登郭宝亮的文章《跨文体写作：文学的贫困与表达》，此后11月16日《文艺报》上刊登王侃的文章《尴尬的“跨文体写作”》，《文学世界》第4期刊登李振声、张新颖的文章《跨文体写作：对文学整体说话》与《质疑“跨文体”写作》。这些文章以1999年文学集体性的“跨文体”写作（《大家》的“凸凹文本”、《花城》的“实验文本”，以及其他一些文学期刊直接冠用的“跨文体写作”）为例，提出对这种现象的质疑与思考。郭文认为，“跨文体写作”并不能成为医治目下文学创作普遍疲软的良药，也无法彻底扭转文学内在意蕴贫困的局面，恰恰相反，这一口号是文学贫困的一种表达，是刊物与作家共同逃离生存窘境的一次共谋。批评家的命名与刊物的奖掖，使本来在文学内部悄悄进行的正常的问题互动，顷刻变得热闹起来，争先恐后的命名行为，是无力把握现状的恐惧心理的一种表征。其实真正优秀的文学并不在乎喊个什么口号、打个什么招牌。王侃认为，“跨文体写作”与杂志和媒体的促成密切相关，是一次精心策划的文学行动，带有明显的广告意味。尽管其目的是为了刺激文学已然麻木委顿的神经，但从文学自律的角度看，基本还是一种外力作用下的勉强行为，就目前作品而言，鱼龙混杂，总体水平低下。李文与张文也认为，任何一种对题材的跨越，都必须是出自文学或文本的内在需要，如果作者不是为了把人从文体那里引开，而是相反，意欲让人重新聚焦于他所娴熟摆弄的各式问题花样。这不能不是对跨文体写作精神的背离。因为跨文体写作的内在诉求，是要求写作对“文学整体”或“文学普遍性”说话，它在骨子里其实是个反论：重要的是说出什么，而不是你用哪种方式说。对写作来说，文体不是最重要的，如果文体真的会妨碍你写出有力的东西，那你大可不必在乎它了。

22日，新闻出版署发布《关于重申有关法轮功出版物处理意见的通知》。

23－31日，由中国话剧艺术研究会东北部、辽宁省剧协、吉林省剧协、黑龙江省剧协等单位共同主办的第3届东北三省话剧节在沈阳举行。辽宁人艺的《父亲》、大连话剧团的《三月桃花水》、哈尔滨话剧院的《良宵》、哈尔滨儿艺的《陶陶和小萝卜头的故事》、沈阳军区前进话剧团的《陆军少校》等15台剧目参加了本届话剧节的演出。

25日，《收获》第4期发表杨争光的长篇小说《越活越明白》，北村的中篇小说《长征》，张翎的中篇小说《江南篇》，李亦的中篇小说《鬼子的脸》，徐坤的短篇小说《橡树旅馆》，周洁茹的短篇小说《跳楼》，茹志鹃的中篇小说《她从那条路上来》及王安忆的随笔性评论《从何而来，向何而去》。

28日，《剧本》第7期发表魏明伦的川剧《变脸》和王海鸰的四场话剧《洗礼》。

29日，袁静逝世，享年85岁。袁静在延安时即已开始文学创作，著有《刘巧儿告状》。新中国成立后，她又与孔厥合作创作长篇小说《新儿女英雄传》及其他作品。“文革”后又创作反映抗美援朝的长篇小说《伏虎记》、电视剧本《精豆子外传》、中篇小说《李大虎与小刺猬》、《芳芳与汤姆》等一批儿童文学作品。半个世纪以来她创作长篇作品（小说、电影剧本、电视剧本、舞台剧本）20余部，累计400余万字，仅新时期以来创作的儿童文学作品就计有100余万字，赢得了千百万青少年读者的敬仰。

本月，《十月》第4期发表梁晓声的中篇小说《顺嫂》，潘灵的中篇小说《天麻》、《回来》以及顾建平对其的评介《获救之门》，刘庆邦的短篇小说《躲不开悲剧》，季羡林的散文《台游随笔》，舒婷的散文《风雪兼程去“卖艺”》，周涛的散文《北塔山随笔》。潘灵（1966－　），布依族，云南巧家人。1985 年开始发表作品。著有长篇小说《血恋》、《情逝》、《红风筝》、《香格里拉》，中篇小说集《风吹雪》等。

《上海文学》第 7 期发表潘军的中篇小说《桃花流水》，商河的短篇小说《幻美》、《火之诗》及创作谈《在缄默与诉说之间》，红柯的短篇小说《家》，吴晨骏的短篇小说《再生》，汪政的的文章《先锋小说 · 新写实 · 新生代》。

《小说界》第 4 期发表朱苏进的随笔《生活就是一个个片刻》，王安忆的随笔《寻找上海》，张承志的随笔《都市的表情》。

《诗探索》第 2 期刊载“牛汉研究”专辑，并发表陈仲义的文章《日常主义诗歌：论 90 年代先锋诗歌走势》，王光明的文章《个体承担的诗歌》，以及孙文波、王家新、西渡、徐江参与诗歌论争的文章。

《星星》诗刊第 7 期发表阳飏的诗《有关青海湖的长短句》。

《读书》第 7 期发表欧阳江河的诗歌《命名的分裂》。

《电影文学》第 7 期发表电影剧本《冰与火》（下），编剧康雯丽。

杨永贤的长篇小说《潇潇雨歇》，由中国文联出版公司出版。

湖北作家李传锋的长篇小说《最后一只白虎》，在中国野生动物保护协会的推荐下在香港再版，由香港科华图书出版公司出版发行。

侯马的诗集《顺便吻一下》，由青海人民出版社出版。该诗集系伊沙主编的“零点地铁诗从”之一种，收录了侯马诗 150 余首。

臧棣选编的《1998 中国最佳诗歌》，由辽宁人民出版社出版。

香港《亚洲周刊》编辑部联合全球各地文学名家评选出“二十世纪中文小说一百强”，位列前 10 位的是鲁迅的《呐喊》、沈从文的《边城》、老舍的《骆驼祥子》、张爱玲的《传奇》、钱钟书的《围城》、茅盾的《子夜》、白先勇的《台北人》、巴金的《家》、萧红的《呼兰河传》、刘鹗的《老残游记》。1949 年至 1976 年的中国大陆小说，仅选入浩然的《艳阳天》和王蒙的《组织部来了个年轻人》两种。

《啄木鸟》杂志社在河北省西柏坡举行“第四届啄木鸟文学奖”颁奖会。张平的长篇小说《抉择》、修来荣的长篇纪实文学《陈龙传》等22部作品获奖。

《君子梦》作品研讨在济南举行，这是山东作家赵德发创作的“农民三部曲”的第二部。

徐刚的报告文学《地球传》，由山西教育出版社出版。

陕西省宝鸡文理学院聘请青年作家红柯为中文系写作教师，为红柯的创作提供了充分条件，并为其召开了作家研讨会。1996年至1999年，《人民文学》便相继重点推出红柯的四部作品《奔马》、《美丽奴羊》、《阿力麻里》、《乔儿马》。

刘醒龙的小说《爱到永远》被改编成舞台剧《云水谣》，这是现当代作家作品第一次被改编成舞台剧。

八月

1日，《长江文艺》第8期发表巴兰兰的中篇小说《别了，最后的香格里拉》及创作谈《小议故事翻新》，后《长江文艺》第12期上发表鲍风的评论《给现代爱情加点盐——评中篇小说〈别了，最后的香格里拉〉》。鲍风认为：“《别了，最后的香格里拉》无疑为现代爱情价值观加了盐、添了味，它赋予爱情以崇高感和神圣感，使现代爱情增添了许多古典神韵”，“从文化崇尚和个性气质来看，作家巴兰兰是位守成多于逐新的作家，这决定了她的小说整体风格上的古朴和典雅，她更倾向去精心编织一个个富于想象力的故事，予故事以‘诗性情节’，这使得巴兰兰小说中的故事更具有艺术的张力，作家由此可以投入更多的精力去开掘故事本身的语义含量，从而使其小说既有深远的古典韵味，又有相应的现代浪漫气质”。同期发表肖班的短篇小说《两个小钱》及邱华栋的评论《逾越刀锋》，洪治纲的《答“批评家档案”十三问》。

《作家》第8期推出“陈家桥作品小辑”，发表陈家桥的短篇小说《读者的生活》及林宋瑜的评论文章《危机四伏的世界·陈家桥作品解读》、葛红兵的评论文章《小说的现象学高度·关于陈家桥的〈别动〉》。林文认为：“陈家桥的作品，正是以它们鲜明的创作个性，呈现了当代小说创作探索中的矛盾性。”在人物塑造方面充满隐喻性，在场景与细节的安排上“文本出现了一种陌生化的效果，它与现实既贴近又保持距离，人类存在彼此间的相互关联和复杂性在作者笔下经常自我抵消、充满矛盾冲突，小说的趣味性犹如碎纸片散落在字里行间，你必须穿过一些观念性的段落去追索它们”，在语言与观念方面，“用极不通俗的语言去操纵通俗的题材，它告诉你的并不仅仅是故事，而是故事背后潜伏的对生存世界的思考，可能关于人的心灵，也可能关于人的处境。”葛文则认为陈家桥“不关注小说的故事性，而着意将叙述推向意识的深层，对于他每一篇小说都可能是一场关于意识的哲学解剖，他用一种写哲学论文的方式创作”，“《别动》是一个试验性的文本，在两个方面贯彻了解构主义的写作策略。第一方面是小说的主题”，“陈家桥的这个故事是指向自我消解的，一方面故事在某个寻求完成的冲突中展开，另一方面寻求完成的过程却同时也是这个意义走向反面的过程，人物以为自己正在向着意义的方向迈进，但是意义却在逃离人物，行动者越是追求完成，行动者就却是丧失了完成的可能”，《别动》的解构还来自于叙述，“《别动》的小说故事是极有张力的，暗杀的行动性使小说叙述具有自身不断发展的动力，但是作者并没将叙述的基点放在这一行动性上，而是将基点放在对这个行动不断的反省、反悖、逃离、分延、消解上，小说给我们的感觉是作者不是在努力展示事件的过程，而是在努力遏制事件的发展，本事在小说中像一匹脱缰的野马，而作者写作的过程就是遏制住这匹马的脚步”。对于小说人物陈推，葛红兵认为“他的意义不是一个社会学意义上的典型（如吴荪甫，茅盾《子夜》），也不是一个象征意义上的文化典型（如丙崽，韩少功《爸爸爸》），也不是一个一般意义上的意识流人物（如岳之峰，王蒙《春之声》），而是作为一个心理学个体，一个个人，在现象学视角中绽露出来的。”同期发表张生的中篇小说《全家福》及其创作谈《像大海的潮汐一样》；刘立杆的短篇小说《表姐》、《夏天的课程》及其创作谈《灵魂喜欢在细部凸现》。

《小说月报》第 8 期刊载于晓敏的中篇小说《一路仰望》（选自《解放军文艺》1999 年第 6 期），朱晓琳的中篇小说《爱情国界线》（选自《萌芽》1999 年第 6 期），谈歌的短篇小说《燕赵笔记》（选自《上海小说》1999 年第 3 期），季栋梁的短篇小说《追寻英雄的妻子》（选自《延河》1999 年第 6 期），钟晶晶的短篇小说《往事》（选自《山东文学》1999 年第 6 期）。

3 日，《人民文学》第 8 期发表陈源斌的中篇小说《杀人有罪》、陆涛的中篇小说《我爱我爸》、黄树芳的短篇小说二题《爷爷不老》和《不是难题》。

5 日，《山花》第 8 期发表红柯的短篇小说《雪鸟》，范小青的短篇小说《豆粉园》，虹影的中篇小说《归来的女人》、随笔《我的朋友是红狐》，陈晓明的评论文章《女性白日梦与历史寓言——虹影的小说叙事》，葛红兵的文章《第三种写作：面向 21 世纪的文学可能性》。

6 日，《当代小说》第 8 期发表唐傲的中篇小说《红尘》及创作谈《人生的尴尬与无赖》，陈铁军的短篇小说《你曾在我心头烙下一个疤》，嵇亦工的短篇小说《迷途》，冯积岐的短篇小说《雪过天晴》，刘志荣的文章《消费时代人与物的疏离——唐颖与都市小说》。同期“纪念建国 50 周年特稿”栏目刊登刘传霞的文章《新时期女性情谊写作的衍变》。

6 – 19 日，中国文联、中国剧协和沈阳市人民政府主办的第六届中国戏剧节和第十六届中国戏剧梅花奖颁奖活动在沈阳举行。来自全国的 24 个优秀剧目参加了演出，其中话剧8台：沈阳军区政治部话剧团的《炮震》，哈尔滨话剧院的《脊梁》，深圳市福田区文化局和深圳大学艺术学院的《窗外有片红树林》，沈阳话剧团的《北方的湖》，长春话剧院的《天上掉下个林妹妹》，承德话剧团的《圣旅》，辽宁人民艺术剧院的《父亲》和总政话剧团的《洗礼》。最终，共有15出剧目获得首届“中国曹禺戏剧奖”优秀剧目奖，其中获奖的话剧是《炮震》、《北方的湖》、《圣旅》、《父亲》和《洗礼》。

8－11日，由吉林大学文学院、中国社会科学杂志社和延边大学共同举办的“20世纪中国文学现代性问题”中青年学者学术研讨会在长春召开，来自全国各地的专家学者50多人参加了这次会议。与会者围绕“20世纪中国文学的现代性”这一命题进行了热烈讨论。宋剑华认为现在必须清理现代性、现代意识、现代化的关系问题，应将中国文学放在文学世界一体化过程中来确立其属性。20世纪中国文学太关注社会的外在形态，它的社会内涵明显大于它的审美价值，中国的现代派文学最多也只是进入到灵魂的外部而没有走入灵魂的深处。王富仁、王光明、王兆胜、龙泉明、高远东、王学谦、袁国兴、肖鹰、孙中田、谭桂林等学者和专家纷纷从各自的角度分析和界定了20世纪文学的属性。杨匡汉提出了世纪性的大中国文学的框架和全方位的现代性追求，确立空间共享、和而不同、一体多元的现代性观念。与会者基本肯定了20世纪中国文学现代性的属性与特质，并在宽松自由的学术讨论中确立了多元共存的不同解说态势。从而把现代性问题的讨论推入到更深入更具体的层面。于是，对现代性观念内在层面的界定与完善成了与会者讨论的中心。研讨会争论最激烈、思想碰撞最尖锐的议题集中在对20世纪中国社会及中国文学的现代性问题的质疑与反思上。（参见《中国社会科学》2000年第1期）

10日，《北京文学》第8期发表史铁生的短篇小说《死国幻记》，丁丽英的短篇小说《圣诞节不是我们的节日》，韩晓政的短篇小说《易名》，刘再复的文章《百年诺贝尔文学奖与中国作家的缺席》。刘再复在文章中指出，中国文学的百年缺席，不怪别人，却必须求诸自己。“这个‘自己’，一是本世纪中国文学的大思路；二是本世纪中国文学的生态大环境。应当坦率地说，两者都大有问题。中国现代文学在二十年代才刚刚从传统的观念中解脱出来，在三十年代却又走入政治意识形态的牢笼；文学变成意识形态的转达。阶级斗争的观念变成文学的灵魂，‘主义’对世界的解释变成作家的创作前提和创作框架，这样，从三十年代一直到八十年代，文学写作都成了一种与大爱、大悲悯、同情心相反的‘一方吃掉一方’的两极对立的大思路。这种大思路是一种黑洞，它几乎吸尽了文学的本性和吸尽作家的灵性”，“这种大思路的出现，又与文学的生态大环境有关。文学被要求为政治目标服务，甚至要求文学成为工具，作家被组织化、制度化，把作家变成手操另一种武器的军队。这种军队自然没有写作个性的存身之所。”同时刘再复对文学批评与文学史写作也提出了批评。最后，刘再复提出希望：“中国作家缺席只属于二十世纪，不属于二十一世纪。‘代价’是‘成就’的母亲，二十世纪的中国作家已付出巨大的代价，包括心灵受折磨的代价。他们已把一部分代价化作成就还将孕育更大的成就，可以肯定，二十一世纪诺贝尔文学奖火炬家族将会迎接不只一个的中国天才。”同期，“建国五十周年”栏目刊登陆涛的中篇小说《屈体翻腾三周半》。“诗歌争论专栏（2）”发表于坚文章《真相——关于“知识分子写作”和新潮诗歌批评》，西渡文章《为写作的权利辩护》，孙文波文章《关于“西方的语言资源”》，王家新的《关于“知识分子”》等。

《诗刊》8 月号刊出第十五届“青春诗会”专号，刊有李南的《在广阔的世界上》、树才的《人们欢乐》、小海的《盲人之旅》等诗和梅绍静（执笔）、雷霆、朱先树的《这是苹果树，这是李树——第十五届“青春诗会”侧记》。本届诗会于 5 月 16 日在山东聊城召开，20 位诗人参会。

12 – 13 日，纪念诗人郭小川 80 诞辰学术研讨会在河北丰宁召开。

15日，《新华文摘》第8期在“后新诗潮及其批评反思”专栏中刊登王光明等人的诗歌争鸣文章，田涌文的述评文章《关于新诗发展方向又起争论》。田文认为，这次论争是自朦胧诗以来最大的一次诗歌论争，并将对下个世纪的中国诗歌发展产生重要影响。

16 日，由人民文学出版社和北京图书大厦联合发起，邀请社会知名文学研究专家评选出的"百年百种优秀中国文学图书"篇目全部揭晓。包括《官场现形记》、《倪焕之》、《台北人》等 52 部小说，《南社丛选》、《九叶集》等 23 部诗集，《寄小读者》等 15 部散文，《包身工》等 3 部报告文学，《茶馆》等 7 部戏剧。8 月 26 日《文学报》刊登人民文学出版社社长聂震宁谈此次活动的文章《回顾，是为了重温》。

19 日，《文学报》刊登文章《昔日老招牌，今朝办新刊》。文章中说，《莽原》、《万象》、《独立评论》、《东方杂志》等一批著名刊物的刊名被重新看好，有的已被用来出版新刊。文学出版界人士认为，这种旧瓶装新酒现象的产生是市场经济条件下刊物注重品牌意识的反映。

20 日，《当代》第 4 期发表谈歌的长篇小说《家园笔记》并附其创作谈《关于〈家园笔记〉》、陈军的《发动"五四"——长篇历史小说〈北大之父〉节选》、刘醒龙的中篇小说《城市眼影》、海娆的短篇小说《渝儿十八岁》。同期"新民间文学"栏目刊登筋斗云《网事随笔——生于一九六九》等文章。

20 日 – 10 月 15 日，国家广电总局、文化部在全国举办庆祝中华人民共和国成立 50 周年优秀影片展映活动。8 月 23 日在京举行了开幕式暨新闻发布会。该活动展映了《国歌》、《春天狂想曲》、《横空出世》、《我的 1919》等 18 部新片，同时展映 24 部复映片。

21 日，《文学报》刊登两组特稿：《文学的传统和资源》，对话者为李洱、李敬泽、李冯、李大卫、邱华栋；《新生代小说创作谈》，讨论者为杨剑龙（上海师范大学中文系教授）及五位研究生。同期还刊登赵丽宏的文章《文学永远不会消亡——在日本答记者问》，这是1999年5月赵丽宏带领上海作家代表团应邀访问日本时，与东京记者的谈话。

27－9月6日，以电影局副局长鲍林岳为团长的中国电影代表团一行6人赴加拿大，参加第23届蒙特利尔国际电影节。我国影片《那山，那人，那狗》获得最受观众喜爱的影片奖。

28日，《剧本》第8期发表陈薪伊、刘云程的四幕黄梅戏《徽州女人》和赵耀民的两幕悲喜剧《良辰美景》。

庆祝“冰心图书奖”设立10周年大会暨颁奖活动在北京举行。冰心奖评选委员会主席雷洁琼到会并讲话。《百年巨变》、《小飞虎漫游因特网》、《爱心与教育》等70种图书获本届“冰心儿童图书奖”，《麦子，麦子》等24篇作品获“冰心儿童文学新作奖”，近百名少年儿童和教师获“冰心艺术奖”。

30日，长篇历史小说《李自成》四、五卷首发式在北京举行。至此全书共5卷出齐。

本月，《上海文学》第8期发表许春樵的中篇小说《谜语》，肖克凡的短篇小说《独弦操》、《寻找穴位》及创作谈《因为太远》，林希的短篇小说《棒槌》，孙春平的短篇小说《陈焕义》，张承志的散文《从石壕村到深井里》，吴炫的文章《批评与创造的统一》，杨扬的文章《90年代文学关系的变化》。

《电影文学》第8期发表电影剧本《都市迷彩》，编剧傅保忠。

《中国作家》推出作家何建明反映农业战线题材的长篇报告文学《中国农民世纪经典》。

第十七届中国电视金鹰奖在深圳揭晓。《还珠格格（第一部）》、《红处方》、《啊，山还是山》、《雍正王朝》、《牵手》、《婆婆·媳妇·小姑》、《毕业生》、《姐妹》、《绍兴师爷》、《天若有情》获优秀长篇电视连续剧奖；刘和平（执笔）、罗强烈凭借《雍正王朝》获最佳编剧。

浙江省作协在浙江作家创作基地——千岛湖风景区召开“浙江跨世纪文丛”研讨会暨千岛湖笔会。以中国作协书记处书记、《文艺报》总编辑金坚范为团长的“中国作协赴浙采风团”10余位作家应邀参加了会议。“浙江跨世纪文丛”是由浙江文学院负责编辑的大型丛书，共收入了浙江省50位作家近年来创作的最新作品，主体为该省的青年作家。全套丛书分为小说卷、散文卷、诗歌卷、随笔卷、理论卷，每卷10册，共五卷50册。分别由浙江省作家协会主席叶文玲、浙江文学院院长盛子潮以及浙江师范大学中文系教授王嘉良担任主编，由百花文艺出版社、作家出版社相继出版。

本月中旬，中国作家协会儿童文学委员会、安徽省新闻出版局、安徽少年儿童出版社在京举行“《秦文君文集》（五卷本）创作出版研讨会”。《文艺报》9月7日刊登一组专文《〈秦文君文集〉与“秦文君现象”》，包括翟泰丰的《努力适应当今儿童审美心理与精神需求》，张小影的《贴近时代，贴近孩子》，黄书元的《以精品争创‘双效’》，及秦文君的《我的儿童梦想》等10篇文章。这些文章总体认为，秦文君作品艺术魅力首先在于她善于从时代生活的审美视角，切入当今中学生的现实生活；其次是她善于把握孩子们的审美特征，用当今中学生特有的审美观，描写他们的内心矛盾和他们之间的矛盾冲突；再次是她善于通过儿童自身的天真，引导孩子们憧憬美好的未来，升华意境，增强道德、信仰和光明的力量。

山东济南召开青年作家鲁雁长篇小说《最后的庄稼》作品研讨会。该研讨会由《莽原》杂志社和《山东文学》杂志社联合召开。《最后的庄稼》是鲁雁长篇系列小说“最后三部曲”（《最后的庄稼》、《最后的匪徒》、《最后的围墙》）的第一部。

由中国作家协会创联部、福建海峡文艺出版社联合举办的范稳长篇历史小说《清官海瑞》研讨会在中国作家协会举行。《文艺报》8月28日刊登专文《长篇历史小说〈清官海瑞〉研讨》。

第七届北京国际艺术图书博览会在北京展览馆举行。

由内蒙古大学、加拿大维多利亚大学及北京语言文化大学共同主办的诺思洛普·弗莱国际研讨会在加拿大驻华大使馆的支持下于内蒙古呼和浩特举行。诺思洛普·弗莱是20世纪享有世界声誉的思想家和文学评论家之一，其著作包括《批评的解剖》、《权力的话语》等。自80年代开始，弗莱的理论逐步受到中国学者的关注，他所开创的神话——原型批评理论对中国当代文艺批评的进展产生了一定的影响。

由中国文联、中国作协、全国妇联、中国社会科学院文学所、陕西省作协、中共延安市委和中国丁玲研究会共同举办的第八届丁玲文学创作研讨会在延安举行。中外学者80余人就丁玲在延安时期的创作、丁玲晚年的创作和思想、丁玲在培养文学新人上的贡献等问题交换了看法。中国作协副主席张炯及来自国内外学者80余人参加了会议。

江苏省作家协会主办的《扬子江》诗刊在南京创刊，黄东成、孙友田出任主编。

《大上海小说丛书》第二辑出版，包括以下5部作品：赵长天的《肇事者》、李肇正的《躁动的城市》、蒋丽萍的《水月》、陆星儿的《我儿我女》、史中兴的《暂憩园》，均以反映上海现实生活为主。

由刘毅主编的“当代中国作家自况体丛书”第三辑共四卷，由沈阳出版社出版。至此，以“忠实人生，照彻心灵，超越命运，重塑自我”为宗旨的这套丛书，已经有石楠、王英琦、梅洁、吕锦华、李兰妮、廖华歌、蔡秀文、西篱、毛竹、雪女、唐丽共11位女作家先后以这种独特的文体完成了各自的“奏鸣曲”。

成坚的长篇小说《颤栗的夏》，由花城出版社出版。

刘敏的长篇小说《如歌的诱惑》，由人民文学出版社出版。

胡丘陵的诗集《拂拭岁月》，由湖南文艺出版社出版。

1999

洪子诚的《中国当代文学史》，由北京大学出版社出版。钱理群说："对于当代文学能不能写史，一直是有争论的。""读了洪子诚先生的这本《当代文学史》，感到很兴奋。我的第一感觉是，'当代文学'终于有了'史'了。——这确实是一部标志性的著作。"他认为洪著最重要的特点在于，"研究者不再把历史考察与叙述的重心放在对文学作品与文学现象的价值评判，作家的历史定位上"，"也不试图去揭示所谓历史发展的'本质'与'必然规律、趋势'"，而是将"问题""放回"到"历史情境"中，努力去考察当代文学中的一些概念、事实、运动、争论、文本、艺术方法产生的背景、历史依据、渊源和变异等，以期增加人们靠近"历史"的可能性。（钱理群：《读洪子诚〈中国当代文学史〉后》，《中国当代文学史写作笔谈》，《文学评论》2000 年第 1 期）戴锦华说，洪著是"对某种冷战式思维、那种清晰简单的二项对立式表述的平和的拒绝"；是"返归亲历者的繁复体验，以重组历史的经验表述的努力"；是"穿越多重的权力话语的雾障，重新触摸与展现当代史的尝试"。（戴锦华：《面对当代史——读洪子诚〈中国当代文学史〉》，《当代作家评论》2000 年第 4 期）昌切认为，洪著"注重史实概括而少作理论思辨，继承的是古代史家秉笔直书和春秋笔法的述史传统。""不以论点牵引史实，而强调每一文学时段的社会文化'语境'对作家写作的决定性影响，评述力求客观中正，态度谨慎谦和，立场似乎更接近中性的学术立场。"但这种评述"未必就是纯客观的著述"，"虽然著者谨言慎行，尽量保持中性的学术立场，但是就其选择而言，并未摆脱时代背景和个人知识状况的限定。这种限定是不可选择的，常常导致著者不自觉地偏离学术立场，认同启蒙性质的概念，游移在学术立场与启蒙立场之间。"（昌切：《学术立场还是启蒙立场》，《中国当代文学史史学观念笔谈》，《文学评论》2001 年第 2 期）姚晓雷认为洪著在深层意义上"仍然没有脱离以前的当代文学书写，仍属于传统书写模式范畴内的自我调节或改良。中国当代文学史的传统书写模式，基本上是以政治文化为中心、以具体的作家作品为外围的建构模式。”“由于没有从根本上打破以政治文化为中心的书写模式，洪著的局限也很明显。最主要的局限是在对体制的、社会的东西详细关注的背后，对文学现象和具体的作家创作个性之复杂性过于忽视。”（姚晓雷：《当代文学史写作探索刍议——由当前四部文学史著不同的写作模式谈起》，《文学评论》2004 年第 2 期）

杨匡汉、孟繁华主编的《共和国文学 50 年》，由中国社会科学出版社出版。

九月

1 日，《作家》第 9 期发表叶弥的小说《说说林丽吧》，田柯的短篇小说《朋友啊朋友》、《最好的办法》及其创作谈《等待》，池莉的随笔《天生的江湖城市》，张英的访谈录《访上海作家施蛰存、王安忆、格非、孙甘露》。施蛰存认为：“回顾整个文学发展历程，我认为中国当代文学不如 30 年代。当代作家对文学的认识比较肤浅，用一点小聪明，只看到表面，看不到社会现实深处，中国文学发展得最好的还是 30 年代。”“现在中国作家懂外文读原著的比较少，更不用说是外文写作了。我国古典文学和现代文学结合得不是很成功，现在有些作家写的小说就像旧小说。当代作家不懂古典文学不要紧，但不懂外国文学就太糟了，他们有人根本就不看，有些人是模仿，应该知道世界文学的走向，但不应该是模仿。”王安忆认为，文学本身也制造强迫症，“就我个人而言，我从来没有想过为某种潮流、某种旗号、某种社会需要而写作。我觉得写作是个从内心出发的，是写作者心灵的内在需要。但我不能说我对外界的某种潮流、某种理论氛围甚至物质环境无动于衷。”格非认为，“我自己的作品被评为‘先锋派小说’是别人给贴上去的标签。先锋文学首先存在的基础、价值就在于它突破了原有传统的文体、语言、思想传统的规范，使文学回到了本体上，恢复了文学活力。我并不承认先锋文学这个流派也不认为我自己是先锋作家。只不过是在写作上，从手法、文体、形式、叙述语言，表达视角上做了某种探索。”孙甘露认为，先锋文学不必悲观，“不仅是‘先锋’，各种力量都试图对当代文学产生影响，但影响会有多大，还不明显。我们确实看到围绕着某一热点的理论文章在一段时间内占据了传媒、报刊，把许多其他的东西都覆盖了，但这种局面很快就会过去。我更注意的是当前文学特别是先锋文学正承受着太多、太重的压力。譬如传统的压力、五四新文化的压力、主流意识形态的压力、西方现代文化的压力，还有陈思和描述的那种来自民间文化的压力等等。种种压力在批评界和报刊传媒形成话语权利之争，使先锋文学举步维艰。从一个总体的高度来看，各种力量的交汇影响着我们当前文化的转型，争论是不可避免的，也是非常必要的。先锋文学应该从中找到不同的角度，不同的方法。”同期发表于坚、张枣、王小妮、麦城、钟鸣、翟永明、臧棣、梁小斌、陆忆敏、陈东东、西渡的诗。麦城（1962－　），辽宁沈阳人。1982 年开始诗歌创作。著有《麦城诗集》、《词悬浮》等诗集。

《长江文艺》第 9 期发表魏光焰的中篇小说《大雪流萤》，郭雪波的短篇小说《狼子》，聂鑫森的短篇小说《古城旧事》，李修文的短篇小说《金风玉露一相逢》并附张生的评论《让人心碎的世界》。本期还发表了邵健的《答“批评家档案”十三问》，李德复的文章《我的文学生涯》。

《小说月报》第 9 期刊载裘山山的中篇小说《结婚》（选自《解放军文艺》1999 年第 7 期）及创作谈《追忆美丽年华》，丁德文的短篇小说《微醉的周末》（选自《延河》1999 年第 7 期），红柯的短篇小说《太阳发芽》（选自《文学世界》1999 年第 4 期），王季明的短篇小说《1973 年的小人书》（选自《湖南文学》1999 年第 7 期）。

1－3 日，首届海峡两岸儿童文学教学研究会在北京师范大学召开。70 余位专家学者就跨世纪的儿童与儿童文学教育、儿童文学创作走向、儿童文学教学研究、儿童文学理论批评等问题进行了探讨。

2 日，《新剧本》第 5 期发表王沂的话剧《封疆大吏》、杜华南的话剧《这个冬天不太冷》和罗怀臻的戏曲《西楚霸王》。

3 日，《人民文学》第 9 期发表东西的中篇小说《肚子的记忆》，叶舟的中篇小说《快乐》，王大进的短篇小说《姑姑的背后》，王彪的短篇小说《在防空洞》。本期推出"'中华志气'小辑"，刊载建国 50 年征文优秀作品，10 篇短文均选自《人民文学》与人民画报社正在编辑的《中华志气》一书，包括刘白羽的《非凡》，袁鹰的《革命尚未成功》，张锲的《莫道乱云能蔽日》，梁衡的《小路与大道》，光未然的《星海这个人》，马烽的《十五岁的生命》，舒乙的《水渠》，梁晓声的《回眸看"小丫"》，胡辛的《雪飘梅香》，刘富道的《极限》。

4 日，作家柯尤慕·吐尔迪病逝，享年 63 岁。他先后出版过长篇小说《蓝蓝的天》、《战斗的岁月》（3 卷）、《静静的准噶尔》（3 卷）及报告文学和短篇小说集。其中，《克勒山下》是维吾尔文学史上的第一部长篇小说。其小说《战斗的年代》围绕着发生在新疆南部叶尔羌河上游某地四十年代末至五十年代初一系列具有典型意义的斗争事件，广泛地描绘了维吾尔族人民的社会生活和历史命运的变迁。作品具有"史诗"的结构、色彩和风格。作者以饱满的热情，深邃的思想，塑造了一批优秀的维吾尔族农民形象。（参见刘有华：《他从西天山走来——记维吾尔族作家柯尤慕·吐尔迪》，《民族文学》1989 年第 6 期）

5 日，《花城》第 5 期发表赵玫的实验小说《怎样证明彼此拥有》，汪淏的中篇小说《我们的草莓河》，周珺的中篇小说《被挡在门外的女孩》，周绍义的短篇小说《兽痕》，张钧对陈家桥的访谈录《指向虚无和超验的写作》，汪政、张钧、葛红兵的文章《关于新生代，我们如是说》。

《山花》第9期发表张人捷的中篇小说《绯闻》及随笔《有一种力量》，叶兆言的中篇小说《不娶我你后悔一辈子》，残雪的短篇小说《天空里的蓝光》，萨娜的短篇小说《一个犯罪嫌疑者的告白》，叶弥的短篇小说《老王的假日》，邓晓芒的文章《文学批评与思想性——与昌切先生讨论哲学问题》。

《莽原》第5期发表何士光、敬文东的"跨文体写作"《一部最短的经典》、《在火锅与茶馆的指引下》，红都的中篇小说《鼻孔里的子弹》，南野的中篇小说《悬浮旅行》，张生的文章《一个作家一种意义》，李大卫的文章《卡通·沉船——作为游戏的叙事方案》。

《大家》第5期发表刘燕燕、赵玫的"凹凸文本"作品《不过如此》、《欲望旅程》，邓一光的中篇小说《我们爱小鸟》，叶弥的中篇小说《本质》，朱文的短篇小说《感谢扑克，感谢和我一起玩扑克的人》，苏童的短篇小说《独立纵队》，陈晓明的文章《异类的尖叫：断裂与新的符号秩序》，程光炜的文章《新诗在历史脉络之中——对一场争论的回答》。

《芙蓉》第5期发表王安忆的中篇小说《飞向布宜诺斯艾利斯》，金海曙的短篇小说《香椿里亿元》和《等待天堂的慰问》，李少君的短篇小说《西安之夜》，曾镇南的文章《向本贵中篇小说漫评》。同期"重塑'70后'"专栏刊登蒋志的短篇小说《门外的白日梦游的守家男人》和《12345方糖溶化》，勃勃的短篇小说《虫子》。

6日，《当代小说》第9期发表谢春红的中篇小说《彼岸》，刘继明的短篇小说《马船在1967年》。

10日，《诗刊》第9期发表昌耀诗选和阿垅的旧体诗，以及叶文福的《看着我的眼睛》（组诗）和伊沙的诗《也许是他生命中的》（五首）。

《北京文学》第9期发表刘庆邦的短篇小说《拉网》，王彪的短篇小说《处女问题》，范小青的短篇小说《桃花坞·南园桥》，余述平的短篇小说

《徐卫在1974》，高建群的文章《对中国文坛深深的失望》，解玺璋对王朔的访谈录《写自己最重要》。同期“建国五十周年征文”栏目刊登星竹的中篇小说《三奶奶》。

《中国作家》第5期推出“纪实文学”特辑，刊登李景田的长篇小说《未扶正的反贪局长》，高建群的中篇小说《罗布泊大涅槃》，卢跃刚的中篇小说《王恒杰传奇》，卢一萍的中篇小说《昆仑行》，关文的中篇小说《天良》。

11日，由张艺谋导演的影片《一个都不能少》在第56届威尼斯国际电影节上荣获金狮奖，同时还获联合国教科文组织最佳影片奖，天主教影评人“儿童与电影”最佳影片奖，意大利《电影》杂志最佳影片奖和意大利青年文化中心，青年电影协会“青年与梦想”最佳影片奖。

11－18日，由文化部艺术司，四川省振兴川剧领导小组和四川省文化厅联合主办的首届中国川剧节在成都举行。川剧《变脸》，《死水微澜》，《金子》等15台剧目参加了演出。

13－17日，中国作家协会，诗刊社和太原日报社联合举办的“太行诗会”在太原召开。

15日，《长城》第5期发表肖克凡的中篇小说《天津少爷》，陈冲的中篇小说《古老的浪漫》，魏润身的中篇小说《铲案》，莫言的短篇小说《沈园》，棉棉的短篇小说《我们害怕》，丁帆的文章《警惕当下现实主义写作的异化》，金文兵的文章《现实主义之旅与当代处境》。陈冲（1937－　），辽宁海城人。1951年入伍。1955年开始发表作品。著有长篇小说《粉红色的车间》、《腥风血雨》、《送你下地狱》，中短篇小说集《无反馈快速跟踪》、《会计今年四十七》、《克拉玛依之梦》，电视连续刷剧本《皇亲国戚》等。

《江南》第5期发表刘玉堂的中篇小说《都不是什么好东西》，刁斗的中篇小说《身体》，阙迪伟的中篇小说《编个故事骗骗自己》，王松的中篇小说

《十面埋伏》，邵振国的短篇小说《白雾缭绕的银杏树》，简厄的短篇小说《枪》。

《文学评论》第5期发表杨匡汉的文章《沧桑共斟酌——关于共和国文学》，提出了与“中国当代文学”相联系而有所区别的“共和国文学”的概念，并从文学演变与历史关联中考察了不同时段的倾向与性征。文章从八个方面概括了共和国文学的创作实绩，充分肯定了五十年文学的历史主动性与进取性，也指出了它的时代局限和自身缺憾。文章还从学理层面阐释了共和国文学半个世纪进程中具有的文化错位、过渡形态、心理冲突、开放态势等当代性特征，认为在全球化时代，共和国文学必须以东方文化底蕴和民族特色自强自立于世界文学之林。同期发表程光炜的文章《在故乡的神话坍塌之后——论刘震云九十年代的小说创作》，指出一种来自个人经历的近乎羞辱和自卑的经验，促使刘震云在80年代写下了一批不乏负气、讥讽、沉痛和自嘲的城乡对立题材的小说，例如《塔铺》、《新兵连》、《单位》、《头人》、《官场》等。90年代的文化现实，又把他逼向了杰姆逊、福克纳，逼向了新历史主义和中国式的叙事学。当精神世界深处的“故乡神话”出现裂痕之后，刘震云希望借助叙事方式的变化来修补矫正，推迟和延缓它坍塌的过程；但他同时意识到写作手段与精神追求的悖论性与复杂性。90年代既不是结束也并非开始，而是向作家提出更严苛的综合性要求。

《天涯》第5期刊载刘亮程散文专辑。

中宣部在京召开“五个一工程”工作暨表彰会议，第七届精神文明建设“五个一工程”评选揭晓。共有包括电影、电视剧（片）、戏剧、图书等372部作品获奖，《草房子》，《突出重围》，《走出硝烟的女神》等献礼小说位列其中。入选儿童作品有：儿童电影《花季雨季》，《草房子》，《宝莲灯》（美术片）；儿童戏剧《尼玛·太阳》，《享受艰难》，《夜郎新传》，《认识你，真好》；儿童文学作品《草房子》，《一个中国孩子的英雄喜剧》，《男生贾里全传》，《童谣童画》，《一百个中国孩子的梦》，《鸽子树的传说》，《红帆船诗丛》等。入选话剧有：《虎踞钟山》，《洗礼》，《沧海争流》，《炮震》，《古玩》，《工人世家》，《圣旅》，《春夏秋冬》，《浪淘碧海》，《马背菩提》，《小巷民警》，《大江奔流》和《一人头上一方天》。

《中华读书报》刊登该报组织评选的"我心目中的二十世纪文学经典"书目。其中金庸的长篇小说《鹿鼎记》、《天龙八部》，王小波的长篇小说《黄金时代》，北岛的诗歌《回答》，刘震云的中篇小说《一地鸡毛》作为中国当代文学作品列入"经典"。

上海译文出版社为海明威开设网站，并与网民举行了主题对话。这是国内第一个为外国作家开设的中文网站。

16 日，我国故事片《洗澡》获得第二十四届多伦多国际电影节评委会大奖。

17 日，由中国作协、福建省文联、冰心研究会、冰心文学馆、中共长乐市委和长乐市政府联合举办的"冰心文学首届国际学术研讨会"在冰心的故乡福建省长乐市召开。

19 - 24 日，为纪念闻一多诞辰 100 周年，中国闻一多研究会、闻一多基金会、武汉大学等单位在武汉联合举办"'99 闻一多国际学术讨论会"。与会中外专家学者就闻一多的生平思想、文化姿态、新诗写作、诗学理论、古典文学和文化研究等问题展开研讨。

20 日，《钟山》庆祝创刊 20 周年。第 5 期发表莫言的中篇小说《藏宝图》，毕飞宇的中篇小说《睁大眼睛睡觉》，西飏的中篇小说《床前明月光》，萨娜的中篇小说《阿西卡》，叶开的中篇小说《秘密的蝴蝶》，徐坤的短篇小说《爱人同志》，叶弥的短篇小说《我找王静》，张生的短篇小说《听听这个声音》，刘立杆的短篇小说《公共汽车上的虹》，贾平凹的随笔《老西安》，李国文的随笔《"可怜一曲〈长生殿〉"》，杨扬文章《文化空间与文学类型》

第四届国家图书颁奖大会在北京科技会堂举行。12 种图书获荣誉奖，40 种图书获国家图书奖，96 种图书获提名奖。人民文学出版社的《老舍全集》、江苏教育出版社的《朱自清全集》、江苏少儿出版社出版的《草房子》（曹文轩）和未来出版社出版的《中国新时期幼儿文学大系》（张美妮等主编）等作品获奖。《红帆船诗丛》（6 卷）、《三毛大世界》（4 册）、《秦文君文集》（5 册）、《一个中国孩子的英雄喜剧》（4 册）、《花生米样的云》获少儿类提名奖。

第八届中国金鸡百花电影节组委会在京举行新闻发布会，揭晓 22 届《大众电影》百花奖获奖名单和第 19 届中国电影金鸡奖提名名单。获得百花奖最佳故事片的是《男妇女主任》、《红娘》、《一个都不能少》。

23 日，《文学报》报道：著名小说家哲夫日前在北京与中国著名网络信息服务商——北京笔电新人信息技术有限公司签订作品上网授权协议。这是国内首例作品上网授权签字。

24 日，王西彦在上海逝世，享年 86 岁。其早年作品多以农村生活为题材，晚年撰写了一系列以回忆为主的散文。对于王西彦的创作，有评论家认为：“在三四十年代的中国文坛上，有这样一位作家：从走上文学创作道路的那天起，就坚守着一个不移的信念，像鲁迅、契诃夫那样，写得越真实越朴素越好；用手中的笔把家乡人民苦难生活的真相写下来，以表达自己的骨肉之痛和悲愤之情。在长期的创作实践中，他始终以农民式的固执和倔强，在属于自己的那方土地上默默而辛勤地耕耘，为我们奉献了一百多个短篇小说和十几部长篇小说，并对我国现实主义小说艺术作出了可贵探索和独特贡献。”“王西彦宣称：‘我只求所写的故事能够近于真实。我所要完成的，乃是我自己。’因而既对叙述时的冷漠态度反感，也不赞成社会剖析派那种集团倾向和强烈阶级意识的描写，而是十分重视个体体验，注重发挥作家的主观能动性，在作品中融进自己的爱憎感情和对生活的思考。这使得他的小说在总体风貌上确与胡风影响下的‘七月派’小说有一些共同的特点。如喜欢借人物心理的深入挖掘表现人物性格的复杂性；小说的感情基调都是浓郁悲凉的，显示出作家浓厚的悲剧意识。”（孙升亮：《王西彦的小说创作》，《文学评论》1999 年第 3 期）

25 日，《收获》第 5 期发表莫言的中篇小说《野骡子》，何立伟的中篇小说《红尘之人》，赵凝的中篇小说《大家》，陆星儿的中篇小说《姗姗出狱》，严平的中篇小说《有你有我》，王小妮的短篇小说《棋盘》，裴在美的短篇小说《一个陌生城市的房间》，陆文夫的纪念文章《又送高晓声》。

28 日，中国现代文学馆举行落成仪式。中宣部、中国作协等领导人，中国现代文学馆常务副馆长舒乙以及一些老作家出席了落成仪式。

本月，《十月》第 5 期发表叶广芩的中篇小说《梦也何曾到谢桥》，李大卫的中篇小说《吉他行》，肖克凡的中篇小说《天津俗人》，残雪的短篇小说《激情通信》，南野的短篇小说《杨花堆积》，黎晗的短篇小说《石子跑得比子弹快》、《巨鲸上岸》及顾建平对他的评介文章《含蓄与感伤》。

《上海文学》第 9 期发表池莉的中篇小说《乌鸦之歌》，南野的短篇小说《损伤的下午》，张旻的短篇小说《第三次会面》，范小青的短篇小说《鹰扬巷》及《描金凤》，宋明炜的文章《终止焦虑与长大成人——关于七十年代出生作家的笔记》。

《诗探索》第 3 辑发表姜涛《可疑的反思及反思话语的可能性》。

《电影文学》第 9 期发表电影剧本《都市拓荒》，编剧盛曼姝、贾力先。

全国文学文化各部门迎接建国 50 周年活动达到高潮。中共中央宣传部、文化部、广播电影电视总局、新闻出版署、中国文学艺术界联合会、中国作家协会推出“向新中国成立 50 周年献礼”的 50 个重点项目，包括电影、电视剧（片）、戏剧、长篇小说、艺术展览月、电视文艺晚会、音乐周等。10 部为建国五十周年献礼的重点长篇小说有：《中国制造》（周梅森著，作家出版社),《突出重围》(柳建伟著,人民文学出版社),《抉择》(张平著,群众出版社),《走出硝烟的女神》(姜安著,解放军文艺出版社),《草房子》(曹文轩著,江苏少年儿童出版社),《补天裂》(霍达著,北京出版社),《男生贾里全传》(秦文君著,少年儿童出版社),《我是太阳》(邓一光著,人民文学出版社),《苍山如海》(向本贵著,湖南文艺出版社),《李自成》(全五卷)(姚雪垠著,中国青年出版社)。电影有:《国歌》、《大进军——大战沪宁杭》、《横空出世》、《春天的狂想》、《世纪之梦》、《男妇女主任》、《宝莲灯》、《冲天飞豹》、《紧急迫降》、《中国1949》。

《人民文学》、《诗刊》、《民族文学》、《中国作家》、《小说选刊》分别筹集策划专刊。

陈军的长篇传记小说《北大之父蔡元培》,由人民文学出版社出版。

百花文艺出版社推出一套描写共和国同龄人情感世界的《同龄人丛书》。这套纪实丛书共分3辑,《爱情,梦里黑土地》、《友情,我们同代人的瑰宝》、《乡情,你是我永远的珍藏》分别由老三届作家蒋巍、肖复兴、高红撰写。

京沪粤皖等多家出版社推出一批重点图书。广东新世纪出版社推出《人民文学五十年精品文丛》,北京作家出版社推出《共和国50年文学名作文库》,人民文学出版社推出《猫头鹰学术文丛》。上海文艺出版社推出8部重点长篇和一套《大上海纪实文学丛书》,8部长篇小说包括《汽车城》、《山水有相逢》、《黑洞·炼狱·流水》和《十字门》等。安徽文艺出版社推出《当代百家小说精品集成》,共收入新时期20年中老中青三代110位作家的110篇作品,共分六卷:《名士卷》为中国古典小说艺术风格作品,《福地》、《生存》、《继续操练》卷为现实主义作品,《痕》卷为现代主义小说,《这里的天空》卷为新写实小说。

为迎接西藏民族改革40周年大庆,西藏作家推出一批献礼新作:益西单增的长篇小说《庄园异梦》、《走出西藏》；马丽华的长篇纪实文学《青藏苍茫——青藏高原研究50年》、《探险大峡谷》；扎西达娃的电影剧本《益西卓玛》、格央的小说集《小镇故事》等。

由国家民委和国家作协共同举办的全国第六届少数民族文学骏马奖揭晓，来自18个省、市、自治区，共27个民族和61名少数民族作家的57部作品获奖。《中国少数民族文学经典文库》（7卷本）获特等奖。藏族作家阿来的《尘埃落定》等7部长篇小说，鄂温克族作家乌热尔图的《你让我顺水漂流》等15部小说集，回族作家郭风的《汗颜斋文札》等10部散文集，纳西族作家沙蠡的《大地震》等2部报告文学集获奖。《面向阳光》（禄琴，女，彝族），《家园的颂辞与挽歌》（马丁，撒拉族），《情感地带》（蔡金华，普米族），《寻找自己》（高深，回族），《唱给故乡》（石太瑞，苗族），《回望》（杨泽文，傈僳族），《冉庄诗选》（冉庄，土家族），《回归》（袁冬苇，白族），《另一种禅悟》（罗莲，女，布依族），《阿尔泰新诗选》（阿尔泰，蒙古族），《红印》（别尔地别克，哈萨克族），《绿色钟声》（朴桦，朝鲜族），《故土赞》（穆罕麦提江·热什丁，维吾尔族），《雪山情》（角巴东主、恰嘎·多杰才让，藏族）等诗集获奖。回族作家王业伦的《纸公主和纸王子》等4部儿童文学集及满族评论家关纪新的《老舍评传》等4部理论集榜上有名。另有那顺·德力格尔等5人获得翻译奖。获奖作品的40%（含翻译奖）是用蒙、藏、维、哈、塔吉克、朝、彝7种民族文字创作的作品。本届评委会主任为陈昌本、李晋有，副主任为玛拉沁夫、吉狄马加等，颁奖大会于10月18日至20日在昆明举行。

卫慧的长篇小说《上海宝贝》，由春风文艺出版社出版。其后不久便被禁止发行，认为该书“内容格调低下，宣扬虚无主义，低俗颓废的人生观，并夹杂淫秽内容”。春风文艺出版社也因此受到处罚。再加上各大媒体的纷纷炒作，使原本并不十分出名的卫慧及其《上海宝贝》名噪一时，不过对其人其书总体上是褒少贬多。不同于当时众多的道德批评，陈晓明认为“《上海宝贝》就是要向读者展示一群疯狂的时尚青年对传统的反叛，虽然他们颓废、堕落，但这毕竟是一种社会存在，不管我们接受不接受，它都存在着。卫慧真实地把这种现象表现出来，这是作者对现实生活的一种态度、一种追求。问题的关键在于我们评价一部作品不应该以道德的标准为唯一的或主要的原则，多年来我们过于重视文学的教育功能，总是希冀文学能达到一种‘启蒙’的作用。不错，对于那些缺少理性、缺乏辨别力的人，特别是青少年，《上海宝贝》中的性描写确实是会产生引入歧途的诱惑和不可预知的负面影响。但我们不能仅凭这一点而让其下架封存，勒令禁销。”（孙小兵主编：《文学作品赏析——中国现代文学》，第 433 页，哈尔滨工程大学出版社 2004 年版）吴义勤则认为：“卫慧的《上海宝贝》把女主人公在两个情人之间灵与肉、情与欲的冲突刻画得淋漓尽致，而大胆、坦白具有‘身体快感’性质的叙事话语更是赋予小说以独特的‘另类’品格。”（吴义勤：《新生代长篇小说对‘中国叙事’风格的营构》，《文学报》2005 年 7 月 14 日）也有论者认为，“对《上海宝贝》及相关的身体写作现象，以及其引发出的对‘女权主义’的矛盾立场，必须与 80 年代知识界的‘文化热’，知识分子重新想象“现代（性）”及其意识形态和政治立场的转变，以及受其影响的 80 年代以降妇女和社会性别问题上的文化倾向联系起来进行分析”。（〔美〕钟雪萍：《谁是女权主义者——由〈上海宝贝〉和“身体写作”引发的对中国女权主义矛盾立场的思考（上）》，郭英德主编：《励耘学刊·文学卷》2007 年第 2 辑，第 48 页，学苑出版社 2008 年版）

“三驾马车长篇丛书”，由人民文学出版社出版。包括作家何申的《多彩乡村》、谈歌的《家园笔记》、关仁山的《风暴潮》。

云南省作协组织创作的 11 部长篇作品全部出齐。这些作品包括黄尧的长篇纪实文学《世纪木鼓》、汤世杰的长篇报告文学《土地诗篇》等。

李祝尧长篇小说《世道》，由作家出版社出版。

矫健的长篇报告文学《走进帕米尔》，由新疆人民出版社出版。

《九十年代文学潮流大系》，由北京师范大学出版社出版。大系共 18 卷，约 700 万字，收入 510 多位作家的作品。该书由北京师范大学中文系教授李复威主编，国内 20 余位著名作家和评论家参与了编选。各卷书名分别为《女性体验小说》（陈染编选），《都市风情小说》（邱华栋编选），《商贸金融小说》（徐坤编选），《情感分析小说》（张德祥编选），《崇高意韵小说》（蒋守谦编选），《现代寓言小说》（马相武编选），《军旅人生小说》（朱向前编选），《乡镇世态小说》（牛玉秋编选），《社会写真小说》（张韧编选），《台港澳小说》（杨际岚、宋瑜编选），《女性散文》（韩小蕙编选），《百年文坛忆录》（吴福辉、朱珩青编选），《史志性报告文学》（李炳银编选），《先锋诗歌》（唐晓渡编选），《主潮诗歌》（吴思敬编选），《新写实戏剧》（田本相、宋玉珍编选），《世纪之交文论》（李复威编选），《学者随笔》（阎纲编选）。正如张炯所说，大系"保存了九十年代我国文学的真实记录，相当程度上展现了我国文学潮流的大体脉搏。"（《九十年代文学的真实记录》，《文艺报》1999 年 12 月 30 日）

郁葱主编的《河北 50 年诗歌大系》，由花山文艺出版社出版。

中国新诗研究所编的《新中国 50 年诗选》三卷，由重庆出版社出版。

卞之琳主编、牛汉副主编的《中华人民共和国五十年文学名作文库·新诗卷》，由作家出版社出版。

谢冕的《浪漫星云——中国当代诗歌札记》，由广东人民出版社出版。本书系"蓝风筝·中国当代学院批评"丛书之一种。

6 卷本《新疆新时期少数民族文学作品选》丛书首发式暨研讨会在京举行。该丛书收入了新疆新时期各少数民族有代表性的 200 位作家的作品。首发式由新疆维吾尔自治区党委宣传部和《民族文学》杂志社联合举行。

由作家出版社推出的《新时期蒙古族文学丛书》在京举行首发式。该丛书分为诗歌、散文、小说3卷，收入了250篇作品，包括了台湾在内的国内120多位蒙古族作家近20年来新发表的优秀之作。首发式由中国作协少数民族文学委员会主办，全国人大常委会副委员长布赫出席了首发式。

陈思和主编的《中国当代文学史教程》，由复旦大学出版社出版。陈思和说："我主编这部教材所追求的目的之一，正是想通过对这类以文学作品为主型的文学史教材的编写实践，为'重写文学史'所期待的文学史的多元局面，探索并积累有关经验和教训。"（陈思和：《〈中国当代文学史教程〉前言》，《当代作家评论》2006年第5期）这部文学史出版后，在学界引起很大反响。杨扬说："作为本科生的教学课本，我感到这本书开创了一种文学史的趣味。"一些异于传统文学史的内容（如摇滚歌词）进入到这部文学史中，"可以想象，这些内容充实到课堂之中，对学生来说，该是多么富于冲击力啊！"（杨扬：《陈思和主编〈中国当代文学史教程〉评介》，《重写文学史：建构与检讨——〈中国当代文学史教程〉学者谈》，《杭州师范学院学报》2000年第5期）陈继会认为，这部书的重要突破，是其"在历史观念上的重建，即'潜在写作'在当代文学发展史中的地位，以及'民间'的魅力在文学史中的意义。"（陈继会：《修史：需要与可能》，《重写文学史：建构与检讨——〈中国当代文学史教程〉学者谈》，《杭州师范学院学报》2000年第5期）葛红兵说：该教程"用潜在写作的逻辑结构来架构当代文学史，这是非常富有中国特色的解决方案，也是非常富有智慧的，可以解决中国的特殊问题。它给我们提供了一个经验，就是对在当代背景下如何去进行当代问题的研究，开创了一个非常富有创造性的方案。""这是一部形成了自己价值判断体系的文学史教材，是非常先锋的，这种体系既能在教学中使用，同时它又体现了知识分子的话语策略。"（葛红兵：《文学史写作中的史家情怀》，《重写文学史：建构与检讨——〈中国当代文学史教程〉学者谈》，《杭州师范学院学报》

2000 年第 5 期）姚晓雷说：“陈思和以他的‘民间’理念为基础建构的文学史模式，比起建立在传统改良基础上文学史的优点显而易见：一是引进‘潜在写作’，扩展了被以前当代文学叙事所忽视的很多文学史的文本内容；二是从‘民间’的话语立场出发，对一系列当代文学文本重新进行了意义阐释，发现了很多被遮蔽的内容。”（姚晓雷：《当代文学史写作探索刍议——由当前四部文学史著不同的写作模式谈起》，《文学评论》2004 年第 2 期）该教程在受到广泛好评的同时也引发了一定争议。李杨说：“我们在领略‘潜在写作’给文学史带来的生机时，也同时面临着这种新的文学史方法带来的新的问题，尤其是这种方式对文学史写作的一些基本原则所产生的挑战。由于‘潜在写作’都是在‘文革’后才获得正式出版的机会，因此这些作品的真实创作时间极难辨认。《教程》按照‘作品的创作时间而不是作品的发表时间’来进行认定，也就是说按照这些作品正式出版时标示的创作时间来确定其文学史意义，显然过于简略地处理了这个对文学史写作而言非常重要的问题。”“‘民间意识’在《教程》中占有极为重要的位置，是因为《教程》的作者为‘民间意识’赋予了‘自由’的本质：‘自由自在是它最基本的审美风格。民间的传统意味着人类原始的生命力紧紧拥抱生活本身的过程，由此迸发出对生活的爱与憎，对人生欲望的追求，这是任何道德说教都无法规范，任何政治条律都无法约束，甚至连文明、进步、美这样一些抽象概念也无法涵盖的自由自在。’显然，‘民间的传统’或作为一种传统的‘民间’是否真正具有超历史、超语境的自由本质，或者说‘民间’是否能真正独立于主流政治——或者说，民间艺术作为一种‘形式’是否与不同时代的‘内容’没有关联，这显然都是我们想象‘民间’的关键。”（李杨：《当代文学史写作：原则、方法与可能性——从陈思和主编的〈中国当代文学史教程〉谈起》，《文学评论》2000 年第 3 期）郜元宝认为，“抽去文学与政治的紧张关系，或竹内好在分析鲁迅时所说的文学与政治的‘对决’，陈编紧紧抓住的‘精英启蒙意识'、'战争文化心理'、'潜在写作'、'民间潜隐结构'和'民间理想主义'就难以充分见出作家个体的精神立场，也难以充分暴露李扬先生所分析的意识形态和民间意识的共谋。另一方面'精英启蒙意识'、'民间潜隐结构'、'民间理想主义'、'潜在写作'和'战争文化心理'容易变成超时代超个人的中性结构，文学史起伏脉络和作家个体精神骚动往往在审美的气氛和叙述学的结构模型中被凝固。如果缺乏必要的提醒，读者不容易分辨这些精神意识在不同作家和不同时期文学作品中的差异化呈现，因此如果要像洪著和董编那样描述文学史的阶段性推进，就比较困难。"（郜元宝：《作家缺席的文学史——对近期三本"中国当代文学史"教材的检讨》，《当代作家评论》2006 年第 5 期）

十月

1 日，《作家》第 10 期发表刘庆邦的短篇小说《夜色》，范小青的短篇小说《平仄》，王彪的短篇小说《看谁跳得高》，张旻的短篇小说《半道上》。

《长江文艺》第 10 期发表叶明山的中篇小说《乡长之初》，赵金禾的中篇小说《父亲种稻》，阿成的短篇小说二题《倒春寒》和《私人舞会》，刘林的短篇小说二题《神鸟》和《爱鸟年》，曾卓的随笔《生活与诗》三则，樊星的《答"批评家档案"十三问》，陈晓明的报告文学《"后餐饮"时代"小蓝鲸现象"诠释》。

《小说月报》第 10 期刊载张欣的中篇小说《缠绵之旅》（选自《天涯》1999 年第 4 期），李西岳的中篇小说《农民父亲》（选自《清明》1999 年第 4 期）及创作谈《我生命中的农民父亲》，李肇正的中篇小说《亭子间里的小姐》（选自《青年文学》1999 年第 8 期），潘向黎的短篇小说《十年杯》（选自《上海小说》1999年第4期)，张涛的短篇小说《徐大天》(选自《芒种》1999年第8期)。

3日，《人民文学》第10期推出“人民文学创刊50周年特辑”，刊登小说如下：王安忆的《冬天的聚会》、苏童的《大气压力》、池莉的《猜猜菜谱和砒霜是做什么用的》、林希的《“格涉”》、残雪的《追求者》、李贯通的《耳朵》、谈歌的《秦琼卖马》、毕飞宇的《阿木的婚事》、陈世旭的《柴达木人》、储福金的《岔路》。同期发表的诗歌有郭路生（食指）的《暴风雪》、李瑛的《黄河》、蔡其矫的《民族乐团的演奏》、郑敏的《世纪的晚餐》、牛汉的《逆着风沙》、吉狄马加的《回望二十世纪》、西川的《革命的菩萨》、梅绍静的《祖国》等；发表散文有《柯灵书简》、卞之琳《离合记缘》、宗璞的《从近视眼到远视眼》、张承志的《波斯的礼物》、史铁生的《有关庙的回忆》、贾平凹的《感谢混沌佛像》、黄宗英的《我背“长城砖”》、赵丽宏《日晷之影》、何为《国歌的诞生》等。

5日，冰心研究会与冰心文学馆举办冰心百年诞辰系列活动，包括冰心文学奖首届国际学术研讨会、冰心作品朗诵会等。

《山花》第10期发表石钟山的中篇小说《父亲的爱情生活》，徐坤的短篇小说《我知道今年夏天你干了什么》，李洱的短篇小说《上啊，上啊，上花轿》，白天光的短篇小说《收获墙语的阳光》及随笔《子曰和惬意的伤痛》，徐小斌的短篇小说《美术馆》及短论《上帝最后的泥巴》，何小竹的“实验文体”小说《旧信一札》及短篇小说《打街》，吕约的诗歌《吕约的诗》(三首)。吕约（1972－　），湖北武穴人。1994年开始发表作品。诗歌、散文、评论发表在《诗刊》、《诗选刊》、《诗歌月刊》、《上海文学》、《花城》、《南方文坛》等杂志。著有诗集《开始》（合作)、《破坏仪式的女人》等。

6日，《当代小说》第10期发表卢金地的短篇小说《马的失踪》，马枋的短篇小说《逃离雨季》，陶纯的短篇小说《杀死一只猫》，王大进的短篇小说《和我斗争或孤独者》，黄梵的短篇小说《毕业》，金海曙的短篇小说《搬家》。同期发表施战军、张清华、吴义勤、崔苇的文章《“新鲁军”能够崛起吗——关于山东新生代作家的对话》，此文围绕“山东新生代的意义”、“山东新生代自身的特征”、“山东新生代崛起的可能性”三个问题进行了全方位的探讨。

10 日，《北京文学》第 10 期发表丁天的中篇小说《伤口咚咚咚》、荆歌的短篇小说《毕业赠言》、刘岸的短篇小说《遍地马兰》、张英对余华的访谈录《写出真正的中国人》。同期“建国五十周年征文”栏目刊登李宗儒的中篇小说《20 万》；“世纪观察”栏目刊登陈俊涛与梁丽芳（加拿大）的对话录《世纪末的中国文坛》，对话围绕“对一个作家来说，历史感是不可缺少的”、“年轻作家应该注意开拓自己的写作资源”、“知青作家应该反思自己的历史角色”、“多翻译一些好作品介绍到海外去”等方面展开。

12 日，北京人民艺术剧院上演新版话剧《茶馆》，导演林兆华。

18 日，《中国戏剧》第 10 期开辟“50 年戏剧纵览”专栏。从本期始，到 2000 年第 2 期止，先后发表胡可的《民族题材戏剧随想》，安葵的《在新的综合的道路上前进》，傅谨的《成就与反思：中国戏剧遗产的当代传承》，刘厚生的《世纪初的思考——戏曲当前存在的几个问题》，林克欢的《当代戏剧批评的可能性》等文章。

19 日，网易公司在北京举行“网易中国网络文学奖”评选活动新闻发布会，邀请王蒙、刘心武、刘震云、从维熙、张抗抗、莫言、白烨、谢冕、戴锦华、欧阳江河、李陀等中国文学界知名人士作为专家评委。此举引发激烈争论，主要是网民们认为这些传统作家和评论家不了解网络，对网络文学一无所知，难于评选出真正优秀的网络文学作品。而张抗抗、白烨、谢冕，包括“网龄”最大的陈村等作家学者认为，网络文学目前正处于过渡阶段，尤其需要文学界人士的介入和引导，评委既会充分顾虑到网络文学的特点，同时也可更好地展开其与传统文学的互动和沟通。

20日，《当代》第5期发表陈国凯的长篇小说《一方水土》（节选）、孙惠芬的长篇小说《歇马山庄》（节选）、莫怀戚的中篇小说《透支时代》以及“新民间文学”栏目中许知远的《没有颜色的青春》。同期公布“焦作化电”杯《当代》文学奖获奖篇目，包括池莉的中篇小说《致无尽岁月》、何申的中篇小说《乡村英雄》、王蒙的短篇小说《枫叶》等。

21日，《文艺报》刊登文章《广西作家整体阵容抢滩中国文坛》。文章指出，经过多年的努力，广西的文学艺术创作有了自己的代表人物和代表作品。东西、鬼子、李冯、海力洪等8名广西文坛的活跃人物，年龄都在40岁以下。据日前对这8名最活跃的青年作家最近两年作品的初步统计，他们已发表、出版长篇小说4部、小说作品集1部、发表中篇小说35篇、短篇小说58篇，还有一批评论、随笔、翻译等文学作品问世。其中有1人的作品获首届鲁迅文学奖。近年来，他们的文学作品大量在全国有影响的文学期刊《人民文学》、《作家》、《小说月报》、《小说家》、《小说选刊》等发表、转载或获奖。东西的中篇小说《没有语言的生活》同时获得鲁迅文学奖和《小说选刊》优秀作品奖；鬼子的中篇小说《被雨淋湿的河》被评为《小说选刊》优秀作品、1997年‘中国十佳小说’，同时被收入《小说选刊1997年度最佳小说》、《人民文学50年小说精华》和《中国中篇小说选》等书。为繁荣文学艺术创作，广西自1997年起实行签约作家制度。上述8人为首批签约作家，他们可以脱产创作，除了保持原单位待遇不变外，每月还可以从宣传部门得到一笔创作补贴。签约使广西作家第一次以整体的创作阵容抢滩中国文坛，取得了不俗的创作成就，引起全国文坛的关注。

23日，《上海电影志》首发式在沪举行。该书记载1896年－1995年上海电影百年的发展史，先后有250位专家参与编纂，历时十年完成，由上海社会科学院出版社出版。

26日，“巴金星”命名仪式举行。王兆国代表全国政协主席李瑞环向巴金祝贺，翟泰丰代表全国文学界向中国科学家表示感谢。

28日，《剧本》第10期发表李宝群的五幕话剧《父亲》，陆军的大型现代话剧《相约星期六》以及谢玺璋的《关于“实验戏剧”的对话》。

《文学报》刊登文章《沪上一些批评家呼吁，必须加强对大众文化的研究和批评》，认为低俗的大众文化对青少年的影响关乎一代国民素质。在大众传媒日趋发达的今天，重视对大众文化的研究和批评比以往任何时候更迫切、更重要。同期针对批评家何满子和网民“草根阶层”的争论刊有专文。

本月，“九九生态与文学”国际研讨会在海口举行。来自国内外三十多位学者对当下文化、文学领域的生态等问题进行了广泛讨论。杜克大学教授、著名学者阿里夫·德里克与中国学者作家王晓明、陈思和、格非、苏童、张炜等人提出要警惕文化文学领域里的“发展主义”，以防文学写作变成奥林匹克竞技场，酷似经济上的赶超路线；文学自身要环保，与生态文明相适应，不能丢失最基本的道义立场、人道关怀和伦理精神等观点。（参见白木尔：《人与昆虫的共同命运——99海南“生态与文学”国际研讨会纪要》，《新东方》1999年第6期）

由美国南美以美大学主办的“老舍学术研讨会”在美国达拉斯举行，“南美以美大学老舍收藏馆”揭幕。

解放军总后勤部举办的第五届军事文学奖评奖揭晓，106件送选作品中，《悲壮历程》等28件作品获奖。

湖南首届毛泽东文学奖揭晓。陶少鸿的长篇小说《梦土》、蔡测海的中短篇小集《当代湖南作家作品选·蔡测海卷》等作品夺冠。

江西第四届“谷雨”文学奖揭晓。本届“谷雨”文学奖定为长篇小说专项奖，陈世旭的《将军震》获一等奖，颁奖会上还举行了《九十年代江西文学作品选》的首发式，该丛书共收入了江西220位作家的269篇文学作品。

由《清明》杂志社举办的“建国五十周年征文活动”在安徽评选揭晓。共有6部中篇小说获奖，李本深的《苍天可鉴》获一等奖。

由东北三省作家协会联合举办、黑龙江省作家协会承办的东北地区最高文学奖项第四届“东北文学奖”——长篇小说奖与长篇儿童文学奖在哈尔滨揭晓。获长篇小说一等奖的有张涛的《窑地》，胡小胡的《太阳雪》等。

小说家墨人荣获美国“世界智库”与“爱因斯坦国际学会基金会”联合颁赠的杰出成就荣誉奖。墨人本名张万熙，代表作有长篇小说《白雪青山》。

《上海文学》第10期发表彭瑞高的中篇小说《叫魂》、茹志鹃的中篇小说《下乡日记》及王安忆的随笔性评论《谷雨前后，点瓜种豆》、王力雄的短篇小说《永动机患者》、海力洪的创作谈《“药片”是什么》、黄发有的文章《日常叙事：九十年代小说的潜性主调》，臧棣的诗《简易的雕塑》、张枣的诗《大地之歌》。

《东海》文学月刊社、浙江广厦股份有限公司、浙江影视创作所联合举办的“广厦杯”50万元《东海》文学巨奖在杭州揭晓。程蔚东等人的影视剧本《共和国之最》（后获第17届中国电视金鹰奖）夺得金奖；莫言的中篇小说《牛》，张廷竹的中篇小说《好人大半生》获银奖；李国文等的作品分获铜奖；谈歌、潘军、艾伟、杜文和等10位作家的作品获佳作奖。

《诗刊》荣获国家新闻出版总署评选的“首届中国期刊奖”。

《电影文学》第10期发表电影剧本《星际九天》，编剧房友良；《情人假日酒店》，编剧姜丰。

6卷本《霍达文集》，由北京十月文艺出版社出版。《霍达文集》从作者迄今所发表的500万字作品中精选出不同体裁的代表作约360万字，其中包括长篇小说二卷，中短篇小说、报告文学、电影文学、散文各一卷。

叶广芩的长篇小说《采桑子》、凌力的长篇小说《梦断天河》，由北京十月文艺出版社出版。

王金武的长篇小说《天美地艳》，由春风文艺出版社出版。

高润光的长篇小说《近水遥山》，由山东文艺出版社出版。

周伦佑的诗论集《反价值时代——对当代文学观念的价值解构》，由四川人民出版社出版。

骆寒超、关登瀛编的《艾青纪念文集》，由作家出版社出版。

贾平凹的短篇小说《土炕》被改编为蒲剧《土炕上的女人》，在山西省庆祝建国50周年献礼演出中反响甚高。

第八届中国金鸡百花电影节落幕后，中国青年报发表文章《百花奖，想说爱你不容易》，对百花奖的评选结果提出了质疑，引起一定反响。

十一月

1日，《长江文艺》第11期发表黄发清的中篇小说《城市谎言》，冯积岐的短篇小说《画家》，艾伟的短篇小说《凶手》，海男的短篇小说《紫色践约者》，林舟的《答“批评家档案”十三问》，金秋的文章《重设虚无的寓言——小议后现代主义文学写作的价值取向》。金文认为：后现代主义在文学领域，“体现在创作观念上，是元话语的失效，元叙述的颠覆、重构，中心与同一性也随之消失；体现在文学审美上则是传统审美趣味和深度的消失，走出没有深度、没有历史的平面，从而表现为‘表征紊乱’；体现在艺术追求上则表现为精神维度的消逝，本能追求成为一切，人的消亡使冷漠的纯客观描写成为后现代写作的主要标志。可以认为，后现代主义文学写作的价值取向，是以消解谜底的方式建设虚无的寓言”，“无论是先锋派的苏童、余华，还是新写实主义的池莉、刘震云以及新市民时期的王朔，都义无反顾地破除人们心中的历史主义信念，把人们带到后现代主义的反叛历史的新历史感中或干脆将这种历史感也一同消解，使文学创作成为纯然的语言碎片和文字游戏。”这些小说，从“意义的拒载”（“对意义的不屑和消解上”）、“叙述的反常”（“后现代主义写作突出表现在叙事艺术上，其特征又表现在对元叙述的解构和颠覆上”）、“言语的狂欢”（“后现代主义倾向作品在语言行为方式上，表现为一种大面积的‘话语灾变’和狂欢、游戏精神”）三方面体现了后现代的价值取向。

《作家》第 11 期发表魏微的中篇小说《姐姐和弟弟》，田瑛的短篇小说《煎熬》，肖铁的短篇小说二题《井》、《静物素描》及创作谈《小说关系》。

《小说月报》第 11 期刊载海平、海明的中篇小说《游动的部落》（选自《红岩》1999 年第 4 期），星竹的中篇小说《玻璃店》（选自《北方文学》1999 年第 9 期），王怀宇短篇小说《站长老谁》（选自《时代文学》1999 年第 5 期），陈继明短篇小说《在毛乌素沙漠南缘》（选自《朔方》1999 年第 9 期），全勇先短篇小说《恨事》（选自《北方文学》1999 年第 10 期）。

世纪末最后一场文学论争在王朔、金庸间展开。本日，《中国青年报》刊登王朔的《我看金庸》一文向金庸“叫阵”，称“初读金庸是一次很糟糕的体验”，因为“情节重复，行文啰嗦”，“从语言到立意基本没脱旧白话小说的俗套。”王朔认为：“金庸很不高明地虚构了一群中国人的形象……于某种程度上代替了中国人的真实形象，给了世界一个很大的误会。”文章最后把金庸小说和“四大天王”、成龙电影、琼瑶电视剧并称“四大俗”。随后，金庸在 11 月 4 日的《文汇报》发表《不虞之誉和求全之毁》一文予以还击，借用佛家的“八风不动”和孟子的“有不虞之誉，有求全之毁”加以应对。王朔随之在 11 月 5 日的《北京青年报》称“我无意对金庸人身攻击”。11 月末，金庸在与第五届中国名校大学生辩论赛的辩手见面会上，首次公开表达了对王朔的态度，称“由于出生、家世、受教育程度以及一生经历的不同，我与王先生是完全不一样的人；就像是两条平行线，可以无限延长，但永不相交。”而“他对于我作品文字的批评，有很大漏洞，令人无法接受。”但依然坦言“情节巧合、结构松散”确是小说创作不足之处。文坛对此论争众说纷纭：刘心武对金庸是肯定的；陈村称王朔的批评虽无可厚非但说话有点“损”；格非称金庸不错，但其作写法套路问题确实存在，王朔对其这一点批评并不过分；陈染称宁可相信王朔；刘恒称欣赏王朔直来直去的表达方式；贾平凹称王朔未必是炒作，但这事总体说来没意思；余华称不想谈，没能力谈，但王朔很真诚，不是在炒作；李星称王朔勇气可嘉，敢在主流文坛搅和，敢骂偶像，而文坛树立偶像对文学发展的确不利；高建群称二人各有风格，但王朔站在他的角度评价金庸只能说他缺乏对文学多样性的理解，不怎么高明。（参见《知名作家评说“王朔看金庸”》，《南方都市报》1999 年 11 月 5 日）11 月 10 日晚，北大中文系博士生导师严家炎教授与北大学生对话金庸，给予其很高评价，但认为金庸小说的主要艺术缺陷是留下了在报纸上连载的印记。12 月 2 日，《文学报》刊登专文《从王朔金庸论战中看什么》，并转发关于此事的多篇文章及评论。

1－12 月 7 日，由文化部主办，上海市人民政府承办的首届中国上海国际艺术节在沪举行。四川人民艺术剧院的《未来组合》、重庆川剧院的《金子》、安徽省安庆市黄梅戏二、三团的《徽州女人》、中央实验话剧院的《生死场》、上海越剧院和上海广播交响乐团合作的《红楼梦》等剧目参加了演出。

2 日，《新剧本》第 6 期发表〔美〕A · 海克特、F · 古德里奇著、吴朱红译的话剧《安妮日记》。同期，该刊与北京电视台戏剧部联合推出“新时期中国戏剧激情大回眸”专栏，公布新时期 20 年激情戏剧人物、戏剧作品、戏剧大事排行榜。其中入选戏剧人物排行榜的 20 位剧作家是：过士行、许雁、刘锦云、孙悦霞、李龙云、苏叔阳、沙叶新、余笑予、杨利民、陈亚先、陈健秋、沈虹光、郑怀兴、林兆华、孟冰、郭启宏、徐棻、徐晓钟、盛和煜、魏明伦。20部在新时期中国戏剧史上起着积极作用的激情戏剧作品是：《徐九经升官记》、《新亭泪》、《绝对信号》、《小井胡同》、《潘金莲》、《狗儿爷涅槃》、《南唐遗事》、《天下第一楼》、《桑树坪纪事》、《山鬼》、《皮九辣子》、《曹操与杨修》、《画龙点睛》、《思凡》、《鸟人》、《苍原》、《风雨同仁堂》、《男儿有泪》、《虎踞钟山》、《骆驼祥子》。

《文艺报》刊登专文《中原突破——中国文学又一次集团式攻势：河南作家创作成果引人注目》。文章谈到河南作家的创作，从90年代前期以田中禾的《匪首》、张宇的《疼痛与抚摸》、李佩甫的《城市白皮书》、二月河的《雍正皇帝》等作品开始，在1998年和1999两年内形成了高潮，认为这是作家自觉追求、寻求突破的结果。

3日，《人民文学》第11期发表王芫的中篇小说《北京人》、力夫的小说《快乐之书》、白连春的短篇小说《身体里的感觉》、刘照如的短篇小说《蚂蚁的歌谣》、全勇先的短篇小说《东北恨事》。

5日，《山花》第11期发表卢金地的中篇小说《射鸟儿》、陈家桥的短篇小说《鹦鹉之恋》及其创作谈《日常生活与写作》、行者的短篇小说《中介之母》及其创作谈《关于虚构》、池莉的短篇小说《请柳师娘》、赵玫的短篇小说《关于身体的往事》、谢挺的短篇小说《相见欢》、墨生的短篇小说《洪水时期的婚姻生活》、李纪钊的短篇小说《面具》、刘凤阳的短篇小说《到净水胡同见黄伟》、王宁的文章《再论先锋小说的后现代话语特征》。

《花城》第6期发表韩东的中篇小说《花花传奇》、墨白的中篇小说《事实真相》、海男的中篇小说《缓缓张开的剪刀》、王大进的中篇小说《风中之欲望》、金海曙的短篇小说《找个温暖的地方》、姜贻斌的短篇小说《梦话》、何小竹的短篇小说《飞机从天上飞过》、张钧对王彪的访谈录《生命在梦魇与战栗中逃亡》，朱朱的组诗《枯草上的盐》、丁丽英的《梦》等一组诗。

《莽原》第 6 期发表赵国栋的中篇小说《鸡王》，刘照如的中篇小说《仿佛》，汪淏的中篇小说《过去》，崔子恩的短篇小说《坐在三角城冬季最冷僻的角落里》，赵柏田的短篇小说《我在天元寺的秘密生活》，黄立明的短篇小说《竹棍青青》；“跨文体写作”栏目发表何士光的《走近这口水井》，敬文东的《诗歌在解构的日子里……》。

《山花》第 11 期发表池莉的短篇小说《请柳师娘》，行者的短篇小说《中介之墓》及随笔《关于虚构》，谢挺的短篇小说《相见欢》，陈家桥的短篇小说《鹦鹉之恋》及随笔《日常生活与写作》。

《芙蓉》第 6 期发表寇挥的中篇小说《长翅膀的无腿士兵》，朱文的短篇小说《段丽在古城南京》，易羊的短篇小说《洋娃娃和小熊跳舞》、《我和我的房间》、《篮球的故事》，陈侗的文章《发自左边的声音——为浩然辩护》。“重塑‘70 后’”栏目发表候蓓的中篇小说《猴岛日记》，棉棉的短篇小说《你的黑夜，我的白天》，金林的短篇小说《51881》。同期刊登葛红兵的文章《为二十世纪中国文学写一份悼词》。葛红兵认为，从“作家”方面看，“二十世纪中国文学给我们留下了一份什么样的遗产？在这个叫二十世纪的时间段里，我们能找到一个无懈可击的作家吗？能找到一种伟岸的人格吗？谁能让我们从内心感到钦佩？谁能成为我们精神上的导师？很遗憾，我找不到”，“如果说五四时期是知识分子将自己当成了‘小人’，而《讲话》以后则是一个时代、一个机构有理路、有组织地将知识分子当成了被改造的对象，在这种情况下知识分子已经毫无身份感了，他们将自己混同于一般百姓，甚至将自己看成了比一般百姓更低贱、更无聊的阶层，这个时候你叫他们怎么形成自我意识，怎么对自己的人格提出要求？而到了‘文革’期间，知识分子更是被当成了专政的对象，平均每两年一次的知识分子修理运动，使知识分子被彻底地击垮了，中国作家的人格垮台了，他们失去了一个作家的良知，进而是一个人的良知，正义感消失了，勇气消失了，留下的是一份苟活于世的圆滑与世故”，“问题是今天中国的作家，在自由来临，他们终于可以讲真话，做正经事的时候，他们依然没有醒悟，他们更世故了，在商品经济的大潮中，他们比谁都下海得快，比谁都更计较金钱上的得失。”从“作品”方面看，葛红兵认为，“纵观二十世纪中国文学，我们没有看到哪一个作家，是创造了既不同于中国文学史上既有表现图式，又不同于外国文学史上任何文学表现图式的独特的文学表现新图式的。大多数作家在二者之间选其一端而用之，是拿来主义的，而不是独创主义的。中国在二十世纪根本就没有出现类似于普鲁斯特、马尔克斯、福克纳这样的具有独创性文体家，也没有在文学表现图式的意义上可以认为是经典的作家”。就“大结局”方面而言之，“总体上看，中国二十世纪文学是思想大于审美的文学。审美的质素是被压抑的，而思想的质素被机械地抬高了。但是文学的本质不是思想而是审美，文学并不能担当‘经国大事’的重任”，“这就是结局，二十世纪中国文学的大结局。等他们搞完了革命文学、左翼文学、抗战文学、革命现实主义文学、人道主义文学，他们发现已经是世纪末了，他们没有时间了”。因此二十世纪中国文学“注定是一份贫乏的遗嘱，反面教训多于正面价值。但是，新生的人们却注定在这份遗产上开始他们新的文学纪元，他们必须接受这份遗产”。此文后引发多篇文章参加讨论。

《大家》第 6 期发表刘燕燕的“凸凹文本”作品《飞鸟和鱼》，何申的中篇小说《热河会首》，汪淏的中篇小说《跛足骑士》，谢挺的中篇小说《有青草环抱的房间》，苏童的短篇小说《奸细》。

6 日，《人民文学》第 6 期“特别推荐”里刊登鬼子的小说《上午打瞌睡的女孩》。

《当代小说》第 6 期发表李心田的中篇小说《覆巢》，戴来的短篇小说《现在是凌晨一点三十五分》，朱文颖的短篇小说《塔玲》，荆歌的短篇小说

《危机四伏》，刘乃玉的短篇小说《一个男人的二十四小时》，张晓晶的文章《徐坤在“新生代”中的写作》。

8－16日，上海戏剧学院首次举办中日韩三国青年戏剧家表演工作坊。此次活动受到联合国教科文组织下属国际戏剧中心ITI的委托。活动期间，三国的青年演员学习了中国戏曲基本功的表演，并参与即兴表演训练，观摩了上海戏剧学院创作的小剧场话剧《生存还是毁灭/谁杀了国王》、《庄周戏妻》以及藏戏《文成公主》。

8－11日，中国社会科学院文学所举办了“新世纪文学学术战略名家论坛”，全国各地60多位知名学者应邀参加了会议。在会上，杨义、孙歌、孙景尧、高建平、邓绍基、陈晓明、刘扬忠、张炯等对中国文学如何迎接全球化的冲击等问题发表了各自的看法。与会者还就中西对话、融贯古今和“在亚洲思考”等话题展开了讨论。有学者呼吁树立中国文学研究的国际文化意识。这种国际文化意识要求我们既要重视本民族的文化特征的文化语境，还要关注“体现异质文化渗透与融合的文化语境”和“体现人类思维共性的文化语境”。此外，“域外汉文化”领域的文学研究也应该得到足够的重视。对这类材料的研究将会极大地拓展中国文学研究的文化与学术视野。与会者还讨论了“突破学科界限以实现研究深入”、文学史的重写、“民间”与“现代”的关系等问题发表了各自的意见和看法。（参见《文学评论》2000年第1期）

10日，《北京文学》第11期刊登“正豪杯”当代中国文学最新排行榜（1999年上半年）作品：铁凝的中篇小说《永远有多远》（《十月》第1期）、丁天的中篇小说《告别年代》（《青年文学》第4期）、叶广芩的中篇小说《醒也无聊》（《中国作家》第3期）、红柯的短篇小说《吹牛》（《时代文学》第1期）、毕飞宇的短篇小说《怀念妹妹小青》（《作家》第5期）、王安忆的短篇小说《喜宴》（《上海文学》第5期）、何玉茹的短篇小说《到群众中去》

(《人民文学》第6期)。

《诗刊》"世纪之交诗的盛会"专栏刊发丁芒、张学梦、雷抒雁、伊甸、熊召政、周涛、张执浩、陈东东、唐晓渡、臧棣等人的诗作。

12－14日:《诗探索》编辑部与《中国新诗年鉴》编委会联合主办的"99中国龙脉诗会"在北京召开。谢冕、吴思敬、杨匡汉、杨克、孙绍振、于坚、沈奇、任洪渊、蓝棣之、林莽、王光明、伊沙、孟繁华、张柠、孙基林、徐敬亚、杨晓民、刘福春、陈旭光、侯马、莫非、树才、车前子等出席了本次诗会。诗会的议题是理性的探讨1999年4月份"盘峰论争"所导致的诗坛内部分歧,以加强诗歌界的内部团结,努力促进诗歌创作的发展与繁荣,迎接21世纪的到来。会议由谢冕、吴思敬、杨克分别主持,杨匡汉做总结发言。在本次诗会上,莫非、树才、车前子等诗人在发言中对"知识分子写作"与"民间立场"之间的"对抗"态势表示不满和批评,并提出了在"知识分子写作"和"民间写作"之间开辟"第三条道路写作"的诗学主张与设想。所谓的"第三条道路写作",按照莫非的说法,是要反对"诗歌中的秘密行会",他批评"知识分子写作"和"民间写作"之间的论争是一种"无趣的名分之争",倡导另类的"第三写作"或"单独者"的写作;树才认为诗人之间重要的不是对抗,而是如何站在自己个人化的立场上从事写作,写出真正有活力的作品。(见孙基林:《世纪末诗歌论争在继续——'99中国龙脉诗会综述》,《诗探索》1999年第4辑)

15日,《长城》第6期发表贾兴安的中篇小说《金奴》、胡文学的中篇小说《血乳同根》、刘建东的短篇小说《去死吧》。

《江南》第6期发表韦晓光的中篇小说《凝重的山雾》、毕四海的中篇小说《老家的"九·九"大案》、墨白的中篇小说《从乡村到京城的路途》、王侃的短篇小说《动物园》、蔡之岳的短篇小说《乌鸦飞起来的样子》。还发表陈思和《试论当代文学史(1945－1976)的"潜在写作"》,此文指出"潜在写作”是当代文学史上的特殊现象。由于种种历史原因，一些作家的作品在写作其时得不到公开发表，“文革”结束后才公开出版发行。将这些属于过去时代的文本放在其酝酿和形成的背景下考察，它们反映了那个时代知识分子严肃的思考，是当时精神现象不可忽视的有机组成部分，也展示出时代精神的丰富性与多元性。这一命题的提出有助于对当代文学艺术生命力和知识分子精神追求的整体把握，以及当代文学史学学科的建设。

17 日，重庆市第一中级人民法院审理“虹桥血案”官司。原因是本年 7 月贵州省《花溪》杂志发表了有关重庆綦江虹桥垮塌案的长篇纪实文学《虹桥血案内幕》。由于文章涉及的部分当事人认为刊物失实并侵犯其名誉权，遂将杂志社告上法庭。此案后于 2000 年 1 月 18 日由重庆市第一中级法院调解，结果为《花溪》杂志向赵福宁赔礼道歉，刊登更正，并赔偿精神损失费 2000 元。(参见《检察日报》2000 年 1 月 21 日报道)

18 日，为向中华人民共和国成立 50 周年献礼，由中国戏剧出版社出版的《中国京剧史》上、中、下三卷（四册）首发式在北京人民大会堂举行。

20 日，《钟山》第 6 期发表邱华栋的短篇小说《袋装婴儿》、丁丽英的短篇小说《抄袭》、谢挺的短篇小说《天国的景象》、戴来的中篇小说《恍惚》、陈应松的中篇小说《雪树琼枝》、吕新的中篇小说《深红的农事》、董懿娜的中篇小说《斯人已去》、田中禾的短篇小说《1944 年的枣和谷子》、马兰的短篇小说《和平时期的爱情》、旷新年的文章《沉默的声音》、季进的文章《挥之不去的“他者”》。同期刊有“忆念高晓声”小辑，陈椿年、钱中文、李士非发表悼念文章。

20－21 日，“浙江省现实主义文学精品工程”系列研讨会在北京中国作协大楼会议厅举行。王旭烽的《筑草为城》（《茶人三部曲》第三部，浙江文艺出版社出版）、陆军的《北大之父蔡元培》（人民文学出版社出版）、夏挚生的《船月》（人民文学出版社出版）三部新作参加。

24－25 日，闻一多诞辰 100 周年暨百年中国文学研究的现代化进程学术讨论会在京召开。

25 日，《收获》第 6 期发表张贤亮的长篇小说《青春期》、阎连科的中篇小说《耙漏天歌》、王彪的中篇小说《大声歌唱》、荆歌的中篇小说《画皮》、东西的短篇小说《过了今年再说》、吴骏晨的短篇小说《可疑的变化》、孙见的短篇小说《陌生的朋友》。

26 日，首届“中华铁人文学奖”颁奖大会在北京人民大会堂举行。全国政协副主席陈锦华，中国作协负责人翟泰丰以及石油界、文学界人士 150 多人出席了颁奖大会。李季、李若冰因其对石油文学事业的卓越贡献获“中华铁人文学奖”贡献奖。张光年、刘白羽等 8 位老作家获“中华铁人文学奖”荣誉奖。徐迟、魏钢焰等 6 位故去的作家被追授“中华铁人文学奖”纪念奖。薛柱国的歌词《我为祖国献石油》、张天民的电影剧本《创业》、吕远的歌词《克拉玛依之歌》因其广泛深远的社会反响，获得“中华铁人文学奖”特别奖。另有周绍义、余述平、张敬群、贾平凹等 26 位作家的作品分获不同奖项。

26－28 日，澳门文学研讨会在南京举行。

28 日，《剧本》第 11 期发表姚远、邓海南、蒋晓勤的三幕话剧《“厄尔尼诺”报告》和郑怀兴的新编历史剧《王昭君》。

本月，第二届“西藏新世纪文学奖”颁奖仪式在拉萨举行。共有 5 部作品获奖：旺多的藏文长篇小说《斋苏府秘闻》、青年作家平措扎西的中短篇小说集《斯曲和他的五个孩子的父亲们》、军旅作家杨剑冰的报告文学集《守望西藏》、青年诗人次仁亚培的诗集《风》、次仁顿珠的藏译世界名著《一千零一夜》。

第十八届“陈伯吹儿童文学奖”颁奖大会在上海举行，获奖作品有小说《鼓掌员的荣誉》、《比乐和军刀》、《留级生沙龙》、《女孩风景》、《永恒的生命》，童话《森林里拾来的魔法师》、《霍去病的马》等。

西藏自治区文学艺术界联合会第三次代表大会暨作家协会第三次代表大会产生新一届领导班子。强巴平措当选为自治区文联主席，益希丹增等当选为副主席，扎西达娃当选为自治区作协主席，马丽华等当选为副主席。

蒙古族作家扎拉各胡的历史小说《黄金家族的毁灭》（上海文艺出版社出版）的作品研讨会在北京召开。

以已故人民艺术家老舍先生名字命名的“老舍文学创作奖”在北京设立。这是北京市具有最高荣誉和权威的文学大奖，该奖项两年评奖一次，旨在鼓励作家树立精品意识，关注现实生活，体现时代精神，创作出更多的优秀文学艺术作品。此奖由北京市文联和北京老舍文艺基金会主办。首届老舍文学创作奖设长篇小说奖、中篇小说奖、戏剧剧本奖和广播影视剧奖。

湖北省正式设立全省性的文学大奖：湖北文学奖。

《湖北新时期文学大系》由长江文艺出版社出版。该书由湖北省作家协会主持编纂，分中短篇小说、诗歌、散文、报告文学、儿童文学、文学评论共10卷，计500余万字。

湖北广水胡晓明、胡晓晖两兄弟合作的历史小说《洛神》在台湾“罗贯中历史小说创作奖”中折桂。春风文艺出版社将《洛神》列入“布老虎丛书”之中已在大陆范围正式出版。

《十月》第6期发表石钟山的中篇小说《夏日机关》，刘醒龙的中篇小说《我们香港见》，何申的中篇小说《热河傻妞》，胡丹娃的中篇小说《心灵安居》以及短篇小说《与胭脂虫对弈》、顾建平对胡丹娃的评介文章《谁会感到不安》。“青岛作家短篇小辑”发表尤凤伟的《回家》，叶帆的《四爷吉祥》，郑建华的《我们好比种子》等6篇。

《上海文学》第11期发表祁智的中篇小说《十一月十七日》、王静怡的中篇小说《不呼吸的女人》、王安忆的短篇小说《花园的小红》、储福金的短篇小说《颜青》、胡发云的短篇小说《晓晓的方舟》、李洱的创作谈《尘世中的神话》、李冯等的文章《想象力与先锋》。

《星星》诗刊第 11 期发表李元胜的诗《重庆生活》。

《电影文学》第 11 期发表电影剧本《让爱撑起一片蓝天》，编剧高天红。

张俊彪的长篇小说《幻化》由人民文学出版社出版。

朱大可、吴炫、徐江、秦巴子等著的《十作家批判书》由陕西师大出版社出版，对钱钟书、余秋雨、贾平凹、王朔、王蒙、梁晓声、王小波、苏童、北岛、汪曾祺进行“批判”标志着批评界“酷评”流行。

残雪的随笔集《灵魂的城堡：理解卡夫卡》，由上海文艺出版社出版。

孙文波、臧棣、肖开愚编的诗与诗论合集《语言：形式的命名：中国新诗评论》，由人民文学出版社出版。

吴开晋的《当代新诗论》，由山东友谊出版社出版。

张况的《让批评告诉批评》，由中国文联出版社出版。本书系“猫头鹰丛书”之一种。

谢冕、杨匡汉等著的《乡土的魅力——王耀东作品评论集》，由远方出版社出版。

蔡智恒的网络长篇小说《第一次的亲密接触》，由知识出版社在大陆出版，引发网络文学风潮。蔡智恒（1969－　），网络上的昵称是痞子蔡。台湾成功大学水利工程博士。1998 年于 BBS 发表第一部小说《第一次的亲密接触》，其代表作品还有《夜玫瑰》、《槲寄生》。

十二月

1 日，《长江文艺》第 12 期设“迎接澳门回归小辑”。同期发表杨荣福的中篇小说《竞争无情》，田柯的短篇小说二题《两个人在广州》、《风景》，吴晨骏的短篇小说二题《寻找钱尚诗》、《旅途》，冉正万的短篇小说《抬桥童子》，陈丹江的短篇小说《上访事件》，金仁顺的短篇小说《高丽往事》并附宗仁发的评论《蕴藏在琴韵舞姿中的残酷——读〈高丽往事〉》，昌切的《答“批评家档案”十三问》，张路的文章《动机的潜藏——文学创作之一景》。

《作家》第12期发表张笑天的短篇小说《康乃馨》、谢挺的短篇小说《成双成对》、刘芳的短篇小说《一个傻子的爱情自述》、谷凯的短篇小说《小静》、夏鲁平的短篇小说《聚会》、张柠的文章《我们内心的土拨鼠》。

《小说月报》第12期刊载胡发云的中篇小说《死于合唱》（选自《新创作》1999年第6期）及创作谈《歌唱与费普》，温亚军的中篇小说《苦水塔尔拉》（选自《解放军文艺》1999年第11期），王观胜的短篇小说《爱力西湖》（选自《延河》1999年第10期）。

3日，《人民文学》第12期发表何顿的长篇小说《人生瞬间》，阿福的中篇小说《森林里的故事》，罗望子的短篇小说《良宵》，陈家桥的短篇小说《母与子》，夏鲁平的短篇小说《去铁岭》，童宁的纪实文学《澳门往事》。

5日，《山花》第12期发表余未人的中篇小说《穿越文明》，韦翰的中篇小说《飞龙潭的诱惑》，龙潜的中篇小说《谁是谁的诗篇》，吴恩泽的短篇小说《画蛇的老红军》，张永龙的短篇小说《入土难安》，李钢音的短篇小说《关于杨妹珍的个案》。

中央实验话剧院、歌德学院在北京人艺小剧场联合演出话剧《盗版浮士德》。编剧沈林，导演孟京辉。

8日，应意大利蒙德罗国际文学奖评委会主席兰蒂尼邀请，以张贤亮为团长的中国作家代表团一行5人赴意大利访问，并出席第二十五届蒙德罗国际文学奖颁奖仪式，为期共10天。

10日，《北京文学》第8期推出“庆祝澳门回归小辑”。同期刊登唐颖的中篇小说《无性伴侣》，冬至的中篇小说《母女之缘》，张弛的短篇小说《法师捉鬼》，徐战升的短篇小说《希望》，蔡劲松的短篇小说《一个蚊子》。

《诗刊》刊出“世纪之交·诗的盛会”、“莲花灿烂——热烈庆祝澳门回归”栏目，刊有黎焕颐《向20世纪告别》等诗。

12日，《文艺报》与中共滕州市委、市政府联合在乡土文学作家刘浩歌的家乡山东滕州市召开了长篇纪实文学《土生土长》首发式暨文艺报社“作家创作生活基地”挂牌仪式。

中国文联、中国剧协联合主办的’99中国曹禺戏剧奖·剧本奖颁奖大会在京举行。获奖话剧剧目是《洗礼》（作者王海鸰）、《歌星与猩猩》（作者赵耀民）、《青春涅槃》（作者蒋晓勤、姚远、邓海南）；儿童剧是《小宝贝儿》（作者永涓、田牛等）。中国曹禺戏剧奖·剧本奖是经中宣部批准，由中国文联、中国剧协联合主办的我国唯一的全国性戏剧文学大奖，设立于1980年，原名全国优秀剧本奖，1982年更名为中国曹禺戏剧文学奖，1999年列入中国曹禺戏剧奖系列。

15日，《上海戏剧》第12期揭晓该刊所评选出的20世纪中国十大戏剧大师的结果。分别是梅兰芳、曹禺、田汉、老舍、黄佐临、焦菊隐、周信芳、王国维、欧阳予倩、郭沫若。

16日，中国当代文学研究会以“迎向新世纪：推进当代文学研究与批评为主题”在京举行20周年座谈会，中国当代文学研究会常务副会长白烨主持，会长张炯致词。与会学者深感，当代文学这门新学科已从初步的幼稚阶段走向逐渐深入、成熟的阶段。张锲、金坚范、谢冕、顾骧、杨义、包明德、陈骏涛、阎纲、何镇邦、何西来、曾镇南等先后发言。

20日，《当代》第6期发表华胄的中篇小说《风尘交易人》、何申的中篇小说《热河儿郎》、刘敏的中篇小说《情感支撑》、陈炳熙的中篇小说《选择》、杨豪的纪实文学《农民的呼唤》及《网事随笔》一组。

22日，由《文艺报》主办的《九十年代文学潮流大系》研讨会在中国作家活动中心召开。此大型丛书由北京师范大学出版社推出，李复威主编，多达700万字，长达18卷。研讨会由中国作家协会书记处书记、文艺报总编辑金坚范主持，与会者围绕《九十年代文学潮流大系》的出版，就90年代的文学现象、出版现象进行了讨论。

28日，《剧本》第12期发表孟冰的话剧《绿荫里的红塑料桶》。

本月，文坛艺苑掀起迎澳门回归热潮：《台湾文学选刊》、《北京文学》、《长江文艺》等刊物推出了“澳门回归纪念特刊”；《澳门社会大典》、《澳门丛书》、《中国澳门1999》等图书出版；电视剧（片）、舞剧隆重献映；各地相继为有关澳门的文学类图书举行研讨会，如珠海市举行朱崇山的长篇小说《十字门》的首发式和研讨会，该书以珠海市委名义赠送给中国人民解放军驻澳部队。

中国赵树理研究会在深圳召开研讨会，集中讨论议题“市场经济与大众文学”。与会专家学者认为，90年代以来，随着国家经济体制向市场经济转轨，也影响了整个文学创作的走向。赵树理所倡导的大众文学同样遇到了新的问题，商业性、时尚性冲击着大众化文学，读者的审美趣味、接受心理产生了很大变化。然而，大中华文学的精神实质与市场经济的主旨是不相悖的。在市场经济时期，赵树理的大众文化思想仍然有存在和发展的价值。赵树理一贯坚持站在农民立场上为农民说话，期盼农民致富的思想，正是市场经济的目的之一。因此，当前的文艺创作还应该提倡大众化、提倡赵树理精神。

《人民文学》、《译林》、《收获》、《故事会》、《故事大王》、《十月》、《散文》、《诗刊》、《小说月报》、《名作欣赏》10种文艺期刊获国家新闻出版署主办的“国家期刊”奖和“百刊工程”奖。

《小说月报》第八届百花奖揭晓，在1997年和1998年两年发表的250余篇小说中评选出中篇小说10篇、短篇小说10篇、优秀责任编辑奖20名和读者奖50名。刘恒的《贫嘴张大民的幸福生活》、李佩甫的《败节草》、池莉的《来来往往》等获优秀中篇小说奖；铁凝的《秀色》、邓一光的《狼行成双》等获优秀短篇小说奖。

少年儿童出版社编辑出版的《儿童文学研究》（1957 年创刊）、《儿童文学选刊》（1981 年创刊）于本月终结。《儿童文学研究》共出版 102 期，《儿童文学选刊》共出版 108 期。从 2000 年起，两刊合刊为《中国儿童文学》。

广州市文联实施培养跨世纪人才的工程初有成效，青年女作家张梅被列入跨世纪人才行列进行重点培养，培养的第一步便是为张梅求师。他们为张梅聘请了三位文学创作的指导教师，分别是中国作协创研部研究员雷达、广东文学院作家伊始和广州市文联评论家赵怡生。在张梅长篇小说《破碎的激情》于北京举行的研讨会上，三位导师接下了聘书。

江苏省正式设立全省性的文学大奖：江苏文学奖。

姚雪垠长篇历史小说奖设立。

布老虎丛书编辑部通报“金布老虎”征稿情况，女作家皮皮的长篇小说《比如女人》入围。“布老虎丛书”是春风文艺出版社于 1993 年打出的图书品牌，该社的韩忠良在谈及该系列图书的构成要素时谈到：“一是有鲜明特色的名称。最初为给‘布老虎’起名时，我们借鉴了北方如山西、陕西等地区的方言和工艺品形象物，民族性很强，形象可爱，名字好听、好记。二是有特点鲜明和视觉冲击力的标识，也就是商标。我们把这一标识做在封面、书脊、封底和勒口上，这样‘布老虎’丛书一下子就与其他图书区别开来。三是有准确的市场定位和内容风格定位。‘布老虎’定位于都市中青年文化人，定位于带有古典浪漫色彩的现代爱情小说，这两个定位适合了中国人的传统观念。人们成家日久，就会视婚姻如城堡，里面的人要出来，外面的人想进去，但中国人传统观念较重，家庭契约感较强，因此可以通过读小说产生一种精神上的满足。‘布老虎’这套丛书卖得好就是因为它满足了读者的这种需求。因此，我们对‘布老虎’的要求是故事性强、有强烈的可读性。四是

‘布老虎’的质量。品牌靠什么？靠产品。我们在制作图书时，从作者的写作内容、语言风格，到编辑加工、印装工艺，再到营销策划等，始终注意把‘布老虎’做成一个高质量的精品”。（韩忠良：《打造中国文学图书第一品牌——对“布老虎”丛书品牌运作的几点认识》，《出版发行研究》2002 年第 10 期）

许多刊物表示，次年将会以新的面貌问世。《人民文学》除封面版式更新外，还将加重作家阵容和作品内容的双重展示，努力办出中国当代文坛的权威特色。《作家》6 个印张 96 个页码将全部是彩版，封面是 200 克进口铜版纸，压浮光膜；内页分别用 80 克铜版纸、80 克双胶纸、80 克特种纸三种纸，除了文字，还根据需要配发一定数量的图片，主编宗仁发说，它“将是全国印制最精美的文学刊物。”《作家》2000 年重点经营的还是短篇小说，每期发表 5 篇左右。同时还新辟了一些栏目，发表海内外作家的文化随笔。《中国作家》杂志从 2000 年第 1 期起，将作为全国首家大型文学月刊亮相于文坛。

第三届世界华文微型小说研讨会在马来西亚吉隆坡召开。

张黎明的长篇小说《濠镜是家》（群众出版社）在京举办新闻发布会暨作品研讨会。

《上海文学》第 12 期发表王祥夫的中篇小说《民间大户》、何顿的中篇小说《圣村》、顾前的短篇小说《让我告诉你一个秘密》、丁丽英的短篇小说《我们感谢什么吧》、邓刚的短篇小说《表奶》。

《诗探索》第 4 辑发表吕进的文章《女性诗歌的三种文本》，臧棣的文章《当代诗歌中的知识分子写作》，王家新的文章《从一场蒙蒙细雨开始》等。

《电影文学》第 12 期发表电影剧本《大牌明星》，编剧汪天云、成孝湜。

莫清华的长篇小说《琼崖烽火》，由南海出版公司出版。

马明康的长篇小说《火色山脊》，由云南出版社出版。

肖桂贤的长篇小说《秋江》，由花城出版社出版。

绍武、会林的长篇小说《黑洞炼狱流火——母亲三部曲》，由上海文化出版社出版。

卓介庚的长篇小说《劫后余生》，由浙江文艺出版社出版。

李汀的长篇小说《大千世界》，由作家出版社出版。

王树增的报告文学《远东朝鲜战争》，由解放军文艺出版社出版。

白烨主编的《文坛纪事 1999》，由漓江出版社出版。

陈超编著的《20 世纪中国探索诗鉴赏》，由河北人民出版社出版。它是陈超 1989 年出版的《中国探索诗鉴赏辞典》的增补版。

罗洛的《罗洛文集（诗论卷）》，由上海社会科学出版社出版。

沈奇的诗论集《拒绝与再造》，由西北大学出版社出版。

本年

革命历史题材的小说开始成为文坛新热点。《当代作家评论》第 5 期推出了一组评论文章，包括陈思和与刘志荣合写的《寻求历史与现实的呼应》、董之林所写的《新英雄与老故事》等，讨论了《红岩》、《青春之歌》、《苦菜花》、《红旗谱》、《烈火金刚》等革命历史小说的题材创作问题。《湖南师范大学学报（社会科学）》2002 年第 2 期发表吴培显文章《“红色经典”创作得失再评价》，认为“五六十年代作家群体以执著的艺术信念和精品意识，实现了带有特定时代色彩的史诗追求。‘人’的哲学观念的根基的缺失，导致其史诗范式的时代性倾斜。作为‘红色经典’主要价值支撑的‘历史感’，也往往出现平面化和盲从性的偏颇；其根源就在于缺乏以‘人的全面自由发展’为价值目标的‘历史合理性’判断原则。”此话题随后在“红色经典”的评判、再造（改编成影视作品）层面得到充分的延伸和拓展。《文学自由谈》

2002年第5期发表王彬彬的文章《样板戏与所谓“红色经典”》，认为“‘红色经典’这种称号，则意味着对那种普遍的尺度和公认的标准的拒绝，一部作品，哪怕它被那种普遍的尺度和公认的标准判定为一钱不值，一批作品，哪怕已被时间淘汰，也可以用一把政治之钩把它们重新钩出水面，并且给它们贴上‘经典’的标签。所以，这样一种做法，与其说是在与某种人间的东西作对，毋宁说是在与永恒的时间为敌。”其他文章还有《重话20世纪“红色经典”》（赵学勇等，《小说评论》2003年第5期）、《在全球化时代‘再造红色经典’》（刘康，《中国比较文学》2003年第1期）、《红色经典：在官方与市场的夹缝中生存》（陶东风，《中国比较文学》2004年第4期）等。

网络文学开始引起广泛关注，标志性事件如下：

①痞子蔡的长篇网络小说《第一次的亲密接触》本年9月出版，安妮宝贝在网络上迅速走红，并于次年1月出版短篇小说集《告别薇安》。安妮宝贝（1974－　），女，本名励婕，浙江宁波人。1998年开始在网络上写作和发表作品。著有长篇小说《彼岸花》、《二三事》、《莲花》，中短篇小说集《告别薇安》，散文小说合集《八月未央》、《素年锦时》，随笔集《蔷薇岛屿》等。

②《文学报》“大众阅读”栏目特辟“网络文学专版”（7月29日）。编者认为，“我国的网络文学正悄然兴起，网虫们在电脑键盘敲打出的文字在BBS中贴出，迅即不胫而走。网络的广袤空间，给文学创作展示了一片新天地，形成了无数个作者和读者群。”第1期刊登痞子蔡的网络小说《雨衣》，并陆续刊登安妮宝贝的《告别薇安》等著名网络小说。专版于8月26日起特邀“榕树下”文学网站供编特稿，此外还刊登多篇探讨网络文学的访谈及文章，如《如何看待网络小说及其前景》（7月8日）和《“网话文”刍议》（12月9日）。《如何看待网络小说及其前景》一文里针对网络小说的兴起与传统文学的边缘化问题展开对话，研究者认为“作家的权力在网络时代被敲击键盘的无名者所分享”、“借助多媒体技术，网络小说带来小说叙述模式的

革命”、“网络小说虚拟真实的能力将无限提高。”《“网话文”刍议》一文指出，一种“不问文体，唯有思索，无意讨好，辞达而已”的“网话文”新文体被创造出来，并正向印刷物转移。

③11 月中旬，上海榕树下网站和《文学报》等单位联合举办“1999 网络原创文学作品奖”征文。2000 年底，第二届网络文学大赛进入高潮，举办单位“榕树下”文学网站在此时抵达最兴旺期。从 1999 到 2001 年，连续三届网络文学大赛成为网络文学上值得一提的盛事。2001 年之后，大赛停办。

④主流作家主动介入网络文学，网络媒体与传统媒体开始互动。上海作家陈村首开个人网页《看陈村看》，他对新兴的网络文学十分看好，认为网络使文学真正贴近大众，新一代文学青年将在网民中涌现。10 月 19 日，网易公司在北京举行“网易中国网络文学奖”评选活动新闻发布会，邀请王蒙、刘心武、刘震云、从维熙、张抗抗、莫言、白烨、谢冕、戴锦华、欧阳江河、李陀等中国文学界知名人士作为专家评委。2001 年，一些原本依附于传统媒体的写作者开始转向网络，“散文家宁肯依靠网络推出他的长篇小说《蒙面之城》，这部小说曾投稿给许多期刊均未获发表，后来在网络上寻求知音，竟然很快便被《当代》刊用。”网络创造了作者推出作品的全新方式，以往“作者——编辑——期刊——读者”的模式被网络干预后的新模式“作者——网络读者——编辑——期刊”所取代。2000 年，八十年代非非诗人群创立的“橡皮”网络论坛和“下半身”诗歌团体创立的“诗江湖”网络论坛兴盛一时，他们与 1999 年改版后萧元主编的《芙蓉》杂志声气相通，许多作者通过在“橡皮”、“诗江湖”的发帖和回帖展露了才华并发展了人际关系，网络在此时第一次显示了社会交际和作家圈聚散的功能。当时韩东负责《芙蓉》杂志的小说编发，通过“橡皮”、“诗江湖”与韩东在网络上结交，以期发表作品，成为一些作者成名的捷径。2002 年底，《芙蓉》再度改版，萧元卸任，“橡皮”与“诗江湖”也随之开始没落，网络文学论坛的起落变迁折射出很

浓的江湖气和功利味道。（参见雷立刚：《喧哗与骚动：1998 - 2003，文学在网络上的 5 年历程》，网址：http：//paowang. com/cgi - bin/forum/view-post. cgi？which = qin&id = 69995）

对于网络文学逐步广泛和深入的影响，学界也纷纷做出回应。《文学评论》2000 年第 5 期发表杨新敏文章《网络文学刍议》，系统分析了网络文学兴盛的背景和环境，并认为这种新兴的文学既是多媒体、多门类的综合，又具有超文本化特征，即读者的阅读有着某种自主权，读者还有批评和再创作的自由权。但由于绝大多数网络文学具有"创作的悲哀"（"快速的产生，快速的消亡，使作者越来越不注意自己作品的质量，创作也就成了一种惯性的操作，机械的打字和快速的浏览消磨了创作的活力和激情，因此作品质量越来越低劣是在所难免的"）、"发表的悲哀"（"网络文学刊物的编辑"其专业程度和欣赏水准，实在难以与传统媒体的编辑相比）、"阅读的悲哀"（屏幕上的阅读是匆忙的，"网络的阅读的随机性也决定网上作品的命短"）、"点击的悲哀"（点击数是随机的，但却严重影响着网络文学的评判标准）、"批评的悲哀"（"在网上，很多得到回帖和评论的作品并不是质量高或者引起了读者的反响，相反，多数回帖是因为对于这个作品有话说。"）（丁德文：《网络文学的悲哀》，《文学自由谈》2000 年第 6 期），所以多数作家和评论家虽然认为应该对其保持宽容和接受，但依然忧虑其发展，并且不认为其会对传统文学构成足够的冲击和威胁。

由作家韩东主编的"断裂丛书"，由海天出版社出版。"丛书"由 6 位年轻作家的中短篇小说集组成，分别是顾前的《萎靡不振》、楚尘的《有限的交往》、吴晨骏的《明朝书生》、金海曙的《深度焦虑》、贺奕的《伪生活》、海力洪的《药片的精神》。韩东以此证实其写作立场，"他选择作者的标准'最重要的是他们对于文学艺术的端正态度，却反对平庸、挑战平庸、挑战没有创造力的写作。'他认为收入丛书的六位作家都是属于写得好但不善于自我经营的作家，他们的写作长期处于被遮蔽的状态，但他们都是技术精湛、态度端正的写作者。”（《文艺报》1999 年 7 月 6 日）这 6 位作家都出生于 60 年代，其作品映现出那个时代特有的精神背景，抽象却不失准确地勾勒出各个作家从自身体验出发所传达的精神世界的轮廓，在相当程度上背对着当下的文学陈规和权威，贴近写作者生活本身，服从于写作者内心的召唤。（《光明日报》1999 年 7 月 16 日）

谢有顺主编的“文学新人类”丛书第一辑，由珠海出版社出版。包括《像卫慧那样疯狂》（卫慧著）、《我们干点什么吧》（周洁茹著）、《爱情冷气流》（金仁顺著）、《迷花园》（朱文颖著）。此书为“70 后作家”正式出版的第一套丛书。

苏童的散文随笔集《纸上的美女》，由人民日报出版社出版。

张抗抗的散文集《女人说话》，由江苏人民出版社出版。

叶兆言的散文集《闲话三种》，由百花文艺出版社出版。

张远山的思想随笔集《永远的风花雪月，永远的附庸风雅》，由上海三联书店出版。

赵丽宏的散文集《赵丽宏自选集》（四卷）、《鸟痴》，由上海文艺出版社出版。

赵玫的随笔集《以血书者》，由宁夏人民出版社出版。

《王蒙漫游美文》，由广东人民出版社出版。

伊沙的随笔集《一个都不放过》，由青海人民出版社出版。

周政保的《非虚构叙述形态——九十年代报告文学批评》，由解放军文艺出版社出版。

钟敬文主编的《中国民间故事集成·山西卷》、《中国民间故事集成·湖北卷》、《中国民间故事集成·宁夏卷》和贾芝主编的《中国歌谣集成·湖南卷》，由中国 ISBN 中心出版。

1999

刘守华的《中国民间故事史》，由武汉湖北教育出版社出版。

祁连休、程蔷主编的《中华民间文学史》，由石家庄河北教育出版社出版。

李惠芳的《中国民间文学》，由武汉大学出版社出版。

〔德〕爱伯华著，王燕生等译的《中国民间故事类型》，由商务印书馆出版。

《毛泽东文集》第六、七、八卷发行。至此，8 卷本《毛泽东文集》全部出齐。

2000 年

一月

1日，新千年第一书《智圣东方朔》（龙吟著）出版。该书创下了四个第一：2000年中国出版的第一部著作；中国第一部尚未出版即被美国Gateway买断全球出版权的小说；第一部Internet网上拥有十万访问人次的中文小说，被誉为压网之作；中国第一部挑战金庸武侠小说的文侠小说。该书还未出版，原著改编电视剧已经敲定。改编权后为中央电视台买断。龙吟（1957－　），本名闫华，江苏徐州人。古典文学硕士。做过研究员、编审、教授、大学副校长、中央某刊物常务副主编，现为暨南大学中文系教授。其“文侠小说”开山之作《智圣东方朔》（三部六卷）由作家出版社以“新千年第一书”的形式出版。其后著有《诗剑龙洲侠》、《万古风流苏东坡》、《怪杰徐文长》等小说。2004年成为广东省作协签约作家。

《作品》第1期发表谢宏的短篇小说《马力去了一趟澳门之后》。

《鸭绿江》第1期发表冯积歧的短篇小说《皮匠》。

《山东文学》第1期发表郝炜的短篇小说《患者》、何玉茹的短篇小说《和平街之夜》、张炜的理论文章《小说：区别和判断》。

《长江文艺》第1期发表胡学文的中篇小说《秋风绝唱》、余述平的中篇小说《陌生的车站》、谢璞的短篇小说《紫色圈套》。胡学文（1967－　），河北张家口人。1996年开始发表作品。著有长篇小说《燃烧的苍白》、《天外的歌声》，中篇小说集《极地胭脂》、《婚姻穴位》、《心急吃不了热豆腐》、《麦子的盖头》。

《延河》第1期发表白天光的短篇小说《山下漂来的红棺材》，中跃的短篇小说《悬崖上》、《晕》。

《作家》第1期发表池莉的短篇小说《梅岭一号》、格非的短篇小说《暗示》、孙甘露的短篇小说《镜花缘》、潘军的短篇小说《去茂名的路上幻想一顶帽子》、徐坤的短篇小说《北京夜未眠》。

《解放军文艺》第1期发表陶纯的短篇小说《身上有岛》、王曼玲的短篇小说《灿烂的遭遇》。

《厦门文学》第1期发表北北的中篇小说《我的生活无可奉告》、蔡之岳的短篇小说《办公室故事梗概》。

《散文》第1期发表王家斌的散文《魂兮归来》、车前子的散文《春夜的画廊》、萧乾的散文《怎么评价我们的文学》、王充闾的散文《家住陵西》。

《美文》第1期发表曹明华的散文《同性相吸》，鲍鹏山的散文《贾谊：没有席位的发言（上）》，车前子的散文《〈旋转木马〉记》，余华的散文《国庆节忆旧》，红柯的散文《给兵马俑吹口气》，卞毓方的散文《天边，那二百米外的蓝月亮》，贾平凹的散文《序〈再读圣贤〉》、《老西安：历史的记忆》。

《小说界》第1期发表王蒙的微型小说《笑而不答》（三十篇）、对台湾作家白先勇的访谈录《回首看沧桑落笔写悲悯》、随笔《中国文学怎么了》，张欣的短篇小说《拯救》、随笔《写作是一种方式》。同期，“电脑·网络·写作”栏目发表文章有：陈村的《网上的我们》、赵凝的《电脑：是魔鬼也是情人》。

2日，《新剧本》第1期发表王愈奇的话剧《正阳门外》、陆军的话剧

《夏天的记忆》、朱铁城的话剧《大街上的男人》、陈健秋的京剧连台本戏《宰相刘罗锅》(第一本)。

3日,《人民文学》第1期发表袁鹰的《凝视这个数字》、祝勇的《一切在平静中开始》、铁凝的《用右手写字》、冯秋子的《新世纪的疼痛》、徐坤的《美眉的世纪》、池莉的《跨世纪的茶花》、雷达的《新世纪钟声敲响之后》、叶廷芳的《世纪末的唠叨话》等"新世纪笔谈"系列,星竹的中篇小说《中西部》、徐怀中的短篇小说《或许你看到过日出》、阿成的短篇小说《鸭舌帽》、孙春平的短篇小说《通天有路》、戴来的短篇小说《自首》、李浩的短篇小说《闪亮的瓦片》和《那支长枪》,邓一光的散文《那个世界那个梦》。李浩(1971－),笔名布谷,河北沧州人。现在河北省沧州市文联工作。1989年开始发表作品。著有小说集《谁生来是刺客》、《侧面的镜子》等。

4日,《文汇报》刊登《网上作家排行谁最俏》,文中提到:内地作家王朔榜首,港台金庸榜首,已故作家中鲁迅榜首。

5日,《小说家》第1期发表潘军的长篇小说《独白与手势·蓝色》、二月河的长篇小说《乾隆皇帝·凤满龙楼》(连载)、丁艾香的中篇小说《狂欢》。

《钟山》第1期发表叶弥的中篇小说《两世悲伤》、马炜的中篇小说《坦白从宽》、何庆邦的短篇小说《女人》、何申的短篇小说《热河诗梦》。

残雪的短篇小说《生活中的谜》、张执浩的中篇小说《马路上什么都有》、红柯的中篇小说《病房》、徐贵祥的中篇小说《天下》、陈家桥的短篇小说《野花》,余华的随笔《我的一生窄如手掌》发表于《莽原》的第1期。同期末页刊登消息:作家韩少功已提出辞呈,将辞去海南省作家协会主席及《天涯》杂志社社长职务。

《朔方》第1期发表红柯的《不带家具的房子》、陈继明的《干旱的村子》、了一容的《出门》、季栋梁的《母亲》、孙方友的《陈州烈考》、王方晨的《心眼儿》等短篇小说。了一容（1976－　），本名张根粹。东乡族，生于宁夏西海固。曾在天山草原牧马，巴颜喀拉山淘金，浪迹西部。现在《朔方》编辑部工作。20世纪90年代初开始发表作品。著有中短篇小说集《挂在月光中的铜汤瓶》、《去尕楞的路上》、《手掬你直到天亮》等。2008年小说集《挂在月光中的铜汤瓶》获全国少数民族文学创作“骏马奖”。

《花城》第1期发表潘军的中篇小说《瞳孔》、吕新的中篇小说《米黄色的朱红》、张旻的中篇小说《爱情与堕落》、张执浩的中篇小说《浮现》、张钧所作访谈《以小说的方式关注人类境遇——曾维浩访谈录》、王英琦的散文《用整体人格向世界说话》。同期还集中发表了于坚、麦城、王小妮、翟永明、臧棣、张枣等人的诗作。

《上海文学》第1期发表刘醒龙的中篇小说《民歌》、郝炜的短篇小说《超常感觉》、陈丹燕的随笔《地图上的痕迹》、葛兆光的思想笔记《显微镜及其他》、李洁非的思想笔记《好社会》。

《芙蓉》第1期发表残雪的短篇小说《小怪物》、韩东的短篇小说《太阳妈妈，月亮妈妈》、何小竹的短篇小说《迪厅的两个女孩》和《小旦家的聚会》、崔子恩的短篇小说《濒危动物至上》和《每个人都是国王》、薛忆沩的短篇小说《死者》和《人事处老P》、鲁羊的短篇小说《〈指鸣〉之邂逅》和《宠物》、冯坤的长篇小说《晃来晃去的人》（连载）、陈家桥的中篇小说《比处女还干净》。该期在“重整‘70后’”栏目继续推出了阿美的中篇小说《我的春天》、彭希曦的短篇小说《我在北京的33个朋友》、巴乔的短篇小说《温兆伦下个礼拜要来》、楚尘的短篇小说《某处的几个人》、何维彦的短篇小说《今夜我会敲你的门》和《有人推我》。同期，刊发葛红兵的文章《为二十世纪中国文艺理论批评写一份悼词》、尹丽川针对葛红兵《为二十世纪中国文学写一份悼词》（《芙蓉》1999年第6期）的回应文章《爱国、性压抑……与文学——致葛红兵先生的公开信》、韩东的《论民间》。彭希曦（1969－　），自由作家，现居深圳。作品有《我房门上的37张便条》、《接下来，就看你如何风骚了》、《彭希曦先生》、《人体彩绘摄影大赛颁奖典礼》、《难以启齿》等。尹丽川（1973－　），女，生于重庆，祖籍江苏，自由作家、诗人。毕业于北京大学西方语言文学系及法国ESEC电影学校。出版有小说、诗歌合集《再舒服一些》、长篇小说《贱人》，执导电影《公园》、《牛郎织女》。

针对葛红兵相继发表的《为二十世纪中国文学写一份悼词》和《为二十世纪中国文艺理论批评写一份悼词》，3月21日的《文艺报》以《二十世纪中国文学需要真正的学理批评》为总题，发表了黑孩的《为炮制悼词者出示红牌》、黑白的《文学与批评的精神》、张耀杰的《葛红兵的世纪哗变》；刊发了杜哉发表于《文学报》（1120期）的《何必“降一级来看”》和尹丽川发表于《芙蓉》（第1期）的《爱国、性压抑……与文学》两篇文章的文摘，以及以《葛红兵的辩解》为题摘自《橄榄树》的《葛红兵答〈市场指南〉记者范文琼问》的文摘。《文学报》1127期刊发了吴中杰的《评一种批评逻辑》，认为“《悼词》的批评重点显然不在文学性上，而是在政治伦理上，同时兼及个人道德”。指出，“《悼词》的作者实在是一位酷评家”，这里的酷是“苛刻”之意，这至少表现在两个方面：“一是脱离特定的社会环境，对作家提出非分的要求”；“二是无视当时的历史条件，苛责过去的作家没有达到今天的要求”。该文认为葛红兵的批评方法与思维方式与“文化大革命”期间的整人方法和逻辑很相似。

韩东在《论民间》一文中写道：“民间并非出自任何人的虚构，更非是出自某些人有目的的炒作或自我安慰的需要，它始终是一个基本的事实”，“有其确切的物质形态和精神核心”。“一方面是大量的民间社团、民间刊物和个人写作者的出现，一方面是独立意识和创造精神的确立和强调。”“民间立场就是坚持独立精神和自由创造的品质，它甚至不是以民间社团、民间刊物和民间诗歌运动为其标志的。情形倒是相反，社团流派、油印刊物和文学活动因为有它才有了根本的价值，呈现出真正的活力。”“如果将民间的精神实质视为独立意识和自由创造，他就不是取消个人的。正相反，民间是真正的个人性得以存在和展开的场所。”对于韩东的观点，林舟认为：“在近年的理论界、文学界，‘民间’一直是一个容易引起各种歧误的概念，去年诗歌界在北京‘盘峰会议’引发的‘民间写作’与‘知识分子写作’之争，更使关于‘民间’的理解的分歧突出出来。在某种意义上，韩东的这篇万言长文直接导源于对这场论争的回应，但是其触及的问题却关乎中国近几十年来的变化以及未来的走向。”“当然韩东的本意并不在于提出了一个什么新说法，而是有着下面两个方面的意义和作用。首先，据此重新估计近几十年来的文学发展的历史。文章梳理了《今天》以降文学在民间的历史，评述了食指、胡宽、王小波等作为民间的灵魂人物的独特贡献，据此提出了两个富有意义的命题：一是‘当代民间对当代文学的、重大乃至根本和决定性的意义’；二是，‘主流话语是怎样以自身的利益为取舍歪曲和改写民间历史的’。其次，韩东对‘民间’上述界定和描述，尤其针对着当下对‘民间’的种种误解，因此文章的绝大部分篇幅就民间与个人写作、民间与边缘及非主流、民间与‘民间文学’、民间与大众趣味地摊文学、民间与多元化、民间与‘伪民间’的区别、联系、对抗等等情状进行辨析，表现出清醒执著、充满辩证的理性思考。”（《当代作家评论》2000 年第 2 期）

《上海戏剧》第 1 期发表乐美勤的话剧《红鹰》（上）。

《随笔》第 1 期发表叶延滨的《随感两则》、刘心武的随笔《山溪秋叶》、袁鹰的随笔《一世兴衰照眼明：读〈陈独秀诗集〉有感》、绿原的随笔《〈国际歌〉几种文本的比较》、潘旭澜的随笔《文化的悲哀：太平杂说》、谢泳的随笔《多说民主的好处：外一篇》、舒展的随笔《预言和诤言：读李光耀先生在99〈财富〉论坛年会上演讲的随想》、丁帆的随笔《从姚雪垠的受宠到老舍的“写不了”谈开去：“七十年文学史”的艰难命题》、胡显中的随笔《千人之诺诺，不如一士之谔谔：读李锐新著〈直言〉有感》。

6日，《当代小说》第1期发表海力洪的短篇小说《左和右》、金仁顺的短篇小说《酒醉的探戈》、夏商的短篇小说《金色镶边的大波斯菊》、李修文的短篇小说《向大哥下手》、陈家桥的短篇小说《移情别恋》、金海曙的短篇小说《寻找第三者》、崔子恩的短篇小说《仓皇逃遁与良机与梦想》、刘剑波的短篇小说《你把后窗打开，中不中?》。

7日，《散文百家》第1期发表《洋中鱼散文小辑》、陈传席的散文《虱子小史》、孙绍振的散文《一种境界：蔡飞跃散文集〈紫陌行吟〉序》、邓洪平的散文《难得超然：序〈熊朝东散文〉》、龙彼德的散文《木兰围场之夏》、孙方友的散文《儿时记忆》。

10日，《十月》第1期发表万方的中篇小说《空镜子》，程青的中篇小说《艾琳的简历》，刘建东的中篇小说《心比蜜甜》、短篇小说《大伯的葬礼》及陈东捷的相关评论《解不开的铃铛》，姜贻斌的短篇小说《三道关》，李存葆的散文《沂蒙匪事》，陈丹燕的随笔《地图上的痕迹》。

《北京文学》第1期发表王安忆的短篇小说《王汉芳》、《陆地上的漂流瓶》，王芫的中篇小说《各就各位》，陈冲的中篇小说《有句话说出来就是祸》，卢岚岚的短篇小说《草莓》，夏商的短篇小说《今晚》，刘汉太的报告文学《巨人与魔鬼——我所了解的牟其中》。

《福建文学》第1期发表叶倾城的短篇小说《关于石中玉遇害案的报告》。

《绿风》诗刊第1期开设《西部诗坛巡礼·甘肃卷》，刊出叶舟的《西藏的红羊皮书》（二首），娜夜的《娜夜诗选》（十二首），阳飏的《西藏：迎风颂唱》，人邻的《独语》（十首），阿信的《甘南诗抄》（六首），古马的《古马诗选》(三组),桑子的《大气精纯》(四首),孙江的《绝响或聆听着与之一生漫游》(五首),高凯的《乡村情歌》(四首)等9位甘肃诗人的作品。娜夜(1964－　),女,满族,辽宁兴城人。1985年开始发表作品。著有诗集《回味爱情》、《冰唇》、《娜夜诗选》等。

《诗刊》第1期发表古马的《青海的草》、余光中(台湾)的《只为了一首歌》、西渡的组诗《一个钟表匠人的记忆》。同期刊出的"新世纪诗坛"栏目,刊有郑敏的《世纪的脚步》、孙静轩的《世纪诗人》、李松涛的《喋血之剑》等诗。

《戏剧文学》第1期发表郝国忱的三幕话剧《父与子》。同期,还发表林克欢的文章《分崩离析的戏剧年代——2000年文化展望》和傅谨的文章《第三只眼看"戏改"》。

11日,《文艺报》刊发钱理群的《"言"与"不言"之间——沦陷区文学总论》、陈辽对该文及《沦陷区文学大系》的批评文章《关于沦陷区文学评价中的几个问题》(下称《问题》)。钱理群认为,现代文学中沦陷区文学的研究较少,这"除了沦陷区文学作品散失较多,资料残缺不全等客观原因外,恐与人们对沦陷区文学的实际情况,作者的特殊处境缺乏了解与体察有关,因此,有许多'想当然'的并且似乎是不容置疑的先验结论,其实是相当隔膜的。我们的考察也就有必要从'设身处地'的理解开始"。面对沦陷区文人"言与不言"的不同选择,他认为,不能以"'是否表现爱国抗日的民族主义情绪'作为衡量沦陷区文学的唯一(主要)价值尺度"。"'言与不言'的选择一直是中国现代作家不得不面对的历史困境",但"奇怪的是国家一旦有了难,救世的责任,就全落在妇女与文人身上,仿佛国家兴亡,全系于妇女(文人)是否'守节'"。对于沦陷区作家,"'政治'('爱国反日'即是其中最大的政治)既不能说,'风月'(真正脱离现实人生、脱离政治的'纯艺术')可以说,却又不愿说与不忍心说,那么能说、而又愿意说的,便是‘永久人性’与‘日常生活’”，这种选择背后“却隐藏着更为深刻的生存体验、心理动因和观念变化”。这“不仅是‘人’的日常生活的重新关注，战争中的生存体验还引发出更深入的思考和发现”。“当作家们有几分被迫地从时代的中心主题（‘爱国抗日’）转向‘日常生活’与‘永久人性’，却获得了一个意想不到的机会，得以质疑充满英雄主义与理想主义、浪漫主义色彩的主流意识，关注被忽略（与压抑）的人生（人性）常态与永恒，及其情趣、兴味，从而更加贴近历史文化主体及其精神世界的真实。”陈辽的批评文章认为，对沦陷区作家和沦陷区文学不能一概而论，应该有所斟酌和选择，“如果要编沦陷区文学选，可以而且应该把第一类作家在沦陷区写的隐晦曲折地表现爱国进步和忧国忧民之心的作品、文章多收一些；可以而且应该把第二类作家写的媚日、反人民的作品作为反面教材，选收一点，在注释中揭露其恶劣倾向，以教育后人；第三类作家写的思想上无害、艺术价值尚高的作品也可选收一些；第四类作家（当时的文学青年）写的有一定思想艺术性的作品也可选收一部分；表明自 1931 年 9 月 – 1945 年 8 月的十四年中，在中国沦陷区内曾经出现过这么一种特殊年代里的特殊文学”，并可起到告诫后人在外敌入侵之时应保持民族大义。而《总序》的作者，“对沦陷区文学中这一根本性的大问题避而不谈”，“是《总序》的最大缺失”。他还批评了钱理群“错把少数爱国作家的觉悟当作‘大多数沦陷区作家’的共同心态”，对将张爱玲作为沦陷区代表作家及其作品作为沦陷区文学的尖端提出质疑，最后作者认为，民族大义要明，大是大非要分。3 月 28 日，《文艺报》发表张泉对该文的批驳文章《史实是评说沦陷区文学的唯一前提——对“沦陷区文学评价问题”的回应》，从对《总论》和《大系》的曲解、对沦陷区文学总体评价的失误、史料使用和解释方面的差错等方面对陈辽的观点予以反驳。4 月 18 日，《文艺报》发表裴显生的《浅论沦陷区文学研究中的认识误区》一文，与钱理群的《中国沦陷区文学大系 · 总序》及张泉的文章商榷。张泉又在

《江苏行政学院学报》2001 年第 2 期上发表了《关于沦陷区作家的评价问题——张爱玲个案分析》对陈辽与裴显生的文章进行批驳。陈辽也在《江苏行政学院学报》2001 年第 2 期上发表了《沦陷区文学评价中的三大分歧——对〈关于沦陷区作家的评价问题——张爱玲个案分析〉的回应》，该文认为沦陷区文学评价中存在“三大分歧”。他认为对沦陷区文学要作具体分析；张爱玲不是“远离时代与政治”的人，她的作品也不是“时代的艺术”；对张的评价既要谈文，还要论人，讲究民族大义和民族气节。2002 年第 1 期《抗日战争研究》发表张泉的《沦陷区文学研究应当坚持历史的原则——谈沦陷区文学评价中的史实准确与政治正确问题》，该文指出，“某些沦陷区文学评价文章，从政治上对当下的有关研究持全盘否定的态度。其批评模式是，基本上因袭新时期以前的政治定论，在没有下功夫对沦陷区文学进行调查研究的情况下，便主观设定出批评对象中并不存在的观点，以及并不具有普遍意义的所谓沦陷区文学‘总体认识’，然后再罗列不实的或未经核准的证据加以否定。其结果是既没有促进沦陷区文学研究，也与其良好的初衷相悖”。《抗日战争研究》后于 2003 年第 1 期刊发陈辽文章《也谈沦陷区文学研究中“历史的原则”——与张泉先生商榷》，该文指出，“沦陷区文学研究中的‘历史的原则’，是把沦陷区文学放在特定的历史范围内，研究其发生发展的历史情形，研究其不同的历史形态，而后对不同形态的沦陷区文学，就其对抗日战争起了何等作用及其艺术性，分别作出历史的评价。在运用‘历史的原则’时，史实不能遮蔽，政治不能回避，不能不讲民族大义。”

《青年文学》第 1 期发表王艽的中篇小说《投资时代的叙事》。

12 日，新闻出版署公布首届国家电子出版物获奖名单，有 35 种作品获奖。

13 日，《文学报》刊发张梅的长篇小说《破碎的激情》研讨述要《用理智穿透时代》。

15 日，《长城》第 1 期发表阎连科的短篇小说《1949 年的门和房》，阿成的短篇小说《刀削面》、《折腾》，赵毅衡的中篇小说《远离莫斯科的夕阳》，丁天的中篇小说《去看海上日出》。

《江南》第 1 期发表何申的中篇小说《热河平民》、关仁山的中篇小说《民间突围》、谈歌的中篇小说《遭遇背景》、储福金的中篇小说《浮沉》、陈家桥的中篇小说《艺术之死》，红柯的短篇小说《苏鲁萨伊》、闵凡利的短篇小说《醉了》。

《特区文学》第 1 期发表王海玲的长篇小说《何家芳 30 年情事》（连载）。

16－22 日，根据中印双边文化协定的规定，中国电影展在印度新德里、孟买两城举行。吴克率中国电影代表团赴印度参加影展和第 31 届印度国际电影节活动。其间，《那人，那山，那狗》获得评委会大奖——“银孔雀奖”。

17 日，《文汇报》刊登消息《张艺谋魏明伦对擂漓江畔》：“中国‘影坛谋子’和‘梨园鬼才’魏明伦将以总策划、总导演和总策划、艺术总监的身份，分别‘策划’漓江刘三姐歌圩和中华桂林特技苑两处人造景观的建设、包装，并将推出各自的人造景观。”

《作品与争鸣》第 1 期发表李治邦的中篇小说《一切如新》、张欣的中篇小说《最后一个偶像》、周宝忠的中篇小说《较量观音堂》及相关评论。

18 日，由 20 世纪 70 年代青年诗人黄礼孩主编的民刊《诗歌与人——中国 70 年代出生的诗人诗歌展》创刊号在广州出版。

《中国戏剧》第 1 期发表童道明的文章《中国话剧的两个觉醒期》。该文指出：建国后 50 年中国话剧经历了两个觉醒期，一个是以民族意识的觉醒为标志的建国之后的 17 年，一个是以革新意识的觉醒为标志的新时期以来的 23 年。

20 日，中国诗歌学会在京隆重举行首届“夏新杯·中国诗人”颁奖大会，臧克家、卞之琳同获“夏新杯·中国诗人——终身荣誉奖”。

《当代》第1期发表王芫的长篇小说《什么都有代价》、邓一光的短篇小说《多年以前》、徐贵祥的中篇小说《有钱的感觉》，郝在今的报告文学《协商建国——1949中国党派政治日志》。

《小说评论》刊发对李佩甫的长篇小说《羊的门》的评论小辑，理论文章有丁增武的《“批评的恢复”——析〈羊的门〉的主题意象》、黄书泉的《长篇小说阅读札记》、李伯勇的《“村妇性生存”的全息裸示——〈羊的门〉阅读笔记》。5月25日，《当代作家评论》刊发“《羊的门》评论小辑”，文章有张宇的《打开〈羊的门〉》、曲春景的《权力文化的叙述结构》、刘思谦的《卡利斯玛型人物与女性——〈羊的门〉及其他》。

21日，《文汇报》刊载消息《三十多位知名作家与网站签约》。

首届国家期刊奖暨第二届全国百种重点社科期刊奖颁奖大会在北京举办。108种社科期刊获奖。

25日，《收获》第1期发表棉棉的长篇小说《糖》、莫言的中篇小说《司令的女人》、邓一光的短篇小说《想起草原》、毕飞宇的短篇小说《唱西皮二黄的一朵》、商河的短篇小说《肉体》、张抗抗的短篇小说《集体记忆》。同期开辟“走近鲁迅”专栏，刊发了林贤治的《鲁迅三评》，高建平的《鲁迅：从网上评选说开去》，以及三十年代许寿裳的《怀亡友鲁迅》等文章。林贤治的文章包括三部分：一，论鲁迅与狼族有关。“如果说鲁迅是狼，或者说他的身上有狼性，都会教人觉得怪异的。然而，实际的情形确乎如此。他是好斗的，在一个为儒教所浸淫的几千年的‘礼仪之邦里’，便不能不成为异类。”鲁迅家世的衰落使他“获得了狂野，获得了野性，获得了永久的精神家园；由此，他怀疑一切，唯执著于生命中的信念和生活中的真理；由此，开始了进入搏噬般的韧的战斗”。鲁迅的旷野意识既不同于古人的山林意识也不同于西方的广场意识，这是鲁迅在禁锢中获得的属于自己的空间。鲁迅具有狼式的广大和温柔，“鲁迅是对人类社会的关怀，大体倾注于底层，也称‘地底下’”。“鲁迅是绝望的，他把所有的通往希望的路口都堵死了，而在黑暗中作着绝望的反抗。因此，比起别的战士来，他总是显得更为勇猛而悲壮。”鲁迅是用狼性反抗着奴性对人的扭曲，“在中国再没有第二个人像他这样对奴性——奴才性和奴隶性——施加如此猛烈的攻击的了”，甚至不惜以毁灭自己为代价来毁坏它。二，论鲁迅什么也不是。毛泽东“在《新民主主义论》中，用三个‘家’——文学家、思想家、革命家——来概括鲁迅，也都不失为精确。然而，长期以来，三个‘家’的内容被掏空了，按时髦的说法，全被‘解构’掉了”。作者分别对鲁迅“文学家、思想家、革命家”的界定提出了质疑，并认为，“鲁迅，战士而已”，“其实鲁迅什么也不是，他所以终于被文人看得可恶的文章，用他自己的话说，惟是不能已于言罢了。也就是说，他和他的文字的存在，说到底只是一种声音。而这声音，恰恰是反霸权话语的，是努力的反抗之声，自由之声。”三，论鲁迅越少越好。鲁迅曾说过希望自己的作品“速朽”的话，王蒙在《人文精神问题偶感》的文章中写到了鲁迅的多少及与此相关的利弊问题，认为中国出现一个鲁迅是伟大的，但是多了就是另一个问题。对此，作者谈及了歌颂和暴露等问题，并认为“无论对于光明和黑暗，敌人或自己，鲁迅都一样持批判的态度的。就像他曾经说的那样，意在揭示病根，引起疗救的注意”。鲁迅的作用就是让人感觉到痛感（痛觉），以期能让人觉醒并试图有所改变。

《大家》第1期发表林白的长篇小说《玻璃虫》、陆涛的中篇小说《都不是外人》、北村的中篇小说《家族记忆》、张海迪的短篇小说《改莲》。

《当代作家评论》刊发“李辉评论小辑”：李辉的《走进历史深处——关于文人的思考和描述》、周立民的《在历史与现实之间的梦》、张光芒的《反思者的痛苦》、张舒屏的《灵魂是可以触摸的》、蒋登科的《关于家园的寻思》。

27日，《文学报》刊载报道：《天津文学》第1期，以“青春阅读”为主题，在坚持期刊的文学性、艺术性的同时，着力增强期刊的趣味性、休闲性，彻底改变了过去小说、诗歌、散文、评论“四盘菜”的老套式。

28 日，《剧本》第 1 期发表唐栋的三幕话剧《岁月风景》、单联全的五幕话剧《三月桃花水》和隆学义的川剧高腔剧本《金子》。

本月，广西第七次文代会和第六次作代会召开，蓝怀昌当选自治区文联主席，冯艺当选自治区作协主席。

纪念俞平伯诞辰百年学术研讨会在京举行。

由《文艺研究》编辑部和海南大学文学院共同主办的“现代性与文艺理论”学术研讨会在海南举行。这次研讨会既是对 20 世纪中国的现代性追求的一次历史回顾，又是在全球化浪潮下对中国的现代性问题及文艺问题的一个前瞻。与会学者从哲学、文学、社会学的角度，围绕中国百年来的政治、经济、文化方面对现代性的追求，及在特殊历史条件下的发展状况，进行了讨论。研讨会就“现代性”的内涵、“现代性”的基本经验与观念的梳理上达成了一定的共识。会议综述发表于《文学评论》2000 年第 2 期。

《母语》杂志创刊，其前身为《湖南文学》。

《散文选刊》杂志组织专家对 1999 年在全国散文报刊上发表的优秀散文进行了推选，评出 1999 年中国散文排行榜如下：季羡林的《站在胡适之先生墓前》，卞毓方的《韶峰郁郁湘水汤汤》，梁衡的《印在黄土地上的红手印》，雷达的《依奇克里克》，苇岸的《一九九八 · 节气》，詹克明的《那一个史前女人的手印》，邓友梅的《阿姐志鹃》，贾平凹的《老西安》，冯骥才的《致大海》，李存葆的《祖怀》，范曾的《梵高的坟茔》，周晓枫的《鸟群》，刘烨园的《“吃”了十年的一本书》，李元洛的《汨罗江之祭》，王英琦的《二百岁直言》，刘成章的《走进纽约》，韩小蕙的《心中的图画》，萧重声的《国门眺望》，韩少功的《人在江湖》，陈家勇的《来自沈庄的报告》。（《散文选刊》2000 年第 1 期）

《天涯》第1期发表根据1999年10月在海南召开的“生态与文学”的一次座谈会整理而成的“南山纪要”，其中对“发展主义”提出了反思。

《山花》第1期发表曾明了的中篇小说《黑嘎》、黄梵的短篇小说《伟人胡凡》、刁斗的短篇小说《弹劾》、聂鑫森的短篇小说《春风三柳》、韩东的短篇小说《敲门》、李大卫的短篇小说《安迪的复眼》。

《雨花》第1期发表胡珊的短篇小说《阁楼和广场》、荒原的短篇小说《分手时不说再见》、唐旭红的短篇小说《追杀爱情》、季栋梁的短篇小说《头比石头硬》。

《飞天》第1期发表秦巴子的短篇小说《平安夜》、陈然的短篇小说《少年昊的夏天》。

《中国作家》第1期发表蒋子龙的长篇小说《人气》。

《红岩》第1期发表羊羽的中篇小说《寻觅》、汪淏的短篇小说《一个叫高尚的人》、雨城的短篇小说《草莓》。

《时代文学》第1期发表何玉茹的短篇小说《赴汤蹈火记》、刘建东的短篇小说《背景》、李浩的短篇小说《榆树上的虫》、李志川的中篇小说《种玉米》、郭牧华的中篇小说《偶然相遇》、尤凤伟的短篇小说《一九五七年的爱情》。同期，“名家侧影”栏目刊发王安忆的文章《我是一个匠人》，及对王安忆的评介文章：陈世旭的《永远的雨》、陈村的《长看王安忆》、陆星儿的《感觉安忆》、何镇邦的《她看上去那么沉稳平和》。

《广州文艺》第1期发表杨志军的中篇小说《永远的浪漫》、马枋的短篇小说《秋日的秘密》、陈家桥的短篇小说《五个先锋大哥》。

《中华散文》第1期发表嵇鸿的散文《桃李情深》、高明远的散文《带BP机的乞丐》、邢小利的散文《怀念小册子》、王英琦的散文《头上的星空和心中的道德律：献给二十一世纪》、碧野的散文《三访巴金》、赵凝的散文《蒙古包印象》、范曾的散文《生命的奇迹》。

《郭小川全集》，由广西师范大学出版社出版。全集不仅有郭小川公开发表的诗作，还包括诗人未曾发表的作品、书信、日记和“外编”部分。这种真正意义上的“全集”在国内尚属首次出版。

徐贵祥的长篇小说《历史的天空》，孙惠芬的长篇小说《歇马山庄》，王家新、孙文波编的《中国诗歌九十年代备忘录》，由人民文学出版社出版。

余华的随笔集《内心之死》，由华艺出版社出版。

王朔的随笔集《无知者无畏》，由春风文艺出版社出版。

鲲西的随笔集《推窗集》，由中国社会科学院出版社出版。

赵丽宏的散文集《人生是一本书》，由湖北人民出版社出版。

李敬泽的随笔集《颜色的名字》，由湖北教育出版社出版。

迟子建的散文集《女人的手》、方方随笔集《又一个好人远行了》，由明天出版社出版。

谢有顺的文学评论集《我们内心的冲突》，由广州出版社出版。

孟京辉编著的戏剧集《先锋戏剧档案》，由作家出版社出版。

诗刊社选编的《99 中国年度最佳诗歌》，由漓江出版社出版。

牛汉、谢冕任主编、28 位知名诗人与诗评家任编委的《新诗三百首》（分上、中、下三册），由中国青年出版社出版。该诗选入选诗人共 210 名，诗作 300 首。

王燕生、谢建平主编的《一首诗的诞生》，由北方文艺出版社出版。

二月

1 日，《作品》第 2 期发表张长弓的短篇小说《乡村夜话二题》、毛宇森的短篇小说《我们静静地活着》、叶倾城的短篇小说《饮食男女》。

《山东文学》第 2 期发表张钧的中篇小说《接站》，凌可新的短篇小说《消失》。

《长江文艺》第 2 期发表郑时培的短篇小说《旧纸片》、陈冰的短篇小说《守望》、南野的短篇小说《玩一回丢失的游戏》。

《延河》第 2 期发表张旻的短篇小说《冥想父亲》。

《作家》第 2 期发表张欣的短篇小说《雨季》、韩东的短篇小说《南方以南》、残雪的短篇小说《算盘》、毕飞宇的短篇小说《蛐蛐蛐蛐》、张旻的短篇小说《幼儿园老师》。

《解放军文艺》第 2 期发表川妮的中篇小说《雾月霜天》、阎欣宁的短篇小说《寻找 1958 年的硬币》。

《厦门文学》第 2 期发表蔡之岳的短篇小说《春》。

《散文》第 2 期发表叶渭渠的散文《谒紫式部宅与墓》、贾宝泉的散文《精神系统的力量》、李汉荣的散文《与天地精神往来》、郭风的散文《登鼓岭》。

贾平凹的散文《今年是龙年》、《老西安：历史的记忆》、鲍鹏山的散文《贾谊：没有席位的发言（中）》、周洁茹的散文《一天到晚散步的鱼》、孙见喜的散文《寒塘鹤影》、李敬泽的散文《静看鱼忙》、莫言的散文《小女子大写意》、高红十的散文《宣传队》、潘旭澜的散文《舍命登顶：太平杂说》、潘向黎的随笔《正月初五流水抄》、刘烨园的散文《精神收藏》发表在《美文》第 2 期。

2 日，作家李準逝世，享年 73 岁。李準的现实主义创作风格来源于对农村生活的熟悉。“李準本人就是一部我国中原乡村生活的百科全书，不仅各种人物形象烂熟于心，呼之欲出，而且这些人物的俗话俚语，信手拈来，皆成文学。”（周民振：《一掬抱憾的泪水——祭亡友李準》，《民族文学》2003 年第 1 期）李準在《自叙传略》中说：“构成我这风格的来源是民歌、民间故事、中国戏曲、乐府诗选，古文及古典诗词，还有鲁迅先生、茅盾、巴金、赵树理和其他一些老作家作品的影响。中国的音乐和绘画对我也有影响，特别是石刻、写意画、唢呐和筝的音调旋律、民间排鼓和铙钹的明快节奏。”沈太慧认为：“李準对现实主义和民族化传统是坚信不疑的，但现实主义也要前进，也要充实，要吸收其他创作方法的优点和长处。对于民族化传统，也要赋予新的生命。关于坚持民族化的语言和风格问题，李準说过这样一番话：基于我国目前广大读者的欣赏习惯和水平，我尽量写得通俗明朗。另外，我国文学‘仓库’里的东西既没有用完，也没有过时，中国文学史上可供我们吸取的营养太多了，我相信它会发出新的光辉。同时，我不是一个国粹主义者，也不只是个‘土作家’。作家应该是‘开放型’而不应是‘封闭型’的，要广泛吸收，要有多方面的知识。我们现在看到的李準，就是一个乐于也善于吸收国外有用的东西，从而扬弃我们传统写法的弱点和不足的‘开放型’的作家。”（沈太慧：《李準其人其文》，《当代文坛》1988 年第 2 期）

《中华文学选刊》（2000 年第 2 期）“是非之地”专栏刊发了余秋雨争论专辑，收有资料辑录《余秋雨惹了谁》，转载张育仁的文章《灵魂拷问链条上的一个重要环节》。主持人提供了三方面的资料：一是余秋雨以“敬告全国读者”的公开信方式，向文化盗版者宣战；二是作家及出版家等从各自的角度支持余秋雨的创作；三是肯定了余秋雨创作风格的形成对文化传承的意义。“文坛名人而能远离笔墨‘是非’的极少，围绕余秋雨先生的‘是是非非’就格外繁多且格外激烈一些。”主持人指出，本期专栏选登的对余秋雨的批评文字，“特别能体现中国的‘批评’终归要兼及‘文章’‘道德’两个领域。文章义正词严，立论无懈可击：中国文化人的精神结构中，自我反省或云‘忏悔意识’确实一贯比较匮乏，以至历史无数次发生和重复，历史的制造者、参与者和旁观者最真实的灵魂形态却始终曲折隐秘模糊晦涩，密不透风地被永远小心封存在一切‘发生’的那个特定场景特定瞬间”。主持人认为，

“道理很对，不过，读过以后却并不是很舒服。看来‘批评’这件事，哪怕观点绝顶正确，动机也绝顶磊落，‘揭老底’这种打法还是有可商榷，它实在容易让人产生心理抵触。另外，‘灵魂拷问’与‘忏悔’与‘救赎’，皆是精神上天入地的阅历，非止一种方式，自也不能划定方式。形诸言表告白天下，或者保持缄默，仅仅面对自己，当是纯属个人的权利和选择，其间应无高下深浅可言，尤其难以仅就形式判断。前者或许更显示勇气与诚意，但话说回来，倘若大家都争着抢着书写‘忏悔录’，情景也够可怕的。何况，白纸黑字照样能作秀还能作伪，而所有出现过的那些‘忏悔’骗局，要骗的未必都是公众和他人，首先就骗过了自己的也是多多”。同期刊发的还有余秋雨发表在1975 年 8 月的《学习与批判》上的旧文《读一篇新发现的鲁迅佚文》的一部分，该专栏还摘录了部分作家、评论家对余秋雨其人其文的评价。（见《文学报》1127 期）《作品与争鸣》2000 年第 5 期，刊发嘻谷的文章《逆耳忠言叹秋雨——余秋雨现象批判综述》，该文将由余秋雨引起的批评和争论分为四个方面：“一，对余秋雨散文中的‘硬伤’的批评和反批评；二，对余秋雨‘文革’中参与写作班子的历史的反思；三，对《余秋雨教授敬告全国读者》紧急文告的反响；四，对余秋雨今夏长沙岳麓书院讲学风波的报道和议论。”《作品与争鸣》2000 年第 8 期，刊发了余开伟的文章《余秋雨是否逃避历史事实?》。

3 日，《人民文学》第 2 期发表熊正良的中篇小说《谁在为我们祝福》、刘醒龙的中篇小说《致雪佛莱》、荆歌的短篇小说《狼来了》、王方晨的中篇小说《乡村火焰》、陈忠实的散文《为了十九岁的崇拜——追忆尊师王汶石》。

5 日，《中国西部文学》第 2 期发表季栋梁的短篇小说《路过陈村》、杨耀峰的短篇小说《无所畏惧》、江尚义的短篇小说《哑语》。

《上海文学》第 2 期发表张欣的中篇小说《浮世缘》、南野的短篇小说《狗 · 煤气炉 · 围巾 · 驴》、何申的短篇小说《热河往事》、赵本夫的短篇小说《收发员马万礼的一天》，周晓枫的随笔《忠诚与背叛》、王力雄的随笔《人生在路》、雷颐的思想笔记《金莲·割礼·面纱的“意义”》。

《作家》第3期发表陈村的短篇小说《恩》、吕新的短篇小说《黑灰窑》、东西的短篇小说《送我到仇人身边》、赵刚的短篇小说《带娜娜过街》、林白的文章《来自“九十年代出生的女作家”》。同期，《作家》杂志还与《上海文学》共同发表了“2000年新诗大联展”，发表北岛、杨炼、多多、于坚、翟永明等人的诗作。

《朔方》第2期发表张贤亮的长篇小说《青春期》及访谈、张学东的中篇小说《晨光依旧》。

《广西文学》第2期发表海力洪的短篇小说《“猫的盛宴”》、叶倾城的短篇小说《食·色（二题）》。

《上海戏剧》第2期发表乐美勤的话剧《红鹰》（下）。

杨黎光的报告文学《生死一线》刊于《报告文学》第2期，后获第二届鲁迅文学奖。

肖复兴的随笔《崔健的意义》、潘旭澜的随笔《假作真来真成假：太平杂说》、何满子的随笔《灯谜趣谈》、刘心武的随笔《随笔的独立品格》、张厚生的随笔《南京文化典籍的大浩劫》、李国文的随笔《胡椒八百石》、钱理群的随笔《“咬紧泥层根不死”：读韩乐群〈刺梨蓬草〉》、严秀的随笔《纳粹发动侵苏战争那天的丘吉尔及其他（上）》、魏得胜的随笔《吴晗〈论说谎政治〉读后》、流沙河的随笔《为成都人叫魂》、牧惠的随笔《我读蓝英年》发表在《随笔》第2期。

6日，《当代小说》第2期发表凌耀忠的短篇小说《脚下的玻璃渣儿》，胡珊的短篇小说《阁楼和广场》，老虎的短篇小说《寒冬夜行人》、《地铁台阶上的赤脚医生》。

7日，《散文百家》第2期发表《蒋建伟散文小辑》、萧桐的散文《道别》、林非的散文《〈父母天地心〉序》、文洁若的散文《〈喂，喂，21 世纪〉序》、梁惠娟的散文《形与神，散与聚：浅谈散文的“形散而神不散”之误》、周同宾的散文《牛啊牛》。

9－20 日，在第 50 届柏林电影节上，巩俐出任电影节评委主席。张艺谋等携《我的父亲母亲》、《有时跳舞》和《漂亮妈妈》参赛、参展。电影节期间，《我的父亲母亲》获得银熊大奖，并获得意大利电影评论家及记者协会颁发的本年度“巴科”大奖。

10 日，《北京文学》第 2 期发表杨传珍的中篇小说《阴阳劫》、何申的短篇小说《热河春梦》、叶倾城的短篇小说《死亡背后的记忆》，张英的《人性的守望者——刘恒访谈录》。

《福建文学》第 2 期发表阎欣宁的中篇小说《交响乐其实是种声音》、何申的短篇小说《热河惊梦》。

《诗刊》2 月号的“新世纪诗坛”栏目刊出了屠岸、刘畅园、洪三泰、骆耕野等的诗。由梅绍静主持的“每月新星”栏目本期推出了李南的《李南诗抄十四首》。由寇宗鄂主持的栏目《民谣与乡风》刊出了高凯的《喜鹊叫喳喳的陇东（组诗）》，张慧谋《一个农民蹲在地头晒太阳（组诗）》，田禾的《水土（组诗）》，赵卫峰的《黔西花灯》，丁可的《红纸灯笼》，江堤的《湘西：天空在夜晚覆盖石头》，谭仲池《母亲的梳子（外一首）》等诗人诗作。

11 日，阮章竞在北京逝世，享年 87 岁。阮章竞吸收中国民歌的长处，创作了大量为人民喜闻乐见的文学作品。曾镇南这样评说阮章竞诗歌的艺术特色：“单纯而富曲折的情节，鲜明如画的场景和人物，质朴、硬朗而透出华美的风采的诗句，深沉、悲怆却不流于孱弱愁苦的诗旨，沉郁顿挫的音节、声调，回旋往复的旋律……这一切熔铸成一体显现了阮章竞独特的艺术个性”。（曾镇南：《晚号声中有宝石——读阮章竞〈晚号集〉中的两首叙事诗》，《中国图书评论》2001 年 11 期）刘守华认为，“除了严肃认真地对待生活，并在诗歌题材、诗歌形式上进行了大胆探索以外，自觉从包括民间说唱文学、民间歌谣、民间传说在内的中国民间文学和中国古典诗歌中吸取滋养，从而使叙事诗既有民族化、大众化的风格，又使诗歌、音乐、绘画互相渗透，密不可分，这些便是阮章竞十来年艰苦探索留给我们的宝贵经验”、（刘守华：《艰难的探索——论阮章竞的叙事诗》，《长江学术》2007 年第 2 期）

《青年文学》第 2 期发表裘山山的短篇小说《传说》、《和月亮无关》，王季明的中篇小说《大哥大》，石舒清的短篇小说《小青驴》，温亚军的短篇小说《高原上的童话》，红柯的文章《文学与身体有关》，刁斗的文章《生活在别处》。

12 日，《文艺报》刊载《浩然，是非让人评说》，集中梳理了自 1998 年 9 月 20 日《环球时报》发表《浩然：要把自己说清楚》以来，文化思想界对之发表的文章观点。

16 日，首届冯牧文学奖在京揭晓，李洁非、洪志纲、李敬泽、红柯、徐坤、朱苏进、邓一光、柳建伟等八位中青年文学工作者获奖。

17 日，《作品与争鸣》第 2 期发表余述平的中篇小说《燃烧的地火》、叶弥的中篇小说《耶稣的圣光》、潘灵的中篇小说《天麻》、黄春华的短篇小说《愈行愈远的女人》。同期刊发方野的《批评应实事求是——就评价浩然与章明同志商榷》，对章明发表于《南方日报》的《浩然的确是个奇迹》中的观点进行了批驳。

21 日，新闻出版署发布《关于对新闻出版业利用社会资金和外资出版情况进行调查的通知》。

25 日，北京人艺小剧场上演话剧《非常麻将》。编剧、导演李六乙。剧本发表在《新剧本》第 4 期上。

《剧本》第 2 期发表陈志斌、殷习华的大型历史话剧《光照千秋》。

新闻出版署发出《关于进一步加强报刊摘转稿件管理的通知》。

29日，国家版权局批准成立中国文字作品著作权协会。

本月，由旅美华裔文学界名人组成的诺贝尔文学奖中国作家提名委员会，在美国纽约成立。

第五届宋庆龄儿童文学奖评选在京揭晓，曹文轩的《草房子》、班马的《绿人》、葛冰的《梅花鹿的角树》分别荣获本届中长篇小说类、童话类及幼儿类大奖。

《长江文艺》第二届方圆文学奖揭晓。此次获奖作品是从《长江文艺》1999年1－12期所发表作品中选出的。有黎光焰的中篇小说《大雪流萤》、石钟山的中篇小说《角儿》、金仁顺的短篇小说《高丽往事》等。

《山花》第2期发表北村的短篇小说《被占领的卢西娜》、《小兵》及随笔《关于小说》，赵凝的短篇小说《问题女人》及随笔《做一个自由人的感觉》，张执浩的中篇小说《徐小婷的故事盒》，崔子恩的中篇小说《有人赞美聪慧，有人则不》，张雯的短篇小说《从我们搬家说起》，刘继明的短篇小说《请让我顺水漂流》，夏商的短篇小说《－2℃》。

《小说月报》第2期发表万方的中篇小说《空镜子》、潘军的中篇小说《重瞳》、工跃文的中篇小说《人事》、王海玲的小说《带一笼鸡来特区》、邓一光的短篇小说《英雄满地》、张笑天的短篇小说《康乃馨》、残雪的短篇小说《生活中的迷》、于艾香的短篇小说《被包养的女人》、金仁顺的短篇小说《高丽往事》、万方的创作谈《准确与复杂》。

《百花洲》的第1期发表艾煊的长篇小说《刘鹗小史》、石舒清的中篇小说《饱嗝》、詹谷丰的短篇小说《山里的秘密》。

《飞天》第2期发表李禾的中篇小说《姨夫们》、马丁的短篇小说《清净》、季栋梁的短篇小说《西山四右》、荆歌的短篇小说《婚姻生活的疑点》。

《广州文艺》第2期发表余述平的中篇小说《老子以为你们都怕我》。

《山西文学》第2期发表白天光的短篇小说《河里的凤兰》。

《创作》第 1 期发表卫慧的《愤怒情人》、海男的《青春事件》、赵德发的《葛沟乡重大新闻》、彭见明的《翻晒一棵树》等短篇小说。

《中国作家》第 2 期发表李鸣生、岳男的长篇报告文学《寻找“北京人”》等短篇小说。

《中华散文》第 2 期发表程黧眉的散文《东北女人的风情》、格非的散文《音乐与记忆》、冯骥才的散文《太阳礼赞》、高红十的散文《不走》、东方牧的散文《我的小辫子》。

木青创作的长篇小说《永裕街轶事》，由春风文艺出版社出版，完成了“街”的系列三部曲。这是“街”系列三部曲的第三部，另两部为《五爱街》和《重工街柔情》。小说反映了北方大城市中的一条企盼富裕却从来没有富裕起来的穷街居民各种人等的命运，特别是与共和国一起成长的知识分子的命运。

中国青年出版社隆重推出的中国第一套“类型小说”书系——好看小说大展引起广泛关注。这套书系第一辑共四种，包括陆涛的《一次够了》，古清生的《2038》（这是作家金融、网络、基因“现代三部曲”的第二部），丁天的《脸》（恐怖小说），王芫的《什么都有代价》（白领小说）。

《罗洛文集》，由上海社会科学出版社出版。

《赵丽宏作品自选集》、叶舒宪的随笔集《两种旅行的足迹》，由上海文艺出版社出版。

三月

1 日，《作品》第 3 期发表王海玲的短篇小说《B 省人谭小谈》、曾明了的短篇小说《一个月亮和一杆老烟枪》、华夏的短篇小说《没人代替我的疼痛》、万振环的短篇小说《长辈们的“风流韵事”》。

《钟山》第2期发表池莉的中篇小说《惊世之作》、陆永基的中篇小说《猫眼里的人事》、叶开的中篇小说《心跳》、宋元的中篇小说《杨伊准备生活》、詹政伟的中篇小说《老风掠过》、储福金的短篇小说《镜蚀》、俞胜利的短篇小说《恨不得咬你一口》、但及的短篇小说《我们的孩子》、蒋亚林短篇小说《真想杀了他》，邵燕祥的《杂文的特点》。

《人民文学》第3期发表周绍义的中篇小说《会说话的石头》、陈应松的中篇小说《神鹫过境》、冯晓颖的短篇小说《心惊肉跳》和《扁少女》、薛忆沩的短篇小说《深圳的阴谋》、刘富道的短篇小说《民主测评》、何玉茹的短篇小说《易碎品》，小海的诗《村庄与田园》，周涛的散文《深秋去看俄罗斯》。

《鸭绿江》第3期发表阿成的短篇小说《连襟》、中跃的短篇小说《某种怀念》、胡珊的短篇小说《我们身边的爱情》。

《长江文艺》第3期发表石钟山的中篇小说《父亲离婚记》、程小成的中篇小说《心中的太阳》、季栋梁的短篇小说《头比石头硬》、韩永明的短篇小说《迷惘秩序》。

《小说界》第2期发表王超的中篇小说《天堂有爱》，祁智的中篇小说《弹劾》，残雪的中篇小说《阿娥》，傅嘉的中篇小说《寻找与等待》，须兰的短篇小说《白牛》，海男的短篇小说《恋爱中的铁器》、《学跳舞的中年男人》，红柯的短篇小说《月亮的白裙子》、《树叶上的地图》。同期“电脑·网络·写作”栏目刊发李冯的文章《新电脑》。

《散文》第3期发表韩静霆的散文《病榻观叶》、贾宝泉的散文《此我与彼我的对话（一）》、方成的散文《韩羽和阿达》、朱以撒的散文《昨夜星辰昨夜风》。

《美文》第3期发表吴冠中的散文《菩提树》、鲍鹏山的散文《贾谊：没有席位的发言（下）》、雷抒雁的散文《分香散玉记》、贾平凹的散文《老西安：历史的记忆》、叶延滨的《笔记两则》、邹静之的散文《有些日子我们无法飞快地翻过去》、叶兆言的散文《坐车的与拉车的》、闻言的散文《梦里岐山》、孙友田的散文《老兵暮年：台湾探亲散记》、朱增泉的散文《飞天记》、朱渊的散文《喀隆姆路98号》。

2日，《新剧本》第2期发表绍武、会林的话剧《爱的牺牲》和刘深的话剧《血色玄黄》。

4日，李治邦的《网络文学对21世纪小说的冲击》发表于《文艺报》。作者认为：“网络文学的势头越来越强盛。而网络文学的兴起对下世纪文坛会带来有力的冲击，甚至会变革文学的某些程序和章法。”

5日，《小说家》第2期发表二月河的长篇小说《乾隆皇帝·凤满龙楼》（连载）、严歌苓的中篇小说《也是亚当，也是夏娃》、刁斗的中篇小说《孪生》、荆歌的短篇小说《圆满的往事》。

《莽原》第2期发表王宏图的中篇小说《衣锦还乡》，戴来的中篇小说《我是那个疯子》，凌可新的中篇小说《黄大衣》，北北的中篇小说《我的生活无可奉告》，林石躬的中篇小说《背叛前后的纪实和虚构》、《方言》，残雪的文学随笔《博尔赫斯小说短评》，周大新的随笔《文学，一种药品》。

《中国西部文学》第3期发表季栋梁的短篇小说《城里老出怪事》。

《上海文学》第3期发表刘增元的中篇小说《断侉子》，王璞的短篇小说《上海》、《样板》，了一容的短篇小说《历途命感》，储福金的短篇小说《动静》，翟永明的《潜水艇的悲伤》，巴音博罗的随笔《遥想楼兰》。

《朔方》第3期发表毕飞宇的短篇小说《听老太太聊天》、《组织教学与发言权》、《为我的孩子而写》，王季明的短篇小说《1994年的蜡笔画》，张贤亮的文章《请用现代汉语和现代方式评判我》，毕飞宇的文章《写满字的空间很美丽》。

肖开愚的诗《安静、安静》、北村的中篇小说《公民凯恩》、陈家桥的中篇小说《作者之死》、荆歌的中篇小说《计帜英的青春年华》、孙方友的中篇小说《追忆的缀合》、张钧所作访谈《我是个艺术至上主义者——荆歌访谈录》，李洱的随笔《局内人的写作》、张锐锋的散文《祖先的深度》发表于《花城》第2期。

《芙蓉》第2期发表韩东的中篇小说《闻山、老赵和莉莉》、刘立杆的中篇小说《炎热的舞蹈》、伊沙的短篇小说《厄运随行》、阿坚的短篇小说《周末去山村的土别墅》、鲁羊的小说《〈鸣指〉之征途、涣散、儿子、楼梯、昆虫》、何申的短篇小说《小芹在1976》、宣儿的短篇小说《夏日迎风》。同期刊发的"重塑'70后'"栏目推出侯蓓的短篇小说《春天的果实》、赵志明的短篇小说《另一种声音》。

《红岩》第2期发表红柯的短篇小说《大路朝天》、《太阳下山》。

《北方文学》第3期发表温亚军的短篇小说《夏天的羊脂玉》、星竹的中篇小说《地方小报》。

《广西文学》第3期发表海男的短篇小说《亲爱的，在你"阴谋"的圈套里》。

《随笔》第3期发表柳鸣九的随笔《现实主义复归与罗伯-葛利叶自我：〈重现的镜子〉及其他》、舒展的随笔《读钱钟书札记》、乐黛云的随笔《中国的世纪末颓废：最后一个唯美派诗人邵洵美》、严秀的随笔《纳粹发动侵苏战争那天的丘吉尔及其他（下）》、邵燕祥的随笔《说起〈祖国进行曲〉》、叶楠的随笔《关于"宽容"的再思考》、李国文的随笔《重读〈马援传〉》、艾煊的随笔《病中三记》、沙叶新的随笔《告别病痛》、海笑的随笔《强盗逻辑流氓腔》。

7日，《文艺报》刊发《文学的〈清明上河图〉——长篇小说〈秦淮世家〉研讨纪要》。

《散文百家》第3期发表《高晓梁散文小辑》、许淇的散文《我仰望星座：夜读札记二章》、程黧眉的散文《我兄弟般的东北男人》、陈昌本的散文《瑞士印象记》。

10日，《十月》第2期发表张庆国的中篇小说《黑暗的火车》，谈歌的中篇小说《豪气冲天》，徐承伦的中篇小说《走狗三节》，黄晓萍的中篇小说《祖坟》，阿宁的短篇小说《和解》，龙冬的短篇小说《旷课以后》，叶开的小说《解决》、《在路边》。

《北京文学》第3期发表林希的短篇小说《1957，一百个人的爱》、施祥生的短篇小说《离婚体验》、蔡智恒的网络小说《4：55》。

《福建文学》第3期发表北北的短篇小说《玫瑰开在我父亲的怀里》、《群众路上的惠中超市》。

《绿风》第3期开设“西部诗坛巡礼·宁夏卷”栏目，刊出杨建虎的《大地上的秋天》（八首），杨梓的《西夏·拓拔突起》，唐晴的《流放自己》（六首），贾羽的《立体的船舶》（三首），王怀凌的《诗四首》，虎西山的《寸草》（五首），冯雄的《天堂回音》（五首），单永珍的《唱歌短吟》（五首）等8位宁夏诗人的作品。

《诗刊》3月号推出“新世纪诗坛——女诗人新作专辑”栏目，刊有代薇的《风铃》、《洞箫》、《南部故乡上空的风筝》、《一尊瓷破碎的过程》、《冬日乌鸦》，伊路的《家在工地旁边》、《麻布袋已经空了》，荣荣的《爱情》、《想起》，扶桑的《啊……》、《我来自……》，千叶的《城市意味着》、《几乎》，赵丽华的《石头会不会落下眼泪》、《在一块长方形的面板上》、《我不能简单地说：世界是美好的》，沈娟蕾的《信》等女诗人的新作。由梅绍静主持的“每月新星”栏目本期推出了卢卫平的《卢卫平诗抄十一首》。

新闻出版署、文化部联合发布《关于切实防止出版销售有严重政治问题的音像制品和清理低级庸俗、夹杂淫秽色情内容的彩封及包装的音像制品的通知》。

11日，《文艺报》以《贾平凹首次上网聊天》为题，刊发了3月7日晚21点贾平凹首次上网与网民互动的部分内容。“贾平凹向来固守传统交际和写作方式，此次终于冲决‘自我防线’，闯入网络世界，给众多关心他的网友提供了一次直面交流的机会。”

《青年文学》第3期发表北村的短篇小说《淌水的东西》、《病故事》，肖克凡的中篇小说《天津制造》，马丁的短篇小说《我们还剩下什么》，秦巴子的短篇小说《周末哭泣事件》，陈应松的随笔《热气腾腾的写作》。

13日，河南作家二月河获“美国中国书刊、音像制品展览会——海外最受欢迎的中国作家奖”。该奖项今年首设，二月河为首位也是唯一的获奖作家。

14日，《网络文学风云再起》发表于《文艺报》。文中提到：“由中国社会科学出版社推出的‘网络文丛’首批两种——《告别薇安》和《旧同居时代》火爆2000年北京春季图书订货会，受到文学评论界和读者的关注，更有评论指出图书市场将由‘读图时代’进入‘读网时代’。”

中国作协五届主席团七次会议于3月14日在京召开。会议审议通过《中国作家协会关于大力培养青年作家的若干意见》。

15日，《长城》的第2期发表红柯的中篇小说《跃马天山》、肖克凡的中篇小说《花开花落》、戴来的短篇小说《外面起风了》、关仁山的短篇小说《伤心螃蟹》和《野秧子》，张炜的《悲愤与狂喜——读〈离骚〉》。

《江南》第2期发表林斌的中篇小说《传奇岁月》、戴来的中篇小说《折腾》、何玉茹的中篇小说《难言之夜》、王旭烽的中篇小说《乡村婚事》、谢宏的短篇小说《自游人》。

《特区文学》第2期发表王海玲的长篇小说《何家芳30年情事》（连载）。

蒋韵的短篇小说《上世纪的爱情》、谢宏的短篇小说《赌运》，王朔的文章《我看大众文化》，格非的文章《发展主义观念与文学》，李锐的文章《一个“人”的遭遇》发表于《天涯》第2期。

17日，《清明》第2期发表方家骏的中篇小说《最后的饭局》、李治邦的中篇小说《今夜你能否感觉到爱》、郝建的短篇小说《浮出水面》。

《作品与争鸣》第3期发表韩天航的中篇小说《背叛》、海男的《紫色践约者》（短篇小说三则）、姜贻斌的短篇小说《关于抢劫银行的方案及其补充意见》及相关评论文章。

18日，溯石的《舞台梦寻者的探险与迷失——关于孟京辉的实验戏剧》发表于《中国戏剧》第3期。该文从外在形式到精神内涵上对孟京辉实验戏剧进行了总结和剖析，并指出了孟京辉实验戏剧出现的一些问题。

20日，老威的报告文学《边缘人对话录》发表于《当代》第2期。

杨利民的话剧《北方的湖》和辛彩屏的大型话剧《月光普照荒原》发表于《剧作家》第2期。同期刊发了王蒙的长篇小说《狂欢的季节》，这是继《恋爱的季节》、《失恋的季节》和《踌躇的季节》之后，“季节系列”的最后一部。对于“季节系列”中涉及的政治内容，王春林认为：“他曾经不止一次地对自己小说中过多的政治事件与政治熟语的出现表示过不满与遗憾。王蒙的表述当然是真诚的，然而，就在他一再地作出此类表述的同时，就在他正在进行过程中的‘季节’系列长篇小说的写作中，我们却发现了政治事件与政治熟语事实上的有增无减。这样，一个有趣的矛盾现象就出现了，一方面是理论言说层面上的对‘政治’的一种真诚规避的愿望，另一方面则是文本操作层面上对‘政治’近乎于变本加厉式的表现。”但是王蒙的“政治”小说却不是政治宣传品。王春林最后认为“唯有以刘小枫关于‘苦难记忆’的言说来诊释王蒙的‘季节’系列，才能极为准确深入地对王蒙的写作意义甚至对他更加复杂的内在精神世界作出一种相对到位的理解与把握。”（《小说评论》1999年第3期）郜元宝认为："'季节系列'减去了不少八十年代历史反思所竭力保存的那种原始纯真和过于浓郁而且倾向光明与上升的抒情性，变得更加冷峻，也渗透了更多的苦涩，更快意的决绝和冷嘲。"并认为该系列是王蒙的一次创作的迸发，展现了他对"后革命时代的政治"思索，反思并以"漫画笔法收藏历史"。而其创作处境则是在两代人的夹缝中寻找合适的位置与认同，"小说家王蒙不得不在两代人的夹缝中写作，这个位置也对应着杂文家和言论家王蒙在九十年代的真实处境。他不得不在两条战线作战，不得不同时面对两代人的疏离，也不得不在心理上同时疏离两代人。"（《当代作家评论》2003年第5期）何西来认为，就王蒙个人的创作而言，《季节》四部应该当之无愧地称为他的压卷之作。做到了王蒙80年代所说的"故国八千里，风云三十年"。并认为，"反思文学"作为一个文学现象仍在深入发展，跃出文学界，发展为20世纪90年代的"世纪文化反思"，而"王蒙正是以他的《季节》四部参与了这个世纪文化反思。……如果说，《活动变人形》反思的对象是家族，是父辈的话，那么，《季节》四部则反思的是自身，是同辈人"。"《季节》四部是一种自传色彩很强的作品，径直称为自传体小说，或王蒙的文学自传，也许有些牵强，但是，作家把他的许多经历和体验都写到主人公钱文身上去，却是事实。"对于《季节》四部的风格特色，何西来认为除了"主观的浪漫主义的特点之外，还有以下几点值得注意：一是杂色，这不仅指结构，人物性格的差异，同一性格内部的诸多层面，而且涉及的方法的多样，画面的斑斓等等。杂色的美学哲学基础是多元论，即多元互补和多元整合。二是语言上的滔滔滚滚，汪洋恣肆，汪茫万汇。这形成王蒙文学语言的一种特有的气象，是他语言风格的重要标识。"（何西来：《评王蒙的〈季节〉四部》，《文艺研究》2001年第4期）季节系列小说后由人民文学出版社重新装帧推出。6月18日，人民文学出版社在京召开了王蒙"季节"系列小说研讨会。何镇邦、何西来、顾骧、冯骥才、铁凝、王一川、陈染、王朔、邱华栋、刘震云等出席。

21－25日，由《文学评论》杂志社和海南师范学院联合举办了“中国现代文学史编撰研讨会”。在海南召开，来自全国30多所高校和科研单位的50多名专家学者参与了讨论。与会代表大都认为，文学史著作数量可观，质量却不容乐观，其中真正具有学术性、个性化的著作并不多见。代表们从不同角度分析了文学史写作的成绩及其存在的缺憾和问题。（参见汪云霞：《文学史写作的焦虑与期待——中国现代文学史编撰研讨会综述》，《中国现代文学研究丛刊》2000年第3期）

23日，诗人昌耀于西宁逝世，享年65岁。唐晓渡称昌耀的诗有“阳光垂直打向地面的力量”。诗人“对生死的彻悟同时提供了锻炼语言所必须的锤和砧，使之更加敏感、锐利和坚实；对爱的信念则不断开掘、催化和澄清那来自生命底蕴的巨大激情，并将其导入形式的河床。此外还必须考虑他对不同诗歌风格的非凡的汲取和融汇能力。如果有机会集中讨论他个人的诗歌谱系，我想可以举出杜甫式的沉郁顿挫、惠特曼式的长风浩荡、李贺式的云诡波谲和埃利蒂斯式的跳脱透明，包括青海民歌的质朴纯真对他的影响。这些性质不同，甚至彼此冲突的风格要素的奇异融合，拥护着他诗歌语言的高能量。”“和语言的高能量相反，昌耀在诗歌中始终保持着一种宽厚而尊严的低姿态。”（唐晓渡：《行者昌耀》，《作家》1999年第1期）林贤治认为，“现代性这东西，对他来说，不是凭借进口的语言部件和技巧可以制造的，而是带有更多的本土性和自发性。由于生活的胁迫，紧张、混乱、冲突，这固有的悖反现象同时保留在他的诗中，于是有了差异、间离、驳杂、不和谐。技巧只是后续的一种修整工作，把所有这一切，以一种合适的形式固定下来罢了。”“意象的呈现变做寓言的叙说。跳跃的乐感消失。阵发的锐痛弥漫为钝痛，且无已时。痛则不通。人生无自由无幸福可言的丧失之痛，成就了昌耀，也摧毁了昌耀。”（林贤治：《“溺水者”昌耀》，《当代文坛》2007年第4期）

6月5日，《中国西部文学》“怀念杰出的诗人昌耀”专栏发表了杨牧的《独行者昌耀》、沈苇的《大荒中的苦吟和圣吟》、卢一萍的《送昌耀乘鹤西去》等纪念文章，并刊发了《昌耀诗选》。沈苇认为，“如果说海子之死是一个‘神话’，那么昌耀之死则是一个象征——他的‘灿然西去’与其说标志着那一代诗人受难史的结束，还不如说是把一部受难史推向了壮烈的高峰。”6月10日，韩作荣的文章《受难的囚徒与垂首的玫瑰——怀念诗人昌耀》发表于《诗刊》第6期。7月15日，敬文东的《对一个口吃者的精神分析——诗人昌耀论》发表于《南方文坛》第4期。本年董生龙主编的《昌耀阵痛的灵魂——昌耀诗评》由青海人民出版社出版，该书汇集了多年来诗人、评论家对昌耀诗作的评析。

25日，《收获》第2期发表须兰的长篇小说《千里走单骑》、苏童的中篇小说《桂花连锁集团》、何顿的中篇小说《我代表人民判你死刑》、禾家的中篇小说《苹果馅饼》、唐颖的短篇小说《冬天我们跳舞》、薛忆沩的短篇小说《广州暴乱》、林斤澜的短篇小说《嘎姑》、叶辛的短篇小说《爱情世纪末》。

本期《收获》“走近鲁迅”专栏发表冯骥才的文章《鲁迅的功与“过”》、王朔的文章《我看鲁迅》，以及林语堂1937年的文章《悼鲁迅》。冯骥才的文章中提到，鲁迅的“国民性批判源自一八四〇年以来西方传教士那里。”“可是，鲁迅在他那个年代，并没有看到西方人国民性分析里所埋伏的西方霸权的话语。”“由于鲁迅所要解决的问题是中国自己的问题，不是西方的问题；他需要这种视角借以反观自己，需要这种批判，故而没有对西方人的东方观做立体的思辨。又由于他对封建文化的残忍与顽固痛之太切，便恨不得将一切传统文化打翻在地，故而他对传统文化的批判往往不分青红皂白。当然，他的偏激具有某种时代的合理性；正是这种偏激，才使他分外清晰和强烈。可是他那些非常出色的小说，却不自觉地把国民性话语中所包藏的西方中心主义严严实实地遮盖了。”“最后我要说的是，我之所以在本文标题

《鲁迅的功与‘过’》的过字上加一个引号，是想表明这个西方人的东方观一直糊里糊涂延续至今的过错，并不在鲁迅身上，而是在我们把鲁迅的神化上。”王朔写道，“鲁迅的小说写得确实不错，但不是都好，没有一个作家的全部作品都好，那是扯淡。而且，说鲁迅的小说代表中国小说的最高水平，那也不是事实”。对于鲁迅的杂文，王朔写道，“我认为鲁迅光靠一堆杂文几个短篇是立不住的，没听说有世界文豪只写过这点东西的”。他还认为，“从他无数崇拜者的文章中我也想不起谁说过他有思想，大家纠缠、感慨、为之涕下、激动不已的大都是他的品格，最厚道的文章也只是对他可能具有的思想的猜测，想象这样一个为世不容、痛苦敏感的智者内心是‘漆黑一团’，这个逻辑似乎就是说，对生活、社会、人群极度绝望本身就是深刻的思想。我不是太明白这逻辑，坦白说，直到昨天，写到这里，我还是晕菜，不知道鲁迅思想的精髓到底是什么”。“鲁迅对伪君子假道学种种愚昧麻木中国人的劣根性骂得都对，若说还有遗珠之憾，就是把自己拉下了。”“各界人士对他的颂扬，有时到了妨碍我们自由呼吸的地步。我不相信他如此完美，没有这样的人，既然大家越来越严厉地对待，他也不该例外。他甚至应该成为一个标尺，什么时候能随便批评他了，或者大家都把他淡忘了，我们就进步了。中国有太多神话，像我们这样的红尘中人，若想思想自由，首先要忘记掉的还有一个‘思想自由之神’”。林语堂的文章则以悼念鲁迅的形式给鲁迅画了两副“活形”：“不交锋则不乐，不批甲则不乐，即使无锋可交，无矛可持，拾一石子投狗，偶中，亦快然于胸中。此鲁迅一副活形也。”“终不以天下英雄死尽、宝剑无用武之地而悲。路见疯犬、癞犬，以及家犬，挥剑一砍，捉狗头归，而饮绍兴酒，名为下酒。此又鲁迅一活形也。”

专栏引发了争论。2000 年 7 月号的《真理的追求》中刊登了朱振国的文章《不能听任〈收获〉杂志嘲骂鲁迅——致中国作家协会的公开信》，文中首先对《收获》“屠鲁”的三篇文章——“集束炸弹”“实感惊忿”，而后具体点评了三篇文章，写道“让人走下神坛，让历史恢复其真实的面貌，这是应该的。但是用极端的手法，用打倒和否定代替‘度’的调节，这其实是把人变为鬼”。“宗师、奠基人、开先河者，有其不完美之处是难免的，但他们的历史地位是不可动摇的。想以对巨人的侮辱衬托自己的高明，或以为巨人已长眠地下不能辩诬和抗争而显得张狂，只能证明自己的愚蠢、浅薄和卑劣。”“中国作家协会作为党领导下的人民团体，应当以严肃的态度关注此事，给读者和会员一个明确的说法。作协的领导，对肆意贬损、侮辱鲁迅等大师级文学前辈的现象应有正确的立场和态度。”“我们纵容这种无知和狂妄，纵容这种对前辈的流氓式的戕害，是一种严重的失职！”7 月 3 日，《太原日报・双塔周刊》刊发《〈收获〉杂志负责人答记者问》。《文艺报》8 月 8 日第 3 版，刊发郭志刚的《理解鲁迅》、敖忠的《诗人应当是怎样一种人》、谢泳的《鲁迅研究是一个学术问题》。《文艺报》9 月 2 日刊载孙伟科的文章《鲁迅身后不寂寞》。《中国艺术报》于 6 月 23 日刊发王富仁的访谈。他认为每一个人都有表达自己观点的权利，并相互承认尊重这种权利。但是作为一个作家或者研究者，他对鲁迅和鲁迅研究的异议应该来自于他对鲁迅及鲁迅作品的真实感受和思考，而不应该是来自于他的某种主观需要，如通过发表对鲁迅及鲁迅作品的异议来泄私愤。他还提出了当前鲁迅研究的四点任务。《文汇报》于 7 月 22 日刊载了吴俊的文章《鲁迅还在我们的世界中》，认为“只要鲁迅和有关鲁迅的话题还在继续，我们便还没有走出鲁迅的时代，鲁迅也就未曾被‘边缘化’”。对于冯骥才的文章，杨曾宪在《文艺报》12 月 12 日第 3 版发表文章《究竟是谁的话语霸权》中认为，“刘禾在国内发表文章不多，但影响却不小，原来，冯先生所操作的那套话语理论就见于刘禾的《国民性理论质疑》。对《质疑》的质疑使我确信，鲁迅并没有受蒙骗，而是刘禾急于拿明代传教士操练她的批评理论，使当代批评家大上其当了。”2000 年第 5 期《当代文学研究资料和信息》刊发文波的文章《〈走近鲁迅〉引起纷争》

对这一事件做了阶段性的梳理。

陆涛的中篇小说《翅膀硬了》、张欣的短篇小说《谁可相依》、东君的短篇小说《人·狗·猫》、丹羽的中篇小说《追逐》发表于《大家》第2期。

《当代作家评论》的“《北大之父蔡元培》评论小辑”刊发对长篇历史小说《北大之父蔡元培》的评论文章：陈思和的《遥想蔡元培——关于〈北大之父蔡元培〉的一封信》，雷达的《集结的群峰——读〈北大之父蔡元培〉》，孙郁的《〈北大之父蔡元培〉漫议》，吴秀明、夏烈的《现代人文观照下的历史叙事——评陈军的长篇历史小说〈北大之父蔡元培〉》，吴俊、陈军的《〈北大之父蔡元培〉对谈》。

28日，《剧本》第3期发表赵家捷的三幕五场话剧《春在秦淮两岸边》。

30日，《戏剧》第1期发表谭霈生的《中国新时期戏剧艺术导论》和张先的《过士行谈创作》。

本月，张俊彪历时16年创作而成的长篇小说《幻化》座谈会在京召开。

胡美凤的长篇小说《永久保留地》研讨会在京召开。

《小说月报》第3期刊载胡发云的中篇小说《隐匿者》、严歌苓的中篇小说《也是亚当，也是夏娃》、胡学文的中篇小说《秋风绝唱》、池莉的短篇小说《梅岭一号》、王安忆的短篇小说《王汉芳》、裘山山的短篇小说《瑞士轮椅》、聂鑫森的短篇小说《春风三柳》、白天光的短篇小说《山下飘来的红棺材》、红柯的短篇小说《帐篷》、刘卫的短篇小说《回家》。

《长江文艺》第3期发表石钟山的中篇小说《父母离婚记》、程小成的中篇小说《心中的太阳》、季栋梁的短篇小说《头比石头硬》、韩永明的短篇小说《迷惘秩序》、汪沸的短篇小说《网上爱情》。

《山花》第3期发表阿成的短篇小说《文革旅游》、韩东的短篇小说《艳遇》、赵柏田的短篇小说《宝塔糖》、杨邪的短篇小说《佐证》及创作谈《破坏小说》、北北的中篇小说《有病》、马枋的短篇小说《你有几个好弟弟》、裘山山的短篇小说《行窃奇遇》、韩东的随笔《不是“自由撰稿人”，而是“自由”》、阿成的随笔《闲聊》。

《飞天》第3期发表柏原的短篇小说《瘪沟》、蒋亚林的短篇小说《花落西风》。

《中国作家》第3期发表张宇的长篇小说《软弱》、胡发云的中篇小说《隐匿者》、刘恒的短篇小说《青春计划》。

《北方文学》第2期发表姜贻斌的短篇小说《老古借钱》、路也的中篇小说《新生活计划》、叶弥的短篇小说《粮站的故事》、施祥生的短篇小说《鞭儿上学》、老虎的短篇小说《意义与脸庞》。同期刊发方方的文章《终归靠自己》及对方方的评介文章：於可训的《一个女作家的文学风景》、迟子建的《对方方的一次写生》、陈应松的《啸声中的风景》、何镇邦的《追寻认识方方的踪迹》。

《上海艺术家》第2期发表喻荣军的话剧《去年冬天》。

《中华散文》第3期发表刘兆林的散文《唱歌时遇见的孩子》、冯积岐的散文《雪落有声》、林非的散文《未有收成的唐诗研究》、陈积斌的散文《大伯》。

铁凝的长篇小说《大浴女》，由春风文艺出版社出版。7月8日，木弓的评论文章《我读〈大浴女〉》发表于《文艺报》。该文写道，“这部小说的造作感不是来自小说的主题，也不是因为选择了比较过时的方式，更多来自生活内容的贫弱。”“《大浴女》虽然写的是女人生活，可是感觉不到鲜明的女性色彩；倒能感觉到作者的中性立场。”雷达认为：“这部聚焦在一群当代女性身上的小说，旨在像裸体一般无遮饰地展现出她们身与心、灵与肉的复杂矛盾和精神诉求。为什么非要冠以‘浴’字呢？浴者，是一种动态，就是把人物置于动荡流转的大时代中，使其充分地领受社会和人生的风雨的冲洗。这可能是铁凝的描写女性与某些个人化写法不同的地方。”（雷达：《雷达专栏：长篇小说笔记之四——铁凝的〈大浴女〉》，《小说评论》2000 年第 3 期）王蒙在 2000 年第 9 期的《读书》上的《读〈大浴女〉》中写道："由于个人的阅读口味和习惯，更由于儿时受到的教育，我不怎么容易接受《大浴女》的书名，也不易接受书里某些比较露骨和感官的描写。但读过全书之后，它在相当程度上说服——征服了我。它侧重表现的是尹小跳等一些女性的人生追求和人生遭际，其中包括灵与肉纠缠在一起的生死攸关的精神寻觅、道德自省、尊严维护、感情珍惜与价值掂量，对他人直至对社会的态度（例如小说表现了方兢的仇恨心，反衬出来的尹小跳的爱心与善良），再就是对各色人等包括一些男性的精神的解剖分析。""作为一个过气作者，我以老朽的心态担忧《大浴女》的那部分比较直露的写法变成某些人心目中的卖点和噱头。读完了，却觉得他们会因之提高而不是降低阅读趣味和精神品位。""本书的结构几乎无懈可击。书里的长诗长歌一气呵成的文气也令人羡慕。在总体的写实风格中，描写时而露出神秘和象征、浪漫和幻化。作者此作里发挥了她的一贯的俏皮（不是男性的那种幽默）的语言风格，妙语如珠，俯拾皆是。"最后王蒙对该书给予了高度的评价："铁凝写了一本不同凡响的书，这同时是一本相当讲究的书，结构严谨，文字充满活力，集穿透与坦诚、俏丽与悲悯、形而下的具体性与形而上的探寻性苍茫性于一体。"王一川认为，《大浴女》的热销不能掩盖其大众文化包装下的高雅文化内核。小说致力于探访人的隐秘心灵，其独创的反思对话体有助于穿透一般心理表层，揭示个体隐秘的心理活动，而一系列器物形象则蕴涵了丰富的象征意味。这两方面都服从于对人的怨羡情结的双重分析，披露出作家对于怨羡情结的反思。小说关于优秀人格的养成来源于对自我心底卑琐欲望的自我反思和对话的表述，称得上一种独特发现。这表明铁凝是在运用小说手段探索怨羡情结和现代人格上作出特殊努力和卓越成就的中国当代小说家。（王一川：《探访人的隐秘心灵——读铁凝的长篇小说〈大浴女〉》，《文学评论》2000 年 6 期）本年 8 月《百花洲》第4期的《〈大浴女〉五人谈》中，刊发了雷达、周政保、贺绍俊、陈超、谭湘等五人对铁凝《大浴女》的解读。9月20日，《小说评论》刊发铁凝的长篇小说《大浴女》评论小辑，理论文章有：朱青的《人性解剖的新突破》、王春林的《荡涤那复杂而幽深的灵魂——评铁凝长篇小说〈大浴女〉》、郝雨的《欲的突围与崩溃——评铁凝长篇小说〈大浴女〉》。

《秋风秋雨愁煞人——关于余秋雨》，由中国文联出版社出版，“该书把一个时期以来对于‘余秋雨文化现象’的文章集合成书，以利人们全面的了解、思考，也是对正常的文学批评的欢迎与肯定”。(《文艺报》2000年3月11日)

《昌耀的诗》，由人民文学出版社出版，本书编选了昌耀自1955年秋至1998年春各个阶段的诗作。

林白的长篇小说《玻璃虫——我的电影生涯：一部虚构的回忆录》，由作家出版社出版。

刘铭铭的随笔集《情到浓时》，由上海三联书店出版社出版。

王蒙的随笔散谈《行云流水》，由陕西旅游出版社出版。

四月

1日，《作品》第5期发表阎欣宁的短篇小说《闹鱼》、叶舟的短篇小说《我和乃白》。

《山东文学》的第4期发表阿成的短篇小说《福全》、《理发》。

《长江文艺》第4期发表聂鑫森的短篇小说《麻雀祭》。

《延河》第4期发表叶倾城的短篇小说《小公务员和辫子男人》。

《作家》第4期发表北村的短篇小说《苏雅的忧愁》、徐小斌的短篇小说《图书馆》、刁斗的短篇小说《烟花记》、赵玫的短篇小说《午夜战争》、方方的散文《在寂无人的深山里》、韩少功与崔卫平的《关于〈马桥词典〉的对话》。

《厦门文学》第4期发表老虎的短篇小说《头一场雪》。

《散文》第4期发表朱以撒的散文《昨夜星辰昨夜风》、周晓枫的散文《人们》。

《美文》第4期发表鲍鹏山的散文《晁错：多情却被无情恼（上）》、庞培的散文《对乡下一只鸟的翻译》、林希的散文《放生》、朱以撒的散文《走出长安》、贾平凹的散文《老西安：历史的记忆（待续）》。

3日，《人民文学》第4期发表陈源斌的中篇小说《你听我说》、刘庆邦的短篇小说《响器》、朱文颖的短篇小说《绯闻》、金瓯的短篇小说《鸡蛋的眼泪》、李国文的杂文《从严嵩到海瑞》、陈世旭的散文《永远的雨》。

4日，《炎黄春秋》第4期发表徐光耀的报告文学《昨夜西风凋碧树》。2001年2月由北京十月文艺出版社出版。

5日，《上海文学》第4期发表晓航的中篇小说《照我无眠》、朱文颖的短篇小说《豹》，潘旭澜的随笔《"天堂"的妇女》、周克勤的随笔《天才·庸夫》、杨益雄的思想笔记《从"蝴蝶效应"谈起》。同期刊发的批评文章有：滕威的《书写中产阶级与中产阶级的自我书写——关于1998年中国文化市场"隐私热"现象的报告》、贺桂梅的《世纪末的自我救赎之路——1998年"反右"书籍热的文化分析》、梅园槑的《〈时尚〉：探寻消费主义的轨迹》。

《朔方》第4期发表邓一光的《就像一只足球，在靴子尖上蹦跶了一下》、叶舟的《正午的刺客》、蔡之岳的《诗人的消逝》、季栋梁的《绑架者》。

《广西文学》第4期发表墨白的短篇小说《模拟表演》。

《四川文学》第4期发表凌可新的短篇小说《滑沙》。

6日，《当代小说》第4期发表何蔚的短篇小说《瓶装的风》、雁舒的中篇小说《生活像不像蝴蝶》、冰虹的中篇小说《有一道隐形的墙壁》、顾艳的短篇小说《灵魂》。

7日，《散文百家》第4期发表《莽汉散文小辑》、徐慎贵的散文《追光集：九章》、姚振函的散文《感动》。

10日，《福建文学》第4期发表关仁山的短篇小说《今夜难眠》、何玉茹的短篇小说《表弟三三》。

新闻出版署发出《关于规范涉外版权合作期刊封面标识的通知》。

《十月》第2期发表张国庆的中篇小说《黑暗的火车》，谈歌的中篇小说《豪气冲天》，徐承伦的中篇小说《走狗三夜》，何顿的中篇小说《流水年华》，黄晓萍的中篇小说《祖坟》，阿宁的短篇小说《和解》，龙冬的短篇小说《旷课以后》，叶开的短篇小说《解决》、《在路边》以及顾剑平的评论《解决之道》。

《诗刊》第4期发表《车前子的诗》、《吕剑的诗》、贺敬之的组诗《散歌之行》、傅天琳的组诗《柠檬色的碎片》、巴音博罗的组诗《时间的闪电》、郭小林的文章《难忘岁月：我的父亲郭小川》。本期的“新世纪诗坛”栏目刊出了朱增泉、吕剑、李发模、车前子等的诗作，由梅绍静主持的“每月新星”栏目本期推出了冉仲景的一组诗作。本期的“散文诗页”栏目刊出了耿林莽的《鱼？水声及其他（四章）》、刘虔的《大地与梦想（二章）》、谢克强的《村小》，阳飏的《乌鞘岭》，皇泯的《岁月（外一章）》，殷龙龙的《白鸽》等诗人的散文诗作品。

11日，《青年文学》第4期发表陈东东的诗《在南方写作》，陈家桥的短篇小说《怀念毛泽东》、《蚕豆花儿》、《留下来陪我》，赵刚的短篇小说《音劫》，肖仁福的中篇小说《裸体工资》，崔子恩的短篇小说《哥哥去远方》。

12日，张长弓因病去世，享年70岁。秦效颇认为张长弓是一位“鄙视陈规，冷淡金玉”，“风清骨峻，神逸气雄”的作家。（《相见恨晚相别恨早

——怀念张长弓先生》，赤峰市红山区委员会编：《红山文史》，第64页，内蒙古文化出版社2001年版）王栋指出："作为一位党员作家．他始终坚持中国共产党的党性原则，以鲁迅为榜样直面人生，笔下无时不在倾注着对革命对祖国和人民的命运的关注和深沉的热爱之情。"（《我的师表：深切缅怀张长弓同志》，《鸭绿江》2000年第7期）他"用毕生的心血和全部的生命完成了一个作家对文学的苦恋，这个苦恋的过程本身就是一部感天动地的皇皇巨著"。"除了他所具有的艺术天分之外，是老牛一般的执著与勤奋把他推上了内蒙古文学界的峰巅。"其什品"无不尽情展示着他的艺术匠心，散发着赤峰一带浓重的乡土气息。"（王燃：《我心目中的张长弓先生》，赤峰市红山区委员会编：《红山文史》，第67页，内蒙古文化出版社2001年版）

北京人民艺术剧院在京首演话剧《风月无边》。编剧锦云，导演林兆华、李六乙，主演濮存昕、徐帆、梁冠华、何冰等。剧本发表在《新剧本》第2期上。

话剧《切·格瓦拉》在人艺小剧场首演。此剧为集体创作，黄纪苏执笔，导演张广天，主演刘天池、杨婷等。剧本发表在《作品与争鸣》2000年第6期上。该剧的演出引发了争论。张先认为，"创作者希望能在澎湃的政治激情支持下，真正地托起一个'伟大的论坛'，将'贫富问题、公平与效率、人性与历史、国家与革命、全球化与人类未来'等问题进行讨论。""《切·格瓦拉》虽然从创作动机到演出形式都带有政治戏剧的色彩，但笔者认为它又不能算是一部彻底的政治戏剧作品。因为在作品中，作者对要宣传的政治核心思想带有妥协态度与怀疑色彩。"而且"在剧作中对于切·格瓦拉的革命游侠形象的赞美，将观众的注意力引向了对个人的崇拜。对人格魅力的推崇影响了对革命理念的宣传，使得作品向观众推出思想观念的时候缺少更新鲜的意味，仍然停留在开场时的一般水准上。这些缺欠使作品的思想力度和演出效果受到影响，对于创作者要宣传的主题来说确实是一种损失"。（《作为戏剧现象的〈切·格瓦拉〉》，《中国戏剧》2001 年第 3 期）亚子认为，“正义苏醒了，革命的精神和意志重返民间，中国文艺的左翼传统通过年青的手笔、声音和形象绝处逢生。在两个千年交汇的时刻，这就是《切·格瓦拉》问世的历史意义。”“‘正义的实现’，资本主义的最终解体和被一种新社会所取代，需要切·格瓦拉式的战斗意志。但是，历史的沧桑巨变，又不仅仅是一种主观战斗意志单方面所能胜任的。如果以苛求的眼光衡量，可以说，正是在‘正义的实现’问题上，《切·格瓦拉》暴露了其脆弱和缺憾的另一面。”（《评〈切·格瓦拉〉》，《文艺理论与批评》2000 年第 4 期）2001 年出版的张智峰主编的《切·格瓦拉：反响与争鸣》一书，首次公开发表《切·格瓦拉》的完整演出剧本，“反映了该剧创作的背景和过程，如实地收集和记录了该剧演出以来各个方面有代表性的意见和观点，包括演出以后现众和剧组的现场交流中的针锋相对、唇枪舌剑。这从一个侧面折射出中国社会正在发生的巨大变化和不同领域、不同阶层人们思想歧异的真相”。“‘格瓦拉’已经成了某种思想的象征、符号和媒介，触及了中国社会正在面临的种种敏感的问题，譬如：贫富的差异、阶层的分化、权力的异化、官员的腐败、精神的混乱、信仰的失落等等。而在这些方面，格瓦拉的那些有关平等、正义、革命、理想、拯救底层民众的立场和主张恰与中国的现实形成了鲜明的反差和对比。于是，该剧就演变成了一场有某种指向的政治剧，这也正是它引起思想界轩然大波的根源所在。”（张志峰：《切·格瓦拉：反响与争鸣·序言》，中国社会科学出版社 2001 年版）

15 日，《文艺报》刊发了由李复威、杨鹏整理的《姚雪垠希望身后发表的谈话》。两次谈话涉及姚雪垠的生平、《李自成》的创作情况等。5 月 13 日，《文艺报》又发表曾多年担任姚雪垠助手的俞汝捷的文章《对“姚雪垠谈话”的若干订正和补充》，对李、杨整理的谈话中的一些观点做了修正。

17 日，《作品与争鸣》第 4 期发表石钟山的中篇小说《夏日机关》、张贤亮的中篇小说《青春期》及相关评论文章。

新闻出版署发出《关于限定气功、练功类音像制品的出版单位的通知》。

20日，《文学报》刊发对网络文学的讨论文章：李洁非的《Free与网络写作》、谢有顺的《需要深度和精美》、李敬泽的《"网络文学"：要点和疑问》、刘雁的《网络：图书的末日?》、闻树国的《网络文学是一种文体》。

25日，广东文学院机制改革，通行全国的专业作家终身制在广东率先画上休止符。"不养作家，只养选题"是这次改革的核心措施，也是此次公开招聘作家的重要标准。

由大众文艺出版社出版的八卷本《马烽文集》在太原首发。

26日，《小说选刊》杂志社主办的"东方华茂杯"（1998－1999年）优秀小说奖在京颁奖，铁凝的《永远有多远》、叶广芩的《谁翻乐府凄凉曲》、石舒清的《清水里的刀子》、阿成的《被遗弃的黄豆》和王安忆的《酒徒》获奖。

28日，《剧本》第4期开辟"论新编历史剧创作"专题讨论，本期后又陆续发表相关文章20篇。本期发表郑怀兴的《关于历史剧创作》。郑怀兴从史识、古事与今情、史实与虚构三个方面展开论述。对于史识，他认为，"写历史剧，最重要的一点，就是作者必须有史识。什么叫史识呢？从大处着眼，你对所要描写的那段历史必须有全面、深刻的了解，对历史潮流、社会变迁有个总体清楚的把握"。"史识，还有其悲天悯人的一面，即深厚的人道主义的关怀"。"史识是产生于掌握大量史料的基础之上。没有认真查史料，只凭史学家已有的一些定论，或者故意跟史学家唱反调，或者自己浮光掠影地翻阅后就根据现实的政治需要或经济需要而匆匆地编造故事，当然不大可能具有史识。"对于古事与今情，作者认为"从现实感受出发来写历史剧，是因为历史与现实常常有惊人相似之处"，但"这种相似不是明摆在作者眼前，而是要靠作者去发现。这种发现，首先要求作者具有史识"，"我所说的今情，不是迎合时尚赶时髦的今情，而是常常逆潮流而动的，在新潮人物眼中是保守、落后的思古之幽情”。“今情必须真诚，古事不能歪曲。这样将今情注入古事，才能使古人复活过来，才能从这些栩栩如生的古人身上发现今人的影子、发现作者的影子，才能引起今人的情感共鸣。”在《关于历史剧创作（续）》(2000年第5期）中，郑怀兴继续论述了史实与虚构这一问题。作者认为，“历史剧是艺术作品，而不是历史教科书。因此，历史剧作者可以大胆进行艺术虚构，不必拘泥于史料。但是，你既然是运用历史题材来进行艺术创作，就不能不在一定范围内照顾历史的真实性”。“如何照顾历史的真实性呢？我在写历史剧的过程中掌握了三条原则。第一，照顾历史的真实性只求神似，不求形似。”“第二，对于历史事件的重大关节，基本上保留原貌，尽量少做改动。”“第三，对所描写的那个时代的典章制度、风俗习惯、饮食服饰等都要熟悉一些，避免产生常识性的错误。”作者也指出，虽然“照顾历史真实性是必要的，但这不是历史剧作者的主要任务。历史剧作者的主要任务仍然是艺术虚构。”此后发表的主要文章有：张兰阁的《新历史寓意剧艺术特征及解读》(第6期)，马建华的《文的自觉、美的追求——一种理想的史剧观兼论郑怀兴的历史剧》(第10期)，刘忠诚的《论史剧观与史剧类型》(2001年第1期)，安琪的《历史剧创作的艺术规律》（2001年第5期），李祥林的《历史题材·现代意识·性别视角》(2001年第6期）等。

29－30日，由北京师范大学中文系与北京师范大学文艺研究中心联合主办的“文艺学与文化研究学术研讨会”，邀请全国各主要高校、研究机构和有关报纸杂志的100多名专家学者，集中讨论文艺学与文化研究问题，涉及文化研究在中国文学界兴起和发展的历史原因，优势与局限，以及它与当代文艺学现状、中国古代文学理论的现代生成的复杂关系等。此次会议是21世纪中国第一次重要的文艺学研究研讨会。会议综述发表于《文艺争鸣》2000年第5期。

本月，根据曹禺剧本改编的电影《北京人》，获得美国第18届明尼阿波利·圣保罗国际电影节最佳影片奖。

《小说月报》第4期刊载赵冬苓的中篇小说《八路牛的故事》、张庆国的中篇小说《黑暗的火车》、杨传珍的中篇小说《阴阳劫》、孙维凯的中篇小说《赝品》、梁晓声的短篇小说《双琴祭》、邓一光的短篇小说《多年以前》、裘山山的短篇小说《传说》、阿成的短篇小说《小说二题》、石钟山的短篇小说《片警杨杰的一天》、王方晨的短篇小说《乡村火焰》、刘景乔的短篇小说《灯红酒绿》。

《山花》第4期发表丁天的短篇小说《佩剑时代的残酷》及随笔《我的故事》、赵刚的中篇小说《围巾缠绕》、王建平的短篇小说《明亮的黄昏》、刘照如的短篇小说《竹器》、焦洱的短篇小说《四月》、王安林的短篇小说《俩人》、刘建东的短篇小说《后商时代的爱情》，王光明、南帆、孙绍振等的谈话《市场时代的小说——关于九十年代中国小说的对话》，丁天的随笔《我的故事》。

《百花洲》第2期发表邓一光的长篇小说《风从脚下过》。

《飞天》第4期发表叶舟的短篇小说《嘹亮》、季栋梁的短篇小说《胭脂巷》、石舒清的短篇小说《出行》、伊沙的短篇小说《沙暴》、马步升的短篇小说《两个疯子：一男一女》、陈继明的短篇小说《飞翔与降落》、薛林荣的短篇小说《幸福的旁边》。

《解放军文艺》第4期发表王方晨的中篇小说《地啸》、何涛的短篇小说《在秋天告别》。

《广州文艺》第4期发表华夏的短篇小说《我的生活空间》、衣向东的短篇小说《我必须说出事实真相》、刘景乔的短篇小说《陈小恋的开心与不开心》。

《戏剧艺术》第2期发表宫宝荣翻译的法国太阳剧社的话剧《一七八九

年》。

《中国作家》2000 年第 4 期发表胡杰的报告文学《泰国的中国女人》。

《中华散文》第 4 期发表孟伟哉的散文《焚梦》、赵淑侠的散文《命运与人生》、吴冠中的散文《祖坟》、陈世旭的散文《我的砚铭》、张立勤的散文《山鹰》。

凌力创作的反映鸦片战争历史的长篇小说《梦断关河》，由北京十月文艺出版社推出。

辛克创作的长篇小说《芙蓉国》，由中国电影出版社出版。

苏历铭诗集《有鸟飞过》，由北方文艺出版社出版。

熊召政的长篇历史小说《张居正》第一卷，由长江文艺出版社出版。

郑春华的儿童文学作品《大头儿子和小头爸爸》全集，由少年儿童出版社出版。

五月

1 日，《作品》第 5 期发表梅雨的中篇小说《蓝色平原》、王德林的中篇小说《牛铃摇春光》、冯积歧的短篇小说《带小狗的女人》、罗复生的短篇小说《商人池凤翔》、蔡子岳的短篇小说《乌鸦飞起来的样子》。

《山东文学》第 5 期发表陈占敏的短篇小说《扶贫玩具》、白天光短篇小说《雪牛的下落》。

《长江文艺》第 5 期发表秦巴子的短篇小说《三年修得同船渡》。

《延河》第 5 期发表阎欣宁的短篇小说《反水》。

《作家》第 5 期发表史铁生的短篇小说《两个故事》、虹影的小说《辣椒式的口红》、裘山山的短篇小说《冷雨西安》、普林的短篇小说《〈曝光〉为一部电影而编造的故事》。同期的“本月话题·联网四重奏”刊发的文章有：陈村的《网络两则》、张抗抗的《有感网络文学》、述平的《网络与理想社会》、徐坤的《网络是个什么东东》等。

《厦门文学》第5期发表关仁山的短篇小说《民间婚事》。

《小说界》第3期发表须兰的长篇小说《奔马》（上部）、黎峰的中篇小说《乡村的爱情》、张锐强的中篇小说《招聘》、莫言的短篇小说《天花乱坠》、王童的短篇小说《黄气球》。

《散文》第5期发表林非的散文《登埃菲尔铁塔记》、周佩红的散文《农家饭》、〔美〕张宗子的散文《病中读书记：散文》。

《美文》第5期发表鲍鹏山的散文《晁错：多情却被无情恼（下）》、贾平凹的散文《老西安：历史的记忆》、丁子的散文《博士生涯中的他们》、吴中杰的《鲁迅杂文评点》、贺绍俊的散文《有一条平民化的瀑布让你忍不住要亲近》。

2日，《新剧本》第3期发表燕燕的话剧《远征部落》、刘兴会的话剧《巷道》、侯烨喆的话剧《传说》和陈亚先、毓钺的京剧连台本戏《宰相刘罗锅》（第二本）。

3日，《人民文学》第5期发表王祥夫的中篇小说《民间故事》，红柯的短篇小说《打糕》、《鸟》，叶楠的短篇小说《最后一名猎手和最后一头公熊》、谢挺的短篇小说《华山论剑记》、凌可新的短篇小说《人气》、徐平的短篇小说《的哥海防今天夜班》，陈东东的诗《恋爱者》，林斤澜的散文《安息》。

5日，《小说家》第3期发表田中禾的中篇小说《亲人》、王大进的中篇小说《寻母记》、棉棉的短篇小说《盐酸情人》、沈东子的短篇小说《想念阿根廷》、金海曙的短篇小说《小站停车》、孙喻的短篇小说《遭遇》。

《钟山》第3期发表迟子建的长篇小说《满洲国》（第一至九章）、袁玉娇的中篇小说《红了樱桃》、刘剑波的中篇小说《存在与时间》、红柯的短篇小说《沙窝窝》、聂鑫森的短篇小说《火烧鳊》、官燕草的短篇小说《步行回家》、鲁雁的短篇小说《人面桃花》。

《莽原》第3期发表王艾的中篇小说《活无住身之地》、鲍满光的中篇小说《人蚁》，残雪的文学随笔《博尔赫斯小说短评》、周大新的随笔《文学，一种药品》，格非的文章《故事的消亡》。

《中国西部文学》第5期发表季栋梁的短篇小说《先人种树》、冯积歧的短篇小说《故乡来了一个陌生人》。

《上海文学》第5期发表赵凝的中篇小说《一个手指捅破的梦》、许春樵的短篇小说《推敲房间》，南帆的文章《电影院的兴衰》、吴俊的文章《网络文学：技术和商业的双驾车》，李锐的随笔《现代汉语的"现代化"困境》。

《朔方》第5期发表陈继明的短篇小说《遍地牛羊》、石舒清的短篇小说《铁色》、叶舟的短篇小说《岗下的秋天》。

《花城》第3期发表艾伟的长篇小说《越野赛跑》、毕飞宇的中篇小说《青衣》、谭光荣的中篇小说《圆迹》、苏童的短篇小说《女声》、杨映川的短篇小说《做只鸟吧》，葛红兵的散文《我的N种生活》、海男的散文《禁色》。

《芙蓉》第3期发表何小竹的短篇小说《前妻》、《火车站》、《推销员马小兵的午间梦》，刁斗的短篇小说《会话课》，何文的短篇小说《前程似锦》，张旻的短篇小说《破绽》，残雪的独幕剧《热力涌动》。同期，"重整'70后'"栏目"北京女作家专辑"刊发的作品有：阿美的中篇小说《唯有阳光是免费的》、刘瑜的中篇小说《高校八音盒》、尹丽川的短篇小说《仇恨》、童月的短篇小说《他的闹钟》。童月（1973－　），女，原名李学武，2001年毕业于北京大学中文系，获文学博士学位，现任教于暨南大学中文系。少年时写过科幻小说，1991年5月出版中篇童话《小超人太空险航》，后转入纯文学创作。作品有《他的闹钟》、《我见过你哭》等，出版有长篇小说《我，天使，没有翅膀》。

《大家》第3期发表海男的中篇小说《男人传》、赵玫的中篇小说《他的心给谁》、残雪的中篇小说《生死搏斗》、宣儿的中篇小说《谁来爱我，我又爱着谁》、魏微的中篇小说《寻父记》、顾前的短篇小说《生日》、陆涛的中篇小说《这个夏天有点酷》。

《红岩》第3期发表何顿的中篇小说《知青白丽》、谭竹的中篇小说《花语》。

《北方文学》第5、6期合刊发表阎欣宁的短篇小说《女人星》。

《广西文学》第5期发表红柯的短篇小说《疯子的艺术》。

《四川文学》第5期发表何小竹的短篇小说《大鱼》。

《上海戏剧》第5期发表罗周的新编历史剧《韩非》。

6日，《文艺报》以《林徽因之子梁从诫批评〈人间四月天〉》为题，发表了对梁从诫的访谈。梁从诫在访谈中谈到："她（林徽因）从没有说过爱徐志摩"，"我父亲告诉我'人间四月天'这首诗是写给我的。""徐志摩的诗有爱情背景，但是很有个性，不是单纯的爱，而是把外部世界美好的事物都融入到他的诗里头去，充满文化情趣，背景有许多爱情故事主题，但又不单纯是写男女之情，是非常宽阔的，是对整个自然整个世界的最美好的向往。"并认为"这剧情本身就是对历史事实、文化精神双重的扭曲"，"这部戏把林徽因和徐志摩之间的情感庸俗化、低俗化、商业化了"，"女主角不具备文化功力"等。6月1日，《文艺报》发表了陈子善的《林徽因没有爱过徐志摩吗?》与韩石山的《林徐的感情究竟有多深》，再就这一问题发表看法。

《当代小说》第5期发表罗鸣的短篇小说《白色》、谢挺的短篇小说《我们美好的日子》、阿福的短篇小说《旅途平安》、王宏图的短篇小说《青灰色的火焰》、李浩的短篇小说《扑朔迷离》、杨邪的短篇小说《玩笑》、嫣红的短篇小说《窥视》。

10日，由中国艺术研究院当代文艺研究室主办的“全国乡土文学创作研讨会”在北京市通州区召开。来自全国各地高校和研究机构的学者，以及从事乡土文学创作的作家60余人出席了研讨会。与会者就乡土文学创作的多样化、刘绍棠的乡土文学创作、乡土文学创作的现状及其所面临的发展等问题展开讨论。会议综述发表于《文艺研究》2000年第4期。

人民文学出版社、花城出版社、《北京文学》、《作家》等十家单位在京联合举行“潘军作品研讨会”。2000年可以说是潘军的“出版年”。人民文学出版社出版了六卷本潘军的长篇三部曲《独白与手势》和《中国当代作家选集·潘军卷》（上下卷）、大众文艺出版社出版了六卷本《潘军小说文本系列》、花城出版社出版了《潘军实验作品集》（上下卷）、大众文艺出版社出版了《潘军中篇小说自选集》、安徽大学出版社出版了《坦白——潘军访谈录》。（参见《山花》第6期）

《北京文学》第6期发表魏微的中篇小说《薛家巷》，尹丽川的短篇小说《十三不靠》，卢岚岚的短篇小说《断指》、《我的三步舞》、《荒漠甘泉》。

《十月》第3期发表关仁山的短篇小说《平原上的舞蹈》、刘庆邦的中篇小说《神木》、张人捷的短篇小说《焰火》、李大卫的短篇小说《花瓶物语》、石舒清的短篇小说《清洁的日子》、鹿永建的短篇小说《我的麦子》和《我的独生子》。

《诗刊》5月号的“新世纪诗坛”栏目刊出刘征、韩作荣、张新泉、王绶青、白连春等的诗作。由梅绍静主持的“每月新星”栏目本期推出了刘川的《刘川诗抄十七首》和巴音博罗的评论《有活力和青春气息的诗》。本期“中国新诗选刊”的“关注”栏目刊出了昌耀的《命运之书》（组诗），内有《踏着蚀洞斑驳的岩原》、《太息（拟古人）》、《烘烤》、《斯人》、《头像》、《俯首苍茫》、《一个早晨》等诗作，前有编者按：“仅以此组诗悼念著名诗人昌耀的逝世”。

《绿风》诗刊第3期“西部诗坛巡礼·陕西卷”栏目，刊出耿翔的《丝织的盆地》（五首），伊沙的《伊沙诗抄》（七首），李汉荣的《想象李白》（六首），秦巴子的《秦巴子诗抄》（六首），远村的《远村的诗》（二首），路漫的《诗意的等待》（二首），刘亚丽的《刘亚丽近作选》（五首），刘文阁的《诗七首》，尚飞鹏的《发生在冬天的嬗变》，王璞的《绥德幽情》（五首），黄海的《我的祖国》（四首），王琪的《日暮乡关》（五首）等12位陕西诗人的作品。

15日，文学翻译家戈宝权在南京逝世，享年88岁。戈宝权通晓俄、日、英、法等多种外语，从20年代末开始，从事外国文学翻译、中外文学关系史、翻译史和比较文学研究。作为翻译家，戈宝权译作等身。从收入《戈宝权译文集》的数百万字的译作来看，他翻译的作品在体裁上相当丰富，有诗歌、散文、小说、报告文学、戏剧、传记、文论等等。整体来看，戈宝权的翻译非常尊重原文，不论是译散文还是译韵文，他都严格遵循原作的意旨，在艺术传达上也很严谨。就翻译思想而言，他属于“求信”（忠实于原作）的一派。我们可以从译作和言论来探索这位蜚声中外的老翻译家的艺术追求。（郑海陵：《戈宝权先生的翻译与艺术观》，《俄罗斯文艺》2002年第2期）他的视野相当广阔，从英、法、日、俄以及世界语等各种重要语言，翻译了近百位作家的作品，遍及亚、非、欧、美五大洲20多个国家。文学研究上，他的许多论文已经被译成俄、英、法、德、西、葡、日、世界语以及中欧和东南欧等国的各种文字，发表在国内外的外文刊物上，引起国外学术界的重视和高度评价。在中外文学关系的研究中，“中俄文字之交”是戈宝权用力最多、成果最丰富的一面。（田全金：《戈宝权先生对文学翻译和比较文学的贡献》，《中国比较文学》2005年第3期）

《长城》第3期发表李肇正的中篇小说《语文语文》、裘山山的中篇小说《落花时节》、石钟山的短篇小说《没有吹响的军号》、赵凝的中篇小说《玻璃》。

《江南》第 3 期发表阎欣宁的中篇小说《一个人的死和其他人的生》、刘亮程的短篇小说《一个村庄的最后一件事》。

《天涯》第 3 期发表刘继明的短篇小说《饲养疾病的人》，史铁生的散文《病隙碎笔》(2)、《陈村随笔》，李杭育的文章《城市世界：四个描述》。

新闻出版署报刊司发布《关于加强小报小刊审读工作的通知》。

17 日，《作品与争鸣》第 5 期发表池莉的中篇小说《乌鸦之歌》及相关评论文章。

18 日，张石山、李敬泽、古清生、红柯、何向阳、林白、唐韵、龙冬等八位作家以骑马这样一种象征方式赴黄河流域考察。中国青年出版社与博库（北京）电子商务有限公司联合举办的“走马黄河·社会文化考察”活动正式来开帷幕。这一活动也是国内传统出版业与现代高科技网络的首次联手。

20 日，由中国作协、北京军区政治部、广东出版集团联合主办的“魏巍创作历程暨《魏巍文集》研讨会”在北京举行。《魏巍文集》由广东教育出版社 1999 年底出版。

中国鲁迅研究学会和《鲁迅研究月刊》编辑部在北京联合举办“鲁迅研究热点问题讨论会”，60 多名鲁迅研究专家学者讨论了最近一段时间贬鲁思潮的成因，也对鲁迅研究本身提出了许多学理性的反思。

《当代》第 3 期发表周建新、徐宝琦的中篇小说《大海沟》、李冯的中篇小说《十二月六日听音乐会》、萨娜的中篇小说《幻觉的河流》。同期选刊邓贤的报告文学《流浪金三角》，其全文本年 6 月由人民文学出版社出版。

22－26 日，由《上海戏剧》、《安徽新戏》、《戏文》、《戏剧丛刊》、《剧影月报》、《福建艺术》、《影剧新作》、《艺海》、《东方艺术》、《剧作家》等杂志社联合主办，《戏剧丛刊》杂志社承办，第十四届“田汉戏剧奖”评委会在山东省济南市召开。评选出剧本奖 19 个，其中剧本奖一等奖的话剧剧本有陆军的《夏天的记忆》、孙仰芳的《溪口之恋》和焦景周的《太行山人》；获得评论奖一等奖的有廖奔的《从鲁迅作品意象到越剧〈孔乙己〉》、林泉（孙天彪）的《无奈的洪峰　凄美的晚霞——读话剧〈洪峰〉》、于学剑的《横看成岭侧成峰——山东戏剧五十年巡礼》、叶晓梅的《人格的寻思》、郭因的《安徽艺术　安徽文化　安徽人》。

23 日，中国现代文学馆开馆。中国现代文学馆是中国现当代文学的资料中心，主要任务是收集、保管、整理、研究中国现当代作家的著作、手稿、译本、书信、日记、录音、录像、照片、文物等文学档案资料和有关的著作评论以及现当代文学期刊、报纸等。在三期工程完成后，将是世界上最大的现代文学设施。目前馆藏品 30 余万件。

23－24 日，应北京师范大学中文系邀请，国际儿童文学研究会主席、瑞典斯德哥尔摩大学教授玛丽亚·尼古拉耶娃与美国圣地亚哥州立大学教授阿丽达·埃里森到北京师范大学，分别以《沟通与误解：当今世界文学与儿童文学面临的挑战》、《美国少年小说的基本模式》为题作了讲演。

25 日，专门奖励中长篇儿童文学创作的奖项“巨人”中长篇儿童文学奖日前揭晓。张品成的《北斗当空》、刘兴诗的《祖母绿女神》获长篇作品奖，简平的《五天半的战争》、殷键灵的《青春密码》、缪忆纬的《平安夜圣诞夜》获中篇作品奖，张弘的《飞翔的天堂鸟》获评委会特设的新人作品奖。

《收获》第 3 期发表贾平凹的长篇小说《怀念狼》、荆歌的中篇小说《再婚记》、迟子建的中篇小说《五丈寺庙会》、戴来的短篇小说《准备好了吗》、杨向荣的短篇小说《鸽子的羽毛亮了》、冯骥才的短篇小说《俗世奇人》。同期的“走近鲁迅”专栏刊发文章有：王富仁的《学界三魂》、黎湘萍的《是莱谟斯，还是罗谟鲁斯》、萧红的《回忆鲁迅先生》。

《文学报》刊载消息，韩寒为采风写作申请休学被批准，引起社会争议。

26－27 日，《国际安徒生奖获奖作家书系》出版座谈会与“世界儿童文学座谈会”在北京召开。会议由中国作家协会儿童文学委员会、中国作家协会文化交流委员会、河北少年儿童出版社联合举办。河北少年儿童出版社经过6年引进版权谈判，成功出版国际安徒生奖获奖作家的作品共26种。

28日，《剧本》第5期发表朱大明（香港）的九场话剧《日本寻梦》。

29日，中国作协与宋庆龄基金会在北京世纪剧院联合举行了第五届宋庆龄儿童文学奖和中国作协第四届全国优秀儿童文学奖颁奖大会。曹文轩的《草房子》等3部作品获宋庆龄儿童文学奖，金曾豪的《苍狼》等17部作品获得中国作家协会全国优秀儿童文学奖。会上宣布宋庆龄儿童文学奖和全国优秀儿童文学奖自即日起进行奖项合并。

全国儿童文学创作会议在北京举行，来自全国各地的120余位儿童文学工作者与会。

中宣部、新闻出版署联合发布《关于建立违规违纪报刊警告制度的意见》、《违纪违规报刊警告制度实施细则》。该项制度从2000年7月1日起实施。

31日，《中华读书报》上刊登赵晋华的社会调查《作家上网干什么?》。记者就上网给作家的创作和生活带来的变化，及他们对作家上网的看法，采访了陈村、徐坤、邱华栋、周洁茹、李敬泽、徐友渔等作家、编辑、学者。

本月，解放军文艺出版社推出“军旅女作家长篇小说丛书”，包括裘山山的《我在天堂等你》、王曼玲的《正午告别》、丁继东的《白房子》、张慧敏的《美丽行旅》和黄雪蕻的《白云绕家》。

重庆组织百名作家投身“西部大开发采风”。

中国青年艺术剧院在京演出法国荒诞派戏剧作家让·热内的话剧《女仆》，导演林荫宇。

全国儿童剧大展演在北京和长沙展开。北京的展演活动由文化部主办，于5月27日至6月6日举行，演出剧目有音乐剧《月光摇篮曲》（中国儿童艺术剧院)、滑稽戏《我要做个好孩子》(江苏常州滑稽戏剧团)等六部;长沙的展演活动由文化部与中国文联共同主办,于6月10日至6月16日演出,共有16台剧目,包括神话剧《九色鹿》(兰州市儿童剧院)、童话音乐剧《白雪公主》(浙江省儿童剧团)、音乐剧《月光摇篮曲》(中国儿童艺术剧院)等。

《小说月报》第5期发表北村的中篇小说《公民凯恩》。

《红岩》第3期发表何顿的中篇小说《知青白丽》、谭竹的中篇小说《花语》。

《山花》第5期发表何小竹的中篇小说《幸福生活的理由》及随笔《写作是最迷人的生活方式》、残雪的短篇小说《路边人家》及随笔《走近残雪》、储福金的短篇小说《春色》。

《飞天》第5期发表阎欣宁的中篇小说《汀江纵队》。

《解放军文艺》第5期发表王旭烽的中篇小说《双峰插月》,徐岩的短篇小说《1939年的火光》、《心灵巡逻》。

《时代文学》第3期发表阿成的短篇小说《草滩》、刁斗的短篇小说《桥》、金仁顺的短篇小说《1995年》、宗仁发的短篇小说《作家与地域》、星竹的中篇小说《彩票》、阎欣宁的中篇小说《驻城骑士》。同期,“名家侧影”栏目刊发从维熙的文章《对景六描》,及对从维熙的评介文章:张光年的《致维熙》、刘心武的《艮》、冯骥才的《蹲在电话里的维熙》、莫言的《说老从》、何镇邦的《从维熙二三事》。

《中华散文》第5期发表王旭烽的散文《曾经在河边读书的少女》、〔加〕曾晓明的散文《以狗为伴的女人》、红孩的散文《去了一趟寒窑》、徐贵祥的散文《冬天里的一把火》。

《广州文艺》第5期发表阎欣宁的短篇小说《疯狂,然后毁灭》。

《山西文学》第5期发表孙方友的短篇小说《小镇人物》。

《中国作家》第5期发表何建明的报告文学《龙门圆梦——中国高考报告》。周政保指出，此文"以敏锐的目光关注现实，关注历史进程及人的生存状态，并在社会现象的透视中沟通公众的良知及所思所想"，体现了"报告文学创作最值得尊重的使命"。"中国是当今世界独一无二的'高考大国'，但以报告文学的方式全景地传达这一领域的真实状态，《龙门圆梦》则是第一部"。"从阅读可以感觉到，这部富有批判精神的作品，是在投入了大量时间与精力（艰苦的采访调查）之后才得以完成的。作品虽有粗糙之嫌，但显得丰富厚实，在直面现实的过程中，具有一种独立思考的品格，一种忧国忧民的精神光芒。这在当今极尽献媚恶捧之能事的报告文学格局中，《龙门圆梦》的创作尽到一个知识分子作家应尽的职责"。"《龙门圆梦》从源远流长的科举考试说起，写到了中国人的'大学梦'，写到了所谓'黑七月'的不堪忍受的艰辛疲惫，写到了高考过程中的千奇百怪，也写到了急切圆梦的'天下父母心'，写到了不如此又将如何？老祖宗说，'有田不耕仓廪虚，有书不读子孙愚'。而我们的高考岂止为了不愚，那是为了前程，为了一纸文凭。于是，谁想圆梦，谁就必须投入高考的战场。其实，拼搏竞争本身并无过错，重要的是我们从中看到了精神的畸形及灵魂的被损害被扭曲。特别是，高考不仅仅是高考，其中引发了各式各样的社会问题——这当然是'报告'的重要内容。高考改革是个顽固的堡垒，且不是最后的堡垒。"（吴俊、林建法、尤凤伟等：《印象点击》，《当代作家评论》2000年第4期）

罗瑶华的长篇小说《步痕》，由山西旅游出版社出版。

由王宁担任主编的三卷本《20世纪西方现代派文学名著导读》，由天津人民出版社出版。

甘铁生创作的新闻体小说《1966－前夜》，由中国文联出版社出版。

陈染的长篇日记《声声断断》、谈话录《不可言说》两书，由作家出版社出版。

苇岸的随笔散文集《太阳升起以后》，由中国工人出版社出版。

赵丽宏的散文集《读书是永远的》，由上海人民出版社出版。

雷达、韩作荣主编的《中国当代名家诗歌经典》，由云南人民出版社出版。

陈达光的《新诗创作与鉴赏》，由湖南文艺出版社出版。

骆寒超的《艾青评传》，由重庆出版社出版。

潞潞、李杜编选的《黑皮诗丛》，由北岳文艺出版社出版。诗丛包括多多的《阿姆斯特丹的河流》、潞潞的《一行墨水》、杨克的《笨拙的手指》、宋琳的《门厅》、郁郁的《亲爱的虚无　亲爱的意义》5本诗集。

六月

1日，《文汇报》报道：中国小说学会在浙江省金华市召开第五届年会，来自全国的百余位学者和作家参加了会议，会议的议题是“20世纪小说之流变”。由于王蒙任期已到，冯骥才被推选为中国小说学会新一任会长。冯骥才在年会上谈到了学会近期将要做的四项主要工作：设立中国小说学会奖；每年度公布一次中国小说排行榜；建立中国小说论坛、建立中国小说学会自己的网页。

《作品》第6期发表野莽的《从地下室到三十九层》、李骏的《在万先生葬礼上的悼词》、刘剑波的《牛皮转椅》等短篇小说，张抗抗的《雾天日》、秦巴子的《旁观者（外二篇）》等散文。

《鸭绿江》第6期发表蔡测海的短篇小说《我的先人》。

《山东文学》第6期发表陈永和的短篇小说《小艾和杨姨》、老虎的短篇小说《黑暗中的樊琪》。

《长江文艺》第 6 期发表林希的文章《1957，一百个人的爱》、阙迪伟的中篇小说《小沃村》、李治邦的短篇小说《微笑》、苏叔阳访谈录《站在新世纪的门槛直言中国文学》。

《作家》第 6 期发表陈染的长篇小说《声声断断》、刁斗的长篇小说《回家》。

《散文》第 6 期发表许淇的散文《夜宿北极村》、夏立君的散文《我生命中的河流》、陈丹燕的散文《翡冷翠：圣马可修道院》、〔美〕箫鸣的散文《墓碑镇传奇》。

《美文》第 6 期发表鲍鹏山的散文《董仲舒：巫师与媒婆（上）》、韩小蕙的散文《新千年：寻常巷陌深处》、季红真的散文《萧红传：写〈马伯乐〉的日子》、贾平凹的散文《老西安：历史的记忆》、华夏的散文《到北京去学习》。

3 日，《人民文学》第 6 期发表李肇正的中篇小说《金链》、张者的中篇小说《传呼》、赵彦的中篇小说《高士特城堡》、金瓯的短篇小说《铁皮》、巴桥的短篇小说《艳歌》、杨向荣的短篇小说《客厅的钟响了十三下》，从维熙的散文《母亲的肖像》，《昌耀遗作》及张同吾的诗歌《永远的囚徒和最后的恋歌——悼念昌耀》。

5 - 16 日，中国作家协会代表团团长袁鹰、副团长叶辛，团员赵遐秋、韩作荣等一行 9 人赴台北、花莲、高雄等地，与台湾文友就两岸文学进行了广泛的对话。

5 日，《上海文学》第 6 期发表叶辛的中篇小说《世纪末的爱情》、王方晨的中篇小说《毛阿米》，陈永和的短篇小说《教授太太的一天》、裘山山的短篇小说《爱情传奇》。

《朔方》的第 6 期发表东西的短篇小说《走出南方》，阿成的短篇小说《金黄色的杏》，金瓯的短篇小说《一百一十四只天牛》、《野驴》、《悲伤塑料袋》、《亲爱的，把你的电话拿出来》。

《广西文学》第6期发表荆歌的短篇小说《飞》。

《报告文学》第6期发表常扬的报告文学《世界第一村：中国首家罪犯子女儿童村创建纪实》。

6日，中华民族园杯首届老舍文学创作奖揭晓。《梦断关河》（凌力）、《古街》（刘育新）获长篇小说奖；《贫嘴张大民的幸福生活》（刘恒）、《永远有多远》（铁凝）获中篇小说奖；昆曲《司马相如》（郭企宏）、曲剧《烟壶》（张永和、王保春）获戏剧剧本奖；电视连续剧《一年又一年》（导演：安占军、李小龙，编剧李晓明）、电影《离开雷锋的日子》（导演雷献禾、康宁，编剧王兴东）获影视剧奖；广播剧《脊梁》（导演李健，编剧罗金）、《千古流芳》（导演李建，编剧刘宝毅）获广播剧奖。

《当代小说》第6期发表阎欣宁的短篇小说《欢喜随缘》，高慧敏的中篇小说《人情似故乡》，邹贤尧的短篇小说《除四害》，马枋的短篇小说《对一只乌鸦的怀念》、《招租新郎》及创作谈《无法求证的话题》。

7日，《散文百家》第6期发表《刘晓平散文小辑》、马力的散文《学人之风》、赵日升的散文《"假散文"考辨》、何香久的散文《〈金瓶梅〉何以"久干例禁"》。

10日，《北京文学》第6期发表刘庆邦的短篇小说《信》、刘照如的短篇小说《幸存者》、储福金的中篇小说《鹅鹅鹅》，徐建平的短篇小说《大师》、崔子恩的短篇小说《木卫3通行证拼贴》、华夏的短篇小说《王树的婚姻》。

《福建文学》第6期发表赵凝的短篇小说《宛若独身》、雪静的短篇小说《美容》。

《诗刊》第6期发表雷抒雁的《想起那个人的时候》、刘祖慈的《晒太阳老人》、贺中的《牛啊！一大片青草围拢》等诗和韩作荣的文章《受难的囚徒与垂首的玫瑰——怀念诗人昌耀》。

《十月》第3期发表关仁山的中篇小说《平原上的舞蹈》、刘庆邦的中篇小说《神木》、钮海燕的中篇小说《远离爱情的年代》、刘继安的中篇小说《热寂》、王青槐的中篇小说《趴牛的青玉米》、张人捷的短篇小说《焰火》、李大卫的短篇小说《花瓶物语》、石舒清短篇小说《清洁的日子》、鹿永建的短篇《我的妻子》和《我的独生子》以及陈东捷的评论《不如归去》。

11日，《青年文学》第6期发表荆歌的短篇小说《到王建民家做客》、郝炜的短篇小说《在城市里飞翔》、阿宁的短篇小说《等待牛市》、白天光的短篇小说《蜥蜴岛》和《少年黄惟的夏天》。

《作品与争鸣》第6期发表关仁山的中篇小说《平原上的舞蹈》、蒋子龙的长篇小说的故事梗概《人气》、赵江的中篇小说《广州爱情》及相关评论文章。

在第26届西雅图国际电影节上，中国导演张扬执导的影片《洗澡》获得最佳影片和最佳导演两项殊荣。

19日，柯灵在上海逝世，享年92岁。柯灵的散文，“在广度和力度上虽不像鲁迅等人的精湛和深刻，但也自有建树，在这方面也有散文大家的手笔”。“由人见文，缘文见人，故丰子恺的人、画、文一气，钱钟书的为人、治学、创作相通，柯灵六十余年间创作的散文也是与作家的人生道路一气和相通的，也是作家生命的一部分”。“柯灵人、文的此等襟怀，还突出地表现在散文创作上有骨格：不随波逐流，不见风使舵，不吞吞吐吐，不为贤者讳，敢于独抒己见。这种人格和文骨的统一，在现当代文坛尤为可贵。”（唐金海、张晓云：《论柯灵的散文》，《文学评论》1994年第1期）柯灵还是“我国当代著名的作家、评论家、编辑家和电影剧作家。半个多世纪以来，他为我国的文化事业付出了辛勤的劳动，做出了多方面的成就和贡献。电影剧作是他的业绩的一个重要方面。从30年代到60年代，他不仅陆续创作了十多个颇具影响的电影文学剧本，而且对电影艺术的特性和电影创作规律发表了一些重要的有价值的见解”。“他的电影方面的业绩不仅限于作品自身，作为既熟谙电影表现手段、又精通语言艺术的大师，他对我国电影文学作为一种新兴的独立的文学样式的形成和发展，发挥了重要作用”。（刘果生：《试论柯灵的电影剧作观》，《当代电影》1993 年第 2 期）《文学报》于 6 月 29 日刊发了“追思柯灵先生专辑”，刊发了柯灵致陈雪琛的书简七封、碑文《飞翼楼记》，他人所写追念文章：徐开垒的《著作与风骨共存》、白桦的《柯灵之死》、陈雪琛的《文章何处哭秋风》。

23 日，陆涛小说研讨会在京举行。8 月 5 日，《文艺报》第 3 版刊发了相关文章：陈建功的《写好人物是小说创作的根本》、贺绍俊的《调侃背后的人性温存》、胡平的《社会责任与私人化写作的调和》、牛玉秋的《下层人生活令我感动》、赵凝的《朴实的小说》、傅活的《巧妙的表达》、木工的《说京西大嘴》、李敬泽的《陆涛的小说很好看》。

26 日，由重庆师范学院中文系、重庆现当代文学研究会、重庆作家协会和《红岩》杂志共同主办的小说家莫怀威作品研讨会在重庆召开。8 月 1 日，《文艺报》第 3 版做了专题报道，并配发莫怀威的文章《写作让我愉快》，以及评论文章：李敬泽的《莫怀威和他的‘纯小说’》、李丽的《男男女女换位对舞——从〈美人泉华〉到〈透支时代〉的阅读感受》、唐云的《另一种声音——解决莫怀威》。

28 日，《剧本》第 6 期发表立宁（执笔）、李武魁的三幕话剧《大碗茶传奇》。

29 日，阿英（钱杏邨）诞辰一百周年纪念会暨《阿英全集》首发式在京举行。这套《阿英全集》由安徽教育出版社出版，分 12 卷 400 多万字，收入了阿英各个时期的各类作品。

建国以来外国文学领域的一项奠基工程——《外国文学名著丛书》、《外国文艺理论丛书》、《马克思主义文艺理论丛书》工作总结会在京召开。1958

年，时任中央宣传部部长的陆定一提出，为了学习借鉴世界文学的优秀遗产，提高我国青年作家的艺术修养和创作水平，满足人民的文化需求，提高人民的文化素质，繁荣社会主义的文学艺术，需要编选一套外国古典文学名著丛书。这项工作先后由中国科学院文学研究所、外国文学研究所主持，人民文学出版社负责出版任务。后来编委会提出，在世界文学的发展过程中，创作与理论是相辅相成的关系，世界文学遗产应包括文学理论。于是又增加了《外国古典文艺理论丛书》和《马克思主义文艺理论丛书》。"文革" 期间出版工作被迫中断。1978 年 5 月，中宣部批准恢复"三套丛书" 的出版工作，同时对《外国古典文学名著丛书》和《外国古典文艺理论丛书》作了扩充，并分别删去两种丛书中的"古典" 二字，改为《外国文学名著丛书》和《外国文艺理论丛书》。到本年，"三套丛书" 的选题计划，除《外国文艺理论丛书》因组稿、出版条件等所限只能部分完成外，其余两种基本上已经出齐。(《〈外国文学名著丛书〉、〈外国文艺理论丛书〉、〈马克思主义文艺理论丛书〉"三套丛书" 工作总结》，《出版史料》2004 第 4 期)

本月，甘肃省作家协会第四次会员代表大会在兰州举行。王家达任甘肃省作家协会主席，柏原等人任副主席。

由文化部主办的第九届文华奖揭晓，获奖的四部话剧作品分别是南京军区政治部前线话剧团的《"厄尔尼诺" 报告》、中央实验话剧院的《生死场》、辽宁人民艺术剧院的《父亲》、总政话剧团的《洗礼》。

李林樱创作的报告文学《雅砻江的太阳》获得四川省最佳图书奖和十年一度的四川省第三届文学奖。

中国散文学会在北京举办"90 年代以来散文发展状况及其展望" 理论研讨会，与会者就散文的真实性，散文与生活的关系，散文创作中存在的问题等展开讨论。

中国作家协会创研部在京组织评论家、文学编辑、记者 20 多人为俞胜利的中短篇小说集《亮眼》召开了研讨会。《亮眼》收入了俞胜利八个短篇小说、三部中篇小说。其中被评论家称为“饥饿四重奏”的《秀才》、《黑虎》、《舅母》、《奶奶》，是继刘恒《狗日的粮食》、刘震云的《温故1942》之后的对粮食对饥饿的深沉思考。（见《文艺报》7月15日）

《小说月报》第6期刊载张欣的中篇小说《谁可相依》、彭见明的中篇小说《翻晒一棵树》、蒋韵的中篇小说《上世纪的爱情》、刘庆邦的短篇小说《响器》、柏原的短篇小说《瘪沟》、李大卫的短篇小说《花瓶物语》。

《长江文艺》第6期发表林希的短篇小说《1957，一百个人的爱》、阙迪伟的中篇小说《小沃村》、李治邦的短篇小说《微笑》。

《山花》第6期发表潘军的中篇小说《从前的院子》及随笔《漂泊与选择——答林舟先生问》、晓苏的中篇小说《伤心老家》、邱华栋的短篇小说《内河航行》、老虎的短篇小说《晚上喝了一点酒》、冯积岐的短篇小说《成熟》、梅雨的短篇小说《半个月亮升上来》。

《百花洲》第3期发表孙春平的中篇小说《唱支山歌给党听》、和军校的中篇小说《你想干啥》、史荣生的中篇小说《老板教授》、凌可新的短篇小说《意境深邃》。

《雨花》第6期发表李治邦的短篇小说《小屋》。

《中国作家》第6期发表从维熙的中篇小说《伴听》。

《解放军文艺》第6期发表陶纯的中篇小说《子弹穿过头颅》、衣向东的短篇小说《小镇邮递员》和《来吧嫂子》、吕志强的短篇小说《沿弹道飞翔》。

《广州文艺》第6期发表白天光的短篇小说《我和安娜·卡列尼娜结婚》。

《中国作家》第6期发表江浩的报告文学《盗猎揭秘》。

《中华散文》第6期发表汪继芳的《老华两周年祭》、潘军的《童年记趣》、慧子的《伯父无言》、〔新加坡〕尤今的《重生的酒窝》等散文。

青少年文学读物“红雨文丛”，由天津百花文艺出版社出版，第一辑共七册，分别为《孙犁与白洋淀》、《梁斌与“红旗谱”》、《王林冀中的战斗岁月》、《方纪——独树一帜的散文家》、《鲁藜的泥土诗歌》、《袁静的童心情结》和雪克（孙振）的两部长篇小说，作品与评介文章大约各一半。

韩寒的长篇小说《三重门》，由作家出版社出版。该书出版后，一时社会反响强烈，“80后”创作热潮由此而起，同时也引发了关于“畅销书”写作的讨论。潘凯雄从出版的角度出发，认为“《三重门》的功夫在其作者韩寒那段独特的经历。你只要告诉公众：这部长篇小说是出自一个高考落选、数理化成绩一塌糊涂的高中生之手，仅此一个事实就足以引来众多好奇者的关注。因此，在《三重门》的推广中，很少有说这部小说如何如何的，事实上也的确没什么可说；而更多的则都是在那里喋喋不休地说韩寒如何如何，我们的教育体制怎样怎样……书外功夫可见一斑。”（潘凯雄：《功夫在“书”外——说畅销之九》，《传媒》2002年第9期）也有论者就文本分析的角度指出：“韩寒的三重门中表现了一种新时代的苦闷、压抑和焦虑”，“深刻地揭示了当代教育问题，尤其是应试教育问题的弊端，具有‘问题小说’的思想特征。”（张丽军：《韩寒论》，《文艺争鸣》2006年第3期）而张未民则在创作研究层面指出，这部小说实质上是“性情中人”韩寒发愤而为的“一部愤世嫉俗、锋芒闪烁的具有叛逆性和激情性的性情之作”，“韩寒所秉持的写作动力，正在于所守持心灵中的真人真性的‘童心’。”（张未民：《关于“新性情写作”——有关“80后”等文学写作倾向的试解读》，《文艺争鸣》2006年第3期）关于作者后来的影响，有论者指出，“在同时代的作家当中，韩寒以其独到的‘少年本位’眼光审视现实，以其独特的方式批判现实中的诸多问题，又以其独具的朋克精神成为众多‘80后’人的现实精神支点。”（徐世强：《通往现实的“三重门”——论韩寒及其小说创作》，《文艺评论》2008

年第6期）

川妮的长篇小说《时尚动物》，由四川文艺出版社出版。

杨克主编的《1999年中国新诗年鉴》，由广州出版社出版。该年鉴出版后，引起诗歌界的关注。谢有顺说，“《1999中国新诗年鉴》本着对艺术良知和诗歌理想的忠诚，守住了口语的诗学底线。它竭力提高口语的艺术品质，同时也有力地打击了当下流行的晦涩、干枯、不知所云的诗歌话语潮流。我们有信心让现代诗以其朴素、优美和深情的品质，返回到读者当中。”“1999年度中国新诗大多数动人的瞬间都凝固其间了。这样的瞬间，是一年来编者一点一点积攒下来的。有了它，21世纪的新诗或许会有一个更为平实的起点。它也告诉我们，我们所要的诗不在别的地方，就在这儿，就在那些被人遗忘的角落，关键看你是否有发现它的心灵和眼光。”（谢有顺：《诗歌在前进》，《山花》2000年第4期）。中岛认为，“总体来说，《年鉴》由它秉承的艺术准则，不失为一本好书，但顾及情面太多，用力有些偏，所以编得有些‘太厚’，对整体质量的构成，多少有些美中不足。”（中岛：《我对（1999中国新诗年鉴）的几点看法》，《诗参考（十年专刊）》2000年7月号）

七月

1日，《作品》第7期发表张梅的长篇小说《破碎的激情》（节选）、张执浩的短篇小说《怎么了》、徐岩的短篇小说《情殇》。

《鸭绿江》第7期发表王开林的短篇小说《青红紫绿》、聂鑫森的短篇小说《圣生》。

《山东文学》第7期发表阎欣宁的短篇小说《勤务兵》、聂鑫森的短篇小说《幻灭》、修祥明的短篇小说《红对联》。

《长江文艺》第 7 期发表凌可新的短篇小说《伤心的葡萄》、白天光的短篇小说《我们和蝗虫一起成长》、温亚军的短篇小说《女孩》、季栋梁的短篇小说《狗日的车》。

《作家》第 7 期发表苏童的短篇小说《白杨和白杨》、李洱的短篇小说《窨盖上的舞蹈》、张生的短篇小说《备忘录》、陈家桥的短篇小说《最近二十年的男人》、魏微的短篇小说《到远方去》、金仁顺的短篇小说《盘瑟俚》，莫言的随笔《神秘的日本与我的文学历程》。

《厦门文学》第 7 期发表北北的短篇小说《美男计》、孙方友的短篇小说《陈州笔记》。

《小说界》第 4 期发表须兰的长篇小说《奔马》（下部）、张旻的中篇小说《芳心一片》、赵彦的中篇小说《苏小伊的爱情》。同期的“电脑·网络·写作”栏目刊发的文章有：叶永烈的《书房的革命》、杨春时的《黑洞的力量》。

《散文》第 7 期发表贾宝泉的散文《镜花互照说散文（三）》、梁衡的散文《把栏杆拍遍》、赵丽宏的散文《德天瀑布记》。

《美文》第 7 期发表王充闾的散文《回头几度风花》、鲍鹏山的散文《董仲舒：巫师与媒婆（下）》、邱华栋的散文《北京现场》、邓一光的散文《和阿来从老桥上走过》、艾青的《旅行日记（1954 年 7 月 12 日 – 7 月 19 日）（欧洲—南美洲）》、贾平凹的散文《老西安：历史的记忆》。

2 日，《新剧本》第 4 期发表郭启宏的戏曲剧本《雍正登基》和王梓夫的话剧《北京球迷》。

3 日，《人民文学》第 7 期发表李瑛的诗《山谷的回声》、娜夜的诗《梦幻触手可及》、杨少衡的中篇小说《钓鱼过程》、林希的中篇小说《乡村记忆》。

5 日，《小说家》第 4 期发表二月河的长篇小说《乾隆皇帝·风满龙楼》

（连载）、邓一光的中篇小说《猜猜我的手指》、石钟山的中篇小说《机关物语》、祖先海的中篇小说《光绪元宝》、刘庆邦的短篇小说《回乡知青》、荆歌的短篇小说《难以拒绝》、黄梵的短篇小说《没有明确的动机》。

《钟山》第4期发表迟子建的长篇小说《满洲国》（第十至十四章），荆歌的中篇小说《关玲玲的悲惨人生》，残雪的中篇小说《阴谋之网》，蔡测海的短篇小说《阿太正传》，戴来的短篇小说《意外的凉也就格外的凉》、《等待》，汪政与晓华的评论《论王安忆》，史铁生的《给李健鸣的三封信》。

《莽原》第4期发表邱华栋的中篇小说《杀人蜂》、鲍满光的短篇小说《爱你无罪》。

《中国西部文学》第7期发表季栋梁的短篇小说《在水的另一方》。

《上海文学》第7期发表王方晨的中篇小说《吃掉苍蝇》，王安忆的批评文章《知识的批评——从蒋韵说起》，赵丽宏的散文《大师的背影》、崔卫平的思想笔记《承担作为一个犹太人的重担》、张柠的思想笔记《我们的"现在"与"现代"》。同期开始连载杨显慧的系列小说《夹边沟纪事》至12期止。

《朔方》第7期发表季栋梁的短篇小说《正午的骂声》、和军校的短篇小说《胜利》。

《花城》第4期发表柯云路的长篇小说《蒙昧》、行者的中篇小说《皇后风物志》、蔡测海的中篇小说《畜生》、残雪的短篇小说《长发的遭遇》、夏商的短篇小说《日出撩人》，陈家桥的散文《我的洛丽塔》、李敬泽的散文《沉水、龙涎与玫瑰》。

《芙蓉》的第4期发表李红旗的中篇小说《饥饿的粮食》、尹丽川的短篇小说《孙子找爸爸》。

《大家》第4期发表李大卫的中篇小说《就是你》、巴桥的中篇小说《一起走过的日子》、修祥明的短篇小说《土地上的生灵》。

《红岩》第 4 期发表赵大河的中篇小说《一九三〇年的西北风》、张执浩的短篇小说《捉拿气球》。

《北方文学》第 7 期发表巴兰兰的中篇小说《告密者》、叶倾城的短篇小说《都市小夜曲》。

《广西文学》第 7 期发表沈东子的短篇小说《换了往事》、叶倾城的短篇小说《当我还不曾遇见你》。

梅洁的中篇报告文学《西部的倾诉》刊于《报告文学》第 7 期。后在 2001 年和 2002 年分获第二届鲁迅文学奖和首届徐迟报告文学奖。它揭示西部贫困地区女童教育问题的严峻现状，是“一部体现人类情怀、具有世纪性‘唤醒’价值意义的大书”。（陈映实：《评报告文学〈西部的倾诉〉》，《河北日报》2001 年 9 月 14 日）

《随笔》第 4 期发表柳鸣九的随笔《世事沧桑中的哲人：萨特逝世二十周年小记》、贾植芳的随笔《“我的后来者”：潘世兹先生》、艾煊的随笔《桃源境：外一篇》、刘心武的随笔《一件亏心事》、邵燕祥的随笔《夜读抄》、蓝英年的随笔《也谈格罗斯曼》、于光远的随笔《二十多年前关于修订〈国际歌〉译文的一场争论》。

6 日，《当代小说》第 7 期发表王方晨的短篇小说《大市民李四》及创作谈《依然年轻者如我》。

7 日，剧作家李杰在长春病逝，享年 61 岁。80 年代以来，李杰“先后创作了大型话剧《归雁横秋》、《海》、《高粱红了》、《田野又是青纱帐》、《古塔街》，电视连续剧《大雪小雪又一年》等全国有影响的艺术作品，同时他也成为全国知名的剧作家之一。他的剧作语言幽默、浪漫而隽永，深邃而睿智，实现了他决意穷尽才智创造独有的戏剧语言，表述人生复杂生存及其世态纵横的人文主义理想”。（宋存学：《一代才俊的天上人间——悼念著名剧作家、省文联主席李杰》，《戏剧文学》2000 年第 8 期）李杰曾说：“我只有向生活乞灵，向生活求教。因为它大于一切意念和思想，它对是非的评判有不可动摇的真实性。是生活驱使了我，而不是我违拗了生活。”他认为“革命现实主义的重要品格在于直面人生，不规避生活的矛盾和斗争，痛苦和欢欣。……不能让自己的人物生活在幻想的情境中，以致失去生活的复杂性和生动性”，“话剧艺术的现实主义传统，在思想上表现为对人民现实斗争的充满爱心的直言不讳的关注，这种关注在热烈的对光明的歌颂中，也在对阴暗的沉重打击中”。所以他的作品切近现实，“不说谎话，不对复杂的社会生活浓施粉黛”。他认为话剧创作在内容和形式上都要创新，要丰富表现手段，但不能脱离时代的要求，脱离中国戏剧的民族传统，脱离普通群众的心理、文化教养和欣赏习惯。（参见温大勇：《探索人生的话剧——记吉林剧作家李杰》，《剧本》1986年第4期）对于李杰著作中的悲剧意识，温愠认为：“悲剧意识实质是作家对社会、对人生的责任感。真正具有悲剧意识的作家，从来不粉饰生活，而是勇于正视国家的灾难和人间的悲剧，正视人性的弱点和历史的不足。纵览李杰的多部剧作，便可以发现他的这种悲剧意识无处不有，无时不在。从粉碎‘四人帮’初期的伤痕戏剧《父子恨》，到政治反思的《高粱红了》，再到文化反思的《田野又是青纱帐》，相当明显地看出作者在悲剧创作上向前跃动的轨迹。”（温愠：《李杰剧作的悲剧意识》，《文艺争鸣》1987年第5期）

《散文百家》第7期发表陈映实的散文《独眼》、《蔡飞跃散文小辑》，卞毓方的散文《读吴冠中〈墙上秋色〉》。

10日，《北京文学》第7期发表白天光的短篇小说《宋朝的蚂蚁洞》、寇挥的中篇小说《村精》、冷凝的短篇小说《红尘》、阿城的短篇小说《满目蒿莱》、周建新的中篇小说《阿门，1900》、林希的短篇小说《好酒好醋》、聂鑫森的《湘楚风情（小说二题）》、刘心武的短篇小说《小样儿》。

《十月》第4期发表邓一光的中篇小说《怀念一个没有去过的地方》，徐小斌的中篇小说《做绢人的孔师母》，彭东明的中篇小说《山歌》，阿宁的中篇小说《另一种禽兽》，赵柏田的短篇小说《三生花草》，刘育新的短篇小说《错姐》，李惊涛的中篇小说《婚姻大事》、短篇小说《三个深夜喝酒的人》。

《福建文学》第7期发表阎欣宁的短篇小说《断桥》。

《绿风》诗刊第4期开设“西部诗坛巡礼·青海卷”栏目，刊出翼人《生命的祈约》、马丁《五月》（选章）、葛建中《他乡》（四首）、班果《诗三首》、杨廷成《河湟谷地》（五首）、师延智《中国西部：天光熹微中的大地本相》、周小建《诗二首》、韩文德《〈圣光〉副歌选章》、马海铁《短歌》（七首）、达佤扎西《把我的心藏在语言背后》（三首）等10位青海诗人的作品。

《诗刊》7月号的“新世纪诗坛”栏目刊出了宫玺、郭新民、黄东成、陈所巨、张洪波、娜夜等的诗作。由梅绍静主持的“每月新星”栏目本期推出了陆苏的《陆苏诗抄二十一首》和邹静之的评论《会心的神思》。“中国新诗选刊”的“关注”专栏刊登了王家新的《旅行者》、《第四十二个夏季》等诗作；“发现”专栏刊登了杨克的《获赠书上的签名》、《风中的北京》，车前子的《两个人的花》等诗作。

11日，首届湖北文学奖评选揭晓。获奖作品有：陈应松的小说集《大街上的水手》、胡发云的中篇小说《老还失踪》、丁颖的报告文学《江姐家传》、甘茂华的散文集《鄂西风情录》、刘小平的诗集《鄂西倒影》、邓一光的长篇小说《组织》、胡晓明和胡晓晖的短篇小说《洛神》。另据《湖北文学奖评奖条例》，对在本届评奖年度内获得鲁迅文学奖和中宣部“五个一工程”奖等国家级大奖的刘醒龙的中篇小说《挑担茶叶上北京》等6部作品授予首届湖北文学奖荣誉奖。魏光焰的中篇小说《大雪流萤》等9部作品获首届湖北文学奖提名奖。

《青年文学》第7期发表张执浩的中篇小说《一路抖下去》、谢宏的中篇小说《以爱情的名义》、王手的短篇小说《与地震无关》、残雪的随笔《把生活变成艺术》。

15日，《长城》第4期发表晓航的中篇小说《在深渊拥抱》、何玉茹的中篇小说《太阳为谁升出来》、孙惠芬的中篇小说《南大沙》、邱华栋的短篇小说《零度爱》、白天光的短篇小说《吾乡韵悠远》、关汝松的短篇小说《心碑》、老虎的短篇小说《预演》。

《天涯》第4期发表苏童的短篇小说《七三年冬天的一个夜晚》、祁智的短篇小说《城市上空的鹰》。

《读书》第7期发表王家新的文章《汉语的未来》。

15－20日，由中华美学学会青年美学研究会、内蒙古艺术学院、《文艺研究》编辑部主办的“首届东方美学国际学术会议”，在呼和浩特市举行，来自中国、日本、韩国、美国等国家的70多位美学专家，围绕“东方美学及其艺术表现”这个主题，就“审美和艺术活动在东方文化中的地位与功能”、“东方各国间艺术与生活趣味的关系及异同”等专题进行了广泛而深入的讨论、交流。会议综述发表于《北京社会科学》2000年第4期、《文艺研究》2000年第5期、《哲学动态》2000年第9期。

17日，《江南》第4期发表尤凤伟的长篇小说《中国：一九五七》（第一、二部，该书后于2001年1月由上海文艺出版社出版）、白天光的短篇小说《戴漂》。

《作品与争鸣》第7期发表祁智的中篇小说《十一月十七日》及相关评论。

《特区文学》第4期发表肖克凡的中篇小说《三八驾校》、中跃的中篇小说《溺人之惑》。

18日，《文汇报》刊登消息《北京作协打破地域聘作家》，新签约作家享有每月1000元基本工资和其他权利。

《文艺报》刊载消息，刘恒完成了为紫禁城影业公司赶制的电影贺岁片剧本稿，暂定名为《美丽的家》。

20日，《当代》第4期发表严歌苓的中篇小说《谁家有女初长成》，张长虹、赵东平、龙建民、周保昌合著的报告文学《云南红》。

《清明》第4期发表李肇正的中篇小说《我爱我家》、凌可新的中篇小说《乡邻》、邹贤尧的短篇小说《湖边的雪人》、聂鑫森的短篇小说《关圣殿》、段剑扬的短篇小说《钟情阿黛》。

国家版权局发出《关于加强对国外著作权认证机构中国常驻代表机构进行管理的意见》。

25日，《收获》第4期发表王安忆的长篇小说《富萍》、刁斗的中篇小说《解决》、黄国荣的中篇小说《走啊走》、张生的中篇小说《他的名字叫衬衫》、王蒙的中篇小说《歌声好像明媚的春光》。同期"走近鲁迅"栏目刊发的文章有：陈村的《我爱鲁迅》、孙歌的《鲁迅脱掉的衣裳》、内山完造的《鲁迅先生》。

《当代作家评论》刊登"余华评论小辑"，理论文章有：王跃华的《记忆中的"历史"就是此时此刻——对余华九十年代小说创作的一次观察》、倪伟的《鲜血梅花：余华小说中的暴力叙述》、张炼红的《苦难与重复相依为命》、刘旭的《吃饱之后怎样——评余华的小说创作》；同期刊登对刁斗的长篇小说《证词》的评论小辑，理论文章有：张闳的《现实生存的"证词"——刁斗的长篇小说〈证词〉》、吴义勤的《无望的告别——刁斗的长篇小说〈证词〉读札》、林舟的《开放的叙事——谈刁斗的长篇小说〈证词〉》。

28日，《剧本》第7期发表张烈改编的昆剧《张协状元》和王俭的小剧场话剧《爱你不容易》。

28－31日，由苏州大学主办并在该校召开了"《中国近现代通俗文学史》

国际学术研讨会”。《中国近现代通俗文学史》由苏州大学范伯群教授主编，是中国第一部论述近现代通俗文学、门类较为齐全、历史的线索梳理得较为清晰的大型专门文学史。该书于本年4月由江苏教育出版社出版。

29-31日，由北京语言文化大学、美国加州大学厄湾分校、中国中外文艺理论学会、澳大利亚墨尔本大学、山东大学和中国广播电视学会等单位共同发起主办的“文学理论的未来：中国与世界”国际研讨会在京举行。会议宣布成立国际文学理论学会，以便为今后东西方学者的合作和交流对话奠定必要的组织基础。学会选举美国学者希利斯·米勒为第一任主席，澳大利亚学者西蒙·杜林、法国学者艾莱娜·西苏、中国学者钱中文任副主席，美国学者加布里尔·施瓦布和中国学者王宁担任秘书长。8月29日，《文艺报》刊发了部分会议论文：〔美〕希利斯·米勒的《全球化和新的电信时代文学研究的未来》、〔澳〕西蒙·杜林的《文学主体性新论》、钱中文的《文学理论：走向交往与对话的时代》、王宁的《全球化进程中中国文学理论的国际化》。会议综述发表于《文学评论》第6期。

本月，民间先锋诗刊《下半身》创刊，以发表诗歌为主，也刊登小说、诗论等。沈浩波在其执笔的以《下半身写作及反对上半身》为题的发刊词里宣称：“强调下半身写作的意义，首先意味着对于诗歌写作中上半身因素的清除。知识，文化，传统，诗意，抒情，哲理，思考，承担，使命，大师，经典，余味深长，回味无穷……这些属于上半身的词汇与艺术无关。……只有肉体本身，只有下半身，才能给予诗歌乃至所有艺术以第一次的推动。这种推动是唯一的，最后的，永远崭新的，不会重复和陈旧的。因为它干脆回到了本质。”创刊号上刊出沈浩波、朵渔、盛兴、尹丽川、巫昂等的诗。同年底，《下半身》第2期出版。其另类的诗歌宣言和写作实践在诗歌界及文化界引起了普遍的关注。陈仲义对“下半身”所倡导的“肉身化”写作原则与审美趣味在诗坛短时间内的泛滥持警惕与质疑态度，他指出：如果在感性的大播放中，摒弃必要的“思与智”，“即摒弃必要的精神元素，无视肉身化诗意创造，止于肉体感官的优游，无条件地视色如归，最终还是走不远的。况且肉身化写作，仅仅是众多写作取向中之一种，固然可能构成某一时期主导诗风，但绝不是唯一的，而当这一诗风在短期内到处开花，迅速漫漶，新一轮反弹诗风将提前到来。”（陈仲义：《快感与肉欲的合谋——从“下半身”谈起》，《南方文坛》2002 年第 2 期）。陶东风则从文化政治的角度对“下半身”写作予以阐释：“‘下半身’写作实际上是诗歌界内部争夺话语权的一种策略与工具，在这里，‘下半身’至少被它的倡导者赋予了相当重要的文化与政治的使命，它依然是沉重的。把反文化的身体当作争夺话语权的工具，这在西方与中国都是十分常见的策略。身体——或‘下半身’——在这里依然是武器：造反的武器，夺权的武器。”（陶东风：《文学理论的公共性——重建政治批评》，第 317 页，福建教育出版社 2008 年版）。陈晓明则从“下半身写作”的诗人的“身体焦虑”及相关心态着眼，发表了自己的看法：“对于‘下半身写作’的诗人来说，所有的问题都归结为身体或性的焦虑，他们试图撕开文化笼罩其上的面具，要把生活最本质的问题归结于此，把社会批判完全戏谑化”。（陈晓明：《中国当代文学主潮》，第 473 页，北京大学出版社 2009 年版）沈浩波（1976—），江苏泰兴人。北京师范大学中文系毕业。现为北京磨铁文化公司总裁。1996 年开始诗歌创作。与他人合办《下半身》同仁诗刊。著有诗集《一把好乳》、《心藏大恶》，专著《蝴蝶》等。

《小说月报》第 7 期刊载毕飞宇的中篇小说《青衣》、裘山山的中篇小说《落花时节》、星竹的中篇小说《彩票》、王寿成的中篇小说《血蛰王》、苏童的短篇小说《女声》、何申的短篇小说《二贵摔跤》、史铁生的短篇小说《两个故事》、聂鑫森的短篇小说《火烧鳊》、衣向东的短篇小说《来吧嫂子》、刘继明的短篇小说《短篇二题》、卢岚岚的短篇小说《断指》。

《长城》2000 年第 4 期发表晓航的中篇小说《在深渊拥抱》、何玉茹的中篇小说《太阳为谁升出来》、孙惠芬的中篇小说《南大沙》、邱华栋的中篇小说《零度爱》、白天光的短篇小说《吾乡韵悠远》、关汝松的短篇小说《心杯》。

《山花》第7期发表崔子恩的短篇小说《蝴蝶》及随笔《只因为地球并非我家乡》、楚尘的短篇小说《我想大叫》、何顿的中篇小说《混沌年代》、红柯的短篇小说《昆仑山上的一棵草》、李治邦的短篇小说《走出绯闻》、林希的短篇小说《浪漫小站》，楚尘的随笔《自由的写作》。

《解放军文艺》第7期发表温亚军的短篇小说《你看到了火车吗》，陈歆耕的报告文学《战争大趋势：寻访新军事革命思想猛士》。

《时代文学》第4期发表祁智的短篇小说《羽化》、赵刚的短篇小说《电话诉衷情》、石舒清的短篇小说《无常》、郝炜的短篇小说《与糖纸有关的故事》。同期“名家侧影”栏目刊发了张宇的文章《民间艺人》及对张宇的评介文章：孙逊的《小说就是小说》、李佩甫的《渐入佳境》、何向阳的《小说张宇》、安琪的《“一笔两画”说张宇》、何镇邦的《“不装神弄鬼”的张宇》。

《广州文艺》第7期发表李治邦的中篇小说《我找你找了好久》、聂鑫森的短篇小说《火烧编》。

《中华散文》第7期发表王充闾的散文《夜话》、孙见喜的散文《清明雨》、王英琦的散文《我的佛缘与武缘》、梦萌的散文《槐花恋》。

《诗探索》本年第1－2辑发表沈奇的文章《中国诗歌：世纪末论争与反思》。

青年女作家顾艳的长篇小说《疼痛的翅膀》，由云南人民出版社出版。

赵玫的随笔集《欲望旅程》，由漓江出版社出版。

唐湜的诗论集《一叶诗谈》，由广西教育出版社出版。

《昌耀诗文总集》、董生龙主编的《昌耀阵痛的灵魂——昌耀诗评》，由青海人民出版社出版。

王宏甲的《智慧风暴——点击中关村、北大和北大方正》，由新华出版社出版。该书不仅是一部描述当代高科技企业起伏跌宕的纪实报告，更从宏观的科技、经济、教育视角分析解剖新的经济时代。获首届徐迟报告文学奖。

韦苇主编的《世界经典童话全集》20卷，由明天出版社出版，分北欧2卷半，西欧9卷半，南欧1卷，东欧3卷，美洲1卷，中国1卷，共约880万余字。

八月

1日，《作品》第8期发表蒋金海的短篇小说《腰子船上的墨鸭》、谢宏的短篇小说《夏天的奔跑者》。

《鸭绿江》第8期发表于厚霖的中篇小说《海天不一色》、中跃的中篇小说《无法靠近》。

《山东文学》第8期发表冯积歧的短篇小说《后墙上的窗口》、郝炜的短篇小说《地下室的老故事》。

《长江文艺》的第8期发表雨城的短篇小说《黑影》、郑时培的短篇小说《偷窥》。

《作家》第8期发表杨争光的短篇小说《谢尔盖的遗憾》、潘军的短篇小说《某部的于村》、何立伟的短篇小说《北京小夜曲》、肖铁的短篇小说《圣诞树》、夏商的短篇小说《开场白》，余华的随笔《文学和民族》、杨映川的随笔《生于70年代》。

《散文》第8期发表贾宝泉的散文《答某生问》、车前子的散文《城南旧事》、田晓菲的散文《我永远的爱：陶斯》。

《美文》第8期发表何继青的散文《边地往事》、周大新的散文《死死生生》、朱增泉的散文《中国西部（外一篇）》、苗长水的散文《上海·深圳》、韩静霆的散文《听潮，听泉，听海》。

3日，《文学报》刊发了对陈思和的访谈《实践我对文学史的理想——访〈中国当代文学史教程〉主编陈思和》。在“碰撞与争鸣”栏目中刊发了李杨的文章《对文学史两个新概念的质疑——谈陈思和主编的〈中国文学史教程〉》（原题《当代文学史写作：原则、方法与可能性》，原载《文学评论》第3期）、薛华的《一次遗憾的误读——评关于“潜在写作”和“民间”因素的争论》。李杨认为，“‘潜在写作’由于无法确认其真实的创作年代而缺乏真正的文学史意义，对‘民间意识’的非历史化理解则忽略了‘民间意识’与主流意识形态的同构关系”。薛华认为，“对于这些写作年代不能认为是‘假’，且具有重大的文学史意义的作品，将之按照作家自己的声明暂时划入‘潜在写作’之中，符合文学史的一般写作原则。”“‘民间’因素中的多重内容被误读成单向度的‘民间意识’而引发的争论，其基点并不在同一个层面上。”

《人民文学》第8期发表蔡其矫的诗《翠海九寨沟》、张执浩的诗《长吁或短叹》、何申的中篇小说《村民钱旺的从政生涯》、邱华栋的短篇小说《谁打完了所有的高尔夫球》、叶弥的中篇小说《市民们》。

5日，诗人、翻译家金克木因病在北京逝世，享年88岁。临终遗言：“我是哭着来，笑着走。”他的散文（包括随笔），“是当代散文中少有的有着‘活泼的文调’、能让读者发笑的文章。在文章里，作者经常扮着各种‘鬼脸’，戏谑读者，充分展示了他的诙谐与幽默”。而“金克木的散文之所以这样谐趣横生，一方面基于他的智性思维，另一方面也基于他豁达乐观的生活态度”。“他的散文，承载了丰富的学养，同时也展示出学者宽广的视野和缜密的思维。他对问题的思考相当深刻，而且思考的结果常常出人预料。”“学贯中西、博古通今的金克木，他自谦是在中外之间‘游走’，古今之间穿梭；他不光是精通文史，还由文涉理”，总之，“金克木的散文既让人忍俊不禁，又让人感叹作者知性思维的灵活。这使他的散文不光生动传神，而且显得颇为智慧。学者的身份与经历，使他的散文创作平添了许多雅致的情趣，同时，也增加了他对事物敏锐的洞察力，因而时时表现出与众不同的思维路向。与其他学者型的散文家一样，金克木的思想相对比较‘解放’，是一种‘自治’的人生哲学和‘自在’的人格哲学，‘无所顾忌’，‘我行我素’，敢恨，敢爱，敢于批判”。（陈亚丽：《金克木散文：在中西文化中行走》，《文艺争鸣》2008 年第 10 期）作为现代重要诗人，金克木的诗“诗情智化带来的哲理深度，垫高了新诗的艺术品位。可贵的是诗人虽是享誉国内外的东方文化研究专家，却从不卖弄知识以学问作诗；而选择了一条‘同感情的’、‘非逻辑的’诗性道路，所以他的诗总能‘情知合一’，将慧思内涵化为意象的整体体现，达到形象、思想、情感的三位一体化”。“金克木的新智慧诗，既在横向上与那些以诗形式说明道理的说理诗、卖弄聪明的警句诗大异其趣；又在纵向上超越了出离时代感悟人生的狭陋的古代智慧诗。它以体悟的‘现代性’与‘向来产诗的道路‘的‘诗性’融汇，达到了智性与感性、哲学与诗的同构，避免了诗思僵化，将缪斯引向了智慧的‘新’路，虽非人人可解，却多有上佳的明珠。”他的诗歌还有一种“野蛮新鲜的活力”。这种“野蛮新鲜充满活力的诗艺探求，敦促诗歌剔除了学问家的书卷气，摆脱了传统的因袭与限制；使诗人成了智慧抒情‘僻路’上的高手，‘僻’得‘新’、‘僻’得‘智慧’，‘僻’得才气夺人”。（罗振亚：《在智性抒情的“僻路”上——评金克木的诗》，《诗探索》第 2 期）

《上海文学》第 8 期发表薛荣的中篇小说《纪念碑》、陈家桥的《流氓》，潘军的随笔《基调与意味》、罗岗的思想笔记《从晚清到现在》、葛红兵的思想笔记《在语言中相逢》。

《朔方》第8期发表冯积歧的短篇小说《农民某一天的生活》。

《报告文学》2000年第8期发表李青松的报告文学《告别伐木时代》。

7日,《散文百家》第8期发表臧建立的散文《大地物语》、《蓝石华散文小辑》、《王俊生散文小辑》。

7－8日，应中国社会科学院侨联海外交流中心邀请，马来西亚华人作家访问团来京出席在该院召开的“马华作家作品研讨会”，会议着重研讨了马华作家的创作个性与本土意识。

10日,《北京文学》第8期发表周梅森的短篇小说《基本国策》、刘亮程的短篇小说《胡长的榆树》、邱华栋的短篇小说《我在霞村的时候》、黄梵的短篇小说《哀乐作曲家》，杨传珍的报告文学《窄门——基层书店调查》。

《诗刊》8月号推出“青春诗会二十周年纪念专号”。本期的“第十六届青春诗会专辑”刊登了汗漫的《初春之书：祈祷》、殷常青的《大地上的蚂蚁或生活中的意志（组诗)》、老刀的《打滑的泥土（组诗)》、宋志刚的《在湖之南（组诗)》、江一郎的《背着空袋子回家（组诗)》、陈朝华的《南方的痕迹（四首)》、芷泠的《大地，歌舞剧场（组诗)》、田禾的《风吹落的草帽（组诗)》、姜念光《我们（组诗)》、起伦《事情或不抒情的诗（组诗)》、耿国彪的《镜子里的马兰（组诗)》、安琪的《诗的肋骨（外一首)》等。后附知欧的综述性文章《第十六届青春诗会日记》。

同期，“新诗选刊——历届青春诗会诗人作品选”特辑刊登了舒婷的《致橡树》、梁小斌的《中国，我的钥匙丢了》、顾城的《远和近（外一首)》、王小妮的《活着》、叶延滨的《囚徒与白鸽》、江河的《纪念碑》、梅绍静的《日子是什么》、张学梦的《科技长廊》、李钢的《老兵箴言录》、王家新的《帕斯捷尔纳克》、廖亦武的《大盆地》、马丽华的《那地方》、刘波的《年轻的布尔什维克：周末舞会》、张烨的《自白》、伊蕾的《黑头发》、唐亚平的《黑色沙漠（组诗选二)》、翟永明的《女人：独白》、于坚的《尚义街六号》、吉狄马加的《岩石》、车前子的《北京春风》、潞潞的《无题》、韩东的《有关大雁塔》、阎月君的《月的中国》、伊甸的《栈道》、西川的《夕光中的蝙蝠》、欧阳江河的《拒绝》、简宁的《西施》、杨克的《夏时制》、陈东东的《即景与杂说》、张子选的《藏北谣曲》、曹宇翔的《干草垛》、骆一禾的《麦地》、开愚的《建筑》、海男的《门下的风》、王黎明的《为什么不说一句风凉话》、南野的《容器中的豹》、孙建军的《岁月的风声：命运》、阿来的《神鸟，从北京飞往拉萨》、阿坚的《胡同拓宽了就成街》、王学芯的《寻常事情》、蓝蓝的《节节草》、荣荣的《露天堆场》、白连春的《谁在听一个农民谈话》、刘向东的《青草》、大解的《来临》、柳沄的《瓷器》、马永波的《寒冷的冬夜独自去看一场苏联电影》、秦巴子的《立体交叉》、韦锦的《点灯》、巴音博罗的《黑水白山》、高凯的《黄土里的陇东：邻家》、叶舟的《大敦煌：丝绸之路》、匡国泰的《消失（三首）》、李庄的《回忆北方》、伊沙的《饿死诗人》、杨晓民的《赛特》、李岩的《北方：我是否可以像一块烧红的铁》、谢湘南的《呼吸》、阿信的《独享高原：日暮，在源头》、陆苏的《太阳地里》、古马的《我行其野（外一首）》、沈苇的《旅途》、李元胜的《某个夜深人静时刻》、庞培的《夏日摇篮曲》、臧棣的《个人书信史话》、张绍民的《分行与不分行的诗（二首）》、代薇的《想念一个人》、娜夜的《和我在一起（外一首）》、树才的《单独者》、小海的《劝喻》、莫非的《剪草机》、侯马的《春天，请照看一枚鸟蛋》、谯达摩的《苍蝇》等。其后附录有历届青春诗会与会青年诗人名单和王燕生的文章《“青春诗会”二十岁》。

11 日，《青年文学》第 8 期发表陈源斌的中篇小说《到处都是谎言》、姜贻斌的短篇小说《一次谋杀》、李治邦的短篇小说《不是什么都能补偿的》、邱华栋的短篇小说《麦地上的幼儿园》、刘剑波的短篇小说《用白被单裹你》，赵凝的随笔《自由作家手记》、《用冰凉小手，敲男人脑袋》。

《作品与争鸣》第 8 期发表李肇正的中篇小说《语文语文》。同期刊发余开伟的文章《余秋雨是否逃避历史事实?》。

17 日，北京人民艺术剧院小剧场演出实验版话剧《原野》，导演李六乙。该剧的演出引发了关于曹禺名著改编的一系列争论。田本相说："这是一次非经典、非《原野》、非文本的解构主义的演出，也可以说是一次带有后现代色彩的演出。""这种解构演出，我觉得是有违曹禺的艺术精神的。"他认为，"六乙的景，解构了曹禺的景"，"六乙的戏剧陈述，所谓'片段性的、不完整的、是碎片'的叙事，解构了曹禺非常好看非常耐看的有机的、完整的、耐人寻味的戏剧故事。""六乙对曹禺先生原著的这种做法，不管是否意识到，都不能说是一种平等的、尊重的、理解的态度。"（《也谈新版〈原野〉和〈日出〉》，《中国戏剧》第 11 期）叶廷芳则认为，"一方面，实验戏剧本来就是探索性的，它不要求人人都能看得懂，因为它常常向观众的审美惰性挑战，有意打破你的审美习惯。另一方面，先锋也不应跑得太快，以至让观众望而生畏。先锋而又能让尽可能多的观众看得出所以然，这是对艺术功力的考验"。(《艺术生命的蓬勃朝气——北京人艺三出戏得失谈》，《中国戏剧》第 11 期）刘平说："新版《原野》的演出的实验意义，是被内容的简单化和表现手法的芜杂掩盖了。""导演在打破原作的情节结构和人物关系后，并没有按照自己的创作思路把故事讲清楚。""表演的前卫性和表现手法的多样化，也给观众造成了欣赏障碍。"(《想批评没有激情——看新版〈原野〉》，《文艺报》8 月 31 日）

19－20 日，辽宁省作家协会第七次会员代表大会在沈阳召开，王充闾当选新一届主席。同期，辽宁省文学艺术界联合会第五次会员代表大会在沈阳召开，牟心海当选为新一届主席。

22 日，首届"俊以儿童文学基金"揭晓。杨老黑等 4 人获得"俊以儿童文学基金奖"，李静睿等 6 人获得"俊以儿童文学奖基金"。"俊以儿童文学基金"是 1999 年 10 月由全国青联常委、作家、诗人、青年企业家张俊以为了繁荣儿童文学创作，出资300万元，在团中央下属的中国少年儿童新闻出版总社设立的。

26日，《文艺报》刊载张平的访谈录《“腐败的本质就是权力的滥用”》。

28日，《剧本》第8期发表莫江陵的话剧《老屋》。

亚太出版商联合会（APPA）2000年年会图书评奖在北京揭晓并颁奖。来自亚太出版商联合会成员国的7种图书获奖，其中我国4种图书获奖：上海少儿出版社引进日本的《少年大侦探》系列图书获儿童类金奖，重庆出版社引进澳大利亚的《纳瑞斯金公园最后的散步》获文学类银奖，中国人民大学出版社引进日本的《生命的暗号》获科普类银奖，山东文艺出版社引进日本的《五体不满足》获鼓励奖。

31日，由百花洲文艺出版社组织的“女性文学暨《百花洲》改版恳谈会”在京召开。“《百花洲》改版为女性文学期刊，是基于当代女性文学蓬勃发展的态势及其在性别文化背景上显现出来的深厚内涵与重要意义，是为了满足广大文学爱好者、研究者对女性文学文本日渐迫切的需要。改版后的《百花洲》依然保持严肃文学期刊的性质和品位，以城市中青年知识群体为主要读者对象，努力反映当代女性文学创作的最高成就、最新成果以及女性文学和性别文化研究的前沿动态。”（《女性文学暨〈百花洲〉改版恳谈会在京召开》，《百花洲》2000年第5期）

多家期刊改版引发争议。9月22日《北京青年报》刊载李彦的文章《纯文学刊物：为了生存只有随俗?》，文章开篇写道：“最近为占领市场，不少文学刊物开始改版，力图以全新的面貌吸引读者。在改版热潮中，改动幅度最大、最引人注目的是《湖南文学》、《中华文学选刊》和《百花洲》。《湖南文学》由省级文学期刊改为文化时尚杂志《母语》。人民文学出版社主办的《中华文学选刊》改变了以往只刊登当代小说、散文、诗歌等纯文学作品的做法，而把视点更偏重在文学评论、作家新书和一些热点话题上。创办了20多年的大型文学刊物《百花洲》也改为女性文学专刊，在所设的一些栏目中将只刊登女作家的小说和男作家反映女性生活和女性命运、‘且不含男权思想’的小说。别看平时文学期刊一直处于门庭冷落的尴尬处境，读者群体不大，但这一改版，不同程度的非议却纷至沓来。有些读者认为这简直是‘文学的自杀’，而有人也提出了为何‘文学领地不堪一击’？女性文学专刊《百花洲》更被一些人认为是‘一种商业的策略’。”

在该文中，《中华文学选刊》编辑李羽壮说：“改版的原因大部分是跟经营有关，当然也和我们编辑的思想转变有关。……现在市场上像《小说月报》、《杂文选刊》这些都有，我们再选择恐怕难以跟上，所以我们偏重文化方面的热点话题，多做一些文学批判文学争论方面的内容。我们现在还处于一种摸索状态，虽然失去了一部分喜爱纯文学的读者，但也赢得了一部分新读者。从发行状况看现在还没有太大的变化，这还得经历一段时间。我们加入了那些所谓的‘俗’话题，是想让非文学和文化圈的人也爱看。”《百花洲》主编洪安楠表示：“我们希望在文学领域方面寻找一个空档，考虑到近些年女性文学比较活跃，虽然现在作协中女作家只占12%，但她们的文学成绩是很高的。在80年代末90年代初时，曾有一度改版高潮，当时人们的生活丰富了，有更多的选择可以代替文学，文学的功能一度被忽视，我们的刊物也由原来发行的几万份降到几千份，所以改版是很迫切的，我们把范围限定在女性文学方面，比以前有明确的定位。”《北京文学》副主编孟亚辉分析说：“在市场经济竞争之下，文学刊物为了生存有的就不得不改版。以前是国家给钱，现在提出报刊‘三年断奶’，过了三年国家就不再给经费。本身文学刊物读者群有限，文学刊物养活不了自己，拖欠债务出现了危机。就像《湖南文学》改成《母语》，就是由纯文学刊物实质上改成了文化刊物，也许可以得到更多实惠，但文学的阵地没有了。一个地区的文学作品代表一个地区当地的生活，不要小看一本文学刊物，它能起到一种潜移默化的作用，像这些地区文学作者没有了自己的阵地，他们只好给北京投稿，而北京地区自然更多的是考虑北京的作者，所以一些作家就被挤到了一边，结果造成难以产生反映当地生活的好作品。”

文中中国作协创联部雷达指出：“造成改版的因素是多方面的，不仅有经营方面的。比如很多好的纯文学刊物，也应该时时注意在引导青年读者和整个社会审美变化方面保持敏感，我认为做好文学刊物最首要的是提高作品的质量，能做到雅俗共赏，要能适应当代读者的心理和审美，有些刊物在包装设计方面做得不足，应该有独特的栏目和自己的风格，避开表面化的热闹，注意跟读者有互动。”改版后的《母语》工作人员阚意兰、《当代》杂志编辑孔令燕、《百花洲》编委之一的作家徐坤、作家丁天也都发表了各自的看法。

另据《华声报》9 月 14 日《文学刊物改版是“向媚俗缴械”?》报道：“面对种种非议，各刊物的反应和态度各不相同，多为置之不理、我行我素。最‘较真儿’的则属《中华文学选刊》，不仅把最激烈的批评意见公诸自己的版面，还十分认真地进行‘自我辩护’。其负责人解释说，当今文学作品日益小圈子化，离现实和普通百姓越来越远。老百姓关注的事情基本上处于失语状态，而那些理应纳入文学范畴。因此《选刊》也加入了一些诸如电视晚会、名人出书、广告文化等所谓‘俗’话题，目的是将《选刊》‘办成一本非文学和文化圈的人也爱看的一个新类型的文学杂志’。他还说，几期下来《选刊》已由开始的‘恶评如潮’变成‘好评不断’了，这充分证明了改版后的《选刊》‘不媚俗’。在‘女性文学暨《百花洲》改版恳谈会’上，与会女作家们对改版后的《百花洲》也很有信心。张抗抗说：‘这几年热闹的几乎都是女作家。女性文学是块非常肥沃的土壤，一定会生长出令人惊讶的新的品种。’”11 月 2 日，《文学报》编发“文学杂志‘变脸’：是自杀还是新生”专辑，刊登文章有：《中华文学选刊》常务副主编贾青云的《多几个狙击手》、《作家》主编宗仁发的《尊重每一位读者》、《芙蓉》主编的《酸甜苦辣的改版路》、《百花洲》主编洪安南的《文学期刊如何突出重围》。

本月，广东省文艺批评家协会、深圳市特区文化研究中心等单位在深圳联合举办“大写的二十年·打工文学研讨会”。与会者认为，“打工文学”是改革开放和现代化进程中的一个产物，是文学队伍的一支新军，是我们时代的潮头文学。

《原创性写作》于广东创刊。主编凡斯。

《小说月报》第 8 期刊载邓一光的中篇小说《怀念一个没有去过的地方》、冯骥才的短篇小说《俗世奇人》、刘庆邦的短篇小说《信》、郝伟的短篇小说《传呼》。

《山花》第 8 期发表虹影的短篇小说《奔丧》、沈东子的短篇小说《声音重量》、赵刚的中篇小说《谎》、顾艳的短篇小说《经历》及随笔《面向心灵的智性写作》，赵刚的随笔《在路上》。

《百花洲》第 4 期发表徐小斌的短篇小说《清源寺》、虹影的短篇小说《小菜根头》、凌可新的中篇小说《陇上的春天》。同期，在“第一试点”栏目中，刊发“女性文学笔谈二十一家”，刁斗、王侃、张清华、杨建龙、孟繁华、白烨、朱水涌、毕光明、陈晓明、施战军、谭湘等 21 人在其中表达了自己的见解。马相武认为，“她们在小说中再度利用性表现的权力。实际上，这种‘权力’的观念，一旦同（构成阶层和阶级的）社会脱钩，而放置在个人关系的类别中，那是毫无意义的”。毛克强认为，女性文学也应张扬人文精神。王侃认为，90 年代的女性文学相当程度上是一种“主义写作”，在这里“性别已不是仅与婉约或相反的美学风格相关的、技术性的修辞语，而更主要的是一种文化立场，一种历史批判以及一种新型文学话语的策源”。作为一种批评话语，90 年代的女性文学首先是对男性话语的拆解，但感伤主义主题仍是其主体内容。在叙事或修辞手段上，个人化写作更多的是一种私人化写作。朱水涌认为，在无意识中寻找女性，从“自己的房间”开始心灵上的自由，是他看到的中国当下女性写作最典型的特征。毕光明认为，所谓“私人化写作”让女性的生命体验得到自我表达，但是类似于自传的女性欲望历程的写作，既模糊了文学和小说的界限，又无法让人否认其纯文学性质。陈晓明指出，就在关于女性主义的理论和批评热闹非凡之际，女性写作中所呈现的女性主义意识却明显弱化。张清华也认为，女性主义写作呈现出了某种衰退，一种表现是比较“概念性”的女性写作的沉落；另一种表现是，男性不再成为强权靶心，而是游戏愉悦的对象和伙伴。在《〈大浴女〉五人谈》中，刊发了雷达、周政保、贺绍俊、陈超、谭湘等五人对铁凝《大浴女》的解读；在《〈玻璃虫〉的九种阅读方式》中，刊发了陈晓明、白烨、李洁非、李敬泽、孟繁华、陶东风、王光明、谭湘、陈福明等9人对林白《玻璃虫》的解读。

《雨花》第8期发表阎欣宁的短篇小说《死者与生者》、徐岩的短篇小说《花匪》。

《中国作家》第8期发表高厚、珊泉的长篇小说《神圣约定》。

《解放军文艺》第8期发表李骏的中篇小说《营区的光线》。

《广州文艺》第8期发表李骏的短篇小说《嫁给无边的草原》、王曼玲的短篇小说《生命的缺陷》。

《山西文学》第8期发表孙方友的短篇小说《小镇人物》。

《中华散文》第8期发表湛然的散文《居家生活（外一篇）》、范曾的散文《沙尘，我奉上永恒的诅咒》、马步升的散文《踢猫》。

王朔、老霞的对话录《美人赠我蒙汗药》，由长江文艺出版社出版。

黄国荣的长篇小说《乡谣》，由人民文学出版社出版。

谢湘南的诗集《零点的搬运工》，由华夏出版社出版，被列入“21世纪文学之星丛书”。

雪漠的长篇小说《大漠祭》，由上海文化出版社出版。

龚静染、聂作平编的《中国第四代诗人诗选》，由四川文艺出版社出版。龚静染在《遮蔽与凸现——对中国“第四代诗歌”的一种描述角度》的代序中解释了“第四代诗歌”这一概念：“‘第四代诗人’是相对于‘第三代诗人’之后的一个新生的诗歌群体。这个群体是以出生于六十年代中后期及少数生于七十年代的诗人为主体，其较有诗学价值的作品出现在九十年代中后期，并在可以预料的未来诗坛产生重要影响的一批诗人。……‘第四代诗人’都不约而同地朝着语言的内部进发，因为他们知道每一个真正诗人的确立，首先是语言上的。而语言与历史、现实、经验等纠结在一起，才会让新诗获得刷新旧诗歌的力量。”诗选后附赵珣的评论文章《情感与经验：从历史的方向看“第四代诗歌”》，对“第三代诗人”之后一大批更为年轻的新锐诗人的创作做了学理性的分析，文章认为“第四代诗歌”的存在自然是建立在“第三代诗歌”的基础上，而由“第三代诗歌”赖以生存转化的“九十年代诗歌”是观察“第四代诗歌”一个较有阐释力的、同时又可以避免过度主观性的批评维度。所谓的“第四代诗人”是指“第三代诗人”以外的、在九十年代的诗歌写作中自觉寻求新的诗歌表现的年轻诗人的集合体。“第四代诗歌”由于“现代诗”在当代的经验积累，而达到一种崭新的写作阶段，促成了“现代诗”在九十年代由情感到经验之转变，而且也与“第四代诗人”们对中国现代诗的四十年代重大转折的深刻觉悟有关。对叙事与复杂技艺的追求，是“第四代诗歌”最为重要的表征。

九月

1－3日，甘肃省文联第四次代表大会在兰州召开，马西林当选省文联主席，吴坚任名誉主席。

1日，中国青年艺术剧院在京演出知青题材话剧《第十七棵黑杨》。编剧陆天明、导演王晓鹰。剧本发表在《剧本》第12期上。

《作家》第9期发表何玉茹的中篇小说《我信爱情》、华夏的短篇小说《破碎》、陈应松的中篇小说《灰烬》。

《鸭绿江》第9期发表阎欣宁的短篇小说《景阳冈》、陈占敏的短篇小说《诗意人生》、孙方友的短篇小说《残局》、林深的短篇小说《侃哥》、凌可新的短篇小说《恍惚》。

《长江文艺》第9期发表晓苏的中篇小说《南方情事》、孙方友的短篇小说《小镇人物》、李布衣的短篇小说《乡村寓言》。

《延河》第9期发表王方晨的短篇小说《树上的孩子》。

《作家》第9期发表残雪的短篇小说《长发的梦想》、尤凤伟的短篇小说《原始卷宗》、程青的短篇小说《花或女子肖像》、黄梵的短篇小说《凹痕》、邱华栋的短篇小说《里面全是玻璃的河》。

《厦门文学》第9期发表白天光的短篇小说《铜锣草》。

《小说界》第4期发表侯钰鑫的长篇小说《好爹好娘》、李维的中篇小说《坏分子张守信和李朴》、莫言的微型小说《学习蒲松龄》。

《散文》第9期发表〔美〕张宗子的散文《垂钓于时间之河》、詹克明的散文《大夏情结》、孙绍振的散文《尴尬礼品》、石楠的散文《参观密特朗故居博物馆》。

《美文》第9期发表鲍鹏山的散文《东方朔：谈何容易（下）》、贾植芳的散文《新世纪第一天日记钞》、马丽华的散文《当高亚洲的风变得酷烈》、姜滇的散文《寺中三日记》、海男的散文《玫瑰悄吟》、车前子的散文《蓝印花布：有关沈从文的随笔三则》。

2日，《新剧本》第5期发表刘恒、王新纪的戏曲剧本《贫嘴张大民的幸福生活》、沈虹光的话剧《战成都》和喻荣军的话剧《WWW. COM》。

3日，《人民文学》第9期发表袁鹰的散文《灯下白头人》、王安忆的散文《回忆文学讲习所》、西川的散文《想象我居住的城市》。

3－5日，中国作协创研部、解放军文艺出版社、《人物》、《党史博览》等单位在京联合举办“21世纪传记文学研讨会”。

5日，中国戏剧家协会在京召开纪念曹禺诞辰90周年座谈会，曹禺先生的夫人李玉茹，中国剧协顾问胡可、赵寻、欧阳山尊，中国剧协副主席徐晓钟、何孝充，北京人民艺术剧院副院长任鸣，表演艺术家郑榕，中国剧协创委会副主任黄维钧等出席会议。与会者深切缅怀曹禺先生，高度评价曹禺先生对中国话剧不可磨灭的历史性贡献和高尚的人品。《中国戏剧》分别在第9期和第10期发表相关文章，包括李默然的《绵绵秋思忆师长》、胡可的《学习曹禺、继承曹禺》、王蕴明的《解读曹禺先生、学习曹禺先生》、欧阳山尊的《学习曹禺、继承曹禺》、徐晓钟的《书写教育诗篇的园丁——纪念曹禺老师诞辰90周年》。之后，北京人艺还举办了“曹禺经典剧作展”，陆续演出《原野》、《日出》和《雷雨》。

《小说家》第5期发表胡发云的中篇小说《思想最后的飞跃》、张梅的中篇小说《太太团的心迷》、李肇正的中篇小说《大路朝天》、衣向东的中篇小说《军婚无儿戏》、温亚军的中篇小说《生物带》、陈应松的中篇小说《吹箫人语》、张志浩的短篇小说《报丧人之死》等。

《钟山》第5期发表祁智的中篇小说《改变》、朱辉的《埋伏》、苏童的短篇小说《遇见司马先生》、阿宁的短篇小说《太平遥》、吴义勤的评论《穿行于大雅与大俗之间——叶兆言论》、李国文的杂文《唐末食人考》。

《莽原》第5期发表田中禾的中篇小说《倏忽远行》、鲁雁的中篇小说《爱情济南》、崔子恩的中篇小说《额头上的洞穴》、肖克凡的短篇小说《活捉》，王家新的随笔《一个作家该怎样步入世界》。

《上海文学》第9期发表孙春平的中篇小说《白了少年头》、商河的短篇小说《寺钟》、黄燕萍的短篇小说《又见橘子红》及王安忆的评论文章《南音谱北调》、荆歌的短篇小说《罗吃》，墨哲兰的随笔《记忆中的“影子回旋曲”》、吴小龙的思想笔记《细节的警示》。

《朔方》第9期发表了一容的短篇小说《一截飘扬的黑头发》。

《花城》第5期发表汪淏的中篇小说《想找一个好地方》、崔子恩的中篇小说《我所阅历的星球》、王海玲的中篇小说《关于桑娅》、魏微的中篇小说《校长、汗毛和蚂蚁》、商河的短篇小说《四种死亡的叙述》，张钧所作访谈录《西绪福斯并不绝望——西飏访谈录》，庞余亮的散文《理想生活》。

《芙蓉》第5期发表何小竹的中篇小说《圈》、薛忆沩的短篇小说《流动的房间》、金海曙的短篇小说《单程车票》。同期“重整‘70后’”栏目推出了李红旗的短篇小说《一个失败的人》、《出卖世界的人》，尹丽川的短篇小说《这年夏天》，童月的短篇小说《有人敲门》

《大家》第5期发表李骏虎的短篇小说《局外人》、《一位小姐的心灵秘史》、《女儿国》、《小叔的艺术生涯》。

《红岩》第5期发表李西岳的中篇小说《遍地胡麻》、凌可新的中篇小说《我什么也没有看见》、闵凡利的短篇小说《死贴》。

《随笔》第5期发表徐中玉的随笔《也要梳理我国过去的“治术”》、钱理群的随笔《失败者的不归路：蔡玉镶〈突围——一个底层知识者的人生体验〉序》、李国文的随笔《唐末食人考》、毛志成的随笔《平反：现代史幽灵的晚宴》、邵燕祥的随笔《说清算》、李锐的随笔《感怀赵朴老的厚爱》。

7日，《文学报》报道：《作家拿起了法律武器——29位中国当代作家诉吉林摄影出版社侵犯著作权》。包括已经故去的老舍、冰心、钱钟书、夏衍、叶圣陶，以及目前仍活跃在文坛的巴金、王蒙、邓友梅、从维熙、邵燕祥、张承志、张抗抗、冯骥才、肖复兴等知名作家都被卷入到这场建国以来涉及作家人数最多的一起侵权案。吉林摄影出版社未取得著作人的同意，也未向权利人支付应得的报酬，擅自将近百位当代著名作家的散文作品汇编成册，出版发行《二十世纪中国著名作家散文经典》系列丛书100种。在我国著作权法颁布实施十周年之际，北京市第一中级人民法院知识产权庭开庭审理了此案。判决结果为：吉林摄影出版社立即停止发行此书，公开赔礼道歉，赔偿原告每人23760元。

《散文百家》第9期发表《李公顺散文小辑》、潘旭澜的散文《太平杂说：二题》、易水寒的散文《门槛》。

10日，《当代小说》第9期发表汪淏的中篇小说《田园交响曲》，李纪钊的短篇小说《去看望一位朋友》、《雨夜漫步》和创作谈《两个短篇和一个人》。

《北京文学》第9期发表乃文的报告文学《职称评定：走入死胡同?!》。

《绿风》诗刊第5期开设“西部诗坛巡礼·新疆卷”栏目，刊出沈苇的《金色旅行》（二首），黄毅的《遥念高昌》（五首），北野的《如果说我尝到了香甜》（九首），铁梅的《近作三首》，郁笛的《北疆的花园》（五首），李光武的《热风》（二首），王族的《天脉》（八首），南子的《南子诗选》（五首），王广田的《阳光明媚》（七首），金炜的《近作五首》，张侠的《九八年留下的记忆》（四首），丁燕的《春天里我的一声尖叫》（三首），亚楠的《边地阳光》（三章）等13位新疆诗人的作品。

《诗刊》9月号的“新世纪诗坛”栏目刊出匡满、舒翼、陶文瑜、杨克、沈天鸿等的诗作。由梅绍静主持的“每月新星”栏目本期推出了阳飏的《阳飏诗抄十二首》和知欧的评论《生命深处的疼痛》。“诗人风采”栏目刊出了高凯的文章《隐居在诗歌里的诗人李老乡》。

11日，《青年文学》第9期发表红柯的中篇小说《月蚀》、散文《黄河之水天上来》，李肇正的短篇小说《隐私》，石钟山的短篇小说《父亲离休》。

13－21日，在第7届朝鲜平壤不结盟发展中国家电影节上，中国电影

《国歌》和《紧急迫降》分别获铜火炬奖和最佳摄影奖，《黄河绝恋》获得特别献映奖。

14日，《文学报》报道：由上海作协等单位发起组织的“百名评论家评选90年代优秀作家作品”问卷调查活动揭晓。在对近百份反馈表经统计后的得票数表明，大多数评论家认为：90年代最有影响的10名作家是王安忆、余华、韩少功、陈忠实、史铁生、张炜、贾平凹、张承志、莫言和余秋雨。最有影响的10部作品是《长恨歌》、《白鹿原》、《马桥词典》、《许三观卖血记》、《九月寓言》、《心灵史》、《文化苦旅》、《活着》、《我与地坛》、《务虚笔记》。在10部最有影响的作品中，作家余华和史铁生分别有两部作品入选。此次调查结果中呈现出一些值得关注的现象：一是“严肃文学仍占主导地位”。二是“虚构文学绝对压倒了纪实文学”。三是“文体失衡。只有余秋雨以散文入选，其余都是小说当家，散文、诗歌、戏剧三大件黯然失色。诗歌和诗人都未能进入前十名。”马相武认为，“经分析可以看出，此项调查结果基本反映出专业人士的专业眼光。入选作家作品能够代表1990年代文学的成就和水平。以王蒙为代表的一代作家影响力明显减少。以王安忆为代表的中年知青作家已成文坛中坚力量。而新生代作家在当时处于积蓄能量阶段。几年之后，他们和‘80后’作家分别展示了不容小觑的文坛实力和市场影响力。从中也可以看出，严肃文学依然占据主导地位，但是，通俗文学和纪实文学没有受到评论家的关注。而且，散文、诗歌和戏剧等文体没有受到应有关注。这些说明评论家的传统思维在发生作用。但是，从中可以看出当代主流评论家的原创价值观念的重心所在。而且，也可以看出，以民间调查形式出现的结果，要比半官方全国性作家团体机构所组织的评奖活动，更具有有关原创性问题的评论家群体价值导向的真实性。其中具有现代主义和后现代主义某些影响的现实主义作家作品所占据比例，要明显高于茅盾文学奖中的这类作家作品”。（马相武：《论文艺原创性》，《学习与探索》2007年第2

期）推荐结果公布后，在读者中引起了不小的反响。

上海市作协和华东师大中文系10月30日联合举办了“90年代文学研讨会”，对这次评选进行了总结，并对近年来文学发展趋势作了探讨。全国各地60余位老中青著名文学评论家与会。徐俊西认为，当下的文艺理论研究太过于专业化、学术化，不适宜于大众接受。因此在一些学者提出文艺理论要走出沙龙，走出课堂的倡议下，这次评选活动及研究会成为一次在现代传媒中颇具影响度的社会活动。他还公布了这次评选名列第11位到第20位最有影响的作家以及作品，依次是：王小波、铁凝、阿来、陈染、王朔、于坚、刘震云、王蒙、阎连科、刘恒、昌耀；《废都》、《尘埃落定》、《叔叔的故事》、《私人生活》、《高老庄》、《丰乳肥臀》、《活动变人形》、《贫嘴张大民的幸福生活》、《黄金时代》、《羊的门》、《纪实与虚构》。潘旭澜把一些好作品未能入选前列的原因归结为，多种文化因素的影响导致了它们未能进入评选的视野。许子东则认为前十名作家的作品中其写作状态越边缘化，越偏远，也就越受到关注和欢迎。这些作品的风格大多数较为现代主义，偏重于承袭拉美传统，因而对于如何弥补“五四”以来传统写作手法的缺失这一方面并没有太多的建树。

更多的评论家以对该次评选活动的看法为切入点，对整个90年代文坛中所涌现出来的现象与问题进行了关注，对“90年代文学”中的诸多热点中心话题做出了剖析。顾骧认为，“全球化”是历史发展不可抗拒的必然趋势，重新面对融入世界潮流的机会，我们应选择参与的立场。陈骏涛将90年代文学批评的发展归纳出以下特征，即多元结构的进一步确立，中心的瓦解，几种类型的文学批评形成多元互补格局；文学批评商品化、世俗化倾向及文化批评对文学批评的渗透等。他认为将来可能出现文学两极分化的问题，并希望通过沟通达到对立互补的理想状态。孙绍振对90年代文学理论批评提出了看法。认为学理方面的文学批评没有缺席，而是过剩，不足的是道德方面的批评。“五四”以来，文坛太过相信西方的话语，而导致了自身的失语状态。对此，他倾向于采取一种解决途径：将中国古典文学转化成现代话语，从而形成一种属于中国自身的文学批评理论基础。杨扬从批评现象入手，总结了90年代文学批评的几个特点：非主潮文学批评的流行，地域性分布特点，女性主义文学批评的崛起，文学批评的结构性变化，即传媒的介入、多元参与的格局、文学外延扩张的多文本关注现象，认为这将对新世纪的文学批评开创思考和发展的空间。施战军着重探讨了90年代文学批评尺度的单一性和文学的繁复性，及创作空间的扩容和批评的滞后这两对矛盾。张闳认为90年代的诗歌写作在很大程度上是对80年代的模仿，其活跃性和新锐性较之80年代都在衰退，90年代的诗歌创作在对疏离感、个人化、性爱等方面的反映远不及80年代来得充分，但是如果没有诗歌，那么当代中国文学的空间就将是贫弱的。宋炳辉在分析了网络对文学的几方面影响以及文学在网络时代的优势和弊端后，预测网络文学将代表一种平等大众化的文学精神，提供新的社会形态和艺术上的隐喻世界，而另一方面网络文学又有着经济问题、接受极限等弱点，因此他认为网络文学与纸面文学如同报纸和杂志，是不可互相替代的。与会的大部分评论家对90年代文学总体状况达成了共识——多元化、多样化、商业化。陈思和以“无名”来概括90年代文学，他认为经济生活的变化深入影响了知识分子对文学与生活关系的认识，从而导致90年代文学的严重分流。何镇邦认为，90年代文学在创作观念方面与80年代相比，发生了很大的变化，这与文艺政策的放宽、文学商品化及创作主体自主化有密切关系；它表现为主旋律文学、通俗文学、审美文学三板块交叉发展，将来则可能导致文学走向两极分化，如私人化与社会化，功利与非功利，纪实与虚构等。毛时安归纳了思想狂欢之后的90年代文坛现象的几个特点，即语言霸权的失落，非主流文学形态商业化，事件代替作品及网络的出现对文学的深刻影响。另外，一些学者、评论家还从伦理精神、文化身份、女性写作、接受美学等立场出发从不同侧面对90年代文学提出了独到的见解。（殷睿、黄茵：《世纪之交文学的收获与缺失——“90年代文学研讨会”纪实》，《文艺争鸣》2001年第2期）

15日，《长城》第5期发表阿宁的中篇小说《胆量》、赵新的中篇小说《没有女人》。

《江南》第5期发表尤凤伟的长篇小说《中国：一九五七》（第三、四部）。

《特区文学》第5期发表王方晨的中篇小说《世纪之垒》。

《天涯》第5期发表刁斗的短篇小说《初吻》、薛忆沩的短篇小说《出租车司机》，张承志的随笔《双联璧》、北岛的散文《马丁王国》。

17日，马骁丽的短篇小说《舵链》、楚良的中篇小说《谈话》、王海玲的短篇小说《带一笼活鸡来深圳》及相关评论文章发表于《作品与争鸣》第9期。同期刊登的评论文章有：毛时安的《〈宝贝〉漂泊〈糖〉亦苦》、欧阳明的《〈上海宝贝〉：由阳具崇拜到殖民心态文化》。其中毛时安写道，“《上海宝贝》的出现，加深了我们对发生在生活肌理深处变化的认知”。而“《糖》展开了我们熟视无睹的城市其地下深层的人们完全陌生的管道路线。从某种意义上，正是这些管线生生不息的涌动，才维系着堂皇华丽都市的代谢和宣泄”。“阅读卫慧和棉棉，令人惊讶的还有他们极其出色的、在语言、叙事过程中不时闪现的文学才华。语词的运作和叙事、感觉，结合得相当柔韧协调。”欧阳明认为，“首先，《上海宝贝》渲染无精神交流的肉欲沉醉，阳具崇拜意识走强”。“其次，更为严重的是，《上海宝贝》还由阳具崇拜而引发了强烈的民族自轻自贱。”“总之，《上海宝贝》绝不像某些评论家吹得那么神，其间的由阳具崇拜而发展的殖民文化心态让人警惕。”

海南省作家协会第三次代表大会在海口举行。蒋子丹当选为省作协主席。

20日，《当代》第5期发表王大进的长篇小说《欲望之路》、孙惠芬的中篇小说《春天的叙述》、王安忆的短篇小说《伴你而行　比邻而居》，韩起的报告文学《秦岭药王》。

21 日，第二届中国戏剧奖·理论评论奖日前在浙江绍兴揭晓。《粤剧在城市、乡村和海外唐人街的生存空间和发展策略》、《戏曲行当、表演程式与人物塑造的关系》等 9 篇文章获得奖项。此外，刘厚生的《中国话剧史的十一个“为什么”》、李默然的《纪念话剧百年》、欧阳山尊的《战斗的历史——纪念中国话剧诞辰一百周年》等 5 篇论文获得了“纪念中国话剧诞辰百年优秀论文奖”。理论评论奖是中国戏剧奖的子奖项之一，由中国文联和中国剧协主办，每两年评选一次，其前身为中国曹禺戏剧奖·评论奖，是目前唯一的全国性戏剧理论评论奖项。

23 日，中央实验话剧院在京演出日本当代话剧《我听见了爱》，编剧高桥正国，导演吴晓江。

25 日，《收获》第 5 期发表张炜的长篇小说《外省书》、陈劲松的中篇小说《女囚》、东西的中篇小说《不要问我》、顾前的短篇小说《三两水饺》、刘庆邦的短篇小说《外面来的女人》、邓友梅的短篇小说《陋巷旧文》，白先勇的散文《少小离家老大回》、余秋雨的散文《君子之道》。同期的“走近鲁迅”刊发的文章有：孙郁的《文字后的历史》、章培恒的《今天仍在受凌辱的伟大逝者》、郁达夫的《回忆鲁迅》。

《当代作家评论》第 5 期刊发“莫言评论小辑”，理论文章有：张闳的《感官的王国——莫言笔下的经验形态及功能》、周春玲的《变化中的莫言——谈莫言近期中短篇小说》。同期刊发孙惠芬的长篇小说“《歇马山庄》评论小辑”，理论文章有：孙郁的《〈歇马山庄〉略论》、贺绍俊的《自己的山庄》、何向阳的《安娜的血》。

26－30 日，诺贝尔文学奖获得者大江健三郎应中国社会科学院外国文学研究所邀请来华访问。期间，大江健三郎与王蒙、铁凝、余华、莫言等中国作家及外文所的学者进行了座谈和交流，在社科院、清华大学和北京外国语大学日本研究中心做了“北京讲演2000”等一系列的学术报告。结合自己的切身经历和一些重要作品的创作，他阐释了自己的文学理念，介绍了日本现代文学的特点和进程，并从建设世界文学这一人类文化丰碑的高度进行了中日文学的比较。此外，他还参加了各种为他的作品自选集、随笔集举行的首发式和签名售书活动。

第五届“上海中长篇小说优秀作品大奖”（1998－1999）揭晓。本届长篇、中篇小说的两个一等奖均告空缺，长篇小说二等奖为严歌苓的《人寰》、周梅森的《中国制造》，三等奖为殷慧芬的《汽车城》、孙颙的《门槛》；中篇小说二等奖为李唯的《腐败分子潘长水》、莫言的《三十年前的一次长跑》，三等奖为西飏的《河豚》、阎连科的《耙耧天歌》、彭瑞高的《六神有主》。

作家欧阳山因病在广州逝世，享年92岁。欧阳山在新中国成立后创作的《一代风流》，以150万字的史诗式巨著，展示了一幅中国现代革命的历史画卷，生动地刻画了周炳、区桃等一批从“三家巷”里走出来的典型人物。“如果从宏观的角度来看，我们可以将他的创作与中国文学的三个传统——即中国的革命文学传统，中国的古典文学传统以及中国民间或地方文化传统——联系在一起，他的创作是在这三个传统的滋养中产生的，同时他也以自身的创作丰富了中国文学的传统，有很多值得我们今天借鉴与学习的地方。”（李云雷：《欧阳山与中国文学的传统》，《文艺理论与批评》2009年第1期）欧阳山青年时期参加左联活动，与鲁迅先生多有交往，一直称自己是鲁迅先生的学生，并谨记先生的教诲，在晚年，曾经这样深情地回顾自己走过的道路：“对于鲁迅先生那个‘肯做苦工’的嘱咐，我是兢兢业业地身体力行，不敢稍有懈怠的。我想，一个人既然……把身体保了下来，一直活到80多岁，不用来做苦工，还能有别的什么用途呢？鲁迅才不过活了56岁，或者按实际年龄算起来，才不过55岁，可他做了多少对人民有益的事情！自己要是还不做点苦工，岂不等于白活么？白活不是等于没有活么？所以我总是常常鞭策自己：不要为官，不要为钱，不要为名，不要为利，不要为房子，不要为汽车，不要为出国，不要为选票……如此等等。”（张小红：《怀念欧阳山》，《新文学史料》2004年第4期）

《剧本》第9期发表戴英禄、梁波的大型京剧剧本《贞观盛世》。

新闻出版署发布《关于坚决制止发表和出版政治观点错误的文章和图书的通知》。指出，近一个时期，少数报刊和出版社由于缺乏政治敏锐性和工作责任心，有章不循，把关不严，发表和出版了一些违反四项基本原则、违反改革开放政策、违反党的方针政策的错误观点的文章、图书。对这些错误思想政治观点，绝不能听之任之，必须采取有效措施切实加强管理。从目前已发现的问题看，有政治错误的图书，不少是由某些工作室、文化公司等非出版单位组织策划的，一些出版单位违反规定卖书号而使这些图书得以出版。今后，所有出版单位一律不得卖书号出版图书，严禁以合作为名行买卖书号之实的违规违法行为。

28－10月13日，第六届中国艺术节在南京、苏州、扬州、常州、无锡5个城市同时举行，演出177场106台剧目。《虎踞钟山》、《生死场》、《洗礼》、《“厄尔尼诺”报告》、《秦淮人家》、《父亲》、《沧海争流》等7台话剧获得中国艺术节大奖。此次艺术节首次设奖，并引进市场机制。

本月，“人民文学·贝塔斯曼”杯文学新秀奖在北京颁奖。程莫深的小说《二十世纪末的世界战争缩写》获得特别奖，马雨默的小说《骆叔的镜子》、阿霞的小说《金芭太太和她的猫》获一等奖，蔡骏的小说《绑架》、西岭雪的小说《爱如烟花只开一瞬》、韦俊海的小说《等你回家结婚》获二等奖。

《人民文学》“伊力特”杯中短篇小说奖颁奖大会在新疆乌鲁木齐举行。徐怀中的《来也匆匆，去也匆匆》、叶广芩的《谁翻乐府凄凉曲》、阎连科的

《朝着东南走》、刘庆邦的《谁家的小姑娘》、铁凝的《省长日记》、阿宁的《无根令》、鬼子的《上午打瞌睡的女孩》、池莉的《猜猜砒霜和菜谱是什么做的》8部作品获奖。

由中国传记文学学会举办的第二届传记文学作品奖的评选活动在京揭晓，共评选出12部近5年来创作的传记文学作品，分别是：《开国领袖毛泽东》（王朝柱）、《张爱萍传》（东方鹤）、《田汉传》（董健）、《钱学森》（祁淑英、魏根发）、《我在共产党内七十年》（即《一个革命的幸存者》）（曾志）、《万里》（张广友、丁龙嘉）、《高原雪魂——孔繁森》（郭保林）、《群山——马文瑞与西北革命》（忽培元）、《无悔的岁月——我们姐妹的人生道路》（浦代英）、《赵超构传》（张林岚）、《赵无极传》（朱晴）、《你是一座桥》（田天）12部作品。

第五届国际华文诗人笔会在广西桂林举行，中外79余位诗人就如何推动世界华文诗歌创作和理论建设等问题展开探讨。

林斤澜的短篇小说《"跳"》及随笔《故事事故》、李修文的短篇小说《肉乎乎》及随笔《何谓自由，而且作家?》、储福金的短篇小说《三人行》、卢金地的短篇小说《窥视》，发表于《山花》第9期。

《雨花》第9期发表王方晨的短篇小说《狗日的小康》。

《清明》第5期发表陈应松的中篇小说《疼痛》。

《时代文艺》第9期以"留念2000·新生代小说告别展"为题，刊发了叶开的中篇小说《章子明的双重生活》、邱华栋的中篇小说《社区人的故事》、王宏图的中篇小说《玫瑰婚典》、荆歌的中篇小说《爱与肾》、毕飞宇的短篇小说《与黄鳝的两次见面》、戴来的短篇小说《顺便吃饭》、夏商的短篇小说《岁月正浓》、朱文颖的短篇小说《病人》、巴桥的短篇小说《女人叶红丽》。同期"名家侧影"栏目刊发了冯骥才的文章《以假当真》及对他的评介文章：王蒙的《灿烂的笑容》、李国文的《骥才的才》、吴若增的《解读冯骥才》、赵玫的《艺术天空的闪电》。

《广州文艺》第9期发表鲍满光的中篇小说《青春冲击》。

《山西文学》第9期发表蒋韵的短篇小说《一点红》。

《中华散文》第9期发表宗璞的散文《告别阅读》。

叶兆言的散文集《中国当代名人语画书系·道德文章》，由西苑出版社出版。

张平的长篇小说《对面的女孩》，由作家出版社出版。

肖开愚的诗集《学习之甜》、黄灿然诗集《游泳池畔的冥想》，由中国工人出版社出版。

邱华栋的长篇小说《正午的供词》，由中国青年出版社出版。

凌志军的报告文学《追随智慧——中国人在微软》，由中国友谊出版社出版。

十月

1日，《作品》第10期发表邹月照的长篇小说《告别残冬》（节选）、冯积歧的中篇小说《在树下》、徐建平的短篇小说《友情》、叶倾城的短篇小说《热带雨林里的食人树》。

《鸭绿江》第10期发表雨城的短篇小说《雾》。

《山东文学》第10期发表凌可新的短篇小说《城市的马》、王庆荣的短篇小说《麻孩》。

《长江文艺》第10期发表赵柏田的中篇小说《米酒飘香》。

《延河》第10期发表季栋梁的短篇小说《贼说》。

《作家》第10期发表张洁的短篇小说《.com》、迟子建的小说《河柳图》、潘向黎的短篇小说《轻触微温》、李修文的短篇小说《闲花落》、朱文颖的短篇小说《禁欲时代》，韩东的文章《文人的敌意》。

《美文》第10期发表叶兆言的散文《为女儿感动》、于坚的散文《记一座桥》、叶子的《写给爸爸妈妈的日记》、赵丽宏的散文《闻乐札记》、鲍鹏山的散文《司马相如：A Playboy（上）》。

3日，《人民文学》第10期发表祁智的中篇小说《飘雪》、丁天的中篇小说《欢乐颂》、裘山山的短篇小说《保卫樱桃》、黑大春的诗《老家》、苏童的散文《三棵树》、李国文的杂文《何心隐之死》、池莉的随笔《不是谈女人》、陆文夫的随笔《写写文章的人》。

5日，《中国西部文学》第10期发表季栋梁的中篇小说《朱家山》、叶倾城的短篇小说《今生此情已惘然》。

《上海文学》第10期发表吕新的中篇小说《我们》，于田儿的短篇小说《关帝庙》、《土地庙》、《石屋》及王安忆的评论《山花烂漫》，刘庆邦的短篇小说《雪花儿那个飘》，卢岚岚的短篇小说《暑热的身体》。

《朔方》第10期发表残雪的短篇小说《交谈》、王方晨的短篇小说《桃桃·兔子》。

《北方文学》第10期发表李肇正的短篇小说《重点高中》。

6日，翻译家田德望因病在北京逝世，享年91岁。田德望（1909－2000），河北顺平人。田德望毕生研究但丁，是国内最著名的但丁研究专家之一。1986年退休以后，他集中精力翻译但丁的《神曲》，并在临终前几个星期完成了《神曲》的最后一部《天国篇》的定稿，历时十八年译出了但丁用15年写成的《神曲》。田德望翻译的《神曲》不仅是一部真正做到“信、达、雅”的杰出中文译本，而且是一部有独到见解的高水平的学术专著。“读过田德望的《神曲》译本后不难发现，他很侧重历史事件的注释。他解释说，之所以将三分之二的篇幅用在注释上，是因为要想领会这部梦幻史诗的韵律美、音乐美，还必须了解中世纪的宗教、政治、文化等背景。只有这样，才能体味出这部伟大诗篇传达出的震撼人心的意蕴。”（红娟：《田德望身游〈神曲〉》，《中华读书报》2000 年 7 月 11 日）田德望翻译的《神曲》不仅获得了我国的“彩虹”翻译奖，而且获得了意大利文学遗产部的国家翻译奖。为了表彰他在但丁研究中的杰出成就，意大利总统于 1999 年接见了田德望，并授予他意大利“总统一级骑士勋章”。

毛雨森的短篇小说《我和白云的爱情故事》、王季明的短篇小说《少年胡刚》发表于《当代小说》第 10 期。

7 日，《散文百家》第 10 期发表《伊蓉散文小辑》、林非的散文《我被钱钟书殴打的前后经过》、张爱华的散文《今天去离婚（外一章）》、王三堂的散文《政余小品》。

10 日，《文汇报》刊载消息《消费娱乐性刊物走俏上海》：“据不完全统计，近 1－2 年中上海出现的各类消费类报刊已超过 20 种，位于全国各大城市前列，折射出人均 GDP 达到 4000 美元后，上海人出现注重休闲娱乐与文化消费新倾向。”

《十月》第 5 期发表张欣的长篇小说《晨星档案》、池莉的中篇小说《生活秀》、晓航的中篇小说《空间》、残雪的短篇小说《挖山》、小雷的短篇小说《心情愉悦有何不好》和《大象》及陈东捷的评论文章《经验的世界》。

《北京文学》第 10 期发表李静的短篇小说《磨刀霍霍》、《愿你们不再出现》，庄旭清的中篇小说《我最想念我自己》。

《诗刊》10 月号的“新世纪诗坛”栏目刊出了黎焕颐、朱金晨、李琦、谢克强、李华等的诗作。由梅绍静主持的“每月新星”栏目本期推出了高凯的《高凯诗抄七首》和宗鄂的评论《“陇东诗”的现代美感》。本期的“诗人访谈录”栏目刊出了阎延文执笔的《把生命的火焰塑形为诗——牛汉访谈录》。“百家诗论”栏目刊出了张同吾的评论文章《文化同源与母语熔铸——

关于台湾诗歌的随想》。

11 日，《青年文学》第 10 期发表李冯的中篇小说《圣徒传》、老虎的短篇小说《父亲的盒子》。

12 日，诗人梁南病逝，享年 76 岁。梁南于 1943 年开始发表作品，著有诗集《野百合》、《诱惑与热恋》等多部，并多次获《诗刊》、《人民文学》、《十月》杂志文学奖和黑龙江省文艺创作大奖。梁南信守“一首诗是一篇墓志铭”的创作原则，认为每个人的经历不同，“墓志铭”也绝不相同。他不重复自己，不重复别人。在超越自己和否定自己的过程中，他不断地创新。他视创作质量为生命，体现了一个作家的社会责任感。他深知，一首诗、一篇文章，都影响着社会上千百万人。因此，他对自己不满意的作品，绝不公之于众。梁南认为，作家必须要有这种为人民负责的精神。他认为，一个作家对创作绝不能“取巧”、走捷径。更不能有丝毫侥幸。在写作面前，只有漫长的坎坷而又痛苦之路。（参见吕中山：《快乐是痛苦之果——记诗人梁南》，《诗刊》1998 年第 10 期）在梁南身上，“可以说相当集中而典型地体现着中国一代知识分子的悲剧命运。他也许是这一代人中用诗的形式来表现这种忠贞的悲剧最为淋漓尽致的一个。”（叶橹：《痛苦献身的生命形式——论梁南的诗》，《文艺评论》1990 年第 4 期）

第五届茅盾文学奖评选结束，张平的《抉择》、阿来的《尘埃落定》、王安忆的《长恨歌》和王旭烽的《茶人三部曲》（1、2）4 部长篇小说获奖。

本届评委会成员构成如下：主任：巴金；副主任：张锲、邓友梅、张炯；评委会委员：丁振海、马振方、玛拉沁夫、严家炎、李希凡、李国文、杨志今、吴秉杰、陆文虎、陈建功、郑伯农、柯岩、凌力、阎纲、曾镇南、雷达、蔡葵。评委对《抉择》的评语为：“直面现实，关注时代，以敢为人民代言的巨大勇气和张扬理想的胆识，深刻地揭示了当前社会复杂而尖锐的矛盾，突出地塑造了在艰难抉择中维护党和人民利益的市长李高成的崇高形象，也比较充分地展现了广大群众和党的优秀干部与腐败势力坚决斗争的正面力量，给读者以正义必定战胜邪恶的信心。小说注意调动扣人心弦的情节和细节等艺术手段，在冲突的浪尖去刻画人物，描写生动爽利，语言流畅激越。整部作品正气凛然，具有强烈冲击读者心灵的思想和艺术力量，其启示意义，尤发人深省。”对《尘埃落定》的评语为：“借麦其土司家‘傻瓜’儿子的独特视角，兼用写实与象征表意的手法，轻巧而富有魅力地写出了藏族的一支——康巴人在土司制度下延续了多代的沉重生活。作者以对人性的深入开掘，揭示出各土司集团间、土司家族内部、土司与受他统治的人民以及土司与国民党军阀间错综的矛盾和争斗。并从对各类人物命运的关注中，呈现了土司制度走向衰亡的必然性，肯定了人的尊严。小说有丰厚的藏族文化意蕴。轻淡的一层魔幻色彩，增强了艺术表现开合的力度。语言颇多通感成分，充满灵动的诗意，显示了作者出色的艺术才华。这是藏族作者首部获得茅盾文学奖的长篇小说。”对《长恨歌》的评语为：“体现人间情怀，以委婉有致、从容细腻的笔调，深入上海市民文化的一方天地；从一段易于忽略、被人遗忘的历史出发，涉足东方都市缓缓流淌的生活长河。《长恨歌》的作者用自己独到的叙述方式，抒写了一位四十年代平民出身、美丽、善良而又柔弱的女性的不幸的一生和悲剧的命运。其间，包含着对于由历史和传统所形成的上海‘弄堂文化’的思考与开掘，对于那些远离了时代主潮、不能把握自己命运的妇女与弱者的深深的同情。一种具有普遍意义的人间情怀洋溢在字里行间，渐渐地浸润出了那令人难以释怀的艺术的感染力。”对《茶人三部曲》的评语为：“寄寓民族精神，以绿茶之都杭州的忘忧茶庄主人杭九斋家族四代人起伏跌宕的命运变化为主线，塑造了杭天醉、杭嘉和、赵寄客、沈绿爱等各具不同社会意义和艺术光彩的人物形象，展现了在忧患深重的人生道路上坚忍负重、荡污涤垢、流血牺牲仍挣扎前行的杭州茶人的气质和风神，寄寓着中华民族求生存、求发展的坚毅精神和酷爱自由、向往光明的理想倾向。茶的青烟、血的蒸气、心的碰撞、爱的纠缠，在作者清丽柔婉而劲力内敛的笔下交织；世纪风云、杭城史影、茶业兴衰、茶人情致，相互映带，熔于一炉，显示了作者在当前尤为难得的严谨明达的史识和大规模描写社会现象的腕力。”

第9届中国金鸡百花电影节组委会在京举行新闻发布会，公布了第23届大众电影百花奖的评选结果和第20届中国电影金鸡奖的提名名单。《我的父亲母亲》、《黄河绝恋》和《国歌》获得本届百花奖最佳故事片奖。

14日，《文艺报》第2版刊载对林深的长篇小说《天经》的评论文章：王聚才的《好书真须仔细读》、李存葆的《林深和〈天经〉》、贺绍俊的《以寓言讲一个大道理真不容易》、小可的《错落有致　进退自如》、曾镇南的《最具性格魅力的人》。

15－23日，第七届中、日、韩三国戏剧节在汉城举行，中国大连话剧团的《三月桃花水》参加了演出。

17日，据《文艺报》报道：《雨花》杂志新千年新举措，以篇计酬，倡导短篇，让文学作品更精粹。其新意在于从改革稿费制着手，将执行了多年的千字计酬制，改为按篇计酬制。

在全国期刊市场竞争日趋激烈的情况下，为进一步推动期刊改革，充分挖掘和利用现有人力资源，壮大期刊实力，形成优势互补，共同发展，《清明》与《安徽文学》决定走联合办刊的道路，即在《清明》杂志社下设两个编辑部，同一套人马办两份刊物，为下一步组织期刊集团打下基础。《清明》仍坚持严肃文学的道路，而《安徽文学》则坚持平民视角，向大文化延伸，文学性适当减弱，以适应市场的需要。

《作品与争鸣》第10期刊发史荣生的中篇小说《经商人家》、莫怀威的中篇小说《饮鸩情人节》、叶辛的中篇小说《爱情世纪末》、雪静的短篇小说《血证》及相关评论。

24日，《文艺报》报道：获茅盾文学奖为杂志社创名牌，《科幻世界》杂志社重奖阿来8万元。阿来供职于该社。

由河北教育出版社组织编译出版的《雪莱全集》中文译本在北京中国人民对外友好协会首发。

26日，夏衍诞辰100周年之际，文化部、广电总局、中国文联、中国作协、中国对外友协、中国电影家协会在北京举行座谈会。中共中央政治局常委、国务院副总理李岚清出席座谈会并讲话。28－30日夏衍诞辰100周年纪念活动在杭州举行。

《文艺报》报道：正当电视剧《我亲爱的祖国》热播之际，作家出版社近日推出了根据这部电视剧改编的同名长篇小说。该书凭借媒体互动，一上市即赢得了市场，在读者中产生了强烈反响。长篇小说《我亲爱的祖国》保持了原电视连续剧的特点，同时为了便于阅读，作者韩毓海、姜立煌、刘毅然对文字做了大量的润饰，使其更加具有艺术感染力。该书由余华担任文学策划。

《文学报》第2版刊载“茅盾文学奖获奖作家访谈专辑”：《立场比获奖更重要——访〈抉择〉作者张平》、《我眼中的历史是日常的——与王安忆谈〈长恨歌〉》、《丰富的感情澎湃的激情——与阿来笔谈〈尘埃落定〉》、《谁为荼苦其甘如荠——王旭烽的“茶人”世界》

28－11月25日，中央实验话剧院上演话剧《纪念碑》，作者：〔加拿大〕考琳·魏格纳，翻译吴朱红，导演查明哲。剧本发表在《新剧本》2001年第1期上。

28－30日，广东省作协、广东省美术家协会和深圳特区文化研究中心等八个单位在广东梅州举办李金发诞辰100周年纪念暨学术研讨会，60余位海内外专家学者就李金发在中国新诗史上的地位及其诗艺和诗论等问题进行了讨论。

30日，鲁迅文学院庆祝建院50周年。

本月，冰心百年纪念会在京举行，此次活动包括冰心作品音乐朗诵会、冰心诞辰百年纪念展、冰心墓地奠基仪式。

中国俗文学学会在京举行纪念周贻白、阿英、俞平伯诞辰一百周年学术座谈会。

《广西文学》因市场占有额下降改版，自本月起从综合型纯文学刊物改为专门刊发小品文的刊物。然而改版并没有带来预期的效果，两年后，此刊再度改版。再次改版后的《广西文学》的《告读者》中，编辑部说："2000年10月，《广西文学》改版为'小品'，专发短文。这是旨在倡导短制，以'平民、平实、平易'的文风，赢得读者，挺进市场，求得生存和发展。……但是期刊市场的竞争，其激烈程度可用'寸土必争，你死我活'来形容……我们在其中拼杀两年，个中滋味，体验尤为深切。客观地说，我们的'小品'赢得了众多读者，但市场占有额没有达到预期目的。为了收获，我们付出了，但付出了未必就有收获。"2002年9月，重新改版的《广西文学》定位为综合型的文学刊物，刊登中短篇小说、纪实文学、报告文学、诗歌和评论，同时保留受到读者好评的小品、随笔、杂文、小散文等。办刊宗旨定位为"反映广西文学发展水平，展示广西文学创作最新成果，培育广西青年作家"。

《山花》第10期发表野莽的中篇小说《玩阿基米德飞盘的王永乐师傅》及随笔《文外闲聊》、陈卫的短篇小说《你以为你能走多远》、吕新的中篇小说《多么熟悉的声音》、刘庆邦的短篇小说《起塘》、莫言的短篇小说《嗅味族》、金瓯的短篇小说《零度体温》。

《百花洲》的第5期发表海男的中篇小说《信封里的教堂》、孙惠芬的短篇小说《女人林芬和女人小米》、温亚军的短篇小说《太阳部落》。同期，刊发王英琦的文章《如此文坛——当前文学流弊之我见》，文中作者对当前文坛的"炒作——造名运动"、"奖赛——拔名运动"、"评委——报名运动"等流弊做了分析与批评。

《飞天》第 10 期发表和军校的短篇小说《一个山西人和一个甘肃人的故事》。

《中国作家》的第 10 期发表蒋韵的中篇小说《鲜艳的季节》、林希的中篇小说《1957，一百个人的爱》、阿宁的中篇小说《单位》。

《广州文艺》第 10 期发表陈应松的中篇小说《拯救发廊妹》、尤凤伟的短篇小说《那年冬天在北方》。

《中华散文》第 10 期发表何乃芬的文章《九十年代散文的几个新状态》。

陕西师范大学出版社推出“断裂”丛书，包括韩东的《我的柏拉图》、朱文的《人民到底需不需要桑拿》、张旻的《爱情与堕落》、鲁羊的《在北京奔跑》四本小说集。

臧棣的诗集《风吹草动》，由中国工人出版社出版。

陈忠实的散文集《家之脉》，由广州出版社出版。

《苏童散文》、《莫言散文》、《叶兆言散文》，由浙江文艺出版社出版。

十一月

1 日，《作品》第 11 期发表郭建勋的短篇小说《老密之死》、叶大春的短篇小说《腰带》。

《山东文学》第 11 期发表陈占敏的《兔子和金子》、谢宏的《温柔与狂暴》、林深的《咱们老百姓呀么真幸福》、高慧敏的《婚姻问题》等短篇小说。

《长江文艺》第 11 期发表戴来的中篇小说《儿童节快乐》。

《延河》的第 11 期发表谢挺的中篇小说《跟上》，李治邦的短篇小说《红琵琶》、《共鸣》、《想象》。

《作家》第 11 期发表刘庆邦的短篇小说《听戏》、赵本夫的短篇小说《寻找月亮》、商河的短篇小说《归尘记》、韩东的短篇小说《归宿在异乡》。

《厦门文学》第 11 期发表蔡之岳的短篇小说《一个叫朱文的娘儿们》。

《小说界》第 6 期发表李肇正的中篇小说《勇往直前》、王曼玲的中篇小说《因为梦着你的梦》、邱华栋的短篇小说《他和他的马总在说话》和《童军的野营》、夏商的短篇小说《沉默就是千言万语》。同期，“影响作家的作家”专栏发表格非的《阅读雷蒙德·卡弗》及雷蒙德·卡弗的《你们为什么不跳舞》（外两篇）；“电脑·网络·写作”栏目刊登文章有：张虎生的《在边缘上行走》、瘦谷的《文本二合一》。

《散文》第 11 期发表袁鹰的散文《孤舟一系故园心》。

《美文》第 11 期发表鲍鹏山的散文《司马相如：A Playboy（下）》、朱鸿的散文《司马迁之残与苏格拉底之死》、肖云儒的散文《终南山下的朱鸿》、廖德全的散文《万里瞻天》。

2 日，《文艺报·文学周刊》在北京举行了《张居正》第一部《木兰歌》的研讨会。11 月 14 日《文艺报》第 2 版刊发了研讨会纪要，并集中刊发了对熊召政的长篇历史小说《张居正·木兰歌》的评论文章：何西来的《绝对君权的腐败与攘夺》、刘锡诚的《古道悲风》、蒋巍的《历史的艺术化与戏谑化》、江晓天的《横空出世：历史小说上品》。何西来认为作者是用今人的眼睛、今人的审美需要，以张居正作为一面历史的镜子，去重新阐释历史、再现历史。蒋巍认为，作者的成功是因为对历史的敬重，以科学的精神对历史现场的还原，对各种历史细部的资料翔实地考证，展现了一个时代的风貌。刘锡诚认为，作品的结构有开有合、有张有弛、有缓有舒，是值得称道的。江晓天则从选材、结构、语言对该作品做了评价。并指出了作品在三个方面的创新：打破以时间静推为主线的叙事方法；有机地使用历史材料；将悬念和伏笔留在本部作品中间，而非结尾。

《新剧本》第6期发表方洪友的话剧《重返双桥》、张保民的话剧《凤城消失》和启明的话剧《周公》。

《文学报》刊发报道《上海召开九十年代文学研讨会》，主办单位为上海作家协会和华东师大中文系。本月21日的《文艺报》也对此做了报道。

2-5日，由北京大学、香港作家联合会共同主办的为期4天的“2000年金庸小说国际研讨会”在北京大学举行。

2-12月2日，第二届中国上海国际艺术节在上海举行，本届艺术节共有来自海外20个国家和地区以及国内10个省市的54台节目参加演出。

3日，《人民文学》第11期发表杨小斌的诗《景色与情节》、蓝蓝的诗《自言自语》、侯马的诗《九三年》、熊正良的中篇小说《追上来了》、梁晓声的短篇小说《蜻蜓发卡》和《讹诈》、李冯的短篇小说《再见，阿枣》、郭平的短篇小说《乐器店里的夏娃》，刘亮程的散文《扔掉的村庄》、苏童的散文《河流的秘密》、李国文的杂文《李卓吾之死》、池莉的随笔《不是谈古玩》。

江西省作家协会召开第五次会员代表大会，陈世旭当选为主席。

4日，中国曹禺戏剧奖剧本奖在西安揭晓，获奖的5部话剧作品是：《“厄尔尼诺”报告》（姚远、邓海南、蒋晓勤）、《生死场》（田沁鑫）、《父亲》（李宝群）、《绿荫里的红塑料桶》（孟冰）、《岁月风景》（唐栋）；获奖的5部戏曲作品是：《乡里警察》（冯之）、《金子》（隆学义）、《徽州女人》（陈薪伊、刘云程）、《迟开的玫瑰》（陈彦）、《葫芦庙》（范莎侠）。

4-6日，由福建师范大学文学院、中国社会科学院文学研究所《文学评论》编辑部、福建社会科学院文学研究所联合举办了“中国当代文学史史学观念学术研讨会”。会议对当代文学史写作的史学架构、理论预设、价值评析等关键性的史学理论问题展开考察与探讨。会议综述发表于《文学评论》

2001年第1期。

5日，根据鲁迅同名小说改编的实验戏剧《故事新编》在北京舞台设备厂一间大仓库里上演，该剧由中央实验话剧院和日本话剧人社联合制作，导演林兆华。

《小说家》第6期发表王周生的长篇小说《性别：女》（第一部）、何玉茹的中篇小说《伤心的模仿》。

《钟山》第6期发表孙惠芬的中篇小说《歌哭》、陈家桥的中篇小说《日常生活》、赵刚的中篇小说《26岁，时间或光线》、雨城的短篇小说《醋》、陆永基的短篇小说《阿西》、李洁非的评论《张炜的精神哲学》。

《莽原》的第6期发表何申的中篇小说《大车》、老虎的中篇小说《令人担忧的祖父》、何玉茹的中篇小说《我家门前有棵树》、徐坤的《网络写手：究竟要不要成为传统作家》、南帆的《媒体时代的作家》。

《中国西部文学》第11期发表温亚军的短篇小说《作为祭奠的开始》。

《上海文学》第11期发表王祥夫中篇小说《旱天雷》、莫言的短篇小说《冰雪美人》、顾前的短篇小说《女诗人》、金磊的短篇小说《皮铁特》、虹影的短篇小说《利口福酒楼》、刘敏的随笔《梦开始的地方》、艾晓明的思想笔记《中国人为什么好吃》、金丹元的思想笔记《逆时空中的正价值》。

《朔方》第11期发表陈继明的短篇小说《一棵树》、《死因》及创作谈《始于内心》、文章《出息的金瓯》，石舒清的短篇小说《暴雨》、《花开时节》及创作谈《随笔三题》、文章《素描继明》，金瓯的短篇小说《四点零八分的北京》、《五月出游》及创作谈《我和我的愚蠢》、文章《石舒清同志》。

《花城》第6期发表柯云路的长篇小说《黑山堡纲鉴》、阿来的短篇小说《鱼》、薛忆沩的短篇小说《一段被虚构掩盖的家史》、贾平凹的散文《苍蝇》。

《芙蓉》第6期的“重塑‘70后’”栏目发表了林苑中的短篇小说《韦

镇小道》、李檣的短篇小说《星期五晚上干什么》和《喧嚣日》、张琦的短篇小说《言玉琴》。

《大家》第6期发表闵凡利的短篇小说《三个和尚》、叶弥的短篇小说《闲来无事》。

《红岩》第6期发表周文的中篇小说《乡村吹手和他的女人》。

《北方文学》第11期发表聂鑫森的短篇小说《生死缘》、白天光的短篇小说《娘的旗帜》、《六福最后的日子》。

《随笔》第6期发表李国文的随笔《超越四合院》。

6日，由中国文联、中国剧协主办，各省剧协、总政宣传部、产业文联、新疆生产建设兵团协办，中国戏剧年鉴杂志社承办的第二届“中国曹禺戏剧奖·理论评论奖”在京揭晓，王评章的《〈沧海争流〉的艺术特点及其对史剧创作的突破》、李晓的《历史剧〈商鞅〉向艺术本体回归》等15篇戏剧评论获优秀奖。

《当代小说》第11期发表李大卫的短篇小说《无所谓故事》、温亚军的短篇小说《你陪谁玩》。

6－8日，武汉市召开第八次文代会，池莉当选为武汉文联主席。

8日，新闻出版署发布《关于对新办期刊实行试办期制度的通知》。《通知》规定，新办期刊实行试办期制度，试办期为两年。从2001年1月起实行。

10日，《诗刊》第11期发表《冀汸的诗》、《代微诗抄十二首》及创作谈《诗的感觉就是飞》、伊沙的《诗四首》、《宫玺近作》、吴奔星和刘章的旧体诗。

11日，《青年文学》第11期发表王方晨的中篇小说《黑妮儿飘飘》、傅爱毛的中篇小说《电脑时代的爱情》、伊沙的短篇小说《撒谎的故事》。傅爱毛（1966－　），女，河南密县人。2000年开始文学创作。著有作品集《天堂门米香》，长篇小说《被弄丢的隐私》等。

12日，在第20届夏威夷国际电影节上，《漂亮妈妈》获得纳克博克奖——最佳亚洲影片奖。

14日，《文艺报》刊载报道：由台湾“中国妇女写作协会”秘书长应平书率领的台湾知名女作家一行13人近日访问大陆，参加了在青岛举行的“两岸女性文学研讨会”和在上海举行的“两岸女性创作空间之展望”综合座谈会。另刊载唐朝晖对本届“茅盾文学奖”获得者阿来所做的访谈《心中的阿坝尘埃依旧》。

15日，《长城》第6期发表何申的中篇小说《坝根子》、衣向东的中篇小说《天要下雨》、李舫的中篇小说《日子是一切烦恼的根》、郝炜的短篇小说《铁路情结》。

《江南》第6期发表艾伟的中篇小说《待我如羔羊》、老虎的中篇小说《遗落的老兵或者瞎话店里的故事》、柏子的中篇小说《背景新闻》、阎欣宁的短篇小说《等待维克托上校》、谢宏的短篇小说《我爱卡通》、徐岩的短篇小说《鱼亮子》、凌可新的短篇小说《旧情人》。

《特区文学》第6期发表李肇正的中篇小说《跟自己过一辈子》。

《天涯》第6期发表老虎的短篇小说《潘西的把戏》、谢挺的短篇小说《普陀》、王晓明的《九十年代与“新意识形态”》、南帆的《身体的叙事》。

新闻出版署发布《关于禁止收费约稿编印图书和期刊的通知》。

16日，《文艺报》艺术周刊与《新剧本》编辑部、北京剧协和北京文联研究部联合召开了“名著改编与戏剧创作”研讨会。会议围绕“如何理解名著的当代意义”、“如何理解忠实原著与创新的关系”以及“近年来戏剧创作中名著改编的特征与得失”等议题展开了讨论。

第9届金鸡百花电影节在广西南宁举行。其间，颁发了第23届大众电影奖，揭晓了第20届中国电影金鸡奖。《生死抉择》、《横空出世》、《我的父亲母亲》获得最佳故事片奖，贺子壮和宋继高获得最佳剧本奖，扎西达娃和谢非获得编剧特别奖。

17日，《作品与争鸣》第11期发表苦丁的中篇小说《民心如秤》、史荣生的中篇小说《老板教授》、余述平的中篇小说《老子以为你们都怕我》、陈永和的短篇小说《教授太太的一天》及相关评论。

18日，影片《一声叹息》获得第24届埃及开罗国际电影节最佳影片金塔奖、最佳编剧、最佳男演员、最佳女演员和特别表彰奖共5项大奖。

20日，《当代》第6期发表红柯的中篇小说《库兰》、胡发云的中篇小说《驼子要当红军》、阿霞的短篇小说《金芭太太和她的猫》、蔡骏的短篇小说《绑架》、刘剑波的短篇小说《安息日》、马雨默的短篇小说《骆叔的镜子》。

21日，第八届中国人口文化奖颁奖大会在首都人民大会堂小礼堂举行。话剧《"厄尔尼诺"报告》和《水下村庄》获得话剧剧目一等奖。

23－24日，"白先勇创作国际研讨会"在汕头市召开。

25日，《收获》第6期发表宗璞的长篇小说《东藏记》、张者的中篇小说《朝着鲜花去》、卢岚岚的中篇小说《飞翔的阻力》、子川的短篇小说《女孩苏杨》。同期"走近鲁迅"刊发的文章有：陈思和的《三论鲁迅的骂人》、沈永宝的《鲁迅的从文之路》、范文澜的《忆鲁迅先生》。宗璞的《东藏记》后于2005年获第六届茅盾文学奖。

《当代作家评论》第6期刊发"余秋雨评论小辑"，理论文章有：孙绍振的《余秋雨：从审美到审智的"断桥"——论余秋雨在中国当代散文史上的地位》、吴俊的《余秋雨散文创作略谈》、雷欧的《余秋雨突围》。其中，对于余秋雨散文中的硬伤，孙绍振认为，"在对余秋雨的批评中，最为引人注目的论题是他在学理上的'硬伤'。应该承认，在余秋雨散文中，学理上不是没有瑕疵的，只是这个问题，在报刊炒作的过程中往往是被夸大了"。"本来'硬伤'是一种有关学术规范的通俗说法，强调的是，对任何学术资料细微末节的严密和准确。但是，细节比起整体来说，毕竟是局部，除了个别关乎整体生命者外，一般地说，细节毕竟是细节，对整体生命的影响是有限的。这本来是常识范围内的事情，但是，众口一词，往往形成一种话语权力，吹毛求疵，不及其余，只能导致理性的丧失，水平的降低，有些批评者口口声声责备余秋雨缺乏‘学术理性’，而自己却用一种非理性的情绪化语言和逻辑进行文学评论，陷入了悖论而不自知，实在令人嗟叹。”他还从滥情、抒情逻辑和“偏见”的关系、人文意象和余秋雨式的话语重构、激情和冷峻的张力等方面对余秋雨散文的审美特质做了分析。最后，他认为：“余氏的散文，在这历史的难题面前应运而生。他在当代散文史上的功绩，就是从审美的此岸架设了一座通向审智的桥梁，但是这座桥是座断桥，他不可能放弃审美，去追随罗兰·巴尔特写作不动情感的被认为是后现代的‘审智’散文，他连香港作家也斯先生那样的不动声色也做不到，他更不是南帆，他不可能撇开情趣，更无法把无情的理性变为艺术的可感性。因而他只能把现代派的散文，把南帆、也斯和罗兰·巴尔特当作彼岸美好的风景来观看，同时也为在气质上和才华能达到彼岸的勇士们提供已经达到河心的几座桥墩。”吴俊在文中写道：“可以这样简单地概括，余秋雨的散文创作意味着知识分子的文化（文学）在超越或摆脱了精英意识主宰和（政治）意识形态主宰之后与一般社会文化合流的趋势，代表了知识分子通过文学的途径重新寻求自身的文化定位和社会定位的努力，体现了知识分子积极融入更为广泛的社会文化生活的自觉意识。知识分子不再以高高在上的文化导师的面目和形象君临在最为基本也是最为普遍的社会文化之上，而是以一种更显平等姿态的‘对话者’和‘交谈者’的身份亲切地介入当代的社会文化生活。同时，个人的生活、感受和思索即文学和个人化色彩，特别是知识理性的内涵，在余秋雨的散文创作（包括全部的学者散文）中又表现得格外鲜明，几乎构成了其中的一种十分显著的创作特征和文学品质。”他还分析了余秋雨散文的艺术特质。他最后写道：

"从余秋雨的散文创作现象中可以得到的一个基本看法是，他已经为当代人文知识分子的价值实现方式找到了一种实践的途径，并且，余秋雨本身的实践也具有典型的示范意义。这不限于单纯的散文或文学创作的范围，更重要的是它对知识分子文化的广泛影响和当代人文精神建设的贡献。走向社会，走向民间，这不仅是一种理论口号和思想观念，而且也必须是一种具体的文化行为。"

25－27 日，由汕头大学和汕头市政府联合举办的"第十一届世界华文文学国际研讨会暨第二届海内外潮人作家作品国际研讨会"在汕头市召开。来自美国、澳大利亚、菲律宾、马来西亚、韩国、日本、泰国、新加坡、新西兰、台湾、香港和中国大陆等近 20 个国家和地区的华人作家及专家学者 150 余人出席了本次会议。会议的主要议题是：一，对近 20 年以来的台港及海外华文文学创作和研究进行总结，并在此基础上展望与探讨 21 世纪的世界华文文学研究的前景与途径；二，探讨、交流潮人与潮人文化、文学的关系，及其海外潮人文学在整个海外华文文学中的地位，进行海内外文学交流，进一步繁荣潮汕文学创作，与会代表围绕这两个议题展开了热烈而深入的学术讨论。研讨会综述发表于《文学评论》2001 年第 2 期。

27 日，《文汇报》刊发消息：在香港举行的"张爱玲与现代中国"研讨会上，上海作家王安忆作为海派作家应邀前往，在会上否认了一些评论家认为她是张爱玲的当代"传人"的观点，并回答道："也许我的写作技巧还达不到张爱玲的水平，但我小说中的世界要比她大得多。"

28 日，空政话剧团在北京人艺小剧场首演话剧《霸王别姬》。编剧莫言，导演王向明。

《剧本》第 11 期发表郭顺的话剧《零号病区》。

29 日，《文汇报》刊发消息，小说《围城》盛销不衰，20 年印 180 万册。

本月，上海市作协、文学报与上海文艺出版社联合在上海书城讲演厅召开了"'七十年代以后'小说研讨会"。本次会议约有70余人出席。与会者认为，所谓"七十年代以后"文化现象，是20世纪90年代的中国历史条件合力酿造出来的。有的评论家对"用身体写作，用皮肤思考"，构筑"身体家园"等成为一种写作时尚和倾向，提出了尖锐的批评。与会者还认为，对"七十年代以后创作现象，不要一味的捧场，也不要蛮横的棒杀，应该给予引导、启发，使之趋向健康"，认为"这些年轻的作者如何扩大自己的创作视野，到生活的矛盾中去体悟入生，表现人生，从而使自己的创作达到更宽厚的审美层次和长久的生命力，是至为重要的"。(参见《出版参考》2000年第11期)

由青海省西宁市文联及作家协会主办的文学刊物《雪莲》创刊。

刘一达的短篇小说《胡同根儿》作品研讨会在京召开。

由少年儿童出版社创立的"巨人"中长篇儿童文学奖揭晓，张品成的《北斗当空》、刘兴师的《祖母绿女神》获长篇小说奖，简平的《五天半的战争》等3部获中篇小说奖，张弘的《飞翔天堂鸟》获新人奖。该奖项每三年颁发一次。

《山花》第11期发表李大卫的短篇小说《故事没完呢》及随笔《写作笔记》、顾前的短篇小说《困境》及随笔《一点感想》、孙惠芬的中篇小说《舞者》、赵玫的中篇小说《与陌生人相爱》、阿成的短篇小说《小桃红》、荆歌的短篇小说《多年以后》、肖克凡的短篇小说《本土故事》、顾前的随笔《一点感想》、李大卫的随笔《写作笔记》。

《飞天》第11期发表胡学文的中篇小说《无奈的突围》。

《清明》的第6期发表陈志明的中篇小说《东奔西走》、阎欣宁的中篇小说《粮站纪事》。

《中国作家》第11期发表胡学文的中篇小说《极地胭脂》、余光慧的报告文学《跟踪何阳案件》。

《时代文学》第6期发表汪湜的中篇小说《早晨的露珠》、阿成的中篇小说《李甲在北京大学的日子》、赵玫的短篇小说《爱的阐释》、孙方友的短篇小说《狗祸》、毛雨森的短篇小说《一幢盗窃案》。同期“名家侧影”栏目，刊发韩静霆的文章《我是矮子》，及相关评介文章：张同吾的《感觉韩静霆》、韩作荣的《韩静霆其人》、朱向前的《略说韩静霆》、何镇邦的《文坛奇才与矮丈夫》。

《广州文艺》第11期发表阎欣宁的短篇小说《虚拟时代的荣华富贵》、马枋的短篇小说《泡妞手记》。

《山西文学》第12期发表许春樵的短篇小说《夜幕下的化妆表情》、阿成的短篇小说《茫然》。

简繁的长篇小说《沧海三部曲》，由人民文学出版社出版。

十二月

1日，“榕树下”网站起诉中国社会出版社侵犯其著作权，赢得胜诉。

《作品》第12期发表吕雷、赵洪的长篇小说《激情大江》（选载）、孟伟哉的短篇小说《鸡血石》、青禾的中篇小说《顾了一》、孙方友的短篇小说《颍河三郏》。

《鸭绿江》第12期发表荒原的短篇小说《九眼透龙贞节碑》、华夏的短篇小说《凋谢》、巴兰兰的短篇小说《出售相思》。

《山东文学》第12期发表陶纯的短篇小说《洞里洞外》、中跃的短篇小说《想飞》、徐岩的短篇小说《捉迷藏》。

《长江文艺》第12期发表华夏的中篇小说《过着狼狈不堪的生活》。

《作家》第12期发表潘军的长篇小说《独白与手势》、虹影的长篇小说《K》。

《诗歌月刊》在安徽合肥创刊，王明韵任主编，创刊号刊有多多的《那些岛屿》、潘向建《槐花》、叶辉《联系》等诗。

《审视》总第1期出刊，刊有伊沙的《记一家快餐店》、哑石的《草稿》、叶匡政的《光线》、小海的《写给人民路80号院内的一棵树》等诗歌。

《东北亚》第12期刊出臧棣的《空中巴士》、蒋浩的《厌倦》、海男的《12行诗》、阿西的《病房日记》等诗歌。

《散文》第12期发表朱成玉的散文《从故乡出发的雪（外一篇）》、〔美〕汪威廉的散文《杜鹃》。

《美文》第12期发表李敬泽的散文《天地翻覆时：海原大地震80周年祭》、阿来的散文《让岩石告诉我们》、韩小蕙的散文《新千年之二：文坛小事三桩》、肖云儒的散文《九十年代散文的几点感觉》、〔美〕张错的散文《树的哲理》、〔美〕孙康宜的散文《美文与荔枝》。

2日，诗人、翻译家卞之琳在京逝世，享年90岁。卞之琳的新诗广泛地从中国古诗和西方现代派诗吸取营养，自成一格，充满智慧的闪光和哲理的趣味，是30年代中国文坛“现代派”诗歌的重要代表人物。抗日战争期间曾前往延安和太行山区访问，诗风有所转变，歌唱人民的战斗生活。沈从文在《〈寒鸦集〉附记》（《创作月刊》1931年5月第1卷第1期）中赞誉卞之琳“朴素的诗，将来最好的成就或者应当归给之琳”，说他“善于运用平常的文字，写出平常的人情”，文字“单纯简略”，“风格朴质而且诚实”。废名认为卞之琳的诗与温庭筠的诗相像，“卞之琳的诗又是观念跳得厉害，无题诗又真是悲哀得很美丽得很，我最初说卞诗真个像温飞卿的词，其时任继愈君在座，他说也像李义山的诗，我当时有点否认，因为温李是不同的。李诗写得很快，多半是乱写的，写得不自觉的。卞之琳的诗是很用功写的。后来我想，卞之琳诗里美丽的悲哀，温词是没有的，卞之琳有温的浓艳的高致，他却还有李诗温柔缠绵的地方了。李诗看起来华丽，却是‘清’，卞之琳没有李商隐金风玉露的‘清’了，林庚却有。故我最初否认任继愈君的话。实在我想他的话有道理，单是温飞卿的‘画屏金鹧鸪’，不足以尽卞之琳的新诗”。（废名著，陈子善编订：《论新诗及其他》第 154－155 页，辽宁教育出版社 1998 年版。）袁可嘉对卞之琳在现代诗歌史上的地位作了总结：“卞之琳的诗歌有着融古化欧，承上启下的历史作用和地位”，“在新诗内部，上承‘新月’，中处‘现代’，下启‘九叶’……从新诗流派的发展来看，这就形成新诗优秀传统中与现实主义诗派平行发展的另一条线。”（袁可嘉：《略论卞之琳对新诗艺术的贡献》，《文艺研究》1990 年第 1 期）他的诗歌理论具有启发性和独创性，在今天依然对诗歌创作具有指导意义。同时，卞之琳也是一位出色的翻译家、莎士比亚研究者，其文学创作还涉足于散文、小说、报告文学、外国文学和诗歌散论等多个领域。他的翻译严谨、理论系统，力求最大限度地保持原作的精神、形式与内涵，给后人翻译树立了典范、积累了宝贵经验，其译作有《英国诗选》、《莎士比亚悲剧四种》等；他的散文、小说和报告文学也有着自己独特的艺术魅力和价值，具有“不可模仿”性。（参见肖佳：《卞之琳研究文献综述》，《中国诗歌研究动态》2008 年第 2 期）

3 日，《人民文学》第 12 期发表从维熙的诗《秋天的印象》，屠岸的诗《迟到的悼歌》，艾伟的中篇小说《回故乡的路》，郭文斌的短篇小说《呼吸》，黄梵的短篇小说《凶案特写》，《梁彭别传》，肖元生的短篇小说《去了层皮》，权灵的短篇小说《常来舞蹈学校》，苏童的散文《洞》，李国文的杂文《方孝孺之死》，迟莉的随笔《不是谈享乐》，叶延滨的散文《艺术笔记》，张欣的札记《感觉都市》。

5 日，《北方文学》第 12 期发表陈应松的中篇小说《老铁路》、冯积歧的短篇小说《王者后裔》。

《上海文学》第 12 期发表金仁顺的短篇小说《电影院》、林希的短篇小说《黑画》，程巍的随笔《嘿，詹姆斯》、何立伟的随笔《忽然想到韩少功》、谷运龙的随笔《美人的洋芋》。

《朔方》第 12 期发表季栋梁的中篇小说《库库》、了一容的短篇小说《传记和影子》、郭文斌的短篇小说《堡子》。

《星星》第 12 期发表吴思敬的《当今诗歌：圣化写作与俗化写作》。吴思敬认为，当今中国诗坛“存在着两种互相矛盾、互相作用、互相补充的运动方式：圣化写作与俗化写作”。“圣化写作的运动方式是向上的，强调超越。……提升精神世界的渴求，构成了圣化写作的心理基础。”而“俗化写作与反神学的世俗化趋势有内在的联系……体现了普通人的生命欲求的宣泄与满足”。其缺陷是，“很容易失之油滑或低层次的欲望的宣泄，使俗化变成庸俗”。吴思敬进一步指出，当今的“知识分子写作”与“口语写作”就是这两种运动方式的反映，就其本质来看，其中除了“某些情绪成分”，更重要的是“诗人未能完全摆脱形而上学的思维模式……”，他们之间“没有什么不可逾越的鸿沟”。

《上海戏剧》第 12 期发表周豹娣、李宁的大型话剧《啊，共和国的孩子们》。

6 日，《当代小说》第 12 期发表阎晓丹的短篇小说《长出树的风筝子》、鲁雁的短篇小说《贴牌》及创作谈《仰望浮云》、雪静的短篇小说《彩票》、于兰的短篇小说《敌人》、梁锡华的短篇小说《黑陶》。

7 日，《文学报》刊发“为文学翻译敲响警钟”专辑，刊发文章有：夏仲翼的《“翻译环境”亟待改变》、林洪亮的《文学翻译人才后继乏人》、余中先的《译介先锋文学必须忠实》、郑克鲁的《重译、乱译、抢译及其他》。其中，郑克鲁认为，这几年重译、抢译之风盛行，而且目前出版社最感兴趣的是小说，诗歌和剧本则大多拒之门外。这种纯粹从销售角度来考虑选题的状况不能说是正常的。余中先认为，在翻译实验性、探索性的文学角作品时，必须遵守一个原则，即忠实、忠实、再忠实，把原作中的艺术表达手法尽可能完全地传达出来。夏仲翼认为，要论中国翻译事业的主、客观条件，现在是最好的时候；但由于受经济利益驱使，不少出版社和译者一味粗制滥造，翻译质量下降也是必然的。

《散文百家》第12期发表《关于〈尤利西斯〉及其他：萧乾萧桐书信选》、杨金平的散文《想起九斤老太》。

8-14日，广东省文化厅、广东省剧协、广州市文化局和中国艺术研究院话研所在广州联合主办“2000年小剧场戏剧展暨学术研讨会”，有12个演出单位的13个剧目参加了演出，包括中央戏剧学院戏剧研究所的《切·格瓦拉》、上海话剧艺术中心的《去年冬天》、解放军艺术学院的《列兵们》、日本话剧人社的《一朵小小的花》、广州市话剧团的《押解》、香港演艺学院的《半掩黄昏雨》、香港众剧团的《单身女人宿舍》、北京京剧院的《马前泼水》、广州市话剧团的《安娜·克里思蒂》、深圳大学艺术学院的《故事新编之出关篇》、广东话剧院的《无话可说》、广州军区战士话剧团的《送你一朵玫瑰花》、广州市文化局策划的《西关女人》。

9日，长篇小说《抉择》的作者张平被中共山西省委、山西省人民政府授予“人民作家”荣誉称号。

10日，《十月》第6期发表叶广芩的长篇小说《全家福》、孙春平的中篇小说《老师本是老实人》、李肇正的中篇小说《同林鸟》。

《北京文学》第12期发表王梓夫的中篇小说《死迷》、何玉茹的中篇小说《背水一战》、冯积歧的短篇小说《故乡来了一个陌生人》、赵大年的短篇小说《苦筝》。

《福建文学》第12期发表阎欣宁的短篇小说《红色轶事》、孙方友的短篇小说《颍河三郑》。

《诗刊》12月号的“新世纪诗坛”栏目刊出了范震飙、叶舟、邵薇、秦巴子、柯平等的诗作。由梅绍静主持的“每月新星”栏目本期推出了李元胜的《李元胜诗抄八首》，并附录李元胜的《创作谈：写作所必须承担的》。本期“诗人茶座”栏目刊出了蓝棣之的评论文章《从〈拂拭岁月〉看“政治抒情诗”写作》。

11日，《青年文学》第12期发表但及的短篇小说《不一样的两只鞋》、王曼玲的短篇小说《道听途说》、温亚军的短篇小说《雪》。

15日，为了庆贺朝鲜族诗人金哲文学创作50周年，总结他文学创作上的成就，中国作家协会民族文学委员会、《民族文学》杂志社、中国诗歌学会联合在京举行了金哲文学创作50周年研讨会。

《李尔重文集》学术研讨会在北京召开。

话剧《臭虫》在北京儿艺剧场公演。编剧：〔前苏联〕马雅可夫斯基，导演：孟京辉。

17日，《作品与争鸣》第12期发表张欣的中篇小说《拯救》及其相关评论。

21日，人民文学出版社《当代》文学拉力赛在新世纪即将到来之际落下帷幕，王蒙以长篇小说《狂欢的季节》获得总冠军，奖金10万元。

24日，“榕树下”第二届网络原创文学作品奖揭晓。《岩画》（宁肯）、《毕业一年间》（零之）、《烟火不堪剪》（飞花）、《迟到的戒指》（人面桃花）、《漂亮的鼻子》（飞雅雷）、《瘟疫》（燕垒生）、《猫城故事》（快乐魔鬼）、《梯子》（刘塬）、《悟空传》（今何在）、《秋风十二夜》（心乱）等10篇作品获最佳小说奖，《烹饪》、《太阳女人》、《倾城》、《那一场风花雪月的事》等10篇作品获最佳诗歌奖，《老婆·嫁妆·女儿红?》、《我是一只橙》、《大地之上》等10篇作品获最佳散文奖，flying_ max的《灰锡时代》、凡妮的《傍晚那场电影》、小引的《西北偏北》分别荣获最佳小说大奖、最佳散文大奖和最佳诗歌大奖。根据网友投票结果，最佳人气奖由小说《悟空传》、散文《大地之上》、诗歌《那一场风花雪月的事》获得。颁奖典礼上增设的特别奖项——评委会特别奖，颁给了于本月11日去世的《死亡日记》作者陆幼青。

27日，《文汇报》刊载消息《一批作家在沪指出网络文学没有改变文学的本质》。文中提到，王安忆认为，不管写什么，怎么写，文学的本质以及成为一个作家的条件，始终是一样的。如果对网络的特殊性强调得多了，网络文学在文学意义上就走不远。马原认为他和新一代写作者之间的"代沟"是：上网族的创作者大多为快餐式、消费性为主，这和传统文学强调的耐读、有回味、经典性相去甚远。

本月，上海话剧艺术中心公演话剧《正红旗下》，原著老舍，编剧李龙云，导演查丽芳。

《山花》第12期发表汪淏的中篇小说《一个人物，或者一部书的诞生》、刘剑波的中篇小说《蚕食》，杨小滨的文章《当代汉语诗歌中的后现代性》。

《百花洲》的第6期发表方方的长篇小说《乌泥湖年谱》（连载）、赵凝的短篇小说《小傲的尖叫》。

《广州文艺》第12期发表叶辛的短篇小说《悬案》、谈歌的短篇小说《李二娘的故事》、华夏的短篇小说《游戏爱情是危险的》。

阎延文的长篇小说《台湾风云》，由广西教育出版社出版。阎延文（1972－　），女，北京人。1997年毕业于北京师范大学中文系，文学博士。著有系列长篇小说"台湾三部曲"《台湾风云》、《沧海神话》、《青史青山》。

牛放的诗集《展读高原》，由四川民族出版社出版。

于坚的诗集《于坚的诗》、郑敏的《郑敏诗集》、食指的诗集《食指的诗》、肖开愚、臧棣、孙文波编的《从最小的可能性开始：中国诗歌评论》，由人民文学出版社出版。

邹建军选编的《二十世纪中国文学史文论精华·新诗卷》，由河北教育出版社出版。

本年

现当代文学史写作的问题在本年度成为现当代文学研究的重点和热点问题。对这一问题，学术界有三次大的集中讨论：一次是3月20日至25日在海口召开的由《文学评论》杂志社和海南师范学院联合举办的“中国现代文学史编撰研讨会”。与会代表大都认为，文学史著作数量可观，质量却不容乐观，其中真正具有学术性、个性化的著作并不多见。代表们从不同角度分析了文学史写作的成绩及其存在的缺憾和问题。会议综述发表于《中国现代文学研究丛刊》2000年第3期。一次是2000年11月4日至6日，由福建师范大学文学院、中国社会科学院文学研究所《文学评论》编辑部、福建社会科学院文学研究所联合举办“中国当代文学史史学观念学术研讨会”。会议对当代文学史写作的史学架构、理论预设、价值评析等关键性的史学理论问题展开考察与探讨。会议综述发表于《文学评论》2001年第1期。一次是11月4日至10日在广东肇庆市召开的中国当代文学研究会第十一届学术年会，这次会议的主要议题是讨论当代文学史的写作与学科建设问题。另外，钱理群、陈美兰、曹文轩、程光炜等人就洪子诚新出版的《中国当代文学史》一书，集中发表了一组“中国当代文学史写作笔谈”（《中国当代文学史写作笔谈》，《文学评论》2000年第1期）：李杨、王光东、刘志荣等人就陈思和主编的《中国当代文学史教程》展开了讨论（李杨：《当代文学史写作：原则、方法与可能性——从陈思和主编的（中国当代文学史教程）谈起》，王光东、刘志荣：《当代文学史写作的新思路及其可行性——对于两个理论问题的再思考》,《文学评论》2000 年第 4 期);王富仁以《关于中国现代文学史编写问题的几点思考》为题发表了长篇论文,就“史”、“文学”、“现代性”及“文学史”等概念进行了理性的辨析与阐释(《文学评论》2000 年第 5 期)。这些则构成了新文学诞生以来就新文学史的编写问题所进行的规模最大的一轮群体性讨论。

据不完全统计,截止 1999 年,“以‘当代文学’或‘当代文学史’命名的著作共有 48 部之多。”(参见温儒敏等:《中国现当代文学学科概要》,第 151 页,北京大学出版社 2005 年版)在文学史写作进入一个高峰期的时候,关于文学史写作的研究也进入一个峰值期,这个峰值期延续到新世纪的第一个十年。学者们就文学史的创新、分期、多元性、现代性及编写的方法、体例、内容等等方面都进行了深入的思考或讨论。有学者认为,文学史写作已经成为一个“话语事件”。(李建力:《当文学史写作成为“话语事件”》,《读书》2008 年第 2 期)姚晓雷说:“20 世纪末,关于当代文学史写作的讨论一直不绝如缕。这一话题酝酿于上世纪 80 年代钱理群等三人提出的‘20 世纪中国文学史’观念,中经上世纪 90 年代初陈思和、王晓明联袂主持的‘重写文学史’的讨论,深化于上世纪末一系列有代表性的当代文学史著的出现。当代文学史的写作引起人们的关注,与它贴近当下生活的特点有关:一方面,文学史写作实际上体现一种关注现实的人文精神,当代文学贴近当下生活的特点,使文学史所要承传的人文关怀直接同现实对话,因而也使当代文学史有了值得关注的特殊价值;另一方面,同样因为贴近当下的生活,许多问题来不及沉淀或局限于话语环境无法正常表达,造成了它特殊的写作难度。目前人们一般都不否定‘20 世纪中国文学史’的系统观念,以及在此系统观念下重写的必要性;而是将当代文学史写作的关注焦点集中在‘写什么’和‘如何写’上。‘写什么’就是一部当代文学史应该涉及哪些内容;‘如何写’就是对所写内容应具体持以什么样的价值视角进行阐释。这实际上涉及的是文学史价值模式建构的问题。特别是上世纪末洪子诚撰写的《中国当代文学史》以及陈思和主编的《中国当代文学史教程》出版后，由于这两部史著所具有的写作观念上的巨大差异，围绕它们展开的讨论风行一时。"（姚晓雷：《当代文学史写作探索刍议——由当前四部文学史著不同的写作模式谈起》同，《文学评论》2004 年第 2 期）南帆指出："在我看来，'当代文学史'的合法性无可非议，必须推敲的是另一点：哪些人是当代文学史著作的合格作者？……当代文学史数量如此之多，以至于人们不得不怀疑这种写作是否慎重。相对于通常意义上的历史厌倦症，当代文学史写作的畸形繁荣令人不安——似乎没有多少作者深刻地考虑过文学史写作的意义。""从一个国家的文化战略构思到文学写作的个人情怀，当代文学前所未有地加剧了二者之间的紧张。如何总结这种紧张关系？至少，如何提供阐释这种紧张关系的充分资料？这是当代文学史写作不得不正视的问题。""相对于古代文学史写作，当代文学史的资料收集远为容易。如果说，资料占有的数量是评价古代文学史著作的一个标准，那么，当代文学史写作的焦点，毋宁说是如何处理丰富的资料。许多时候可以认为，众多当代文学史著作的差异即是种种历史视域的竞赛。"（南帆：《当代文学史写作：共时的结构》，《文学评论》2008 年第 2 期）有人认为，"综观以往众多的中国现当代文学史，大多是对文学现象、作家作品、发展进程进行叙写，叙述和阐释成为文学史写作的中心，而评价即对'写得怎么样'的分析逐渐被遮蔽乃至湮没，成为文学史写作的一种缺失。""文学史不仅是叙述和阐释的，也应该给评价一席之地，缺少评价的文学史不是一部完整的文学史。用审美的、艺术的眼光，对作家作品进行评价，整体把握文学史，呈现给读者全面系统的价值体系，突出文学史'文学'的地位，体现作品的审美价值和艺术价值，这在文学史写作中显得尤为重要。"（王卫平、支月竹：《写得怎样：文学史写作的一种缺失》，《文艺评论》2007 年第 1 期）张光芒认为，当前的文学史写作有很多问题，"这诸多层面的问题在本质上可以归结为这样一个焦点问题，那就是对文学史的‘纯文学’性或‘本体论’认识不够。‘文本研究’既没有在理论上被充分地研究和定性，也没有在文学史写作中得到应有的重视利落实。即使是有些自认为非常重视文本问题与文本现象的治史者也不得其法，常常想当然地误将非文本研究视为文本研究思路。因此要重新改写‘重写文学史’的理念与叙述实践，文本研究已经成为极为重要的关键环节。”（张光芒：《文本研究与文学史写作的新构想》，《南京师大学报（社会科学版）》2007 年第 5 期）

截至本年底，中国大陆共有出版社 565 家（包括副牌社 37 家），其中中央级出版社 220 家（包括副牌 16 家），地方出版社 345 家（包括副牌 21 家）。音像出版单位 290 家。出版图书 143376 种，其中新版图书 84235 种，总印数 62. 74 亿册。期刊出版 8725 种。

本卷主要作家人名索引

C

D

本卷主要作家人名索引

E

F

G

本卷主要作家人名索引

J

K

L

M

N

O

P

Q

R

S

T

X

Z

本卷后记

本卷编年史是北京师范大学文学院师生通力合作的结果。

具体分工情况如下：

赵勇：全卷统稿；

魏英、常培杰：统稿协助；

黄双、王娟：负责 1996 年部分；

肖艳盛、郭晓晨：负责 1997 年部分；

聂梦、马琼：负责 1998 年部分；

乔思、王媛媛：负责 1999 年部分；

常培杰：负责 2000 年部分；

陈晖：儿童文学专题史料；

谭五昌：诗歌专题史料；

张国龙：散文杂文专题史料；

梁振华：报告文学专题史料；

徐健：戏剧专题史料；

梁振华：影视文学专题史料；

岳永逸：民间文学专题史料；

秦艳华：出版专题史料。

在编写过程中，我们虽然对史料进行了细心的筛选甄别，但依然恐有遗漏与不当之处，恳请专家学者批评指正。

赵　勇

2010 年 4 月

本卷主编简介

赵勇，男，1963 年生，山西晋城人，文学博士。现为北京师范大学文学院教授，北京师范大学文艺学研究中心专职研究员，文艺学研究所所长，文艺学专业博士生导师。

独著有《整合与颠覆：大众文化的辩证法——法兰克福学派的大众文化理论》、《大众媒介与文化变迁：中国当代媒介文化的散点透视》等，合著有《反思文艺学》等，在《中国社会科学》、《文艺研究》、《文学评论》、《外国文学评论》、《文艺理论研究》、《文艺争鸣》、《南方文坛》等刊物发表论文百余篇，在《文艺报》、《中华读书报》、《南方都市报》等报纸发表学术短论、随笔、时评百余篇，曾获《外国文学研究》2002 年优秀论文奖，《南方文坛》2007 年度优秀论文奖等，主要从事文学理论与批评、大众文化理论与批评的教学与研究工作。

图书在版编目（CIP）数据

中国当代文学编年史．第八卷，1996.1～2000.12/张健主编；赵勇本卷主编．—济南：山东文艺出版社，2012.11

ISBN 978－7－5329－2959－7

Ⅰ．①中… Ⅱ．①张…②赵… Ⅲ．①中国文学—当代文学—编年史—1996.1～2000.12 Ⅳ．①I209.7

中国版本图书馆 CIP 数据核字(2012)第 240686 号

中国当代文学编年史

第八卷(1996.1～2000.12)

张 健 主编 赵 勇 本卷主编

主管部门 山东出版集团
集团网址 www.sdpress.com.cn
出版发行 山东文艺出版社
社　　址 山东省济南市英雄山路 189 号
邮　　编 250002
网　　址 www.sdwypress.com

读者服务 0531－82098776(总编室)
　　　　 0531－82098775(发行部)
电子邮箱 sdwy@sdpress.com.cn

印　　刷 山东新华印务有限责任公司
开　　本 710 毫米×1000 毫米 1/16
印　　张 42.5 插页/2
字　　数 518 千字
版　　次 2012 年 11 月第 1 版
印　　次 2012 年 11 月第 1 次印刷
书　　号 ISBN 978－7－5329－2959－7
定　　价 90.00 元